[英]杰夫·佩蒂／著　　姜学清／译

当代教学实用指南

（第5版）

TEACHING TODAY

山东文艺出版社

图书在版编目（CIP）数据

当代教学实用指南／（英）杰夫·佩蒂（Geoff Petty）著；姜学清译．—济南：山东文艺出版社，2017.5
ISBN 978-7-5329-5456-8

Ⅰ.①当… Ⅱ.①杰… ②姜… Ⅲ.①教育理论－研究 Ⅳ.① G40

中国版本图书馆 CIP 数据核字（2017）第 042190 号

图字：15-2015-351

Teaching Today, 5th edition
By Geoff Petty

Teaching Today, 5th edition © Geoff Petty 2014

Teaching Today(5th edition) was originally published in English in 2014
This translation is published by arrangement with Oxford University Press

当代教学实用指南

[英]杰夫·佩蒂 著　　姜学清 译

主管部门	山东出版传媒股份有限公司
出版发行	山东文艺出版社
社　　址	山东省济南市英雄山路189号
邮　　编	250002
网　　址	www.sdwypress.com

读者服务	0531-82098776（总编室）
	0531-82098775（市场营销部）
电子邮箱	sdwy@sdpress.com.cn

印　　刷	山东德州新华印务有限责任公司
开　　本	787毫米×1092毫米　1/16
印　　张	41
字　　数	800 千
版　　次	2017 年 5 月第 1 版
印　　次	2017 年 8 月第 2 次印刷
印　　数	3001～8000
书　　号	ISBN 978-7-5329-5456-8
定　　价	96.00元

版权专有，侵权必究。如有图书质量问题，请与出版社联系调换。

译者的话

东西方教育究竟有多大差异？我带着这个疑问反复拜读了英国人杰夫·佩蒂（Geoff Petty）的《当代教学实用指南》（TEACHING TODAY: A Practical Guide）。读毕却发现：西方教育的困惑也许正是中国教育的迷惘，中国教育的法宝也许正是西方教育的精粹。难道人类教育存在着放之四海而皆准的真理？

我的翻译最终依据的版本为英国牛津大学出版社2014年第5版。本书共分五部分，依次为学习者的实际需要与情绪需要、教师工具包、教学与学习资源、教学整合、教学实践——涵盖了教学的方方面面。

本书作者就像一位老朋友坐在你的面前，娓娓道来，让你不知不觉走进了真实的教学环境。本书吸收了最新的教育理论研究成果，内容或为作者亲身实践，或来自一线教师的所思、所感、所行。书中不乏"优秀教师知道何时闭嘴""别担心成为学生暂时的敌人，如果你想得到学生的喜爱，就必须表现得自己不害怕不得人心！"一类发人深省的警句，也有"许多'行为'问题其实是课程问题""学习取决于学生做什么，而不是技术或教师做什么"一类真知灼见，备课、上课、辅导、作业、评价等诸多方法大可采用"拿来主义"，照此办理即可。

自2009年以来，我几乎将所有业余时间先用于翻译本书第三版、后又用于翻译第四版和第五版，时间竟然近五年之久。有时，深夜一个人坐在书房里无从下手，那种"书到用时方恨少"的感觉，那种自惭形秽，那种铺天盖地的渺小感，恐怕没有几人能体会到；有时，为了一段话甚至一个术语，两三天没有任何进展，那种"吟安一个字，捻断数茎须"的辛苦，或许只有自己知道。

尽管现在翻译不算学术研究，译文或译著也不算学术成果，但我仍喜欢去做这份工作。我清楚自己的斤两，既然写不出什么鸿篇巨制，就不妨做点所谓工匠的活计，一则自己有所收获，二则给他人提供点有用的精神食粮，也算对得起自己的十年寒窗苦。

衷心感谢程红兵先生、徐建敏先生、管锡基先生的鼓励，衷心感谢宋全政先生的引荐，衷心感谢陈立女士的赏识，衷心感谢山东文艺出版社杨智先生的支持，衷心感谢学校诸位同事的帮助，尤其要感谢张艳和吴振宇为修订书中插图所做的工作，感谢潘晓良等诸位同事与朋友对初稿提出的许多宝贵修改建议，感谢我的儿子姜正宇帮我绘制的多种图表。

尽管自己竭尽了全力，但因为学浅才疏，心里始终惴惴不安，生怕错译误导了那些热爱教育的同行，期盼各位不吝赐教。

姜学清

2016 年于烟台经济技术开发区

前　言

本书具有综合性与通俗性，旨在为读者提供一本如何教学的实用工具书，解释教师需要知道的有效教学甚至卓越教学的一切知识。

其他书籍往往只涉及下述一两方面内容：

- 解释有关教育的事实、理论以及背景信息。这或许有用，但没有告诉你如何教学。
- 告诉你应该做什么，如，只是告诉教师一定要满足学生的个别化需要，但没有告诉究竟如何去做。
- 直接探讨教学资格或标准的要求。如果资格要求详细了解如何有效教学，就会对你有用，但事实恰恰相反。

本书聚焦于绝大多数教材忽视的方法、技巧、策略与程序，而知道"如何做"正是普通教师与杰出教师的分水岭。

解释如何教是有用的，究其原因在于：

- 这是初任教师感觉压力最大的问题。
- 教育学家们一致认为，影响教师有效教学的因素，除教师人格外，还包括教学方法论的细节。
- 因此，督学、教学督导才会去关注教师使用的程序、方法和技巧以及它们对学习者的影响。这也是本书的焦点。

绝大多数书籍会给你提供陈述性知识。这自然不错，但你最需要程序性知识，它会告诉你如何教学、如何改进、如何卓越。陈述性知识与程序性知识截然不同，它们储存于大脑的不同部位。

杰出教师并非与生俱来。他们只不过学会了如何有效运用最佳教学方法。它们让你压力锐减，进而更加享受教学与喜爱学生。

感谢利兹·辛（Liz Singh）始终不渝的信任与支持，感谢她为本书（英文版）绘制的卡通插图和其他图像，感谢她的耐心。感谢吉姆·贾奇斯（Jim Judges），他对第36章信息通信技术的贡献是内行的、实用的和有趣的。感谢安东尼·海恩斯（Anthony Haynes）的专业支持与反馈。

但愿你能顺利试用本书所列方法。一旦你熟练掌握，就请继续阅读我的第二本著作——《基于证据的实用教学法》。

杰夫·佩蒂

2014年于英国

教师培训评价助手

在多数国家里，政府颁布国家标准来具体规定教师资格或教学。其中一些属于专业标准。为了让你了解本书如何有助于教师达到专业标准，我们提供了一个在线索引，请登录网站：www.planetvocational.co.uk/teachingtoday。教师资格或教学的详细标准见本书末附录。

仔细阅读目录页有助于你知道从哪里查找信息。

在实施评价或设置指定作业前，请先阅读第28章，这样可有助于组织自己（与学生）的文字。你可能根据下述主题来设置指定作业，每类主题所列章节都会对你有参考价值。

教师法律规定：参阅第7章结尾。

创建与评估教学资源：第35章、第36章显然互相关联，不过还要阅读"组织图"（参阅第二部分导言：学习风格分析）与"决策卡片游戏"（参阅第19章）。评估教学资源请参阅第36章。

全纳教学、个性化等（保证人人学好）：与平等性、多样性和差异性密切相关。第51章将给予探讨，第49章主要探讨平等性与多样化，第48章探讨差异化。请阅读第7章、第46章、第47章去了解个体差异及如何发现差异。第41章探讨如何设计一门课程来应对这些差异。第48章探讨如何实现差异化教学。第二部分导言探讨了现代学习风格的教学方法。

平等性与多样性：参阅第7章、第41章；另外，参阅上述有关全纳教学的章节。

功能性技能或关键技能或思维技能融入教学：参阅第38章、第42章、第47章，尤其要阅读第38章双层课程有关内容；另外，参阅第36章信息通信技术融入教学的有关内容。

沟通：参阅第4章，第二部分导言有关"组织图"的内容；参阅第11章、第12章、第13章。

学习观：参阅第1—4章，第43章的形成性评价，第48章的差异化教学。

撰写教案与教学计划（教学进度表）： 参阅第37—40章、第42章、第48章；如果因学生差异悬殊而难于拟定教案，请参阅第41章和第48章。

我应记录什么？ 参阅第41章。

我应运用什么评价方法？ 参阅第43章、第44章；第6章也会对你有所帮助。

课堂教学与课程评价： 参阅第52章、第53章。

反思性随笔、反思性学习日志： 阅读第52章。

理论联系实际： 参阅第1章、第52章。

专业价值与行为规范： 参阅第45章；参阅附录1标准（也是行为规范）。

政府政策： 参阅 http://www.dcsf.gov.uk/goverment/policies。在左边搜索文本框录入学校或继续教育等。分析一下现行教育政策，然后尝试证明多数政策属于错误政策，因而我们应基于证据来决策——请参阅我的第二本专著《基于证据的实用教学法》前几章。

目　录

第一部分　学习者的实际需要与情绪需要 　1

第一章　学习方式 　1

第二章　技能学习与矫正性练习 　24

第三章　学习者的需要 　29

第四章　优质教与学是一个双向过程 　39

第五章　动机 　48

第六章　表扬与批评 　68

第七章　师生关系与平等机会 　81

第八章　课堂管理 　100

第九章　纪律与问题解决 　112

第十章　教师类型 　132

第二部分　教师工具包 　139

第十一章　教师讲授 　161

第十二章　讲解的艺术 　167

第十三章　展示的艺术 　181

第十四章　提问 　189

第十五章　记忆辅助工具 　204

第十六章　指导学生练习 　209

第十七章　讨论 　219

第十八章　小组学习与学生讲授 　228

第十九章　游戏与主动学习方法 　243

第二十章　角色扮演、课本剧与模拟教学 　253

第二十一章　语言和沟通技能教学游戏 　257

第二十二章　研讨会 　264

第二十三章　为记忆而学习：复习与回忆 　267

第二十四章　互动式课堂教学：自信式提问 　276

第二十五章　为学习而阅读 　284

第二十六章　自学与家庭作业 　291

第二十七章　指定作业与设计作业 　293

章节	标题	页码
第二十八章	作文与报告	301
第二十九章	引导式发现教学：提问式教学	310
第三十章	创造力、设计与发明	320
第三十一章	从经验中学习	333
第三十二章	全脑、视觉与动觉学习法	345
第三十三章	独立性学习	356
第三十四章	自主性学习	367

第三部分　教学与学习资源　373

章节	标题	页码
第三十五章	视觉教具：演示文稿制作软件与交互式白板	373
第三十六章	学生运用计算机学习：电子学习、信息通信技术与信息学习技术	389

第四部分　教学整合　413

第三十七章	目的与目标	413
第三十八章	选择适合课程的活动	426
第三十九章	选择实现情感目标的活动	439
第四十章	撰写教案	446
第四十一章	弹性与全纳性教学组织与记录	455
第四十二章	教学设计	474
第四十三章	评价	483
第四十四章	终结性评价	500

第五部分　教学实践　509

第四十五章	教师可以做到什么：积极心态	509
第四十六章	初始与诊断性评价：评价学习者的需要	520
第四十七章	为学习者提供支持	540
第四十八章	差异化教学：应对差异	557
第四十九章	平等性、多样性与成绩：你的角色	573
第五十章	与他人合作	590
第五十一章	教学情境的全纳教学	600
第五十二章	教学评估：反思型教师	610
第五十三章	课程评估与质量改进	624
第五十四章	教学方式与教学机智	642

第一部分
学习者的实际需要与情绪需要

第一章　学习方式

学习与记忆

去年3月4日是什么天气？你或许记忆犹新！尽管心理学家仍然不清楚人类的记忆方式和遗忘原因，但他们认为：记忆过程就是信息从短时记忆转化为长时记忆的过程。短时记忆可能只将信息储存数秒钟，而长时记忆则可将信息储存一辈子。然而，经过人脑的大部分信息几乎全部被瞬间遗忘。

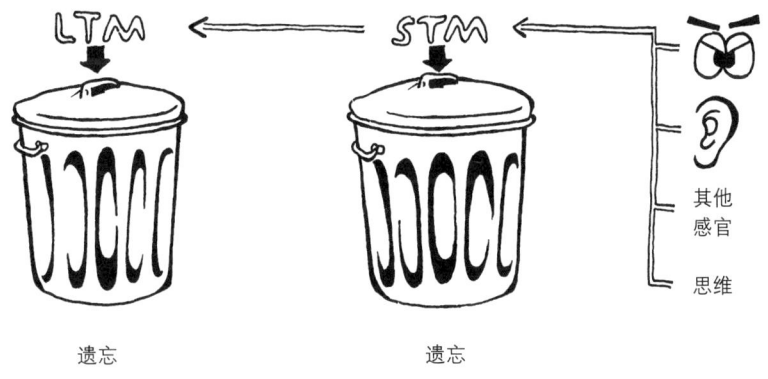

（注：LTM—长时记忆，STM—短时记忆）

短时记忆（STM）

在一次车祸中，某人因头部受伤而不幸丧失了短时记忆，可仍然能够分毫不差地向医生讲述自己战争期间的经历。但是，一旦他将咖啡放在何处，就会得到一个茫然的回答："什么咖啡？"车祸损坏了他的短时记忆（STM）。

短时记忆储存当时正在思考的眼睛、耳朵等感官接收的信息。这类信息储存和加工数秒钟之后，几乎很快就被忘得一干二净了。例如，如果某人一个接一个读出五个电话号码，你很可能只记住最后一个电话号码，而前面四个电话号码大概会忘掉。短时记忆的内容易为新信息所取代，故储存时间短暂。教师的最后一句话至关重要，它将影响备课和上课的方式。最后一句话的重要性究竟有多大？也许读者很想知道。（本章后面内容将给出答案）

当然，有时短时记忆的内容会转化为长时记忆（LTM），大脑对长时记忆的内容进行组织，从而使其转化为结构化信息。若打算记住如何做长除法，而你当时又正在学习其他技能，则与长除法无关的信息就不会干扰你的学习。长时记忆类似一个超容量文件柜，储存了大量信息以备将来查阅。信息必须先经由短时记忆加工和组织，才能让学生感觉"有意义"，进而才能转化为长时记忆。组织新信息的过程需要耗费时间，但物有所值，因为对学生来说，要记住不完全理解的东西，简直比登天还难。

> **Thick wall it tea of myrrh seize knots trained**
>
> 请先花一点时间记忆上面这组英语单词，然后继续阅读。随后我将测验你的记忆力有多高。

如果传递新信息的速度太快，学生的短时记忆来不及充分加工，就无法记住信息。实验研究人员给学习困难学生上课时，将语速降低为正常语速的一半，结果发现，学生保持率增高到两倍。

组织新信息或赋予信息意义的过程费力费时，因此教师必须努力为学生提供更多的帮助。学习活动若能让学生应用新知识，则有助于理解。

追求结构也可以解释为什么许多学习者喜欢结论和严密的注解。

> 假如给你五篇介绍德国酿酒的报纸文章，然后要求你掌握酿酒知识并参加测试，你会如何去学习它们？绝大多数人会撰写读报笔记，将知识分解为若干主标题，如葡萄酒的种类、葡萄的种类、种植方法等等。我们需要组织和建构自己希望理解和记忆的知识。

长时记忆（LTM）

一旦短时记忆赋予信息"意义"，就会转化为长时记忆。不过，除非以另外一种方式应用或回忆，否则这类信息最终仍会被遗忘！大学毕业十年后，我还能凭记忆从阁楼里找到自己的听课笔记。如果不是看到自己的笔迹，我肯定不会相信那是自己写的笔记！由于没有应用这类知识，大脑就判定它属于无用知识，因而将其清理出长时记忆。

"遗忘"是人脑内在的技能，以防储存无用的知识。人脑只识记有用的信息。

但美中不足的是，只要一个事实或概念经常出现，人脑就会长期视之为有用信息。

这个规律也有例外：有时一次经历会让人铭记终生，例如一次强烈的情绪体验。但就教学来说，脑自动化机制支配着我们，故重复不可或缺。

新学或复习一个简单概念后的一瞬间，回忆率高达100%。然后开始遗忘所学内容，如下图所示（请注意异乎寻常的时间尺度）。每次回忆都会提高长时记忆的巩固率。因此，随着一次又一次回忆，遗忘间隔的时间变得越来越长。

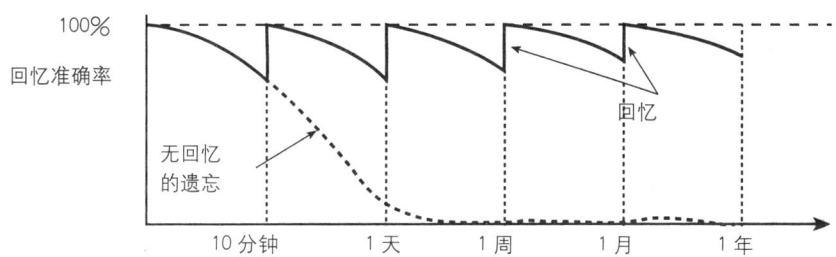

依据遗忘机制，我们只会通过两种方式记住概念：经常回忆，或最近听到。

J.B.华生(J.B.Watson)创立了行为主义心理学，B.F.斯金纳(B.F.Skinner)则发展了行为主义心理学。华生认为，记忆依赖于"频因律和近因律"*。

短时记忆和长时记忆的研究成果为教师提供了下述三条建议，本书其他章节将会深入探讨。

- **讲授新材料不宜太快**。若发现自己讲快了，尽量放慢语速。另外，每讲完一个重要句子，都要沉默一会，以便学生有时间去领会。
- **学生需要活动来加工新知识**。应用让学生自己可重新建构所学概念，学习效率会高于诸如听课等被动的活动。
- **只有经常应用和回忆，信息才能储存到长时记忆**。教师不能今年9月讲授一个概念，然后不再提及，却要求学生明年6月还能记忆犹新。

三大学习理论

三大心理学派发展了学习理论。每一学派的学习观各有不同，它们不仅互为补充，而且往往互相交叉。认知主义学派关注学习的思维过程，行为主义学派重视影响学习的教师行为与其他外在因素，人本主义学派则视教育为满足学习者情

---

* 译者注：频因律是指，在其他条件相等的情况下，某种行为练习得越多，习惯形成得就越迅速。近因律是指，当反应频繁发生时，最新近的反应比较早的反应更容易得到加强。

绪和发展需要的工具。下面将分而述之。

认知主义学派：学习者必须形成个人化的意义建构

有一天，我的一位朋友给他的小女儿讲牛顿第三定律。"每次运动的作用力和反作用力大小始终相等。"一个四岁的小女孩竟然出语惊人。难道她理解了吗？当然不是！其实这是一种缺乏理解的学习，即"机械学习"或"浅度学习"。认知主义为理解而教，要求新知识建立于旧知识之上。

理解一个概念是指，可以运用其他概念来解释它。例如，若想从词典查"除法"的含义，你就会发现，词典是运用"均分"等其他概念来解释"除法"的。因此，只要一个儿童充分理解了如何做除法，除法就不完全是新知识了。它建立于儿童过去切蛋糕、分积木等理解和经验之上，儿童不是在记忆教师讲的除法概念，而是在创造自己对除法的意义建构。

认知主义学派认为，做中学、向问题挑战，可有助于学生形成对所学知识的个人化理解，促使他们在实际生活中应用所学知识。

这种认知主义理论称作"建构主义"，目前几乎为所有脑科学或心理学专家所认同。他们一致认为，只有学生形成了个人化的意义建构，学习才能发生；个人化的意义建构的形成，往往依赖于学生本人原有的知识、经验以及学习体验。

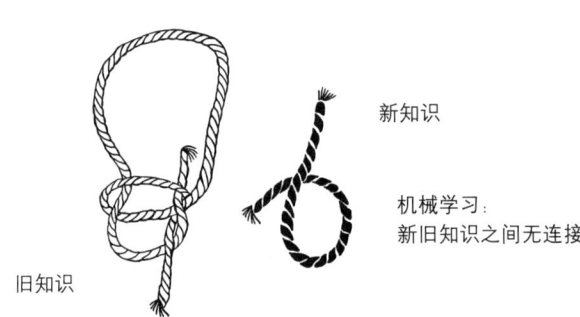

机械学习：
新旧知识之间无连接

深度学习：
　　学习者对新知识形成个人化的意义建构，新旧知识之间形成连接。
　　思维沿着神经连接而进行。一旦形成连接，学习者就会由新知识推论到旧知识，反之亦然。

建构主义理论示意图

学习是一个生理过程。人脑包含数十亿个神经元。学习新知识时,人脑将神经元连接为一个神经网络,从而对新知识进行编码。神经连接语言在人脑里书写了我们掌握的全部知识。因此,如果有人要求你去回忆刚学到的知识,你就得从神经元网络中"读取"。一旦理解了所学的新知识,它就会与你原有的知识相连接。

新知识建构于旧知识

利奥·莱昂尼*(Leo Lionni)的童话《鱼就是鱼》可以完美例证建构主义学说。你坐好了吗?我要开始讲故事了。不过,只是一个故事梗概。

小鱼和蝌蚪是在池塘中生活的一对好朋友。它们天天一起玩耍。但某一天,小蝌蚪长出了腿,尾巴也渐渐不见了。最后,蝌蚪完全变成了青蛙,告别了池塘和小鱼。

小鱼经常猜测自己的四足朋友究竟去往何地。日复一日,周复一周,青蛙没有回到池塘。

突然有一天,青蛙扑通一声跳进了池塘,向小鱼诉说自己看到的稀奇古怪的事情。小鱼问:"比如说呢?""比如说鸟。"青蛙答道。

青蛙接着说,鸟有翅膀和两足。鸟在小鱼心目中会是什么形象?小鱼想象中的鸟和鱼没有什么两样,长着两条"青蛙"腿,翅膀像鳍。

鱼想象中的鸟

---

*译者注:利奥·莱昂尼是一位当代颇为重要的图画书大师,被誉为儿童文学界的寓言大师,以深入浅出、耐人寻味的小故事传达出隽永的人生智慧。他擅长以贴画(Collage)来表现,把各种可以粘贴的材料,如报纸、墙纸、色纸、毛线、邮票、果皮等等来代替颜料,粘贴在图画或画布上,呈现出不同的肌理(Texture),表现出浮雕味的特殊质感来丰富画面。

学生和小鱼相同，他们不是简单记忆老师讲授的知识，而是依据自己有限的经验，形成个人化的意义建构。

> **练习**
>
> 请记住，鱼只见过鱼和青蛙，那么，对于青蛙所描述的奶牛和人类，小鱼又会理解成什么呢？请给出你的答案，然后向别人解释和证明。

假如你最近读了一本小说，正好有人要求你讲给他听，你不会逐字逐句地复述这个故事，甚至作者可能也不赞成你这样讲述这个故事。实际上，你忘记了作者的原话，故事也不是与小说完全相同的故事，而是变成了你自己加工的故事。同样，老师讲授的知识，学生也会自己进行重新加工，形成个人化的意义建构。

通常，直到出现差错，教师才会意识到这个重新建构的过程。

> 1989年，一位男士走到某火车站的职员面前，说忘了自己的姓名和住址，也不知道自己为何坐火车出行。他完全丧失了长时记忆。妻子在电视上认出了他，赶忙跑到火车站去认领他。后来发现，当天早晨他的头部遭人击打。身体康复后，他的长时记忆也恢复了，这实在是不幸中的万幸了。实际上，短时记忆和长时记忆可以分别存在。

有一天，我的继女说她患了腹泻（diarrhoea），但却没有上一次厕所。直到发现她是说耳痛（"dire ear"），我才如梦初醒。这类误解往往令人忍俊不禁，由此可以知道，孩子们正在竭力探究个人世界的奥秘。然而，这种学习方式永远不会让我们长大。同类的创造性假说可见诸考试笑话。下面的考试笑话选自英国普通中等教育证书课程（GCSE）生物试卷。

"麦芽是谷类作物的常见病。"老师可从来没有告诉学生麦芽是一种谷物疾病！他听到了一大堆乱七八糟的谷物信息，然后就设法去"学会"（理解）。"学会"这个短语提醒我们，学习是一个创造性过程，而不是一个被动接受的过程。

问："说出一种适于腌制的食品。"答："布兰斯顿（branston）。"布兰斯顿是个做腌制果酱的品牌。老师也从来没有告诉学生布兰斯顿是一种腌制的水果。学生只不过是对知识进行了"创造性"加工而已。所有知识的生成过程与此大同小异，但往往非常成功！你需要加工自己的全部知识。

> "当我用一个词，"汉普蒂·邓普蒂*用傲慢的腔调说，"它的意思不过就是我想让它有的意思——不多也不少。"
>
> ——摘自《爱丽丝镜中奇遇记》（作者刘易斯·卡罗尔）

对任何怀疑学习是一个主动过程的人来说，只要跟五岁儿童谈谈科学、上帝、工作或其他"成人"话题，就会打消疑虑。要是儿童非常信任你，乐意回答你的问题，就算大功告成了；他们对这些话题充满了奇思妙想，不少为真知灼见，其他则滑稽可笑。这些五岁"学童"通过加工自以为有意义的观点来学习，只有证明它们是谬误，"学童"们才会改弦易辙。（"假设"与"反驳"属于尝试与错误法，它是科学方法的基础，也是"真理"观的后现代主义批判法。）

只有形成个人化的假设，学习才算成功。有时，人们将这种认知主义学习理论称之为"建构主义"，它探究了学习者建构个人知识的方式。只有学习者"学会"了这类知识，他们才能学以致用：解决问题，有效地完成其他任务。

> **很多创造性假设来自考试者：**
> "蚯蚓依靠细足的吸力来交配。"
> "某类细菌可作为食品，如药用蜀葵和冰淇淋。"
> "哺乳动物冬天如何保暖？""它们穿羊毛衫。"

我们需要掌握所有的"布卢姆教育目标分类"（Bloom's Bits）

完全掌握一个新概念的准确含义究竟意味着什么？究竟如何才能在新环境里成功运用已学知识？

可以通过思考布卢姆教育目标分类学找到答案。本杰明·布卢姆（Benjamin Bloom）将学习划分为一系列任务或技能——他称之为"分类学"。初级技能相对容易，但越往上发展越难于学会，联系越密切，应用价值越高。如下图所示，只要学会教育目标分类中所有技能，学习就是水到渠成的事情了。

布卢姆的教育目标分类内涵丰富，切莫期望读一遍就能了如指掌！第四部分我们还将深入研究。下图选自布卢姆的著作，但我稍微做了修改。让我们按照知识、领会、应用、分析、综合、评估的顺序，由低到高依次论述。评估为第六层次，包括各类技能，如回忆、解释等能力，或者包括教师可以设置的作业。此处的作业是

---

* 译者注：Humpty Dumpty，是英国著名童谣中一个从墙上掉下来的摔得粉碎的蛋形矮胖子。喻指一经损坏无法修复的东西，或杜撰词义之人。

高级认知需要	评估（判断、批判性鉴别）	
学习者须认真思考，弄懂材料，并与已有知识联系。	1. 判断一个活动、政策、计划或论点等，如历史观点或事件、科学实验、经济政策、数学解法等。 2. 比较和对照两种相关的论点等。 3. 学习者对自己的学习进行过程性和终结性评价。 4. 评估通常包含优势和劣势、赞成和反对意见，同时要兼顾证据、偏见等因素。	

综合
（创造、设计、发明）
1. 解决非常规的问题。
2. 撰写短文和研究报告，批评或辩论。
3. 设计宣传册、海报，制作幻灯片等。
4. 为改进新环境提出建设性意见或案例研究。
5. 制定一项政策、战略或草案。
6. 创立一个假设。
7. 创建新概念。

适用于全能知识的推理任务

属于现实生活与许多评价所需要的"高级"思维技能。
它们要求学生深层理解与联系。

分析
（分别思考各要素）
1. 分析环境，做实验，案例研究等，描述正在发生的事情。
2. 分类。
3. 比较。
4. 推理。
5. 弄清原因与结果。

应用
（按演示方法去做）
1. 应用。　　2. 计算。
3. 使用。　　4. 加标点符号。

领会
1. 解释。　　2. 分类。
3. 说明。　　4. 描述。

低级认知需要

不需要太多思考，单独学习的效果较好。

知识
1. 讲述。　　2. 下定义。
3. 回忆。　　4. 描述。

适用于低级技能的再现任务

可直接教，但本身价值低，它们只是掌握全能知识的手段，不要求学生深层理解。

布卢姆教育目标分类学示意图

指任何一类作业，像口头提问、课堂活动、撰写作文、正规作业、课堂练习等等。

知识。单指回忆某件事的能力。小姑娘能说出牛顿第三定律，就说明她具备这类知识。

领会。指理解了某类知识。实际上是指学生能够按照个人已有知识和经验做出解释，并且学生在新旧知识之间建立了联系。其实，只有培养了应用、分析、综合、评估等技能，学生才能真正领会。任何人都不可能领会自己不懂的知识，因此，如布卢姆教育目标分类图所示，领会需要知识。高级技能同样也需要低级技能。

应用。指学生按教师的要求去做。例如，数学教师可能先教学生做某类计算题，然后要求学生自己去做类似题。

分析。指将复合体分解为要素，然后详细进行探讨。例如，教师可能被要求去分析自己听过的一堂课。分析的方式有两类：一是手术刀，二是多棱镜。

- 用手术刀分析是指，先将整体分解为各个逻辑要素，然后再分别研究。例如，将课分解为先讲什么，再讲什么……或者研究教师活动和学生活动。
- 用多棱镜分析是指，从一个具体视角来研究整体。例如，教师可能用多棱镜来研究整堂课，或在心里提出如下疑问：使用了何类资源？师生之间关系如何？学生之间关系如何？等等。

任何事情都可以使用手术刀或多棱镜来分析。不过，为了深入分析，教师只有选择了合适的"多棱镜"，才能突出影响整体的重要因素。请尝试教你的学生去学会使用两类分析方法。

"为什么"提问是指，"该结果的原因是什么？"原因和结果皆为整体的要素，故"为什么"提问往往就是分析问题。

综合。指短文写作与问题解决一类的任务或作业。综合就是要求学生自己决定如何去完成任务或作业。为了完成任务或作业，学习者不仅必须运用与作业有关的技能、知识、经验和其他学问，而且必须充分做到综合运用。若教师已教会学生如何精确完成任务或作业，则这是"应用"而不是"综合"。

评估。指赋予某物价值并指出优势、劣势。教师可要求学生评估一个观点、政策、计划、解题方法或实验等，但还应要求学生去评估自己的任务或作业。当然，我们特别希望他们会这样做！最理想的结果是，在学习过程中，学生既会随时评估自己的任务或作业，又会在教师发现之前改正不足。如果学生不会评估，他们就根本不可能改进自己的学习。

评估要求学生熟悉标准。若评估一堂课，则可能使用下述标准：

- 学习发生了吗？
- 教师检查学生的学习情况了吗？等等。

这类标准有助于教师使用"放大镜"去集中研究评估对象的关键因素。

一旦学生开始评估自己的学习，他们就需要知道合适的评估标准。本书第43章将探讨评估标准。

上面研究了认知性学习，其实，我们也可以运用相同的方法来研究实用技能的学习。

无意义的文字游戏（Jabberwocky）练习

做了下面这个练习后，你就会豁然开朗。请先阅读这段文字，然后再回答有关问题。这段文字选自刘易斯·卡罗尔的《爱丽丝镜中奇遇记》，是一首名为"Jabberwocky"的诗的首段。若感觉晦涩难懂，则应精心阅读。这是一首毫无意义的诗歌，故绝大多数词语没有任何意义。

Twas brillig, and the slithy toves,
Did gyre and gimble in the wabe;
All mimsy were the borogoves,
And the mome raths outgrabe.

1. slithy toves 正在 wabe 做什么？
2. borogoves 是什么？
3. mome raths 怎么样？

在回答下述问题前，请先做1、2、3题。
4. 学生只有理解后才能回答与原文直接相关的低级问题吗？
5. borogoves 为什么 mimsy？
6. mome raths 的策略的效果有多大？

绝大多数人会给出下述答案：

1. Gyring 和 gimbling。
2. 它们皆为 mimsy。
3. 它们 outgrabe。
4. 不。
5—6. 不知道！若不理解原文，则无法回答。即，若无法主观推测，则无法理解。

只有学习者完全理解了语法，才能选取正确的词语。不过，即使学习者不懂原文的意思，也可成功地完成任务或作业。

下面这个问题值得教师特别关注。第1、2、3、5、6题在布卢姆教育目标分类中各处于哪个层次？请一定先弄明白后再往下读——这将有助于读者弄懂"建构主义"。（第4题可不做。）

第1-3题属于知识问题。

- 第5题是一个"为什么"的问题，故属于"分析"问题。
- 第6题因需要判断，故属于"评估"问题。

第5题和第6题要求你读懂诗，但实际上做不到。它与你已有的知识没有神经连接，你无法建立联系。

"无意义文字游戏"练习表明，若任务或作业位于布卢姆教育目标分类的底部，则学习者不必弄懂材料。若任务或作业靠近分类的顶部，则确实需要学生弄懂或"建构"。

没有理解的学习被称为"机械"学习或浅度学习。学习者不必弄懂材料就可做出正确答案。

当然，提问知识类问题没有什么过错，但肯定不能只停留在知识层次。深度学习是指，学习者不仅要达到低级教育目标，还要达到高级教育目标。与已掌握概念的联结越多，对教师讲的知识的理解越深刻，进而对知识的记忆越牢固。

看过下面几个浅度学习的例子后，你会更加心服口服。我列举的例子来自数学学科，不过各个学科、各个学术水平都有类似的例子。

在分析美国中学的学术能力评估考试（SAT）*试卷之后，研究人员发现：只要使用计算器，80%十二岁的学生会做这道数学题：

- A）$225 \div 15 =$

但只有40%的学生会做这道完全相同的数学题：

- B）花匠将225株鳞茎植物平均栽种到15个花坛，每个花坛要栽种几株？（多数学生不会做的原因在于，他们不知道应用哪类数学运算方式。）

A、B题分属布卢姆教育目标分类的哪个层次？它们对学习者的要求是什么？请先弄清再往下读。

对许多学习者来说，A题属于"应用"题，它要求学习者"按老师演示的去做"。但对学习困难学生来说，它很可能只是一道"知识"题，学习困难学生很可能只

---

*译者注：SAT是英文Scholastic Assessment Test的缩写，是由总部位于美国新泽西州普林斯顿市的美国教育考试服务中心举办的。SAT成绩是世界各国高中生申请美国名校学习及奖学金的重要参考。

是努力去回忆如何做除法，完全不懂自己在做什么——"……现在要按除号键，但不清楚结果是什么……"

然而，B 题则属于"综合"题，它需要学习者具备问题解决的能力。学习者必须先确定这是一道算术题（而不是几何题、语法题或猜想题），然后必须决定选用哪类数学运算方式来解题。

教学有点像为学生提供一个技能工具箱。"应用"任务或作业教你的学生如何去使用每种工具（+、−、×、÷，往往一次教一类）。但"综合"任务或作业则需要学生为完成某项工作选择合适的工具。这并非易事，故需要用心教学。第 20 章介绍了一项教学活动，可用于传授综合技能。

教师容易教会一位木工学生使用凿、锯和螺丝刀等工具，但是，若要求学生修理一扇关不上的门，则非轻而易举的事情了，这需要学生具备一种综合技能，即知道如何选用合适的工具和技能来完成修理任务。

我们再来思考一下除法的运算，在布卢姆教育目标分类学中，随着目标的变化，所需的技能也要相应变化，而且每种技能也必不可少：

- 知识：能认出计算器上的除法符号。
- 领会：知道如何使用计算器做除法题。
- 应用：会解 $225 \div 15 = ?$。
- 分析：能读懂算术应用题。
- 综合：会用算术运算来解题，能找到最佳解题思路，如知道何时用除法。
- 评估：会检查自己的作业和问题解决策略等，能找出错误和疏漏。

同样，一位历史教师也不能只教会学生记住亨利二世的知识就大功告成了，还需要教会学生：

- 应用：应用亨利二世统治时期立法方式的知识来回答简单的法律问题。
- 分析：运用手术刀和多棱镜法来详解亨利二世的君王统治。
- 综合：找出与指定文章题目有关的历史细节。
- 评估：阅读一篇关于亨利二世的文章。它是否达到了优秀历史短文的标准？或者，一位男爵会使用哪种标准去评价亨利二世的外交政策？他会做出什么判断？

只要任务或作业不超出学习困难学生知识与能力的范围，只要他们充分学习并练习了分析、问题解决、短文写作和评估等技能，他们就会运用这些高级技能。学习困难学生也应知道自己使用这些技能的效果，而且他们特别需要建设性的反馈意见。

由此可总结出布卢姆教育目标分类的几个重点：

1. 要解决诸如"除法"一类的问题，学习者必须掌握布卢姆分类中全能知识所需要的所有技能，即：他们能够使用自己所学知识去解决问题、做出判断。仅仅掌握"应用"层次所需要的技能是不够的。

2．高级技能建立于低级技能之上。例如，若学习者不会分析和应用，则不会解应用题（综合）。

每门课程都存在着学生缺乏综合技能的现象。我以前教过物理课，在高中课程考场外等候自己学生的情景至今历历在目。每年都会有学生走过来请教这类问题："第 12 题怎么解？"一旦我回答"那只不过是一道动量题"，他们就会说："见鬼！要是知道，我肯定会解！我一直在用牛顿定律来解这道题。"

学生已学会应用"动量"和"牛顿定律"，但他们还不知道何时选用这些工具最合适。这当然是老师的错，老师没有给学生提供足够的时间去练习综合技能。

在布卢姆教育目标分类中，高级技能包含低级技能，故教学生掌握全部技能并非天方夜谭。例如，只要设计一个综合作业，教师就会进一步提高学生的领会和分析技能。同样，若一位教师要求学生去评价一道题的解法，则不仅需要学生使用自己已掌握的数学运算知识，而且可提高学生数学运算的领会水平。

> **浅度学习**
>
> 研究人员要求儿童和成人解下面这道题：
>
> 一艘船装了 26 只绵羊、10 只公羊。请问船长多大年龄？
>
> 成人会一笑了之，但 75% 以上的儿童却给出了答案。一名儿童答："这类题需要使用加、减或乘法来运算，我认为用加法最合适。"（布兰斯福德等，2000 年）
>
> 这是一个浅度学习的例子，儿童只会生搬硬套，做不到深层理解。

验证认知主义与建构主义教学法

约翰·哈蒂（John Hattie）、罗伯特·马扎诺（Robert Marzarno）两位教授综述了大量真实课堂最有效教学法的相关严谨研究。参阅第二部分导言的一些研究结论。它们雄辩地验证了认知主义和建构主义教学法。

尽管第四部分还要探讨布卢姆的教育目标分类，但我们可以得出下述结论：

认知主义学派的学习观

- **教师需要设置高级任务**。即设定分析、综合、评估任务，保证围绕全能知识来设定任务。一味设定初级任务，后果只能是"浅度学习"。
- **高级技能不是上帝恩赐的礼物，而是教师教学的结果**。在教学过程中，学生通过不断应用可以完全掌握高级技能。例如，使用手术刀和放大镜法来分析，构思论文，按明确的标准来评估，等等。

- 设置不同层次的任务。一般地说，可按照布卢姆教育目标分类学，循序渐进地设定任务。或者，按照从简单具体到复杂抽象的层次来设定任务。

> 问题即答案。
> ——杰米·麦肯齐（Jamie McKenzie）

建构主义学派的学习观

- 选用合适的教学策略，帮助所有学生形成意义建构。教师讲授一类的被动教学法不需要学生形成意义建构，但主动教学法正好相反。一旦学生付诸行动，为了决定做什么，他们就必须创造并应用自己的意义建构。
- 检查与改正。学习是一个尝试与错误的过程，故设计的活动应要求学生自我检查或互相检查学习错误和疏漏，并能帮助教师检查教学的错误和疏漏。只要学生行动起来，他们往往就会设计一份作业用于诊断学习错误和疏漏。参见下文中的苏格拉底式诘问法。
- 学习者做什么比教师做什么更重要。教学只是达到目的的手段，学习才是重中之重！英国教育标准办公室（Ofsted）正是据此要求督学去检查学习而非教学。
- 让学习有趣！有趣的任务或作业，不仅会提高学生参与度、注意力和毅力，而且会提高认知参与度。
- 做中学。许多人认为这是杜威（Dewey）提出的观点，可以说尽人皆知，而且大致可以看作上述观点的集大成者。

认知主义或建构主义常用教学策略

- 提问式教学或引导式发现教学。
- "诊断式"问答教学，通过一系列反诘式提问来探索并纠正错误观点（"苏格拉底式诘问"）。
- 若任务或作业需要学生互相表达自己的看法或告诉教师自己的看法，则教师应对任务或作业进行解释。若教师需要正式或非正式纠正学生的错误看法，则更需要对任务或作业进行解释。
- 小组学习要求学生共同讨论学习材料，进而形成意义建构，同伴互相检查、互相教学。只有设定高级任务和问题，才能如愿以偿。
- 学生创制"思维导图"或"蛛网图"或其他概要，旨在明确重点，揭示各要素与整体的关联方式。参阅托尼·巴赞（Tony Buzan）的网站：thinkbuzan.com/how-to-mind-map/。

第二部分也将介绍许多主动教学法。

行为主义学派：奖励与动机

行为主义心理学家通过简单任务的教学研究了动物的学习。美国心理学家爱德华·李·桑代克（Edward Lee Thorndike, 1874–1949）的"迷笼实验"是饿猫学习如何逃出迷笼获得食物的实验。桑代克将饿猫关进迷笼，饿猫可以通过学会拉绳或按杠杆等不同的动作逃出笼外获得食物。

桑代克设计的迷笼*

美国心理学家伯勒斯·弗雷德里克·斯金纳（Burrhus Frederic Skinner, 1904–1990）则设计了"斯金纳箱"来研究鸽子、狗、白鼠和其他动物的学习，箱内设置了一个控制杆，只要按压控制杠杆，动物就会得到食物。实验研究人员运用类似装置去教会白鼠走出迷宫。

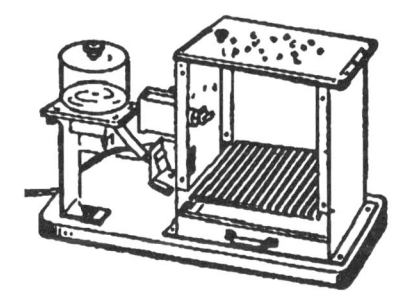

斯金纳箱*

无论哪项动物实验，都是通过给动物奖励食物来强化它们的新行为。宠物或马戏团的动物也可运用同样的训练方法。动物学习与人类学习各不相同，但心理学家将一些动物实验的研究成果应用于人类学习，竟然效果极佳。下文有关行为主义研究成果的概要尤其值得教师关注，行为主义心理学家视之为行之有效的学习原理。

学习需要奖励或"强化"

若将刚喂饱的猫放进迷笼，则它会睡觉。只有饿猫才能学习如何逃走觅食。预期的某种奖励（如表扬或满足好奇心）也会刺激人类学习者；没有奖励或强化，则没有学习。无人会为了学习而学习！

凡是有效教师（指教学效益高的教师），都会大量运用表扬、关心以及其他鼓励方式来奖励自己的学生。他们为所有学生设定合适的学习任务，将长期任务分解为若干短期任务，从而让学生不断体验学习成功。课程经常分为若干模块（或单元）以提高奖励的频率。

一旦出现预期行为，就应立即实施强化

若白鼠一按压杠杆，食物就会马上掉进迷笼，则它很快学会了按压杠杆来获

━━━━━━━━━━
＊译者加图。

取食物。若延迟强化，则学习时间会延长。

人类学习同样如此。若学生的作业得到及时批改，则会促进学习；相反，若数周后教师才批改完作业，则表扬或满分也成了可有可无的事情。

在教学过程中，有效教师总是不停地奖励和鼓励自己的学生，故强化基本为即时强化。

学习是循序渐进而非一蹴而就的，反复成功会促进学习

饿猫肯定需要时间从迷笼逃脱，但练习越多，逃脱所用时间越少。人类学习同样需要时间，过去的成功会成为现在学习的动力。若学习者从未体验到学习成功，则他们很快会厌学。

反复体验或最近体验的事情容易记忆

你在 9 月份给学生讲了一堂新课，如果以后不再提及，学生很快就会忘到脑后。有效教师每堂课在开头和结尾都重视和概括关键点，他们也总是重视新旧知识之间的联系。

说来遗憾，中小学和高等院校的教学大多与行为主义学习观背道而驰。教师给学习困难学生设置的作业过于复杂，导致这些学生在一些课堂上从未体验到真正的成功。原因之一就是一些学生几乎或从来没有受到表扬或鼓励。作业可能得不到及时批改，讲的新知识往往数月不复习，结果是多数学习者完全放弃了学习。

学习是一个复杂过程，与其他心理学派一样，行为主义心理学的研究也只不过是发现了部分真理。第 5 章将深入探讨动机，第 6 章将重点分析表扬与批评，第 9 章将重点介绍纪律，第 23 章以研究记忆为主。

人本主义学派：满足学习者的情绪需要

在 1964 年出版的著作《儿童是如何失败的》中，约翰·霍尔特（John Holt）指出：学校系统会摧毁儿童的心理和情绪。他猛烈地抨击了学校教育的弊病，如诱发儿童的恐惧症，侮辱、讽刺和贬低儿童。人本主义心理学家认为，对失败和拒绝的恐惧会引起身心失调。学习者或者墨守成规、退缩，感到压抑，缺乏自信，或者不停地报复和捣乱。其后果是不仅损害了学生健康，而且也毁掉了学习。

绝大多数教师发现，自己的学习是一个相对简单的过程，即：学习某个学科可能有困难，但其他学科肯定遥遥领先，从而可以顺利获得做教师所需要的资格或技能。不过，对多数人来说，学习过程却充满了痛苦、焦虑和挫折。据估计，30% 的学生拿不到普通中学教育毕业证书，7%–10% 的学生属于功能性文盲，即，他们不能读报、不识路标、不会填表。对你而言，学习是一件易事，但并非人人都是如此。

人本主义学派视情绪因素、个人成长和发展为最高价值，但它们却为过度追求物质、客观、机械的社会所漠视。人本主义心理学家认为，学校存在的价值仅仅在于满足每个学习者的需要，否则就会一文不值。他们主张，学校和教师应该允许学习者按照个人意愿、兴趣和天赋去充分发展自我。

人本主义学习原理影响巨大，对成人教育和培训、继续教育的影响最直接，但开发应用还远远不够。

学习者应享有自主性

学校应鼓励教师帮助每个学习者选择自己需要学习的知识和技能，与每人商定一个独特的"学习合同"或"行动计划"。同时，还要根据每个学生的需要，量身定做学习材料、学习方法和学习速度。

只有学生拥有了自由选择权，他们才能一心一意地去学习，同时，兴趣和好奇心又会激发他们去努力学习。英国皇家督学团（HMI）视导了萨默希尔学校（又译为夏山学校）。1921年，英国教育家、现代西方自由学校运动的倡导者A.S.尼尔（Neil）创办了该校，他依据人本主义的学习观来管理学校。*督学团发现，学生"活力十足，兴趣盎然，没有一丝厌倦和冷漠"。

在这所学校里，从不强调标准课程和强制性上课。若中小学这样做，则会被扣上激进的帽子，但对成人教学和培训来说，就属于老生常谈了。当然，绝大多数中小学教师都会应用人本主义学习原理，只是程度不同而已。

即使无法让学生自主性学习，也起码应经常让他们自由选择部分学习任务或正规作业，允许他们追求个人的兴趣爱好。教师布置的正规作业应最大限度地激发学生的创造力和好奇心，切忌布置重述事实的正规作业。

> 教育体系的终极目标就是，人人皆可选择适合自己的教育。
> 我们应将人脑视为可以使用的工具，而不是可以填充的仓库。
> ——J.W.加德纳（J.W.Gardener）

学生应对自己的学习负责

不仅允许学生选择适合自己的学习风格和内容，而且鼓励学生对自己的学习效能负责。教师要鼓励学生主动学习而不是被动学习，帮助切莫过度，否则会助长学生的依赖性。在参加教师培训期间，我曾听过一堂科学课，课堂上有一名学生抱怨自己使用的电表指针一直摇摆不定。教师的反应出人意料，他不无轻松地

---

*译者注：该校实施混龄教学辅以个别化教学设计，学生自己决定学习内容及生活规则，强调学校适应学生而非学生适应学校。

问道:"你准备怎么办?"这完全是一种人本主义的反应方式。果然,学生不仅一会儿就找到了一只非常合适的电表,而且为自己能够解决科学问题而喜笑颜开。

自我评价优于教师评价

自我评价或自我评估鼓励学生自立和自主,而自立和自主又备受人本主义学者推崇。自我评价是工作和学习必需的一项重要技能,它既鼓励学生对自我改进负责,又是任何领域走向优秀的必由之路。人本主义学者认为,教师的考试会滋长学生机械记忆和为分数而学的行为,而不会带来真正的学习和个人发展。教师评价也会制造恐惧和耻辱,降低学生的自尊。只有学会建设性地评价自己的工作,学生才能对自我改进负责。

教师需经常督促学生去评估自己的正规作业或部分作业,只有学生的自我评价不理想,教师才能提供评价意见。

只有环境没有威胁性,学习才能成为最容易、最有意义、最高效的活动

成就欲、探索欲、发展愿望和改进愿望都会促进学习,但害怕失败却会阻碍学习。对学习错误应推行"不责备"政策,错误不可避免,错误只是一个学习机会。只有学生感到准备好了,教师才能允许他们进行自我评价,切忌预先规定时限。如果学生没有达到评价标准,教师就应给予他们改进自己学习的时间。

请看下面这个学习循环,它运用人本主义原理去鼓励学生改进自己的学习或表现。请注意,它包含自我评估,没有威胁性,鼓励学生对自己的学习和自我改进负责。该学习循环与教师评价报告相比,哪个更会有助于学生自我改进?在比较时,请考虑学生的动机以及可能出现的情绪反应。

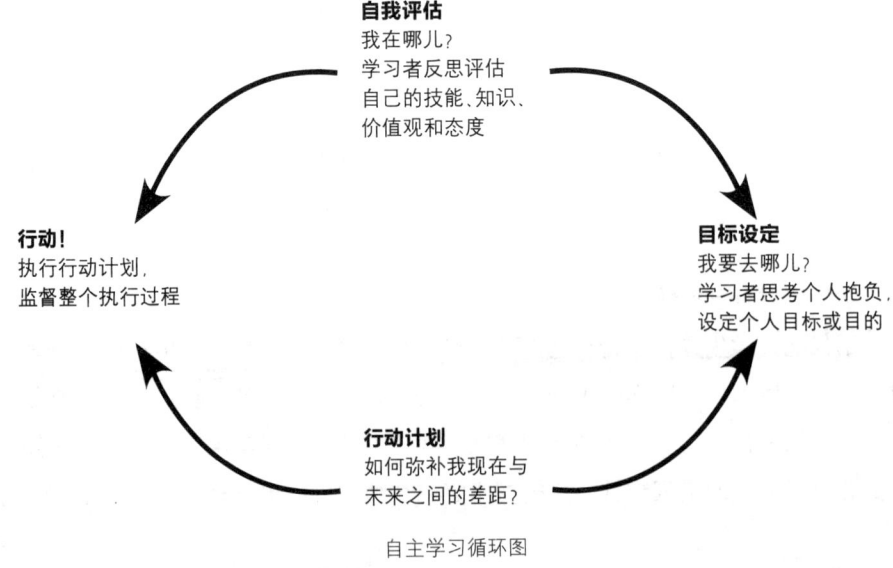

自主学习循环图

第10章、第33章和第34章将会详细介绍自主性学习的理论与实践。

成人学习与"成人教育学"

这类人本主义的"自主性学习"法广泛应用于成人教育,也可就某些主题或在某些情境里用来教少年儿童学习者——例如,用于研究性学习、学会学习和满足个体需要。儿童学习与成人学习有何不同?

一名少年或儿童学习者通常认可或期待教师掌控教什么和如何教(有时,走向极端就会成为一名被动学习者),但成人却要求更多的自主权。他们选修一门课程往往出于非常具体的个人原因——"我想画野花的插图"。教师需要采用灵活多变的方式去满足同一班级学习者的不同愿望。

下述章节有助于理解这项困难而重要的主题:

- 第 41 章,介绍了成人学习与中小学及绝大多数 16~19 岁青少年的学习如何不同,还有如何安排课程来满足成人学习者的需要。同时介绍了非学历课程设计。
- 第 34 章,探讨了如何运用自主性学习来教成人或少年儿童学习者。
- 第 33 章,探讨了如何运用独立性学习帮助学习者过渡到自主性学习。
- 第 10 章,探讨了自主性学习常用的"促进学习"法——"你属于指导者还是促进者?"

专业教育学与职业教育学

> 教育学:教学理论或科学。
> ——《简明牛津英语词典》

我任教学科的最佳教学方式是什么?迄今为止,我们讨论了一般原理,它们既适用于历史或理发教学,又适用于数学或马术教学。不过,你需要根据任教学科、自己与学生实际来应用这些原理。你需要回答三个问题,你的回答还可能因课程和学业水平而有所变化。你的学科辅导教师会给你提供帮助,至少在回答下述第 1、2 两个问题时会指导你,另外,观摩本学科的示范教学也会有所收获。

1. 对我的学生而言,最有用和最有效的一般教学方法是什么?例如,一位历史教师可能重复运用教师讲授法,每次讲授后马上运用"多棱镜"开展小组合作学习,然后运用自信式提问。本书第二部分将详述它们以及许多其他方法。浏览所有方法,有些对你的帮助可能超出预期。第 38 章、第 39 章会帮助你选择适合于一节课的方法。

2. 每个主题的最佳教学方式是什么?我如何教营养学?我如何解释营养学?我应使用什么类比或实例?当然,最重要的一点就是,哪类学生活动会促进他们准确地掌握概念?

> 登录互联网，尝试搜索"教学计划"+学科或课程名称。不过，你会非常意外地发现所有教学计划都需要有效教学方法与必要教学资源。但愿有一天全国教师会在互联网上合作研发有效教学方法与教学资源。

3. 我在自己任教学科里如何才能教会学生思考？你必须教学生学会像一位历史学家、理发师那样思考，或教他们学会运用合适的方式来思考。学科思维技能当属你可以留给学生的珍贵遗产。所以，设置任务来要求学生以学科思维方式来推理，然后开展下述讨论：

"这种数学方法有效吗？"

"为什么？"

"对这位顾客而言，最合适的染发剂是什么？……"

"你怎么知道？"

"如果他拒绝你的建议，你怎么办？"……

一定要有效引导这些讨论，从而保证学生积极参与、自由思考。参阅第14章，重点参阅第24章。第38章、第42章探讨了如何设计"双层"课程，即，边教学科知识，边教学科思维技能。

你正在被民间教育学诱惑而陷入困境吗

我曾指导过一名律师如何教法律。她在选修我的主动学习课程期间，一直兴趣盎然。不过，听完她的讲课后，我沮丧地发现，她整节课都是时而讲授时而口述笔记，并没有应用所学。

当我谈及学习理论与主动学习课程时，她摇了摇头，微笑着说："不适用，因为我在教法律。"虽然她对老师充满了敬意，但她解释说，要讲的内容太多，来不及主动教了。

这类"民间教育学"问题并非法律教学特有，每位教师都必须积极应对。

其实，尽管你老师的教学在许多方面具有启发性和有效性，但你根本无法按照老师教你的方式去教现在的学生。目前我们对如何教学已知之甚多。成千上万的教学方法应用于课堂，所以，无论你教什么学科、教什么年级，运用主动学习法去完成挑战性任务都会取得最佳效果，这包括对话以及对任务完成得多么好进行告知性反馈。而反馈可能包括自我与同伴评价。

在《基于证据的实用教学法》第22章里，我探讨了卓越教师教什么的有关研究（卓越是针对教师教什么给学生素质增值而言）。他们并不是详尽无遗地讲授每个主题，而是利用宝贵的课堂时间去完成不同层级的任务，从而保证学生深入理解该主题。一般细节知识可以设置为家庭作业和指定作业，要求学生自学即可。

> 你是否将过多时间用于讲解过多细节？参阅第25章、第33章和第36章。如果你讲解所有细节，学生往往就会纠缠于细节，因而无法理解或掌握重要观点或技能。讲解细节永远不应该优先于深度理解。参阅《基于证据的实用教学法》。

谁能帮助或发展你的专业教学技巧？你的指导教师或辅导教师会提供帮助，同样，学科学习培训师、高级教师、资深专业人士或学校负责教师培训的工作人员也可能提供帮助。寻求他们的建议——他们会乐于听你讲述自己的故事。

社会学习：不教而会的知识

如果一位教师要求学生饭前必须洗手但自己却没有做，学生就会以为饭前洗手无足轻重。研究发现，教师行为的影响力远远高于教师的言词。以身示教或以身示范就叫作"塑造"。你的教学需要塑造学生什么？热情？透彻？耐心？善于辞令？安全习惯？无论选择什么，都要谨记："我说什么你做什么，而不是我做什么你做什么"完全为一种无效的教学策略。

教师对待学生的行为也是教学，只是自己觉察不到罢了。若教师同等地与亚欧学生谈话，同等地对他们微笑，同等地鼓励和帮助他们，则是教学生去尊重所有种族。诸如此类的无意识教学有时叫作"隐性课程"。

> **单词表**
>
> 还能想起前面让你记忆的那个单词表吗？你能记住自己不懂的东西吗？单词表包括："thick, wall, it, tea, of, myrrh, seize, knots, trained"，它们的发音几乎与"The quality of mercy is not strained"（慈悲不是出于勉强——莎士比亚）相同。你会发现：后者有意义，因而比前者更容易记忆。总而言之，我们不记忆单词，我们记忆意义；我们必须自己形成意义建构。

本书论及人类如何学习的章节不少，其中以第2章、第3章、第4章为主，第4章概述了优质学习循环的关键学习环节。第23章是为记忆而学习，第29章为引导式发现学习，第31章为从经验中学习，第43章为评价。

小　结

　　学习与记忆是两码事，学习是一个主动"建构意义"的过程。只有进行建构和组织，信息才能转化为长时记忆，才能应用于实际生活。组织过程借助于做而不是听。

　　只有经常使用或回忆，信息才能储存到长时记忆。"频因律和近因律"支配我们习得的回忆能力。

　　动机是学习的关键。动机来自于反复成功，来自于教师对成功的实时强化。成功欲会带来高效学习，而害怕失败会阻碍学习。学生应尽可能对自己的学习、评价和改进负责。身教重于言教，以身示范就是无意识教学。

　　将教师角色主要定位于给学生传递信息是一个常见错误。向学生传递信息是一回事，而让学生通过形成意义建构来理解信息完全又成了另一回事。

教师检查单

- ☐ "做中学"占用了学生的大部分时间吗？
- ☐ 你近几日要让学生尝试的新活动是什么？
- ☐ 在学习上，你的学生都会取得一定程度的成功吗？
- ☐ 你会马上强化学生的成功吗？
- ☐ 你的学生反复使用已学知识吗？
- ☐ 你会使用学生已有知识来帮助他们学习新知识吗？
- ☐ 你鼓励学生自我评估和对自己负责吗？
- ☐ 你避免使用威胁来刺激学生去学习吗？
- ☐ 你认为教师必须塑造学生什么？

推荐读物

[1] J.D. 布兰斯福德(Bransford, J.D.)，等. 人类如何学习：脑、心理、经验与学校. 美国研究理事会，2000.（总结了大量美国政府委托的学习研究综述成果）

[2] D. 蔡尔德（Child, D.）. 心理学与教学（第8版）. 统一体学术出版社，2007.

[3] R. 克拉克（Clark，R.）. 基于证据的培训方法. 美国培训与发展协会出版社，2010.

[4] R. 克拉克，等. 有效学习. 法伊弗出版社，2006.

*[5] J. 哈蒂（Hattie，J.）. 教师可视化学习：最大限度地影响学习. 劳特利奇出版社，2012.

[6] J. 哈蒂，G. 耶茨(Yates，G.). 可视化学习与人类如何学习科学. 劳特利奇出版社，2014.

*[7] J. 霍尔特（Holt，J.）. 儿童如何学习（修订版）. 达·卡波出版社，1985.

[8] M. 诺尔斯（Knowles，M.）. 现代成人教育实践：从教育学走向成人教育学（修订版）. 剑桥图书出版公司，1988.

*[9] C. 基里亚库（Kyriacou，C.）. 基本教学技能（第2版）. 纳尔逊·索尼斯出版社，1998.

[10] S. 平克（Pinker，S.）. 心智探奇. 企鹅出版社，1997.

[11] I. 里斯（Reece，I.），S. 沃克（Walker，S.）. 教学、培训和学习实用指南（第3版）. 商务教育出版社，1997.

*[12] 卡尔·罗杰斯（Carl Rogers）. 学习自由（第3版）. 培生教育出版社，1994.

[13] J. 罗杰斯（Rogers，J.）. 成人学习（第3版）. 开放大学出版社，1989.

[14] D. 威廉（William，D.）. 形成性评价. 原点出版社，2011.

[15] 任何一本优秀心理学教材都会简要介绍记忆和学习理论.

（带＊号的文献为特别推荐读物）

免费下载资料

[1] 教与学研究项目：十项有效教与学原则（TLRP ten principles for effective teaching and learning）.

[2] 优质学习（杰夫·佩蒂）（Quality Learning）.

第二章　技能学习与矫正性练习

学习将伴随终生。人人都知道自己的最佳学习方式，对他人却知之甚少。不过，对自己的了解毕竟属于直觉的、零碎的知识。本书旨在揭示个人的最佳学习方式，从而有助于教师去发现最佳教学方式。

为了寻找乐于学习的方式，我们先做一个"思维实验"。据此，我们不仅可以发现人类习得一种特殊智力技能或操作技能的秘密，而且会惊叹于人类直觉的才能。

穿越沙漠作业

让我们设置这样一个作业：要求你独自一人驾驶"路虎"越野车（Land Rover）从地图上的 A 地到达 B 地，其中必须穿越数百英里的撒哈拉大沙漠。只有学会两种技能，你才能保住自己的性命。这可是一件生死攸关的大事，你千万不可掉以轻心啊。

1. 必须会拆卸、清洗、重新组装化油器

驾车穿越沙漠意味着沙会吹进发动机，进而可能进入化油器，最终导致发动机熄火。除非能够重新启动，否则车就会抛锚沙漠，车载的饮用水很快就会喝光，等待你的命运肯定是死亡！

2. 必须会运用星星导航

若没有指南针，但携带了星图和其他必要仪器，则你需要完全凭借星星来确定位置和方向。一旦迷路，燃料和水就会用光，等待你的命运，注定又是死亡！

技能学习往往离不开"领会"，但又不可局限于此。例如，你不仅懂星星导航，而且会用星星导航。第一种技能属于操作技能，第二种技能属于智力技能。

只有学会这两种关键技能，你才能放心

去旅行！无论选择何种方式去学习，你都必须不惜任何代价去准确掌握它们，要知道，这可是关系身家性命的事情啊。

究竟需要具备什么学习体验才能确知自己已经掌握这两种技能呢？你会按照什么顺序去获得这些学习体验？你可以自由选择自己喜欢的任何学习体验，下面部分例子可供你参考。

阅读：提供相关文字材料让学生阅读。

测试：简单测试或实际测试，教师进行批改。

课堂操作或练习：在老师指导下，学生进行练习。

记笔记：分发笔记或讲义，为学生提供永久性学习材料。

演示：学生现场观看教师如何操作。

解释：学生倾听教师的解释。

讨论：非正式的课堂讨论。

问答：学生在课堂上向教师请教问题。

观看录像：学生观看一部相关题材的录像片。

概括：教师给学生提供概括学习重点的材料。

探究：教师要求学生自己研究一个课题。

角色扮演：学生参与一项实际模拟活动。

你还可以选择自己喜欢的其他任何学习体验方式；只要查阅本书目录各章的标题，你就会有诸多选择方案。

安坐桌前，上面放好纸与铅笔，然后为每种技能选定自己喜欢的学习体验与学习顺序，最后再开始继续阅读本书（从"化油器"读起）。

显然，绝大多数人会选择相似的学习体验来掌握这两种技能，由此推知：人类肯定存在着某些喜爱学习的模式。下面是掌握化油器技能的几类典型方法。

学会如何清洗化油器

1. **解释**：教师借助于视频和讲义，给学生解释化油器的功能、在发动机的具体位置、工作原理等。

2. **演示**：教师现场演示如何拆卸、清洗和重新安装化油器，同时应告诉学生操作要领、操作注意事项、操作提示。

3. **课堂练习**：例如，学生在教师指导下，自己拆卸、清洗和重新安装化油器。

4. **沙漠实地考试**：教师对学生不做任何指导，但对考试结果进行评估（请提供应急救援）。

解释有助于学生领会自己将要做什么，演示有助于学生掌握"操作要领"，即，做什么和如何做对。人人都认为自己需要去练习这种技能，但绝大多数人却反感教师检查自己的学习。遗忘在所难免，所以我们需要一份讲义，或一本手册，或其他"记忆辅助术"；上课期间，为了消除疑问，教师应给予学生随时请教问题的机会。最后，只有实际测试或"评估"化油器的清洗技能，才能确知学生已完全掌握，否则，任何人都不敢以生命为赌注来妄断学生掌握了这种技能。

只要学习专门技能，我们就需要借助于"educare?"记忆术（educere 的中文含义为引导，它是 educate 的拉丁语词根。"educare?"为 explanation, doing-detail, use, check and correct, aide-memoire, review, evaluation, query 等英语单词首写字母的组合体。）

只要学习一项专门技能，就应该满足下述需要：

E（Explanation）——解释：学生需要理解为何如此运用某种技能以及所有重要的背景信息。

D（Doing-detail）——操作细节：学生必须准确知道希望他们做什么以及应该如何做。通过现场演示或案例研究等来教学生如何做，往往会让他们学得最好。操作细节非常有用，学生可以模仿或仿照这些操作规范。

U（Use）——使用：学生必须使用，即，学生必须练习这种技能。

C（Check and correct）——检查与矫正：学生自己检查与矫正，但通常是教师检查与矫正学生的练习。

A（Aide-memoire）——记忆辅助工具：学生需要某种提醒物，例如笔记、讲义、教材、磁带。

R（Review）——复习：只有复习和重新使用先前知识，才能保证已学知识不会被遗忘。

E（Evaluation）——评估：如果学习者和教师要了解知识的掌握程度，就必须进行实际测试。

?（Query）——质疑：教师应始终给学习者提供请教的机会。

"使用""检查与矫正"的需要是一个学习循环，只有掌握了这种技能，这个循环才能停止运转。在教学过程中，只有复习或反复使用已学的知识，才能避免遗忘。

"educare?"均属于学习体验而非教学方法，认识到这一点非常重要。例如，教师可采取不同形式来提供"解释"。"教师讲授"就可以提供"解释"，不过，只有学生通过读教材、看视频、做实验、自主探究等去体验，"教师讲授"才能有效。问题是学生迟早会遇到一个解释：为何某项活动如此开展。如何得到这个解释并不重要——哪怕这个解释是从公交车车厢捡到的薯片包装袋上发现的，他们也仍然是得到了这个解释！同样，对其他学习体验因素来说，传递形式无关紧要，而满足每一个需要却至关重要。

需要也可能是两个以上，例如，要做到高效学习，学生往往需要同时获得"解释"和"操作细节"。偶尔，学生也会同时体验到"使用""检查和矫正"。但是，**成功的学习依赖于满足学生的全部需要。**本书第二部分"教师工具包"将探讨掌握操作技能的其他因素。

当然，学习者也具有生理需要、情绪需要和动机需要，"educare?"记忆术只是探讨了认知需要罢了。我们发现，对一位积极主动的学习者来说，如果没有学习体验，就不可能有效地完全掌握一项操作技能。

然而，无论是掌握一项专门操作技能，还是掌握一项智力技能（包括语言技能），如果要保证学习成功，就几乎一直需要所有的"educare?"要素。为了验证这个观点，我们先看看下面这个由部分实习教师推荐的掌握导航技能的学习体验清单，然后再将它们与你自己的学习体验进行对比。

学会如何运用星星导航

1. 讲授：介绍夜空、星座等，包括星图的含义和使用方法。
2. 演示：演示如何运用星图来辨别方位、找到北方等。
3. 简单的课堂练习：若可能，则在课堂练习如何运用星图，别忘了采取问答方式来练习。
4. 注解：进行注解，并指出学习者在课堂练习中所犯的错误。
5. 实际应用：例如，晚上在天文馆开展应用训练；最好在夜晚的沙漠里，以便创造一个真实的环境，不过，为防止失误，必须提供帮助。
6. 系列考试：实际考试但难度增高，由教师命题并评估。

浏览上述导航技能清单，看看能否找出"educare?"的要素。做完后再往下读。

教师必须教给学生的技能和能力

在第 37 章里，我们将发现，绝大多数学习的目标和目的在于，让学习者能够做以前无法做的事情。学习可以培养技能和能力。下面一些例子指出了中小学和大专院校必须教给学生的技能和能力。主要包括：

- 区分传导、对流和辐射；
- 回答土壤肥力的试题；

- 打印规范的商务信函；
- 分数加法；
- 吹干头发；
- 记住亨利五世在位时的重大节日；
- 概述收音机工作原理；
- 正确填写表格；
- 在句子中正确使用法语动词 avoir（中文意思为具有或享有）；
- 用西班牙语去宾馆预订房间；
- 正确使用木工钻；
- 诊断出彩电的一个故障；
- 拒绝无安全套的性交。

我们借助于矫正性练习来掌握专门技能和能力，学习者会产生"educare?"记忆术所述的需要。

在身体技能教学中，切忌一次教得太多。对复杂任务来说，最好分成一系列步骤，然后让学习者分别掌握。在达到预定速度之前，学生应准确地、缓慢地练习每个步骤。然后这些步骤才能拼接起来，最终组合为一个复杂任务。例如，一名音乐教师可能据此教一名学生演奏四小节乐曲，或许一次只教一小节乐曲。

"educare?"记忆术可用于设计学习活动，检查教案是否存在重大遗漏，或者有助于消除学习障碍。第 3 章将详细探讨记忆术。

推荐读物

[1] J.S. 布鲁纳（Bruner, J.S.）. 教学论. 威廉·沃德·诺顿出版社, 1966.

[2] E. 詹森（Jensen, E.）. 超级教学：1000 余项实用策略（第 4 版）. 科温出版社, 2009.

[3] B. 威尔逊（Wilson, B.）. 培训方法（1-4 卷）. 英国政府文书局, 1987.

第三章　学习者的需要

上一章，我运用一个简单的"思维实验"来证明：在学习一项专门技能或能力时，无论是学习身体技能还是智力技能，学习者都会产生某些学习需要。这些需要包括：解释、操作细节、应用、检查和矫正、记忆辅助工具、复习、评估和提问（或质疑），我们可以用"educare?"来代表。任何一种高级技能的学习都包含这些需要或要素。

运用"educare?"的要素

让我们逐一深入探讨学习者的各种需要，从而弄清为何每种需要都会左右技能或能力的有效学习。

解释

如果你既不知道化油器的工作原理，又不清楚为何只清洗某些部件而不动其他部件，那么，你敢使用一个化油器的清洗程序吗？使用一个不懂的程序，我们往往会感到非常不安。我们需要一个"解释"。解释应包含相关的背景信息，例如，化油器的工作原理，为何有时需要清洗，等等。

你可能以为所有教师都会给学生一个充分的解释，但有些教师却只教给学生例行程序或常规，完全不做任何解释。几乎所有的技能教学，从切鱼片到解二次方程的教学都存在着类似问题。教师给学生布置一大堆任务，告诉他们必须按照什么顺序去做，根本不解释为何每个步骤是必要的，为何要这样做，或者每个步骤的确切结果是什么。

教师讲的常规，若学生不理解，则很快就会遗忘；学生不会应对意外发生的事情，也不会解决遇到的问题。即使学得分毫不差，一些学习者也仍然缺乏信心。缺乏理解的学习其实是一种浅度学习——在现实教学环境中，这类学习屡见不鲜。例如，许多人对"培训不需要理解"的谬论深信不疑。

有些教师认为，这类事情不言而喻，完全没有必要给学生解释。然而，恰恰相反，教师感觉不言而喻，而学生却如堕五里雾中。其实，一本简单的计算机使用手册就足以说明这个问题！它向学生解释吗？或者，它只是用一系列指令告诉学生做什么吗？计算机手册不必向学习者详细介绍电子学知识，但必须做出某些简单的解释："现在，请按回车键；这是通知计算机你已输入名字。"

只有根据以前的知识和经验理解了正在学习的新知识，学生才能在教师的教学结束后继续学习和进步。

如果一些教师省略了解释，其余的教师就会认为这恰恰是他们需要提供给学生的东西。大学式讲课本身教不会学生一项技能或能力，只有进行矫正性练习，并且完全满足"educare?"记忆术的其他需要，学生才能掌握一项技能或能力。

如第 2 章所述，解释是一种学习者的需要，而不是一种教学方法。若学生通过某种方式得到了解释，例如学生通过阅读或自主探究弄清楚了，则教师无须重复劳动。（详见第 11 章和第 12 章）

操作细节：演示会教给我们什么

学习者掌握一项技能时，为何他们需要操作细节？因为他们想知道（教师最好使用具体术语）：

- 教师希望他们做什么；
- 他们如何才能做得最好；
- 他们如何才能告诉教师自己已准确掌握了这项技能或能力。

他们或许还想知道：

- 何时何地适用他们掌握的技能。

简言之，他们需要操作细节，即具体规定学习者的学习任务。教师可以采取不同形式来提供操作细节，不过，绝大多数学习者还是最喜欢适于模仿或仿照的具体操作规范。例如，在某一阶段，若不演示如何做，则几乎不可能教会学生拆卸化油器。教学生掌握一项技能或能力的方法多种多样：

演示

- 演示三孔插座如何接线；
- 在白板上演示如何解二元方程，然后再要求学生自己解题；
- 演示一个外语单词如何发音。

案例研究

- 零售培训师可能要求学员观摩一个录像片：售货员如何与难缠的顾客打交道；
- 会计培训师可能给学员提供乱账的例子，然后要求他们从中归纳出如何做好账。

范例

- 电脑编程教师可能给学生提供一个精心设计的程序样本，然后与他们一起讨论程序结构的"操作细节"；

- 最后，要求学生找出一个粗制滥造程序存在的错误；
- 在教历史论文写作时，历史教师可能给学生同时提供好的和差的范文，然后与全班同学一起讨论；
- 法律教师可能这样教给学生辨别书面诽谤和口头诽谤的技能：向学生描述一个案例，然后与全班学生一起激烈辩论是否涉及书面诽谤和口头诽谤，或者毫不相干。（包含故意错误的案例也可提供"操作细节"。）

告诉学生如何做

教师可以系统地指导学生，例如系统地指导学生如何更换一台空气滤清器。不过，一般地说，只有学生具备了丰富的相关经验，这种方法才会奏效。

发现

上信息技术课时，教师可能要求学生不停地探索，直到他们自己发现如何更改一段文字的页面设置为止。

模仿学习是课堂内外的一种主要学习形式，模仿是掌握"操作细节"的最佳方式。不过，有时只靠模仿还不够，例如，在学习绘画时，如果没有教师的帮助，学生可能掌握不了构图或颜色搭配的一般规律。或者，若没有教师的指导，则学生单凭模仿范文还是不会写报告。

令人遗憾的是，在教学过程中，许多教师尤其是学术科目的教师省略了"操作细节"。其结果是，学习者就要自己去发现教师要求他们做什么，或者从同学那里发现教师要求他们做什么。下面即为几个例子：
- 一位数学教师说"两边平方，再整理方程，就可解出未知数——解这些方程均用此法"，但教师却没有在白板上演算一道题，即，没有告诉学生如何解题；
- 缺乏教学经验的地理教师，口头讲授而非实际演示判读地图的最佳方法，然后就要求学生回答复杂的地图判读题；
- 一位计算机教师说"运用文件菜单，你就可以根据个人需要来改变打印机的选项"，但教师却没有让学生聚在计算机屏幕周围来实际演示如何做。

> 一般地说，若教给学生身体技能而非智力技能，则教师往往会通过演示来提供"操作细节"。如果你这样做，就会将记忆术中的"D"误记为"演示"（demonstration）而不是"操作细节"（doing-detail）。

即使完全证实了学生的预期，他们也会认为"操作细节"有用。这让学生不仅确信自己已弄懂了，而且确信自己正在做正确的事情。

有时，教一项简单技能，或者教一项与以往非常相似的技能时，由于已经给学生提供了"操作细节"，因而不必进行重复劳动了。例如，若全班学生已学过水煮鳕鱼，则教师不必演示就可以教他们如何水煮黑线鳕。不过，请当心：绝大多数新任教师过高估计了自己的学生，所以一定要谨慎行事！如果运用定理"三角形内角之和等于180°"去求未知角，哪怕只包含简单的加减法，教师也最好给学生演示一遍；演示让学生不仅确信自己已经弄懂了，而且很可能记住了。（详见第13章）

运用技能

假如从未练习，你会拆卸、清洗并重装一部化油器，或者你会读星图来辨别方位吗？

其实，无论正在学习什么技能，不管是上数学课学习解二元方程，还是在零售商店与难缠顾客打交道，我们都需要练习。绝大多数学生都认为练习是最佳学习方法。恰恰相反，许多教师却根本不把练习当作最佳教学方法！

我想起一位化学实习教师上的一堂如何解化学方程的课。他的解释很充分，并且在白板上演算了几道题的解法；学生将教师讲的解法记到了笔记本上。他认为学生练习纯属画蛇添足。"我倒是乐意给他们机会去练习解几道题，可恰好没有时间呀！"他告诉我。然而，他却有一个半小时的时间去解释和演示如何解这类题！

假如教师花费一个半小时来演示如何清洗化油器，却不给他这位学生一点时间来练习如何做，这位实习教师会作何感想？

在基础知识和基本技能的教学中，学校分配的课时往往少于教师的实际需要。但是，这并非意味着我们需要改变花费在每个"educare?"要素上的总时间比。我们应如何分配在这些学习活动上使用的时间呢？当然要根据环境的变化而变化，不过，从广义上说，学生练习往往是花费时间最多的一项学习活动。

在"目标和目的"一章里，我们将会发现，即使学术科目的教学，也包含着教给学习者如何做某事（如何回答考试题）。这自然需要练习。详见第16章。

检查和矫正

只要学生练习一项技能，教师就必须进行检查。教师最好每堂课多次检查学生的学习，必要时可另外给予解释和演示，从而帮助学生矫正错误。检查的主要目的在于矫正学生重复犯错误的方法，进而掌握正确的方法。检查旨在让学生清楚自己矫正什么，检查需要细心和专心。

培养学生自我检查和矫正个人学习的能力是教学的最终目标，因此，教师应想方设法鼓励学生自己进行"检查和矫正"。学习者对矫正自己的学习错误承担的责任越大，学习效果越好。

需要注意的是，尽管自我检查会节省教师大量时间，但在高级技能教学中，教师仍需亲自进行检查；无论学习什么新知识或技能，几乎没有学生从一开始就能够独立地自我检查个人的学习（或学生之间互相检查对方的学习）。

"检查和矫正"阶段也会给教师提供重要的教学信息反馈。学生听课了吗？我讲得太快了吗？学生学会了吗？当然，我们也不能过分强调反馈的重要性。

"使用""检查和矫正"共同组成了一个可重复运行的反馈循环，只有学生学会了，这个循环才能停止。

一旦学完一项新知识或技能，学生就应尽快检查和矫正个人的学习，若能边学习边检查和矫正，则效果更好。教师应尽可能指导学生自己去"使用""检查和矫正"，但实际教学中往往难以奏效。（详见第 16 章）

辅助记忆工具

如果打算穿越撒哈拉沙漠，你肯定会随身携带一本书、笔记或其他资料，以确保自己能够应付心理障碍或其他意外事件。你的学生也需要一份随身携带的必备资料。

笔记不仅可弥补人类记忆的误差，而且具有其他功能。笔记可对一节课或数节课的内容进行概括，从而让学生知道需要理解和记忆的重点。（详见第 15 章）

复习或温习

许多教师都会采取相同的教学策略：今年 9 月教给学生的知识或技能，明年 6 月才想起复习。学习需要借助于回忆和练习来强化，不能讲完课才想起温习。第 12 章"学会记忆"将深入探讨复习或温习对教学的重要影响。

评估

只要有教师和其他同学的帮助，学习者就会掌握一项技能或能力。不过，在现实环境里，他们自己也能掌握一项技能或能力吗？学习体验本身保证不了学习的成功。只有对学习进行评估，才能确认是否成功。本文所言的评估是指"评价""测验"或"考试"。

假如你正在听一堂运用星星导航的课，你需要什么才能确信自己已经完全掌握了导航技能进而保证生命无虞？学完一项技能后，你肯定希望通过实际有效的测验来确认自己是否完全掌握。你可能希望不用教师帮助也能知道如何从一个地方走到另一个地方，你还可能希望教师评估自己的表现。如果你独立完成了任务，教师就会对你的表现感到满意，从而让你对自己的学习充满信心。

若在上课时实施评估，则教师会对未达到要求的学生采取补救措施。这是教学过程中一个至关重要的环节。教师可采用不同的测验形式来评估学生的学习，但在极其敏感的学习领域里，学生可能不知道教师正在测验他们。教成人识字的教师可能只是让学生阅读一篇陌生的文章，然后再评估他们认识的字数。教给学徒如何使用刨子后，木工师傅可能要求他们制作一件物品，然后再评估刨平的质量。

教师既可以秘密地实施评估，又可以公开地实施评估；但无论采取何种形式，都必须实施评估，否则教师就无法知晓学生是否在学习。评估结果往往让新任教师瞠目结舌，凭猜测很难弄清学生是否在学习。

第43章、第44章将进一步探讨评估或评价及其对学习的影响。

质疑：学生需要发问

"educare?"记忆术的最后一个要素是问号。在学习过程中，只要一个人是在学习，就随时会提出疑问。有些学生非常羞怯，不好意思在同学面前提出疑问；在一对一环境里，教师应给予他们提出问题的机会。一般地说，若在学习过程的"使用"阶段提供机会，则效果最佳，因为教师可以在课堂里巡视、检查并回答个别学生的质疑。

去听一堂清洗化油器的课，而教师又不给予提问的机会，你愿意上这堂课吗？自主学习的学生，例如参加函授课程或"开放课程"的学生，他们面临的最大困难往往是求教无门。无论遇到"困难"无人求助，还是非常恐惧不敢求助，都是一件令人灰心丧气的事情。

统整"educare?"的要素

如果你确信自己撰写的清洗化油器和运用星星导航的教案符合要求，那么，每堂课就很可能都体现了"educare?"的各要素。它们可能不会按照任何具体顺序来呈现，尽管有些要素可能以一个组合体的形式呈现于一项学习活动之中，但它们都会无一遗漏地呈现。

若时间不足，则可以减少"educare?"记忆术所包含的每种需要所花费的时间。但教师只有确知满足了一个需要，才能对时间完全忽略不计。木工赶制一张桌子，哪怕时间再紧，也不能少做一条桌腿啊？！

运用"educare?"模式

学习可分为三大类别或三大"领域",这一学说首先为 B.S. 布卢姆所创立,现在已得到普遍认可。我们将在本书第四部分对学习的三大领域进行深入探讨。学习的三大领域包括:

- **认知领域**:掌握智力或思维技能,例如,如何加减分数,如何撰写报告,如何回忆具体事实,如何运用学习去解决问题或具有创造性。
- **动作领域**:掌握操作技能,例如,如何使用木工凿,或者如何翻筋斗。
- **情感领域**:形成价值观、情感和态度,例如,学会尊敬老人,或者主动学习某一特殊学科。

教师可借助于"educare?"记忆术来选择学习活动,以便提高三大学习领域的学习效果。对此,后面几章还将会进一步探讨。例如,第 23 章指出,回忆事实的能力是一种简单的技能,学生通过回忆的矫正性练习就可以掌握。

比如说,教师要求学生记住心脏结构图及其各部位的名称和功能。这是一种专门技能,如同所有技能,必须借助于矫正性练习去掌握。学生的需要包括:

- **解释**:学生需要理解他们正在学习的知识或技能。
- **操作细节**:学生需要准确知道教师要求他们回忆什么,记住什么细节。你肯定心知肚明,但学生却一无所知。若记忆辅助工具太详细,则可给他们提供一个复习提纲。
- **使用**:许多学生以为,只要反复阅读笔记,就足以掌握所学的知识或技能,其实不然。他们必须练习回忆技能,包括书面提问或口头提问、测验、考试、游戏(参见第 19 章)等等。
- **检查和矫正**:一旦学生画出心脏结构图,就需要进行检查和矫正,从而改进学习效果。若学习者自我检查和矫正,则学习效果往往最好。

其他"educare?"要素的需要不言而喻。

一旦需要记住一首诗或一段剧本台词,我们就会自然而然地使用"educare?"学习模式。我们使用了"学习—复习—回忆—检查"的学习方法。除非教师鼓励学生使用矫正性回忆练习去掌握事实材料,否则他们就会望而却步。

运用"educare?"开展技能教学

试想你正在教学生如何解二元方程,写摘要或回答某一科目的考试题,请先三中选一,再接着往下读。

你会如何开始讲课？或许会在白板上演算如何解一道例题，一边演算一边向学生解释解题过程。这样做可以提供一些操作细节和解释。然后，教师可要求全班学生共同做一道题。你可以运用问答法来演算一道例题，一步一步地将全班学生选定的解法写到白板上。

然后，学生可以审查例题的解法，以便找出"故意错误"或发现解题思路。学生自己刚刚做过一道题，若再让他们看看这道题的正确解法，则会大大提高学习效果。如果学生要完成一个复杂的学习任务，他们就可以给自己制定一个成功标准的检查单。这样做可以提供操作细节，从而有助于学生准确知道教师希望他们做什么以及如何做。

一旦学生掌握了解题技能，他们就可以自己做一道题，随后必须进行检查和矫正。检查和矫正阶段或许需要教师参与，但学生也可以自己做或互相检查和矫正。当然，学生自我矫正的效果最好。对记忆辅助工具、复习、评估以及质疑的需要也是不言自明了。

上述建议并非一成不变的操作规范，要知道，教或学不同智力技能和身体技能的方法丰富多样。不过，无论使用什么方法，要想保证学习成功，就必须满足学习者的需要。

非"educare?"式矫正性练习

假设一位历史教师要给学生讲亨利五世统治时期的历史专题，就完全没有必要将该专题的教学划分为具体的技能，然后一个接一个地分别教给学生！"educare?"记忆术对这个历史专题的教学几乎没有什么帮助。但是，毋庸置疑，做中学的效果最佳，因此，历史教师如何才能设计出适合该专题教学的学习活动呢？

她可以采用较为间接的方法来设置矫正性练习（详见下图），第 38 章我们将深入探讨。

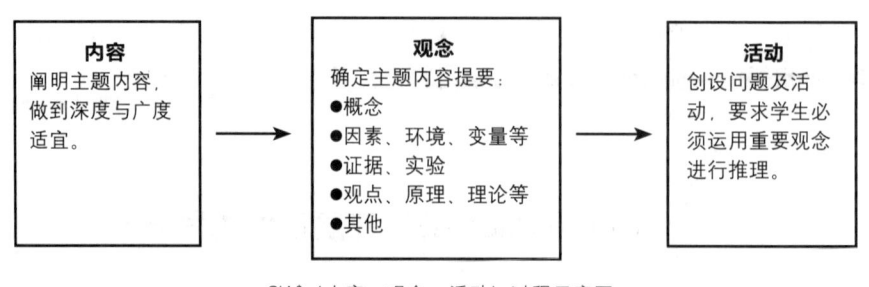

CIA*（内容—观念—活动）过程示意图

* 译者注：CIA 是 content，ideas 和 activity 三个单词首写字母的组合体。

如果打算上某一专题的新课，教师的备课就应先概括出学生必须掌握的内容，然后再考虑主要观念，诸如学生必须熟知的事实、概念和原理。不过，教学决不可局限于内容和观念的"传授"。

只有学生自己弄懂了，他们才能真正学会新知识；只有学生自己对信息进行加工，他们才能真正弄懂。如果学生回答问题，他们就需要运用新知识来论证和思考，而这又要求他们必须自己去弄懂新知识，从而确保完全记住并理解教师讲授的新知识。

学生必须使用教师讲授的知识。例如，教师可能要求学生开展小组讨论，像"亨利五世的统治说明他属于什么性格？"或者，"若亨利五世在阿让库尔战役*中失败，则历史又会发生什么变化？"教师也可以向学生提问非常简单的问题。运用新知识进行推理，尤其是超出教师所讲知识范围进行推理，也属于促进学生历史推理能力的矫正性练习。只有"做"，或者准确地说，只有矫正性练习，才能培养学生的推理技能。

只要按照"内容—观念—活动"的顺序来讲授新知识，教师讲的课就不仅生动有趣，而且效益高。

结 论

只有清楚教师要求他们做到什么、如何做得最好（操作细节），学生才能掌握一项技能；他们必须清楚为什么这类方法做得最好以及有关背景信息（解释）。他们必须有机会去练习（使用），而且必须检查和矫正练习。记忆误差意味着学习者需要记忆辅助工具，需要机会去复习已学知识。学生要求教师评估自己的学习，他们也需要向教师质疑。

数不胜数的学习体验或教学方法都可以完全满足上述各种需要。上述需要可能同时出现，也可能分别出现；出现的顺序也是变化多端。

做中学。即使无法使用"educare?"要素去上课，你的学生仍然需要矫正性练习来提高运用所学知识进行推理的能力。（本书第二部分和第四部分将专门探讨。）

---

* 译者注：阿让库尔战役发生于 1415 年 10 月 25 日，是英法百年战争中著名的以少胜多的战役。英军在亨利五世的率领下以 1∶3 的人数劣势击溃法军。这场战役成为英国长弓手最辉煌的胜利之一，也对后世战争依靠火力范围杀伤对手密集阵形这种战术留下了深刻影响。

练习

请阅读下面由实习教师撰写的两堂课的概要,以便于教他们如何备课。请根据"educare?"记忆术来确认两堂课满足了学习者哪些需要,然后再分析一下是否忽略了一些需要。即使不理解讲课的内容,也不用担心,你仍然可以评判实习教师选择的学习活动。评判后,请重新设计两堂课的教案。

先仔细琢磨两堂课的教学目标,再接着往下读。教学目标阐明了本堂课学生应掌握的技能或能力,而技能或能力又需要解释、操作细节、矫正性练习等等。两堂课的教学大纲与要求相去甚远,你会如何改进呢?

第一堂课

教学目标:学生会为自己家选择适宜各种环境生长的室内植物。

1. 影响植物的环境因素:湿度、温度、光照等等。
2. 耐寒、耐阴的蕨类植物和其他植物。
3. 喜欢高湿度的植物。
4. 耐光的植物。

第二堂课

教学目标:学生应做到:(1)读懂简单的气象图;(2)准确解释气象图,进而预报可能出现的天气变化。

1. 描述气象图使用的符号。如,在气象图上,气温和风向如何标示。
2. 描述高压带、低压带以及等压线。
3. 描述如何辨认冷锋和暖锋。
4. 描述冷锋、暖锋、高低压带移动方向。
5. 选一幅近日报纸刊登的气象图,告诉学生如何预报未来24小时的天气变化。

推荐读物

[1] J.S. 布鲁纳(Bruner, J.S.). 教学论. 威廉·沃德·诺顿出版社,1966.

[2] E. 詹森(Jensen, E.). 超级教学:1000余项实用策略(第4版). 科温出版社,2009.

[3] B. 威尔逊(Wilson, B.). 培训方法(1-4卷). 英国政府文书局,1987.

第四章　优质教与学是一个双向过程

教师　　　　　　　　学生

让我们来玩一个游戏：两个人相背而坐。"教师"面前放着一幅需要"学生"绘制的结构图。教师不让学生看见这幅图，只是通过口述告诉学生如何绘制结构图，但只允许单向沟通（即，在沟通时，一方只发送信息，另一方只接受信息，双方无论在语言或情感上都不给予信息反馈）。教师不能看学生绘图，学生也不能提问或接受教师的任何意见。

任务看似简单，可做起来却是困难重重，而且，无论谁站在旁边，都会大笑不已。不久，学生就会对教师发出的指令至少误解一个，然后就会经常出现无法执行指令的现象。随着教师发出一个又一个完全无意义的指令，学生变得不知所措、无所适从。

游戏双方的反应很有趣。"教师"急需了解"学生"是否正确执行了指令，"学生"渴望提问来弄清指令，或者急于告诉"教师"放慢速度。

由此可知，学习过程注定会以失败而告终，除非做到：
- 学生可以提问教师，从而消除歧义或弄清难点；
- 教师可以询问学生的理解程度。

若教学是一个单向过程，则读书、看录像就完全可以学会知识或技能，因而

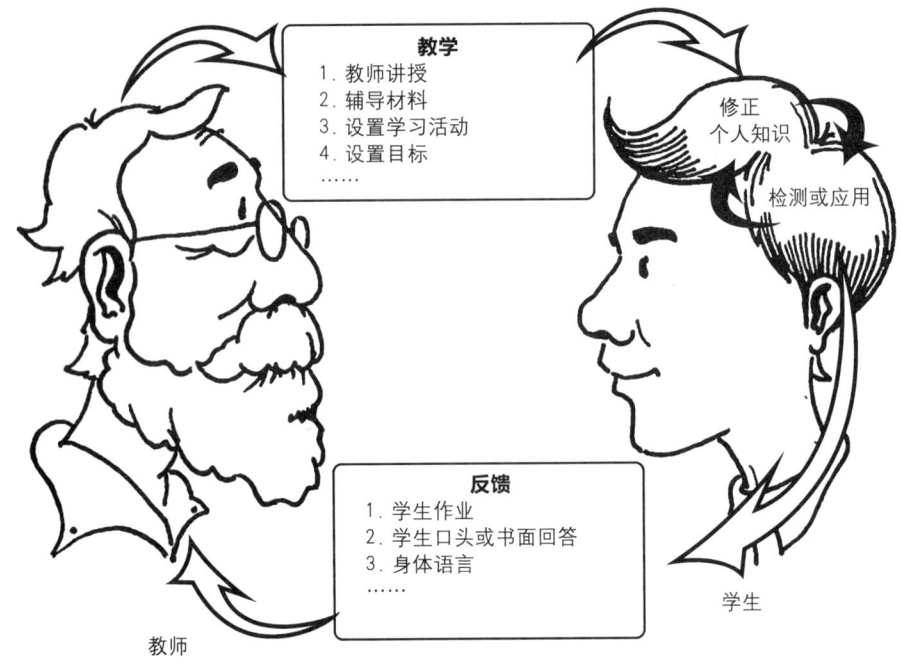

教师就成了"聋子耳朵——摆设"。

教师反馈的形式包括：一是学生与教师直接沟通，二是教师检查学生的作业。若没有反馈，则教师无法知道学生是否理解或学会。

只有按照下述环节进行沟通和学习，才能顺利实现教学目标：

我表达的意思是什么→我说了什么→他们听了什么→他们理解了什么

如同中国古代的寓言故事"凿井得人"，上述任何一个环节都可能出现以讹传讹的现象。传递的信息与接收的信息大相径庭，教师教的与学生学的风马牛不相及！因此，反馈至关重要。

学习是一个潜移默化的心理过程，教师无法直接控制。学习者对学习材料形成了个人理解，进而获得了能力。这类学习属于接近性学习，最初往往是不完整和不准确的。在教学／学习过程中，学习者通过矫正错误概念、加深正确理解来改进学习，从而越来越接近理想的学习效果。这个学习过程需要矫正性练习，但不能完全依赖于教师去矫正学生的作业，学习者必须自己去矫正个人的错误概念。学习是一个内隐的问题解决过程，只有对问题形成个人理解，才能掌握知识和技能。

第51章将探讨大量影响学习的阻碍与障碍，请参阅该章"全纳课堂教学的障碍"。

我们需要从学习者的角度而不只是从教师的角度来看待反馈。由此开始介绍我创立的优质学习循环。

优质学习循环

如第 1 章所述,学习者通过一小簇互相连接的脑细胞对所学知识的意义进行编码。这一小簇脑细胞被称为一个建构。

学习者开始学习时,新建构(下图灰色部位)与个人已有知识(下图黑色部位)相连接。就像一本词典解释一个生词,运用熟悉的词语来描述其含义。熟悉的词语为图中黑色部位,生疏的词语为图中灰色部位。这个建构是学习者已学知识的个人版本。因此,它是不完整的,甚至可能包含一些错误概念。一个学生建构的

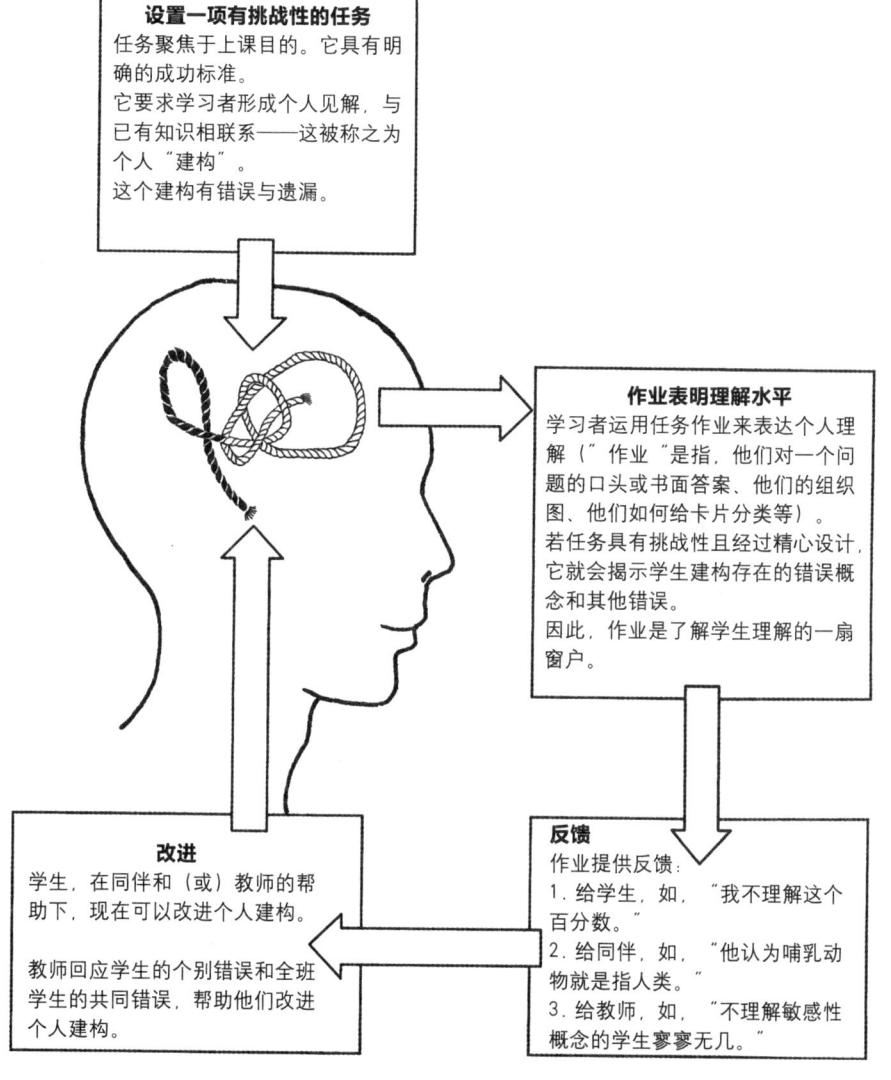

优质学习循环

质量取决于他们的动机、先前知识、一般能力和思维技能，尤其是取决于他们的考试与改进个人理解的能力。

因此，优质教学要求学生形成一个建构，然后检查与修正。

无论你所教学生的年龄多大、能力多高，都必须领会这个认知主义或建构主义的观点。例如，它解释了为什么学生需要运用个人见解或建构去完成的活动。只有运用个人建构，他们才能获取其优势和劣势的反馈，从而促使他们检查与矫正个人知识。

优质学习循环概述了如何运用有效教学法去改进学习的过程，它还有助于你去反思自己运用的教学法，从而改进它们。

学一个新主题时，班级每名学生的先前知识和建构各不相同，因而需要多次运用这个改进循环去修正个人知识。

当然，从解剖学来看，优质学习循环并非完美无缺。它只是图示，但它确实解释了我们学习时会发生什么。

优质学习循环运用案例研究

我们用一个课堂实例来说明。（如果与你的教学风格不同，请耐心接着往下阅读，因为这些原则适用于任何教学、任何学科以及任何学业水平的学生。）

教师正在给年幼的学习者教两栖动物（青蛙、蟾蜍、蝾螈等）和爬行动物（蛇、蜥蜴、鳄鱼等）。本节课的目的是让学生学会解释两栖动物和爬行动物的典型特征，熟知它们之间的异同。

她告诉学生本节课的目的，解释几分钟后学生要做的活动，其中包含将卡片摆放到下图的相应位置，然后自我评估与互相评估个人作业。

教师先运用提问让学生回忆形成个人建构所需的先前知识（上图中黑色区域）。她要求学生回忆他们知道的腮、肺、繁殖、蛋等知识，检查并矫正他们的答案。每次一名学生通过回答一个问题来表达个人理解，教师据此了解学生的个人建构。他们的理解是否完整？是否准确？当然，教师要矫正学生知识的错误与遗漏。

学生以可视化作业形式将他们的知识呈现给自己、同伴和教师。

然后，教师讲解两栖动物和爬行动物，展示活物和播放录像。她偶尔运用问答来检查学生的学习。教师设置一些初始活动让学生整理笔记和绘制图形。不过，这些活动主要位于布卢姆目标分类学"再现"的末端，只是要求学生回忆自己已学的事实知识。现在，教师要求学生将所学知识应用于更具挑战性的任务，从而形成与改进他们的个人建构。

为达到这个目的,她创设了一种"决策卡片"游戏(参阅第 19 章)。给每对学生发放一套卡片,上面写有"它们在水里产卵""它们长着鳞状皮肤""它们是冷血动物"一类语句。教师要求学生结对讨论这些卡片,然后摆放到下图的相应位置。

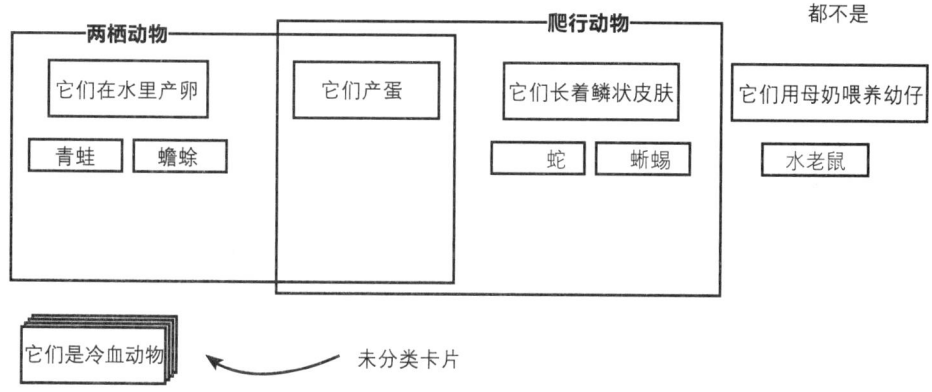

有些卡片附有两栖动物和爬行动物的图片——鳄鱼、蟾蜍等。有些卡片的陈述适用于两栖动物和爬行动物,例如,它们产蛋。应将它们摆放到上图的交叉位置。其他卡片的陈述与两栖动物和爬行动物均不相符,例如,它们属于温血动物。需要将它们摆放到上图的"都不是"位置。

学生手里的卡片远远多于上图所示的卡片,因而这种游戏能够激发大量的学生讨论。学生享受这种游戏,进而引发你所预期的优质学习。另外,学生知道,同伴将评价他们的卡片分类,随后还要依据教师的答案进行评价,因此,他们想做正确。

假如这个班有一名叫杰丝(Jess)的学生。她认真听完课,理解了基本知识,这意味着,她通过联系鳃、肺、繁殖等先前知识,已创造一个两栖动物和爬行动物的个人建构。不过,杰丝在最初的卡片分类活动中却出现了一些错误概念和遗漏。

错误概念:
- 她错误地认为:因为鳄鱼和海龟会游泳,所以它们属于两栖动物。
- 她错误地认为:因为形似,所以蝾螈就是蜥蜴。

遗漏:
- 她不理解"黏液腺"的含义。
- 她不清楚鳞片是爬行动物的保护层。
- 她不懂两栖动物不长牙齿。

错误概念和遗漏的数量取决于下述因素:学生的先前知识、学生的动机、专注度、不同能力等。当然,这些错误并非教师带来的。她已讲解得很明白了——

她发送了准确信息,但并没有被学生全部接收。

杰丝的同伴也存在着错误概念和遗漏,但与她的不同。杰丝的同伴错误地认为,因为爬行动物必须靠晒太阳去提高体温,所以它们是温血动物。在结对活动期间,杰丝与同伴对一些卡片的摆放位置各执一词。例如,杰丝的建构错误地以为鳄鱼属于两栖动物,因此她挑出鳄鱼卡片,毫不犹豫地摆放到图形里两栖动物的位置。

埃布克(Abeke):哦,它不对吧?

杰丝:你什么意思?鳄鱼在水里游。

埃布克:是的,但它们不是两栖动物。

杰丝:两栖动物是指,它们能在水里游。就像老师刚才说的,水陆两用车。

埃布克(她感到困惑,思考了一会儿):鸭子。鸭子能在水里游。可鸭子不是两栖动物。它们是鸟。

杰丝:两栖类鸟?

埃布克:没有这种动物!鳄鱼长着鳞片。如录像所言,它们产硬壳蛋。它们肯定是爬行动物!

讨论持续了一段时间,最终她们一致同意:"鳄鱼属于爬行动物,但它们能在水里游。"杰丝对此仍有点将信将疑。

"温血"动物卡片摆放何处又引发了一场类似的讨论。最终,杰丝说服埃布克同意爬行动物属于冷血动物,而这正是蜥蜴为什么晒太阳来提高体温的原因。

卡片分类活动不可能纠正所有的学习错误。例如,埃布克和杰丝都错误地以为蝾螈就是蜥蜴,而且属于爬行动物。究其原因在于,蝾螈看起来像蜥蜴。她们将蝾螈卡片摆放到了错误位置。

教师发现,学生仍有一些错误概念,所以,她要求学生互相评价邻桌卡片摆放的位置。他们要指出对方的优点和缺点。现在,杰丝和埃布克正在与邻桌一对同学争论蝾螈是否就是蜥蜴以及其他不同特性。

教师一直在教室里巡视,查看卡片摆放的位置,倾听学生的讨论。每对学生完成互相评价对方作业之后,她就在白板上面展示完整的图形,告诉学生卡片分类活动的正确答案。在学生据此进行自我评价时,她解释了共性的错误。例如,注意到有些小组将"两栖的"与"两栖动物"混为一谈,她就给学生讲清楚这两个概念。这对杰丝的帮助很大。

现在,教师给学生布置一项有关该主题的家庭作业,在本学期后来的某一天,教师针对要点进行了一次简短的"掌握性"考试,当然,学生前一天晚上复习过功课。学生一旦在考试中出现任何错误,就必须向同伴解释正确答案。

在本学年后来某段时间里,学生学习哺乳动物,又学习鱼类,然后,他们也做了一项类似的卡片分类活动。先比较哺乳动物与爬行动物，再比较鱼与两栖动物。他们采用这种方式来检查与矫正个人建构，他们反复检查与矫正，目的在于巩固记忆。学习是一项尝试与错误的改进过程：学生先做错，然后才能做对。

请比较讲授同一主题的上述课堂教学与下述课堂教学：
- 不检查先前知识；
- 不解释课堂教学目的；
- 没有提醒学生将要引入的课堂活动；
- 采用与上述课堂实例相同的方式，教师向学生呈现两栖动物与爬行动物的信息；
- 然后，教师要求学生独立完成一张作业单，要求学生通过回答问题来回忆基本事实知识；
- 教师运用对号与叉号批改作业单，10分为满分，每名学生都得到一个分数；
- 直到考试时再复习该主题。

需要设置兼顾挑战性与适切性的任务

只要教师设置的分类任务具有挑战性，只有督促学生改正错误，才能创造高质量的学习。不过，还要注意让任务精确地聚焦于本节课的目的。如果要求学生就你偏爱的爬行动物和两栖动物撰写一篇短文，这肯定具有挑战性，但不会有效地帮助学生辨识爬行动物的特性与异同。

如果要深入探寻学生的个人建构，教师设置的问题和任务就需要具有挑战性。简单问题能为我们做的不过如此而已，即使学生没有完全理解，他们也能够正确回答简单的问题，但简单问题基本无助于改进学习。

结 论

本章或许是本书最重要的一章。确保你理解它，确保在反思自己所选择的教学方法时能利用优质学习循环。第48章还将介绍运用优质学习循环的另一个教学实例。

专家型教师观课时，经常对课堂教学持批评态度，因为：
- 教师讲授太多（讲授式教学）；
- 主动学习不足；
- 学生没有全力以赴，挑战性不够；

- 学习检查不足；
- 没有培育学生的创造力、好奇心和热情。

如果你运用优质学习循环帮助自己备课，并运用它帮助自己反思教学，你就基本不可能犯上述任何错误。

练习 1

运用上述案例研究附带的活动概要来回答下面两个问题：

A）借助于优质学习循环说明检查和矫正学生学习的频率和效果。

B）大量不同回忆的优势是什么？（它们被称之为"分散练习"或"分配练习"。）

课堂教学概要

- 初始问题要求学生回忆关联性先前知识，如，"再现"。
- 提醒学生：一项学生活动将伴随同伴与自我评价。
- 教师呈现爬行动物和两栖动物的信息，偶尔运用问答法。
- 学生整理笔记、绘制图形。
- 学生结对开展卡片分类活动。
- 结对互相检查卡片分类活动结果。
- 教师展示卡片分类活动的正确答案，学生结对自我评价。
- 教师解释共性的错误。
- 学生做一项家庭作业。
- 学生复习，然后参加考试。他们阐述任何错误问题的正确答案。
- 运用所学知识比较哺乳动物与爬行动物、两栖动物与鱼类。

练习 2

回答练习1中的A与B，但要运用上面案例研究列举的另一种课堂教学方式来回答。

从小组讨论、自我评价和同伴评价中，学生学会了如何检查自己和对方的学习，学会了如何检验假设等。据此可培养学生形成个人建构及其检验与改进建构的一般能力。他们学会了如何运用学科知识思考问题。

检查单

- ☐ 你上课避免讲授太多吗?
- ☐ 你设置的任务能完全聚焦于要求学生学会的知识吗?
- ☐ 有些学习活动非常简单,即使能力最低／知识最少的学习者也能圆满完成吗?
- ☐ 有些学习活动很复杂,完全适合于能力最高／知识最渊博的学习者吗?
- ☐ 你设置了大量开放性任务吗?它们与学习者的能力相符吗?
- ☐ 你经常查阅学生作业,以便了解他们对知识的掌握程度吗?
- ☐ 你能充分运用小组讨论吗?
- ☐ 你能充分运用自我评价和同伴评价吗?
- ☐ 你考虑到运用优质学习循环来备课吗?

推荐读物

[1] J.D.布兰斯福德(Bransford,J.D.),等.人类如何学习:脑、心理、经验与学校.美国研究理事会,2000.(总结了大量美国政府委托的学习研究综述成果)

[2] D.蔡尔德(Child,D.).心理学与教学(第8版).统一体学术出版社,2007.

[3] R.克拉克(Clark,R.).基于证据的培训方法.美国培训与发展协会出版社,2010.

[4] R.克拉克,等.有效学习.法伊弗出版社,2006.

[5] T.L.古德(Good,T.L),J.E.布罗菲(Brophy,J.E.).课堂观察(第9版).阿林与培根出版社,2002.

[6] J.哈蒂(Hattie,J.).教师可视化学习:最大限度影响学习.劳特利奇出版社,2012.

[7] J.哈蒂,G.耶茨(Yates,G.).可视化学习与人类如何学习科学.劳特利奇出版社,2014.

[8] A.波拉德(Pollard,A.).反思性教学:实证专业惯例(第3版).统一体出版社,2008.

[9] D.威廉.形成性评价.原点出版社,2011.

第五章 动 机

教师要学会做一名不动声色的观察者。在继续教育学院一个教室里,全班学生正在上护士培训课。教师解释说,讲桌上放着一堆书,每位学生都要从中查明六种儿童常见病的症状、潜伏期和康复期。话音未落,卡特里娜(Katrina)就一个箭步冲到讲桌前,渴望找到一本最合适的书带回课桌阅读。雷切尔(Rachel)却坐着不动,而且慢慢转过头去,凝视着窗外的风景。

无论是经验老到的教师,还是初出茅庐的教师,都认为动机是有效学习的前提;如何变"要我学"为"我要学"是许多教师面临的最大挑战。倘若学生不想学习,他们就可能什么也学不到,因而学习效益就会很低。假若知道如何激励学生,你就会大幅度提高他们的学习效率。

桑德拉(Sandra)在一所综合中学教数学,她的经历或许每位教师都似曾相识。特里(Terry)是一位学习迟缓的学生,桑德拉花费数年时间教他学习初等算术,但收效甚微,最后,对数学一窍不通的特里离开了学校。两年后,桑德拉在一家酒吧里偶遇特里,发现他正在给一个飞镖队记分。他们正在玩"501 飞镖游戏",这就要求特里能做"$501 - [17 + 11 + (2 \times 19)]$"一类计算题。而特里表现得轻松自如,几秒钟就会得出准确结果,连桑德拉都自愧不如。

桑德拉问特里:在学校五年都没学会心算,怎么离开学校两年就学会了呢?特里答道,如果不学会记分,他就要离开飞镖队;他喜欢玩飞镖,"所以必须学会,您说对吧?"

如何做到让学生"我要学"呢?我们先探讨一下"我要学"最重要的影响因素。

"我要学"的影响因素

1. 知识有用

有些学生希望自己像朋友一样会游泳,或会说法语,或自己会保养小汽车。可事实恰恰相反,对绝大多数学习者来说,中小学和大学所学的知识与个人日常生活基本脱节。

2. 资格有用

有些学生希望获得职业资格或学习另一门课程的资格，或升入大学深造的资格。资格有用属于长期的学习目标，连少数知道"我要学什么"的学生，都不会认为这是一个日常的、短期的主要激励因素，更不用说其他学生了。

3. 如果学习经常取得成功，成功就会提高学习者的自我信念

对绝大多数学生（以及那些不爱学习的学生）来说，这是一个重要的激励因素。学习成功不仅会提高学生的自尊心，而且会给予学生一种成就感。难怪学生有时会开展学习竞争，既看重个人分数，也看重同学的分数。他们享受挑战，无非是为了追求成功的乐趣。若屡战屡败，你还会斗志昂扬吗？给学生设置一项任务，就是给学生设定一个目标。请参照如下循环：目标→成功→强化→新目标……

循环速度越快，激励功效越大。有人说，正因为成功和强化的即时性，视频游戏和网络游戏才会让人上瘾。如果玩家要等一周才知道得分和飞机"已被击落"，游戏就不会大行其道了。相反，学生经常要等两周才能知道自己的考试结果。一旦学生取得学习成功，你会立即予以强化吗？

4. 学习好，老师、同学认可我

同样与自尊有关。为了让老师、同学和家人认可自己，即使不喜欢学习，学生也常常会努力"赶上"班级其他同学，几乎没有人乐意做班级倒数第一名。不过，有些学生却反其道而行之，为了获得同学的信任，他们对学习和分数不屑一顾。

5. 不思学习，后果（相当）不妙

"一旦下周考试不及格，琼斯（Jones）先生就会大发雷霆，我不得不多写作业。"

"如果成绩不高，妈妈会'杀'了我。"

6. 学习有趣，满足好奇心

学习既可满足人类对诸多学科的天然好奇心，又可唤起人类对世界的好奇心。

7. 学习活动好玩

即使学生对所学课程兴趣索然，他们也会喜欢教师设置的学习活动。学习活动新颖、轻松、好玩，或者说，学习活动让学生有机会去自我表现或创造。

1992年10月，加拿大一名即将刑满释放的囚犯，为了有机会学完三个月的烹饪课程，故意打砸牢房。结果加刑两年，他如愿以偿！

激励因素分为长期和短期两类。"1"和"2"属于长期激励因素，其他通常为短期激励因素。总的来说，短期激励因素的影响力最大，对年轻的学习者尤其如此。成年人会兴高采烈地去种植橡树，而16岁的少年竟然没有耐心去种植芥菜和水芹！

提高动机

我们依次剖析七类激励因素,以期找到增强学生学习愿望的方式。

1. 知识有用

学生认为,多数学科知识无法直接应用于他们的个人生活。不过,如果有人打算建花园围墙,而你恰好要教他们学习砌砖,或者,如果有人渴望使用新天文望远镜,而你恰好要教他们学习天文学,那么,动机问题就会迎刃而解。因此,只有符合学生的兴趣,教学才能有效。

"意义何在?"

2. 资格有用

众所周知,一个地区若失业率高,则学校的学生普遍缺乏学习动力。年轻人认为学历一文不值,学习毫无意义。学习缺乏远大目标,厌学就在所难免了。

在多数学习环境里,教师只有强调任教学科的学习目的,才能激发学生的学习欲望。学习目的最好长期和短期兼顾,例如,对于正在学习测量学的学生来说,**长期学习目的**不只是测量员需要掌握测量知识,而是从事建筑行业的人员必须读懂测量图纸。学生还需要知道,学历还将增加自己未来的就业机会等。

例如,测量专业学生还应知道学习倾斜度的短期目的:不理解倾斜度,就永远理解不了排水系统;两周后要考倾斜度,期末考试肯定包括一个倾斜度题目,等等。教师固然知道学习倾斜度知识的重要性,但学生也必须心中有数。

如果课程论文(或学年作业)成为课程评价的要素,长期激励因素就会转变为强大的短期激励因素。一旦期末考试成绩包含平时作业分数,学生就会加倍努力学习。

学生只有去观察学校外面的世界,才能对学习目的确信不疑。工作经验、旅游、参观和访问都有助于增强对学习关联性和目的性的理解。教师需要经常提醒学生,以防他们忘了学习各学科的短期和长期意义。教师需要"推销"自己任教的学科。

胡萝卜

3. 学习经常取得成功,成功就会提高自尊

此乃影响最大的激励因素,即使其他激励因素同时存在,它仍然不可或缺。它是推动学习过程的发动机。

喜欢做自己擅长做的事情,讨厌做自己不擅长做的事情,可以说是"人类本性"。如果有人学习烹饪,前几次就做出五种美食,他们就会相信自己的能力,

发现烹饪的乐趣，不停尝试各类新奇食谱。自信给予了他们走向成功的恒心和决心，自信让他们对偶然失败一笑了之。一事成功，事事顺利。

相反，如果有人学习烹饪，前几次就烧煳了锅，饭菜难以下咽，他们就会千方百计逃离厨房。即使饥饿难忍，不得不做饭，也是惴惴不安，翻开一本食谱，依样画葫芦。预期自己会失败，他们就往往不会成功：缺乏恒心和决心，不愿努力，一点小困难就会打败他们。最后，他们就会毫不迟疑地说："我不会做饭。"

同样，如果一位学生上节课圆满完成了学习任务，而且得到了教师的表扬或认可，他们下节课就会加倍努力、积极参与。如果不断获得学习成功，他们就会越来越相信自己某一学科的学习能力。自信是开启个人潜能大门的钥匙，可以变梦想为现实。俗话说："无论你相信自己能做到还是做不到，你都是对的！"

良性循环和恶性循环

如下图所示，成功孕育成功是一个良性循环。因此，成功和鼓励的效果远远出乎教师的预料。

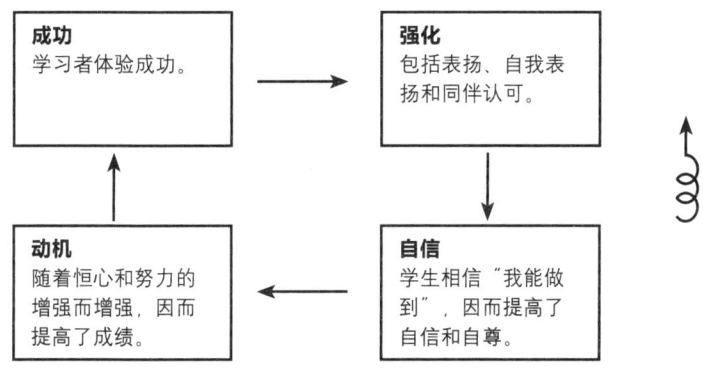

良性循环图

成功是推动所有学习的发动机。如果这台发动机失灵了，即使其他激励因素的作用发挥到极致，学习者也会失去学习兴趣。不过，发动机也可能挂上倒挡，进而形成一个恶性循环。

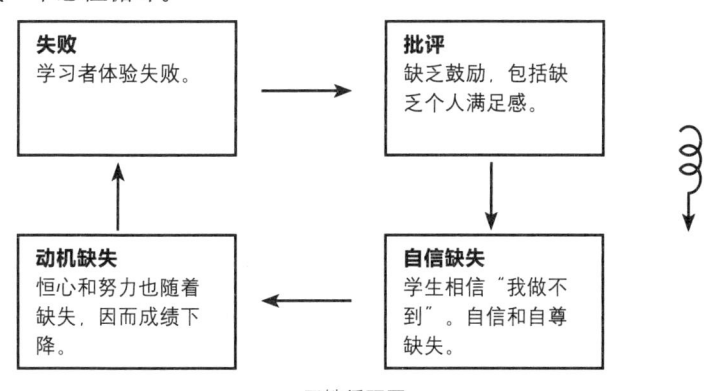

恶性循环图

由于缺乏表扬或其他鼓励，多数学生会陷入恶性循环。面对接二连三的失败，几乎没有人还能坚持学习。成功赢得表扬或鼓励，而表扬或鼓励又会推动学习过程。教师须谨记：

- 务必让学生准确知道自己学什么和如何学，并在需要时提供帮助。
- 必须设置一些简单的作业，只要矫正性练习时间充足，很快就会完成，进而全部学生就会从中体验到成功。教师设置的其他作业须拓展学优生的能力。
- 对学习上的任何成功，都要不吝表扬和认可。另外，还要经常表扬和认可学生日常学习过程中的成功，如表扬和认可学生基本完成了作业。一旦活动结束，就应立即给予强化。

在多数教学环境里，上述三点决定了动机水平的高低，因此，确实需要教师三思而后行。如果只是绝大多数学生体验到了学习成功，教师切莫沾沾自喜；所有学生都应经常体验到学习成功，否则，部分学生就会失去自信，学习就会失去动力。自信促进学习，成功增强自信。换言之，学习源于自信，自信源于成功。

然而，学困生也能体验到成功和鼓励吗？当然会的！第6章和第33章将探讨如何才能让学困生体验到成功和鼓励。如果认真设计一些具体的作业，而且学习者和教师都清楚何时去完成它们，就会大大增加成功机会。只有精心设计作业，全体学生才能通过矫正性练习去获得成功和鼓励。**对多数日常学习来说，成功只是与时间多少和努力程度有关**，而与**能力高低无关**。掌握性目标有助于教师去设计作业。（参见第37章"目的与目标"）

教师设计的作业必须让学生感觉可以完成并具有价值，但很难做到两者兼顾，况且学生需求也各不相同，因此教师必须慎重考虑设置的作业标准。作业太容易，学生既不会看重教师的鼓励，也不会产生自信感，而且一无所获。

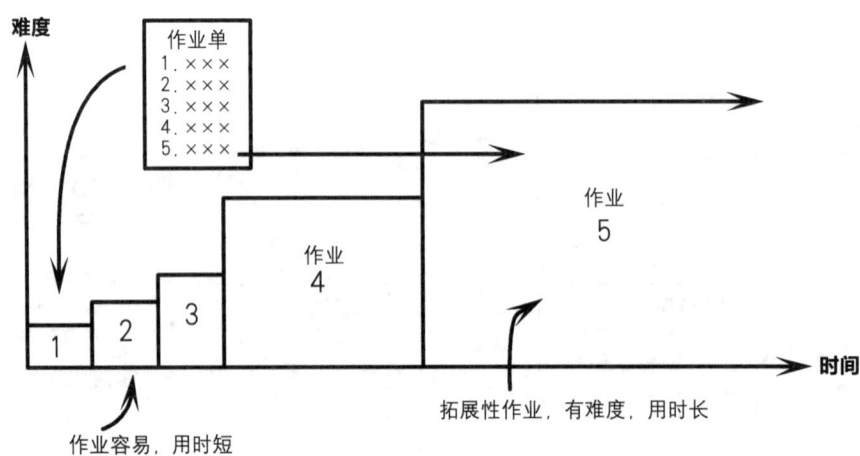

绝大多数新入职教师设计的作业太难。请用心观察你将任教的学生，翻阅他们的作业，与他们的任课教师交谈。请记住，作业难不难，学生比教师更有发言权。

教师要尽可能给学生设定个人学习目标，一旦他们达到，就必须给予鼓励。例如，如果学生撰写的短文字数太少，教师就可以与他们讨论如何改写，然后给他们设定撰写下一篇短文的个人目标，如至少两页。只要实现个人目标，教师就给予高度认可和赞扬。目标有助于学生专心学习并对个人的学习负责。

> 教育制度的终极目的，就是每个人都能找到适合自己的教育。
> ——J.W.加德纳（J.W.Gardener）

你或许还记得，学困生连学校作业都不愿意做，而学优生却不仅在学校里喜欢钻研难题，而且完成家庭作业也是保质保量。最勤奋的学生总是那些过去始终学习成功的学生。设想一下，学生前额永久性地刺上了一行字："请经常赐予我成功和鼓励！"

为教师而学习

4. 学习好，老师、同学认可我

迈克尔·阿盖尔（Michael Argyle）在《人际行为心理学》中指出："一些学生是为了得到教师的认可而学习的。"如果教师与学生建立了良好关系，学生就很可能努力学习。（详细内容请参见第7章、8章。）学生也希望得到同伴的认可，或者说，他们至少希望通过与同伴的竞争来享受成功。难怪竞争或挑战经常会在全班学生中产生强烈的动机，甚至做一些微不足道的游戏，学生也会争得不可开交。但是，教师需要谨慎使用竞争，否则，"胜利者"增强了动机和自尊，而"失败者"的动机和自尊却会严重降低，可谓得不偿失。

竞争的另一问题是，有些学生以找同伴的错误为乐，他们经常毫不留情地嘲笑对方。由此可测量出学习失败产生的焦虑水平，学困生往往比学优生更喜欢对同伴吹毛求疵。教师必须制止这类行为，因为被指责的学生会形成消极的自我形象。我们需要培养学生形成"我能行"的学习态度，教师切莫讽刺甚至取笑学生或学生的作业。

大棒

5. 不思学习，后果（相当）不妙

我上学时讨厌学习法语词汇，但我更害怕布朗宁（Browning）小姐。我很清楚，一旦没有学会本周的十个单词,她肯定就会对我暴跳如雷,所以,我无论如何也要学会!

如前所述,检查和考试可最大限度地确保有效学习,同时,它们也是非常重要的激励因素。

当然,我不是建议教师用威胁去吓唬学生努力学习,不过,我们也别低估预期考试的激励效果。即使所有学生都声称自己没有复习(其实不然),定期考试也确确实实会促进学生上课时努力学习。考试不及格具有激励作用,但只有学习者相信自己有能力去取得最终成功才会有效。接连不断的失败将成为一个影响巨大的消极因素。

最后期限是有效的激励因素,但必须始终如一地运用才会有效。

提高兴趣

我们最后探讨如何使用第六、第七两个激励因素。

6. 学习有趣,满足好奇心

7. 学习活动好玩

只要学习趣味横生、满足好奇心,就完全可以激发学生的学习动机。但是,如何才能做到寓教于乐呢?有些教师似乎天生就会让学习变得富有趣味,但绝大多数教师必须借助于后天学习才能如愿以偿。

数年前,我曾去看望过一位正在学校实习的实习教师。我先与原课任教师交谈,他告诉我,他们任教的班级属于"差班",学生平均年龄16岁,正在学习初等算术,学生兴趣索然,无精打采。

上课铃响后,我从前门进入这个班级所在的教室,然后向后门走去。没有学生在意我,他们正在忙着做教师布置的作业。有时,一位学生刚写完作业,就冲到另一位同学桌前与人家对答案,然后又急忙回到自己座位。学生纷纷向实习教师求助,每个人都急不可耐想知道计算结果。我翻阅这位实习教师的教案,标题是"百分数"。从入学第一年开始,这个班的学生就学习百分数,按理说他们应该对这堂课厌烦透了呀?

激励学生努力学习的因素是什么?如前所述,它不是挑战或竞争,而是与学生的关联性。实习教师以足球联赛结果为原始数据设计了一份作业——"球队比赛成绩分析"。其实,它仍是一个披着薄薄伪装服的百分数练习。运用百分数,每名学生不仅计算出了自己喜爱的球队得分、平分、失分的比率,而且计算出了得一分、二分和三分的比率,诸如此类,不一而足。学生们兴致勃勃地做题,快快乐乐地与同学对照答案。道理其实很简单:如同绝大多数人,如果学习与学生的个人生活或个人爱好直接相关,他们就会有积极性和主动性。总之,教师必须围绕着学生的关联性来备课。

> **提高学生兴趣的方法**
> - 自己表现出感兴趣——热心。
> - 关注好奇心——诱发探究欲望，而不是陈述事实。
> - 教学内容与现实世界关联：带实物进课堂，播放应用录像，社会考察，接待参观者，等等。
> - 利用学生的创造力和自我表现欲。
> - 确保学生主动参与。
> - 定期变换学生的活动形式。
> - 设计令人惊喜、新颖的活动。
> - 利用小组竞争和挑战。
> - 让学习与学生生活直接关联。
> - 赋予教学内容以人情味。

> 在美国，大约10%的成人属于功能性文盲——他们读不懂路标；20%的12岁儿童在地图上找不到自己的国家；失败的学习往往源于教师失败的激励。

教师要养成从学生的关联性角度思考问题的习惯，列举的实例应与学生的个人经验相关。不是问"为什么血管扩张会引起脸红？"而是问"为什么剧烈锻炼后或窘迫时会脸红？"如果你是一个要讲授功率的科学教师，就不要只做个实验来测量电动机的输出功率，而是让学生跑楼梯或做俯卧撑来测量自己的输出功率。如果你教地质学，就要谈及本地的地质学，提问学生发现化石或石矿的地点。如果你要讲授肌肉和腱，就要谈及学生本人与著名运动员的运动损伤。如果昨晚一个电视节目与你今天讲的内容有关，就要询问学生是否看过，然后让他们来谈论它。想方设法联系学生的个人生活来讲课，凡是争议的话题、伦理的话题或私人的话题，都会激发学生浓厚的学习兴趣。尽管有时做起来困难重重，不过，一旦成功，教师就会获得丰厚的回报。

人情味或案例研究

从"人情味"角度去谈论一个话题，立即就会吸引眼球。报纸编辑和电视制片人都是行家里手，我们也不妨试试。

无论一般原理，还是学术理念，只要从它影响的个人视角来分析，就会引起公众的关注。 假设一位电视制片人要拍摄一个有关心理疾病症状和治疗的专题片，业余制片人会邀请精神病学家、医护人员直接进行解释。如果要讲相同的专题，你也会如法炮制。然而，专业制片人就会从人情味角度来谈论这个话题。他们会为每种疾病或症状找一个"典型"病人，然后进行电视采访，以期告诉观众病人的发病史、治疗等。

诀窍就是从对个人影响的视角来分析现象。只要比较一下严肃大报与低俗小报、学术著作与人文著作，你就会一目了然。媒体专业人士深知人情味的影响力，不过，教师也是专业沟通人员。或许你会说："唉，我的学科无法从人情味角度来教。我教物理、烹饪、法律或打字……"

不过，如果一位法律教师打算教逮捕、审判、处罚程序，就不必笼统来讲。只要让学生根据个人观点来分析一个专题，而不是泛泛而谈，就具备了人情味。因此，为什么不借助于特殊事例来解释一般原理呢？比如说，选择某个人，或许是一位因超速而被起诉的名人，然后通过报纸来追踪逮捕、审判和处罚程序。

如果教烹饪，教师就可以讲述个人（或别人）犯下的错误和造成的损失（要知道，学生喜欢听这样的故事！），然后利用它们去强调教师讲授的一般原理。如果教卫生学，就可以使用有关食物中毒的剪报、环境卫生官员评论不良习惯的录像……

限制使用人情味的不是题材，而是教师的想象力。留意报纸，搜集趣闻轶事，尽量站在当事人的角度来探讨你教的题材。

案例研究不仅会增强话题的关注度，而且会透彻地阐明一般原理。如下所述，借助于研究具体实例，学生就可学会抽象或一般概念。

悬念和争议

惊险小说家的惯用写法，就是运用悬念来吸引读者眼球。胆小的牧师女儿为什么半夜骑着自行车，而且挂包里还装着一把左轮手枪？我必须接着往下读！每章开头留下一个悬念，直到结尾才给予答案，然后再留下一个悬念……依次类推，周而复始。教师也可运用悬念来吸引学生。如果运用悬念来组织教学，而不是陈述事实，就会激发学生的好奇心和内在兴趣。例如，一位优秀的科学老师不会只是告诉学生有些材料会吸收空气中的水分，像甘油就是吸水材料。最好运用一个悬念：

"上周这块甘油质量为104克，但今天它增重了！143克。多余的质量从何而来？各位有什么高见？我们如何证实自己的观点是否正确？"

一位优秀的英国文学教师也不只是朗读《罗密欧与朱丽叶》第一幕的台词，而是运用一个悬念：

"莎士比亚想要刻画罗密欧对朱丽叶至死不渝的爱情。那么，在两人相遇之前，他是如何描写罗密欧的？罗密欧是为另一个情人难过，还是为自己没有情人难过？不，莎士比亚实在是写爱情戏的高手！让我们阅读第一幕，领悟他的绝技。"

> **练习**
>
> 如何运用人情味、学生的关联性、好奇心等让下述专题吸引学生的眼球？第一个专题的答案参见本章末的专栏。
> 1. 填写表格。
> 2. 电器三脚插头安装合适的保险丝（5安或13安）可预防电击的创意。
> 3. 外科病房病人的住院、监护和出院的文书工作。
> 4. 公司标识语越简单、影响越大、越容易记住的原理。
> 5. 至少一个任教学科的专题。

让学生学习回答问题。教师任教的学科设置了需要回答的问题。但是，教师往往不做任何提问就提供答案给学生！

> **练习**
>
> 教师经常通过设疑来开始讲新课。"有些树为什么落叶？""失业的原因是什么？""《罗密欧与朱丽叶》是一个什么故事？""人们为什么使用百分数？"
>
> 你任教学科的问题是什么？选择一个你要讲的专题，然后设计这个专题需要回答的问题。

马斯洛的需要层次理论

马斯洛（Maslow）是一位人本主义心理学家，同时也是20世纪伟大的思想家之一，他运用一个简单模型解释了"人性"。马斯洛认为，人类社会存在着普遍的、类似本能的需要，人人力求满足它们。据此可解释几乎所有的人类活动。

马斯洛将人类需要分为五个层次。底层为基本需要，只有基本满足下一层需要，上一层需要才具有价值。例如，研究帮派的专家发现，一名帮派成员是板球高手，但与其他成员打板球时，他故意降低自己的球技。他不想因炫耀个人球技而让朋友丢脸。他希望满足归属的需要，而不是满足自尊的需要。

尽管我们没有充分意识到这些需要，但它们如同心理维生素一样须臾不可缺失；如果否认它们，我们的心理就会出现毛病。马斯洛发现，只要感觉自己缺乏

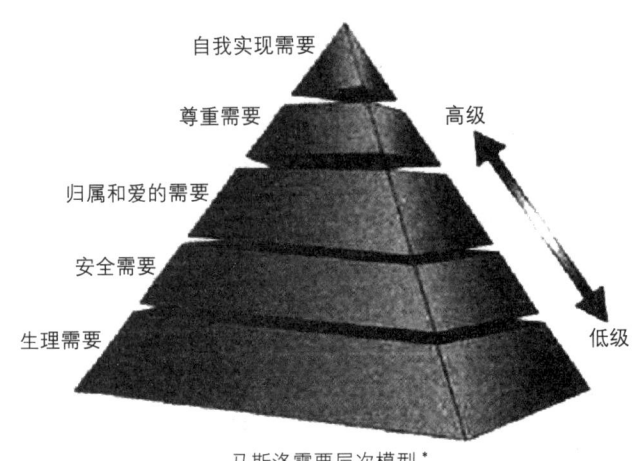

马斯洛需要层次模型 *

任何一种需要，就往往会引发问题行为，如下图左面所示。一旦需要得到满足，就会产生健康的心理行为，如下图右面所示。

马斯洛认为，五种需要不存在替代物，只有满足了一种需要，才能预防出现缺陷性行为。例如，我是新教师时，经常会"责备"那些哗众取宠或炫耀自己的学生。然后，有人建议我，只要他们专心写作业，就大加表扬，而且，为了满足他们的自尊心，还要在课堂上有意给他们分派引人注目的或重要的作业去做。这个建议令我吃惊不已，但奏效了！

一旦学生的两种低级需要得到满足，教师就可以激发他们的高级需要，教师必须确保：

- 所有学生感觉自己起码得到了教师的重视、认可和接纳，并形成了团队意识。学生有机会去开展小组合作学习（归属的需要）。
- 所有学生都体验到了成功，并得到表扬和其他鼓励。学生获得教师和其他学习者尊重的机会很多（尊重的需要）。
- 有时，常规性作业要让位于选择性、创造性作业，从而为学生提供表达个性和追求个人兴趣的机会。教师要培养学生的好奇心，为学生提供独立思考的机会（自我实现的需要）。

马斯洛指出，激发学生学习需要的方法独一无二，即：教师设计有效的学习活动，激发学生归属的需要、尊重的需要和自我实现的需要。学习活动是唯一的"运行按钮"。

有些教师认为动机本身就是目的，但是，遇到困难时，动机可增强注意力和毅力，提高勤奋度，从而促进学习。如果课堂环境嘈杂，分散注意力，即使激发了学习动机，学生也难以做到专心、勤奋和持之以恒。

---

* 译者加图。

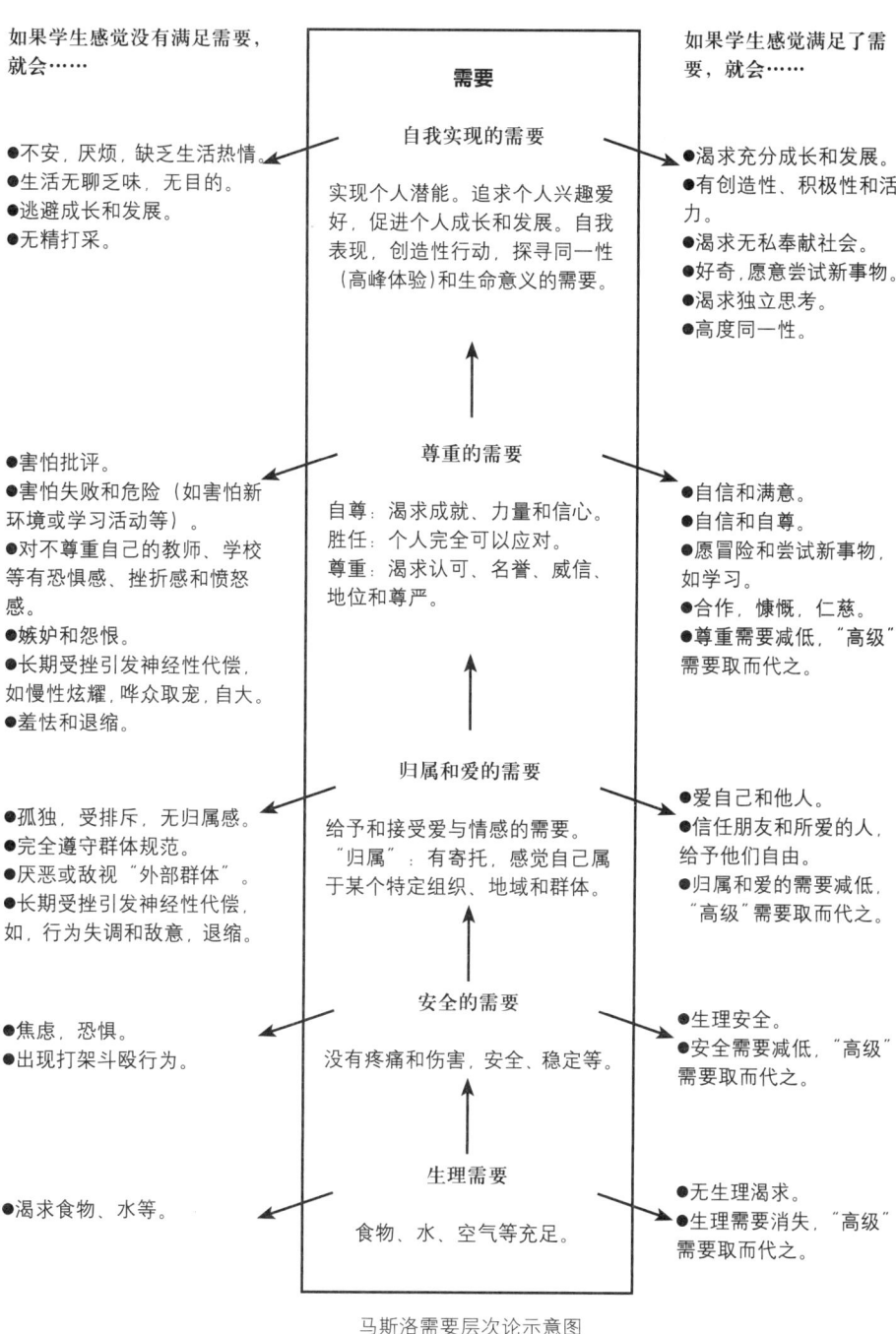

马斯洛需要层次论示意图

主动学习者和被动学习者——学习者对学习负责

学习不是教师为学生做某事，而是学生为自己做某事。但是，许多学生尤其是学困生想当然地认为,只要乐意上课和参与活动,学习就会自然而然、大功告成。下页的专栏将详细探讨主动学习者和被动学习者。

如何才能将学生培养成为"主动学习者"？必须让学生明白,他们必须借助于教师的帮助去教自己,而不是坐等天上掉馅饼！如果教师与被动学习者一对一谈话,学生往往就会对自己的学习更加负责。

运用下述方法,教师可鼓励学生成为主动学习者：

- 强调能力源自勤奋、矫正性练习与寻求帮助,能力并非只是遗传的。
- 鼓励学生明白这个道理：学习就是犯错再改正。
- 给学生解释：脑如同肌肉,使用越多,力量越大。
- 与学生讨论主动和被动学习的方法。
- 鼓励学生评价自己的作业和学习。
- 要求学生给自己设定目标。
- 教学中运用探究和质疑法。
- 避免使用过度控制的"菜单式"作业单和活动。
- 运用提问式教学法,让学生自己领悟。（参见第14章）。
- 给学生提供独立思考的机会,如,小组合作学习、讨论、引导式发现法（参见第18章和第29章）。

或许,教师还可以系统使用下述方法去培养主动学习者：

- 独立学习法,放手让学生自学课本里无关紧要的章节。（参见第33章）
- 掌握学习法,学习者必须通过频繁的考试或重考。（参见第43章）
- 自主学习法,学习者评估自己的成绩,自行安排学习,力求提高成绩,最终满足个人需要。（参见第34章）
- 促进学习法。（参见第10章）

学习者类型

主动学习者	被动学习者

学习是我为自己做某事……	学习是专家为我做某事……
成败决定于我自己	成败决定于我无法控制的因素
●我需要发现合适的学习资源	●教师的优秀程度
●我需要检查自己的理解程度	●学习资源
●我需要找到自己的学习问题	●自己的智力
●我需要解决这些问题	●自己学习某学科的天赋
●总之,我需要控制和负责	●其他

因此，如果没有学会……	因此，如果没有学会……
●我需要加倍努力	●教师负责
●或改变自己的学习策略，如，	●学习资源负责
●阅读另一本书	●我很可能是笨蛋
●向朋友求助	
●重新学习以前的知识	
●其他	

无论如何，如果完全控制并负责，成功的概率就很大。　　　　无论如何，放弃是唯一明智的选择！

心理定式：鼓劲　　　　　　　　　　　　　心理定式：泄气

"只要全力以赴，就会有所作为。"　　　　　"完全失控，不会成功，故放弃。"
关注点：　　　　　　　　　　　　　　　关注点：
●过程："下一步该做什么？"　　　　　　●可能的消极结果
●改进（而不是追求完美）　　　　　　　●完美的不可能性
●积极（避免消极）　　　　　　　　　　●消极

适应，响应，自信　　　　　　　　　　　失败主义者，宿命论者，绝望

将问题交给学生

将问题交给学生，可鼓励学生对本人的学习负责。例如：

"马特（Matt），你认为实验报告好写吗？"

"噢，我觉得没问题。"

"你感觉最难写的是什么？"

"结论部分，老师。"

"是的，多数同学发现结论部分最难写。那么，你打算怎样写好呢？"

这种教学法首先要求学生自我评估。若学生自己提不出问题，则由教师进行一个寻找问题的提问，如："你认为什么最难？"然后，当找到问题时，就提问"你打算怎样做"，将问题交给学生。

或许，教师的态度与方法至关重要。教师必须把自己看成一个学习促进者或学习管理者，鼓励学生对自己的学习负责。即，尊重学习者，让他们自信、自律和机智。相反，若教师总是替学生负责，则学生会产生依赖感和无助感，进而对自己的学业不良无动于衷。

如第 41 章课堂教学组织所言，在每一堂课上，学生都应对自己的学习拥有一定的控制权。第 10 章、第 34 章和第 41 章将详述如何运用促进学习法和自主学习法。

若教师以命令和控制的方式来上课，成人学习者往往会产生怨恨感和被疏远感，而多数少年学习者则会产生强烈的被侮辱感，甚至变得很难合作。只要学生拥有一定的控制权，教师的收获就至少与学生相等。

> 卡罗尔·德韦克教授（Carol Dweck）发现，一半不同教育层次的学习者相信个人能力是一成不变的，但另一半相信学习可以提高能力。相信能力不变的学生遇到困难往往选择放弃，相信学习可以提高能力的学生面临挑战往往选择加倍努力。
>
> 若想了解详细资料，请参见网站 www.geoffpetty.com 动机网页。

> 在《学习自由》一书中，卡尔·罗杰斯（Carl Rogers）引用的研究结果表明，在全部学习活动中，小学生自由选择的比例仅为 1%。
>
> 在学科教学中，教师通常给予学生多少选择权、控制权和自由（如创造性作业）？
>
> 通过学科教学，教师可以在多大程度上满足学生的自我实现需要？

动机期望价值理论

根据动机期望价值理论，学习者的动机可用一个公式来表示：

$$\text{动机} = \text{期望（学习者对学习成功的期望程度）} \times \text{价值（学习对学习者所产生的价值）}$$

在该公式里，价值与成功期望是相乘而不是相加（费瑟，1982）。这意味着，若一门课的"期望"分为零，则无论"价值"分多高，学生的动机皆为零分。同理，若"价值"分为零，则无论"期望"分多高，学生的动机也为零。

你的学生是如何给价值和成功期望打分的？为什么不去问问他们？！在一个 0－10 刻度表上（10 为最大值），让学生给价值和成功期望打分。若将价值和成功期望分数相乘，教师就会知道学生的动机水平（表达单位为百分率）。

低"价值"分数

有些学生来自轻视教育的家庭或文化。在某个学习者的家庭里，若无人因接受教育而找到工作或得到其他实惠，则父母不会重视子女的教育。教师需要将课程的价值"推销"给自己的学生。

低"期望"分数

向现在的学生讲述以前优秀学生的故事，或者，最好邀请他们到班里现身说法。在介绍时，一定要着重指出，这些楷模的成就不是例外，而是勤奋学习的结果。

另外，教师应该设计包含掌握性与发展性的作业，从而让学生从学习初期就能够取得成功。一定要让学生明白一个道理：他们的成功来自于勤奋而不是天赋（参见第6章和第46章）。

当然，教师也可以在刚开课时就安排学生去考取一个中级资格证书，可以是一个全国认可的资格证书，像急救证书，也可以是一个中小学教师资格证书或大学教师资格证书。

去激励因素

本章前面曾指出，一些因素往往会让学生失去学习动力，如情绪因素就会产生这类效果。情绪因素包括因以前失败而引发的抑郁症和焦虑症。环境和生理因素同样如此，包括寒冷、噪音、饥饿等等。不过，它们也可能让学生动力十足！若学生担忧考试成绩不好，则可能拼命学习、劳累过度，或是过于紧张，从而导致学习效率下降。

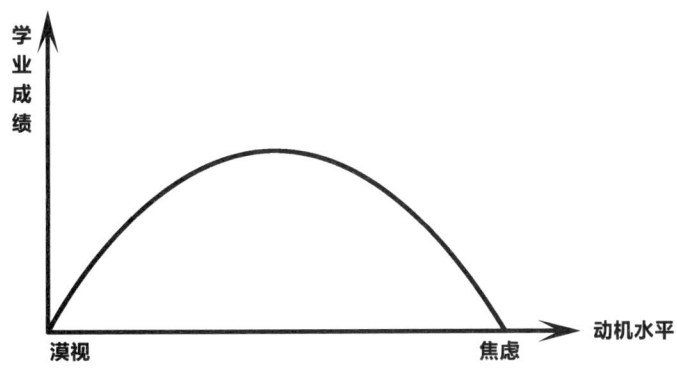

检查单

下面是一个检查单,包括各类提高动机水平的因素。尽管各因素之间存在着一定程度的重叠,但概括了本章的主要观点。教师可用于备课或帮助自己解决问题。学生带着某种动机来上课,教师如何依据下述因素去进行管理,将决定提高或降低他们的初始学习动机。请充分发挥这些因素的作用。

成功

☐ 教师设计的学习活动是否适合学生的水平和速度?

☐ 教师是否设计了不同难度的学习任务,既可让每位学生体验一定的成功,又可让学优生面临挑战?

☐ 若学生没有达到学习标准,为了达标,教师是否允许他们重学或重做(然后,若学生完成了学习任务,教师是否予以表扬或强化)?

目的

☐ 学生是否明白好好上课会让自己得到好处?

☐ 学生是否清楚自己的学习与未来职业有关?

☐ 教师是否积极"推销"自己任教的学科及其知识?

☐ 为了保证学生学到自己想学的知识,教师是否与他们协商部分学习内容(参见第34章和第41章)?

乐趣

☐ 教师的授课是否变化多样?

☐ 授课是否包含大量吸引人的学生活动?

☐ 教师通常设计的学生活动是否有趣,如讨论、小组学习、游戏、竞赛、挑战赛等等?

☐ 教师授课是否利用与学生相关联的知识,是否具有人情味(human interest)?

☐ 教师授课是否通过设计有趣问题来激发学生的好奇心?

☐ 学生是否有机会表现创造力,或者,在问题解决或设计活动中,学生是否得到自我表达的机会?

☐ 教师授课是否充满热情?

☐ 学生是否拥有一定的学习选择权?

☐ 师生关系是否亲密?

☐ 学生是否有机会合作学习(社会需要)?

强化

- ☐ 学生是否经常得到强化，如分数、评语、表扬等等？
- ☐ 学生完成学习任务后，教师是否立即强化或认可成功？
- ☐ 学生是否有机会去满足自尊的需要（发言，展览作业、分数或掌握的技能以及其他成功证据）？

目标

- ☐ 教师制定学习标准后，学生是否认为值得为之努力，是否认为自己可以达到？
- ☐ 教师是否定期举行考试，学生作业最终期限的设定是否合理？
- ☐ 不学习的后果是否严重到刺激学生努力学习的地步？
- ☐ 教师是否为学习者设定了个人学习目标？学生实现目标后，教师是否予以表扬？
- ☐ 教师是否鼓励学生对自己的学习负责？
- ☐ 教师是否鼓励成年学习者去协商自己的学习需要，设定自己的学习目标，监测和评估自己的学习效果？

学生对教师的态度以及学生对学习的态度也会影响学习动机，因而，教师应鼓励学生主动学习并与他们建立密切关系。

练习

理论应用于实践！

本章的建议对教师提出了很高期望，但在教学实践中却往往产生不了激励效果。由于教育让部分年轻人一直遭受消极体验，因而教师就更难激励学生了。不过，激励多数学生还是大有可能的。请观察下述教育情境，然后制定一个提高学生动机的教学策略。阅读每个案例都要对照"成功、目的、乐趣、强化、目标"诸因素，马斯洛需要层次理论以及促进主动学习的方式。

1. "我教的课涉及从出生到少年早期不同的儿童发展阶段，怎样才能教得有趣？"

2. "我教的课是关于规划部门在核准新建筑物申请时所承担的角色，怎样才能激励学生？"

3. "我给一些见习电子工程师上课，他们来我们学院参加失业培训。我教'沟通'课，他们的基础写作技能水平普遍很低。学院要求我通过教学予以提高。这些学员都认为，培训课程结束后，他们也绝不会找到一份工作，'所以，这么麻烦有什么意义？'"

4. "我在一所成人教育学院教'健身'课。数周后，大半学员都感觉有效。

不过，65 岁的琼（Joan）女士似乎认为，自己年龄偏大，没有什么效果。坦率地说，她为什么还不辞辛苦前来上课，这个问题经常困扰我。我承认，尽管健身需要时间，但她完全有能力去改善自己抱怨的柔韧度和持久力。"

5."我教计算机基础技能课，以在职培训为主。我面临的问题与老年学员有关，他们抱着这样的念头来上课，即，年龄超过50岁的老年人，根本学不会计算机。令人沮丧的事情发生了，简直就是自我应验预言：他们一点也不努力学，最终的学习效果与青年学员相差悬殊。然后，他们就说：'我告诉你会这样的！'"

答案

问题1的参考答案

A) 从班里选一名需要填写一份表格的学生，比如说填写一份摩托车保险单，然后，教师向全班同学介绍如何填写这份表格。（人情味）

B) 每位学生可填写一份表格，这份表格或是他们自己直接使用的，或是他们自己感兴趣的，例如，临时驾照申请表或考试申请表。大半学生也会对婚姻介绍所登记表感兴趣。（学生关联性）

C) 为激发好奇心，教师可向学生分发填写不正确的表格，要保证这些表格没有明显的错误，然后提问学生是否发现表格填写不正确的地方。（悖论或猜谜）

推荐读物

[1] M. 阿盖尔(Argyle, M.). 人际行为心理学. 企鹅出版社，1994.

*[2] C.S. 德韦克（Deweck, C.S.）. 自我理论：动机、人格与发展中的角色. 心理学出版社，2000.

[3] N. 费瑟（Feather, N.）. 期望与行动. 劳伦斯·厄尔博姆出版社，1982.

[4] T.L. 古德（Good, T.L.）, J.E. 布罗菲（Brophy, J.E.）. 课堂观察（第9版）. 阿林与培根出版社，2002.

*[5] J. 霍尔特（Holt, J.）. 儿童如何学习（修订版）. 达·卡波出版社，1995.

[6] M. 贾维斯（Jarvis, M.）. 有效学与教的心理学. 尼尔逊·索尼斯出版社，2005.

[7] M.S. 诺尔斯（Knowles，M.S.）. 自主性学习. 剑桥大学出版社，1975.

[8] R. 马扎诺, D. 皮克林. 高参与度的课堂. 马扎诺研究实验室，2011.

＊[9] A.H. 马斯洛（Maslow，A.H.）. 动机与人格（第 3 版）. 哈珀·柯林斯出版社，1987.

[10] 杰夫·佩蒂（Petty，G.）. 基于证据的实用教学法（第 2 版）. 尼尔逊·索尼斯出版社，2009.

＊[11] 卡尔·罗杰斯（Rogers，Carl）. 学习自由（第 3 版）. 培生教育出版社，1994.

任何一本有关教学的书都绕不开动机；卡佩尔（Capel）等人的动机学说值得一读，详见书后的参考书目。

第六章　表扬与批评

让我们来做一个思维实验。一位负责教师培训的指导教师，同时也是一位经验丰富的教师，打算连续听你 30 节课。假设指导教师刚刚听完你教的一节课，当最后一名学生离开教室时，你正在收拾自己的教学用品。这节课只是你教的第三节或第四节课，你理所当然会庆幸这节课上完了，而且特别想知道指导教师对这节课的评价。假如你丝毫不怀疑指导教师的判断力，那么，指导教师的下述反应对你的自信、动机和工作效率可能产生什么影响？

- 指导教师直接走出教室，一言不发。
- 指导教师过分表扬你，甚至表扬了你自认为讲得不好的地方。
- 指导教师详细分析你讲的每一处失误，告诉你如何去纠正，并暗示你应该努力改进自己的教学水平。
- 指导教师表扬你讲得好的地方，批评你讲得不好的地方，然后说明你需要做什么去改进，最后总结道：你上的课总体效果不错。
- 与第 4 类反应相同，指导教师既表扬又批评，但最后却暗示你，这堂课上得很一般。

如果指导教师听完你的每堂课都做出相同的反应，也就是说，每堂课指导教师都做出第一类反应，或第二类反应，依次类推，那么：

A) 讲完 30 节课后，你的感觉如何？

B) 你的收获有多少？

C) 你会喜欢指导教师反馈的其他内容吗？

上面第四类反应风格几乎让所有讲课者受益匪浅，不仅学习动力十足，而且学习效果最好。这类反应具有激励性，既认可了成功之处，又指明了未来达到更高标准的方向。在回答"C"时，讲课者经常提到，他们更希望有机会去自我评估，几乎无人要求听课者给自己的课评级。

师生对表扬与批评的情绪反应可以说相差无几。忽视会让学生怨恨，表扬会鼓励学生。只要教师认可、表扬学生的成功，他们就会发现合理的、建设性的批评具有挑战意义，而不是让人灰心丧气。第 43 章有关形成性评价的研究结果将证实你的直觉。

教师如何确保学生以积极的态度接受批评

经验丰富的教师批评学生的方式就像提建议。请阅读下面的例子,你能分清教师是如何批评学生的。

1. "很好,你画的曲线比例适中。不过,最好用铅笔来画,那样一有错就可以擦掉。曲线上各个点画得准确——干得不错。"

请对比这句话:"你别用钢笔来画曲线。"

2. "开首句写得真棒,直指问题的要害。阿米娜(Amina),这个句子应该是未来时态。你发现哪个地方换成了过去时态?……对,就是这样,干得好。"

请对比这句话:"你别把时态弄混了。"

教师既表扬又批评,以向前看、积极的态度进行批评,而不是以向后看、消极的态度进行批评。例如,"下次要检查拼写",而不是"拼写错误太多了"。不过,"下次别出现这么多拼写错误",是向前看,但态度却是消极的。在上面第二个例子中,教师正在引导学生改正自己的错误。

总之,学习者需要——

一枚奖章

学习者需要知道自己学得好以及好在什么地方。"开首句写得真棒,直指问题的要害。"学习者需要知道自己什么做对了,究其原因,部分是因为这样可以鼓励他们更加努力,但主要是因为学习者往往无法自己做出肯定判断。

奖章代表"结果",一般指学习的积极效果。不过,也代表"过程",包括对如何学习的表扬,如学生的计划和努力。

分数、等级或比较性评语不是奖章而是测量,因为没有指出对在何处、错在何处。

一项任务

学习者需要知道什么需要改进以及如何改进。这需要抱有一种向前看的积极心态,看起来更像建议而不是批评,宽容而不是苛求。告诉如何改进,而不仅仅是错在何处。

对学生来说,任务缩小了现状与未来之间的差距,即,缩小了现在的学习成绩与未来的学习目标之间的差距。

任务或许还包括学生下次做同一件事时如何做得更好。例如,对一篇短文的评语可能如此说:"尽量使用证据和实例来支持你的观点。"

不过,一项任务也可能表示如何改进目前的学习现状,如上面案例所言:"阿米娜（Amina），这个句子应该是未来时态。"

明确目标

奖章和任务皆与学生追求的目标相关，如用于评价学习的任务和标准。当然，只有目标清晰，学生才能努力完成任务。详见第 43 章形成性评价的有关论述。

如果学生不知道自己走向何方，他们就根本不会到达目的地！因而，教师设置任务的用词就需要清晰易懂。

同样，教师最好给学习者提供"评价标准"，告诉他们必须做什么才能得高分或优秀等级。不过，学生经常发现自己理解不了"评价标准"。其实，多数教师往往也理解不了"评价标准"。如第 43 章所述，需要有人教，教师和学生才能理解"评价标准"。

> 学习者根本不清楚自己打算做什么。一位学生曾以不容置疑的口吻告诉我："描写（describe）""分析（analyse）"和"评估（evaluate）"都表达一个意思："记述（write about）。"

前面已论及目标，这里再讨论目标似乎多此一举。其实不然，奖章是学习者已经实现的目标，而任务则是他们仍需要努力实现的目标。所以，"目标"与奖章和任务密切相关。

教师的反馈不可能总是包括奖章、任务和明确目标，简短的语言反馈就更不可能这样做了。不必为此忧心忡忡，但在一个时期内，无论对哪个学生，教师都一定切忌只提供奖章或任务。如第 43 章所述，对所有重要的学习内容，教师的反馈要尽最大努力做到奖章、任务和目标一个不少。

如果你将学习想象成从斜坡底部向顶部推动一块石头，学习者就需要反馈才能知道自己在斜坡上面所到达的位置，而不是他人所到达的位置。也就是说，反馈需要做到客观，而不是主观臆断或评判。

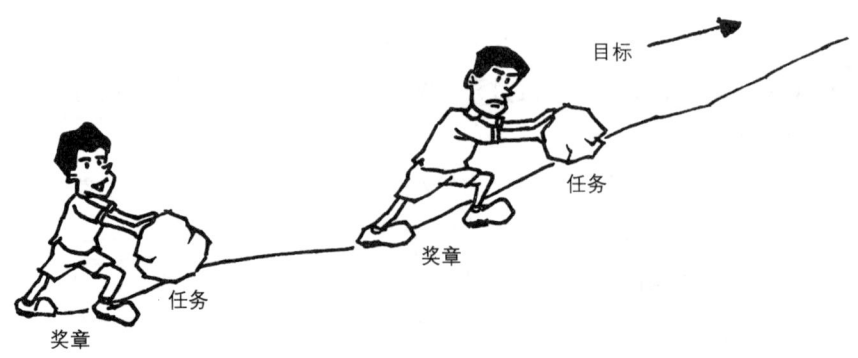

奖章、任务、目标

给学习者颁发奖章,就可以让他们知道自己推动石头所到达的位置;给学习者设置任务,就可以让他们知道如何再向上推动一点。研究发现,学习者往往获取评判性或主观性反馈,即,教师将学习者互相比较。若学习者比大多数同伴做得好,则教师一般会给他们颁发奖章,但没有给他们设置任务;若学习者比大多数同伴做得差,则教师一般会给他们设置任务,但没有给他们颁发奖章。上述两种做法都会妨碍学生的学习。有时,学生既没有奖章也没有任务,他们只获取等级或百分数。

> 不到生命最后一分钟,上帝就不会轻易给一个人下结论。为什么你或我非要这样做呢?
> ——本·琼森(Ben Jonson)

不过,规则也有例外。学习困难的学生和学习成绩低的学生往往获得奖章,但没有被教师布置任务。究其原因在于,教师运用表扬和鼓励去过度保护学习者的自尊,没有告诉他们如何改进,或者没有为他们设定一个具有挑战性的目标。如果这些学习者自己不会设定目标,那教师的错误就很严重了。

> 有些教师建议:教英语,可用铅笔订正语法和标点符号等错误。红笔应专用于修改学科内容的错误。

教师如何确保每位学生都获得一枚奖章?

即使学力弱的学生,也非常希望教师能认可他们些微的成功或进步。对学力弱的学生来说,如果教师一直做出第一或第三类反应(参见本章开篇所述的思维实验),他们就会放弃学习。即使换了你或我,也会选择放弃!上一章动机理论所述的"学习发动机"明白无误地告诉我们,学习者一旦体验到成功,必须立即强化,否则,学习就不可能发生。

只有教师设定的任务让学习者至少获得部分成功,才能采用表扬、自我表扬以及其他强化形式。如果教师设定了合理目标,表扬或强化学习的机会就会达到最大化:

- **设定合理目标**。只要给予充足的时间或矫正性练习,每名学生就应该很快完成教师设置的一些学习任务。设置的学习任务既要明确、具体,又不要过分拘泥于学生已有知识。学习任务包括布卢姆教育目标分类中的初级技能，如回忆、绘制和标注图表、简单计算，还包括简单的智力技能，如简述梯田的三大优势。

如果教师只评价学生的短文写作技能或报告写作技能，成功就会与绝大多数人无缘。这些技能需要花费时间去培养，又完全受制于学生已有知识，还需要运用高级认知技能。（参见第 37 章掌握性和发展性目标）

- **分解任务**。教师应将困难的或费时的学习任务分解成易于完成的小任务，然后分别予以实施和奖励。一个小任务成功完成后，再开始完成下个小任务。
- **给予学习时间**。教师应给予学生练习时间，这样他们才能掌握所学知识。教师应允许学习者重新参加考试和重新提交作业，只要最终合格即可，哪怕最初"失败"了也不必在乎。"重新标注图表，然后再送给我看。"
- **认可部分成功**。教师应时刻关注学生的积极表现。只要用心寻找，教师就不难发现学生的可取之处。
- **认可"过程"及"结果"**。教师要积极评价学生的学习方式和学习结果。认可他们付出的努力、使用的策略、投入的时间、寻求的帮助、严谨的态度等等。
- **千万不要只表扬和认可那些学习刻苦、能力超群或天资聪明的学生。**

> 伦敦大学国王学院有两位世界著名的教授，分别叫保罗·布莱克（Paul Black）和戴兰·威廉（Dylan Wiliam），他们查阅了形成性评价的相关研究，其中包括如何表扬和批评学生的研究文献，最后他们得出一个结论：在所有影响学生学习成绩的因素中，教师对学生作业的反馈可能远远高于其他任何一个因素。约翰·哈蒂（John Hattie）也研究了对学生学习成绩影响最大的变量，最终得出了相同的结论。参见 www.geoffpetty.com。

积极强化

学习者是从自己想学好的角度来考虑奖章、任务与反馈的关系，而行为主义心理学家观察反馈的角度则略有不同。他们视"积极强化"为积极结果，认为"积极强化"会促进未来的学习。（请注意，"强化"并非通过不停地重复来改进学习。）

如下面的专栏所述，鼓励学生努力学习的方式很多。当然，并非所有方式都会对所有学生奏效。请记住：教师应尽快实施强化，应保证每位学生都体验到强化。

掌握学习法最适合于强化学生的学习（详见第 43 章）。有些学生认为，接受公开表扬有损自己反正统的形象。不过，我至今还没有发现一个学生不接受私下表扬！

积极强化形式

外在强化（来自学习者外部环境）

教师：

- 关心学生

- 尊重学生本人，热情

- 倾听学生说话

- 接受学生的观点

- 使用学生的作业当范本

- 关注学生的作业

- 与学生共度时光

- 被学生的笑话逗笑

- 高度评价学生

- 给书面作业写评语

- 保持微笑、目光接触，经常竖起大拇指，等等

- 作文有佳句隽语，就在页边空白处画上记号

- 在宣传栏展览学生的作业

- 给予特别待遇或"奖励分数"

来自同伴、父母和他人的表扬，当然还包括教师的表扬。

测验或考试及格。

上课时故意不讲一些重要知识。

（第43章形成性评价理论认为，等级或分数并非有效的积极强化物，它们具有相反的效果。）

内在强化（来自学习者内心）

学生：

- 学会一个主题，或完成一个自己感兴趣的任务

- 满足个人的好奇心

- 自己探索某事

- 具有创造力和控制力

- 迎接一个挑战（尤其是自我挑战）

- 列举能力或任务清单

- 感觉"我能行——我做对了！"，或者，感觉"终于明白了"

- 实现个人目标，或完成个人设置的任务

教师可非正式地运用非言语手段来强化和批评学生，例如，运用面部表情和身体姿势，借助于音调，故意视而不见，等等。

内在强化比外在强化更能激发学习动力，其中一个原因就是，教师不在场时，内在强化会激励学生去努力学习。一旦感觉做好了某项工作，我们就会喜笑颜开，从内心洋溢着满足感："我制作的小机械运转起来了！""我会做分数题了！"如果正在学习的某种知识激发了自己的好奇心，或者正在做的某件事让自己感到有趣或快乐，我们就会动力十足。创造性活动，或任何一项可以展示自己个性的工作，都会引发这类内在强化。

> 相关研究一致认为，甚至经验丰富的教师都自以为会经常对学生实施积极强化，其实不然；大幅度提高强化频率会改进课堂气氛和教学效益。
>
> 摘自一位 14 岁男生的作文：
> "拿回自己的作业，原以为自己写得不错，结果却是低分，气死我了。"

初任教师和平庸教师都会经常犯一个错误，即，对学生很少使用积极强化。我曾听过数百名此类教师的新课，竟然发现所有人都不重视表扬和认可学生的成绩。假如教师在今年 9 月份开始执教一个 20 名学生的班级，每周与学生见面 1 小时，每节课给予学生一次积极性评语，有些学生就要等到明年 6 月份才有希望再次获得教师的积极性评语。如果教师每节课都要给每名学生一点认可或表扬，平均起来，教师就必须至少每 2 分钟给予学生一次积极性评语。学生做练习时，有些教师认可学生成功的次数达到每分钟一次以上。开始做时还感觉别扭，慢慢就习惯成自然了。要知道，认可或表扬会大大改进课堂气氛和教学效益。

通常，学生作业的书面评语不可或缺。教师可以忽略学生的错误，但切不可忽略他们的成功。

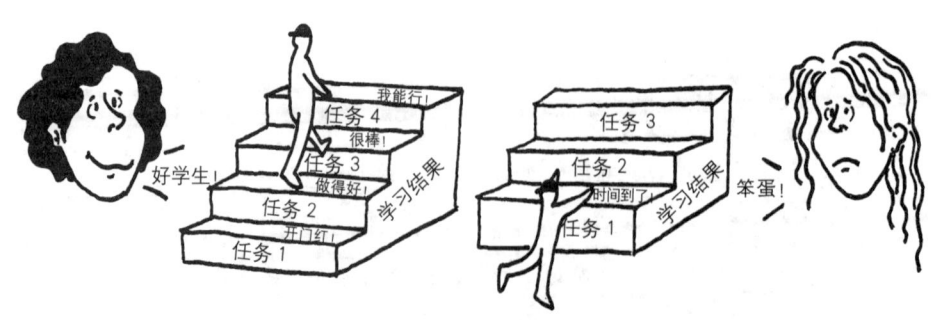

原有知识与经验

> 一件事情哪怕再简单，只要学生做好了，就会给他们带来无法估量的快乐、满足和教育价值。
> ——摘自迈克尔·马兰（Michael Marland）《课堂教学艺术》

> **一封没有寄出的信**
> 美国南北战争期间，林肯（Lincoln）总统给米德（Meade）将军写了一封指责信件，严厉批评了他在一次战役的失败。林肯指出，许多士兵因米德指挥失误而丧生——林肯写这封信的理由十分充足。
> 米德将军对这封信有何反应？他没有任何反应，因为林肯总统一直没有寄出这封信，直到总统遇刺身亡后，工作人员整理遗物时才发现了这封信。正如戴尔·卡耐基（Dale Carnegie）在《如何赢得朋友并影响他人》中所言，林肯总统深知，尖锐的批评、指责，永远不会有效果。

成绩与努力

有些学生不费吹灰之力就能取得优异成绩，而另一些学生费了九牛二虎之力成绩却很低。当然，教师应记录和承认学生的成绩，但同时也应奖励学生付出的努力。如果教师眼里只有成绩，就会让学力不足的学生失去学习动力，还会让学力超群的学生变得懒惰起来。

不过，学力不足的学生值得教师去表扬吗？我可以斩钉截铁地回答：是的！其实，学生越是学力不足，越是需要教师的表扬；他们没有天赋或能力的优势，对他们来说，学习就像一座不可逾越的高山，他们不得不竭尽全力去攀登，却很少得到教师只言片语的表扬或认可。他们还必须眼睁睁地看着学力超群的学生轻松地学习，个人尊严荡然无存。假如有些学生打算不带氧气或冰爪去攀登珠穆朗玛峰，我们也许不好说三道四，但有时起码可以朝着他们登山的方向礼貌地点一下头！

> 开始我以为自己正在给学生打分，后来才发现其实我正在给自己的教学打分。
> ——一位实习教师的话

积极强化还会改进学生的行为

教师最好在每个教学环节给每名学生准备大量奖章和任务。学生满心期待教师的表扬或认可，若教师准备不足，一旦遇到问题，则会无所适从。比如你任教的班级有一个叫达伦（Darren）的小家伙，整天惹是生非，拖着长长的鼻涕，浑身散发着一股油腻味，讨厌上你的课，课堂上经常口出污言秽语。一旦发现他安静下来，不再欺负桑德拉（Sandra），瞪着双眼茫然地看向窗外，手握钢笔在纸上写写画画，你就必须走到他身旁给他一个鼓励的微笑。你可能发现这很难做到，但是，如果你不这样做，达伦就永远不可能改进自己，甚至很可能会变得越来越不像话，让你苦不堪言。

如果你能鼓励像达伦这样的学生，就会赢得所有学生的尊重，而且与全班学生的关系会越来越好，你也会成为一个高效能的教师。不过，你必须善待、鼓励自己可能害怕或讨厌的学生。如果做到这一点，你很快就会发现达伦不再像以往那样令人头痛和心烦，他或许会越来越尊重你，作业写得越来越多，"捣蛋"的次数越来越少。

教师从认可学生的学业成绩中会收获什么？

研究表明，强化（如奖章、表扬和其他奖励）是教师最有力的工具之一。强化具有巨大的改进效果，而且也是唯一最有效的改进手段，它会改进学生：

- 学习与学业成绩；
- 动机；
- 行为；
- 课堂专注度；
- 自我信念或自我效能，即，学生相信自己具备改进、发展和克服自身困难的能力；
- 自尊；
- 对学习的态度与对教师任教学科的态度；
- 对教师的态度；

请注意，教师与学生都会收获颇丰！

> 如第43章所述，教师可教会学生从自我、同伴和模拟评价（spoof assessment）中得到反馈。

如何保证表扬和奖励达到最佳效果

数百项研究探讨了"强化"，研究结论高度一致，但应用起来却困难重重。

要想做到得心应手，就需要花费时间去思考和练习。最有效的强化应包括：

频繁强化！

每节课至少给每名学生某种强化。对学习吃力或进步缓慢的学生，要给予"特殊照顾"，切忌严厉批评！教师要亲自"特殊照顾"，即，每小时至少四次认可学生付出的努力和取得的进步，像微笑、温和的交谈语调等等。尽管困难重重，但一定要咬牙坚持做下去，一个月后肯定会有效果。

或许有人怀疑：教师要颁发一大堆"奖章"，可学生身上哪有这么多值得表扬的地方？别忘了认可日常表现。如，"你回答完了一个问题——很好。"若教师只关心出色成绩，则有些学生永远得不到表扬，而且他们很快就会自暴自弃，进而陷入恶性循环。（参见动机理论）

以任务为中心而非以自我为中心

只有学生表现好才能表扬，表扬应集中于学生的表现而不是学生本人，即对事不对人。

只有学生付出了努力、完成了任务、取得了成绩、掌握了技能、使用了合适的策略等，教师才能实施表扬。

只有准时到教室上课、认真听讲和发言本身代表学习成绩时，教师才能实施表扬。

表扬不要以自我为中心，如，"你很擅长做这件事""你很有能力""我为你感到骄傲"。这是因为以自我为中心的表扬：

- 假定成功取决于个人品质而不是有效学习；
- 因缺乏个人品质而需要教学生理解难点。

练习

回想本章开篇所述的思维实验。如果指导教师给你教的课评定等级，对你的学习会产生什么影响？另外，你还会发现，参加教师培训课程时，若指导教师将你与同事进行比较，则你的学习成绩等级几乎一直处于：

A）班级前四分之一；

B）班级后四分之一？

请阅读第43章形成性评价理论，然后看看研究是否会证实你的观点！

以学生自己为参照物

学生应努力打破自己的纪录，而不是打破别人的纪录。

具体

教师应明确自己要表扬什么，并让学生知道成功的价值。换言之，将表扬变成一枚奖章而不是为表扬而表扬。只要集中于学习任务，表扬就容易实施。说明表扬什么还具有另一个特点：学生不会把表扬看成"恩赐"。

"不错，这是一个解题的好办法。"或只说：

"这是一个解题的好办法。"

指出正确答案里的错误：

"逗号都应在右面，挺好。"

"你现在听课确实很专心。"

"你清楚地演示了数据。"

真诚

教师实施表扬时要自然而然，要让学生感觉你是发自内心，哪怕你讨厌这个小家伙，也要装得好像真的一样。表扬不可让学生看起来像一个"反射动作"或习惯用语，为表扬而表扬，纯属走过场。教师不应让学生感觉你好像是用表扬作为一个控制他们的手段。

做到真诚不容易啊！

有些理论家坚持认为，我们应彻底放弃表扬，主要使用自我评价和其他奖章来强化，从而在一定程度上提高内在动机。此法对成人学习者可能特别有效。

> **练习**
>
> 制订出你自己运用奖章、任务和其他强化形式的策略。
>
> 如何才能在教学实践中确认自己已学会运用上述有效强化方法以及下述检查单？读罢第43章，你就会成竹在胸。

学力不足的学生值得表扬吗？

检查单

批评

- ☐ 学生的学习标准无论高低，你都认可并逐步运用奖章、任务和其他积极强化形式去鼓励和改进吗？
- ☐ 你以向前看、积极的态度实施批评并能结合使用表扬吗？
- ☐ 你允许学生重交写得不好的作业吗？
- ☐ 你要求学生去评估自己的作业并制定自己的目标吗？
- ☐ 你为学力超群的学生设定了具有挑战性的目标吗？
- ☐ 你的学生一直知道如何将自己的学习成绩与课程标准进行比较吗？
- ☐ 你将学习任务分解成若干易于完成的小任务并对完成的学生实施奖励吗？
- ☐ 学生自己设定改进目标吗？

表扬

- ☐ 你为每位学生设定了合理目标以便他们都体验到某种成功吗？
- ☐ 你总是积极承认学生正确的口头回答吗？
- ☐ 你颁发了大量奖章吗？例如，你表扬学生付出的努力、取得的进步和完成的常规任务吗？
- ☐ 每位学生都会获得某种强化和建设性批评吗？

练习

1. 邀请一位同事去听你一节课，统计你对一位学生实施强化的次数，同时统计没有获得强化的学生人数。
2. 如果一个学习小组的全部学生都不懂某个问题，多数教师会责怪这个学习小组，其他人会责怪自己的教学。你是什么看法？
3. 在书面作业上画记号、打分和写评语的相对价值是什么？
4. 你对别人给你的工作打分的感觉是什么？你还记得上学时老师给你打分的感觉吗？
5. 你能根据上一章马斯洛的需要层次论来解释外在和内在强化的重要性吗？

推荐读物

参阅第43章参考文献

*[1] C.S. 德韦克（Deweck，C.S.）. 自我理论：动机、人格与发展中的角色. 心理学出版社，2000.

[2] C.S. 德韦克. 心态：新成功心理学. 巴兰坦出版社，2006.

*[3] T.L. 古德（Good，T.L.），J.E. 布罗菲（Brophy，J.E.）. 课堂观察（第9版）. 阿林与培根出版社，2002.

*[4] J. 霍尔特（Holt，J.）. 儿童如何学习. 达·卡波出版社，1995.

[5] D. 威廉. 形成性评价. 原点出版社，2011.

[6] C.J. 赖特（Wright，C.J.），G. 纳托尔（Nuthall，G.）. 教师行为与学生成绩的关系. 美国教育研究杂志，1970（7）:477 − 491.

下面网页有一个关于强化的研究综述值得一读：www.nwrel.org/scpd/sirs/2/cu3.html.

第七章　师生关系与平等机会

第一印象

无论谁参加面试，都会穿上最好的衣服。第一印象影响雇主，同样也会左右教师。社会心理学家认为，首次遇到某人，我们会从感知中选择信息进行加工，迅速把握他(她)的特性。之所以这样做，是因为我们需要知道自己如何对待他(她)，也需要知道自己希望他（她）如何对待我们。延缓判断当然会很公平，可实际上几乎无人做到。

公布考试分数：书写整洁和穿新运动夹克者得 A，其他人得 B。
另外，衣着邋遢、嚼着口香糖听音乐者不及格。

每个人使用不同的信息来形成初始印象。印象主要来自服装、发型、面部表情、姿势、手势、年龄、种族、性别以及谈吐。学生的书写水平、友谊型群体、以往的学习成绩、名声等也会影响教师的第一印象。

一旦形成对某人的第一印象，我们就会用于判断他（她）的思想、情感、态度、目标和特性。请看下页的表格：一位教师对同一班级两位学生劳伦（Lauren）和马克斯（Max）的初始印象。

初始印象当然会影响教师对劳伦和马克斯的行为了。

姓名	教师的评论	教师人格理论衍生出的结论
劳伦	她文静，有礼貌，衣着得体，有魅力，来自中产阶级家庭。	她会喜欢学习，聪明，勤奋，可爱。
马克斯	他粗壮，笨拙，衣着过时，爱说话，农村口音重，嗓门大。	他是个"笨人"，不喜欢学习，来自工人阶级家庭；会成为农场工人；可能是捣蛋鬼。

> 真正决定行为的因素是感觉而不是现实。
>
> ——卡尔·罗杰斯（Carl Rogers）

第一印象偏差

第一印象或初始印象不易改变，因为合理化*无视矛盾的证据。例如，教师认为劳伦是一个勤奋的学生，假若她上课时微笑，教师就会想："她爱上我的课，我就知道她会是一个好学生。"然而，如果马克斯上课时也微笑，教师就会想："他要胡闹什么？"相同的证据却得出相反的结论，每个结论又分别证实了初始印象。

若劳伦作业写得不好，则教师会想："她肯定累了。"若马克斯作业写得好，则教师会想："他抄袭了谁的？"若劳伦脾气暴躁，则教师会想："可怜的小家伙，她肯定有烦恼。"若马克斯彬彬有礼，则教师会想："为什么他要设法讨好我？"尽管说得有些夸张，但我们一定要警惕合理化带来的不良后果，避免误入歧途。

达尔文总结说，他一直随身携带笔记本和铅笔，因为他发现总是记住支持自己理论的证据，却很快忘记反对自己理论的证据！教师也往往会选择性记忆自己学生的学业成绩与行为。

劳伦和马克斯都会注意到老师对他们的评价。劳伦会得到关注、微笑和友善，马克斯却发现自己一无所获。反过来，这又会影响学生的行为，他们的行为与教师的印象也会越来越像。

刻板印象

人人都有偏见和刻板印象。我也不例外，或许还有自己没有意识到的偏见和刻板印象。比如，只要认真书写、简练陈述的，就是认真的学生，否则，就是粗心的学生。外向的、健谈的学生喜欢我的课，而内向的、沉默寡言的学生讨厌我的课。

刻板印象是指，人们往往假设一个人具有自己所属群体的特性。当然，这会让我们无视群体成员之间的差异。人人都有刻板印象，但我们很少看清它们的本来面目，因为它们有时部分真实，所以经常会成为我们合理化和选择性记忆的牺牲品。研究发现，教师与其他人没有什么两样，他们也有自己的刻板印象。"加

---

*译者注：合理化是指，给自己的行为赋予合理、正当的理由，因此值得自己和他人的赞同。合理化有两种形式："酸葡萄"机制和"甜柠檬"机制。

勒比裔黑人学生缺乏学习进取心""女孩不擅长学习科学",诸如此类,不一而足。坦率地说,许多人都有与阶级、性别、民族、年龄、学习困难或残障有关的刻板印象。有书写刻板印象的教师不止我一个人,研究表明,书写规范的作业得分远远高于书写潦草的作业。

自我应验预言

若不是用来影响教师对学生学习的期望,喜欢、厌恶、偏见和刻板印象就显得无足轻重了。1968年,罗伯特·罗森塔尔(Robert Rosenthal)和莉诺·雅各布森(Lenore Jacobson)联合出版的名著《课堂里的皮格马利翁》介绍了两人的研究成果。他们有意让教师对自己的学生产生假性期望。他们测验了一所小学的学生,谎称将为教师挑选出一批学业成绩有很大上升空间的学生。

而实际上,他们交给教师的学生名单是随机抽取的。一年后,两人重返该校,客观性考试结果表明,这些学生的学业成绩确实上升了!他们发现,与其他学生相比,名单里的学生智商显著提高。因此,尽管缺乏现实依据,但预言可以"自我应验"。

罗森塔尔和雅各布森指出,教师的期望会让学生取得与期望相符的成绩。换言之,若教师认为学生是"好"学生,他们就会变得越来越好;相反,若教师认为学生是"坏"学生,他们就变得越来越差。其他研究发现,从幼儿教学到成人教学,几乎所有教学环境都会出现自我应验预言。

低期望也会自我应验吗?答案是肯定的。研究发现,回答问题时,教师很少给予学习迟缓者时间和帮助;教师很少表扬他们,却总是批评他们,很少关注他们,对他们往往很冷淡。例如,教师对他们往往面若冰霜,很少给他们布置作业,给他们试卷的打分也非常苛刻。

自我应验预言并非无法避免。优秀教师要确保不向学困生传递低期望的信息。若能做到,则不会出现自我应验预言。

> 若把情境定义为真实,则情境的结果也会成为真实。
> ——W.I.托马斯(W.I.Thomas)

自我应验预言让教师肩负重任。对教师来说,平等分享时间、鼓励、微笑和开玩笑并非易事。你可能不想鼓励一个不知感恩、性格孤僻、发型奇特的学生!对自以为"全知全觉"的成人学员来说,教师会发现很难给予他们强化。不过,教师的职责就是尽全力去鼓励每个学生。人人都需要拥有一种尊严感、目的感和自我价值感。若能满足学生的需要，则教师会收获最好的学习结果；若不能满足学生的需要，则教师会收获最差的学习结果。

> 就刻板印象和偏见而言，教师一定要清楚自己的好恶。你喜欢的学生特性是什么？用1－5数字来打分，"3"意味态度冷漠。
>
> 非常喜欢→非常厌恶
1　2　3　4　5
>
> 有礼貌
>
> 喜欢上你的课
>
> 整洁书写和简练陈述
>
> 衣着和发型时尚
>
> 讨人喜爱、与人为善
>
> 快乐、外向
>
> 文静、内向
>
> 讲究个人卫生
>
> 自称全知全觉的学生
>
> 英语差（母语非英语者）
>
> 异性学生
>
> 同性学生
>
> 与自己文化背景完全不同的学生
>
> 与自己文化背景相同的学生
>
> 与自己社会阶层完全不同的学生
>
> 与自己社会阶层相同的学生

人们总是喜欢与自己的基本价值观和基本假设相似的人。教师也不例外，他们喜欢勤奋的、专心的、整洁的、礼貌的、漂亮的学生！除非找到合理的教育、

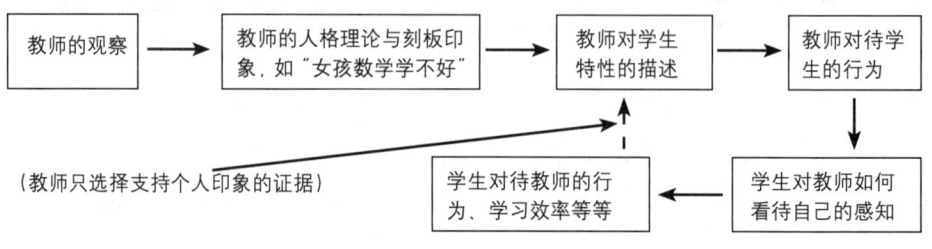

自我应验预言如何起作用示意图

道德、职业或安全理由，否则，无论你有什么好恶，都不应表现出来。例如，你可以用正当理由来要求学生订正自己的作业，但切忌以不理智的厌恶或愤怒来对待学生。请一定注意上面问卷中得分为"5"和"1"的所有项目。

亲密关系要求教师尊重自己的学生。只要教师精心准备、把握时机、衣着端庄……表现出尊重学生本人，就肯定会建立起亲密的师生关系。

努力争取课堂里的平等机会

教师必须积极地、平等地重视并认可每一位学生，必须承认每一位学生付出的学习努力，必须对学生做出无任何偏见的判断。只是容忍他们还远远不够，教师及其机构必须充分地、平等地重视并认可每一位学生及其所属群体（如，民族、性别、社会阶层或学习成绩的群体）。用学生的话来说，就是"老师应一视同仁，既不宠爱谁，也不讨厌谁"。

几乎没有一位教师会有意提供不平等机会，而事实却正好相反，绝大多数教师都无意当中这样做了。例如，诸多研究发现，在课堂上，女学生得到的关注比男学生少，她们接触计算机或其他特殊设备的机会比男学生少，即使学习能力很高，教师也给她们打低分，而教师本人恰恰没有意识到上述不平等对待。研究还发现，在课堂上，除非谨言慎行，否则多数教师都没有公平对待少数族裔学生、残障学生和学困生，羞怯的学生、贫困家庭子女也需要特殊关照（参阅第49章"平等性与多样性"、第51章"全纳教学"）。

为什么会这样？几乎没有教师会故意歧视学生，绝大多数歧视言行是无意而为之。例如，多半教师会特别喜欢学力高、开朗或勤奋的学生。尽管可以理解，但这缺乏专业性。

父母公平纳税，希望子女得到公平教育机会。归根结底，不仅开朗的、英俊的、勤奋的和聪明的白人男性要纳税，其他人纳税也必须一分不少！不管别人如何，至少我要感谢收税员的公平。同理，我也要公平对待学生，当然，我还不敢说每次都会成功。

不少教师想当然认为，只要给全班学生设置相同的学习活动，并帮助每个请求帮助的学生，就是提供平等机会。

事实并非如此。羞怯的学生需要更多的帮助，爱说话的学生则需要更少的帮助。教师必须公平对待每一位学生，不过，学生的需要不同，教师的对待方式也必须随之改变。教师要密切关注自己的提问方式，运用目光接触、微笑、开玩笑、情绪支持等来观察自己是否做到不同学生不同对待。若发现自己以完全相同的方式对待每个学生,教师就会目瞪口呆。例如,我就发现自己往往愿意跟男生开玩笑,往往愿意给予自己喜欢的女生目光接触和情绪支持,往往愿意认真帮助残障学生;另外,我对羞怯学生的关注度往往不够。

不过,觉察到上述歧视倾向起码有助于自己去及时补救。不批完作业,就不要看学生的名字。(研究发现,教师往往会给女生的优秀作业打低分,给女生的差作业打高分。有些大学给学生的作业本编号,以保证所有打分都能做到"盲评"。)我也尽可能采取不同的评价方法,以确保公平对待每个学生(包括母语非英语的学习者)。

基于道德和专业的考虑,教师应努力争取平等机会,教师肯定希望自己的教学能让所有学习者受益。另外,基于法律和经济的考虑,如果缺乏机会,我们就无法充分利用人力资源,经济就不会繁荣发展。

性别

研究发现,多数教师对男生和女生的期望不同,教师往往更关注男生。在科学、设计、技术和计算机学科学习中,设备往往为男性所占用。另外,从中学或大学毕业后,男性和女性不仅掌握的技能不同,而且对未来生活的期望也不同,多数女性的抱负水平仍然低于男性。众所周知,女性,尤其是16岁以上的女性在数学、物理和技术领域的才华没有得到充分发展。

目前,男孩的普通中等教育课程毕业考试成绩普遍低于女孩,或许因为男孩的学习技能比女孩低,或许因为男孩的学习态度不如女孩端正。

切莫让学生对机会障碍听天由命,换言之,教育学生相信人生来平等,要努力争取平等机会。教师如何消除机会障碍,或教师如何让机会障碍的影响最小化?

当然,教师应谨慎提供职业建议,站在性别或种族立场去指导学生是违法的。不过,教师也可以:

- 避免将你任教的学科定性为"男性"或"女性"学科。想方设法让学生知道此类性别假设属于陈旧过时的观念。
- 重视研究和介绍自己任教学科领域里女性和男性角色。介绍正面的"角色榜样"。
- 避免传统的角色假设。例如,如果你布置的作业提到一个虚构的工厂检验员的名字,为何不把这个检验员设定为女性?
- 如果你必须要从班里选一个学生帮你操作录像机或搬桌子,就别假设这个学生一定是男生。
- 确认讲义和作业用语没有性别歧视。
- 教所有学生掌握有效的学习技能并与他们讨论学习态度。

切忌使用性别歧视的语言

性别歧视语言激怒和冒犯了越来越多的男性和女性,故远离性别歧视语言是一种基本礼仪。(即使你个人认为无伤大雅,也切忌使用。)首先,在你的教学材料中避免使用明显的性别歧视假设:

禁用:古埃及人允许妇女掌管财产。

可用:古埃及的妇女掌管财产。

禁用:大草原上的农民关注他的小麦价格。

可用:大草原上的农民关注小麦价格。

若时机合适,可在教学材料里体现正面角色榜样:

问题二:公交车驾驶员反应时间为 0.2 秒,车速为每小时 50 公里。刹车后,她的移动距离为多远?

绝大多数评论员主张,"男人(man)"现在专指男性。若包含女性,则用"人民(people)"或"人/人们(person/persons)"。请看下面两组词语:一组包含性别歧视假设的词语,另一组正好相反。

平民	平民
(man in the street)	(average citizen)
招聘职员	招聘职员
(to man the office)	(to staff the office)
人造的	人造的
(man—made)	(synthetic)
工匠	工匠
(craftsman)	(craft worker)

……

用"妇女(woman)"而不是"女孩(girl)"或"女士(lady)",别说"女人(fair sex)",也别用任何包含调情行为的言词,否则,你会严重冒犯许多妇女。

别犯代词错误

避免用"他(he)"指代"他(he)或她(she)"。说起来容易做起来难,请看下面的例句:

只要他想办法,就可以弄清自己的学习需要。

应一直给测量员买保险,因为他经常会成为被告。

当然,可用"他或她""他/她""她/他",也可用"他的或她的""她的或他的";不过,要是你感觉这样说往往拖泥带水,不妨试试——

用复数:

只要想办法,学生们就可以弄清自己的学习需要。

应一直给测量员们买保险，因为他们经常会成为被告。

直接称呼"你"或"各位"：

只要想办法，各位就会弄清自己的学习需要。

应给你这个测量员买保险，因为你经常会成为被告。

改写句子以避免提到性别：

若想弄清自己的学习需要，就得想办法。

测量员经常会成为被告，故需要买保险。

种族特性

据说，英国前首相玛格丽特·撒切尔到伦敦市中心一所学校走访，其间与一位来自工人家庭的白人男孩交谈，对方向她抱怨说，父母给自己的零花钱太少。撒切尔夫人建议他干家务来挣零花钱，她说："为什么不清洗家里的银器呢？"我们都需要熟知自己基于文化、民族和阶层的假设，否则，每个人都会遭遇撒切尔夫人的尴尬。

许多教师认为，教学应努力呈现不同文化对人类的贡献。然而，绝大多数中小学和高等院校开设的课程却充斥着种族优越感，学生对此基本一无所知。看来，种族优越感不只是让政府的部长们头疼不已。

第三世界农耕法、亚洲音乐与烹饪、加勒比海和中国诗歌、非洲艺术会丰富多数中小学和高等院校的课程。你能让自己的学科教学融入**多元文化**因素吗？学校要倡导文化融合。教师的角色榜样举足轻重，通过多元文化教育，他们可以教学生学会尊重不同的文化。1985年发布的《斯旺报告》认为，无意识种族主义令大量少数族裔学生学习成绩欠佳，故推行多元文化势在必行。如果一位教师或一门课程忽视社会的多元文化属性，就会在不经意间向学生传递一个信息：漠视和忽视其他文化是可以认可的行为。

反种族主义教育寻求挑战种族主义假设。例如，一位科学教师会告诉学生，"不同种族"的遗传基因相差无几，种族之间不存在先天的智力差异。你的教学会采用反种族主义材料吗？

你能想象自己正在尝试运用第二语言学习一门抽象学科吗？许多教师误将语言障碍看作重大学习障碍。如果你任教的班级有母语非英语的学生，就尽量让你说的英语清晰易懂，并鼓励其他学生用英语进行同伴辅导。不过，你要鼓励母语非英语的学生尽可能使用口头和书面英语。

学习困难学生或残障学生的特殊需要

学困生的学习方式与其他学生无异。教师需要给他们设置合理的、有挑战性的目标，采用积极的、建构主义教学法，以便让学生得到更多反馈，最终实现学习目标。

研究发现，学困生受益于：
- 个性化评价——关注他们目前的技能与能力；个别化学习计划——强调学习应真正改善他们的日常生活。参见第 47 章和第 48 章。
- 慎讲、精讲，目标专一。学困生并非只需要关心和保护，切莫以讹传讹。请参阅 2003 年韦斯特伍德（Westwood）的研究。
- 福伊尔施泰因（Feuerstein）教学法。如"桥梁课程或衔接课程"一直很有效（请参阅第 31 章和第 45 章）。桥梁课程出现于一项学习活动结束之后。首先，教师提问学生："你是如何这样做的？"旨在肯定他们的做法；然后，教师又提问学生："你还会在哪里使用这种做法？"旨在帮助他们尽量将这种做法迁移到不同的情境。请参阅 1996 年沙龙（Sharron）与库尔特（Coulter）的研究成果。

教师经常不给学困生和残障学生设置有挑战性的目标，往往只给他们提供积极性反馈和鼓励性反馈，而这恰恰阻碍了学习。参见第 43 章。

教师可以运用本书的理念和原理去教一般学习困难或特殊学习障碍的学生，不过，有时，要想让它们适合学生，就需要下番功夫了。

特殊学习困难：诵读困难

一些学生属于一般性学习困难，另一些则属于极为特殊的学习障碍，例如诵读困难。

你可能偶遇这类学生，他们特别擅长口头回答问题，而书面回答问题的能力却差强人意，阅读能力更是一塌糊涂。有些案例则属于极端，学生看起来很聪明，可有时竟然连一个句子或一个短语都读不完整，似乎读一个单词都很吃力。阅读困难的原因多种多样，不过，只要请一位专业技术人员，通常是一位教育心理学家，就可以诊断诵读困难。

美国政府委托美国国立健康研究院开展了一项庞大的诵读困难研究。专家每年三次测试 5000 名 4－18 岁儿童，脑部扫描、基因测试和其他科学调查同时进行。现在，这项研究至少让我们熟悉了诵读困难。例如：
- 大约 15% 到 20% 的人存在语言学习障碍，其中患有诵读困难的人数最多。
- 诵读困难属于遗传疾病，遗传基因已被确认。
- 诵读困难是美国学生辍学的主因，英国也是大致如此。多数年轻罪犯，或许还包括老年罪犯都患有诵读困难症。
- 诵读困难属于终身性疾病，不过，特殊教学可大幅度减少消极影响。特殊教学应尽早实施，以 5 岁为宜。

- 诵读困难患者加工语言的大脑部位与诵读流利者不同。
- 半数诵读困难儿童同时患有注意缺陷性障碍（ADD）或注意障碍性多动症（ADHD）。
- 诵读困难与智力无关，也不一定会阻碍学生成名成家。患有诵读困难的天才和成功人士不胜枚举。

> 有些超级天才患有诵读困难，包括艾伯特·爱因斯坦（Albert Einstein）、列奥纳多·达·芬奇（Leonardo da Vinci）、贝多芬（Beethoven）、穆罕默德·阿里（Muhammad Ali）、沃尔特·迪士尼（Walt Disney）、温斯顿·丘吉尔（Winston Churchill）、乔治·华盛顿（George Washington）、威廉·巴特勒·耶茨（W.B. Yeats；爱尔兰诗人、剧作家）……

研究人员发现，诵读困难儿童的根本障碍在于缺乏"音素意识"。音素是英语发音的最小单位，如"猫（cat）"这个单词中"c""a""t"三个字母的发音。如果你问"猫（cat）"的韵是什么，或者，如果去掉"c"的发音，"猫（cat）"的发音像什么，诵读困难儿童肯定一脸茫然。

不过，在诵读困难儿童学习阅读之前，如果运用直接教学和显性教学来培养音素意识，他们就可以掌握基本的阅读能力。

诵读困难儿童除阅读困难外，还可能有书写障碍，他们书写很费力，甚至辨认不出自己书写的文字。

> **为什么你能读懂这段文字？**
>
> Aoccdrnig to a rscheearch at Cmabrigde Uinervtisy, it deosn't mttaer in waht oredr the ltteers in a wrod are, the olny iprmoetnt tihng is taht the frist and lsat ltteer are at the rghit pclae. The rset can be a total mses and you can sitll raed it wouthit porbelm. Tihs is bcuseae the huamn mnid deos not raed ervey lteter by istlef, but the wrod as a wlohe.
>
> 正确：
>
> According to a research at Cambridge University, it doesn't matter in what order the letters in a word are, the only important thing is that the first and last letter are at the right place. The rest can be a total mess and you can still read it without problem. This is because the human mind does not read every letter by itself, but the word as a whole.

> 英国剑桥大学一项研究发现,字母在一个单词中的顺序并不重要,只要第一个字母和最后一个字母位置正确即可。即使其他字母排序混乱,我们仍可以完全读懂。因为人脑并非逐个字母来读,而是以单词为整体来读。

帮助诵读困难学生

首先,若确认学生患有诵读困难,则与他们交谈。学生之间的症状悬殊,不过,有些患者往往非常清楚什么对他们有帮助。所以,教师可询问:

- 什么对你帮助最大?
- 我讲得太快了吗?(最常见的问题)
- 我做的哪件事让你无所适从?或,我做的哪件事让你感到不安?(例如,诵读困难学生可能不喜欢当众阅读或书写。)
- 我还可以做什么来帮助你?

一定要让学生知道:诵读困难并非他们自己的过错,教师理解诵读困难给他们造成的学习障碍。要给学生一个信念:只要"我们一起去发现什么可以满足你的需要,然后确保你得到需要的支持",你就会成功。

学校应给所有诵读困难学生选配一名专职教师或辅导人员,其他教师可咨询所教学生的个别困难及帮教手段。

下述建议几乎可以帮助所有学生,诵读困难学生也不例外。教师可以要求诵读困难学生去仔细考虑是否每一条都会对他们有所帮助。教师可以从网站(www.geoffpetty.com)下载一个建议文本,然后发给学生,让他们思考哪条措施对自己的帮助最大。

因为诵读困难学生经常无法阅读课文或数字,所以,要想帮助他们,教师就需要:

- 必须保持最小阅读量。例如,阅读材料保持简练、清晰、条理,设有标题和副标题。
- 详尽介绍新词语。将它们写到黑板或白板上,运用一些具体事例解释它们的含义。给学生提供一个词汇表。
- 最好一开始就给学生印发讲义,其中包含一个概述全部重点的思维导图。运用其他视觉展示形式(参阅第32章和第二部分的导言)。
- 板书的重点留在黑板或白板上面的时间越长越好。
- 若材料太多,则给讲义进行彩色编码。
- 允许学生上课录音。
- 别强迫学生阅读大段课文,别要求学生朗读,这会让他们在同伴面前丢脸。

另外，考试期间，教师可安排一名学生给他们读试卷，或者给他们延长考试时间，当然也可以两者兼顾。

因为诵读困难学生可能存在书写和拼写障碍，所以，要想帮助他们，教师就需要：

- 编写书面讲义。若学生自己做了笔记，则确保他们能看懂。
- 若批改作业，则只给内容打分，别管拼写、书写和语法。
- 别凭借写作来评判学生的理解水平，学生可能只使用自己会拼写的单词来写作，而且语法还可能不符合规范。
- 只要有可能，就允许学生口头陈述自己的观点。
- 书面作业要适量。诵读困难学生完成作业的时间会比其他学生多四到五倍——作业量公平吗？
- 允许学生使用笔记本电脑来写书面作业，这样会方便他们检查拼写和语法、阅读自己的笔记。不过，只有教师耐心指导，学生才能学会打字。
- 认可口述的家庭作业。
- 允许学生使用语音识别软件。可节省打字时间、检查拼写和语法。

另外，考试期间，教师可以安排一名学生为他们板书试题。

因为许多诵读困难学生属于视觉加工者，所以教师要：

- 使用视觉和动觉教学方法（参阅第 32 章）。

我敢说你们会嗤之以鼻，然而，当我正用笔记本电脑写上面这段文字时，我发现同乘一列火车的邻座男性旅客正注视着电脑屏幕，这位先生叫杰里米·科林伍德（Jeremy Collingwood）。他指着"无法辨认自己书写的文字"笑着说："太对了。"他竟然就是诵读困难患者。每五人中就有一人患有诵读困难，所以遇到他就不足为怪了。

我们两个开始讨论他在 20 世纪 70 年代所遭遇的消极学校体验，当时几乎没人知道诵读困难，更不用说还有人相信了。他的拼写和书写水平很差，老师和同学的白眼让他寝食不安，他的兄弟也是诵读困难患者，更是惨遭羞辱。他曾为准备拼写考试而反复练习书写，但收效甚微，考试还是经常得零分。

尽管患有诵读困难症，但杰里米·科林伍德仍在商业音乐领域小有名气，当时他正在给鲍勃·马利唱片全集收藏版唱片套撰写解说词。

我问他："什么对你帮助最大？"他思考了一会儿说："思维导图，还有，老师和同学都相信：无论我多么努力，拼写仍然难于上青天。噢，老师千万别要求我在黑板上写字！"他说，他的思考水平与写作水平始终失衡，即，思考水平高，写作水平低，因为他只敢使用自己会拼写的单词。

永远不要对诵读困难学生表现出不耐烦；学习障碍更容易让他们灰心丧气！

> 诵读困难既可能是天赋也可能是缺陷。英国广播公司二台一个电视节目，介绍了心理学家对企业家"富翁心理"的研究成果，40%的巨富企业家存在学习障碍，且多数为诵读困难患者（《星期日泰晤士报》，2003年10月5日）。如果不是先天性诵读困难患者，你成为富翁就难于上青天了！

帮助身体残疾和有其他特殊需要的学生

坐轮椅的学生，或者听力或视力有缺陷的学生，学习效果往往差强人意。妨碍学习的因素很多，但与学习者的身体缺陷无关，而与教学满足不了他们的需要有关。坐轮椅的学生经常使用设备吗？听力受损的学生坐在前排吗？当你对她讲话或对全班学生讲话时，她希望你别转身以帮助她唇读吗？视力受损的学生希望你用特大号字体编印讲义吗？或者，她能将你的文本文件转换成盲文吗？只有一种方法可以了解学生的需要，即，把学生当成知己来问她。别畏首畏尾，生怕自己会冒犯她，开诚布公又不失尊重地交谈好了，询问你做什么可以帮她。

你不会是一个人在战斗，无论你在哪里教学，都会有一位专业人士来帮助你，寻求他们的建议好了。（参阅第47章和第48章）

其他机会缺失的学习者

无论种族、性别或阶级，无论羞怯或自信、有魅力或令人反感、合作或捣乱、能力高或低，你都肯定会公平地给予每名学生指导、微笑和好心情吗？这是学生对教师的一种高期望，如果以为自己可以轻而易举做到，你就低估了问题的难度。不过，既然你领取政府的工资做教师，就必须全力以赴，一则本分使然，拿钱做事天经地义，二则如果你尊重自己的所有学生，他们就会尊重你的教学。如果学校的特殊学生得不到尊重，为了保护自己的自尊，他们就会排斥学校，排斥学校所代表的价值观。

创造平等机会

许多教师认为，专业人士均应为自己的学生创造公正的平等机会。如果学生尊重和敬佩你，你就会成为他们争相效仿的榜样。如果发现歧视性或傲慢的书籍、录像或其他材料，首先一定要向学生介绍，再就是教育学生去认识它们。除极端个案外，回避的效果适得其反。

消除学生偏见最有效的方法是用事实说话而不是用情绪说话。"评论含有性别歧视",或"有些人会反感这个玩笑",或"评论含有鄙视同性恋的味道"。教师要避免出现这类情绪反应:"你竟敢在我的课上说这种话!"

教师如何应对课堂里的歧视性行为?例如,假定女生不会参与讨论活动,别想当然认为她们是弱者,需要保护或帮助。教师要设法让她们意识到自己目前的学习状态,鼓励她们坚持自己的独立见解。坦率的、实事求是的方法往往最有效:"我发现还没有女生发言"通常很快就足以引起女生的响应。

教师的法律责任

如果听到一位教师因将学生扔到窗外而违法,你肯定不会感到震惊。如果教师告诉一位坐轮椅的学生因艺术教室在顶楼而不能学习艺术,或告诉一位学生因是女孩而不该当工程师,尽管不会引人注目,但仍属于违法行为。作为教师,当然应超越法律对我们的要求,法律只不过是设定的最低标准而已。(参阅本书第五部分)

法律在变化,我也不想提供过时的建议,所以,请以下述要求为基本准则,并请利用下述网站及时了解最新信息。

你不必独自一人去了解自己的法律与其他责任。你可从下述资源寻求帮助:
- 你的老师和导师,例如,老师可能告诉你如何对教学机构进行风险评估。
- 你的部门主管与其他同事。
- 你任教机构的网站、局域网或虚拟学习环境平台(后面两个只提供适用于本机构的数字化资源),例如,你可以搜寻本机构发布的数据保护与版权制度和程序。
- 你任教机构的入职培训活动。
- 你任教机构的健康和安全管理人员与其他代理人。

注意义务

在相同环境里,家长给予自己孩子什么合理关照,教师就应给予自己学生什么合理关照。比如说,这些环境包括班级人数。从法律观点来看,其中一个主要因素是你能否预见到潜在的意外事故并竭尽全力去预防。如果知道存在着危险,你就必须行动,例如,你必须采取行动去预防欺侮。

如果你组织旅游、远足或参观,一定要精心准备与组织,确保人员数量符合机构的政策。至少需要两位教工全程参与,其中一位负责照管学生,另一位负责处理突发事件。我们强烈建议你请教别人如何筹备远足，而不是闭门造车。下述文件可免费下载：
- 英国教育部发布的学生参加教育考察的健康与安全规章（多数操作性文件包含完整的法律诉讼案例摘要）。
- 在英国威尔士可获取一份课外教育考察学习安全指南。
- 还可登录：www.rospa.co.uk。

工作健康安全法（1974年颁布）

请登录www.hse.gov.uk/services/education/information.htm寻求具体建议。

教师与管理人员所担负的注意义务包括：操作安全、设备与物品的使用与存放方式。可能还需要开展工作场所的培训，违犯法律将面临刑事诉讼。

教师必须服从学校管理人员的指导，合理关照自己、同事与学生。所有教工都必须报告可能引发严重事故的危险源，包括有水的路面、地板上堆放着可能绊倒学生的杂物。

学校最常见的意外事故包括：从攀登架掉落、绊倒或滑倒、体育课受伤。一般而言，危险与责任取决于你教什么学科。英国健康安全执行局网站允许你使用危险主题词搜索，如果你最近有登录，就应发现自己对绝大多数危险心中有数。不过，你的学生一无所知，他们也缺乏你所具备的技能与谨慎。所以，请教他们学会如何生存！

如果你的学生必须处理具有潜在危害的化学药品和其他物品，就要遵守"有害物质控制"法规。请参阅：www.hse.gov.uk/services/ education。

如果教科学、设计与技术、信息与通信技术、艺术与设计、体育，你或你的同事就有法律义务去教学生学会辨识和控制危险。所有教育机构都会制定健康与安全规章，请注意查阅你所在机构的相关政策。你还可向健康与安全代理人请教。

普通法

这里我只介绍大概情况。详情请搜寻英国全国教师工会印制的《卓越教育》《法律与你》，即使非工会成员也可索取。

你绝对不能触摸或限制学生是一种谬论。例如，在有些场合里，安慰痛苦的学生、施行急救术、体育或音乐技巧演示，都需要适宜的身体接触。显然，你不应做可能被学生、父母或教师视为与性有关的任何事情。

教师可以使用合理的体力去阻止一名学生伤害自己、引起混乱或损坏公共财物。这包括：如果捣蛋的学生拒绝离开教室，强制他们离开；或者，如果离开教室可能存在安全风险，就强制学生留在教室；或制止扰乱他人的行为。不过，无论何时，运用武力惩罚或处分学生都属于违法行为。

只要机构规章人人皆知，且在 24 小时内通过学生或书信通知家长，教师就可以合法地没收学生的不当用品，如手机或音乐播放器，还可以在放学后将 18 岁以下的学生留校训导。

经过特殊培训的教师也可以搜查学生的违禁用品，如刀具、毒品或偷窃的物品。在英国威尔士，只有校长才有权利对学生搜身。

利用学生对教师岗位的信任与 18 岁以下学生发生性关系，也属于滥用职权，即使年龄大于 18 岁，也是违法。2000 年颁布的《英国性犯罪法（修正案）》包含定罪条款。

教师需要熟知所在机构处理下述行为的程序：涉嫌虐待儿童或虐待脆弱的成人。

数据保护法（1998 年颁布）

详情请参阅：

http://ico.org.uk/for_organisations/sector_guides/education。

你有义务去合法保护学生、父母和他人的信息。

依据《数据保护法》，你必须：

- 只搜集具体工作目的所需信息；
- 安全保存；
- 确保与工作关联并更新信息；
- 只保留自己所需的信息，只在需要期间保留信息；
- 根据要求查阅信息主体。

请一定记住，学生有权利要求查阅教师保留的个人信息。他们及其父母也有权利查阅个人的教育记录。

著作权法

多数教育机构会与版权许可代理公司签订协议，从而允许其教工复制资料用于课堂教学：

- 一本书里完整的一章；
- 一本选集里 10 页以内的一部短篇小说或一首短诗；
- 若超过一章或 10 页，则总量为出版物的 5%。

还有，你必须征得版权所有人的允许方可复制。询问任教机构的复印部门，他们是否已获取版权许可。

课堂里允许放映电影。如果你任教机构已获取英国教育录制许可代理公司的授权,课堂教学也允许播放电视节目。详情请登录网站:www.copyrightandschools.org。

平等法(2010年颁布)

本法合并取代了过去的所有平等法规,其中包括1995年颁布的《残障歧视法》。它规定,无论年龄、残障、变性、婚姻和同性伴侣、种族、宗教或信仰和性取向如何,都要平等待人。对孕妇也有特殊保护条款。它们被称之为保护特性。

直接歧视:由于种族或残障一类保护特性,学生没有受到优惠待遇。

间接歧视:尽管学生受到了平等待遇,但因其保护性地位,这种待遇给他们造成了不同影响,从而让他们处于不利境地。例如,所有学生都可能使用电梯,但令人遗憾的是,电梯门太窄,学生乘坐的轮椅无法进入。

如果有残障学生,教师及其机构就需要合理调整设备设施,以消除可能影响学习与使用的障碍。英国北爱尔兰颁布了自己的平等法规。

确保你的学生理解个人与他人行为所引发的平等性与多样化问题。他们必须准确知道什么是骚扰或什么是欺侮。例如,他们可以找谁咨询这类问题。

教有特殊教育需要的学生,一定要考虑其父母与学生本人的想法,及早了解需要,讲清主流课堂内全纳教学的规定。特殊教育需要协调员负责管理与指导上述工作的计划、监测与审核。学生应拥有一份个别化教育计划:这是一份所有教工周知的工作性文件,一学年应至少审核两次。对每名有特殊教育需要的学生,你应熟悉计划所包含的个别化目标以及机构推荐的教学策略。

儿童法(2004年颁布)

本法规定,社会服务机构、警察、国民健康服务机构要与教育机构合作,协同父母与监护人,共同促进儿童的幸福成长。每名儿童无论个人处境如何,都肯定能获取所需要的支持,从而保持健康与安全、成长成才、积极奉献于社会、经济宽裕(或有一技之长)。请从网上搜寻教育绿皮书《每名儿童都重要》。

教师标准与角色

无论在哪个教育机构工作,你都需要清楚自己的正式角色,还要了解机构制定的教师标准。这些角色和标准经常变更,所以最好从网上下载最新文件。

从网上搜寻你需要的文件。例如:继续教育机构的教师角色与职责;中学教师标准……

推荐读物

免费下载网站

[1] 英国继续教育机构的教师角色：http://www.excellencegateway.org.uk/node/12016.

[2] 著作权：http://www.copyrightandschools.org.

[3] 数据保护：http://ico.org.uk/for_organisations/sector_guides/education.

[4] 健康与安全：http://www.hse.gov.uk/services/educaion.

读物

[1] J.阿维斯（Avis, J.），R.菲什（Fisher, R.），R.汤普森（Thompson, R.）.终身学习教学：理论与实践指南.开放大学出版社，2010.

[2] G.C.巴克（Baker, G.C.）.多元文化教学的备课与上课.艾迪生－韦斯利出版社，1994.

[3] J.埃利奥特（Elliott, J.），S.吉布斯（Gibbs, S.）.坏教育：戳穿教育的神话.开放大学出版社，2012.（主张诵读困难与智力无关，故诵读困难的通用定义无效）

[4] T.L.古德（Good, T.L.），J.E.布罗菲（Brophy, J.E.）.课堂观察（第9版）.阿林与培根出版社，2002.

[5] D.H.哈格罗夫斯（Hargreaves, D.H.）.人际关系与教育.劳特利奇出版社，1975.

[6] C.基里亚库（Kyriacou, C.）.基础教学技能（第3版）.纳尔逊·索尼斯出版社，2007.

[7] D.米切尔（Mitchell, D.）.影响特殊与全纳教学的有效因素：运用基于证据的实用教学法策略.劳特利奇出版社，2014.

[8] K.迈尔斯（Myers, K.）.教育改革法颁布之后的两性观察.剑桥大学出版社，1992.

[9] R.赖泽斯（Reises, R.），M.梅森（Mason, M.）.残障学生的课堂平等：人权问题.英国内伦敦教育局／残障平等，1992.

[10] 罗伯特·罗森塔尔（Robert Rosenthal），莉诺·雅各布森（Lenore Jacobson）.课堂中的皮格马利翁：教师期望与学生智力发展.霍尔特、莱尼哈特和温斯顿出版社，1968.

[11] A.拉夫（Ruff, A.）.教育法：文本、案例与资料.牛津大学出版社，2002.

[12] S. 索普(Thorpe, S.), P. 德谢潘德(Deshpande, P.), C. 爱德华兹(Edwards, C.). 种族、平等与科学教学：教师与教育工作者手册. 科学教育协会, 1994.

学习困难有关著作

[1] D. 米切尔（Mitchell, D.）. 影响特殊与全纳教学的有效因素：运用基于证据的实用教学法策略. 劳特利奇出版社, 2014.

[2] H. 沙龙（Sharron, H.）, M. 库尔特（Coulter, M.）. 改变儿童心理：福伊尔施泰因智力教学革命. 沙龙出版有限公司, 1996.

*[3] P. 韦斯特伍德（Westwood, P.）. 特殊教育需要儿童通用教学法：常规课堂教学策略（第5版）. 劳特利奇法尔默出版社, 2007.（请高度关注书名中的"儿童"两字，请一定阅读此书）

从互联网可以查阅到有关美国学者对诵读困难的研究报告，搜寻"美国国立健康研究院"诵读困难即可。（'National Institute of Health'dyslexia）

互联网上还有其他很多有关诵读困难的网站，例如：

www.brightsolutions.us 属于特别推荐的网站；

www.interdys.org 世界诵读困难协会官方网站；

www.dyslexia.com 列举了大量患有诵读困难的名人。

第八章 课堂管理

师生关系

只有相互尊重,才能建立良好的师生关系。学生尊重教师的教学技能、个人素质、知识和专业技巧,教师尊重每个学生的个性以及学习努力。其实,尊重学生个体与整体尊重全班学生完全是两码事;教师必须表现出尊重、必须让学生感受到自己的尊重,否则,学生就会浑然无觉。

亲密关系与正式权威

建立起亲密关系需要时间,一般经过两个阶段。第一阶段,凭借教师角色,你获得一种职权。如果学生从来没有想要挑战你的权威,就赶紧做个简短的感恩祷告,然后跳过这个话题进入第二阶段——亲密关系与个人权威。

活跃在教育领域里的社会心理学家戴维·哈格罗夫斯(David Hargreaves)提出,教一个新班级时,教师从一开始就必须坚决要求学生接受其"正式权威"。必须让学生知道,教师的权威是合法的,可以保证学习效益最大化;教师必须表现出信心十足,让学生感觉他们有能力去行使自己的权威。

不能指望学生从上第一节课就会喜欢你,你们之间缺乏建立私人关系的相互体验,因而,不管喜不喜欢,你都要在一种正式关系里开始上课。教师担负一定职责,同时也享有一定权利:双手抓牢,一样也不放松!你有权利让学生在学习和行为上服从你的教导,你讲话时有权利让学生安静。在一些学习活动中,教师对自己的职权会感到不自在,或许是因为他们不熟悉,所以,一旦首次遇到学生服从他们的命令,往往就会几乎不敢相信自己的眼睛。如果你运用教师的正式权威对学生有利,为什么还要感到不好意思或歉意呢?你是来教学的,没有秩序就没有教学,所以,尽管大胆行使你的权威。

如何树立并运用正式权威?教师的教学环境至关重要。如果学生不合作,你就很可能发现自己陷入了一种窘境:只有自信地行使自己的正式权威,学生才能服从你;不过,只有学生服从你,你才会感到自信。这实在是一个令人尴尬的"第二十二条军规"。*

---

* 译者注:源自美国作家约瑟夫·赫勒(Joseph Heller)的黑色幽默小说《第二十二条军规》。在当代美语中,"Catch 22"现在用来形容任何自相矛盾、不合逻辑的规定或条件所造成的无法脱身的困境。

你永远不会得到第二次机会去给别人留下第一印象。首先，你必须行动起来。在教室里走来走去，好像你有绝对把握去控制整个班级。特别是你心中没底的时候，更要表现得自信、轻松和理智！在开始的几节课上或处理难事时，教师一定要表现得自信、轻松和理智。

> 教师办公室格言："不到复活节不要微笑。"

维护正式权威需要运用非言语方法。站直，挺胸，正视学生，以自信的声调发布命令并希望服从。如果你要求一名学生做某件事情，脸上就别挂着一副不知所措的愁容，要自信地发布命令。即使学生在规定的时间里没有做你要求的事情，也要表现得胜券在握、不容置疑；你很可能对学生的无礼感到困惑不已，但绝不要表现得慌慌张张。

身体语言是传递权威信息的主渠道。例如，请比较下述两种对学生的处理方式：

1. 没有面对学生，隔着五米的距离说："菲比（Phoebe），别说话了，现在开始学习。"

2. 自信而从容地走近学生，双手放在课桌，身体前倾，面对他，盯着他看三秒钟，然后说："为什么你还没有开始学习？"说完仍自信地凝视着他。

两种方式对学生的影响截然不同。如果不相信，就请一位朋友在你身上试试！

当然，你不必如此极端地发布每个命令，同时，请记住，在指导学生时，要想提高教师的影响力，别指望喊叫或发火，而是：

- **身体接近**（Proximity）。距离越近，效果越佳。如果你侵入学生的"私人空间"并摆出威严的姿势，效果就会更佳。

- **目光接触**（Eye contact）。为增强效果，说话时、说话前后，都要保持与学生的目光接触。
- **提问**（Posing questions）。提问经常比讲道理更会让学生难堪。不过，单独提问学生本人有时效果最佳。例如，"为什么你还没有开始学习？"

身体接近、目光接触和提问是三种提高教师影响力的方法，它们对应英文单词的首写字母组合的中文意思是"激励"（PEP）。请充分使用它们，你将受益匪浅。通常，不用提问，身体接近和目光接触就足够了；教师肯定会先使用身体接近法、目光接触法，同时积极表态，如"快点，我们开始吧"，如果不奏效，再兼用提问法。

只要运用得当，不必大声喊叫，你也完全可以保证最佳的教学效果。其实，放低声音起码会给学生留下深刻印象。

如果预料有麻烦，就千万别坐在讲桌后面，而要在课堂里走来走去，不停地巡视。一旦发现有学生闲聊，就立即走近并进行目光接触。

你不必长得人高马大。我所见过的最有效的纪律执行者是一位身高才五英尺（1.525米）的女教师，她只不过是昂首挺胸、脸上写满了自信罢了！但是，切莫过度依赖于行使正式权威，有趣的讲课、亲密的关系、恰当的课堂管理更会有效地维持秩序。如果遇到问题，本章后面有关纪律的部分建议会对你有所帮助。别担心成为学生暂时的敌人，如果你想得到学生的喜爱，就必须表现得自己不害怕不得人心！

亲密关系与个人权威

建立师生关系的第二阶段是逐渐从正式权威过渡到教师的个人权威。只要教师公正有效地行使正式权威、教学技能娴熟、看重学生及其学习努力，就会赢得学生的尊重。如果一切进展顺利，假以时日，师生关系就会发生变化，因而，教师个性对师生关系的影响举足轻重。教师的权力资源转化为学生取悦教师的愿望，进而通过教师的认可形成学生的自我形象。这就叫作"个人权威"。

个人权威是如何形成的？从时间上说，这需要数月而不是数周；显然，只有成为有效教师，才能赢得学生的尊重。不过，下述建议也会有所帮助：

- 对学生的学习成果真正**感兴趣**，表扬为主——无论学生过去的学习成绩或天赋如何，都一定要认可他们的个人见解或学习努力。
- 建立一套明确的规则，不对任何一个班级的学生怀有怨恨，公正地、始终如一地遵循规则。
- 称呼学生的名字。
- 对学生说"请""谢谢你"，表现出正常的、礼节性尊重。
- 切忌贬低或嘲笑学生。

- 教学与教学组织符合专业标准，如备课充分、上课严谨、遵守时间、形象清新等等。
- 耐心。
- 精选适合学生的教法，为他们提供发表个人见解的机会。
- 表现出对学生的态度、情感和需要感兴趣：

    "另外，你对新图书馆有什么看法？"

    "亚历克斯（Alex），你担心模拟考试吗？"

    "你现在明白了吗？"或"你希望我再讲一遍吗？"

    然后：
- 表现出对学生本人感兴趣，如微笑、运用目光接触、与学生"一对一"交谈；认可每个学生的个性，如他们的人格特质、兴趣、穿衣风格等等。
- 形成一种轻松自如、充满自信的教学风格，不要过于刻板，适时表现出幽默（包括偶尔自嘲）；轻松幽默代表自信。

上述多数建议只是表明：你看重学生本人，而不是看重"学生之一"；或者，只是因学习成绩或合作而看重他们。如果能够与学生建立起亲密关系，你的工作既会得心应手，又会充满乐趣。教学的最高奖励是亲密的师生关系。

> 对一个人来说，他或她的名字是语言里最悦耳、最重要的声音。
> ——戴尔·卡耐基《如何赢得朋友并影响他人》

你感觉记住一个人的名字难吗？我持肯定观点。然而，我有一个同事，在每个新学年的第一周里，就会记住自己所教的所有学生的名字，于是，我虚心向她讨教。请记住，"频率和近因*"是所有记忆性知识的线索。她绘制了一张全班学生座次表，每个学生的全名写在各自对应的座号上。即使有时将学生模样与其名字记混，她每天也会数次研读这张学生座次表。每节课前，她都会花几分钟读一遍这张学生座次表；每节课后，趁着还能记住学生模样，她还要再读一遍这张学生座次表。她向全班学生公开谈论自己的座次表，提问学生也一直称呼他们的名字。（即使你叫错几次学生名字，或者开始几节课询问学生名字，他们也不会见怪。）

除非你与学生间的亲密关系已经建立，否则，"心理障碍"便会产生，进而妨碍他们参与讨论、提出质疑、寻求帮助，还会给学生动机和课堂管理带来不利影响。名字、微笑和平等对待可以完全清除心理障碍。

---

* 译者注：近因是指个体最近获得的信息。

建立亲密关系别操之过急,要有耐心。如果过于迫切希望学生喜欢你,学生反而会讨厌你。别期望太高,学生不希望你成为他们最好的朋友或知己。他们已经拥有了最好的朋友或知己,他们只希望你进行有效教学和课堂管理,希望你平易近人,希望你对他们的学习真正感兴趣。

除非能够有效地管理班级,否则,你永远不可能与全班学生建立起亲密关系。这将是下一节的主题。

部分禁忌

有学者调查了加拿大大学生最讨厌的教学习惯,结果如下:

- 忽视学生;
- 阻挠和限制质疑;
- 嘲笑学生的学习成果;
- 讽刺、贬低、敌视或愤怒;
- 傲慢;
- 打断学生的讲话;
- 无视讨论或质疑。

本研究并非专门探讨亲密关系,却提醒我们,学生所讨厌的教学习惯其实都与教师缺乏对学生的尊重或兴趣有关。

创设有效的课堂气氛

> 学生是有效课堂管理的受益人而不是牺牲品。
> ——迈克尔·马兰(Michael Marland)

在我教学生涯开始的第一学期某天,我正在学校一条走廊行走,突然发现一个班级乱成一锅粥。学生站在课桌上,互相大喊大叫,课本满天飞扬,两名男生在一个角落里打得难解难分。我的心提到了嗓子眼,赶紧破门而入,表情十分严肃地吼道:"安静坐好等你们的老师。"话音刚落,全班学生哄堂大笑,他们一边笑一边用手指着自己的老师,原来他们的老师正在一个角落里辅导两个学生学习。

一些教师的课堂纪律存在着严重问题,而其他教师却能轻而易举地创设一种有利于学习的课堂气氛。他们是如何做到的?课堂从混乱走向有序需要教师做到四点,而且每一点都必须做到位。包括:

- 有效讲课,要依据精心设计的课程;

- 课堂组织技能娴熟；
- 师生关系密切；
- 课堂纪律严明（除非先满足前面三个条件，否则就是空谈）。

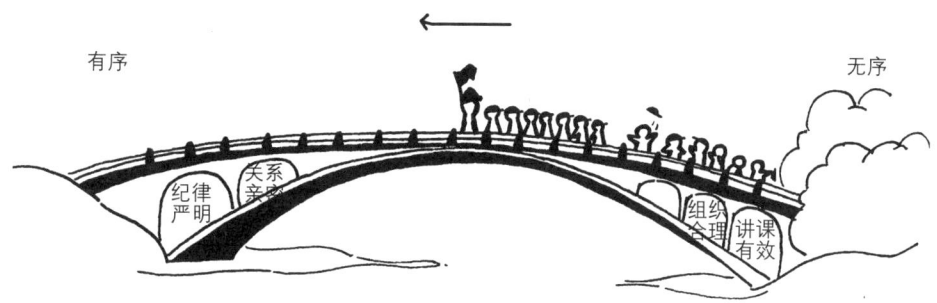

教师切不可对讲课等闲视之。教师课堂里遇到的"纪律"问题多半产生于课前，它们存在于教案之中。我们应特别关注动机因素。学生的学习应有趣，要包含各类不同的学生活动。每个学生都应始终有事做，对班级任何一名学生来说，学习标准不应太难或太易。教师应及时给予学生各类强化，诸如表扬和鼓励他们的学习努力。这个要求太苛刻了，谁还会说教学是一件轻松的工作！

达到这种平衡的实用手段散见于本书其他章节；接下来我们应探讨其他三项影响因素。假设你对如何管理一个相当"混乱"的班级感兴趣，或者你教成人学生或勤奋的学生，其中一些因素的影响力就会降低，甚至完全失效。如果你对如何处理亲子关系感兴趣，其中许多技巧都或多或少与之有关，不妨读读。

课堂组织

经验丰富的教师从不处理问题，他们只是预防问题发生。怪不得实习教师就像魔法师的徒弟一样，只能眼睁睁地看着师傅"变戏法"似的将一个"混乱"的班级治理得井然有序。课堂组织到位可以保证讲课顺利进行，进而产生积极体验，最终建立起密切的师生关系。

规则与制度

即使不明说，每个教师也有一套规则与制度。慎重考虑，明确表达，贯彻执行。你要求学生周一或周四交作业吗？你要求学生举手回答问题吗？做练习期间，你允许学生与同桌、后排或教室另一端的同学说话吗？

规则与制度的建立需要假以时日，而且应依据教育性、安全性和道德性原则而定,而不是依据教师的个人癖好来定。我至今仍对自己的老师心怀不满,就因为用绿色圆珠笔写了一篇作文,老师就逼我重写。

上课允许学生做什么完全取决于你的行动而不是语言。如果要求你说话时学生保持安静,可有学生说话你却不闻不问,规则就失效了;如果你又突然"斥责"一名学生乱说话,学生就会抱怨你喜怒无常。"为什么总是挑剔我,又不是只有我一个人在说话。"如果你对大声回答问题的学生始终置之不理,却允许举手的学生回答问题,举手就会成为一项规则。

无论学生是否清楚规则,你都要在实践中检验并贯彻执行它们。开始好像会耗时费神,但却是未来秩序最有价值的投资。判例法支配规则与行为*,只有无情地贯彻执行,才能行之有效。规则有时会出现例外,但不能有很多。先确保公正,再坚持不懈。一位教学高效、经验丰富的教师曾半开玩笑地告诫我:"先是专心地、饶有兴趣地、同情地听他们辩解,然后置之不理!"

有时,教师最好与学生协商规则与制度。如,"你喜欢周一还是周四交作业?"有些教师甚至会将问题交给学生讨论,如,"学生不交作业让我困惑不已,问题出在哪里?作业太难了吗?"只要学生商定了规则,教师就必须公平地贯彻执行。一旦确立规则,尽管你可以稍作通融,但一定要公正并善始善终。

所有教师都应尽可能采用相同的方法与学生协商规则与制度。

下面是我用于17岁学生的一套规则与制度。当然,其他许多规则与制度也同样奏效。

- 我说话时保持绝对安静。(当然,我说话尽量做到干净利落!)
- 遵守健康安全规则。如,不在教室奔跑。
- 自学或小组合作学习时,学生可以与同桌讨论作业,离开座位与另一位学生讨论作业。
- 每周同一时间交作业。一周作业只允许有一次晚交一天以上。
- 上课禁止听音乐,关闭手机。
- 禁止吃东西或喝水。
- 除非我同意,否则学生不许收拾文件夹。(无论钟表时间是多少都不许收拾文件夹——不过,可以向我提醒时间。)

去听同事讲课,你就会判断出这种行为可以接受。如果你的预期与其他老师相同,教学就会变得越来越轻松。

---

* 译者注:判例是指法院先前的其一判决具有法律效力,从而成为以后审判同类案件的依据。判例法是指,同样情况或同样案件在今后能得到相同的处理,具有规范效力,其基本原则是"遵循先例",先例是对后来案件具有拘束力的判例。

先到教室

课前到达教室,确保备齐所需用品(而且一切准备就绪)。如果你是一位科学教师,就应先将每个实验完整做一次,然后再给学生演示或让学生做。将上课所需用品摆放整齐以方便你挑选,上课开始几分钟要保证高架投影仪或白板正常到位。

学生进入教室时,你可以站在门旁迎接他们,同时观察他们各就各位;要表现得自信、轻松、有条不紊。要准时上课,等候迟到学生就是对准时到达学生的不公,就是怂恿学生以后迟到。

保持安静

保持安静非常重要。首次教一个新班级更要一丝不苟,花费时间让学生保持安静是一笔最佳投资。如果第一节课没有让学生保持安静,大概就永远办不到了,即使学生以后还会听你讲课,也不会聚精会神了。

要求学生保持安静,然后无论时间多长都要等待结果。若有必要,则重复提出要求,运用下述教学手段让学生不再说话并保持安静。除非明显安静且学生眼睛都望着你,否则不要开始讲课。永远不要在班级里还有喧哗声时开始讲课。如果你这样做了,学生就会产生一种错觉——他们上课可以随便说话;甚至于最初安静的学生也开始说话了,不久,差不多全班学生就会对你议论纷纷。

即使等待让你感到恐慌,也别让学生看出来;千万不要发脾气或辱骂学生,这只会适得其反,学生会认为你失去了理智。要设法让学生形成这样一种印象——吵闹会给他们带来损失:

"大家都在等着听桑德拉发言。"

"不行,对不起,因为还没有完全安静下来,所以我们不能开始上课。"

学生安静后,你先停顿一小会儿,一言不发,然后再开始正式讲课。如果讲课时有学生说话,你要马上停下来,然后默默注视着他们,直到安静为止。他们可能感觉难堪,或许很快就会闭嘴;若有必要,就称呼他们的名字,或再次要求安静。只有学生重新保持安静,你才应继续讲课,从没有讲完的那句话开始接着往下讲。如果又有学生开始说话,你就一步不落重做一次。绝大多数学生很快就会明白不可随便说话,最终他们不再违规、安安静静地听课。

如果一些学生屡教不改,就告诉他们,说话的同时不可能做到专心听讲。站到他们身旁,若有必要,就吓唬要给他们调换座位。下面将论述其他教学手段,不过,无论你做什么,都不要放弃努力。当然,别期望太高,有些学生只能专心听讲两分钟以内。如果你有这类学生,就别指望运用班级授课法了。你可采用小组授课法，借助于白板或高架投影仪来沟通，另外也可使用作业单。

保持课堂安静是新教师普遍面临的问题。不过，只要持之以恒，上述教学手段就会让你如愿以偿。

开始上课

对任何一节课来说，前五分钟就会确定其课堂气氛。如果想让沉闷的课堂活跃起来，你一上课就要热情奔放；如果想让一群吵闹的学生安静下来，你一上课就要轻声细语。

如果一个课堂特别吵闹，第一项学习活动就要力求不用老师指导学生自己也可以做。他们可以抄写幻灯片或白板呈现的图表，做课本上的练习题，或完成上节课没做完的功课。然后，你就可以集中精力去维持课堂纪律，让课堂形成一种安静的学习气氛；同时处理迟到并忘拿文件夹的露西（Lucy）。一旦班级在五分钟内完全安静下来，你就确定了本节课的课堂气氛。

给予指导

先让学生安静，再确保全班学生都看着你。有些教师，尤其是那些必须压倒机器噪音的教师，往往会选择一种常规方式来吸引学生的注意力，如击掌三次。要做到简短、清晰、积极；声音应坚定、自信、愉悦。即使打算让全班学生交换座位，也要求他们坐着不动听你讲完。最后，你总结一下。请看下面这个例子：

（教师击掌数次）"好，请各位注意。朱莉（Julie）……罗宾（Robin），请看着我。"（教师等待学生安静下来。）"现在，我告诉你们，每组出一人到前排长凳取仪器，另一人到后面拿电源组，留下的一人收拾实验操作台。听明白了吗？一套仪器、一个电源组和一张准备就绪的操作台。大家开始行动吧。"

如果你经常让学生到全班面前演示，就最好选择一个便于全体学生观察的固定位置。

> 告诉他们你想告诉的——告诉他们——告诉他们你已告诉的！

别重复表达对全班学生的不满，如"快点，各位同学，开始学习"。对全班学生的指导语只说一次，然后挑选不服从的学生，称呼他们的名字或借助于目光接触："快点，保罗，马上开始学习！"

教师应以身作则。如果要求学生整齐有序地摆放作业，你自己在白板上的板书就要条理分明。如果要求学生规范操作，你自己操作时就要符合安全程序。不到下课时间，不可允许学生离开教室，这开创了一个必须坚守的先例。如果学生已完成你设置的学习活动，就督促他们做一份复习测验题。

"明察秋毫"

> 他后脑勺长眼。

如何与一个新班级打交道？我曾为此请教过一位60岁的副校长，学到了一些很管用的方法，如，板书时，应留意白板两侧壁柜玻璃门反射的学生映像，如果看到有学生在捣蛋，就应转身面对该生批评他。"你转过身去，他们以为你知道他们想干什么，你确实把这帮小家伙震住了。"这是副校长最后说的一句话。

除非及时制止，否则不当行为就会迅速蔓延，心理学家称之为"涟漪效应"。学生马上就会认为："别人都不做，为什么我应该做呢？"

无论你或你的学生在做什么，都必须让学生感觉你无处不在——你的身影随时出现在教室的每个角落。距离越远，你对学生的影响力越小，你要偶尔走近离你远的学生，扫视全班学生的面孔并经常进行目光接触。保持警觉，来回走动，别坐在讲桌后不动。学生的视线朝向何方？他们专心听讲吗？他们手里握着钢笔吗？如果发现个别学生走神，就保持长时间的目光接触，若有必要，就走到他们身旁。你这样做不用中断教学，而且往往足以制止不当行为。

如果你在白板上板书，就半侧着身子写，不时扫视全班学生，若有必要，每写五个单词就扫视一次。如果你正在与一个学生对话，别放松你的警觉性，要始终保持正确站位，即使无法看到每个学生，也要保证绝大多数学生在你的视线之内。讲话时，经常扫视教室，一个角落也不要放过。保持警觉，就会预防学生出现不当行为：因不当行为而当众挨批得不偿失。偷警察戴的头盔简直是自找苦吃！

有些场合最好假装没看见不当行为——已停止不做的无伤大雅的傻事。凭经验你会知道最好忽视什么，不过，你会发现几乎什么也不敢忽视。

讲课的同时难以保持警觉，这需要反复练习。开始好像不可能做到，别担心，其实这就如同开车换挡——很快就会自动操作。另外，必须留心规范行为，对努力学习的学生，你应该给予强化。

消防员

一旦出现不当行为，就必须尽早制止。理由有三：

- 防止行为蔓延到其他学生身上；
- 刚出现苗头的行为容易制止；
- 预防学生从不当行为中牟利。

因为喜欢聊天，学生才会随便说话。如果学生说五六句话你才开始处理他们，他们就很可能感觉聊天惹你生气没什么损失。不过，如果学生刚一开口说话就遭到你的批评，不当行为让自己脸面丢尽，他们马上就会认为得不偿失，还是老老实实听课为好。

教师只有熟悉学生的名字，才能有效灭火。你大概还记得自己上学时老师就会用这个教学技巧：

"热那亚当时是一个繁华的港口——对不对，萨姆？热那亚这个城市不大……"

即使没有以不满的语气称呼名字，萨姆也知道自己为什么被"选中"，因而，这往往足以制止不当行为。

适当关注违规学生的学习结果。如果警觉和灭火成功地让学生回到学习状态，就尽可能发现可取之处："很好，现在你开始认真考虑问题了！"研究表明，表扬规范行为比批评不当行为更有效。

表扬的力量

在一项著名的研究中，专家跟踪观察了一批高发问题行为的学生。每天观察20分钟，每周观察3天，时间持续8个月。在20分钟内，专家每隔10秒钟就将学生的行为分别记录为"规范"或"不当"。最初，尽管老师能力超群、经验丰富，但在70%的时间里，学生仍然表现欠佳。

教师采取各类策略去改进学生的行为。告诉学生班级规则，收效甚微；忽视不当行为让学生变本加厉！如果告知班级规则，忽视不当行为，同时表扬合适行为，在90%的时间里，这些捣蛋鬼的表现都令人满意。

注：C.H.小马德森爵士(Madsen.C.H.jr.)、W.C.贝克尔(Becker.W.C.)和D.R.托马斯(Thomas.D.R.)，规则、表扬与忽视，应用行为分析杂志，1968年第1期，第139–150页。

推荐读物

免费下载资料

从 www.geoffpetty.com/whatsnew.html 下载"基于课堂管理与纪律的证据——佩

蒂"（Evidence based classroom management and discipline Petty）。

读物

[1] P. 比德尔（Beadle，P.）. 如何教学. 皇冠书屋出版社，2010.

＊[2] J. 格雷（Gray，J.），J. 里彻（Richer，J.）. 破坏性行为的课堂反应. 劳特利奇出版社，1995.（主流学校的特殊需要丛书）

＊[3] C. 基里亚库（Kyriacou，C.）. 基础教学技能（第3版）. 纳尔逊·索尼斯出版社，2007.

[4] D. 莱莫夫（Lemov，D.）. 高效教学. 乔西－巴斯出版社，2010.

[5] M. 马兰（Marland，M.）. 课堂教学艺术（第3版）. 海涅曼教育出版社，2002.

＊[6] R.J. 马扎诺(Marzano，R.J.),S. 马扎诺(Marzano，S.),D.J. 皮克林(Pickering，D.J.). 有效课堂管理. 国际课程开发与督导协会，2003.

[7] B. 罗杰斯. 课堂行为：有效教学实用指南——行为主义管理与同事支持（第3版）. 塞奇出版社，2011.

第九章　纪律与问题解决

我走上教学岗位的第一年曾遇到一位叫曼迪的小学生,她才13岁,却让我头疼不已。有一次,因公然顶撞我,放学后我将她留校,要求她写一封信来解释自己的行为。她把信写得洋洋洒洒,其中有一段话说道:"绝大多数老师都严格要求学生的行为,其他老师却听之任之。我通常喜欢老师严格要求我的行为。"我震惊不已,这样一位调皮捣蛋的学生怎么会喜欢严格的教师?看来我还有很多东西要学啊,在这一方面她就是规则,而不是例外。

正如上一章所述,我坚持认为,课堂秩序取决于四个因素:基于精心设计课程的有效讲课、娴熟的课堂组织技能、密切的师生关系和严明的课堂纪律。

本章我们探讨第四个因素——课堂纪律,对绝大多数"行为问题"来说,预防的效果可能比矫治更好,但预防处理不了所有行为问题。

> 只有粗心的老师才会发现不了问题。

找到问题的根源

学生厌烦是因为学习任务太简单,所以,无论你如何变换使用奖励和惩罚,学生都仍然无动于衷。即使警觉和威胁性惩罚让行为保持在可容忍的限度之内,问题也很可能以另外一种形式重新出现,而且更加难以解决。如果问题的根源是学习任务不合适,解决方法就不言而喻了。然而,有时我们很难诊断出行为问题,甚至会如坠五里云雾。

或许,"成人对成人"的聊天模式最适合于发现和解决学生的行为问题。采用这种模式课后与学生一对一聊天。

1. 查明问题(Find the real problem)。倾听是查明问题的最佳办法。即使你的本能反应是恨不得掐死学生,也要首先假定他们愿意并有能力自己去解决。别匆忙提供建议或做出判断。你可以提出另外一个观点,但不要暗示你支持这个观点。运用非言语的方式来表示你对学生的认可。你正在寻找你想改变的行为产生的原因。查明原因可以使用一个关键的提问句:"你发现……最困难的是什么?"

例如，"你发现与小组其他同学合作最困难的是什么？"

2. 商定办法（Agree a solution）。将问题交给学生去解决。"那么，你想做什么来解决这个问题？"如果学生没有提出解决办法，你就自己给他们提一个建议，但询问学生是否可以想到一个更好的办法。如果学生提不出更好的建议，就设法让他们赞同你的建议。

3. 设置目标（Set a target）。例如，"那么，我们都同意下节课前你将告诉乔治娅（Georgia）自己的不同看法？"

4. 跟进评估（Follow up with an evaluation）。弄清目标是否实现。要让学生知道，你将会检查商定的解决办法："好吧，在下节课前，要让我知道你与乔治娅达成了共识。"

如果你要给予学生充足的时间去查明问题和商定办法，就暂不考虑设置目标与跟进评估，等过段时间再说。如果像对待成人一样对待学生，你最讨厌的学生也会积极响应，哪怕他们不值得你这样做，也一定要这样做！例如，尽管教师反复规劝，但学生的作业质量仍然很差，教师向该生列举了其他同学的优秀作业，学生告诉教师他仍然喜欢上这门课。"成人对成人"聊天模式四个关键词的首字母组合为"命运"（FATE），请阅读下面的对话，看看能否找到四个决定"命运"的因素：

教师：那么，出了什么问题？

学生：我不知道。我只有加倍努力了。是不是？

教师：作业太难？太容易？太单调？……

学生：不，其实都不是。

教师：你发现完成家庭作业最困难的是什么？

学生：其实是时间不够。

教师：为什么时间不够？

（学生告诉老师，他每周有三个晚上在一家酒吧打工，当他有时间做大学的作业时，经常因太累而无法集中精力去完成。学生似乎需要积攒买小车的钱。）

教师：那么，你打算怎么解决这个问题？

学生：减少酒吧的打工次数——只在周末工作。

教师：买车的钱怎么办？

学生：如果可以买一辆摩托车，我就向我母亲借，不过，她不热心。

教师：好吧，与你母亲谈谈，周一告诉我你的决定。但别告诉母亲我说过你应买一辆摩托车！

（周一，学生说，如果暑假在家里打工，母亲就同意借钱给他买小车。）

这种"数落"方法的一个优势是容易发现问题的真正所在，而且，因为学生自己提出了解决办法，所以他们就要兑现诺言。另一个优势是可以培养学生独立解决问题的能力。

如果问题积重难返，就别一味指望这种技巧。如果评估表明学生无动于衷，就设法让他们感到内疚："查利（Charlie），我对你很失望。我原以为你会信守诺言……"不过，如果查利又做出承诺，你就要准备相信他。

长期"纪律"问题的常见原因

别让下面的话吓坏你，因为你可能永远不会经历，然而，问题意识经常足以避免问题，所以，我就不必为提及它们而向你道歉了。

学习任务不合适

游手好闲，爱干坏事。作业是太难还是太容易？界定明确吗？学习任务持续时间太长学生厌烦了吗？学生很快完成了吗？你必须竭尽全力确保每位学生始终有事可做，而且随时可以为他们提供帮助。

学生考验老师

学生惹老师生气。一般来说，只有老师坚决予以制止，学生的不当行为才不会愈演愈烈。他们是在试探你的底线。由此而创立的"先例"就会决定他们可以"走多远"。

严格但要公正，即使生气，也千万别慌慌张张。如果你自信地、始终如一地、坚定地应对学生的捣蛋行为，他们很快就会偃旗息鼓。请一定谨记在心。

如果坚持己见让你感到别扭，那就每节课前课后赶快阅读下述规则！

1. 只要可以促进学生的学习，运用教师权威就完全合情合理。

2. 如果有效地运用教师权威，就会让有些学生难过一段时间；如果无效地运用教师权威，就会让他们长时间难过。

3. 只要坚持严格公正，最终就会成功。

如果学生挑战你的权威，或者发现自己陷入困境，你就要尽量别过度反应或反应迟钝。弄清下面两点会有助于你摆脱困境：

- 你享有让学生服从的权利："我是老师，照我说的去做。"
- 你正在维护学习者的最大利益："我要给你换个地方，如果你坐到那里，无论是你，还是班级其他同学都会学得更好。"

还要设法让学生清楚，你的最后声明没有任何商量余地，但课后你愿意私下与学生讨论任何问题。你会发现"破唱片"*技巧有用。不停重复你的决定,声音要平静、自信、坚决。你这样做,哪怕不同情学生,也有助于你理解他们的心情。要不停重复你的决定,同时走近学生、保持目光接触,最终让学生服从你。举个例子:

教师:杰克,你来收拾仪器。

学生:小姐,迪帕克会收拾,轮到他了。

教师:快下课了,他还在制表。请你来收拾吧。

学生:可这是迪帕克该做的事!

教师:即使轮到迪帕克做,我还是要求你来收拾。

学生:可只有……

教师:(面对学生,目光坚定,姿态自信,站在学生身旁)如果你想讨论这个问题,课后来找我。现在,请收拾仪器。

一旦学生认识到你不会轻易改变决定,你就会发现"破唱片"技巧更加有效,最终学生就会服从你。

坚持不懈往往会如愿以偿,不过,达到目的也别得意扬扬,否则你就会给自己树敌。其实,对胜利不以为然更会让学生心服口服。如果学生不服从,就果断沉默一会儿来等待,然后直接走开(有时,消除即时精神压力会让学生退让却又不会颜面尽失)。如果你确实走到一边,就在记录本上写一会儿东西,不再过分关注该生(当然,学生应该知道你正在记录你俩之间交流的情况)。别细说你正在写的文字。如果学生仍然不遵从,就非常自信、严肃地告诉学生课后到办公室见你(别说"请"或"谢谢你")。

谈话期间,你自始至终必须表现得镇静自若、从容不迫,或许还要不苟言笑、坚决果断,甚至还可以威胁吓唬,但切莫慌张或唠叨。内心的宁静代表权威,你一定要想方设法保持平心静气。要求过高吗?是的,确实如此!但是发火几乎总是帮倒忙,往往会惹火一些学生,让你陷入一种失控的困境。经验越丰富,你越会善于优雅地表达愤怒以保持尊严和权威感;千万别表现得吹毛求疵。如果你平静如水,"惹你生气"就不好玩了,学生"考验"你的兴致也就越来越少了。

处理问题要给自己留下时间与空间,别匆忙下结论。讲完课再考虑处理困境,等双方都完全冷静下来,你再以一对一的方式来处理学生。

别太担心学生会公然顶撞你。只要坚定、公正、自信,学生一般不会冒犯你。

---

*译者注:在流行唱片的时代,一个坏的唱片时常使唱针无法滑向下一个纹道,因此就会不停地重放同一句话或歌词。指喋喋不休或重复说同一句话。

> 如果你对维护权威感到担心，就阅读自助类书籍。这类书籍都会强调：
> - 你要表明自己理解、重视对方如何思考和感觉；
> - 你要向对方表达自己如何思考与感觉；
> - 你要告诉对方自己希望发生什么（若有必要，重复说数次）。
>
> 例如，"我知道，因为轮到迪帕克做，所以你认为不公平，不过，我正忙着结束课。还是请你来收拾。"

寻求注意（哗众取宠）

寻求注意的学生通常性格外向，哪怕老师和全班同学给予消极注意，他们也觉得其乐无穷。同学会称他们为"好出风头者"，老师会情不自禁想到这类学生给他们带来的诸多不便，因而将他们划归"丑角"或"班级小丑"。

满足学生寻求注意的需要是最佳策略，不过，教师要鼓励学生运用"合法"手段获得这类注意。若行为与学习活动有关，则给予的注意越多越好；若行为只是为寻求注意而捣乱，则给予的注意越少越好。前者容易做到，后者则有难度。

尽管可以利用这类学生渴求注意的心理去"收买"他们，但与他们打交道仍是一件令人头疼的事情：

"辛西娅（Cynthia），文章开头写得很精彩——篇首语不错……你做完第3题就告诉我，我会马上给你批改。"

"辛西娅，开始画得挺好，画完图再让我看看。"

"我真希望小组会有人去主动记录你们的发现，然后再讲给班级其他同学听。好吧，辛西娅，你若愿意就可以承担这个任务。你要确保做好记录，然后再告诉班级其他同学你们小组的决定。"

（辛西娅的同桌完成了任务，教师立即给予高度注意，然后说）"辛西娅，你现在也完成了吧？还没有？"（教师走开。）

全方位关注学生的学习以及与学习有关的事情，尽量忽视他们寻求注意的行为。教师面临的最大困难，就是必须给予自己可能讨厌的学生宝贵的时间和注意。这类学生让教师左右为难：要么你必须注意他们规范的行为，要么他们就会通过捣乱来引起你的注意。

必须慎重安排这类学生的座位。他们最好远离其崇拜者，与无视他们的学生邻座。

对所有学生来说，坐自己想坐的座位是一种优待，而绝不是权利。经验丰富的教师会毫不犹豫地给学生调换座位，而缺乏经验的教师往往害怕会引起学生暂时的不满，前怕狼后怕虎，结果让自己的处境更加不妙。

教师无效运用正式权威

如果对上述这类"考验"无动于衷或听之任之,学生就会表现得粗鲁,公开不尊重你,甚至公然顶撞你。你还会发现,许多原本守规矩的学生也开始参与其中,因而,骚乱综合征——负面"涟漪效应"就会导致不当行为蔓延开来。

教师对此要给予高度关注,不过,这类"考验"只是属于极端事例。如果始终如一地遵守课堂规则,拒绝过分唠叨,最终你就会具备课堂驾驭能力。然而,你仍要告诉某人自己面临的困境,寻求帮助和建议。人人偶尔都会陷入困境,我肯定也不例外。寻求专家建议并不意味着失败。我们学习时都需要别人的指导!如果遇到困难,重读本章与上一章就会让你有所感悟。

学生应激

面临应激,你可能如何反应?我估计你会注意力分散、以自我为中心、不考虑他人,你甚至可能坐立不安、脾气暴躁。如果这恰好也是你学生的真实写照,他们的问题行为就可能与应激有关。他们的应激可能源自家庭困境。

我们如何才能帮助学生对付应激?弄清他们行为障碍的原因会有所帮助,但你也应尝试一对一谈话,你首先必须做到倾听。询问他们是否面临应激,但别代替他们解决困难;请教他们的精神关怀导师,若有必要,还可请教专职咨询人员。

在学生冷静之后第二天,教师要与学生讨论他们的问题行为,该法特别适用于屡教不改的问题行为。与学生商谈:一旦他们"勃然大怒",双方应如何处理,以及双方如何做才能避免这种情况发生。若将学生与激怒他们的"朋友们"隔离开来,则他们会从中受益。你可以与他们事先协商一种"冷静"策略,出现不当行为后,就要求他们独自静坐几分钟。反过来,如果他们还没有平静下来,那么你一定不要处理他们的不当行为。

违反纪律但绝非犯罪

扔纸飞镖的是谁?说脏话的是谁?运用"明察秋毫"策略,你可以尽量避免这类问题,不过,一旦确实发生,如果无人坦白承认,你将如何应对?别过度反应,比如说惩罚全班学生,这会引起学生的强烈不满。除非你有真凭实据,否则不要指责任何一个学生。

让全班学生安静下来,然后再调查谁是犯规者。如果无人承认错误(一般不会有人站出来),你最好运用这种对你有利的方法来处理:

"如果你们没有胆量当面承认——就什么也别说。"

"我明白了,犯错者没有勇气为自己的行为辩护。"

如此一来，犯错者就成了害羞的胆小鬼而不是聪明的勇士，因而他们就一般不会故技重演。有人很可能会坦白承认，如果他们承认错误了，教师就要感谢他们的诚实并进行适当处理，当然，最好单独处理。如果仍然无人承认，最好继续讲课，把这事忘了；没有确凿证据，切莫轻举妄动。不过，你要提高警觉度——决不能再发生这类事情。

处理反复出现的问题

我先介绍一些有用的处理技巧，再解释可以用于处理长期问题的策略。

与学生一对一交谈

如果问题反复出现，你就完全应该与学生谈谈了。不过，如何谈？

先尝试"成人对成人"的实话实说，哪怕你一心想数落学生（如果不想掐死他们），也别发火。生气于事无补。

然而，有时，"成人对儿童"的交谈模式最合适。

"成人对儿童"交谈模式

有时，学生还真需要你好好教训他们一顿！你应如何做？责备会给学生施加巨大压力，需要慎重使用，并结合使用问题解决技巧。（如果学生痛哭流涕，就要避免过度责备，以减轻学生压力；如果有可能，就转换为"成人对成人"交谈模式，当然，第二天使用效果会更好。）

单独交谈。请记住上一章的"激励"（PEP）技巧。你要正视学生，靠学生太近可能让他们感到不适；保持长时间目光接触。别表现得咄咄逼人，别碰学生；即使惊慌，也要藏而不露，深思熟虑再开口。

询问的语气要严肃、充满自信。你问完后，学生可能一言不发，别担心，沉默会给学生带来巨大压力。别急于长篇大论地批评学生，无论说什么，都不如身体语言和询问给学生的压力大。切莫出口伤人或讽刺挖苦，批评要与学生的学习或人身安全有关。

要让学生知道，你这样做完全是为他们好，而不是"报复"或维护个人利益。如果确保责备有效，有时不妨迫使学生做出承诺，然后适时结束批评。请看下面这个例子。

教师明令禁止，但埃玛（Emma，13岁）还是扔出一支铅笔。然后，教师要求她课后到办公室谈话。教师的语速比平时慢了许多，而且语气非常镇静。请记住，身体语言会暴露你的真实情感或思想。

教师：我们实话实说。如果我告诉你别做某事，你就别做。你明白了？

学生：（沉默）

教师：你—明—白—了？（沉默，然后保持长时间目光接触）

学生：明白了，小姐。

教师：你知道我为什么要求学生不准在课堂上扔铅笔吗？

学生：小姐，因为我们不应该扔东西。

教师：不错，可为什么？（学生什么也不想，但你一直沉默并保持目光接触）嗯？……安全，埃玛，安全。我要对你和全班同学的安全负责。那么，扔铅笔错在哪里？

学生：可能戳着同学的眼睛。

教师：这就对了。会出现什么结果？

学生：（沉默）

教师：（在保持目光接触一段时间之后）会出现什么结果？

学生：（沉默）

教师：如果有人扔铅笔戳伤你的眼睛，你会有什么感觉？

学生：（愈加沉默，但非常不安。）

教师：（语气友好，但仍斩钉截铁）好吧，做个承诺如何？

学生：（依然没有反应）

教师：（语气平静）喔？你愿意承诺以后不再扔铅笔了？

学生：我保证，小姐。

教师：好。（语气更加友好）那么好吧，埃玛，你可以走了。

在"成人对儿童"交谈期间，切莫碰学生，学生会视之为攻击并"报复性"反击你。别表现得盛气凌人。千万不要让学生离开或背过脸去："跟你说话时看着我。"

任何惩罚或"训斥"都不如该法给学生施加的压力大，不过，如果一味依赖它，你就无法发现问题的真正所在。如果在课堂上与学生这样交谈，你要确保他们背对班级其他学生，否则他们就可能"哗众取宠"。他们也可能抱怨教师让自己当众"出丑"，因而行为更加出格。如果教师做得过分，高年级学生更可能表示不满。如果你确定学生可能"顶嘴"，就别用，尤其别当众用。相反，你可运用"破唱片"技巧去强调一个无可争辩的事实或众所周知的班级规则。许多学生可能试图把你拖入一场争论，你千万别上当。你要做的就是重复事实或规则，坚决不要放弃自己的立场：

"可我正在给欧文讲解分数！"

"你很清楚我说话时你就不能说话。"

像这样交谈，温和一笑或微笑就可以化解争吵，从而表现出成竹在胸。批评学生的行为，切莫批评学生本人。

三种方法概要

下图详述了我们正在讨论的内容。三种不同方法各有千秋，但实际上构成一个连续统一体。例如，"成人对成人"实例就包含"聊天"和"说教"。为了适当回应，你必须选择与学生和场合相符的正确方法。谨防过分偏爱一种特殊方法。

聊天 非指导性成人对成人模式	说教 父母对成人模式	训斥 指导性父母对子女模式
教师的潜台词 "我认为你愿意并有能力解决自己的问题。" "我尊重你本人并对你的困境表示同情。"	**教师的潜台词** "我认为需要施加压力你才能解决自己的问题。"	**教师的潜台词** "你就是一个祸害，我讨厌你。" "你解决不了自己的问题。"
技巧 探究问题并倾听： "你发现最困难的……是什么？"	**技巧** 设置明确目标。若未实现目标，则告诉学生后果。评估目标达成度（有必要多次会面）。	**技巧** "激励"（PET）——身体接近、目光接触、提问和"破唱片"： "你为什么还没有……" "你认识到这种行为的后果了？"

交谈模式与身体语言：

支持／鼓励 ←——————————→ 独裁
不下结论 ←——————————→ 下结论
认可 ←——————————→ 指导
倾听 ←——————————→ 说教

学生可能的反应： 合作	学生可能的反应： 服从	学生可能的反应： 不满但遵从

灵活处理屡教不改的错误行为

如果一个班级或一位学生存在屡教不改的错误行为，就预示着你的处理没有效果。如果无效，你就必须变换处理方式！道理简单却很重要，只是经常被教师忽视。如果你发现自己说："天哪，我都告诉你多少次不要……"这时你就需要静下心来想想：明知无效，我为什么还在用？若学生出现不当行为，你不应连续两三次使用同一种处理方式。你处理完一次后，要改变或升级你的处理方式，或者威胁要严惩不贷。

> 如果你掉进洞里，就别再往下挖了！

如果你习惯做出同一反应，学生就不害怕重复不当行为了："对于上课说话，他只是训斥而已，所以我要跟曼迪再聊聊。"你必须不断提高处理的严厉程度，直到学生发现不当行为的后果很严重为止。只有逐渐提高反应的强度，你才会发现最有效的震慑因素。

> 如果做事方式总是一成不变，结果就会总是一成不变。

善于保持克制的教师经常采取各类手段去处理不当行为。也就是说，他们一般不会惊慌失措，如果上一种处理方式不奏效，他们就会变换另外一种方式。下列策略大致按严厉程度来排序，当然，你必须自己决定哪类场合适宜使用哪类技巧。我肯定不会建议你处处一步不落、生搬硬套，不过，如果你使用的策略无效，就最好尝试下一个等级的策略。（当然，你也可以据此制定自己的策略。）

- 注视学生。
- 保持目光接触。
- 走向学生，同时保持目光接触。
- 靠近学生。
- 注视学生，同时摇头或表情严肃。

（上述五种技巧可以在不中断教师讲课等活动的情况下运用。请牢记，你可以要求学生做出与学习有关的行为改变，而且坚决要求改变，如果他们依然如故，就威胁要严肃处理，如果他们仍然无动于衷，就毫不手软。）

- 停下不讲，注视着学生，直到他们发现你为止；保持目光接触，同时一言不发，然后再继续讲课。
- 称呼学生的名字，但不作任何解释："那么，约翰，我要讲第二幕。"

- 提问学生与学习有关的问题。
- 要求学生给班级其他同学解释有关知识。
- 停下你正在做的事情，斩钉截铁地要求学生停止不当行为。可当众使用，但最好一对一使用。
- 使用上述手段，同时给学生施加非言语压力——如，保持目光接触但默不作声；语气严厉，同时站到学生身旁。提问学生与他们行为有关的问题（激励PEP）。
- 课后运用"成人对成人"模式与学生谈话。设置目标并给予评估。若有必要，则重复做。
- 威胁给学生调换座位。
- 给学生调换座位。
- 让学生汇报学习结果。即，本节课快结束时，或本周每节课后，学生必须向你汇报自己完成的学习任务。
- 威胁要向上级反映学生的情况，如，告诉学生的导师。
- 向上级反映学生的情况。随时向上级口头反映学生的后续行为，并告诉学生你正在做的事情。（别害怕向经验丰富的教工或自己的导师求助。寻求建议并不是承认失败。）
- 将学生的行为记录在案，复印件呈交上级，自己保留原件。可以告诉学生你正在做这件事情。
- 威胁要请年级主任与这位学生谈话。
- **想方设法去制止不当行为，但同时要处理屡教不改者**。停下你正在做的事情，如果站在学生身旁，就走到一边，拿出一张纸，向某位学生询问日期与准确时间，并平静地在纸上写下学生的行为，然后说："好吧，我全记下来了。如果你希望如此，就继续做吧。"别说你将如何处理那张记录纸。如果学生问你，就含糊回答："拭目以待吧。"一般说来，这样做肯定会制止学生的不当行为。你还可以将记录的复印件提交负责该生的导师。
- **处理公然顶撞行为**。立即应对，这会避免冲突，而且，一旦压力释放，有些学生就会"屈从"。顶撞行为必须汇报给上级。即使缺乏其他理由，在课堂上，为了保证人身安全，教师也完全可以拒绝教那些挑战自己权威的学生：这已经成为行规。
- **签合同**。将学生同意的一项行为准则记录在案。一旦学生痛改前非，教师就应"不计前嫌"，完全接纳他们。
- 另外，所在学校可能制定了规范的惩罚类型，你应该遵从。

其实，处理的严厉程度越高，对学生的震慑力越大，因而，你要自始至终表现得自信和理智。改变策略，学生就无法确知重复不当行为的后果，不确知性就代替了震慑物。

切莫对学生动手动脚或打学生。除非有规定，否则别把学生赶出课堂。如果你确实将学生赶出课堂，就要对他们上课期间所做的一切负责。

别记仇。千万别怨恨一个惹你生气的学生。我知道这很难做到，不过，如果你对学生不满，他们就会回敬你不满。如果认为你讨厌他们，学生就会让你的工作陷入四面楚歌。

对学生发出威胁后，如果学生一意孤行，你就要决不食言。不然，你在学生心目中的信誉就会降低，之后你再发出威胁，学生就会不屑一顾。只有一以贯之，才能确保教师权威的公信力。切忌对学生大发雷霆，以免说出让你后悔莫及的威胁语言，否则你就会进退两难、自食其果！早在真发火前，你就要假装忍无可忍，对学生"假发火"，这样做会让自己看起来镇静自若。利用你的脾气，但别发脾气。

有时，最好告诉学生"课后我再与你讨论"，而不是急于说些不负责的威胁语言或轻率地惩罚学生。这样你能有时间去思考，而且学生也有时间去重新考虑。

确认有真凭实据，你再斥责学生。

前提—行为—结果（ABC）

ABC 代表前提（antecedent）→行为（behaviour）→结果（consequences）。行为主义心理学家认为，被称为前提的情境引发了不当行为，而这一行为又往往会产生捣乱者喜欢的结果。无论改变前提或结果，还是同时改变前提和结果，都可以改变行为。

改变引发行为的前提。如果学生领取仪器时发生争吵，你就亲自发放或选一位学生代你发放。如果迟到学生打断了你讲课，一上课就先进行小组或个人学习活动。如果一个班级保持注意力的时间不超过两分钟，你每次讲话的时间就别超过一分半钟。我曾运用这种方法给一群特殊障碍学生上课：用高架投影仪、讲义与他们沟通，每次只跟一个小组成员交谈，课前准备好的白板也派上了用场。

上课模式完全改变。学生注意力分散或打岔都干扰不了我讲课，而且，运用这些沟通方法让我从讲授中解脱出来，我可以一心一意去灭火，表扬和鼓励努力学习的学生。

回避你知道可能引起问题的情境。假如可以绕过去，何必还要穿墙而过？

如果无法改变前提，就看看你能否改变结果。如果反复遭遇同一问题，就要问自己："学生从不当行为中会得到什么好处？"然后再设法消除这些好处。例如，假定你无法做到让学生在上课结束前五分钟才开始收拾文件夹。你无法改变前提，讲课已接近尾声,那么学生这样做会有什么结果?他们可以少学一会儿!你可以改变这个结果,要求提前收拾文件夹的学生概述本节课的重点,或者让他们回答本节课的探究题。如果提前收拾意味着要多学习而不是少学习,这类逃避学习的行为就会自然而然地消失。

我讲课时,桑德拉经常迟到,在为自己辩护时,她就在同学面前扮演着班级小丑的角色,从而让自己成为全班同学关注的对象。我明确告诉她,今后必须向我提交书面检讨书,紧接着迟到行为就消失了。如果学生出力不讨好,不当行为往往就会停止。

不过,否定学生的需要,无论短期内多么成功,需要仍然不会消失,而且学生会通过其他途径去寻求满足。学生不管是寻求注意,还是厌烦、沮丧或生气,都不会轻易地被解决;如果你关上一扇门,他们就会马上找到另一扇门。你能发现这些学生的真正需要所在——或许他们是为了引起注意或取得做领袖的机会,然后再通过合法的活动获取满足?

> **练习**
>
> 实习教师经常抱怨说,他们讲课时,有些学生注意力不集中。学生这种行为的前提和结果是什么?你能考虑一个解决该问题的方法吗?答案请参考本章下个专栏。(不,先别看——你自己先找找答案!)

心服口服的权威

独裁主义不同于合法权威的充分利用。前者会招致不满,但后者却不会。假设你乘坐的轮船在航行中沉没,你与其他乘客随船长漂流到一个传说中的荒岛。船长用来维护"法律与秩序"的制度应遵循什么原则?绝大多数人会建议遵守下述规定:

- **必须做到法律面前人人平等**。法律的目标必须是平等保护所有国民的利益,法律不可用于保护少数特权阶层或当权者的利益。如果国民认为法律只是保护立法者和执法者的利益,他们就很可能会造反("革命"综合征)。法律,包括判例法应家喻户晓。
- **必须有效执法**。执法应力求做到透明、有效,违法必究应成为共识。如果法律得不到有效实施,至少部分社会成员就会视法律为儿戏。(例如,高速路车速达 75 英里/小时就属于违法,但多数人车速为 75 英里/小时,因而就以为警察不会起诉他们。)如果执法严重不到位,违法行为就会蔓延成风;

甚至连平时守法的公民也会趁火打劫、无法无天（"抢劫"综合征）。
- **执法应公正**。如果某个社会群体认为自己遭到执法者"刁难"、骚扰或压制，他们对法律和执法者的尊重就会越来越少，甚至会视之为压迫工具。

> 1988年，在（英国利物浦市）托克斯泰斯区，因警察"饱和执法"而引起黑人社区的不满，他们抱怨自己遭到警察的骚扰。最终，对不公正的抱怨引发了一系列暴乱，损失高达数百万英镑。

- **国民有权得到公正审判**。国民应有公平听证权，法院判决应对所有国民不偏不倚、始终如一、公平公正。

> 1992年，美国洛杉矶一家法院观看了一段由各电视台争相播放的录像，这段录像由一位业余爱好者偷拍。录像画面显示，四位白人警察正在殴打一位黑人汽车驾驶员，这位黑人叫罗德尼·金（Rodney King），他们将他打倒在地。金的颅骨九处骨折，一度被送进重症监护室。法院判决四位警察无罪，随后就发生骚乱，死亡人数高达60人。

- **惩罚应公正、足额赔偿**。适用惩罚条款也应尽人皆知，惩罚应足够严厉以产生震慑效果。如有可能，惩罚应努力改造违犯者。他们接受惩罚后，应毫无怨恨地回归社会。

> 第一次世界大战后，德国被迫割地、赔款给同盟国。目前，绝大多数历史学家承认，尽管错误无可厚非，但后果不堪设想。德国对赔款怒不可遏，他们视之为奇耻大辱，因而就急于找到一位可以复兴德国的领袖。于是，希特勒上台，第二次世界大战爆发。只有恶棍最终认罪服法，惩罚才有效。如果认为惩罚有失公正，就会导致违法行为变本加厉。

课堂规则与秩序

如果课堂应用上述一般原则，课堂规则就必须符合教育性、伦理性和安全性标准。学生不应视课堂规则主要对教师有利。学生应充分领会课堂规则及目的。课堂规则面前人人平等。最好强调课堂规则不仅对教师有利，而且对学生有利。

如果你充满自信，为何不设法发动学生制定课堂规则？最初几节课交给学生去协商课堂规则，课堂规则必须合乎教育公平。学生建议的惩罚可能过于严厉，你最好稍作调整，保证惩罚合情合理。如果一位学生违反课堂规则，你就以课堂权威为后盾：

"阿娃（Ava），我们都已经商量好了，我说话时学生不能说话。"

这种民主的方法可能最奏效。

我最好举例来介绍另一个有效的"民主"方法。在上课期间，教师讲课倒是挺顺利，只是课堂很吵闹。绝大多数教师会停住不讲，批评吵闹不光彩，并告诉学生保持安静。还可采用的另一种方法是：

教师：吵闹让我无法讲课。我喜欢安静的课堂，你们这样吵闹让我心都乱了。我知道吵闹主要是为了学习，不过，我们不能做点改变吗？

（有些学生安静学习了。）

教师：刚才我们努力了，可5分钟后各位又开始喧哗了。

（一位学生建议制定一项新课堂规则，学生只允许与离自己一米以内的某个同学交流。全班一致同意，教师感谢学生们的关照，然后开始执行这个规则。）

这种方法既坦率地表达了你自己的意见，又认可了学生的想法，然后又发动学生来解决这个问题，可谓集中与民主兼顾的典范。这需要亲密的师生关系作保证，而且，尽管值得你去尝试，但对低年级学生不可能马上奏效。

执行规则

你要确保自己完全照办，而且透明、慎重。不过，别骚扰学生个人。学生自我感觉的影响不可小觑。如果学生感觉自己遭到骚扰或"刁难"，他们就会反抗，让课堂管理雪上加霜。无论学生的感觉是否正确，他们都会不服从管理（除非你让他们信服自己确实错了）；决定行为的不是现实而是感觉。

如果某位学生感觉自己遭到刁难，就要在第二次批评这位遭到"骚扰"的学生之前，先训斥犯了同样错误的学生（最好在听力所及范围）。只要提高你的反应等级，就不用再去指责一个反复出现不当行为的学生了。

公正审判与惩罚

除非你证据确凿，否则别惩罚学生。耐心听学生解释，生气时别惩罚学生，惩罚要坚持一致性。只有违反规则，才应实施惩罚；别因一个学生而惩罚全班学生。惩罚之后，要让学生知道你不记仇，比如，关心学生的学习，微笑，等等。

参考答案（前面练习）

前提是：教师运用讲授法，讲授的次数越来越少，每次讲授的时间也越来越短。注意力分散的结果是：学生可能逃避学习。只要发现学生注意力分散，教师就提问他们，学习效率就会随之提高——学生不敢再注意力分散！

无法解决的问题

> 上帝,请赐给我优雅去接受自己无法改变的事,赐给我勇气去改变自己可以改变的事——赐给我智慧去分辨两者的不同。

如果困境是你无法控制的因素造成的,就别责备自己无能为力。例如,当地高失业率或家庭和情绪障碍。没人爱的人不会爱别人,我们只能尽量专业地与这些可怜的小家伙打交道。

> 英国防止虐待儿童学会的一则海报:
> "他喝酒,抽烟,向老师脸上吐唾沫……他需要的只是一个热情拥抱。"

课程问题

许多人对学校体制颇有微词,他们说,学校承认和奖励智力技能,但相对而言却忽视非智力技能,如身体技能、创造技能和个人技能,即使它们是个人成长与谋生的关键技能也仍然不被理睬。具备非智力技能的学生感觉自己遭到轻视,因而往往会排斥感觉排斥自己的学校体制。许多"行为"问题其实是课程问题。

本书不想详细讨论这个问题,不过,下面一个练习会直指要害。

> **练习**
> "应用"=现实世界的有用性,如,可用于商业、工业或家庭;
> "价值"=学校和后学校教育所赋予的价值和奖励。
> 你的任务:
> A) 给十类技能逐一打分,打分顺序是先"应用"再"价值"。
> B) 若"应用""价值"及其对学习的影响之间出现不一致,则进行分析——牢记成功是学习的先决条件,学生往往会尊重那些尊重他们技能的教育。

技能	技能应用	技能价值
智力技能。学科学习技能，包括艺术与科学，人文学科。		
身体技能。有关手眼协调的技能，包括木艺、铁艺、电子组装、服装裁制等等。		
创造技能。包括设计能力、创造能力、视觉艺术或其他艺术能力；创建新理论或创新现有理论的能力；积极主动能力，如创业技能。		
自我组织技能。例如，做事有条理，可以信赖，自觉工作。		
人际技能。善于与团队其他成员合作的能力，领导或推动他人的能力，体贴他人，关怀技能，应对恶劣情绪状态的能力，善待他人。		
职业特殊技能。职业或专业特有的知识或才能。		

这个简单练习提出的问题比解决的更多：例如，如何传授和检验这些技能？随着社会越来越重视职业教育技能、通用或关键技能，专家学者也开始关注这个问题了。

给有些学生上课，如果经验丰富的教师也需要维持课堂纪律，就肯定出了问题。问题通常在于，学生认为教育经验与他们的自身利益无关。坦率地说，他们的感觉有时是正确的。如果一门课程总是谴责学生是失败者，他们就会反过来谴责课程和教师。要想解决这类问题，就要设计一门让学生认为与自身利益息息相关的课程。既要尊重每位学生的学习努力，又要设计一门承认各类技能的课程，从而使绝大多数学生的某些技能可以获得承认和尊重的机会。

> 我认为，我们目前的中学教育体制……完全彻底地摧毁了许多学生的个人尊严，以致后来几乎无人能恢复元气。
> ——戴维·哈格罗夫斯（David Hargreaves）

强化的应用

身陷困境，别忘记你最强大的同盟军，即强化规范的行为。最近，英国一些学校引进了美国兴起的"严明纪律"管理模式。总而言之，每个教室悬挂六条规则：学生上课必须安静、准时；带齐学习用品；经同意方可离开座位；听从教师第一次发布的命令；发言先举手；尊重别人及其学习成果和个人物品。六条规则看似寻常，可为何教师都近乎狂热地应用呢？为何奏效？因为强化。每节课，学生只要遵守六条规则，教师就在花名册上记一个用于奖励的"R"字母。累计六个"R"

就可以换取一个"铜质"奖章，证明学生的优良表现得到表扬，学生可将"铜质"奖章带回家交给父母。只有获得更多的"R"，学生才能换取银质奖章和金质奖章。

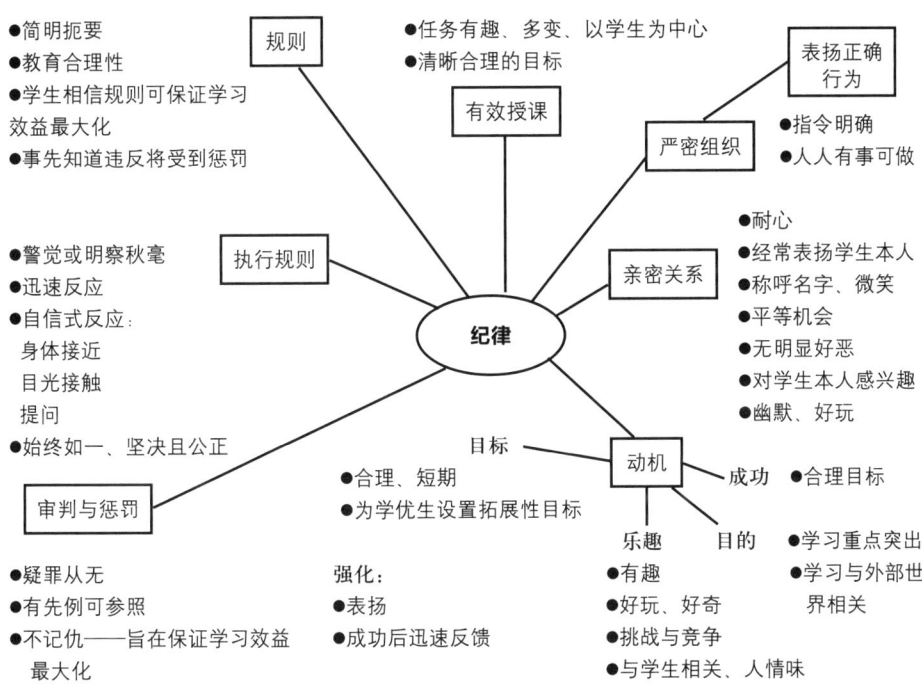

第8—9章概括性思维导图：请在教学中试用思维导图

这项活动需要全校参与，单凭一人之力无法实施。不过，原则要牢记在心：承认、鼓励、表扬学生的优良表现。

上面是一个有关纪律的"思维导图"。（你可能喜欢要求学生根据你讲授的知识绘制思维导图；研究发现，思维导图有助于理解和记忆。）

练习："问题专页"

你能解决这些现实问题吗？它们均为实习教师遇到的问题。参考答案见下个专栏。

1. 每节课一开始，我都几乎无法讲课。他们每周都打闹，从不专心听讲。我认为这与以前琼斯先生给他们上课有关。

2. 开展书面学习活动时，课堂秩序还不错，一旦开始实践活动，他们就会无法无天。

3. 我正在训斥一名迟到的女生，没听清班里一位学生说了句什么怪话，这位女生突然忍不住咯咯笑了起来。

4. 我教消防员急救知识。他们似乎认为由一位女性教自己有伤尊严，因而就千方百计质疑我的权威。

5. 我上计算机课时，有位学生总在别人之前完成作业，完成后她就开始做小动作来分散其他同学的注意力。

6. 无论何时下课，保罗总是飞速跑出教室第一个冲到咖啡机旁。我训斥了他一顿，但他依然我行我素。

7. 凯文是个捣蛋鬼。他总是希望引起别人的注意，他总是向别人发号施令。我用尽了各种方法，但他丝毫没有收敛。他很有能力，但注意力只能保持几分钟。一旦完成学习任务，他就会通过帮助学力弱的同学让我分心。

推荐读物

[1] P. 比德尔（Beadle，P.）. 如何教学. 皇冠书屋出版社，2010.

*[2] J. 格雷（Gray，J.），J. 里彻（Richer，J.）. 破坏性行为的课堂反应. 劳特利奇出版社，1995.（主流学校的特殊需要丛书）

*[3] C. 基里亚库（Kyriacou，C.）. 基础教学技能（第3版）. 纳尔逊·索尼斯出版社，2007.

[4] D. 莱莫夫（Lemov，D.）. 高效教学. 乔西－巴斯出版社，2010.

[5] M. 马兰（Marland，M.）. 课堂教学艺术（第3版）. 海涅曼教育出版社，2002.

*[6] R.J. 马扎诺(Marzano，R.J.)，S. 马扎诺(Marzano，S.)，D.J. 皮克林(Pickering，D.J.). 有效课堂管理. 国际课程开发与督导协会，2003.

[7] B. 罗杰斯. 课堂行为：有效教学实用指南——行为主义管理与同事支持（第3版）. 塞奇出版社，2011.

参考答案

说明：假定所有课都经过精心设计且生动有趣，教师也大量强化学生的成功。下面只是笼统建议。

1. 每节课一开始别运用讲授法。让学生做一件事，然后四处走动去灭火（制止）。表扬并让他们安静下来。

2. 告诉全班学生你的想法，请求他们合作；他们似乎对帮助老师感到很高兴。周密设计活动，威胁不让捣乱者参加朋友所在小组的活动。如果他们吵闹，就威胁取消一项趣味十足的实践活动。实践活动一开始就注意灭火，同时表扬行为得体的小组成员。

3. 切莫发动你不会赢的战争。告诉她课后再见面，平静下来，然后尽力忽视她。

4. 告诉他们你的资历，语气要镇静、轻松、自信。如果你教得好，迟早会赢得他们的尊重。

5. 如果全班学生完成了常规学习任务，就让他们做一项有趣的、好玩的、拓展性活动。

6. 改变前提。按完成学习任务的顺序下课，或按座位排列顺序下课。另外，如果保罗想跑，就让他最后一个下课。

7. 参阅"寻求注意"有关内容。如果学生做与学习有关的事情，就特别给予关注。如果完成了自己的任务，你能安排他去帮助别人吗？

第十章 教师类型

有些教师希望自己在课堂上成为注意中心，因而就有将个人需要置于学生需要之上的危险。其他教师希望得到学生的喜爱，却没有认识到学生喜爱让自己学好的教师。多数教师毫无疑问地运用过去教师教自己的方式来教学生。本章开始探讨成长为一位教师所面临的巨大挑战。你的教育目标和教育理念是什么？

下面这个问卷借助于具体的分析方法来评估做教师的途径。问卷的背景资料稍后再做解释。想想你的教学情境或预想的教学情境，然后再如实回答问题；别尝试去猜测"正确"答案。你不需要告诉别人自己的得分。

教师自我分析问卷

请在你认为合适的栏目下面打钩：

YES！= 非常同意　　Yes= 同意
NO！= 非常不同意　　No= 不同意

		YES！	Yes	No	NO！
1	总体而言，学生不愿上学。				
2	若教得好，绝大多数学习者能学好一门适合他们的课程。				
3	我任教的学科学起来有收获、有趣味。				
4	绝大多数学习者不喜欢教师评价他们的学习结果。				
5	学习者可分为两类：希望继续学习；希望学得越少越好。				
6	有效教师会激励绝大多数的学习者。				
7	只要给予个人大量表扬和积极强化，每个学习者都会学得最好。				
8	除非给予明确指导，否则学习者不愿学习。				
9	绝大多数学习者喜欢井然有序的学习环境。				
10	聪明的学生难管理。				
11	学生的天性就是学得越少越好。				

续表

		YES！	Yes	No	NO！
12	学生行为背后总有原因。				
13	"我从中学到什么？"是学习者对一门课程的合理疑问。				
14	总体而言，学习者不学习的责任在于教师、学校、课程或教学资源不足。				
15	若教师训练有素，则绝大多数学习者会学到最好程度。				
16	学习者的要求与教师不同，故师生永远不会在学习效率上达成共识。				
17	学得不好就应该严肃批评。				
18	若有必要，即使冒着暂时不受欢迎的风险，教师也应坚决反对。				
19	若教师帮助初次不听讲的学生，就怂恿他们注意力不集中。				
20	教师应千方百计鼓励自认为不喜欢学习的学生。				
21	我任教的学科需要天赋——不是学好，就是学不好。				
22	若学生不学习，就应威胁要惩罚他们。				
23	学生知道建设性批评有助于改进学习，故他们一般乐于接受。				
24	若给予成功机会，则学生会乐意学习。				

评分

根据你选择的答案，请在下表每个题号对应的分数画圈。例如，如果你对第1题回答"No"，就得3分；如果你对第5题回答"YES!"，就得－5分。

1. 所有正分相加，总分写到正分框。
2. 所有负分相加，总分写到负分框。
3. 正分总分与负分总分相加。例如，+75 － 25 = +50。
4. 阅读图表下方与最后得分相对应的研究结论。

	YES！	Yes	No	NO！		YES！	Yes	No	NO！
1	−3	0	3	5	13	5	3	−2	−3
2	5	3	−3	−5	14	5	5	−3	−3
3	5	5	−3	−5	15	−5	−5	2	5
4	−3	0	3	5	16	−3	−3	3	5
5	−5	3	3	3	17	−5	−2	3	5
6	5	2	−5	−5	18	5	3	−3	5
7	5	3	−3	−5	19	−5	−3	2	5

续表

	YES!	Yes	No	NO!		YES!	Yes	No	NO!
8	−3	0	0	0	20	5	3	−3	−5
9	5	2	−3	−5	21	−5	−3	3	5
10	−5	−3	3	5	22	−2	2	0	0
11	−5	−3	3	5	23	5	3	2	−2
12	5	3	−3	−5	24	3	5	−2	−3

正 分 ☐
负 分 ☐
总 分 ☐

−100 到 −40：你的态度会培养出这类学习者：完全按照你的要求去学习，不敢越雷池一步。请参阅第 5 章、第 6 章、第 7 章。

−39 到 0：你的态度会培养出这类学习者：几乎从不表露对学习的真正兴趣。请参阅第 5 章、第 6 章、第 7 章。

0 到 +40：你的态度会培养出一群普通学生：总体而言学得不错，许多学力强的学生对学习会产生一定兴趣和热情。

+41 到 +100：你的态度会培养出这类学生：刻苦学习，专心听讲，认为学习有乐趣、有收获。

如果你对自己的得分不满意，就重读"动机""表扬"和"批评"有关章节。

问卷背景资料

本问卷设计思路大致源自道格拉斯·麦格雷戈(Douglas McGregor)的专著《企业人性面》中有关各类管理风格的分析理论。

一般来说，教师对人性有两类不同假设。我们可分别称之为"X 理论"和"Y 理论"。

X 理论

- 普通学习者讨厌学习，只要有可能，就会逃避学习。
- 学习是艰辛的、不太有趣的。
- 因为学习基本缺乏趣味性，所以，只有强迫、指挥甚至以惩罚相威胁，绝大多数人才能学好。
- 普通学习者是被动的、胸无大志的，喜欢得到教师指导，而不愿主动学习。

Y 理论

- 在绝大多数学习环境里，学习者只发挥了部分潜能。

- 学习有收获、有趣味。学习可满足学习者的社会需要、自尊需要和自我需要。学习成功让学习者获得尊重和承认，从而满足他们的需要。
- 学生并不讨厌学习。懒惰、缺乏动机或抱负不是人的本性，而是对不理想学习条件的反应。
- 学习者能够做到一心一意去改进自我。

Y 理论不排斥目标设置，也不提倡低水平的学习。依据 Y 理论，要想做成功的教师，就必须借助于指向教学目标的活动来满足学习者的自尊需要。依据 X 理论，教师必须指挥和强迫学习者去完成这些学习活动。令人奇怪的是，两种理论都正确，都存在自我应验预言的倾向。X 理论教学会让学生厌倦、被动和失去学习动力；Y 理论教学会鼓舞人心，激励学生去自我改进。从某种程度上说，教师认为会发生什么就会收获什么。

当然，学生也有两种不同的教师理论。A 理论是指，教师只是为赚钱而教，往往讨厌学生和任教的学科。B 理论是指，教师对学生、学生的学习努力以及自己任教的学科感兴趣。如果一位持 Y 理论的教师遇上一位持 A 理论的班级，就需要花费一定时间才能营造一种有效的学习环境。

你是指导者还是促进者

谁应该控制学习，是教师还是学生？这是一个你必须回答的中心问题。随着环境的变化，绝大多数教师在"指导者"和"促进者"之间来回摇摆。

指导者

教师是控制者。制订指导计划并指导所有学生的活动，对学生需要完成的任务给予明确的、菜单式的指导。教师将注意焦点放在一大堆预设的知识和技能，重点关注"产品"，即，学生的学习作业应整洁无误。教师通过检查学生的理解情况来发现学习错误或遗漏，然后往往会重讲相应材料来帮助学生。教师负责评价和评估学生的学习。

首先这似乎自相矛盾，且因该法包办一切而备受责难。如果你帮得太多，就会培养学生的"习得性无助"和"习得性依赖"，学生会产生一种心理状态，他们认为自己完全依赖于教师才能学习，缺乏自我帮助的才能，无法独立克服困难。因而，学习者对自己的学习不负责任，从而成为第 5 章所述的被动学习者。他们按照教师的要求"走过场"，只学会了非常肤浅的知识。

例如，假设一位教师想让自己任教的班级去研究成人对失业的态度。她要求学生做一次调查活动，给学生提供菜单式指导、参考书目和学生在大街上必须使用的问卷。在这个案例里，尽管学生会了解"产品"——成人对失业的态度，但他们没有学会如何去计划、实施和评估自己的调查活动。

促进者

赋予学生更多学习控制权。即，采用问答式教学而不是讲授式教学。教师提问学生："成人对失业的态度是什么？"然后引导学生得出结论：他们必须进行一次问卷调查才能回答这个问题。

学生自己设计、实施和评估这次问卷调查。教师别将全部责任转移给学习者。教师要审核方案，质询方案，若有必要，还要提醒或指导学生确保自己的问卷调查有效。不过，教师要竭尽全力保证学生尽量自己做。如果学生寻求帮助，而教师又不能立即提供，就采用提问法慢慢引导学生自己去解决问题。

据此，学生不仅可以了解产品，即了解成人对失业的态度，而且学会加工技能，诸如如何开展一次问卷调查，如何监测和评估调查进展情况。自己设计调查问卷，学生就会对自己的工作更用心、更有兴趣。他们会产生一种"主人翁感"，因而在活动中很可能成为一位主动学习者。

鼓励学生自己设计调查问卷就是一个促进教学法的范例。教师不去控制学生的学习，而是由学生自己控制，进而学会自学。教师的角色是确保学生真正控制并负责，从而促进（帮助）学习过程。不过，如果学生确实需要帮助，教师就要义不容辞。

教师应把重点放在学习过程（学生如何学习），而不是一味地放在产品，并且视错误为一个学习机会而不是横加指责。

由于恐惧和缺乏自我信念，学习者经常无法取得最大学习进步。因而，营造一种支持性心理气氛就势在必行了。促进者应站在学习者的角度来思考（移情），尽力做到坦诚相待，而不是乱下断语。无论学生的学习成绩多么微不足道，教师都应给予支持，高度尊重他们本人。

只有不再害怕教师的批评，学生才能树立自我信念，才能敢于对自己的学习负责。

> 在研究管理风格时，学者比较分析了偏好分权与偏好控制的两类经理。有些经理不仅告诉下属做什么，而且告诉下属必须如何做。研究人员发现，这类控制型经理的下属往往缺少主动性，做事漫不经心，基本不去创造性地发现和解决问题。
>
> 然而，偏好分权经理的下属做事非常用心，工作充满了创造性和主动性。

> 学习者也不例外。只有让学生控制和负责自己的学习,他们才会有主动性和热情。

指导者—促进者统一体

教育学家和多数有效教师都决定支持促进教学法。不过,在"指导者"和"促进者"之间其实存在一个统一体,由师生共同控制学习,根据情境需要,绝大多数教师来回移动。

```
指导者:              师生共同控制              促进者:
教师控制                                      学习者控制
```

应该在统一体的哪个位置开始行动?学生应该控制和负责的教学或学习内容是什么?上图可帮助你弄清这个问题。

多数教师在"指导者"和"促进者"之间选择一个适合当前目的的教学风格。讲新课时,他们可能采用指导者教学风格;鼓励学生克服学习困难或复习迎考时,他们可能采用促进者教学风格。教学决策依据"目标适切性"而定。不过,研究人员一致认为,尽管极端指导者教学风格司空见惯,但并非有效。

成为一位促进者而非指导者与教学方法或技巧的运用基本无关,与态度和一系列价值观却密不可分。促进者主张,让学生更多地控制和负责个人学习具有下列优势:
- 鼓励主动学习和深度学习,反对被动学习和浅度学习;
- 培养自我管理和"学会学习"加工技能及展示学习产品的技能;
- 反对习得性无助和习得性依赖,鼓励形成自我信念、自立意识和自主性;
- 教师压力更少、乐趣更多,因尊重学生而得到了学生的尊重。

上述问题请参阅"课堂组织"(第 41 章)、"独立性学习"(第 31 章)和"自主性学习"(第 34 章)。

> **锻造你的个人教学风格**
>
> 绝大多数初任教师会犯下述两个错误:
> - 他们偏好"指导者"。
> - 他们用教师教自己的方法来教学生,即使并非最好教法或最适合于教学情境,他们仍然我行我素。
>
> 你会犯其中一个错误还是两个错误?如果确实如此,原因何在,你可以改变什么?

个人目标

你的教学想努力达到什么目标？这个问题实在不好回答，不过，一旦开始探究这个问题，你就会豁然开朗。当然，你希望自己的学生学习成功，但你也会有重要的个人目标，如来自学生的鼓励：

- 对你任教学科的好奇心和兴趣；
- 自信和自我信念；
- 批判性思维技能和独立思考；
- 移情和个人道德感；
- 创造力、自我表达和个人发展；
- 精神默契与发展；
- 欣赏与自己不同的民族及其文化；
- 理解环境或社会问题。

哪类个人目标会唤起你的忠诚并激励你？你还希望坚守哪些价值观？你可能需要一年左右时间才能弄清自己的个人目标，而且你可能需要用一生的时间去寻找实现它们的有效途径。不过，此类个人任务以及其他个人目标会鼓舞和指导你的教学，让你凭借教学去实现自己的个人价值，从而帮助你追寻工作的意义、奖赏以及提高教学有效性的路线。

作为教师，你必须实现别人为你设置的目标。你的学生必须学习合格，不得在课堂里挑起事端！尽管约束不少，但你仍有掌控的余地，仍可以努力做到有效教学与学习。

推荐读物

[1] N. 恩特威斯尔（Entwistle, N.）. 学习与教学风格. 戴维·富尔顿出版社，1993.

[2] D. 麦格雷戈（McGregor, D.）. 企业人性面. 麦格劳·希尔出版社，1985.

[3] T. 曼（Mann, T.）. 促进教学：艺术、科学、技能或三者俱备. 资源开发出版社，2007.

[4] P. 马丁内斯（Martinez, P.）. 大学如何改进. 英国学习与技能开发署网站.

[5] A.H. 马斯洛（Maslow, A.H.）. 动机与人格. 哈珀·柯林斯出版社，1987.

* [6] 卡尔·罗杰斯（Rogers, Carl）. 学习自由（第3版）. 培生教育出版社，1994.

* [7] B. 罗素（Russell, B.）. 伯特兰·罗素文集（第十卷）. 劳特利奇出版社，2009.

第二部分
教师工具包

导 言

为了明智地选择教学方法或学习策略，提高备课的针对性，给备课提供各类活动，教师必须知道：

- 可运用的教学方法是什么；
- 各类教学方法的优势和劣势是什么；
- 各类教学方法服务于什么目的；
- 在实践中如何运用各类教学方法。

以上为本部分的宗旨。

何为最佳教学方法？如果问一位木匠什么是他最好的工具，他的回答是根据需要来选择自己的工具，比如，打孔、拆卸螺丝钉、锯木各有各的工具。每种工具都有其用途，好木匠不仅知道如何使用每种工具，而且能判定哪种场合使用哪种工具最合适。教学方法恰如木匠的工具，同样按照目的适切性来选择。正如"备课"有关章节所述（参阅第四部分），教师应首先向学生阐明本节课的目的，然后再选择实现本节课目的的学习活动。

选择哪类教学方法以及如何使用，并不完全依赖于你的教学目的。你还必须充分考虑自己的学生、物理环境（包括教室及设备）和情绪氛围。上节课他们有点烦？你后来开展了大量小组学习活动？他们认为练习题单调乏味？上述因素必须一并考虑在内。你必须善于观察，并及时处理自己发现的问题。你还必须知道哪类方法在课堂试验中特别有效。

学生对各类教学方法的喜爱程度

风格	喜爱 %	讨厌 %	无所谓 %
小组讨论	80	4	17
游戏／模拟	80	2	17
戏剧	70	9	22
艺术作品	67	9	26
设计	63	4	33
实验	61	11	28
自选（允许选择）	61	4	33
计算机	59	22	20
情感探究	59	11	30
阅读英文著作	57	9	35
实践构想	52	9	37
实验室作业	50	11	37
图书馆研究	50	24	26
画图、制表等	46	15	37
手工艺品	43	17	39
实地考察	43	20	35
开放式作业	43	20	37
短文	41	11	48
制作产品	41	11	43
独立学习	41	26	33
发明	39	20	41
整理数据	37	20	43
移情	35	30	35
观察	30	13	57
工作表	28	17	52
阅读搜集信息	26	30	43
技术应用	24	26	46
最后期限	24	50	26
时间表	17	41	41
分析	17	35	46
理论	15	39	43
随笔	13	28	54
讲课	11	70	19

数据选自英国多塞特郡吉灵厄姆学校 M. 赫布迪奇对 11—18 岁学生的问卷调查结果。（1990 年）

学生爱好

学生喜爱的教学方法是什么？尽管这并非一个决定性因素，但绝对是一个关键性因素。一种教学方法看似普普通通，但能吸引学生 80% 的注意力，另一种教学方法貌似高明，但只能吸引学生 10% 的注意力，孰优孰劣，一目了然。

M. 赫布迪奇（M.Hebditch）用问卷调查了 11 – 18 岁的学生对各类教学方法的喜爱程度，学生答案汇总列表如上页。请先认真琢磨一下，再接着往下读：学生的相同爱好是什么？

学生喜欢行动：小组交流、制作物品、创造、做事。他们从内心不赞同被动教学方法，最讨厌老师"讲课"。所以，别再相信所谓学生本性懒惰、活动往往会分散他们注意力的传说了。总而言之，如果一种教学方法能让学生越来越主动、越来越投入，他们就会越来越喜爱它。

多数教师掌握一两种教学方法后，就一直坚持不变，这实在是一个错误。教学方法多样化，不仅可以提高学生的注意力和兴趣，而且可以让教师灵活处理自己随时遇到的各类具有挑战性、令人生气伤心的问题，还会帮助你应对教师角色不断变化的迫切需要，正如进化论一句名言，"适者生存"。

一些教学方法优于另外一些教学方法

教学正在经历一场革命，我希望你会参与其中。在过去的数十年里，研究人员检验了各类教学方法，他们邀请优秀教师将自己习惯的教学方法应用于"控制"组，同时再教一个平行的、几乎完全相同的"实验"组。两组的教学不差分毫，只是实验组讲课运用的教学方法有所区别。最后对两组学生进行测试，观察实验组是否学得好于控制组。一旦不同教师多次尝试运用同一种教学方法，就可以统计出其平均有效率，进而确定最佳运用方式。

有些教学方法能将学生考试成绩提高两个等级，还能将及格率提高 30% 以上。让许多人大跌眼镜的是，无论学生年龄大小或能力高低，无论学习什么学科，最佳教学方法都会产生神奇的效果。例如，自我评价不仅有助于小学生学习数学，而且有助于大学生学习英语。无论教学环境如何变化，一种教学方法的潜在有效性大致相同。

研究人员开展各类实验与尝试来测量什么对成绩的影响最大，其中约翰·哈蒂教授（John Hattie）当属世界级专家。他通过分析成千上万份研究报告发现，最成功的教学方法均具有三个特征：

1、**它们给学生设置具有挑战性的任务**：不是专门设置可以完成的任务，而是设置需要深度思维的活动。参阅第 1 章（重点放在布卢姆目标分类学）。

2、**学生与教师获得告知性反馈**：反馈这些任务什么方面做得好，需要改进什么。参阅第 43 章。

3、**任务属于建构主义类型**：比如说，要求学生构建与改进个人理解，而不是机械记忆。

下述教学方法在这些课堂试验中特别有效，其中部分来自哈蒂教授，部分来自罗伯特·马扎诺教授（Robert Marzano）。

- **互动式课堂教学**：运用"标准"（PAR：呈现－应用－复习）模式的主动学习，以及自信式提问和学生演示。参阅第 24 章以及"标准"模式。
- **反馈**：形成性评价，包括自我、同伴和模拟评价，参阅第 43 章。
- **组织图**：学生绘制并修改思维导图、流程图、维恩图、矩阵图或类似加工信息的视觉手段。
- **异同**：要求学生运用比较与对比方法去发现所学知识的相同点与不同点，如分数与百分数的相同点与不同点。
- **有效课堂管理与纪律**：确保学习不被扰乱、高效完成。参阅第 8 章、第 9 章，另外，请参阅《基于证据的实用教学法》的免费章节——课堂管理，可从 www.geoffpetty.com/evidence_based.htm 下载。
- **策略训练**：通过将策略训练融入教学，教学生"学会学习"、写作、思维和学习技能。参阅第 28 章。欲知详情，请参阅《基于证据的实用教学法》第 21 章、第 24 章。
- **决策卡片游戏**：参阅第 18 章。
- **假设检验**：借助于有挑战性的评估来创建一个论点：赞成和反对一个假设、政策等。例如，"克伦威尔是独裁者"或"电视是最佳广告媒介"一类假设。这是真正的评估。参阅第 38 章末。

在《基于证据的实用教学法》一书中，我详述了我们从这些课堂试验里可以学到什么以及其他证据。它是《当代教学实用指南》的续篇，旨在分析你以往的多数培训课程以及今后个人和专业的发展。

从学习风格到全脑学习

在过去数年里，学习风格的运用与理解已发生急剧变化。阅读本章会让你掌握绝大多数教师不知晓的最新信息——但尽量别表现得过分自命不凡！请阅读赫尔曼（Herrmann）学习风格图，以便弄清学习风格的概念。

以往，我们习惯于认为人人皆有自己偏好的学习风格，甚至认为人人都可以按照自己的独特方式来学习。由于每种学习风格都能够带领学生到达学习目的地，因而他们应选用最适合自己的学习风格。不过，学习风格并非通向同一目的地可以等效交换的路线。

相反，越来越多的人认为，各类学习风格皆适用于人类学习。我们可能发现运用一些学习风格比其他学习风格更得心应手，但我们可以运用所有学习风格进行学习。而且，运用不同风格学习同一主题会有助于学得更好，不应视学习风格为可以挑选的替代品。学习风格是不同的学习方式，它们之间互相补充、互相支持。如同建筑图纸的平面图、正面图和侧面图，它们都有助于我们理解。

我是视觉学习者，你别讲给我听

小姐，我是实用主义者……考试会考这个问题吗？

2004年，弗兰克·科菲尔德教授（Frank Coffield）及其同事公布了对70种学习风格系统历时两年的研究结论。这些系统描述了人与人之间的真正差异吗？它们设计的问卷有信度吗？他们试图从中寻找确凿证据，然而，在绝大多数系统里却一无所获。其中包括在各级各类学校应用数年的系统，诸如视觉、听觉和动觉学习风格，霍尼（Honey）和芒福德（Mumford）的"反思者、理论者、实用者、行动者"，邓恩（Dunn）等人的"感官输入偏好"以及其他许多学习风格。

不过，科菲尔德发现，有些可靠证据还是能证明确实存在着学习风格。如下所述，它们均属于"全脑"学习法，而不是陈旧的"类型与匹配"法。

- **全脑学习**：尽管存在着不同思维方式和不同偏好，但我们皆可用之。如果体验全部学习风格，我们就会将某项主题学得最好，就会最大限度地享受学习。
- **类型与匹配**（陈旧的方法）：我们偏好不同的学习风格，如果教师运用学生偏好的学习风格来教学，他们就会学得最好。因而，教师需要发现学生的学习风格或类型，然后与他们的教学相匹配。例如，可以想象有两名学生：约翰喜欢语言解释形式，而吉尔则喜欢视觉解释形式。如果教师同时运用两种学习风格来教学，即使这些偏好确实存在，他们也会学得最好（邓恩等人（Dunn），1989 年）。2003 年，克莱因（Klein）也引用了一项研究结论，如果教师运用所有学习风格来教学，就会促进学生理解与回忆。如果一对一教一名学生，你可先根据学生的偏好来教学，因为这可能有助于学习，不过，也要运用其他学习风格。打个比方，即使一只眼睛的视力高于另一只，也完全没有必要给视力差的那只眼睛戴上眼罩啊！或者说，喜欢平面图并不意味着一定要忽视侧面图。

> 必须给学生提供各类学习风格并允许他们选择，而不是采用优势的学习风格来教每一名学生。道理很简单，人类大脑是一台多重加工器。它往往可以同时运用多种形式来学习。
>
> ——埃里克·詹森（Eric Jensen）（脑研究专家）《超级教学》

有些教师仍然固执地坚持这个错误观念：每种"学习风格"可以独立存在，你的偏好也不变化，因而每种学习风格皆可作为通向同一学习目标的道路。改变需要时间，不过，如果我们用心观察，就会发现"全脑学习"和"多重表述"在未来几年将会成为一种发展趋势。

多重表述

表述概念的方式越多，学生理解得越深刻。所以，有时不理解一个深奥的概念我们就会说"你能换一种方式解释吗"。如果学生理解不了百分率，只要他们以不同方式来体验，就会从中受益。例如，借助饼形图的视觉表征，"30% 相当于 30 便士与 1 英镑的关系"的类比，使用代币的实践活动，具体事例，不用数学语言来解释概念，等等。这可以被称为"多重表述"。绝大多数学生往往不能充分理解形式化定义、抽象解释以及公式。

不同体验让学习者在大脑不同部位运用不同方式来表述"百分率"这个概念，而且有助于在"百分率"已知概念与新概念之间建立联结，对理解新概念大有裨益。例如，将便士和英镑与百分率相联系。

> **数学教学的多重表述**
>
> 英国伯克郡数学教学法由马赫什·夏尔马教授（Mahesh Sharma）开发，至少运用了六种表述方式。
> - 精心设计每个新概念，确保传授的新知识是学生已有知识的延伸；
> - 运用具体模型，如奎西奈尔彩色棒（Cuisenaire rods）或英维克塔平衡

> 工具包（Invicta Balance）；
> - 运用图片，如草图或示意图；
> - 再运用通常的抽象形式来表达数学概念，如 3+4 = 7；
> - 然后要求学生运用新学知识来编写一个数字故事，如"我有三个苹果，然后发现树下还有四个苹果，我总共有七个苹果"；
> - 最后要求学生解释自己使用的策略，如"3+3 = 6，我知道 3+4 多一个，所以 3+4 = 7"。(www.berkshiremathematics.com)

《基于证据的实用教学法》里列举了许多类似教学法。

学习风格新教法

别抛弃学习风格的观念。在教一项主题时，如果你想让学生运用全部或多数学习风格，你的教学就要做到：

- 多样化和趣味化；
- 提供"多重表述"；
- 无论学生偏好什么学习风格，都要让他们有所收益；
- 培养学生不同的技能。

最适合学生的教学方法因人而异，只有活动多样化，你才能至少在某段时间里充分利用每名学生的相对优势与偏好。如果你总是在学生做完练习题后讲解，那么通过视觉表征、创造性作业和小组讨论等方式学得好的学生就无法发挥他们的潜能。有些教师几乎完全按照当年教师教自己的方式来教学生，或者按照自己喜欢的学习方式来教学生，这不可能适合所有学生。

如果确实要使用学习风格问卷，就请记住科菲尔德所证实的研究结论：它们很可能没有信度或效度。尽管如此，他仍然认为，学生还可能从反思自己喜欢如何学习中获益，不过，你要鼓励他们利用个人优势、尽力尝试自己不擅长的学习风格。

科菲尔德对学习风格研究的综述结论非常严谨和权威。依他之见，第1章所述的浅度学习与深度学习、赫尔曼的全脑模式效果显著，我认为对教师帮助不大的其他几类方法同样如此。它们通常为下述"右脑"和"左脑"模式的改良版。

世界上不存在完美的学习风格系统，不过，每种风格皆可帮助我们观察如何运用多种方式来解释，每种风格均要求我们运用各类教学方法。下面将解释科菲尔德发现的最佳模式，然后再探讨各级各类学校仍然沿用的一些学习系统。我先探讨"右脑"与"左脑"模式。科菲尔德的研究报告指出，没有证据支持人类始终偏好左脑或右脑思维。课堂试验也发现，如果左脑与右脑思维都运用过，我们就会学得最好。

右脑与左脑思维

请观察下页的右脑和左脑学习图。大脑运用语言形式来思维,而且,一旦理解某事,就可以运用词语来表达,这可以说是一个值得玩味的"常识"观。

不过,我们经常能在瞬间解决一个问题,然后艰难地、结结巴巴地表达自己的推论。我们也可能知道一个单词的意思,却无法用多个单词来表达自己的想法。怎么回事?

运用语言来思维,遵循逻辑顺序,一次做一项任务,称之为"左脑"思维。但人人都有一个右脑,它运用非言语形式来思维。右脑从整体看事物(整体性),右脑理解属于非言语风格、视觉风格或即时"恍然大悟"风格。(严格地说,若根据解剖学理论来判定,"右脑"和"左脑"描述是错误的,但大脑运用语言和非言语形式来思维却是没有争议的。)

当然,我们都能运用大脑两半球来思维,你的学生也不例外!尽管做自己无优势的活动可能需要别人帮助,但是,如果运用全脑而不只是右脑或左脑,我们就会学得更好。例如,有些学生不会排序或不会读思维导图,因而就需要给他们示范如何做。

右脑与左脑学习

英国的罗斯·库珀(Ross Cooper)博士研发了一个"学习风格交互式计算机程序",该系统可以给学生提供如何改进学习的个性化建议。学生经常发现该程序生动有趣且对自己有所帮助。库珀建议教师同时采用左右脑教学策略。他认为,多数"学习障碍"实际上是教学障碍。例如,如果完全采用言语和顺序教学方法,右脑偏好学习者就会出现"学习障碍"。

我们都同时需要右脑与左脑理解,因而,优秀教师会给学生提供运用右脑和左脑思维的机会。

左脑和右脑教学策略

我们主要运用语言来教学,先将学习主题分解成具有逻辑关系的小单元,然后每次教一个小单元。这完全属于左脑教学方法。如果我们同时运用右脑教学方法,就很少有学生会遇到学习障碍,就会对所有学生有利。究其原因在于,所有学生都会运用自己的左右脑来学习。

不过,我们如何才能充分运用右脑教学策略?请参阅下述组织图以及第32章右脑、视觉和动觉教学策略。

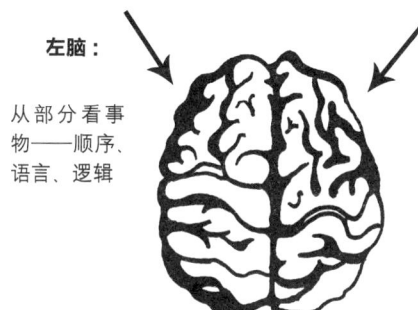

左脑：
从部分看事物——顺序、语言、逻辑

右脑：
从整体看事物——空间、音乐、形象

左脑学习者

（言语顺序，或序列学习者）

偏好运用顺序的形式、按照逻辑次序来学习。喜欢条理分明，一次只做一件事。

喜欢将事物分类并分别考虑。擅长演绎思维，例如运用因果关系推理。

愿意关注细节而不是构思新观点。

左脑学习者至少在英国普通中等教育证书课程考试中成绩优秀，因为该考试以考查语言为主。

不过，运用右脑思维的能力对3级以及以上考试得高分至关重要。

左脑学习者喜欢：

- 循序渐进方式
- 由部分到整体
- 集中学习一点
- 按次序分别处理
- 规则和结构
- 逻辑而不是直觉
- 事实而不是个人经验

右脑学习者

（视觉整体学习者）

偏好从整体看事物，即了解"全貌"。需要明白所学知识的意义、关联性和目的。

关注相似性、模式以及与已有知识的联系。喜欢"感觉"一个学习主题，并试图了解全貌。偏好跟着直觉走，而不是认真弄懂所学知识。运用水平思维或发散性思维。

灵活，愿意构思幻想的、创造性的观点，而不愿构思系统的、条理的观点。

除非学习任务太难，否则就会偏好边听音乐边学习；与同伴一起学习时喜欢随意坐着，而不是正襟危坐。

多数诵读困难学生右脑优势特别突出。

右脑学习者喜欢：

- 观察全貌的着眼点在真正的意义与目的
- 从全貌到细节
- 运用特殊的、个性化的和直觉的方式去探究
- 跳跃性思维
- 回避规则、结构和细节
- 在学习主题与可视化模式之间建立联结和关系

思想者—理性自我 （男性偏好）	创新者—实验性自我
喜欢：逻辑的、理性的、数学相关的活动 （**不喜欢**：情绪的、精神的、音乐的、艺术的、阅读的、工艺美术的、内省的或情感的活动） **学习经由**： 获取与量化事实 应用分析与逻辑 利用观念思维 搜集论据 形成理论 **学习者响应**： 正式讲课 包含数据的内容 金融或技术案例讨论 教材与参考书目 程序化学习 行为改变 等级	**喜欢**：创新的、概念化的、创造的、想象的、新颖的、艺术的活动 （**不喜欢**：控制性的、保守的活动） **学习经由**： 原创 探索潜在可能性 依赖直观性 自我发现 构建概念 综合内容 **学习者响应**： 自觉 自由流动 实验机会 实验与探究 游戏 面向未来的案例讨论 创建视觉展示信息 个别化 美学 参与 等级
组织者——保护性自我	人本主义者—感性自我 （女性偏好）
喜欢：规则、计划、管理、组织、可靠性、细节、低水平的不确定性 （**不喜欢**：整体思维、概念化、综合、创造或创新） **学习经由**： 整理与组织内容 给内容排序 评估与检验理论 通过实践获得技能 应用课程内容 **学习者响应**： 全面计划 先后顺序 组织性与管理性案例 讨论 教材 行为改变 程序化学习 结构 讲稿 等级	**喜欢**：人际的、语言的、以人为导向的、情绪的、音乐的活动 （**不喜欢**：分析的、技术的、逻辑的、数学的活动） **学习经由**： 倾听与分享观点 经验与自我相结合 运动与触摸 与内容相一致 情绪卷入 **学习者响应**： 实验机会 感官运动 音乐 以人为导向的案例讨论 小组讨论 拼图游戏一类小组互动 移情与角色扮演 反思 等级

赫尔曼全脑模式：人人都会偏好两种风格，但四种风格会全部使用

其实，我们经常需要同时运用左、右脑教学策略。例如，教师可能运用言语进行详细解释，循序渐进地分析一些复杂关系，这需要学生运用"左脑"。不过，教师也可能提供一个示意图，省略细节以加深理解，示意图只包括要点及其相互关系，这需要学生运用右脑。该示意图与言语解释各有千秋。它同时或"整体"

地展示主题，组织信息，从而帮助学习者理解和记忆。

单独运用言语解释或单独运用示意图的教学效果都不如两者并用。右脑和左脑教学方法不是互相代替，而是互相补充。我们将再探讨这种教学方法（参阅"学习风格分析"）。

赫尔曼全脑模式

赫尔曼发现，人人都会偏好上页图四种风格中的两种。不过，因为我们都需要学会运用四种风格来学习，所以不应对学生形成刻板印象。科菲尔德的研究结果肯定了赫尔曼模式，其实，人人都始终偏好两种风格。不过，赫尔曼还发现，我们乐于挑战自己的弱势，运用其他风格去学习并从中获益。当然，在某些情况里，需要有人教我们如何做。全脑教学包括运用四种风格教任何一项重要主题。

根据个人教学偏好，给 1 - 4 种风格评级。然后提问自己如何才能成为一名注重全脑教学的教师，同等地运用全部风格。欲详细了解全脑教学，请参阅《基于证据的实用教学法》。

其他学习风格系统

下述学习风格司空见惯，不过，如果要求学生填答有关这些风格的问卷，你就别在意统计结果。在两个不同时间里填答的同一问卷经常会出现两种不同结果，因而，别根据它们对学生形成刻板印象。

赫尔曼的学习风格系统卓尔不群，既具有稳定统计结果，又给教师提供了详细建议。不过，下述学习风格系统能帮助你变换个人教学方式，你也可能发现自己所在学校正在运用，或者发现教师培训大纲包含这些系统。

视觉、听觉和动觉（VAK）学习风格

"视觉、听觉和动觉"系统（VAK）建议教师运用三种教学方法。你可以运用下述方式去陈述观点：

- **视觉方法**：如，运用组织图（graphic organizers）、录像、演示等。
- **听觉方法**：教师运用讲解、讨论等。
- **动觉或触觉方法**（不常用）：学生借助于行动来理解概念；他们在现实世界里亲自制作或做实物，或者亲自体验模拟实物。学生在教室里四处走动往往被视为活动的环节。

第 32 章 "右脑视觉和动觉法" 探讨了运用视觉和动觉学习的教学法。

在学习重要概念或主题时，"多感官学习"法建议学习者逐一体验三种方法。多感官学习观与小学教育的"蒙台梭利（Montessori）教学法"关联，应用多感官学习法，诵读困难学生的教学也能取得成功。

神经语言程式学（NLP）、"加速学习"法也应用了"多感官学习"，但一般会建议你采用科菲尔德反对的"类型与匹配"策略。

请记住，我们并非始终偏好一种风格，而是受益于体验全部风格。不过，如果某天你询问学生他们偏好什么风格，就会获取一些意外的结果。保罗·金尼斯（Paul Ginnis）在专著《教师工具包》里引述了一项 5000 余名小学生参与的学习风格偏好问卷调查研究结论：29% 的学习者有视觉学习优势；34% 的学习者有听觉学习优势；37% 的学习者有动觉学习优势。

科尔布（Kolb）学习循环与学习风格

1992 年，霍尼和芒福德根据科尔布学习循环创立了学习风格学说（科尔布学习循环参见下图）。该学说认为，为了学习，比如说为了学习如何计算百分数或学习如何剥鱼皮，我们就动手做，复习以前如何做，通过复习长见识，然后将见识应用于下次动手实践，周而复始，循环往复。

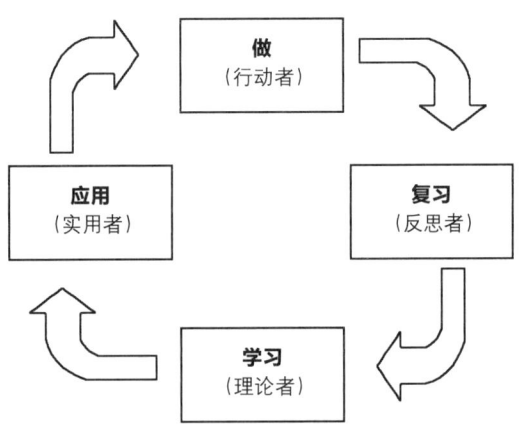

科尔布学习循环示意图

第 31 章将详述科尔布学习循环。霍尼和芒福德指出，该循环每个阶段都需要我们运用不同风格去学习，包括行动者、反思者、理论者和实用者。科菲尔德发现，没有一人会始终偏好某种学习风格，因而，我们仍需要运用全部学习风格，最好按照下面有意义的顺序来使用。

霍尼与芒福德设计了一套学习风格教学法，旨在促进学习，而不是对学生形成刻板印象，他们认为，所有学习者都应运用个人不擅长的学习风格来改进学习。

> 通过汇总分析商业和管理领域成年专业人士的数据,霍尼和芒福德得出了如下结论:
>
> ● 约 2% 为"全才",如,会充分运用任何一种学习风格;
> ● 约 70% 只会运用一种或两种学习风格。
>
> 在英国《卫报》发表的一篇文章里,他们简要介绍了(下院)议员、内阁大臣杰克·斯特劳(Jack Straw)的学习风格,他是一位不折不扣的行动者和实用者,又是一位稳健的反思者和理论者。彼得·普雷斯顿(Peter Preston)时任《卫报》编辑,是一位十足的行动者,但与实用者、反思者和理论者无缘。
>
> 霍华德·加德纳(Howard Gardner)提出,人至少拥有八项智能,且人与人之间的每项智能水平各不相同。目前学校教育的着眼点只放在第 1 项和第 3 项智能。
>
> 1. **语言智能**:运用口头和书面语言的技能。
> 2. **音乐智能**:运用音乐和节奏的技能。
> 3. **逻辑-数理智能**:数学与科学领域运用数字与逻辑的技能。
> 4. **空间智能**:识读地图和图表的能力、三维空间思维能力。
> 5. **身体-运动智能**:运动和操作技能。
> 6. **人际智能**:移情或与别人沟通的能力,与别人密切合作的能力,等等。
> 7. **自省智能**:自我意识,调节个人思维的能力。
> 8. **自然观察者智能**:与自然世界相关的意识和能力。
>
> 这种教学法已遭到科菲尔德的批评,还遭到其他专家的批评,他们认为,智能并非固定不变,而是可以习得的。参阅第 45 章以及克莱因 2003 年的研究结论。
>
> 若有兴趣,可在因特网搜寻:加德纳—多元智能(Gardner - multiple intelligences)

科尔布认为,优质学习要求我们按照循环依次推进,并在相应时间里运用所有学习风格。如果你按照科尔布学习循环来备课,就经常需要合理组织知识并包含所有学习风格。下面将探讨几个教案组织实例。尽管它们并非一直完全执行该循环,但仍会包含所有学习风格。每种学习风格用首写字母来代表:

案例研究（以行动者为主）

给学生提供一个研究案例 (p) → 要求学生分析、评论、解释和评估该案例 (r) → 要求学生总结一些好习惯的普遍原则 (t) → 要求学生对该案例提出改进建议 (p)

问题解决（以行动者为主）

给学生一个问题或设计任务，如撰写一份营销方案 (p) → 在小组里，学生提出各自的解决办法或设计方案 (p/a) → 学生互相评估对方的解决办法 (r) → 教师提问："这里的重要原则是什么？""我们学会了什么？"(t)

实践操作或学生练习（以行动者为主）

教师演示一项实践的、智力的或社会技能 (p/r) → 学生练习该技能 (p/a) → 学生自评和互评学习结果和方法 (r) → 学生行动计划如何改进个人技能 (p) 并证明之 (t)

引导发现式学习（以理论者和行动者为主）

提问小组："你们的理论是什么？"如"小组有效合作的因素是什么？" → 小组讨论并达成共识 (a/r/t) → 小组分别向全班陈述各自的答案并在全班达成共识 (a/r) → 教师修正全班的答案并解释自己增加和删减的内容 (t)

录像（以理论者和行动者为主）

教师提问，学生通过观看录像来回答 (p/t)（依问题而定） → 学生观看录像并尝试回答问题 (a/r/t) → 全班共同比较各自的答案 (a/r) → 教师修正全班的答案并解释自己增加和删减的内容 (t)

（反思者 (reflector) 用 [r] 来代表，理论者 (theorist) 用 [t] 来代表，实用者 (pragmatist) 用 [p] 来代表，行动者 (activist) 用 [a] 来代表。）

运用称尔布学习循环的行动计划

学习风格分析

分析一个主题的方法有两种：左脑—原子论法、右脑—整体论法。我们需要运用两种学习风格，但多数教师与学生仅仅运用左脑—原子论法。完全理解离不开原子论法与整体论法。

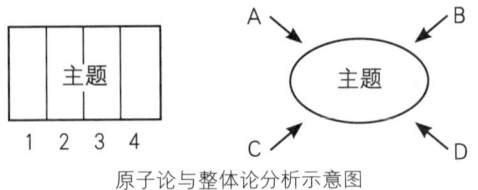

原子论与整体论分析示意图

原子论与整体论分析

原子论分析或部分分析：你可以将主题分解为多个独立模块，然后逐一观察，包括观察一系列历史事件。

例如：

- 从风疹、腮腺炎、百日咳等视角来观察儿童疾病；
- 将一项科学实验分解为一连串任务；
- 将小说里的故事或一个历史事件分解为一系列事件来描述"发生了什么"。

对一件事物的部分分析方法往往不止一种。例如，一部戏剧可以按照一系列事件（情节）或一连串角色来分析。

整体分析——全景分析：你可以从不同视角来观察一个整体，包括不同人的观点或不同标准、原因、因素、议题、主题等。

例如：

- 从免疫、公共卫生视角来分析全部儿童疾病；
- 从不同主题或论题的视角来鉴赏一部戏剧、一篇小说或一首诗，或者换成影响力或语言等的视角；
- 从信度、效度或方法改进等视角来观察一项科学实验，或者换成"我学会什么"或科学历史观等的视角；
- 从政治、经济、宗教与社会视角来分析一个历史事件。

原子论分析或部分分析经常会带来教师所贬称的"描述性"学习。一旦学生"分析了"所有部分，他们往往以为自己已经"大功告成"，因而就停止不学了。如果教他们学会全景法与部分法分析，就会大幅度改进学习质量。

> 约翰·比格斯教授（John Biggs）通过研究高分与低分作业的特点，提出了可观测学习结果结构分类学（SOLO taxonomy）。他认为，充分运用（右脑）关系性思维是优异学业成绩的特征。学生只有看到一个学科的全貌、模式和联结，才能取得优异的学习成绩。这需要平衡的，或右脑，教学方法，也肯定需要"全景"法。

单独运用原子论分析是一个常见错误，还容易误导学生无视所学主题及其意义、目的或与其他主题的联系。即，他们"只见树木不见森林"。

学生在运用全景法时，你要教他们克服下述不足：

- 不清楚什么是最有用、最能揭示本质的全景；
- 不知道全景的一个视角无法提供全部答案，不知道全景的一个视角可能因过

分迷人而导致我们无视其他视角:"一叶障目,不见泰山";
- 不懂自己必须比较不同视角。

组织图可能有助于学生运用原子论与整体论分析法,所以,我们现在开始探讨。它们几乎可以与任何一种教学方法合用。

组织图(graphic organisers)

如果运用图形来组织信息,就是创建"组织图"。其中包括流程图、时间轴或思维导图。如果想心中有数,不妨观察下面一些图形。佩蒂在课堂实验中发现,如果要求学生创建组织图并在反馈后修改,学习成绩就会比教师运用最佳传统教学方法时提高近两个等级。组织图大概会促进学习,究其原因在于,它们推动学生捕捉关键点、见微知著、理解材料内在的重要关系,进而形成个人见解。本章只是简要介绍,一旦你心中有数,就请详细参阅 2009 年佩蒂的研究、2008 年卡维格莱利(Caviglioli)与哈里斯(Harris)的研究。

注意:A3 纸是 A4 纸的两倍,它能给学生提供更多空间来绘制复杂的组织图。A3 纸可以对折,因而可以打孔并放进 A4 活页文件夹。

组织图可用于描述、比较或展示过程、原因与结果。它们也有助于创造性和评估性思维以及创作构思。图形与图表也属于组织图,但由于大家耳熟能详,这里就不再赘述了。上文所述"全景"包含一些组织图。

为任务选择合适的组织图至关重要。如果你要比较,就运用比较表而不是描述表!组织图适用于任何年龄或能力,适合任何学科领域。

描述性组织图

你可运用一种以上组织图来描述某个主题;其实,你可运用所有组织图。如果学生要比较或评估,先运用一种组织图往往可能有助于描述。

维恩图:对概念理解非常有效。例如,假设你要教年轻学习者"爬行动物"这个概念。如下图所示,先讲解基本知识,再要求学生将各类项目分放爬行动物圈内或圈外:

圈内放入:	圈外放入:
●爬行动物标本	●非标本
●爬行动物正确解释	●错误解释
●爬行动物准确图表	●不准确图表
●爬行动物典型特征	●非典型特征
●爬行动物试题	……
……	

维恩图"圈外"的目的在于确定概念的边界，进而澄清常见的错误概念。例如，多数学生误以为青蛙是爬行动物，可它皮肤黏滑。因而，"青蛙"和"皮肤黏滑"有助于学生绘制维恩图。

如同所有组织图，维恩图适用于任何学业水平。你可运用它们来确立"红色""二次方程""康德伦理学"的概念。下面我们会发现，如同所有"描述性"组织图，维恩图适用于比较两个以上概念。

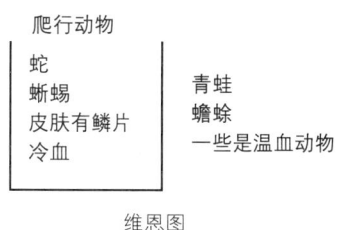
维恩图

原子思维导图：运用视觉形式将一个主题分解为部分，然后将部分进一步分解。

树状图：属于原子思维导图，可用于描述一个层次。例如，一个组织层次或概念层次。

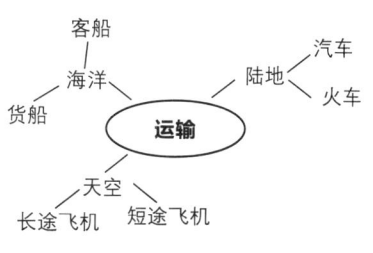
原子思维导图

整体思维导图：如前所述，你可依据不同观点或从不同视角来观察整个主题，而不是将它分解。每个视角便是思维导图新长出的不同"手臂"。

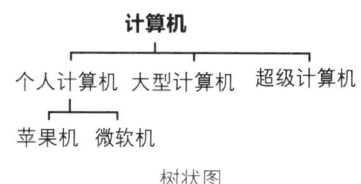
树状图

描述表：适用于学习一个描述性主题时做笔记。如"乡村巡回护士的角色"。通常使用 A3 纸。一项原子论分析将角色（主题）分解为 1、2、3 等，如术后护理、糖尿病护理。

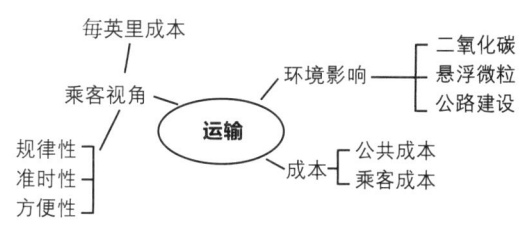
整体思维导图

整体分析是从 A、B、C 等不同重要视角来观察角色（主题），可能包括内科医生和外科医生的观点以及经济观点，学生在表里相应位置写入重点句。详见第 28 章。

> 组织图可运用文字处理软件或天才思维导图软件（MindGenius®）一类专用程序。

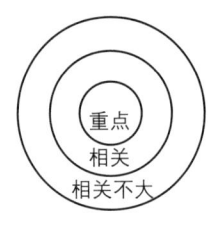

描述表　　　　　　　　　靶形图　　　　　　　　比较表

靶形图可用于优先排序。例如，给一首诗的特点排序。

比较性组织图

这类组织图适用于下述主题：

- **比较与对比**：如，病毒性与细菌性感染；烷烃与烯烃。
- **有无**：如，计算机如何辅助清点存货？
- **前后**：如，俄国革命对农民生活产生了什么影响？

上述描述性思维导图与维恩图可合并使用来比较两个以上概念。有时，可帮助学生先用组织图描述事物再进行比较。

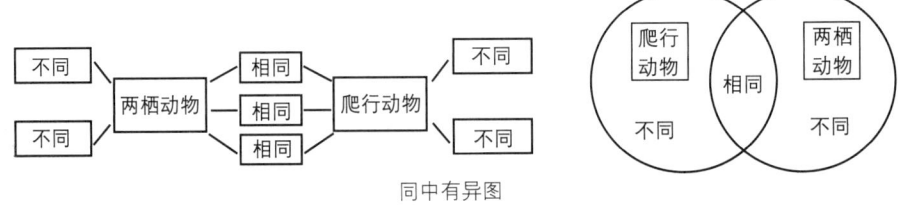

同中有异图

在一个描述表中间自上而下画一条线就变成了比较表，有时只有"全景"而没有"部分"。学生发现使用这些表具有挑战性，因而先用于熟悉的材料，或许可作为一项复习手段。或者，将已学知识与正在学习的知识进行比较。

无论是否评价都要求学生进行比较，对学生而言，这样可以充分阐述一个概念，从而帮助他们准确理解。

比较表当然可以比较两件以上事情。例如，你可以根据价格、速度、颜色、进纸方式等标准来比较多款不同类型打印机。因为标准相同，所以比较是公正而严格的。

	开支	速度	其他
电子邮件			
传真			
手机短信			
电话留言			

用于两个以上事物的比较表

展示过程、原因与结果的组织图

适用于描述"发生什么"和"为什么发生":他们正在如何清点存货?克里米亚战争引起的主要变化是什么?

流程图可以展示一个过程或程序,诸如如何提炼矿石,如何筹划和实施选举。它们当然可以展示水文循环一类周期。流程图还可以呈现一个论点的结构,如一项社会政策的合理性。绘制流程图是一项非常有价值的学生活动。

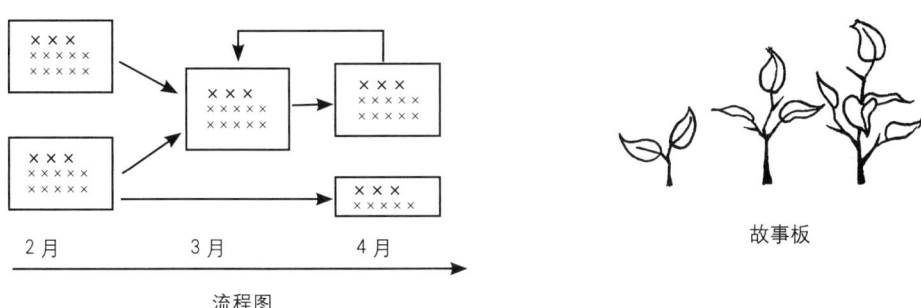

流程图　　　　　　　　　　　　　故事板

事件原因可能有一个以上!例如,有人认为,克里米亚战争导致了俄国通货膨胀,但通货膨胀还存在其他原因,因而应呈现于流程图。

一个时间轴(大事年表)可以展示时间的变化,当然图形和图表也具有这种功能。一个"故事板"是一系列展示时间变化的图像。有时,可以使用多个组织图来展示同一时间轴。

> 组织图是写作构思的最佳方式(参阅第28章)。

如何使用组织图

下面将介绍许多其他用法,但组织图最好用于组织学生头脑里的信息。如在完成家庭作业或指定作业时,如果学生能自己独立绘制或在课堂上小组合作绘制组织图,就会取得最佳学习效果。下面介绍几种使用方法:

1. 以自己惯常的方式给学生呈现新材料。
2. 要求学生绘制一个合适的组织图来概括主题或回答有关问题。你可以指定组织图类型或放手让他们自己选择最合适的组织图。
3. 一旦组织图接近完成,就要求学生摆放到课桌上面,然后四处走动互相观摩,旨在学习如何修改自己的组织图。
4. 学生修改自己的组织图。
5. 学生自我评价或互相评价对方绘制的组织图。给他们展示你的样图,或提供一些评价标准。

你可以运用电子方式来绘制组织图。

其他组织图使用方式包括：

- 先概括一个班级对某项主题的已有知识，再教新知识。
- 概述学生将要学习什么，即呈现"先行组织者"。上课时，学生可以添加自己的注释。
- 学生绘制一张活动挂图尺寸的组织图，可以张贴到教室告示栏里备用。
- 如"决策卡片游戏"所述，它们也可作为分类卡片游戏的依据。例如，"干性皮肤"或"产卵数百个"等可以放入爬行动物与两栖动物比较组织图的"相同"和"不同"方框——特别适用于交互式电子白板。
- 各小组可以运用组织图记录并向全班报告本组的研究结论。
- 还适用于微软电子文稿演示软件与电子白板陈述、展示等。

> **案例研究**
>
> 下面是向学生展示如何运用组织图构思文章的一种有效方式。
>
> 在学习互联网购物对英国零售业的影响时，一位教师向学生推荐了一种描述表，要求学生用于记笔记。
>
> - 学完这个主题后，学生三人一组来填写一张 A3 纸大小的描述表，先确定互联网购物网站、付款方式等要素，然后确认顾客和零售商的观点、对商业大街的影响。
> - 然后他们按照顺序写下结论以及用于汇报的笔记。
> - 在学生开展小组合作学习期间，教师逐一巡视各组；上课快结束之际，每个小组只展示其描述表的一项内容。
> - 教师"搭桥"："你们刚刚构思了一篇论文——你们是如何构思的？为什么这样构思？还有哪些地方我们可以运用描述表？"
>
> 绘制描述表属于课堂教学的一项有效活动，同时也为学生提供了一份最有用的笔记。不过，这属于双层课程，即，同时教互联网购物与论文写作。（第38章详述了双层课程，第28章探讨了写作构思。）

只有边自言自语边在白板上演示，才能教学生学会如何绘制组织图，尤其是教比较表一类复杂的组织图更要如此。

有些学生最初可能不愿做，你要告诉他们，研究表明，组织图对每个人都会有帮助，然后要求他们不妨尝试一下。数周后，绝大多数人对组织图的价值会深信不疑。如果仍然半信半疑，就要求他们运用与上述组织图相同的结构，不过，只是使用明确标题来填写而已。

方法越多，技能越多，乐趣越多

不同的教学方法可以培养学习者不同的技能。作业单要求学生认真培养自己的阅读技能、注意细节的技能；设计作业可培养他们的创造才能；教师讲授可培养学生专心听讲的技能；小组合作学习可培养学生的讨论技能、说服技能以及与别人合作的技能；独立学习可培养学会如何学习的技能；诸如此类，不一而足。这些"加工技能"可能并非你课程的正式内容，但它们不可或缺。从长远计，对多数学生来说，它们可能比你教的学科专门知识和技能更重要，并不是每位学习科学的学生都会成为科学家。归根结底，这些高级技能不仅与评价成功息息相关，而且会让学科变得趣味盎然。

教学方法多样性让教师的工作变得充满刺激和乐趣。只会运用单一教学方法的教师既让自己厌教又让学生厌学。一旦打算尝试一种新教学方法，就请你最好采纳阿诺德·巴克斯（Arnold Bax）爵士的建议："除了乱伦和民间舞蹈外，你可以尝试一切。"教学也概莫能外，为了寻找能满足你教学需要的教学方法，每种教学方法都最好尝试三次，然后再据此去学习、调整、改进。一次可能是意外，两次可能是巧合，但三次可就看起来有模有样了。

尽量尝试各类教学方法，不同课用不同教法。大胆尝试，正如第 31 章"体验学习"所言，只有冒险尝试，才能发现适合自己教学目的的教学方法。

即使一开始你发现教学方法差强人意，或者，即使最初发现学生不愿变换口味，也别担心。不断练习，你很快就会游刃有余。请记住，在学会教学的过程中，如果你还没有经历偶然的惨败，就说明你还需要去努力尝试。

推荐读物

[1] P. 比德尔（Beadle，P.）. 如何教学. 皇冠书屋出版社，2010.

[2] J. 比格斯（Biggs，J.）. 学生学习与研究方法. 澳大利亚教育研究理事会，1987.

[3] J.D. 布兰斯福德（Bransford，J.D.），等. 人类如何学习：脑、心理、实验与学校. 美国国立研究理事会，2000.（概述了大量美国政府委托研究的有关成果）

[4] T. 巴赞（Buzan，T.）. 思维导图卷. 英国广播公司丛书出版社，2003.

[5] O. 卡维格莱利（Caviglioli，O.），I. 哈里斯（Harris，I.）. 视觉工具智慧导航. 建

模学习出版社，2008．(modellearning.com)

[6] R．克拉克．基于证据的训练方法．美国培训与发展协会出版社，2010．

[7] F．科菲尔德（Coffield，F.）．坏教育：戳穿教育的神话．开放大学出版社，2012．

[8] F．科菲尔德，等．16岁后学生的学习风格与教学：系统性和批判性研究综述．2004．（免费下载网址：www.Isrc.ac.uk/publications）

[9] 我们应该运用学习风格吗？研究对实践的意义．2004．（下载网址：www.Isrc.ac.uk/publications）

[10] R．库珀．学习风格与教工发展．教工发展学会杂志，1997（37）：38－46．

[11] R．邓恩（Dunn，R.），等．学习风格调查研究．教育领导，1989（46）．

[12] E．詹森（Jensen，E.）．超级教学：1000余种实用策略．科温出版社，2009．

[13] P.D．克莱因（Klein，P.D.）．认知资源与课程表述的多样化与再思考："学习风格"与"多元智能"的抉择．课程研究杂志，2003，35（1）：45－81．

[14] C．基里亚库（Kyriacou，C.）．学校有效教学：理论与实践（第3版）．纳尔逊·索尼斯出版社，2009．

＊[15] C．基里亚库（Kyriacou，C.）．基础教学技能．纳尔逊·索尼斯出版社，2007．

[16] R.J．马扎诺（Marzano，R.J.），等．有效课堂教学：基于研究、提高学生成绩的教学策略．国际课程开发与督导协会，2001．

[17] G．佩蒂（Petty，G.）．基于证据的实用教学法．纳尔逊·索尼斯出版社，2009．

[18] R．鲍威尔（Powell，R.）．提高学习成绩．罗伯特·鲍威尔出版社，2009．

[19] R．鲍威尔．卓越教学、学习与评价．罗伯特·鲍威尔出版社，2010．

[20] R．鲍威尔．反应革命（第2版）．罗伯特·鲍威尔出版社，2012．

[21] D．西摩（Seymour，D.）．700种课堂活动．麦克米伦出版社，2005．

[22] R.W．斯佩里（Sperry，R.W.）．大脑两半球分裂和联接与意识知觉之研究．科学美国人，1968（23）：723－733．（划时代新闻报道）

[23] M．斯旺（Swan，M.）．数学合作学习：挑战我们的信念与惯例．英国国家科学研究开发公司，英国国家继续教育研究所，2006．

[24] P．韦斯特伍德（Westwood，P.）．适于特殊教育需要儿童的通用教学方法：常规课堂教学策略（第5版）．劳特利奇·法尔摩出版社，2007．

从因特网搜索往往也会收获颇丰，请尝试在你偏好的探索引擎输入"赫尔曼全脑"（Hermann whole brain）或"阿林森（Allinson）与海斯（Hayes）"．科菲尔德教授的研究综述发现它们位居最有效的学习风格系统之列．你可从以下网站试测库珀研发的"学习风格交互式计算机程序"，网址为：www.outsidersoftware.co-uk.com．www.geoffpetty.com/links.html 有许多链接网站．

第十一章　教师讲授

> 如果讲述就是教学，我们全都聪明绝顶了。
> ——R.F. 马杰（R.F.Mager）

教师讲授，是指教师站在全班学生前面用语言来上课。当然，除了教师讲授外，上课还包括其他许多活动，不过，这里只讨论教师讲授教学法。

教师讲授属于最常用的教学方法，一般地说，至少 60% 的课以讲授为主。讲授肯定会有助于教师讲解和描述操作细节（doing-detail），不过，讲授无法进行矫正性练习，也无法满足学习者的其他需要（参阅第一部分）。一堂课，教师讲授比例占 60% 的实在太多了。优秀教师知道何时闭嘴！

教师讲授属于以教师为中心的教学方法或"说教式"教学方法。该法的优势与劣势是什么？

优势：
- 便于讲解；
- 与一本书不同，讲授可随时调整难度以适合全班学生的实际"水平"，可随时增删内容以满足全班学生的需要；
- 可启发学生的灵感；
- 经验丰富的教师不必刻意准备或不需要教学资源；
- 可快速展示材料；
- 与书面沟通相比，讲授更富于个性化。

劣势：
- 不要求学生真正理解或形成"建构"；
- 是否理解缺乏反馈；
- 保持率很低，所以需要复习才能确保理解和记住信息；
- 教师必须与全班学生保持同步，无法关注个别差异；
- 新教师的讲述速度往往过快；
- 单调乏味；
- 学生被动参与；
- 学生注意力的持久性不如其他学习方法；

- 造就顺从的学生；
- 学生没有机会去应用所学知识。

> 一旦人人会阅读，讲授就多余了。
> ——本·琼森（Ben Jonson 1573–1637 年）

讲授陷阱

人讲话的语速一般为每分钟 100 – 200 个单词。保持该语速，讲授 1 小时的词汇量就会达到 12000 个单词——简直就是一本薄书！

有人简单比较了教师讲授语速与学生理解程度的关系，结果发现：即使保持中等语速，不用 10 个小时，一位教师也可以给全班学生从头到尾朗读一本中学教材，内容可以涵盖整个教学大纲。中等教育普通证书课程平均教学时间约为 200 个小时，也就是说，教师的讲授速度比预定的学生学习速度几乎快 20 倍！

难怪新教师运用讲授法在课堂上经常"失败"。运用讲授法来教学与开法拉利赛车放牧一样，徒劳无功。

假如去夜校学习中学生物，你却发现教师只是照本宣科，你可能会感到不满。为什么会导致我们不满？因为我们的短时记忆很快就会应接不暇，根本没有时间去加工新信息，信息得不到合理组织就无法转化为长时记忆，因而很快就会被遗忘。我们没有任何机会去练习应用所学知识。所以，教学远远不只是讲述。

注意力保持时间

听课时，有些学生注意力的保持时间不到 5 分钟；大学生和高中生注意力保持时间大致为 10 – 20 分钟。

> 讲授只是一个事件而已，即，信息从教师讲义传递到学生笔记，而不是从教师大脑传递到学生大脑。

在一些教育界人士眼里，学生注意力的保持时间如此短暂，而教师还一味钟情于讲授就令人担忧了。多数上过大学的人都有过离奇的经历，明明听课笔记是自己的笔迹，可竟然完全陌生！

请记住，实际上，短时记忆很快就会堵塞，而且新信息会完全覆盖旧信息。即使讲授时间适中，教师也不可能保证全班所有学生始终注意力集中。在 10

分钟的讲授时间里，几乎每个学生都会至少"走神"一次，或许正好错过听讲一个知识重点。你可以全神贯注听完一个 30 分钟的纪实性广播节目试试。

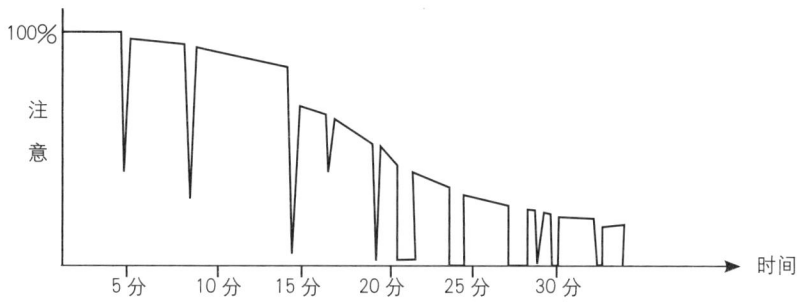

对任何一个学生来说，如果教师一节课从头讲到尾，学生就会因走神而错过听讲，知识就会变得支离破碎；学生就会感觉听你讲课就像观看断断续续的视频。教师讲课必须让学生感觉有意义，他们才能不走神。显然，重复讲授重点就必不可少了。当然，重复应尽量变换方式，否则学生就会感到厌倦。我们都做不到 100% 注意力集中，所以，学生就希望每节课教师有课堂小结，从而保证学习效果。

教师讲授技巧

众所周知，多数教师过度使用教师讲授。不过，鉴于绝大多数教师经常使用，我们有必要讨论一下如何改进讲授技巧。

现场观摩教师有效运用讲授法教学，实在是一件令人陶醉的美事。他们经常将有效教学归功于自己如何讲而不是讲什么，他们特别喜欢使用身体语言。他们从不坐在讲桌或操作台后面，而是站在全班学生面前，除非经常使用白板，否则他们不会远离学生。他们在教室里四处走动，首先面对学生，然后始终与学生保持直接的目光接触；他们说话往往抑扬顿挫以突出重点，频繁使用手势和面部表情。

如果发现有学生说话，他们就会一边走近制止一边继续讲授。他们讲课好像"不假思索"；他们朗读时绝不会将脸埋进教材或讲义；每讲完一个新句子或新段落，他们停顿的时间往往会长一些；每讲一个新章节，他们会变换姿势；他们运用表情、手势来强调重点，并且在讲授重点的前后都有意停顿一会儿。

相比较而言，新教师讲授往往缺乏自信，而且表情不自然，语言也单调乏味。

> 经验丰富的教师，包括任何一位擅长公开讲演的人物，在给学生讲课或公开讲话时，音调和音量的变化往往比平常至少高三倍。

我们郁闷时，说话语速比平时慢，语调也比平时低；我们兴奋时，说话语速比平时快，语调也比平时高。如果要传达热情，你就必须有意识地使用声音。不妨听听你喜爱的电台主持人杰里米·帕克斯曼、戴维·阿滕伯勒的节目，或听听其他著名沟通专家的讲座，不过，别听他们说什么，而要听他们如何说。他们拥有高超的声音技巧，不时变化音调与音量，运用生动的讲述来传达热情。努力向榜样学习，但要注意，他们的讲话风格自然而随意。别效仿刻板的"播音腔"，那会疏远自己的学生。

> 催眠师用单音调来催眠。

多数实习教师都会犯同一个错误，他们总是一再重复同样的口头禅，诸如"好""好吧"，或者，他们总是过度使用"嗯""呃"。说"呃"乃人之常情，但太多就惹人烦了。我曾遇到有学生运用计数符号来记录实习教师说"那好吧"的次数。他们告诉我，老师上课一个小时就说了 82 次"那好吧"，不过，令他们失望的是，82 次还不是最高纪录！教师的手势或语言习惯一旦成为怪癖，学生就往往无法集中注意力听课。当然，你可能需要请一位同事观察你的课堂，然后才能清楚自己是否有这类怪癖。

别盯着自己的靴子看，也别盯着天花板看。你只有看着学生，只有正视学生（目光接触和身体面朝学生），他们才会有被"接纳"感。教师要扫视全班并进行目光接触，并不时变换身体面对的方向——由此可知，低头读注释不是好主意。如果你必须使用注释，就放到高架投影仪上来展示或课前写到白板上面。如果这样做确实能够起到提醒作用，学生就会理解你的良苦用心。

没有目光接触，学生就会有排斥感。英国爱丁堡大学曾流传着这样一个故事（但愿是一个传说）：一位历史讲师自始至终紧闭双眼给 200 名学生上课（这是一个怪癖），他认为，紧闭双眼会让学生感觉老师讲得特别投入。然而，讲完课后，他睁开双眼一看，教室里竟然空无一人！

显然，运用讲授法，必须在备课时充分考虑兴趣，要知道，绝大多数学生都认为，讲授是最无聊的教学法。第五章"动机理论"已详述一些教学技巧，如人情味、学生关联性、好奇心和拼图游戏。

总结至关重要，教师必须经常重复。每节课结束前的小结不可或缺，下节课一开始还要重复上节课的小结。

几乎所有学生都非常欣赏教师的幽默，除了开学生的玩笑外，但你不必刻意扮演一名喜剧演员去取悦全班学生。我曾听到下面的话语让学生开怀大笑：

"约翰国王是个王八蛋。"

"我现在来演示怎样用车床卸掉你的一只胳膊。"

别整天绷着脸,尝试反问句、幽默语、轶事、名言、诱发好奇心的提问语、流行语、夸张语、含蓄语——别害怕试验。尽情表现自己!

让材料通俗易懂

首先,你要确保避免使用模棱两可的行话、晦涩难懂的一般术语(参阅第4章),努力熟悉自己所教学生的常用词汇,一旦讲授用语超出学生的理解能力,就应给自己敲响警钟。绝大多数教师的词汇量至少是16岁学生的两倍。(当然,如果生词确实重要,你应毫不犹豫地去教学生弄懂。)下一章将探讨讲解的艺术,应结合本章一起来读。

提问

使用视觉教具,可以使教师讲授非常有效。视觉教具包括白板、高架投影仪、模型或其他实物。下面几章将予以探讨。

提问是让教师讲授变得引人入胜的重要方法之一。只有学生参与其中,才能消除教师讲授法的一些不利因素(请参阅第14章)。第24章将探讨互动式课堂教学,通过整合教师讲授与其他教学策略,你能够学会如何延长学生注意力保持时间,要鼓励学生参与。

如何才能知道教师讲授是否有效?什么是学生的身体语言?他们会一直专心听讲吗?或者,他们会眼睛盯着窗外风景、坐立不安吗?请阅读第4章所述的反馈要点:他们会回答问题吗?作业能证明他们理解了吗?

提问也可实时反馈学生是否理解了你讲授的知识。

救命!材料多得教不了!

一般地说,教师不必详尽无遗地讲解全部知识。讲解多少应视学生需要而定。不过,即使只保留梗概或大纲,你往往也会发现自己仍在过度使用教师讲授。果真如此,就要当心了:学生要学的一切知识首先需经过你的口!或者,学生会学习你说的一切。

请郑重考虑:

- 独立性学习;(参阅第33章)
- 课前让学生预习讲授的重点;
- 课上必须先让学生理解重点知识而不是全部知识,然后再布置阅读类家庭作业。一旦学生基本理解所学知识,阅读就会轻松愉快,而且记忆效率要比听讲高,甚至高于听你讲课的记忆效率!(参阅第40章)

检查单

- ☐ 你是否了解学生注意力的保持时间？你上课能否避免超过这个时限？
- ☐ 你的声音是否生动有趣？
- ☐ 你是否使用目光接触和身体朝向？
- ☐ 你是否在短句中使用简单易懂的词语？
- ☐ 你是否幽默和具有人情味？
- ☐ 你是否运用学生熟悉的知识与经验？
- ☐ 你是否运用提问、自相矛盾的论点和拼图游戏来激发学生的好奇心？
- ☐ 你是否有时站在学生身旁并走动？
- ☐ 你的声音是否洪亮？

练习

- 听听媒体专业人士如何使用自己的声音；尤其要注意音调、音量等变化。
- 按照第四章的词汇清单来了解学生的词汇。
- 评价大学讲课风格的应用与实效。

推荐读物

[1] P. 比德尔（Beadle, P.）. 如何教学. 皇冠书屋出版社，2010.

[2] G. 布朗（Brown, G.），N. 哈顿（Hatton, N.）. 讲述与讲解：教学技能操作手册. 麦克米伦教育出版社，1982.

[3] T. 克里（Kerry, T.）. 有效提问. 麦克米伦出版社，1982.

[4] R.J. 马扎诺（Marzano, R.J.），等. 有效课堂教学：基于研究的、提高学生成绩的策略. 国际课程开发与督导协会. 2001.

[5] E. 马热（Marzur, E.）. 同伴教学：使用手册. 培生教育出版社，1997.

[6] G. 佩蒂（Petty, G.）. 基于证据的实用教学法. 纳尔逊·索尼斯出版社，2009.

[7] R. 鲍威尔. 卓越教学. 学生与评价. 罗伯特·鲍威尔出版社，2010.

第十二章 讲解的艺术

初为人师之时,我在导师小组曾遇见过一位女生,她经常抱怨自己一位老师的讲解技能太低:

"要是你请他讲解,他只是一遍又一遍重复同样的话。"

"要是我说自己不明白,他只会说'你最初应该认真听讲'——可我一直在认真听讲啊。"

绝大多数上这门课的学生也表达了同样的不满情绪。一天,我不知道哪根筋搭错了,竟然说这位教师学科造诣很高。学生愤怒的回答让我震惊:"我相信他有学问,可他说话不经过大脑。"

她的失望与愤懑有两点几乎为每一位教师的经验所证实:一是学生认为讲解或许是教师唯一最重要的技能,二是单凭学科知识还无法让教师成为优秀的讲解者。因而,如果学生不理解,别抱怨他们"笨",而是要培养自己的讲解技能。

> 20世纪30年代,A.W. 霍利斯(A.W.Hollis)用问卷调查了8000名中小学生最看重的教师特征。"耐心讲解难题的能力"基本排在第一位。

不过,怎样才能学会讲解?我们先看看一些讲解的实例,再讨论有效或无效讲解的影响因素。请阅读下文,然后比较一下两种(正确的)如何去查尔斯大街的讲解:

讲解1:往前直走到环岛,从设有达勒姆路标的第三个出口出去,走半英里后,岔路右拐,从左边第一个路口进入查尔斯大街。所以,从环岛右拐,岔路右拐,然后从左边第一个路口进入。

讲解2:查尔斯大街正好在康伯顿大街右边。要是你想去市中心,查尔斯大街在就在它左边。那么,往前走会经过卡林顿商厦,现在商品正在打折,三件套不到500英镑,确实值得逛逛;往前走经过火车站,不是中央火车站,而是法灵顿大街,你知道的,它是通向尤斯顿市的铁路。沿着同一条路一直走到斗牛场购物中心,离市中心大约半英里,你知道的。从那里右拐,右首你会看到足球场的泛光灯——他们叫它体育馆,天知道为什么——不管怎样……然后,就到康伯顿大街了。前面我已告诉你从那里怎么去查尔斯大街了。

两种讲解的优点和缺点分别是什么？

讲解 1：条理、简洁，概述重点，突出特殊重点。

讲解 2：多余信息会延长和混淆讲解。它还假定学习者拥有某种知识，例如学习者知道斗牛场购物中心。讲解 1 先指明方向，而讲解 2 却杂乱无章。

有效讲解应：

- 只包含逻辑清晰、条理分明的信息；
- 完全基于学生已有知识；
- 适合预想的听众，即使忽略学科专家（如教师）所谓的重要细节，也要对内容进行调整；
- 令人信服、耐心细致。

对事实陈述要心知肚明，诸如"在静止状态发动小汽车时，应慢慢松开离合器"，并非讲解能产生有效结果。理解需要学生做到知其然并知其所以然。

讲解是教师的必备技能，必须自己练习，还要在课堂上练习。练习要掌握一些技巧。我一直主张：对学生难于理解的概念或观点，教师一定要尽力讲解清楚。

从学生已有知识和经验出发

这点说起来容易做起来难。教师既要熟知所教学科知识，又要熟知学习者的能力和已有知识，还必须精心策划。

下图说明新知识形成于旧知识基础之上。不过请记住，图中所示过程运行于学生头脑里，若不与已有知识相联系，讲解就既不充分又无意义。

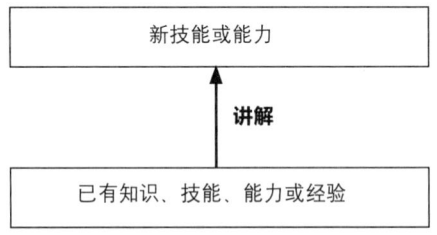

关联性回忆问题

如果学生对你要教什么有所了解，下面这个活动就是导入主题的最好方式。

花费一两分钟时间，要求学生以精炼概括的形式写出自己所能记住的有关该主题的一切知识。再花费一两分钟时间，要求他们结对互相对照笔记，然后双方商定一系列简明要点。最后，要求四人为一组轮流发表各自观点，并在白板上面写下正确观点。一旦发现任何错误概念，随后就要给予纠正或讲解。

这类"滚雪球"活动只需约5分钟时间，但研究发现还可以缩短时间（布莱克，2003年）。另外，你可运用自信式提问来弄清他们知道什么（参阅第24章）。课堂试验发现，回忆已有的关联知识会大幅度提高学习效果（佩蒂，2009年）。

如果学生对你要讲解的主题一无所知，就考虑让他们回忆自己经验里的类似主题，然后提问相关知识。例如，电流如同水在管道里流动。有关水流动的问题就有助于他们回忆目前已有的流动知识，进而据此去理解电流："如果水管分叉，水流会出现什么情况？"

比喻很给力。一个国家就像一个家庭，所以请思考："你的家庭属于专制型还是民主型？""一个专制型家庭喜欢居住在什么地方？"……现金流量如同浴缸里的水，打开水龙头，拔掉塞子，边流入边流出，所以请思考："如果投入增高，现金流量会发生什么变化？"

无论要求学生回忆什么，你在讲解期间都有必要回顾一下："增大电压如同增大水泵的动力。"一旦发现错误概念，就一定给予纠正。

简化

讲解时，教师的大敌经常是学生有限的短时记忆容量。别认为你必须告诉学生自己所掌握的全部学科知识，只讲解重点所必需的信息即可。

别担心简化会曲解事实。一旦学生理解了关键知识，随后你就完全可以再告诉他们例外的、奇异的知识。

科学和数学教师经常运用极端简化（最简化形式）来证明一个原理。下面这个例子是一位教师讲解等式：距离＝速度 × 时间。

教师：假定你以每小时20英里的速度行走。1小时你会走多远？

学生：20英里。

教师：2小时你会走多远？

学生：40英里。

教师：那么5小时走多远？

学生：100英里。

教师：不错。你怎么计算出来的？

学生：速度乘以时间。

教师：非常好！所以，距离＝速度 × 时间。

即使上面这位教师想给学生说说如何计算唐纳德·坎贝尔*的陆地赛车速度，

＊译者注：Donald Campbell，英国摩托艇运动员。

或计算世界上最擅长奔跑的哺乳动物的速度,也应先讲解基础知识并确保学生理解后再说;或者,在导入新课或新知识时,先给学生讲解。

讲解新概念,越简单越好,最好引导学习者自己说服自己而不是由你说服他们;然后再补充细节知识。警告:教师很难熟练地运用简化技巧,所以你需要精心准备。

> 当有人问起相对论是否太难而无法给小学生讲明白时,据说爱因斯坦这样回答:如果不能给一位智力平常的14岁孩子讲明白自己的研究成果,那么,这位所谓的科学家要么无能,要么是骗子。

复杂等级

简化要求避免不必要的复杂。运用"黑箱"理论来思考就可以如愿以偿。一个人可以看见进入黑箱的是什么、从黑箱出来的是什么,但不操心黑箱内部如何运转。儿童、不懂机械的成人、业余汽车机械师、专业汽车机械师观察汽车的复杂等级各不相同。不过,没有一个人敢说自己什么都懂,一位燃烧热力学专家不一定懂座椅设计人体工程学。绝大多数人是根据"黑箱"理论来理解知识,所以,不必给学生讲解每一个细节,选择的复杂等级越简单越好,即使如此,也完全能够满足学生的需要。

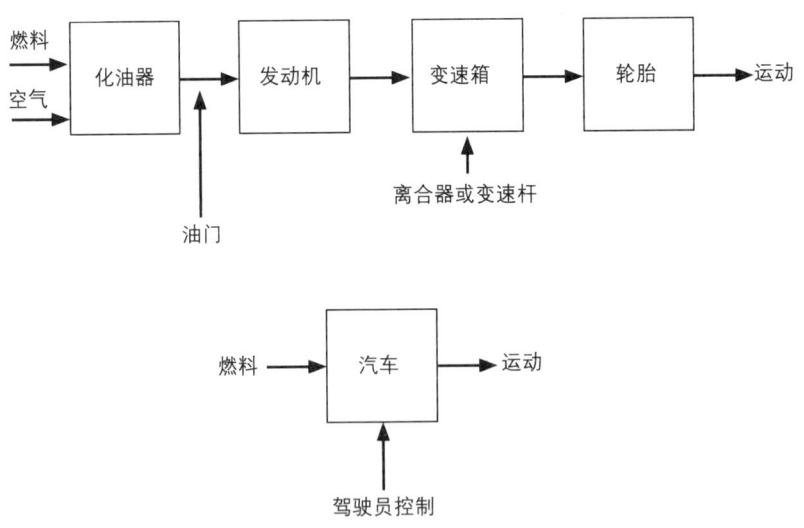

关于汽车的两种思考复杂等级示意图

只有课前认真思考和计划,才能做到简化。

聚 焦

当发现一个人不知所云时，我们经常会想："他想说的重点是什么？"我们可能理解每一个句子，却不清楚对方说这些话要表达什么意思。

简明扼要地讲述也可能需要十分钟时间，十分钟你可以说两千多个单词。这些单词或句子同等重要吗？纠结于新概念的学生，往往辨别不清哪些是要求他们掌握的重点知识，哪些是用于讲解重点的知识。即使学生聪明好学，如果没有教师的帮助，他们就可能只记住细节而遗漏了重点。

根据讲解的性质，你可能需要重点讲解一个关键短语、一张表或一条推理链。

关键短语

你能将自己想要讲解的教学重点简化成单个句子或公式吗？别担心使用方言，如果你能使用简洁的语言来讲解新概念，就会给学生以信心。当然，你必须在课前确定好该"关键短语"，还必须经常给学生重复。请看下面几个例子：

"电压是电流的推动力。"

"如果不给地沟装上挡板，我们就可能因此丢命。"

为了重点讲解关键短语，你可以使用：重音；手势；重复；讲解这个短语的前后都沉默一段时间。

你可以将这个短语写到白板上或用高架投影仪来呈现，在讨论期间一直保持别动；将这个短语写到讲义或便条上；或者说："请认真听讲——这个短语非常重要……"

用提问来检查学生是否已完全理解了你重点讲解的短语。

表格

多数讲解最好使用表格来概括。例如：

高架投影仪好于白板：

- 幻灯片可以提前准备；
- 幻灯片可以更新且可以保留，以备后来使用；
- 精确绘图可以即时展示；
- 可以使用"重叠"和"透视"技术。

……

讲解时，可强调并展示图表以及关键短语。

推理链

如果不能用一张表或一个关键短语来讲解，就往往可运用一条推理链来总结。例如，当一位教师想给学生重点讲解"为什么热空气会上升"时，她可能运用下述推理：

空气因加热而膨胀。

膨胀会减少空气密度。

密度小的材料会漂浮到密度大的液体之上（如同水中的软木）。故热空气会飘浮到冷空气之上。

即，热空气会上升。

上面四句话都需要分别认真讲解，不过，只有理解了整个推理链，才能理解热空气为什么会上升。在说服或提醒学生相信四个不同推论后，就必须运用简洁形式多次重复这条推理链。学生似乎需要分别理解每个推论，然后需要一起存储到短时记忆，以便他们连接起推理链，从而理解热空气为什么会上升。它其实就是建构主义的翻版。

无论你是把讲解概括为一个关键短语、一张表，还是概括为一条推理链，都必须强调并重复你的结论。有时，我们称之为"指向"。

> 他的话像一段互相缠绕的铁链，看似完好无损，可是全乱套了。
> ——莎士比亚《仲夏夜之梦》

建构与定位

假设要求你独立学习一部戏剧，你观看了两次表演，通读了两遍剧本，你渴望在两天后的戏剧考试中得高分。你会怎样准备考试呢？

有效学生多半会系统地做笔记，包括大标题、小标题，以及最重要的戏剧特征。笔记可按时间顺序来整理，可根据人物、事件、幕和场、主要情节和次要情节来分类，或许戏剧中每个主题都有其标题。不同的学生会选择不同的方式来整理笔记，但有效学生会运用各类形式来整理笔记。

我们需要给自己希望理解和记忆的知识建立一个逻辑结构。我们的长时记忆就像一个文件柜，需要将信息分放于不同抽屉，分别保存为主要文件与次要文件。即使不愿动纸笔的学生，也喜欢根据个人理解对戏剧进行某种"建构"。只有材料条理化，才能从短时记忆存储到长时记忆。

优秀讲解者往往自己组织材料，从而确保讲解条理化，同时确保学生形成个人见解。

讲解者始终清楚自己在学生知识建构中所处位置，我们称之为"定位"。例如：

我们一直在讨论英国实施义务教育的原因。迄今为止，我们单独讨论了大量义务教育的经济原因，如职员短缺、技术工人短缺，诸如此类，不一而足。不过，经济原因并非实施义务教育的唯一原因。我们可以再讨论一下其他原因。

如下图所示，我们可以运用树状图来呈现信息。一章的大标题和小标题也可如法炮制。树状图有助于记忆信息。

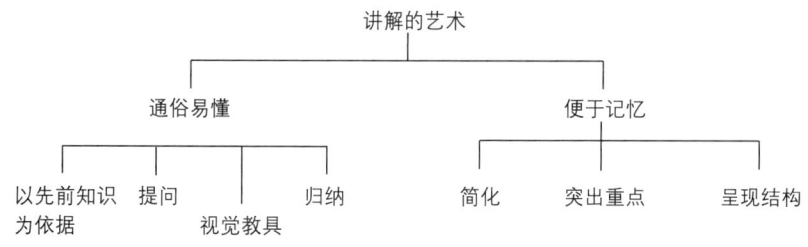

带有大小标题的缩进表也可用于呈现同一结构

定位和建构不仅会避免讲解变得冗长、艰涩，而且借助于分类，能让讲解变得易于学生理解与掌握。白板或高架投影仪可以呈现知识结构，或者教学生学会按照标题来记笔记。

先行组织者

先行组织者是指一份课前写好的概要以及一个充分体现主题重要性的实例。提前总结似乎令人不解，但在学生开始学习之前，确实有助于他们了解自己要去往何方。上述的重点句即为本章的先行组织者。

你可运用思维导图、流程图或类似工具，以图表形式来提前展示自己写好的概要。

总之，优秀讲解者的讲解总是逻辑清晰、条理分明。

抽象讲解与具体讲解

你会怎样给一个八岁儿童解释"迷信"这个单词？你会说"迷信就是一个错误的信念，认为一些动作会具有影响我们命运的魔法"？八岁儿童可能理解你讲解的每个单词，但我敢打赌他们理解不了整个句子。这是一个抽象讲解："迷信"本身是一个抽象概念，然后运用其他诸如"命运""魔法""错误信念"一类抽象概念来解释。但愿你也会运用具体事例来解释"迷信"这个概念。即，运用具体的迷信事例，最好运用八岁儿童熟悉的事例来讲解，诸如：

迷信就是：

- 交叉手指祈求好运；
- 相信兔脚会帮你考试过关；
- 预料13号、星期五会有麻烦；
- ……

反例也非常有用："交叉手指再横穿马路是迷信，看清左右再过马路却不是迷信"；"相信地球是平的不是迷信。尽管这是一个错误信念，但与命运或魔法无关"。

概念学习与矫正性练习

概念学习最好借助于矫正性练习。先给学生提供一些观点，诸如"我相信地球是平的""我认为自己可以学会游泳""如果你的星座是巨蟹座，满月对你有益。"……然后，教师当众运用推理（或苏格拉底式诘问法）来区分迷信与非迷信的观点。

"这并非错误信念，所以不是迷信，对吧？"这是详细列举，并运用解释、操作细节、应用、检查和矫正、记忆辅助工具、复习、评估和提问来讲解。

然后，教师要求学生依样画葫芦，对相似的观点进行分类。最好选择一些模棱两可的案例，或者选择基于常识错误的观点。教师也可以运用同样的技巧来帮助学生区分相似概念，诸如迷信、错觉和神话的差异，或"生活质量"和"生活水平"的差异。教师可以在任何年级和任何学科中运用该技巧。第十九章所述"决策卡片游戏"（decisions, decisions game）就是一种特别有效的方法。

学习者强烈要求教师运用具体实例（和反例）来讲解抽象概念。他们似乎喜欢运用这种方式来理解新概念。另外，学生也喜欢教师运用从特殊到一般的方式来讲解。

有趣的是，一名儿童即使完全理解了"迷信"这个概念，也可能不知怎么解释！概念似乎形成于非言语右脑。各年级的学习都是先理解，再形成运用语言表达的能力。其实，这本身就应该警告我们不要一味依赖抽象概念来讲解。

一般地说，给各年龄段的学习者讲解抽象概念，最好先列举与他们个人经验相关的具体事例和特殊事例，然后再进行抽象概括。优秀讲解者会抽象讲解与具体讲解并用。维恩图可以充分体现这个理念，因而成为学习概念的最佳方式。

因为学习者和专家运用不同思维方式来讲解，所以专家往往是蹩脚的讲解者，因为他们自己不会从一般到具体来进行思考。下图运用视觉形式说明了这个观点。

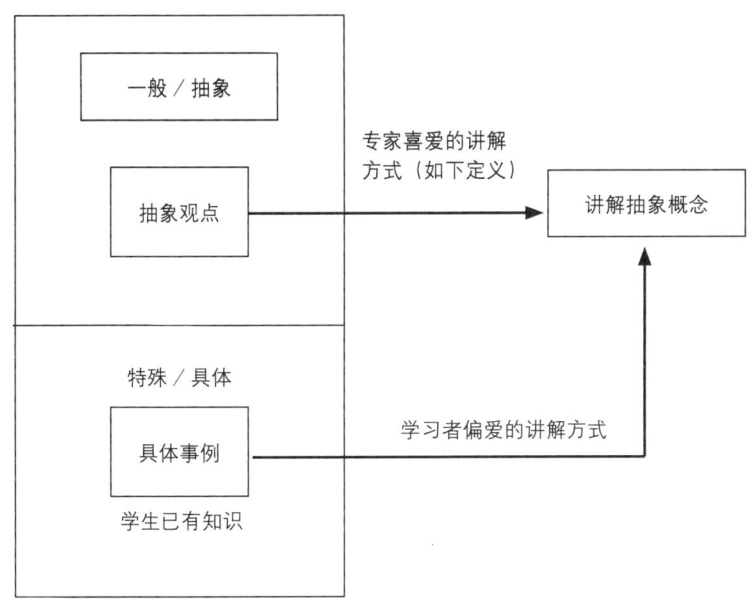

讲解深奥概念或观点的两种方式

具体讲解的优势与劣势

具体讲解容易被学生接受，可刚刚踏上教学岗位的新教师经常不以为然。他们感觉，运用具体实例讲解，诸如"十分小心"或"高蛋白食品"一类的短语，属于"居高临下说话"。不过，经验丰富的教师会运用实例（或要求学生运用实例）讲清这类抽象短语。

请考虑一下"摩擦力"这个概念："摩擦力是一种阻碍运动的接触力。"我们可以视一个概念为一类贮藏实例的心理暗箱。在"摩擦力"暗箱里，我们可能贮藏：

摩擦力是摩擦双手产生的力，它可以长时间阻止车轮转动；

摩擦力让在水平面上拉动一只箱子变得费力……

除非我们往里填充东西，否则贴着"摩擦力"标签的暗箱形同虚设！然后我们再查看：除阻碍运动外，暗箱贮藏的实例还有哪些共同特点：

车轮、润滑或滚珠轴承可以减少摩擦力；摩擦生热；摩擦带来磨损；等等。

摩擦产生握力。

……

开发学生个人心理暗箱的最佳方式就是，给他们提供大量实例来填充。优秀讲解者会帮助学生去"填满自己的概念暗箱"。

你会怎样讲解"膨松剂""中数和众数"或"现金流量"等概念?

抽象讲解的优势与劣势

从性质上说,抽象讲解简洁、准确、适用广泛,因而为教师倍加重视。例如:

心理情结是指一组(压抑和遗忘的)观点或印象,它们是心理原因引起的异常身心状态。

你可能完全不理解上面这个句子。

定义就是运用抽象概念进行抽象解释。如果讲解的概念"晦涩难懂",学习者往往会感觉模糊不清,甚至会如听天书。对教师来说,定义经常是终点而不是起点。

学习者喜欢通过归纳来形成一个概念,然后通过应用或试用来检验和修正它:

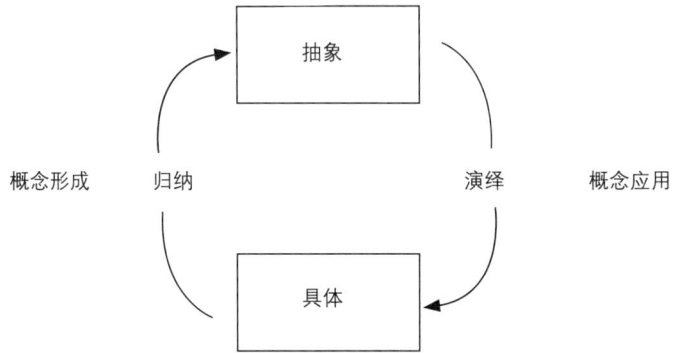

如果要讲解上面那个心理情结的定义,我就不会先从定义开始讲。反而,我会先列举心理情结的实例,并询问学生能否发现它们的相似点(归纳)。这会形成概念,并帮助我们总结出定义。然后,我再要求学生应用定义,将其他实例归类为"心理情结"或"非心理情结"(演绎)。这会要求学生应用概念。因而,我可据此检查他们的应用是否正确(进而推断出他们是否已经理解这个概念)。所以说,我们需要抽象与具体并用、归纳与演绎并举。

讲解者可用工具

提问

提问既是达成理解的重要方式,又是检查已学知识的关键技巧。(详见第 14 章)讲解时,运用"如果……会发生什么"提问句特别有效。例如,教学生面包制作工艺时：

"如果不用高筋面粉会发生什么？"

"如果将开水倒入酵母中会发生什么？"

"如果用双倍酵母会发生什么？"

"如果用干布而不是湿布遮盖会发生什么？"

> 有效教师提问学生，肯定也运用反问句，尤其在开始讲解时会运用反问句。提问或反问会激发学生的好奇心，鼓励学生质疑和加工所学材料。

归谬法

归谬法，是指为了反驳某论点（或某论据），首先假定它为真，然后由它推出荒谬的结论，最后根据假言推理的否定后件式，确认它是假的。上面这个定义是运用抽象观点来进行抽象解释，你肯定会发现具体实例有助于理解！所以举例如下：

假设一名学生认为 $4 \times 0 = 4$。（常见误解）

解释：我有一个车队，每辆车可载4位乘客。2辆车可载多少位乘客？（$4 \times 2 = 8$）；1辆车可载多少位乘客？（$4 \times 1 = 4$）；0辆车可载多少位乘客？（$4 \times 0 = ?$）

该法特别适用于科学和数学。再举一个科学例子：一位学生说，烟囱直径越小，冒烟速度越快。老师知道这个观点具有一定正确性，但并非普遍规律。因此，老师这样回答："假设我有一个直径接近零的烟囱，按你的理论推断，冒烟速度会特别快，可能吗？"

视觉表征

我们甚至可将抽象观点和关系可视化。视觉表征是一种具有强大影响力的沟通方式，易为受众所牢记。教师可以运用思维导图、流程图、树状图、曲线图、矩阵图以及其他图形表述方式（参阅第35章"视觉教具"）。视觉表征可以在一瞬间展示整体形象，即运用右脑"整体"形式来解释。

吉卜林分析

我有六个忠实的仆人，

他们教会了我一切，

他们的名字叫"什么""为何""何时""怎样""何地"和"谁"。

上面这首诗的作者是拉迪亚德·吉卜林（Rudyard Kipling）。运用诗中包含的六个疑问词可将任何主题进行合理分类。假设你必须给学生讲解陀螺仪，等你讲解完它们是什么、为何运转、何时应用、怎样应用、何地制造或应用、谁发现有用后，再多说一个字就是画蛇添足了。请记住："何时"指合适的时机与环境。

明确表达自己

诸如"它"和"它们"一类代词，诸如"体系"或"方法"一类短语，均指先前提及的一个单词或短语，通常指同一句子的单词或短语。这可能造成混乱甚至引起歧义，因此，为了做到准确无误，别在作业单和口头沟通中使用它们。例如，在上个句子里，"它们"可能被误解为"作业单"，但实际上是指"前面所述单词或短语"。

解释了什么？——事先设置任务

有些学生需要给予一个专心学习及听讲的理由。那就给他们一个！事先在你的解释里设置一个任务，要求听众给予反馈。例如："在我解释'巡回护士角色'时，你们要设计一张概述角色的海报。然后每个人都要展示自己制作的海报。我会给你们提供每张海报应提及的重点。最后，你们据此互相评价对方的海报。"

提前设置一个合理任务可以让缺乏学习动力的学生专心学习，同时也明确了你解释的目的。在开展课堂试验时，该策略会显著提高学生的学习成绩（参阅佩蒂的研究，2009 年）。

一些日常忠告

尽量通过学生耳朵来倾听你在说什么。讲解所有术语要语言精练、句子短小。请记住，术语对学生来说闻所未闻，对你来说可能司空见惯。留意"迷惑不解"的学生的身体语言线索：如果有人不懂，他可能身体前倾、眉头紧缩。尽量使用一种以上的方式来讲解深奥的概念，也别忘了仅用讲解还保证不了教学效果。学生只有应用所学概念或观点，才能真正理解。别耗费太长时间。

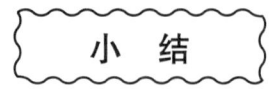

小　结

因为概述了重要观点及其结构，所以总结有助于巩固所学知识。例如：讲解应以学生已有知识和词汇为依据，应语言精练、逻辑清晰。讲解者应集中时间与精力去讲解重点，应抽象与具体讲解并用。在讲解前，总结有助于弄清学生已有知识、概括重点并提前设置一项任务。

检查单

❏ 讲解是否以学生已有知识为依据?
❏ 讲解是否条理清楚、层次分明?
❏ 是否通过定向来集中讲解重点——如强调、重复等等?
❏ 讲解是否先简化再增加细节?
❏ 讲解是否避免使用无法解释的术语?
❏ 讲解是否运用具体事例,列举正例和反例?
❏ 是否通过具体事例来进行抽象讲解?
❏ 讲解是否进行类比和可视化?
❏ 是否运用提问来讲解并监测学习?
❏ 是否给学生提供机会去应用所学知识?

没有一个人愿意做蹩脚的讲解者,但多数人却不幸成为蹩脚的讲解者。优秀讲解者通过澄清观点、严密解释、评估有效性来改进个人讲解水平。如果学生不懂,他们不责备学生,甚至不责备自己,而是致力于找到最佳解决方案。第14章将提供许多讲解建议,第39章将介绍说服技巧。

练习

1. 查字词典游戏。挑选一本词典,请一位朋友朗读比较熟悉的词语的定义,然后尝试猜出这个词语。你会发现这比自己想象的还难,由此可知,我们对概念的理解并非借助于语言,因而抽象定义实乃蹩脚的讲解者。有时,定义用语云山雾罩,尽管我们完全理解一个概念,却看不懂这个概念的抽象定义。

2. 你会怎样给一位7岁的儿童讲解"沟通""烦恼"?

3. 在你任教学科中,挑选一个难以讲解的概念或主题,重新通读本章,运用有关技巧准备另外两种不同讲解的方式。

推荐读物

免费下载资料

P. 布莱克（Black, P.），D. 威廉（Wiliam, D.）. 黑箱探秘. 下载网站：http://www.pdkintl.org.

读物

[1] P. 比德尔（Beadle, P.）. 如何教学. 皇冠书屋出版社，2010.

[2] P. 布莱克（Black, P.），等. 学习评价实务. 开放大学出版社，2003.

[3] G. 布朗（Brown, G.），M. 阿特金斯（Atkins, M.）. 高等教育的有效教学. 劳特利奇出版社，1988.

[4] G. 布朗（Brown, G.），N. 哈顿（Hatton, N.）. 讲解与解释：教学技能操作手册. 麦克米伦教育出版公司，1982.

[5] T. 克里（Kerry, T.），有效提问. 麦克米伦出版社，1982.

[6] R.J. 马扎诺（Marzano, R. J.）等人，有效课堂教学：基于研究的提高学生成绩的策略，国际课程开发与督导协会，2001.

[7] G. 佩蒂（Petty, G.）. 基于证据的实用教学法. 纳尔逊·索尼斯出版社，2009.

[8] R. 鲍威尔. 卓越教学、学习与评价. 罗伯特·鲍威尔出版社，2010.

第十三章　展示的艺术

演示身体和智力技能

模仿大概是最自然的学习方式。毕竟，这是儿童学会说母语的方式——因而模仿学习几乎无所不能。教师应怎样运用这种学习方法呢？

如果我们承认演示就是举例"示范如何做"，教师或任何一门学科就肯定可以应用。如第三章所述，演示可以教身体（心理运动）技能，诸如如何切鱼片或焊接沸腾钢；不过，演示也可以教智力技能——诸如如何应用勾股定理、如何撰写诗歌赏析文章，或如何批判性分析某种社会学理论。当然，绝大多数演示之后，都要给学生提供练习的机会。本章将分别讨论身体和智力技能。

演示身体技能或能力

实习教师往往害怕演示，科学教师失败的实验让他们记忆犹新，因而担心自己会重蹈覆辙。其实，只要你提前练习，就完全不必杞人忧天。

演示的主要目的就是给学生提供一个模仿或效仿的具体范例。演示提供"操作细节"（doing-detail）。正如第三章所述，操作细节对身体和智力技能的学习至关重要，操作细节包括如何执行任务、任务目的是什么、任务标准是什么、完成任务的标志是什么……

有时，一个样本（如一个示范模型）就能够提供操作细节。例如，一位打字教师可以向学生展示一个精心编制的数据表，一位餐饮教师可以给学生展示一盘色香味俱全的美食。反面典型例子也会有用。"给你们两封商务信函，每封信有四处编排错误，你们自己看看能否发现。"

有时，科学教师运用实验来演示一种现象。做实验的本意并非鼓励学习者模仿教师（其实做实验可能有风险），而是告诉学生演示实验应完全按照下述要求来操作。

准备

确保学生准备就绪：已经给他们介绍了背景知识吗？他们清楚演示的目的吗？

如果演示时间长且需要学生参与，教师能否分步演示从而让学生逐一掌握？

演示前，教师一定要给学生合理安排座位。"全班学生都能看清吗？"如果不能，就最好将全班分成许多小组。你会允许学生自行安排座位吗？或者，你会指导他们自行安排座位吗？无论你做出什么决定，都是越近越好。在演示时，有些教师往往喜欢让学生坐在工作台周围——例如，第一排学生坐到教师右侧，第二排学生坐教师左侧，依次类推。这能够防止学生争抢座位。如果你在科学实验室上课，就要提前决定是否允许部分学生坐到离工作台最近的操作台面。如果允许，就让第一排学生坐到操作台前，而不是坐在操作台后的座位，从而避免其他学生坐在自己的文件夹上……

学生观看演示实验的座位安排图

是否存在镜像问题？学生会从右侧看到你的左手。除非像有些健身或舞蹈教师一样，边演示边要求学生模仿你，否则切不可掉以轻心。如果确实存在镜像问

作为镜像的示范者

题，就按相反方向来演示运动，这样学生看你演示就像看镜子里的自己一样（你是左撇子吗？或者你有学生是左撇子吗？如果是左撇子，又会产生什么不同影响？）

怎样让学生参与演示？提问不失为一种方法。不过，也可以要求一名学生在全班同学面前模仿或效仿你的演示，然后再让全班学生一起练习。教师演示科学实验时，可要求学生量取读数。

课前一定要先练习演示实验，记住你所需的仪器名称，其中，若有必要，要提前准备好重做演示实验可能需要的额外用品。你能边讲边演示吗？演示用时超过预期吗？果真如此，你不妨试用蓝彼得的把戏："我提前给你准备了一个。"*

必须提前确定自己演示的重点，否则重点往往会被繁杂细节所淹没。事先将总结写到白板上或做成 PPT。最后，你确认自己认真考虑了所有安全因素吗？

施行

提前摆齐仪器，想方设法始终面朝学生。一旦学生清楚自己要观察什么、为什么要观察，就安排他们到新座位就座。学生没坐好就别开讲。

若有可能，则边演示边讲解，最好运用提问法："下一步我应做什么？""为什么我要这样做？""这里我应注意什么？""如果……会发生什么？"确保学生理解每个动作的目的，让他们应既理解"为何"又理解"怎样"。在此过程中，你要郑重强调你的教学重点。

一开始你要慢慢做，若有必要，随后再调整到正常速度。如果演示方法不止一种，而且你希望全部运用，就最好每次只用一种方法去演示。若有必要，就在分组演示时运用其他方法。同时进行演示、讲解、提问、与学生保持目光接触，虽然难度很大，但不妨试试；如果你能做到，就会大幅度提高演示的效果。

现在你需要一些反馈。他们是否掌握了你所教的知识？他们是否理解怎样演示、什么是演示、为何演示？重复演示可以知道学习结果，不过，要求学生"通过演示来教你"，让学生指导你，你要边听讲解边请教他们："为什么？""为什么我必须先这样做？"诸如此类，不一而足。没有反馈，学生随后的练习就会错误百出、不得要领。

若有必要，就不断重复演示，确保学生完全理解。如果学生打算自己试试，就要求他们留神观察一些特殊操作要领，从而判定自己是否合乎规范。这些"操作指标"不可或缺，比如说，一位木工教师讲解刨平木板的结束语是："……你应轻推；刨花薄得可以透光；刨子不应留下划痕。"

＊译者注：英国儿童电视节目。

这属于重要的"操作细节",据此,学生可以检查、矫正自己的作品。

如果操作失误,不妨付之一笑,若有可能,则从中总结出一个教学要点。"看,慢慢做太重要了!时间充裕,我希望你们会做得更好!"对于用时长或复杂的演示,可以考虑给学生发放一张观察单,让他们记录相关细节、操作方法、所学知识,记录必须掌握的操作要领,从而让他们可以独立操作。

即使你不是有意为之,学生也会模仿学习或"仿造"。众所周知,学生关注的焦点在于教师做什么而不是说什么。如果告诉学生关闭电源组再切换电路,或告诉学生先洗手,或告诉学生对病人有礼貌——你自己必须以身作则。如果要求学生安全操作、整齐摆放作业,或要求学生细心或热情,你必须率先垂范!因此,教师首先要认真思考任教学科领域教师需要塑造的形象,然后,保证自己做到以身作则。

你可能尝试的一些技巧包括:

无声演示。 教师告诉学生,下面要做的演示没有任何讲解,必须认真观察,随后要提问他们演示了什么、为什么演示。无声演示经常会促使学生全神贯注地听讲,如果无声演示包含出人意料或令人困惑的事情,效果就会特别明显。

"如何不这样做"演示。 故意出错肯定会让我们有所收获,但要当心别让学生迷惑不解或学会错误方法。当然,教师一定要要求学生密切观察这些错误。如果一种方法可能危及人身安全,就要避免运用;若辅之以幽默,该方法则会最有效。一个范例就是约翰·克里斯[*]的喜剧录像,其中就表演了面试时如何避免不当行为。(顺便说一句,这些录像还告诉我们,单凭观看实例,你不可能掌握实用技能。)

提问式演示。 一开始就要求全班学生告诉你如何正确操作,听从他们的指导,边做边要求他们阐明问题。如果学生的指导错了,演示就会出现引人发笑的结果。然后,你假装泪流满面,抱怨没法做了。

学生演示。 学生也可以演示,演示顺序也不必非得先学生后教师。(第 24 章将全面阐述该法)

演示身体技能检查单

☐ 你是否确保学生都能看见?
☐ 学生是否清楚自己正在看什么?为什么这样做?
☐ 你是否运用问答来吸引学生的注意力?
☐ 你的演示速度是否很慢?演示次数是否充足?

---

[*] 译者注:约翰·克里斯(John Cleese),英国伟大的喜剧演员。

- ☐ 你是否通过反馈来检查学生的理解情况?
- ☐ 你是否考虑过安全因素?
- ☐ 你是否提供了操作指标以便于学生练习时自我检查?

演示智力技能或能力

如果教智力技能或能力,你仍可以运用演示教学法。不过,多数教师要么运用不当,要么不以为然。"技术示范"主要包括两种方法。

样本展示

教师展示一个范例,供学生模仿、效仿或学习技巧。你可以给学生展示优美的散文、犀利的评论、严密的计算机软件、优秀的作业、规范的答案、漂亮的设计……它们可能出自教师之手,或来自书籍、往届生,甚至来自在校生。然后,学习者认真检验样本,或许还会对照评价标准进行评价(参阅第43章"形成性评价")。只要态度认真,好样本和坏样本都会让学生有所收获。(不过,如果可能让学生窘迫或伤心,就别拿他们的作品当坏样本,甚至别当好样本。)

只展示样本还不够。学生必须清楚如何做,必须理解该样本为什么好。讨论和提问不失为一种有效方法,如果还不行,教师就必须给学生提供全部信息。有时,依据实例编制的操作规范检查单也会对学生有所帮助。

教师应斟酌一下展示给学生的实例数量。一般而言,"越多越好"。如果实例大相径庭,就更应该多多益善,因为这会让学生观察实例的共同点,从而学会如何在不同环境里运用该技能。如果完成一项任务后立即研究其标准答案,学生就肯定会受益匪浅,例如,一份标准实验报告、一段译文,或者一篇优秀作文。(请参阅第43章"模拟评价和同伴评价")

演示示范

教师可以在全班学生面前展示一项技能或能力。例如,数学教师可能演示如何解几何题,英语教师可能演示如何撰写诗歌评析文章,或者,医生可能现场给病人做诊断。此类演示智力技能往往需要教师"说出个人想法",这需要教师不断练习。不妨观察一些优秀数学教师的上课情况,他们不仅思维准确,而且还会提醒学生避免常见错误,同时还经常通过精心设计提问来保持全班学生的注意力:

"我敢说你们当中有些人认为答案只是12。其实不然,有人能说说为什么吗?……"

"下一步我应该做什么？我没法找到高度 h，所以我现在一筹莫展。怎么办？……"

演示示范之后，多数教师按照学生的指导，用另外一种方式"在白板上演示"。据此，教师可以了解学生对知识的掌握和理解程度，从而在学生"单飞"前不断督促他们练习该技能。数学和科学教师经常运用该法来制定"标准答案"，运用提问让学生提出指导性意见："好，我已发现相对分子质量；现在该怎么办？……"

> "学习者案例研究"是最佳展示教学法，一般应用于专业教学。例如，接受新护理技术培训的护士，可以将自己如何在临床应用这项新技术的效果反馈给学习小组，这可能会引发有价值的讨论，而且，在新技术应用培训课上，每个人都可以向其他学员介绍自己的临床经验，既可以讲如何做，又可以讲如何不这样做。护士培训教师也可以在学员应用所学新护理技术过程中提供实际性帮助。

实例教学是给学生提供"操作细节"最有效、最生动的方法：学生能做什么，他们怎样才会做得最好。不过，实例教学切莫死记硬背，否则学生根本理解不了"是什么""为什么"和"怎么样"。

当然，你可以让学生自己概括出操作细节，像"引导式发现教学"就属于高明的教学策略，不过需要教师谨慎运用（请参阅第 29 章）。然而，如果你轻率地省略了操作细节，学力不足的学生就会茫然不知所措，同时，因为天资聪明，学力高的学生就会自己弄清你的要求，所以他们仍会高效学习。

学生之间经常会花费一些时间去讨论"操作细节"："他要求什么？……究竟需要多长时间？……这样行吗？……你怎样看？……你怎样做的？"回答上述问题的最好方法往往是技术示范，还可以谨慎运用引导式发现教学，而且操作细节不应该留给学生去猜测。

社会科学、英国文学以及大量其他学科的教师都必须培养学习者能提出个人独到见解的能力，展示教学甚至也可用来培养这类高级认知技能。其实，教师完全可以在不知不觉中教学生学会这类技能。学生可以研究和批评标准观点——例如，专家或同伴的观点，课本的观点等等。

教师可以大声争论这类观点是否与事实相符，解释为什么，有无根据，证明为什么不同观点站不住脚。据此，学生可以熟悉富有说服力观点的特性，从而培养自己提出个人独特见解的能力。这类学习多半在不知不觉中完成，有人称之为"效仿"。不过，尽量有意识地运用这种技巧，"大声说出个人想法"，以例证这类高级思维技能。

如果你正在运用这种教学形式，就会有助于学生去学会充分解释和阐述有关论点。科学教师不可能让学生自己去发现如何从实验数据里归纳出科学原理。科学教师认为科学推理法则非常微妙和深奥，所以不能完全依靠学生去自我发现。不过，人文科学学生经常需要独立解释极为复杂的学科推理法则。

展示与讲述

　　教学并非一直需要展示。如果技能或能力仅为已熟练掌握技巧的简单翻版，那么只要告诉学生"怎样"运用就万事大吉了。一旦熟练掌握某种技巧，学生就自然会清楚"操作细节"。（熟悉代数的学生肯定愿意做"两个方程相除，求未知数"一类的数学题。遇到陌生的数学题，学生就可能希望教师板演。）不过，如果要教复杂技能，或者如果培养技能必须花费很长时间，"技术示范"就显得不可或缺了。

　　展示和讲述提供的信息并不完全相同，它们引发的心理过程也大相径庭。展示具体且完整，它推动学习者去分析实例，寻找规范实例的相似点，即学习者通过归纳推理来学习。相反，讲述则抽象，学习者通过综合和演绎推理来学习。从认知心理学来说，它们互为镜像，甚至可能使用了不同的大脑半球。

　　如上一章所述，学习一个概念时，我们希望教师提供一个应用实例，仅仅讲解定义无法保证我们完全理解。我们既希望教师展示如何应用，又希望教师讲述如何应用。

　　学习似乎要求具体与抽象并用，归纳与演绎并重。（当然，有些学习者可能偏好其中某一种方法）

　　别忽视模仿学习，它的效果非常显著。说起来你可能不信，不必讲述，我们就可能运用模仿学习来掌握复杂技能，诸如语法或推理定律，甚至可以学会支配逻辑理解的法则！或许正因为具备这类学习能力，人类才能先学会模仿后学会说话。或许正是演化让大脑以这类学习方式去取得最佳学习效果？谁知道呢！不过，没有一位教师敢忽视模仿学习的能量。

演示智力技能检查单

☐　你是否给学生展示规范实例？

☐　你展示的实例是否丰富多样？

☐　你是否通过给学生"大声说出自己的想法"来展示学科推理？

☐　你是否让学生检验好样本和坏样本？

❑ 你能否运用案例研究向学生展示如何应用所学知识?

❑ 你是否获取学生理解结果的反馈?

> **练习**
>
> 1. 制定下述演示教学策略:
>
> ● 如何应用引号和撇号。
>
> ● 如何撰写求职信。
>
> 2. 在展示"怎样做"的同时,练习"大声说出自己的想法",然后应用于下一节课。

推荐读物

[1] G. 佩蒂. 基于证据的实用教学法. 纳尔逊·索尼斯出版社, 2009.

第十四章 提 问

提问的优势

无论给全班讲课,还是给小组或个别学生讲课,绝大多数经验丰富的教师都会大量使用提问。当然,提问包括口头形式和书面形式,不过,本章将重点讨论教师的口头提问。多数教育专家,包括经验丰富的教师和有效教师,都一致认为口头提问是教师最有效的工具之一。原因何在?

为了回答这个问题,我们先比较一下两位教师对同一个教学重点的处理方式。他们教餐饮专业的学生在自助餐馆如何陈列蛋糕。

第一位教师运用教师讲授法。

教师:现在,餐馆一定要确保陈列的蛋糕松软。如果蛋糕种类繁多,或者如果常温保存蛋糕,就更要确保松软。遗憾的是,餐馆多在常温条件里制作和供应食品,而这种做法对于保持蛋糕的松软是非常不利的。所以,我们必须高度重视餐馆的蛋糕陈列。

请牢记,餐馆应冷冻蛋糕,这样蛋糕不会很快干硬。另外,陈列柜别靠近炉灶、咖啡壶或其他热源。当然,陈列柜要有盖,像这个陈列柜盖就不错。所以,在你们今天下午的实践课上,我希望看到各位正确陈列蛋糕。

第二位教师运用提问法展开相同的教学要点。

教师:为什么水果蛋糕会干硬?

学生1:先生,葡萄干变质了。

教师:其实,葡萄干可以保质好几年。

学生2:先生,面粉变质了?

教师:不是,面粉也可以保质好几年!(沉默)你们怎样区分新鲜蛋糕和变质蛋糕?

学生3:新鲜蛋糕湿润、松软,过期蛋糕干硬。

教师:好!如果过期蛋糕是干硬蛋糕,那么,怎样贮藏蛋糕才能防止干硬呢?

学生1:放进塑料袋或密封罐……(教师点头微笑。)

学生2:或者用一个玻璃罩盖住。

教师:不错,就是这类东西。现在,塑料袋、密封罐、玻璃罩……为什么它们会防止蛋糕过期呢……亚丝明（Yasmin），你怎么看？

学生3：因为它们能够防止蛋糕干硬。

教师：好。那么，冷冻会对蛋糕有什么影响？

学生1：因为冷冻将蛋糕差不多全部遮住，所以可以防止干硬。

教师：正确，所以过期就是干硬。现在，下午上实践课时，你们陈列蛋糕会选择冷冻还是不冷冻？

全体学生：冷冻。

教师：你们应贮藏在哪儿？

学生2：远离炉灶。

学生3：远离任何热源。

教师：对，远离炉灶、加热陈列柜、咖啡壶等等。因为……

学生3：因为加热会让蛋糕水分蒸发，最终变硬。

教师：不错！说得好。

提问法的一个最大优势在于，学生这样上课获取的知识具有"迁移性"。假设教师分别提问曾上过这节课的两个班级的学生："怎样将面包贮藏一个晚上而不会变硬？"

运用"讲授法"上课班级的学生可能会说："我们还没有做过面包。"（他们肯定不会建议冷冻蛋糕）不过，运用"提问法"上课班级的学生理解了变质过程，就可能提出一些正确建议。他们会运用自己所学知识来解决这个陌生问题。教学必须以理解为中心，切忌满足于知道。提问能让学生学会独立思考。

你对两种教法的差异还有其他看法吗？绝大多数人认为，提问法让学生感觉更有趣。他们主动参与而不是被动听讲，而且提问往往会激发学生的好奇心——为什么蛋糕会变硬？另外，提问式上课会引导学生学会思考；提问式上课让学生把握了学科规律，并鼓励学生应用学科规律："我们怎样贮藏蛋糕才能不让蛋糕变硬？"

提问式上课的重点一般放在理解上而不是局限于知道。而讲授式上课只是告诉学生必须知道的知识，并没有鼓励学生理解知识，因而记住的可能性就微乎其微了。如第一章所述，我们再次与建构主义不期而遇。

提问让学生挑战、矫正个人假设和已有知识。有些学生以往认为"过期"就是"变质"，不过，上完课后，他们发现"过期"相当于"干硬"。有时，这个矫正错误假设的过程称为"反学习"；如前面几章所述，矫正是学习过程的一个关键环节。多数学生带着错误假设和"常识谬误"来上课，提问将极大地帮助他们挑战、矫正这些假设和谬误。

另外请注意，运用提问，教师可以在上课期间随时了解学生的理解质量。

> **教师提问的着重点**
>
> 一位历史教师要求学生两人一组讨论：紧接黑死病*后，地主可能遇到什么问题？一个小组提出，因为瘟疫，一些村舍人去房空，所以地主的收入减少了，然后他们就"不知再说什么好了"；他们想不到瘟疫可能给地主造成的其他经济后果。
>
> **教师：** 地主的土地有什么用处？
>
> **克洛艾（Chloe）：** 打猎？
>
> **教师：** 对，还有呢？
>
> **埃拉（Ella）：** 种植小麦和其他农作物。他们还会出租土地。
>
> **教师：** 好。黑死病之后，出租土地的地主会遇到什么问题？
>
> **克洛艾：** 因为怕传染上瘟疫，所以没人会承包他们的土地。
>
> **埃拉：** 不对，现在瘟疫已经结束了。
>
> **教师：** 很好，不过，克洛艾也只说对了一半。地主会发现找人干活很困难，但不是克洛艾说的原因。其实，原因一目了然。
>
> **克洛艾：** 有些人病死了。农民人数减少了。
>
> **教师：** 不错，说得好，克洛艾。现在，地主必须怎样做才能确保找到农民从而获得丰收？（沉默）其他所有出租土地的地主也需要农民，不过，农民人数太少。
>
> **埃拉：** 付更多工钱？
>
> **教师：** 确实如此。地主愿意这样做吗？
>
> **克洛艾：** 不！
>
> **教师：** 所以，你们打算在瘟疫后果清单上面写什么？一定要写正确——一会儿，你们给全班同学讲一下。
>
> "知道"只有记忆参与，而理解却要求学生"运用"推理。

提问法另一个最大的优势与动机有关，即，学生需要知道自己的学习正在取得成功。当学生正确回答了一个问题后，满足感就是给他们的最大奖励，教师的即时表扬也会让学生勤奋学习。

总而言之，提问具有如下优势：
- 呈现学科规律并传授给学生，鼓励理解而不是机械记忆；

---

*译者注：黑死病是14世纪肆虐英国和其他地方的一种瘟疫，它致使大量成人丧生。

- 确保学习遵循建构主义原则，并基于学生已有知识；
- 给教师和学生即时反馈：是否掌握知识；
- 确保讲课进度适合学生水平；
- 对学生而言，它属于积极的、有趣的活动；
- 让学生练习应用最近所学概念和专门词汇；
- 批驳错误观点和假设，允许出现"反学习"；（如，提问可给学生提供"检查与矫正"机会）
- 可以激励学生，让学生有机会展示个人的学习成功；
- 一对一提问，让教师有机会去诊断学困生可能遇到的学习障碍；
- 可用于约束学生；
- 教师可用于评估学习质量；
- 鼓励学生掌握高级思维技能。

提问具有如下劣势：
- 是一种耗费时间的活动；
- 难于让小组所有学生专心学习；
- 是一种教师不容易掌握的技巧。

提问技巧

我们应如何运用提问？高明的提问应鼓励全班学生去思考，应切忌营造一种"我正设法找出你们错误"的气氛，应让学生有机会获得积极反馈，从而证明他们学习的成功。

提出一个问题后，等待；绝大多数学生会绞尽脑汁去寻找答案。给予他们合理的思考时间，然后请一名学生回答。如果提问之前就指定一名学生回答，班级其他学生即使不会昏昏欲睡，也会无动于衷！下述方法对你可能有用："提问——停顿——突袭！"停顿时间越长，学生思考越多，回答越全面。

先提问简单问题，鼓励学生回答。首次提问一个学生，尤其要注意别提问太难的问题，不过，也别走极端；要感谢学生的回答，并且始终表扬正确回答。如果学生回答声音太低，教师应向全班重述答案。

你如何对待错误回答？重读本章开始的实例，看看那位教师如何对待学生的错误回答。他没有嘲笑错误回答，而是尽力展示可以找出正确答案的推理法则。如果回答错误，他只是陈述为什么错误（但没有说出答案），然后提出另一个问题去引导学生进入正确轨道。他还运用错误答案来矫正错误概念。

只有不断练习，你的提问技能才会达到这种水平。随着时间的推移，你不仅会如愿以偿，而且会乐此不疲。

提问就是通过推理来引导学生，即使学生完全不能回答一个问题，你也可以应用。让我们看看一位驾校教练对自己一位学员以前犯过的驾驶错误的反应。请认真观察她运用的技巧。你可以用一张纸盖住这段对话，然后一行一行往下读，先思考这位教师可能提问什么，再看看她究竟说了什么。

教练：就在那时你过早地打开了转向灯。假如你想右转，你何时应打转向灯？

学员：（没有反应）

教练：你能早早打开转向灯吗？

学员：不好说……我估计可以。

教练：在市中心一个路口，如果你提前一英里就打开右转向灯会发生什么？

学员：其他驾驶员会误以为你准备向右转向。

教练：说对了，那么，如果前方有许多路口，你应何时打开转向灯？

学员：快到路口再打开转向灯？

教练：对！

教练的微笑和表扬会提高学员的自信心，从而将学员潜在的消极体验转化为积极体验。你可能没有提问学生相同的问题，但这无关紧要，关键是你的提问能让学生自己去思考推理过程。

基本准则

一旦选定提问法，你就要给学生设计一些基本准则。前两条可能如下：

- 犯错不是耻辱：学习本来就是犯错与改正。
- 禁止大声说出答案——等待老师提问。

提问的分布范围

如果提问全班学生，分布范围越广越好：

请后排一位同学来回答这个问题如何？

纳特（Nate），你有什么高见？

请还没有回答问题的同学来回答如何？

观察右面的教室平面图，你会发现存在一个教师"视觉弧"。视觉弧内的学生很可能积极参与学习，因而很可能回答问题。

不想认真听课的学生会选择教师视觉弧之外的座位就座。你或许还记得自己上学期间的表现：如

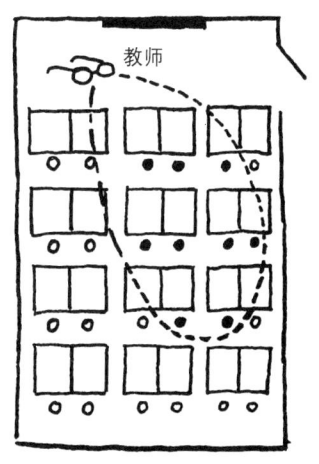

果有些课不愿听,就会抢占教室后排的座位!

教师很容易忽视安静坐在教室后排的学生,所以要想方设法关注他们。如果运用"身体朝向"或目光接触,沉默寡言的学生也会经常回答问题。例如,假定你右边有两名学生还没有回答一个问题。如果你走近他们提问,然后一直注视着他俩,就可能会有一人回答问题。

别害怕给学生留下大量时间去思考,这并非浪费时间。如果你担心给他们的压力太大,就在等待回答时保持微笑。

教师:我们为什么会参加战争?作为商人,你如何看待?拿破仑战争如何影响你的贸易?

你认为教师会获得什么答案?我希望你猜到了:学生没有任何回答。你的问题要力求简短,并且每次只能提问一个问题。

问题切忌模糊不清,以免答案众说纷纭。我曾听过许多新教师提问"猜猜我在想什么"一类的问题。现举一个实例:一位健身教练要求一名学员给小组其他成员示范一个动作,以便检查上周学员的学习效果。教练注意到这名学员上臂姿势有误,于是她就含糊地指着这名学员问其他人:"从这里你们看到了什么?"这个问题让人摸不着头脑,没有一名学员敢回答。其实教练这样问才合适:"有谁能看出她的姿势错在哪儿?"而"你从这里看到了什么"完全不是提问,而是邀请学员猜测教练正在思考什么。如果有一名学员这样回答"扎拉(Zara)穿一条绿色紧身裤",教练估计会气得发疯。

如果提问演变为你与学生之间的一场谈话,就运用目光接触和身体朝向来关注班级其他学生。向全班讲述你的个人见解,如果学生回答的声音太小,教师就大声重述他们的观点。

如果学生不愿回答,你先要确保自己提出的问题很简单,再耐心等待学生回答,之后要表扬或感谢回答的学生。如果回答情况仍不理想,就运用下述结对活动。

开展结对活动

在问答期间,如果学生无人响应,或者,如果你的提问富于挑战性,就尝试运用下述结对活动策略:提问问题并将它们书写到白板上,然后要求两人一组讨论,时限为一两分钟。若有必要,则需检查他们是否围绕任务去讨论,然后要求他们回答,并表扬合情合理的回答。结对活动要给学生留出思考时间,允许他们与同伴一起对照个人答案。结对活动可增强学生的自信心,进而提高他们回答问题的积极性。

第 24 章所述自信式提问也会大大提高学生的注意力和参与度。

一般而言,经验丰富的教师每分钟讲授一到四个问题。如果讲解的难点涉及推理，就往往全部运用提问来表述。

比较提问策略

　　下表展示了六种提问策略，参照五项重要标准，每种策略都有一个评定等级。当然，准确等级要随课堂及如何正确运用每种策略而变化。例如，提问一个问题与获取一个答案之间你应等待多长时间。

　　试想一下，你上课正在运用下述提问策略：问答——自愿回答，恰好班里有一位"乔"同学能力弱且不愿学习。乔很快就会发现，她自己什么也不必做，只要不举手就万事大吉！她不会参与，你也不清楚她有什么困难。

　　不过，如果你习惯于运用"蜂音小组——点名回答"提问策略，乔就会知道你可能要求她代表小组回答。现在，她就会参与，以确保自己能讲清楚本组的答案。如果在学生回答之后你经常提问："为什么你们小组这样认为？"乔也会确保自己理解本组的答案。小组成员不喜欢有人陈述错误，因而同伴压力会逼迫人人专心讨论你提出的问题，进而如实地报告本组的答案。

　　在课堂上，某种问答策略只适用于某个阶段。即使"问答——自愿回答"策略，也只是偶尔有用。不过，一旦你想将注意力聚焦于重点及其隐含观点，就需要运用下表底部的提问策略。第 24 章将探讨一种关键技能——自信式提问。

全纳式提问方法

　　这些方法会引发高参与率，且能给教师提供足够具有代表性的反馈，大量学生反馈和对话会创设一个自我矫正的课堂。在教学过程中，所有学生积极参与，你可以即时了解他们出现的错误与遗漏，从而能够及时给予矫正。学生对话还能促使学生寻求与给予帮助，从而及时解决上述学习问题。你一边教学，一边检查与矫正学生的学习，只要合理运用这些方法，所有学习者都能有效学习，因而，它们属于全纳式提问方法。即使那些以往一直充当看客的学生，也会努力学习。

　　下表前三行得分低的教学方法算不上全纳式提问法。如果一直运用它们，就会创设一个漫无目标的课堂。课堂上并不是人人积极参与，你无法知道哪些学生懂了、哪些学生不懂，因而你也就无法矫正他们的学习错误，迷惑不解的学生也不会主动向同伴请教。

　　于是，等批改完学生的书面作业之后，你才能发现他们存在的学习不足，然后才能给予矫正。然而，到那个时候，错误已成为习惯，想矫正都很困难了。

哪种策略？

图例：很好:*** 较好:** 一般:* 很差:!!

哪种策略？	参与率	教师反馈	学生反馈	思考时间	学生舒适度
提问策略（评分限定学生习惯该策略，因而期待教师运用。）					
问答：自愿回答 学生自愿回答问题。	!!	!!	!!	!!	***
问答：点名回答 教师指定学生回答。	**	*	*	*	!!
蜂音小组：自愿回答一个发人深思的问题；教师要求每个小组轮流说出部分答案；每组由一名志愿者回答。	**	**	**		**
蜂音小组：点名回答 同上，但教师指定每组发言者。	**	**	**	*	*
自信式提问 小组合作讨论一个发人深思的问题；教师要求学生个人代表小组回答，说"谢谢你"，然后要求班级其他学生讨论并商定一个"全班答案"，只有那时，教师才能"公布"正确答案。（参阅第24章）	***	***	***	***	**
学生结对互查 学生独立思考回答一个问题，然后结对比较答案，给同伴提出一个好主意以及一个改进答案的方式。现在，双方互相给对方提出另一个改进答案的主意。然后教师公布正确答案。（这可能来自与其他同学的对话）	***	**	***	***	**

参与率：学生积极尝试回答问题的比例高，"看客"微乎其微。
教师反馈：教师获取每名学生理解与推理有关自己见解的反馈。
学生反馈：每名学生都获取每个人回答问题及个人回答的质量。
思考时间：学生花费大量时间去思考问题及个人回答的质量。
学生舒适度：学生不是被"赶鸭子上架"。他们没有感觉教师或班级其他同学羞辱自己。

变换运用提问类型

开放式和封闭式提问

封闭式提问只有一个正确答案,答案通常简明扼要。例如:

"用'您真诚的(Yours sincerely)(知道收信人姓名——社交信函)'还是用'您忠诚的(Yours faithfully)(不知道收信人姓名——商业信函)'?"

"植物干透了有什么危险?"

开放式提问要求详尽回答,正确答案经常一个以上。例如:

"商人从这场战争获取什么利益?"

"我们如何改进仪器才能获得更精确的实验数据?"

开放式提问鼓励学生去思考,教师也可据此去充分了解学生的学习效果。相反,诸如"是/否"一类的封闭式提问,往往不需要学生动脑筋。学生至少可猜对50%,因而"诊断力"低——即,教师不能假定正确回答就意味着成功学习。

有些学生根本不理解"是/否"问题,但仍能做到100%正确回答,或许他们无意识间运用了某种技巧。教师提问后,他们摆出一副思索的表情,然后从一边向另一边摇头,好像要说"否"。他们一边摇头,一边仔细观察教师的表情。如果教师眉开眼笑,学生就会回答"否"。不过,如果教师皱眉或面无表情,学生就会假装恍然大悟,转而回答"是"!

学生也会采取相同技巧来应付即时回答,比如说,观察教师的非言语反应来回答"否"。如果觉察出教师不赞同,还没等教师说出来,学生就会马上改变答案。绝大多数学生会在无意识间运用该技巧。如果你不相信我,不妨试试下面这个做法:提问学生一些较为难懂的"是/否"问题,当学生说出正确答案时,教师一言不发、面无表情或没有其他身体动作——只是等待。除非学生有把握,否则我敢打赌,不出三秒钟,他们就会把正确答案改成错误答案!

提问层次

"上臂骨肱骨的名称是什么?"

"如果人类没有骨骼会发生什么?"

有些问题只要求学生回忆事实。这类问题肯定有其用途:强化已有知识,练习回忆,"指向"关键事实,让教师了解学生记住或忘记了什么。

不过，学习并不等同于记忆。即使最严厉的教师也承认，考试大纲赋予事实回忆的分数往往低于二分之一。分数主要赋予高级技能，诸如理解与应用所学概念和原理的能力。尽管没有正式承认，但实际上分数还赋予一般"思维技能"，诸如从记忆里过滤和选择只与某个特殊问题有关信息的能力。

事实上，提问本身不能促使学生理解，因为学生不必应用自己所学知识，更不用说练习高级思维技能了。其实，许多提问类型对学生的要求都很高。

1982 年，特雷弗·克里（Trevor Kerry）列举了大量不同的提问类型。他的分类见下表。

提问类型	实 例
数据回忆	法国首都是哪儿？
命　名	股骨名称是什么？
观　察	石蕊纸的颜色是什么？
控　制	约翰，你愿意坐下吗？
伪问题	你从这里看到了什么？（一个开放式问题，但教师希望只有一个答案）
高级提问类型	
推测性假设	如果明天伐光地球上的树木会发生什么？
陈述理由	为什么第三世界人民选择生育这么多孩子？
评　估	有什么证据来反驳来世的存在？
问题解决	如果不让钻头过热，我们怎样给木头钻孔？

我们经常会很快遗忘事实，却往往会保持高级思维技能，究其原因在于，这类技能适用范围广，因而应用频率高。例如，除非经常回忆，否则我们会很快忘记亨利八世的在位时间。我们的文化对高级心理技能重视程度还远远不够。其实，一旦掌握这些技能，就可以应用于全部人类活动领域。对多数人而言，事实知识往往与生活没有直接联系，而这些高级心理技能却不可或缺。教师只有高效运用提问，才能让学生掌握这些宝贵的思维技能。提问还可以确保学生理解所学内容。

> 教育就是将所学知识忘掉后剩下的东西。

研究表明，在教师提问的问题中，70%－80%只要求回忆事实知识，这实在是一个令人遗憾的结果。研究人员认为，多数教师还不能熟练地提问高级问题。请重读一遍第1章所述"布卢姆目标分类学"，你会运用不同层次的提问类型吗？

提问的应用

根据学习八要素（讲解、操作细节、应用、检查和矫正、记忆辅助工具、复习、评估和质疑），提问可用于给学生讲解，让学生应用所学知识，当然他们也可用于检查、矫正甚至评估自己的学习，还可用于复习或修正已学知识。

讲解应呈现学科规律并传授给学生，提问不失为一种最好方法。现举一个实例，运用提问给学生讲解热空气上升。学生已学过密度和膨胀。

教师：为什么软木能漂浮在水面上？

学生：因为软木密度比水小。

教师：好。现在，空气加热就会膨胀。膨胀对空气密度会产生什么影响？

学生：密度变小。

教师：对。如果热空气被冷空气包围会发生什么？（沉默）噢，低密度软木被水包围会发生什么？

学生：飘浮到水面。

教师：是的，如果热空气被冷空气包围会发生什么？

学生：也会飘浮。

教师：不错。为什么？

学生：因为热空气密度比冷空气小。

教师：说得好。所以热空气飘浮到冷空气之上。你能列举一个这类"对流"发生的实例吗？

学生：热气球？

教师：完全正确。这就是"热空气上升"的原因。

当然，教师可以运用讲授来展示这个推理过程。不过，让学生参与推理过程的优势数不胜数。教师应根据学生实际水平进行讲解，让学生有机会去应用概念、检查应用效果，一旦学生最终"做对了"，成功就会成为学习动力。当然，还要坚持建构主义原则，从而确保学生形成个人见解并建立逻辑联系。

其实，教师完全可以与全班、一个小组或一个学生来交流热空气上升问题。

提问可用于评估学生理解一个新主题所需的任何相关的先前知识。

> 如果你不会设计诱发思考的问题，就尝试用"为什么"或"如何"来开头。将这些词语放在每句话前面，就可以转换成一个疑问句。"如果……会发生什么"也可用于一个疑问句的开头。尝试将下列陈述句转换为疑问句：
>
> 山区降水多。
>
> 托马斯·莫尔（Thomas More）被处死。
>
> 升温会加快化学反应速率。
>
> 细菌依赖空气生存。
>
> 耶稣讲寓言。
>
> 每个事实陈述句转换的疑问句往往不止一个。例如，你可以提问"为什么托马斯·莫尔被处死？""托马斯·莫尔是怎样被处死的？""如果托马斯·莫尔没被处死会发生什么？"等等。

提问也可用于提醒听课分神的学生。克瓦米（Kwame）正盯着窗外看：

教师：那么，怎样区分好提纲与差提纲呢？……克瓦米？

克瓦米：什么？（班级笑声一片）

提问还可用于准确诊断学生的学习障碍。如果学生"迷惑不解"，教师应如何作反应？有的教师马上告诉学生做什么，从而帮助他们克服困难，不过，教师最好是教他们找到困难的原因并予以解决——或者，让学生发现如何解决困难就更好了。提问是发现导致学习困难的误解或知识缺陷的不二法门。前面的驾驶教练就是这样做的。

> 有时，我们将完全运用提问来教学，并称之为"苏格拉底式诘问法"。苏格拉底声称自己一无所知（这可以部分解释他为什么没有将自己的观点整理成文字），他只是提问自己的学生，从而暴露出他们观念的前后矛盾。然而，他并没有因为谦逊而得到奖赏，相反，却因"腐蚀青年人的心灵"而被处死。教训：别提问太难的问题！

绝大多数人不会自然而然地运用提问，究其原因在于，新教师习惯于根据答案而不是问题来思考。因此，多数新教师发现自己难于开展一连串的提问，因为这需要具备"随机应变"的能力，以便及时应对出乎意料的回答，并将它转变成下一项有效提问。

建议提前设计好上课运用的提问，尤其要在诱发思考的提问上面下一番功夫。不过，不用很长时间，你就能"当场"设计提问。

1982年，特雷弗·克里提出，初任教师运用提问经常会犯一些错误，包括教学用语过于复杂；给学生思考的时间太少，他们来不及给出正确答案；强化（如表扬）运用不足；经常不会通过简短提问来引导学生进行有效回答。绝大多数实习教师察觉不到这些错误，所以建议他们以过度补偿的方式开始上课：提问力求简明扼要，尽量给学生留出更多的回答时间，尽量多表扬学生。

1964年，P.格罗伊瑟(P.Groisser)主张，提问应具有明确性、目的性和简洁性，用语自然、简单，诱发思考，提问范围广；"事实"提问与"思维"提问并重。

"严禁退出"与"对的就是对的"

"严禁退出"是道格·莱莫夫（Doug Lemov）的著作《高效教学》提及的一种教学技巧，这本书介绍了一些具有特殊"增加值"的教学方法。"严禁退出"技巧适用于不知道答案或答错的学生。

下面一段对话表明，"严禁退出"技巧可用于教学生如何计算百分数。教师已讲解与演示计算步骤，然后要求全班学生计算320的7%是多少，她边引导边板书：

教师：第一步做什么，威尔（Will）？

威尔：不知道。

教师：卡西姆（Casim）？

卡西姆：320除以100。

教师：好，为什么？

卡西姆：因为除以100得到1%是多少。

教师：那么，第一步做什么，威尔？

威尔：除以100。

教师：正确。为什么？

威尔：这样我们知道1%是多少。

因此，教师重新提问最初"答错"的学生，这就意味着威尔最终学会了，而且一直忙于学习。

莱莫夫提倡的另一种技巧为"对的就是对的"。你向学生提问一个他们感觉难于回答或需要细节的问题，你不认可错误答案，对该生说一声"谢谢"，然后要求全班学生补充或修正，直到答案接近完全正确为止。

小 结

提问极其重要。没有提问,就不可能促使学生完全理解所学知识,或者就不可能培养学生其他高级心理技能。提问教学生学会独立思考,从而带来高质量的、可迁移的学习。

提问允许学生练习应用所学概念和原理,让教师有机会去随时检查和矫正学生的错误。提问还可向教师及时反馈学习是否发生,从而确保不让一个学生掉队。

学生往往发现提问是一项积极的、有乐趣的活动,回答正确让学生信心百倍并产生成功感。如果学生能够独立想出正确答案,即使他们特意不回答,也会提高自信。自信和成功,连同伴随而来的表扬和认可,将会提高学习动机。

我们绝大多数人一开始并不会熟练运用提问,不过,经过一段时间的练习,很快就会得心应手。

检查单:"十诫"

1. 你能否提问学生能够正确回答的问题?
2. 你能否给学生留出思考时间,比如运用结对活动?
3. 你是否运用身体语言去鼓励学生回答,包括目光接触、微笑、扬起眉毛、点头等等?
4. 你能否一直表扬或认可正确回答?
5. 你能否避免嘲笑学生的回答?
6. 如果没人回答,你能否提问一个简短问题从而引导学生回答最初的问题?
7. 你提问的问题是否简明扼要,用语是否通俗易懂?
8. 你能否避免运用完全基于事实知识的提问?
9. 你能否尽量提问每个学生?
10. 在讲授时,你能否每分钟提问两次?

> **练习**
>
> 1. 选择一个用时约一分钟且需推理的简单知识点,然后尝试全部运用提问法来上课。提前设计好提问。运用"为什么""如何"以及"如果……会发生什么"等疑问句。

2. 考虑一项自己熟悉的工序或技能，要求运用推理去讲解——比如说，给三孔插座接线，或给盆栽植物换盆。设计一系列提问，教学生学会这项技能。

3. 写下五种鼓励不愿回答或羞于回答学生的方式。

4. 写出五种帮助教师扩大提问范围的方式。

推荐读物

[1] P. 比德尔（Beadle，P.）. 如何教学. 皇冠书屋出版社，2010.

[2] P. 格罗伊瑟. 如何应用提问艺术. 教师实用技术出版社，1964.

[3] T. 克里. 有效提问. 麦克米伦出版社，1982.

[4] D. 莱莫夫. 高效教学. 乔西-巴斯出版社，2010.

[5] R.J. 马扎诺（Marzano，R.J.），等. 有效课堂教学：基于研究的提高学生成绩的策略. 国际课程开发与督导协会，2001.

[6] R. 马扎诺，D. 皮克林. 高参与度的课堂. 马扎诺研究实验室，2011.

[7] R. 马扎诺，J. 西姆斯（Simms，J.）. 课堂的提问顺序. 马扎诺研究实验室，2014.

[8] E. 马热（Marzur，E.）. 同伴教学：使用手册. 培生教育出版社，1997.

[9] G. 佩蒂（Petty，G.）. 基于证据的实用教学法. 纳尔逊·索尼斯出版社，2009.

[10] R. 鲍威尔. 卓越教学、学习与评价. 罗伯特·鲍威尔出版社，2010.

[11] M. 斯旺（Swan，M.）. 数学合作学习：挑战我们的信念与惯例. 英国国家科学研究开发公司、英国国家继续教育研究所，2006.

第十五章　记忆辅助工具

前面几章在讨论记忆术时曾提过，学生特别重视"记忆辅助工具"。一般而言，记忆辅助工具是指对所学知识的概括性记录。课本、讲义或局域网都可以成为记忆辅助工具。另外，教师也可以运用听写，或者，学生可以抄写白板或高架投影仪上呈现的书面笔记。记忆辅助工具应阐明学生必须掌握的知识，弥补记忆的缺失，提供复习资料（当然，你最好还应单独提供一份简略的笔记，以便于学生记牢）。

如果学生正在学习一项专门实用技能，比如拉小提琴，就往往不必为他们提供记忆辅助工具，不过，许多教师仍愿意提供一份记忆辅助工具，以防止学生独立练习期间养成不良习惯。

你曾经试过边写边听吗？令人遗憾的是，多数教师（尤其是高校教师）上课时仍放任学生自己去记笔记。因此，不能专心听课的大学生比比皆是，究其原因在于，他们一字不落地记笔记，而无暇顾及听课。其实，教师认可这种做法的理由是："如果以前对我有利，现在就肯定对学生有利。"倘若人人依样画葫芦，我们现在还会生活在石器时代！如果教师有课堂小结或讲义，学生就可以专心听课了。

如下所述，让学生自己做笔记是一种重要的教学方法。不过，绝大多数教师直接告诉学生记什么，下面看看他们是怎样做的。

课本作为记忆辅助工具

如果一本语言精美、生动有趣的教材或手册涵盖了全部知识点，就可以完全满足学生寻找记忆辅助工具的需要。你也算是交了大运！如果这本教材包罗万象，有时就需要告诉学生应省略的章节，或者，最好提醒学生在教材上标记出目前正在学习的有关章节。如果你要这样使用教材，就要求学生上课时随身携带并随时查阅教材。

绝大多数教师不可能拥有一本满足自己全部需要的教材，因而，他们希望学生自己记录所学知识。

设计适合学生的课堂笔记

尽管设计适合学生的笔记会花费很多时间,但你也会收获颇多。不管是印发讲义,还是写到白板或高架投影仪上,或听写,都应注意:

- 简练。概括胜过详述。若有必要,则引证教材(提供页码);强调关键点。
- 简单。别尝试依靠刻板的风格来加深印象;尽可能使用简单词汇,讲解所有术语;每个句子尽量少于 20 个单词。(参阅第 12 章 "讲解的艺术")
- 美观。精心编排;尽量使用清晰、简单的图表;设法在电脑上编辑讲义;页面字数适量;不美观的讲义没人愿看。

设计准确无误的笔记

1. 避免使用"它""他们"或"她/他"来指代其他词汇;直接使用原来的词汇可避免引起歧义,例如:

禁用:木材像煤一样会产生污染,不过,它是一种可再生资源。

适用:木材像煤一样会产生污染,不过,木材是一种可再生资源。

(学生可能认为第一个句子里的"它"指代煤。)

2. 避免使用复杂的句法结构。

3. 避免使用否定句,肯定句往往明确无误,例如:

禁用:不给开口销加润滑油,机器几乎没有不堵塞的。

适用:给开口销加润滑油,否则就会堵塞机器。

讲义作为记忆辅助工具

讲义可以节省宝贵的教学时间,可以完全满足你的需要,不过,编写讲义会花费很长时间。能力弱的学生不辞辛苦地收集讲义,然而,除非教师设置的活动要求使用讲义,否则讲义就基本上会被学生束之高阁。

教师分发讲义后,经常会发现学生只看讲义不听课。若有可能,就讲完再发讲义,并告诉学生运用讲义来独立总结所学知识。

另外,教师可以引导学生边听课边翻阅讲义——不过,一定要确保学生认真听讲重点。

你要千方百计地确保自己与学生一起使用讲义。有些教师有意编写不完整的讲义：有图表无标注、有标题无正文、有问题无答案等等。因而，查漏补缺就成为一项有意义的上课活动，学生借此将讲义"个人化"。教师要鼓励学生运用个性化语言来注解讲义。

滥发讲义是多数专业课的通病。别尝试去编写一本教材——而是要给别人的教材编写参考书。每小时分发讲义的数量别超过一张双面打印的 A4 纸，否则就会惹恼学生。讲义要双面复印而不是单面复印，现代复印机完全可以自动双面复印。如果所有教师都这样节约用纸，每年我们一起就至少会拯救一片热带森林。

运用白板或高架投影仪呈现课堂笔记

记笔记不应成为一项被动应付、劳而无功的活动。先讲授，然后让学生根据课堂笔记去概括你希望他们掌握的知识。

例如，一位科学教师讲完功率后准备给学生呈现下述课堂笔记：

电功率

电功率就是能量转换的速率，单位为瓦特。1瓦特等于每秒1焦耳。例如，若一台电动机3秒钟消耗电能18焦耳，电功率则为6焦耳或每秒6瓦特。

电功率＝消耗电能／所用时间

写完标题"电功率"后，教师不是一下子全部写好，而是提问全班电功率定义及其单位。教师应引导学生正确回答出第一句话，再大声重述并写上。然后教师可以提问："1瓦特等于多少？"学生回答后，教师写上第二句话。接着写上第三句话，再写"电功率则为……"；教师可请一名学生将这句话补充完整。最后，教师可以提问："电功率公式是什么？"学生做出一个正确回答后，课堂笔记就写完整了。学生喜欢参与这类自己做笔记的学习活动，如果他们成功了，就会产

生学习信心。教师要尽量使用学生熟悉的用语。

如果使用高架投影仪,就随着学生回答的进度渐次呈现课堂笔记内容。另外,教师可以要求学生适时将答案写到白板或个人笔记本上面,从而让他们产生高度的参与感。如果教室装备了交互式电子白板,就请参阅第35章教学资源有关内容。

听 写

听写是令学生望而生畏的教学方法,不过,他们经常发现听写比抄写快速、容易。当然,写字速度慢的学生、拼写经常出错的学生、绝大多数诵读困难的学生以及丢失笔的学生,都肯定会视听写为灾难。其实,做听写超人并不比做第三帝国的暴君难。教师最好一边在白板或屏幕上板书一边让学生听写课堂笔记。此时教师的语速要慢于平时,语调要异于正常,并读出标点符号。学生可对照白板检查个人拼写。

作为教学方法的课堂笔记

填写标题

尝试给学生一组课堂笔记——有意省略标题却预留空白,然后要求他们自己以句子形式填写标题。只有学习者阅读与理解了材料,才能写出"心脏是一台血泵"或"心脏依肌肉需要而提高血流速度"一类标题。

做笔记

记得我上学期间,老师就运用下面这种方法。教完一个简短主题后,教师留出5分钟左右时间,要求学生运用自己的语言撰写课堂笔记,或依据教师提供的标题去做。然而,令人遗憾的是,绝大多数教师放弃该法转而使用课堂讲义。课堂试验发现,单是学生做笔记就可能将平均成绩提高两个等级!迄今为止,绝大多数专家型教师都青睐做笔记的方法(参阅佩蒂的研究,2009年)。

不过,你需要检查学生的笔记。要求他们在段落之间、页边留出大量空白,以便改进个人的课堂笔记。学生做完笔记后,你要提问全班学生笔记应包含的重点。确认无误后,再要求学生修改自己的笔记。另外,鼓励学生创制"组织图"。

如果检查以该方式创制的笔记,我保证你会惊喜有加!不过,该法的目的并不是创制完美无缺的书面笔记,而是在学生头脑里形成个人理解,然后根据反馈予以改进。此乃不折不扣的建构主义。(参阅第1章)好笔记是由差笔记炼成的。

同理,好理解是由差理解炼成的。倘若给学生印发他们不读的讲义,哪怕你再自我感觉良好,也不会丝毫加深他们的理解。

同伴解释

如果学生书写能力低或不愿书写,就用同伴解释代替。将一个简短主题一分为二,然后要求学生两两结对:

每组靠通道最近的那名学生,负责解释巡回护士如何护理病人;离通道最远的那名学生,负责解释巡回护士如何协助医生工作。

给学生 1 分钟时间,要求他们以书写重点句子的形式去准备解释,然后每人给 1 分钟时间用于同伴解释,再给 1 分钟时间用于互相修改重点句。最后,你公布要点,让他们对照检查。课堂试验发现,这也是一种极其有效的方法(参阅佩蒂的研究,2009 年)。

当然,如果学生期待教师运用这些方法,它们就会产生最佳效果!

> 复习技能及其知识:迄今为止,我们探讨了做笔记的知识,但上课所运用的评估或数据分析一类技能是怎么回事?这些也需要得到关注。(参阅第 23 章)

如何提供课堂笔记

如果学生以后根本用不着课堂笔记,就别做无用功。给他们印发必须学会的课堂笔记,然后进行测验。(参阅第 23 章"为记忆而学习")

别滥用课堂笔记。课堂笔记应该只是一个概要。如果有大量细节知识,就应给学生提供阅读参考资料。

推荐读物

[1] R.J. 马扎诺(Marzano, R.J.),等. 有效课堂教学:基于研究的提高学生成绩的策略. 国际课程开发与督导协会,2001.

[2] G. 佩蒂(Petty, G.). 基于证据的实用教学法. 纳尔逊·索尼斯出版社,2009.

[3] R. 鲍威尔. 卓越教学、学习与评价. 罗伯特·鲍威尔出版社,2010.

第十六章 指导学生练习

几乎人类所有技能和能力都离不开矫正性练习，因而矫正性练习就成为一种不可或缺的教学方法。矫正性练习让学生有机会去发展自己的技能，让教师有机会去获取反馈，进而发现学生是否学会、是否需要改进。现举例如下：
- 学生根据作业单或教材要求完成一系列练习；
- 学生做实验；
- 成人教育女装裁缝班的学员，自选裁制一件衣服；
- 工程专业学生练习焊接工序；
- 人文学科学生讨论降低失业率的最佳方法。

请注意，同班学生不会做同样的事情。例如，在女装裁缝班里，教学应适应学员不同的选择、兴趣和能力。尽管激励效果明显，但有时也会事与愿违。

本章将分别讨论操作技能和智力技能的练习，不过，我们先分析两者的一些共同点。（发现学习法是另一种学生练习方法，请参阅第 29 章。）

学生练习最起码可以让他们"使用"技能，从而有机会"检查与矫正"，最终学生有机会去解惑。

与其他学习方法相比，指导练习更能促使学生发奋学习，因而让玩世不恭者失去了市场。与此同时，如果精心准备、巧妙运用，学生就会特别享受这种学习方法。

准备活动

如果有效运用学生练习，就需要在活动开始前：
- 必须充分介绍活动，保证学生完全理解教师设置的学习目标。他们必须全面了解"操作细节"（要求他们做什么、如何做得最好）。学生需要知道为什么这样做。
- 活动必须与所有学生水平相符。（可能包括不同学生做不同活动，或不同学生不同期望——例如，针对提前完成任务的学生，设置相应的拓展练习活动。）
- 学生应有机会向教师请教与活动有关的问题。

- 如果活动包括一系列任务，教师通常应给学生提供一份书面清单，并将任务分解成子任务。例如，"一旦做完就要撰写一份报告"可能让多数学生不知所云；尝试逐条记录子任务——比如报告应包含什么。另外，让学生自己设计这类子任务，比如开始前的行动计划。

现在，我将详述学生练习智力技能期间的管理问题。本章后面将论述班级实践课。

管理智力技能练习

关键在前几分钟

认真描述活动，给学生印发书面介绍材料。先询问学生是否有问题，如果人人明确无误，就最后一次概述活动，然后允许学生开始活动。无论什么活动，一旦开始，教师就应尽快检查学生的活动情况，确保无人错误操作。课堂沟通十分微妙，无论你多么用心讲解，绝大多数学习小组都至少有一名学生要么完全听反了，要么什么都没听懂，要么不知道自己是否懂了。

> 我曾看到一位数学实习教师给全班布置了一大堆分数练习题。全班学生似乎都在认真做题，教师四处巡视解疑答难。过了大约40分钟，快下课了，学生将作业交到讲台，教师突然发现一名学生全部练习题都做错了。这名实习教师肯定灰心丧气、愤愤不平。她竟然花费了40分钟让学生去练习一种很难改正的错误方法。如果练习一开始教师就着手检查，就会避免发生类似情况。

如果教师系统安排自己在教室的走动路线，四处巡视，就可以检查学生的学习情况；教师可以要求学生自我检查或互相检查，也可以给前几个问题提供答案。教师要重视最初的检查，通常应优先回答个别学生的疑问。不过，最需要帮助的学生往往不吱声。教师四处巡视还可以确认所有学生是否都在认真学习。

现举一个例子，一位教几何的教师正在开展一个20分钟活动，活动进行到4分钟时，她叫停全班学生并要求大家安静下来："现在，大家都做完了第1题，所以我需要弄清各位是否做对了。我要求你们做三项检查。第一，是否在整张纸上作几何图？第二，标注是否与白板上的几何图形相同？第三，第1题答案是否为8.7米？有疑问的请找我。"

教师最好要求学生补充检查标准，一旦确立标准，就让学生依照标准自查或互查。

练习进行期间

一旦确认所有学生练习的方式基本正确，你作为教师的角色就是表扬与鼓励了，随时为学习困难的学生提供帮助，同时始终严格检查。不过，在有些课堂上，教师一定要检查所有学生的学习效率。

除非活动时间很短，否则教师就经常要粗略检查每名学生的学习结果（当然，大堂课难度太大）。检查过程既要监测学生学习效率、敦促学生改正错误，又要给学生积极反馈，从而提高学习动力、树立学习信心。如果你能给予建设性意见，如果你能大量运用表扬，学生就会欢迎教师经常检查，就会刻苦学习。

切忌对学生冷嘲热讽。无论错误多么荒唐或幼稚，都别表现出惊讶的表情，更不必说大笑了，不然，你就会让学生从此不敢再寻求帮助。同理，明确反对学生互相嘲笑。人人都会犯错误，不犯错误什么也学不好。耐心是学生最珍视的优秀教师品质。有效教师并非真正有耐心，只是他们已学会掩饰自己的急躁情绪罢了。要培养自己咬紧牙关微笑的本领，或者干脆在办公室挂上一个沙袋！

不愿学习者

尝试："做完第4题就说一声，我会马上给你批改。"

即使有些学生平时学习效率很低，即时反馈结果也会促进他们努力；面批面改，尽量寻找机会表扬学生。专心当面批改可能让学生心情愉悦。如果班级人数多，就只给部分学生面批，不过，对学习动力不足的学生一定要全批全改。

如何对待因动机不足而学习效率低的学生？

● 经常检查学习效率。练习开始后，你可能需要在心里记住或书面记下学生符合标准之处。

● 两次检查之间要运用目光接触。

● 尽量表扬他们的学习成功之处。

● 设定目标："过5分钟我再回来，我希望你能做完第4题。"目标一定要切实可行，记住检查他们是否实现目标，并表扬他们的学习成果。

● 在极端情况下，让学生"接受处分"——即，每节课结束后，他们必须将作业交给你批改。

● 阅读第一部分"动机、表扬和批评"有关章节！

你可能需要留心捣乱的学生。在课堂四处走动或个别辅导时，注意调整身体朝向，尽量保持面朝大多数学生，不时扫视整个教室。

"一对一"帮助学生

你应该如何矫正学生的错误？方法各式各样：轻微批评、耸肩、闪开——让我来做。

> 如果因中风而偏瘫，患者就必须重新学会如何打开果酱罐一类家务活。一旦发现某人正在费力打开果酱罐，绝大多数人都恨不得马上替他们做。但医生告知患者家人，帮助就是拖后腿。要想生活自理，无论需要多长时间，都必须放手让患者自己练习。有时，不帮助就是最大的帮助。

给学生答疑解惑时，新教师可能经常会过度教学。他们会说"不对，应这样做"，然后就取而代之。如果鼓励学生自己去分析、解决问题，他们就会高效学习。只有学生具备了自我评估学习结果、诊断和解决问题的能力，他们才能不再依赖教师。学生要学会如何改进自己的学习，这类技能不可或缺。努力将学生培养成为"反思型学习者"，即，学生为了改进学习而反思。

总之，如果想帮助学生改正学习错误，教师就应尽量让他们自我改正：

- 询问他们是否有问题或困难，然后认真倾听他们的回答；
- 努力让学生弄清问题的根源，若有必要则运用提问；
- 一旦发现问题，就询问他们能否找到解决办法；
- 只有学生自己无法解决，你才应讲解并演示如何改正错误。

不过，大堂课往往没有时间这样做——如果练习太难或备课不充分，学生的疑问就会让你疲于奔命！

> 你是否希望学生互相帮助？或者，是否所有问题都应请教你？绝大多数教师鼓励学生同伴互助。

如果大量学生遇到的问题相似，就将他们编到一个组，从而可以免除反复讲同一件事情的麻烦。你可以说："相当一部分同学做错了第7题。如果你们需要帮助，就在白板前集合，其余同学可以继续做练习。"

尽管活动经常持续很长时间，但学生可以借机独自刻苦练习，不过，小心别把学生累坏了。

作业单

作业单往往是需要学生完成的一套练习题或实践作业，不过，也可能包含概括性笔记。出版商以豁免版权为诱饵来推销作业单，授权采购方复印供内部人员使用。不过，教师出于个人使用的便利，往往会编写绝大部分作业单。（参阅第35章视觉教具有关讲义的内容）

编写个人作业单时：

- 练习分级须慎重。一个深奥概念的掌握需要做一个以上的练习题，学生喜欢循序渐进；
- 先设计几个简易题让学生树立自信；
- 千方百计将任务分解成子任务，每个子任务给予一个问题编号；精心设置任务；
- 作业单应给学生提供这样一种机会：直截了当地展示个人已学技能和知识；别去给学生挑毛病；只有学生完全掌握和充分练习了基础知识，才能放手让他们去解决难题；成功是动机的钥匙；
- 至少最后一道题不让学生知道，以防有人做完了却无事可做；
- 考虑与学生有关联的、有人情味的智力游戏、挑战赛等；
- 作业单尽量做到生动有趣、美观漂亮。打印作业单，包括图和照片；版面别太拥挤。（认真研究商业化编写的作业单，从而知道如何编写作业单。）

第1章所述无意义文字游戏练习表明，即使学生不理解自己正在做什么，似乎也可以做正确。如果作业单只是要求学生填充缺失的单词，或只是从讲义里寻找答案，就毫无价值。当然可以这类问题为开头，不过，接着就要提问探究性问题，从而要求学生：

- **做决定**。Borogroves 对 mimsy 的感觉对吗？
- **陈述理由**。为什么 toves 在 wabe 里面？
- **评估**。mome raths 的策略如何有效？
- **假设**。如果那天不是 brillig 会发生什么？

这类问题以及类似问题要求学生加工信息从而达到理解。它们不仅激励学生认真思考学习主题，而且给教师反馈学生是否已达成理解。这类问题让材料趣味盎然、易于理解和记忆，同时也会培养学生重要的思维技能。

开始一定要根据教材设计一些简单问题，不过，接着就要提问探究性问题。你的作业单是否充斥着废话或"浅度学习"问题？

别过度依赖作业单。如果教同一班级的其他教师大量使用作业单，你就更要谨慎使用了。过度使用作业单会让学生厌烦。如果学校给你提供了课本或一大摞作业单，就别强行一味使用它们。

检查进步

在绝大多数教学环境里，教师可以批改学生的练习。一旦批改完毕，就应尽快给学生反馈结果，从而最大限度地提高学生学习动机。数学这类学科经常只有一个正确答案，教师可以要求学生自己检查答案；不过，别过度依赖自我检查。为了检查学习效率、求证方法、抄袭行为等，你自己始终要坚持批改部分作业。查明抄袭者不难，如果你按照教室座位顺序收集、批改作业，抄袭者就水落石出了：抄袭者格式相同、错误相同。不过，有些抄袭纯属合作学习的结果，所以必须调查后方可下结论。常规性考试，比如"掌握学习"一类考试，马上就可以分辨出抄袭者和合作者。

或许，我这样说别人会群起而攻之，不过，如果学生的学习效率超出你的批改能力，就抽样批改每名学生的练习——例如，只批改作业单上最后四道题。最好全批全改，但这需要充足的时间和资源。若能运用同伴评价就更好了（参阅第43章"形成性评价"）。

"谁有疑问？"胜过"有谁不懂？"学习错误在所难免，不犯错误就不能进步，所以，尽量对学生采取耸肩——"不训斥"策略。

有些教师几乎一直使用个别化学生练习——例如，运用操作手册，教学生学会标准计算机应用软件；或者，在女装裁制一类实践课上，让学生自己独立裁制衣服。过度依赖任何一种教学方法都会让学生厌烦，尽量做到变化多端。如果上女装裁制课，学生就会喜欢互相围观对方的作品，聆听教师点评每件作品的特殊难点与裁制技巧等。如果上计算机课，教师实际操作演示或稍微讲解一些硬件常识，就会让学生受益匪浅。

集体练习

"我们从这项活动中学到了什么？重点是什么？"集体练习有助于学生既见树木又见森林。学生通常需要反思和讨论活动，进而解决常见问题；随后，教师经常给学生发放概括性笔记。

批改完练习后，你必须亲自出马，或最好让学生自己去矫正学习错误；老师应与小组学生一起商讨解决常见问题。

管理实践活动

在最好情况下，实践课是一种令人享受的、积极的操作体验。在最坏情况下，实践课是一段令人沮丧的插曲，甚至连教师都不知所措，半数仪器失灵或缺失。就教学来说，成功来自于充分备课。

学生是否进行了充分准备？他们遵守的操作程序是由你规定的，还是运用"发现"法概括出来的？（参阅第29章）他们是独立操作，还是小组合作？（参阅第18章）

不管怎样组织实践活动，都要注意：

1. 用时肯定超出你的设想，所以要预留出大量时间；

2. 除非活动属于例行公事，否则你自己就要先试用一遍（操作学生所用设备）。站在学生的角度来检验，并做好如下记录：

——程序及所有必需设备

——可能出现什么差错

——给学生提供目标明确的"操作标准"

——（特殊的）安全防护措施

3. 提前将设备摆放整齐（在别人"玩"它之前！）；

4. 备课前，向经验丰富的教师请教与实践课有关的秘诀、策略与误区。

如果设备短缺，就让学生分组轮流动手操作，或让学生交替做不同的活动（参阅第18章）。如果特殊设备需要学生排队操作且每次只限一人，第五位学生就会从观摩第四位学生的操作中有所收获，依次类推，循环往复。

准确把握自己希望课上达成的目标，然后精心设计活动。如：是否特别要求学生注意什么？是否要求学生以某种方式做活动记录？学生是否需要演示？你是否强调过安全规则？确保人人始终有事可做，给提前做完的学生准备一项开放式拓展活动。

除非运用发现教学法，否则就一定要给学生讲清楚操作要领；确保运用作业单、白板或高架投影仪给学生书面介绍活动。指导用语既要在课前精心设计，又要保证简明扼要，否则就别在课堂上乱讲。

准备工作很关键，例如，做蛋奶酥，先搅拌蛋清再添加牛奶和面粉混合物，或者，先通电再开始做科学实验。有时，最好让学习者与你一起检查准备工作再开展活动。

一旦活动开始，教师就应检查每名学生或每个小组是否正确操作。他们的操作是否符合要求？要密切关注安全因素。在指导活动期间，如果可能出现安全问题或操作失误，就一定要始终面朝绝大多数学生，即使正在个别辅导，也切莫背对其他学生。每隔数秒钟就扫视一次全班学生，与学生保持目光接触。

实践活动往往离不开集体练习。学生应学会什么？可能得出什么结论？能否解释清楚异常体验或结果？此时此刻，学生往往希望教师提供概括性笔记。互相观摩作品、讨论也会让学生受益。学生出现的共同问题也需要及时解决。

如果你希望学生记录实践活动，就阐明如何做记录，并给学生提供可效仿的记录范例。给学生留出足够时间，重复练习应慎重、准确和从容。"操作细节"应包含相应的操作指标，以便于学生自我检查。不是练习成就完美，而是正确练习成就完美。

如果教学生掌握身体技能，就切莫一次教太多。最好将一项复杂任务分解成一系列操作环节，然后让学生分别学会。学习身体技能时，更应慢慢地、准确地练习每个环节，直到达到规定速度为止。最终，前后环节相衔接从而完成这项复杂任务。例如，音乐教师可能运用这种方式来教学生演奏一个复杂的四小节乐段，或许一次只学一个小节。（参阅第 2 章"实用技能教学"）

科学实验活动

没有实验活动，要想教好科学无异于痴人说梦。不过，无论多么有必要，仅有实验活动还是不够的。学生还需要有机会运用已有科学原理去解题、口头和书面回答问题。理解一个实验是一回事，例如理解"扩散"并撰写实验报告，而能够应用扩散概念去回答问题又完全是另外一回事，例如回答考试类问题。只有采取问答形式来进行矫正性练习，才能掌握应用概念的能力。矫正性练习给教师提供反馈，从而可以矫正概念应用过程中学生出现的错误与疏漏。

如果运用得当，实验就会成为一种积极的、有趣的、有启发性的、愉快的活动。如果运用不当，就会让学习者厌烦和迷惑。研究表明（参阅下一段文字），即使刚做完一项常规性操作练习，多数学习者也说不出自己做过什么、为什么做或发现了什么！

1990 年、1992 年，霍得森（Hodson）在《科学教育协会杂志》撰文，猛烈抨击不加批判地、漫无目标地进行实验活动。

一旦开展实验活动，就必须阐明教学目标。可包括学习：

- 特殊科学事实、原理或概念的实例；
- 如何开展科学研究；
- 如何解释数据，如：如何发现变量之间的关系；
- 如何处理异常结果；
- 如何分析错误。

……

有时，科学开课伊始，教师就要求学习者同时完成上述所有目标。除了聪明绝顶的学生外，其他学生都会不堪重负或起码无所适从。每次只详述一个目标，同时匹配一项活动，从而让学生准确无误地探究目标。引导性活动可以包含实验，也可以不包含实验。

如果教师提供各类相关具体事例，学生就能够掌握科学概念和原理。提供这类事例的方法包括：实际演示、教师讲授、学生提议、阅读教材、计算机模拟、录像等以及实验活动。

一定要让学生知道，科学实践课并不是始终要求他们亦步亦趋，对教师的要求言听计从。如果教师运用"填鸭式"教学方法，学生就会越来越懒于思考，进而心生厌烦。如果学生想学会规划设计实验的技能，就必须练习这类技能！先让学生预测实验会证明什么，再开始做实验，最后要求他们比较实验结果与预测结果。

尽量避免花费大量时间去做重复实验。一般可以将一项实验均分给不同小组来做，不同小组研究不同变量，或不同小组研究同一变量的不同数值，然后全班交流各自的研究发现。例如，各组可以探寻盐在不同温度下的溶解度，然后再将研究结果汇总并绘制出一个曲线图。

即使学生正在做同一项实验，小组成员也应互相交流实验结果。这样做既能增强学习动力，又能鼓励学生对自己的学习负责。计算全班所有研究数据的平均值也会得出可靠研究结果。

确保留出时间打扫卫生、收集仪器以及开展集体练习。实验活动必须进行集体练习。要向学生阐明应从实验中学会什么，解释任何异常结果，努力阐明目标，确保学生清楚实验的有效推理法则。

初任教师的常见问题

作业太难

学生是否争先恐后地举手请教问题？你是否反复解释同一件事情？你是否断定这个班的学生有点笨？别担心，新教师经常会犯布置过难作业的错误！向同事和带教老师请教如何设计作业难度；确保学生真正理解应如何做以及为何这样做；给他们展示大量实例——如演示；将你设计的作业难度与其他教师进行比较；别想当然地以为学生缺乏知识或技能。

任务太模糊

他们是否疏忽了什么？他们是否"全做错了"？是否人人迷惑不解？尽可能地这样分解任务，运用简单语言明确无误地写出来。

有些学生提前完成却无事可做

至少保证最后一题为开放式任务，且具有一定难度。

用时均比预料长

很正常！只要学生一直忙于做实验且没有浪费时间，你就大可不必担心。

（参阅第18章"小组合作学习"和"学生讲授"）

检查单

管理学生的练习

- [ ] 学生是否有准备?比如他们是否知道"操作细节"?
- [ ] 必需教学资源是否准备妥当?是否提前预留出充足时间?
- [ ] 任务是否被全面分解?是否切实可行?书面阐述是否清晰和简练?
- [ ] 是否至少设置一些需要认真思考的问题?
- [ ] 是否活动一开始就立即检查和矫正每名学生的学习?
- [ ] 你能否帮助学生却不"代替他们做"?(参阅第 14 章)
- [ ] 在检查、矫正、辅导和巡视时,你能否始终面朝大多数学生,从而及时发现安全和纪律问题?
- [ ] 你能否始终带领学生进行一次集体练习,从而保证全体学生理解所学知识?

管理实验活动

- [ ] 学生能否有机会做书面练习?能否有机会去弄懂所学概念?
- [ ] 你能否避免经常使用"填鸭式"教学方法?(参阅第 14 章)

推荐读物

[1] D. 霍得森(Hodson, D.). 学校科学实践课批判性研究. 学校科学评论.1992, 73(264):65-78.

[2] C. 基里亚库(Kyriacou, C.). 学校有效教学:理论与实践. 纳尔逊·索尼斯出版社,2009.

*[3] C. 基里亚库(Kyriacou, C.). 基础教学技能. 纳尔逊·索尼斯出版社,2007.

[4] M. 马兰(Marland, M.). 课堂教学艺术:生存指南. 海涅曼教育出版社,2002.

[5] R.J. 马扎诺(Marzano, R.J.), S. 马扎诺(Marzano, S.).D.J. 皮克林(Pickering, D.J.). 有效课堂管理. 国际课程开发与督导协会,2003.

[6] G. 佩蒂(Petty, G.). 基于证据的实用教学法. 纳尔逊·索尼斯出版社,2009.

[7] R. 鲍威尔. 卓越教学、学习与评价. 罗伯特·鲍威尔出版社,2010.

第十七章 讨 论

我们都喜欢讨论。当一些教师还懵懵懂懂的时候，媒体早已闻风而动、深谙其中三昧了。广播或电视的讨论节目五花八门，要么专家各抒己见，要么观众或听众电话直播，要么邀请一大群人到演播室激烈争论。

许多教师大量运用讨论去教学。如自由交流，让学生有机会表达个人意见或观点，同时倾听同伴的意见或观点。有些教师提问后，喜欢让学生自发地讨论一会儿再回答。不过，本章的重点在于全班或大组讨论的刻意运用方法。

现在试做本章末所附练习，然后再阅读本章内容以弄清你是否得出有效答案。

何时使用讨论

一般地说，讨论适用于下述教学情境：

1. 讲课者需要知道学生的意见和体验，或者学生的意见和体验对小组其他学生有用、有趣。例如：

——在研讨会上，经验丰富的卫生工作者正在评估和考虑新旧工作方法。

——在个人与社会教育课上讨论校园欺侮现象。

2. 论题包括价值观、态度、情感、意识而不是事实材料。例如：

——探讨性别刻板印象。

——在工程研讨会上，试图形成或改变对安全的态度。

3. 必须让学生练习提出和评估意见。例如：

——在英国文学课上，讨论哈姆雷特的性格。

——在社会学课上，讨论一些失业的后果。

当然，讨论式学习方法不适用于无可争议的、基于事实的论题。其实，多数教师喜欢鼓励学生对所学材料有独到的见解。因而，讨论教学方法受到教师的偏爱。意见形成和说服将在本书第四部分讨论。

假如你经营一家临街连锁商店，已担任 8 年经理。总公司选派你去学习最新的商店管理课程，其中一项课程内容涉及商店职员对顾客有意无意的种族歧视。如果上课包括下述内容，你会做出什么反应：

1. 教师正在谴责个人研究发现的种族歧视现象，并郑重其事地详述商店经理应如何改变管理方法进而消除种族歧视。

2. 教师先详述商店有意无意种族歧视的材料，然后要求你和同学回答作为商店经理的感受以及会采取什么对策。

对第一项上课内容而言，多数学员的反应是对教师不满。"他对经营一家商店知道什么？""老师只是一位沽名钓誉之徒而已。"结果学员的态度更加强硬——与教师的本意背道而驰。

对第二项上课内容而言，多数学员的反应可能是积极发言。因为学员喜欢表达个人见解。如果教师尊重学员的观点，他们就会虚心接受教师的意见，而不会去顶撞和争辩。进而，他们很可能会改变自己的观点和惯例。如果发现其他学员与自己意见不一致，就更想改变自己的观点和惯例。

讨论不能只鼓励学生表达"错误"观点。不过，只有挑战错误观点，才能改变错误观点，因而需要将错误观点公之于众。（当然，你可以限定不讨论个人卫生一类的私密话题。）

运用讨论式教学就是向学生发出一个潜在信号——教师实际上对学生说："我重视你们的体验，我愿意倾听你们的意见。"相反，讲授式教学也是向学生发出一个潜在信号——你们一窍不通。

精心设计的讨论是有趣的、吸引人的、积极的，能够为学生营造一种安全环境，从而让他们验证自己的观点并做出必要改变（当然，观点经常要在反思后才能改变）。讨论让学生有机会去应用评估、综合一类高级认知技能。讨论适用于情感教育，例如，产生情感共鸣，验证社会和道德价值观等等。讨论也让学生有机会去互相熟悉，从而建立一种轻松自如、畅所欲言的关系。

> 列举自己任教学科适于讨论的主题。

设计讨论

除短暂的即兴讨论外，讨论组织者需要设置希望实现的目标。一旦确立目标，就必须制定一个方案，这个方案可能只是一些用于发起讨论的事实材料，另外还要编写一张关键问题排序表。

有效讨论往往环环相扣，当然参与者可能浑然不觉。设计严密的讨论可以批判性地验证证据、信念和价值观，最终要求学生据此形成个人见解。多数热门的电视节目都鼓励参与者毫无顾忌地发表观点；教育也可以如法炮制，不过，对有些学生可能需要慎用!

> **讨论方案**
>
> **规划政策：城市景观树**
>
> 城市景观树的优势是什么？
> 城市景观树的劣势是什么？可以消除的劣势有多少？
> 哪里需要栽植景观树？栽植在哪里效果最佳？
> 栽植在哪里最容易与现有城市景观相协调？
> 本地有关栽植城市景观树的规划政策应是什么？
> （讨论学生提案的优点与不足）
>
> **注意，要确保学生形成合理的意见：**
> - 要求学生先考虑所有相关问题，再讨论重要问题。
> - 应讨论任何一个提议、提案或备选方案的优势与劣势。

有些讨论是完全开放式的，因而教师要侧重于倾听学生的观点而不是关心学生对预设知识是否掌握。如，一位教师开始讲周末园艺课时，可能先让学生依次介绍自家的花园，以期了解每名学生。同样，一位教师上英国文学课时，可能要求学生讨论一部小说某人物的动机。这类开放式讨论将在第38章和39章详论。教师最好提前准备一张问题清单，也许不一定能全部派上用场，但有备无患。

其他讨论均具有明确的目标。在一个工程研讨会上，假如讨论工作安全，从而让与会人员确知健康与安全的主要危险以及如何将危险最小化。在这类讨论中，单凭一张问题清单不会确保实现预设目标。讨论需得出重要结论，教师应写下学生得出的每条重要结论，最好写在一个学生均能看到和对照的地方。当然，针对自己希望学生掌握的每条重要观点，你肯定要准备一个措辞严密的总结。

选择合适的话题

如第14章所述，话题包括两类：

封闭式问题，只有一个正确答案，即"对／错"问题。例如，"漏油会有危险吗？"
开放式问题，要求详尽无遗的、个人化的反应。例如，"你什么时候最想冒险？"
简单易懂的开放式问题有助于讨论继续进展。如果学生对一个开放式问题简短回答了几句，教师就运用目光接触、点头等来鼓励他们回答更多。

确保问题顺序和结论能引领你实现预设的讨论目标。如果讨论随心所欲，学生就可能各说各话、漫无边际，最终就会一无所获、白费力气。教师需要写出讨论方案；即使教师拿着提示单来陈述讨论方案，学生也不会大惊小怪。（电视主持人可以这样做，所以教师这样做肯定没问题！）

> 下列哪个问题适用于工作场所安全的讨论话题？
> 1. 工作场所的安全是否重要？
> 2. 谁会告诉我们工作场所存在的不安全惯例？
> 3. 依你之见，人们是否高度重视安全操作程序？
> 4. 在你所处的工作环境里，你认为健康和安全面临的最大危险是什么？
>
> 要想让学生有上乘表现，就尝试提出开放式、有争议的、个人化的问题。
>
> 第1题是封闭式的、客观的和无可争议的问题，因而完全没有必要讨论。第2题是个人化的，第3题是个人化的、有争议的，不属于"对／错"问题，因而适用于讨论。第4题如何归类？

如何引导讨论

提出话题，然后袖手旁观、听之任之？不！组织一次成功的讨论需要技巧，如果想实现特定目标，就更需要精心策划了。

首先要考虑座位安排，参与者都能轻易看到对方，所以最好环形排列座位。如果有问题（例如，桌椅固定安装），就尝试让学生相对而坐，绝大多数学生变换坐向即可。

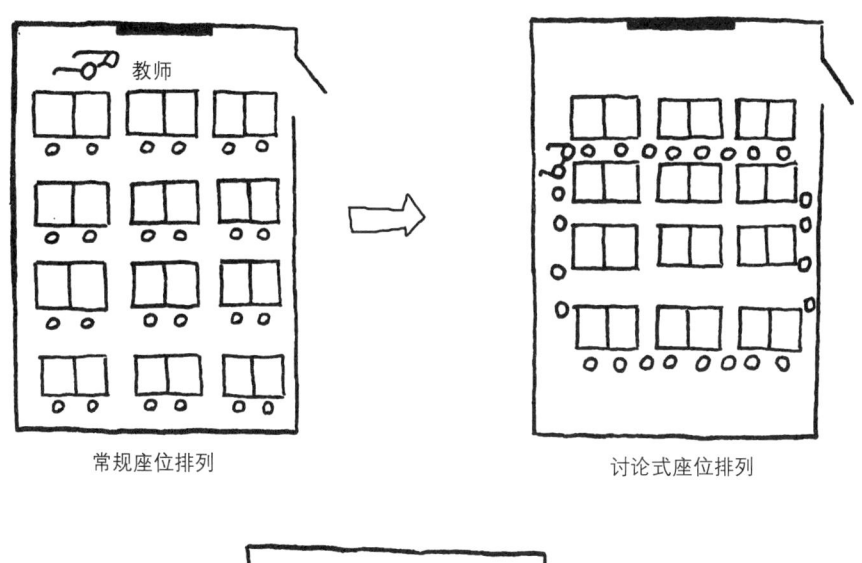

常规座位排列　　　　　讨论式座位排列

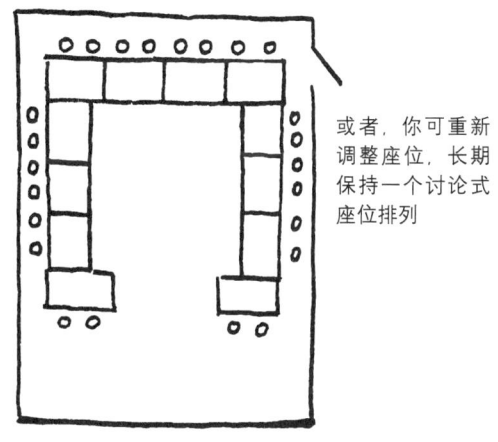

或者，你可重新调整座位，长期保持一个讨论式座位排列

讨论座位排列图

启动讨论

是否介绍了相关事实材料？观点应与事实相符。有时，发起一次讨论有难度，如果参与者因初次见面而害羞和沉默，就更不容易发起讨论了。如果组织者开始介绍一些事实材料，就会有助于启动讨论；如果话题是一个有争议的问题，就尽量公正地介绍，列举正反两方的论点，例如，朗读选自相关材料的几段文字。

别透露你的个人观点，这会阻碍学生发表相反的意见。

在最初介绍之后，组织者再提出一个问题也会有助于讨论。问题应是开放的、明确的、简练的，而不是一堆互相关联的问题。为了确保讨论快速"升温"，第一个问题应引起争议或要求小组每个成员回答，请阅读下面这个例子：

"每个组员是否愿意简要解释一下自己所担负的职责？"

"你认为复习对优秀生来说纯属浪费时间吗？"

别提问这类模糊问题:"好,你们现在已知道绝大部分重要事实,大家有何高见?"

> 如果问题要求讨论小组每位成员回答,就可以称之为"轮流发言",在讨论的任何阶段都可以运用"轮流发言"。例如:
> "你会如何应对这种情形?"
> "这个程序让你最感头疼之处是什么?"
> 对学生的回答一定要积极回应。

提问补充性问题,从而鼓励学生完整地回答问题。例如,"真有趣,你为什么那样思考?"

在大组讨论时,总会有过于自信的学生喜欢搞"一言堂",因而,有些教师就会将大组分成数个小组。如果小组人数超过12人,讨论时要求绝大多数组员发言就有一定难度了。不过,这类大组仍适合于开展简短讨论。

讨论往往就像一场乒乓球赛,你来我往地发表意见:

教师—学生—教师—学生—教师……

讨论最好还应鼓励学生—学生之间沟通。

> 你可以运用非言语形式鼓励学生回答问题:
> ●在学生发言时,运用目光接触并点头示意。
> ●在学生好像要结束发言时,无声地保持目光接触,从而鼓励他们说得更多。
> ●在你发言时,运用目光接触扫视小组全体成员。
> ●提问一个问题后,运用目光接触注视着一个还没有发言的学生,无声地等待着;他们会迫于强大压力而回答问题。
> ●别用平稳的、克制的语调说话,这会"降温";声音要洪亮,要表现得兴趣盎然、充满热情!
> 你也可以提出有争议的问题来鼓励学生回答问题,还可以:
> ●说:"很有趣——你能详细解释一下吗?……什么会让你产生这种感觉?……你能再多谈一点吗?"
> ●(微笑着)扮演故意唱反调者或夸大学生的观点:"所以,你认为即使拥有有色人种配偶的白人也是种族主义者吗?"

如果一个小组的讨论进展不顺利,教师就直接与他们交流——询问他们为什么。如果发现小组每个成员都紧张不安，有时就会推动讨论。提问他们应如何表现才能让讨论有乐趣。给他们列举恰当的行为表现，然后要求全体组员尝试一下！

> 讨论期间引用学生的观点：
> "正如保罗所言……完全没有意义。"
> 这证明你真正看重学生的发言，因而就会鼓励学生积极参与。

讨论风格

绝大多数人能分清争论与讨论。争论的风格是竞争性的，而讨论的风格往往是非竞争性的、探讨性的。小组成员应互相合作从而达成共识，而不应互相恶意攻击对方。与争论不同，讨论应允许小组成员自由假设和改变个人观点。

你可能愿意与小组成员一起确立基本规则，诸如：不插话；每次每人发言时间不超过 1 分钟；必须尊重所有观点；不搞人身攻击。

> 如果所有学生意见一致，讨论有时就会显得沉闷。尝试做一个"唱反调者"：无论你是否同意，都发表一个相反的观点，这往往会让讨论活跃起来："但既然其他国家没有核武器可以生存，为什么我们不能？"

组织者在讨论时扮演的角色

你可以亲自参与："我们对……有什么看法？"或者，你也可以超然物外："你们对……有什么看法？"在讨论期间，如果你留意检查单所列要点（参见下页），就会有助于讨论。

总结角色至关重要。讨论期间要确保学生清楚自己已学会的知识；应通过做笔记或发放课堂讲义来强化重点，否则学生很快就会忘光。同理，如果讨论时间超过半小时，效果就值得怀疑了。

有些教师发现很难让控制讨论话语权的学生"闭嘴"，不过，如果你对这个小组进行果断干预，就会赢得每个学生的尊重。要有礼有节："克莱夫（Clive），你刚才的发言很有趣，不过，我很想听听每位同学的意见……"尝试指定一名还没有说话的学生来回答下个问题，或者只是说"还没有发言的同学来回答如何？"在讨论后期，有些教师提议没有说话的学生"轮流发言"。如果学生知道教师这样要求，就会鼓励他们在讨论结束前发言。我认识一位老师，只要一位学生在 5 分钟内回答完全正确或充分，就给予例行"奖励"，从而阻止这位学生继续发言！

讨论期间，教师最好缄默不语，如果你确实想发表个人观点，就最好在讨论接近尾声时再开口。如果你必须发言，就运用第 24 章所述的自信式提问。讨论期间表露个人政治观点属于外行之举。

小　结

讨论给人乐趣。讨论让学生运用评估一类高级认知技能，进而形成自己的观点、态度和价值观。讨论可以采取开放形式，但通常需要组织，或许可设计一系列问题来组织讨论。如果想鼓励学生积极回答，讨论的问题就应是开放的、个人化的、引起争议的，还应简明扼要。

表扬、倾听和接受学生的观点，也会鼓励学生积极回答；非言语形式也会产生相同效果，如，在学生回答即将结束时要保持目光接触、耐心等待或点头示意。

如果一位教师组织讨论，就表明他或她看重学生的知识和观点。因而，讨论特别适用于成人教育，也经常适用于改变各年龄段人群的态度。教师只有阐明自己看重所有观点、希望人人发言，才能避免出现侮辱性语言、一言堂和一言不发的现象。

鼓励学生做出决策，鼓励学生概括已陈述或同意的重要观点，一旦学生达成共识，或一旦充分探讨了某个重要观点时，就接着进行下个话题。

最后，教师要总结，这或许要借助于记忆辅助工具。

检查单

- [ ] 你能否确保每次只有一人发言？
- [ ] 如果有人表达不清，你能否会帮他们说清楚？
- [ ] 你能否鼓励学生做出决策？能否鼓励学生概括已陈述或同意的重要观点？
- [ ] 一旦达成共识，或一旦充分探讨了一个重要观点时，你能否接着进行下个话题？
- [ ] 你能否确保无人搞一言堂？能否确保即使不发言，人人也会有参与感？
- [ ] 你能否确保消除侮辱性语言？
- [ ] 你能否密切注意讨论时间和目标？
- [ ] 你能否运用表扬、认可和非言语手段来鼓励学生参与讨论？
- [ ] 你能否认真倾听，能否最后对讨论进行概括总结？

> **练习**
>
> 考虑一位有效教师组织的 10 分钟全班大讨论活动，他／她会做什么来避免下述常见问题？
>
> 1．全班学生马上开口说话；
> 2．有些学生一言不发；
> 3．一名学生搞一言堂；
> 4．他们突然改变话题；
> 5．他们互相指责；
> 6．因为众说纷纭，所以全班学生稀里糊涂；
> 7．他们不清楚应该学什么；
> 8．因为不知道事实，所以学生的观点不着边际、带有个人成见。

推荐读物

[1] P.比德尔．如何教学．皇冠书屋出版社，2010．

*[2] K.雅克（Jaques，K.）．小组学习．科根图书出版公司，2000．

[3] C.基里亚库(Kyriacou，C.)．学校有效教学：理论与实践．纳尔逊·索尼斯出版社，2007．

*[4] C.基里亚库（Kyriacou，C.）．基础教学技能．纳尔逊·索尼斯出版社，2007．

[5] M.马兰（Marland，M.）．课堂教学艺术：生存指南．海涅曼出版社，2002．

[6] R.J.马扎诺（Marzano，R.J.），等．有效课堂教学：基于研究的提高学生成绩的策略．国际课程开发与督导协会，2001．

[7] E.马热．同伴教学实用指南．培生教育出版社，1997．

[8] G.佩蒂（Petty，G.）．基于证据的实用教学法．纳尔逊·索尼斯出版社，2009．

第十八章　小组学习与学生讲授

为什么使用小组学习

如果一项活动你确实喜爱，我就敢打赌，这项活动或是需要别人参与，或是别人参与才会有乐趣。如果一项活动你很讨厌，我就敢断定，与别人一起做就可能减少烦恼。人类是一种社会性动物，只要教师指导有方，即使所谓标新立异的学生，也肯定会喜爱集体活动。

如果从教室窗户去观察一堂科学课，或一个小学课堂，你就很可能发现四五个学生正在合作学习，而不是全班学生正在合作学习。为什么教师要运用小组学习呢？他们只是赶时髦和寻开心吗？我们先介绍教师给学生分组的几个实例，看看你能否猜到教师的分组动机。

案例 A：

一位人文学科教师正在上课，在讲解工业革命时期影响欧洲城镇发展的基本因素之后，她将全班学生分成四组，每组分别提供一份虚拟城镇的详细资料。"好，我希望你们运用所学知识去准备证据，向班级其他同学证明你所在城镇的扩张速度最快。给你们 5 分钟准备时间。"随后，每组选派一位代表向全班展示了本组所在城镇的地图，并为该城镇扩张速度最快提供证据。

案例 B：

在数学课上，一些学生刚画完一个曲线图。"现在，"教师说道，"大家是否还记得画曲线图的十点注意事项？一会儿，我希望每组同学对照十点注意事项互相检查曲线图。如果发现错误，就解释如何改正。"随后，教师提问各组发现的错误，最后给学生布置了家庭作业：画一个相似的曲线图。

案例 C：

一位会计要给报业集团的中层主管上一天课。他向学员介绍了两种结算程序后，就将他们分成四组，并要求学员写出两种程序的主要优点与缺点。

过了一会儿，教师将全班学员召集到一起，要求每组依次分别列举一项优点和缺点，直到列举完毕为止。与此同时，教师将自认为正确的观点进行概括，并逐项写到白板上面。

小组学习是一项学生乐于参与的活动。小组学习让学生有机会去运用自己所掌握的方法、原理和词汇。即使因害羞而没在全班同学面前发言的学生，也愿意在小组里发言。而且，绝大多数小组学习都具有内在的自我检查和同伴辅导功能，能够营造一种支持性气氛，从而消除理解错误。如果一个问题自己无从下手，学生通常会共同探讨，小组每个成员都会提出个人观点，集思广益，最后圆满解决。

小组学习要求学生围绕任务交流。小组学习本身是一项有乐趣的活动，可为学生提供诸多学习机会。小组学习要求学生加工新材料，并形成个人见解（参阅第2章）。有效的小组学习会促使学生对自己的学习负责。

牢记"同伴辅导"。小组学习几乎可以为学习者提供全部记忆辅助工具，学生有机会去练习创造、评估、综合和分析一类的高级心理技能，还会练习合作和沟通一类"通用技能"。

除此而外，小组学习让学生获得一个互相认识的绝好机会。如果小组学习包含竞争因素，就肯定还会激发团队忠诚度；小组学习会唤醒学生强烈的学习动机（参阅案例A）。

小组学习让教师有机会去利用学生的观点和经验。（请考虑一下中层主管培训课）小组学习比个别学习更可能让学员去全面思考结算程序的主要优缺点，更可能让学员真正理解。因为组员积极发言和讨论，所以小组学习具有自我检查功能。如果教师要求某名学生在全班同学面前发言，他们就会惜字如金，生怕自己说错了。

小组学习会增强学生之间的亲密关系，营造一种信任与支持的气氛。社会性活动深受学生喜爱，因而小组学习会让学生对你的教学以及任教学科产生好感。

> 小组学习尊重和认可学生的观点，而教师讲授却忽视学生的观点。对所有教师来说，这一点至关重要，对培训专业人员或对试图改变态度、价值观或偏见的教师来说，意义更是非同小可。上一章在阐述课堂讨论时，曾介绍过小组讨论内含的"隐性课程"。

学生可以单独完成案例A、B或C的绝大多数活动，但会失去小组学习的诸多优势。小组学习是一种可以适应不同教学环境、卓有成效的教学策略，可以说是现代教学的基本特征。

小组学习的局限

小组学习可能会迷失方向，可能会被一个强势的人物霸占话语权，有些小组成员可能成为看客，随波逐流。如果教师不进行有效监控和及时反馈，如果无法确保学生对自己的学习负责，整个小组或整个班级就可能成为"搭便车者"。

只要精心设计任务、有效管理课堂，就基本可以克服小组学习的不足。如同所有教学方法，如果任意或频繁使用，或如果使用时间过长，小组学习就可能成为无效劳动。必须清楚小组学习的目标，必须确保小组学习是实现目标的最佳途径。

> 唠叨与洞察力无关。
> ——迈克·埃尔伍德（Mike Ellwood）《泰晤士报教育增刊》

必须重视座位安排。如果学生进行小组学习，他们就需要互相保持目光接触。在多数阶梯教室或实验室里，如果座位全部面向前方，就需要一些学生转过身来，尽可能转动椅子，与后排同学一起进行小组学习。（相反，若任务单一，则小组学习可能让一些学生分神。）如果座位安排符合教学目的、适合学生，就会大幅度提高他们对任务的专注度。

小组学习活动

单一任务

教师要求学生完成一项任务或一连串任务。例如，设计一项实验，回答一个问题，进行一次评估，完成和核对一系列计算，研究一套特种图书。

教师需要准确表述任务，若有必要，则将任务进行分解。

如有可能，就设置个人任务和小组任务，比如说，要求每名学生自己记录小组的研究结论。如果你设置了一项拓展性活动，用于小组学习后的学生独立学习，就会有助于"因材施教"。例如，学生自己设计完实验后，教师可能要求他们寻找改进设计的方式。学优生会寻找改进测量精确度的方式，学困生会寻找简单的改进方式。

相同、可选和不同任务

每组的任务可以相同，也可以从任务清单中挑选。另外，可以给每组分派互相关联的不同任务。比如说，六个学习小组研究六座不同城市，每组分别研究一个城市的主要制造业，然后各组将本组的研究发现报告给全班同学。若小组代表全班去完成一项特殊任务，则组员往往会自我感觉良好。

请重温第1章所述布卢姆教育目标分类学，然后尽量设置一些高级任务。想方设法设置开放式任务，或者，至少应设置一项开放式任务作为收尾活动。例如，在研究一座城市的制造业后，教师可能要求学生"寻找该城市的其他闻名之地"。如果任务是"封闭式的"，你可能会发现一个小组完成了任务后"无所事事"，而其他小组却刚刚弄清从哪里开始！

小组挑战或竞赛

"你们能在地图上至少找出江河水流湍急的四条证据吗？"

"你们要设计一张概述巡回护士角色的海报，然后我将告诉你们十条要点。你们面临的挑战是，尽可能在海报上陈述全部要点。"

"你们面临的挑战是，找到至少三种解题方法，每种方法均要说明依据什么数学原理。"

挑战比竞赛更能刺激学生去努力学习，究其原因在于，人人皆可迎接挑战，但只有一个人会赢得竞赛。课堂试验发现，挑战——起码那些需要合作解决问题的挑战会营造一种有利的气氛，能给学生带来更多自尊，提高学习成绩（参阅佩蒂的研究，2009年）。这与"政治正确性"无关，只与有效性有关。

最好的挑战是开放式挑战。请阅读上面最后一个例子，"至少三种方法"就好于"仅仅三种方法"，因为这会开发学优生的能力，所以可以有效促进学生的差异化发展。

循环表演

科学课经常使用"循环表演"，不过，现在此法已广泛应用于不同领域。每组按照不同顺序来完成一系列任务——在指定时间里，每组完成一项不同任务，这样到"循环表演"结束时，所有小组都能完成所有任务。

如果上课无法做到人手一份教学用品，比如科学仪器、计算机或参考书，就可以使用"循环表演"。下面两个矩阵图概括性地列举了A、B、C三个小组是如何运用这种方法的。第一个矩阵图包含三项时限相同的任务，第二个矩阵图包含五项任务，其中一项任务的时限是其他任务的两倍。

图表看似复杂，但实际操作却十分简便。

组 别	任 务		
A	1	2	3
B	2	3	1
C	3	1	2
分钟	15	30	45

相同时限的三项任务，每15分钟轮换一次

组 别	任 务				
A	1	1	2	3	4	5
B	2	3	4	5	1	1
C	4	5	1	1	2	3
分钟	15	30	45	60	75	90

任务1时限为30分钟；其他任务时限为15分钟。每15分钟轮换一次。

如果精心设计，"循环表演"任务的时限可以各不相同。

> 如果你对任务难度了然于胸，就可以去图书馆搜寻一大堆相关书目，然后用来参考设计小组学习任务。

"蜂音小组"（Buzz groups）

教师要求学生两人或三人一组进行讨论，然后回答一个问题，解决一道难题，撰写一个设计方案，确定对一部电影剧本的态度等等。教师经常需要给学生提供相关事实材料，或许还需要向学生简要介绍主要论点。无论进行哪类讨论，话题都不应完全为事实类材料。

确保论题明确、简练、有条理。要求蜂音小组"讨论建筑工地安全"，即使学生曾到建筑工地打工，他们也仍然是"丈二的和尚——摸不着头脑"，最终讨论就会劳而无功。因此要将任务进行分解：

1. 小组是否有人曾听过（或见过）建筑工地事故？若有，则告诉小组其他成员。
2. 你所在工作场所人人皆知的安全措施是什么？
3. 你认为建筑工地最常见的五类事故是什么？

小组学习期间，任务分解应让学生一目了然，可以写到白板上面，可以印到讲义或卡片上等等。如果任务模棱两可或晦涩难懂，讨论就可能停顿或不着边际。

> 尝试向每个小组提问不同但互相关联的问题，然后各小组将研究结论告诉全班同学。这不仅会激励学生，而且会赋予每组一项特殊任务。例如，试用期教师可以分组讨论何时运用提问、如何运用以及提问教学法的优缺点。

安排座位以便学生相对而坐。只要控制好时间——最多五分钟,蜂音小组讨论往往就会取得最佳效果。教师一般会要求反馈,学生不仅会乐于表达个人见解,而且也会乐意倾听其他小组的研究发现。因为学生有时间去批判性地评价个人观点,所以回答质量就可能很高,而且肯定高于问答教学的效果;不过,如果学生的回答让你失望,就尽量别苛求他们。认可你认为正确的回答,或许可以在白板或高架投影仪上进行总结。在讨论接近尾声时,教师一定要反思和总结主要观点——所有小组学习都不例外。

> 有些教师要求蜂音小组概括历届试题的答案。学生喜欢这类练习。

蜂音小组因全班开始讨论发出的嗡嗡声音而命名,所以别大惊小怪。如果讨论围绕任务进行,充斥于耳的就是学习的声音。不过,如果遇到不愿学习者,就先与他们建立密切关系,然后再运用该法。

> 如果一些小组成员霸占话语权,就尽量均分小组成员的讨论时间。你可以说:"从现在开始,每位小组成员轮流发表意见。每人发言时间约1分钟,其他人不准插言。然后全班大讨论。"

蜂音小组受到学生钟爱,不过教师要控制时间;如果发言时间没有限制,你可就要等一辈子了。别担心缩减讨论时间,有些简单问题一两分钟就足够深入讨论了。蜂音小组讨论可谓终止冗长解释的最佳方式之一。

蜂音小组使用的活动

比较与对照

在两个以上概念、观点、理论或方法中寻找异同点。例如,学生可以比较两种营销方案、组织理论或两封不同的商业信函。也可以比较渗透和扩散,或者,比较总统制和议会制。

佩蒂发现,该法可以加深学生对一个主题的理解,学习成绩可能提高两个等级以上。比较与对照是一项具有挑战性的活动,如果学生将熟悉事物与新事物进行比较,或如果学生通过比较两个相似概念来复习,一切就会变得轻松自如。

假设检验——评估性思维

一个假设就是一项建议;教学中最有用的往往是一个半对半错的假设,或是一个只在某些条件下正确的假设。

阳光越充足,植物生长越快。

麦克白可谓野心家的代名词。

该解法具有数学依据。

学生通过小组讨论去找出赞成和反对该假设的充足论据。然后，学生构想个人假设并评估。教学生学会运用提问来检验假设："如果这是对的，会出现什么结果？"然后再检验这些结果是否正确。例如，如果植物生长只依赖阳光，热带沙漠就不会存在慢生植物。可有些仙人掌生长非常缓慢，因而假设不能完全成立。（参阅第38章末的"图形法"）当然，学生可以评估设计或政策及其假设。

赞成与反对

寻找不同方法的优缺点。

"你的理论是什么？"

蜂音小组这类讨论充满乐趣且随时可用。教师不是告诉学生有关某问题的现成理论或"正确"观点，而是要求他们在小组内讨论各自的观点，然后全班交流。最后，教师再向学生介绍课本的观点。例如，可以要求见习经理起草一份成功召开会议的方案，然后教师再讲授有关知识。小组可以将他们的研究发现展示在高架投影仪幻灯片或白板上，以便于随后展示给全班同学。

这是一个"提问式教学"而不是"讲授式教学"的实例，它基本体现了引导式发现教学法的优势。（请参照第29章的"案例研究"去设计恰切的问题）

这种方法过多地用于在职专业培训课程，但很少用于其他教学。使用此法可以了解学生已有知识，然后教师可以只教学生疏忽或错误的知识即可，而不必面面俱到。

滚雪球式小组

属于蜂音小组的扩展版。在双人蜂音小组讨论之后，两个双人小组合并成一个四人小组，以便完成一项相关活动。若有必要，两个四人小组可合并成一个八人小组。

现举一个实例。一位机械工程讲师刚给学生讲完各向异性旋转扩散模型——一种制造塑料模具的工艺：

5分钟蜂音小组。结对学习，学员弄清各向异性旋转扩散模型生产工艺可能存在的问题。

10分钟蜂音小组。将双人小组合并成四人小组之后，学员将各自发现的一系列问题汇总到一张表里，然后思考解决已知主要问题的两种方法。

5分钟蜂音小组。将四人小组合并成八人小组，学员比较各自在四人小组的研究发现，然后决定是否推荐采用新生产工艺，或者决定是否有保留地推荐采用。

如果活动的各阶段不局限于汇总表格,且按照逻辑顺序开展活动,滚雪球式小组学习效果就会最佳。

头脑风暴

头脑风暴是指,提出大量创造性设想,然后进行评估。规则如下:
- 无论观点多么离经叛道或幼稚可笑,都可以畅所欲言(异想天开往往会形成切实可行的设想,或者会抛砖引玉);
- 追求数量而不是质量;
- 不允许评判;
- 观点属于公共财产;鼓励组合或改进以往的观点。

首次使用,必须阐明头脑风暴的基本原则并具体示范,以便学生完全理解。让全班学生尽可能多地考虑一块砖头的用途。最初,学生会说砖头可用作"制门器"和"垫书架"。一旦学生说砖头可用作"麻醉药"和"破窗器",就证明他们真正理解了头脑风暴的概念!

一旦学生理解了头脑风暴:

1.准确定义或协商头脑风暴的难题、问题或话题,如,"零售商店如何在圣诞节期间增加销售量?"

2.将头脑风暴提出的观点写到白板或活动挂图上面。你可以要求学生轮流负责记录!确保人人知道下述建议:做报纸广告;发放礼物;商店外放置圣诞树;提供免费咖啡;提供圣诞礼物创意服务……

3.如果学生讨论热情减退,就给他们1分钟"酝酿"时间,然后再重新开始。

4.一旦学生思想枯竭,就选取最有价值的观点。如果没有达成共识,就让每名学生给自己最赞赏的五个观点打钩来选择,或通过投票评分来选择(与欧洲电视歌唱大赛一样)。另外,还可以根据是否达到协商标准来选择,如"必须方便易行、不用特殊培训、不需增加人员"。

5.对选择的观点进行头脑风暴,从而决定如何进行实际性操作:"如何开展'圣诞礼物创意服务'?""如何才能让商店提供咖啡?"

6.投票选出两项最幼稚或最有趣的建议,如"发放礼物"。然后提问:"这项建议没有任何意义吗?"讨论就可能得出一个结论:购买一件免费发放的礼物需要花销20英镑以上。

7.最好过一天再评估学生提出的观点。

> 头脑风暴充满乐趣，不过，令人迷惑不解的是，研究表明，个人独立思考产生的有效观点几乎为头脑风暴的两倍。（参阅 1958 年泰勒等人的研究文献。）那么，为什么不采用滚雪球式小组讨论呢？

简而言之，头脑风暴会议有时可能演变为"闲谈会议"。（参阅第 30 章"创造性学习"）

同伴辅导和同伴检查

同伴辅导包括学生互相帮助或互相指导。同伴辅导比比皆是，但绝大多数教师可能浑然不觉。教师在批改作业时，有时会发现一道题全班学生都做错了。一般而言，绝大多数教师非常看好同伴辅导。同伴辅导可以让学得快的学生教学得慢的学生，让学得慢的学生有机会去大胆地质疑错误观念。

同伴检查是一种同伴辅导的方法，是一种未被充分利用的活动。学生完成计算、画图或书面作业后，教师立即要求他们结对或分成小组互相检查作业。当然，学生必须十分清楚应如何评估作业。试举例如下：

"现在每位同学都要检查另一位同学书写的信函——看看地址是否写对？日期是否写上？结尾是否正确？页面安排是否合理？"

要求学生商定作业检查标准本身就是一项有价值的活动。同伴辅导或同伴检查要求学生掌握或应用检查或评估个人作业的技能，同时还要求学生必须按照标准去检查作业，进而改进学习。

如果事先提醒学生要开展一项同伴检查活动，就会让学生的注意力高度集中。同伴检查活动往往令人愉悦；如果发现情况不妙，就代之以自我评价。偏好自我评价的学生可以自我评价，同时，班级其他学生可以进行同伴评价。

陈述

每组研究一个不同课题，然后向全班同学陈述本组的研究结论。"研究"既可以花费大量时间、涉及诸多领域，又可以仅仅为一次 5 分钟的小组讨论。通常由一名小组成员或者全组一齐上阵，借助于幻灯片向全班讲述本组的研究结论。

辩论

可以结对辩论有争议的论题。3 分钟左右之后，教师要求两人转换辩论的"立场"。如果想成功开展此项活动，就必须保证论题会引起争议。现列举几个论题：

"安乐死与护士的职责格格不入。"

"谁应对罗密欧和朱丽叶的死亡负责？"

"除非全球禁止核武器，否则有一天就会让某个疯子用来毁灭人类。"

除非小组成员能力非凡，否则就必须确保他们至少熟悉一些相关论点，当然还包括相关事实。教师经常需要告诉学生他们将要辩论的观点，让他们有时间去准备资料，然后再开始辩论。

有些话题最好给小组提供一个脚本或案例研究，然后要求他们就其中隐含的一个观点进行辩论。例如，在详细介绍琼斯先生的行为及老板对他的处理结果后，你可以要求学生争论："琼斯先生被错误解雇了吗？"

另外，两人小组可以随时向全班反馈新论据或用于班级大讨论的论点。辩论最后可以投票表决。辩论也适用于四人小组，在规定时间里，两人为正方，两人为反方。如果他们是学优生，教师就不必费心提醒他们中途转换辩论立场。辩论是一项有价值的学习活动，学生需要清楚辩论话题正反两方的观点。

学生也可以轮流随机坚持一种立场，然后与小组其他成员辩论。一般而言，辩论前，学生必须进行一些准备。

移情（换位思考）

你可以要求蜂音小组运用移情方式去详细描述某人——例如，护士们讨论刚到外科病房住院的一位病人的感受，或者，教师考虑某位学生毕业20年后重返母校的感受。

另外，小组每位成员各扮演一个角色，其他成员轮流采访这些角色。这项活动适用于任何与人际交往相关的话题，包括管理、护理行业、英国文学人物分析等。现举一例：

教师给学生朗读一份有关罢工的案例研究。然后将学生分成若干三人小组，小组每位成员各扮演一个角色：老板、工会官员或工贼。然后教师重新朗读这份案例研究，并给学生留出时间去撰写扮演角色的个人感悟。

然后，小组其他成员"采访"每个角色。在采访期间，其他小组成员仍然可以扮演自己的角色，或者，他们最好扮演一位具有同情心的局外人或报社记者。（参阅第20章"角色扮演"）

"我控告"

与辩论相似，教师将全班分成 A、B、C、D 四个小组。

A组和B组在一个"案件"里分别扮演原告和被告，C组和D组在另一个"案件"里分别扮演原告和被告。"案件"包括因某事（或某程序）起诉某人。例如：

"有人指责哈姆雷特是一位自恋的慢性子。"

"有人指责箱梁高架桥属于过时设计。"

若A组和B组扮演律师，C组和D组则扮演陪审团，反之亦然。教师可让一人扮演法官，进一步说，还可以扮演详细研究过一个案件特殊问题的"专家证人"；允许盘问和对程序提出异议。如果证明有罪，就不妨考虑一个幽默判决。

小组将需要大量准备时间，你需要检查他们的准备情况，然后再开始审理"案件"。

"我控告"的挑战性很强，但却能吸引学生积极参与并体验乐趣。因为活动往往会给人留下深刻印象，所以学生会记住所学知识。

还有其他想法吗？

教师可要求学生做出决策、评估观点或方法、寻找问题解决办法、比较与对照、运用疑问句"如果……会发生什么"来假设或回答考试类问题。限制小组活动的唯一因素是你的想象力。（详见第19章和第20章"游戏与模仿"）

设计小组活动

首先要明确你的目标，然后保证它们完全适用于小组学习。选择一项学生基本可以独立完成的活动，但别过高估计他们的能力。你是否设计了一些预备活动，从而让小组学习变得更加容易和有效？

开始选择短暂的活动；如果你可能面临失败，就不妨选择小活动；小组学习经常只会持续1分钟；确保小组活动留下书面记录，以备你检查；确保小组活动具体、明确和条理，描述用语要简练。

搜集和整理小组活动资源。小组学习是学生使用书籍、杂志、录像和专用设备的绝好机会。别忘记留下时间让全班做练习，从而让学生讨论和总结活动（以及感悟）。

全体练习（全体会议）

教师必须要求小组提供反馈，然后与全班同学共同反思，进而概括所学知识。通常由每组的记录员给全班汇报本组的研究结论，教师同时将每组的研究结论书写到白板上面。为了提高学生参与度，教师可以指定一名小组成员在活动结束后向全班汇报。这要求所有学习者必须弄清本组思考的结论。如果小组对观点进行头脑风暴，或者，如果小组的答案是一系列结论，就要求每组每次只汇报一个观点，从而保证每个小组都有一次发言机会。

你可以表扬和感谢学生的发言，或者，你可以先不透露个人观点，从而让全班学生充分讨论各自的观点。只有全班商定一个答案，你才能讲明是否正确。（参阅第24章"自信式提问"教学法）

每项任务完成后，教师就立即分别与各组一起进行总结，让全班确知他们应从小组活动中学会什么。

分组

小组规模取决于活动。

小组规模越大：

- 小组成员对自己的研究结论越自信，越可能挑战教师的观点；
- 小组成员越可能正确地解释任务；
- 小组成员可用经验越多；
- 教师巡视所有小组所用时间越少；
- 决策越慢，达成共识越难。

小组规模越小：

- 开展活动越多。

因而：

- 看客越少；
- 决策越快。

两人一组大致可以保证每名学生积极参与。小组规模 2－5 人为宜。4 人以上小组往往需要选举组长。7 人以上小组控制难度往往随着人数的增多可能越来越大，除非给每人分派具体任务，否则多数人就会成为看客。小组规模 6 人以内——人多好办事，小组规模超过 8 人——人浮于事。

如何合理分组？

随机分组

例如，面朝学生从头到尾点数，给每位学生分派一个组号：1、2、3；1、2、3；1、2、3……

随机分组一开始可能让学生互相之间有点羞羞答答，这或许正合你意，也可能离你的要求相去甚远。

友情分组

如果你要求学生自己分组，他们很快就会分成若干小组；不过，你必须明确要求学生按最大小组人数去分组。

学生欢迎友情分组，但友情分组可能无法实现你的讲课目标，进而阻碍意识提高或态度改变。学生经常按相同性别或种族来分组，因而可能形成小团体，排斥异己，最终，学生的熟人圈子稳固不变。

成绩或经验分组

可以严格按照成绩分成高、中、低三组，或根据具体弱势学科（如数学）分组，从而避免学生成为（数学）"看客"，教师也可同时给学生提供可能需要的具体帮助。

同理，有时教师可能会将羞怯的学生分到一个小组。

成绩或经验分组让学生按个人节奏去学习，尽管可能产生竞争和抱怨，但发生的概率可以忽略不计。成人语言学习班经常使用成绩或经验分组，在同一班级里，学员经常将自己归类到"初学者"小组或"提高者"小组。

刻意混合分组

你可能希望按经验、背景、年龄、性别或能力去混合分组。

混合分组有助于预防偏见，鼓励学生互相学习对方的经验，还有助于增强意识和改变态度。混合能力分组可给学生创造一个同伴辅导的机会。

空间接近分组

最常用的分组法。不过，别按左右座位顺序来分组，而是按前后座位顺序来分组。这样分组会方便学生，而且学生可以互相看到对方的脸庞，从而有利于沟通。在阶梯教室或实验室及教室上课时，你皆可这样分组。

管理小组活动

请牢记第 7 章、第 8 章、第 9 章有关课堂管理的知识。如果你频繁使用小组学习，就可能要重新安排桌椅，但要与共用这间教室的其他教师协商，或者，讲完课将桌椅回归原位。如果你确实决定移动桌椅，就先明确有关要求，再允许学生移动。

每组要设一名记录员，或许还要有一名发言人、一名主持人。要求一名"没有扮演某类角色"的学生担任，因而，人人均可轮流扮演上述三类角色。确保明确阐释任务，让全班关注最重要的任务概述，并确保小组成员随时能够阅读任务概述的材料，任务最好包含一些个人活动，比如记录小组的研究结论。如果任务难度小，你会给学优生提前准备一项拓展性活动吗？只有你说开始，学生才能进行活动，你还应规定一个时限："好，大家开始吧。给你们 5 分钟时间。"

开始活动后，让他们做自己该做的事情，但你要高度关注他们的一举一动。除非活动持续时间只有一两分钟，否则教师就必须巡视各组。（如果活动持续 3 分钟以上，巡视就至关重要了。）

1. 检查学生取得的真实进步

——记录员写了什么？

——他们是否正确解释了任务？

——他们是否疏忽了一些重点？

2. 询问学生是否有疑问

在小组学习期间，除非迫不得已，否则别对全班讲话。如果需要讲话，就叫停所有活动，确保所有学生专心听讲，讲话要简洁明了。小组学习忌讳有人插话。

巡视期间，无论一个小组的学习多么有趣，都千万别停留太长时间。一定要重视身体语言。教师要弯腰俯身、面带微笑，发出自己想合作而不是评价的信号。有些教师要求每组给他们留一把空椅子，教师坐下时要调整坐向，保证自己可以看到其他小组。查看记录员书写的内容，你就会弄清小组活动是否偏离任务。偶尔，你可询问学生是否需要增加时间。

获取反馈

一旦小组活动结束，教师就要求每组给全班汇报一项研究结论，巡视各组，直到获悉全部观点。各组通常愿意互相交流研究结论。或者，教师要求每组利用投影仪去概述本组的研究结论，或利用白板活页纸向全班展示。一旦小组发言人表述完毕，教师立即给予表扬，如果支持他们的观点，就可以谈谈个人见解，但注意别做得过火。这是学生的发言时间，而不是你的发言时间。最好运用自信式提问。

请切记，教师必须向全班概述应从活动里学会什么。新教师经常要求学生不做准备就去完成活动，也没有运用书面语言去准确解释任务，疏忽了巡视各组或讲清知识。

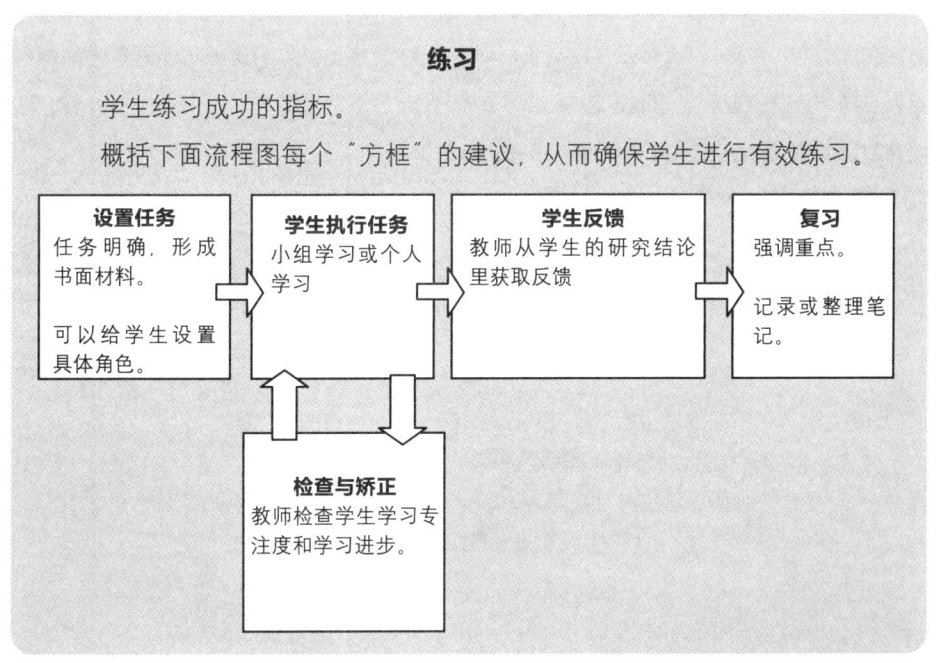

练习

学生练习成功的指标。

概括下面流程图每个"方框"的建议，从而确保学生进行有效练习。

设置任务 — 任务明确，形成书面材料。可以给学生设置具体角色。

学生执行任务 — 小组学习或个人学习

学生反馈 — 教师从学生的研究结论里获取反馈

复习 — 强调重点。记录或整理笔记。

检查与矫正 — 教师检查学生学习专注度和学习进步。

小组学习使用检查单

☐ 你是否准确阐明了任务,是否在白板书写了任务概述?

☐ 小组学习开始后,你是否巡视各组以便检查进步、提供必要帮助?

☐ 你是否要求各组记录员向全班概述本组的观点?

☐ 你是否认可各组的观点?例如,写到白板上面。

☐ 你是否进行全班练习活动,从而概述学生应从活动里学会什么?

☐ 你是否尽量使用小组学习?

推荐读物

[1] P. 比德尔. 如何教学. 皇冠书屋出版社,2010.

[2] G. 布朗(Brown, G.),M. 阿特金斯(Atkins, M.). 高等教育有效教学. 梅休因出版社,1988.

[3] K. 雅克(Jaquaes, K.). 小组学习. 科根图书出版公司,2000.

[4] R.J. 马扎诺(Marzano, R.J.),S. 马扎诺(Marzano, S.),D.J. 皮克林(Pickering, D.J.). 有效课堂管理. 国际课程开发与督导协会,2003.

[5] G. 佩蒂(Petty, G.). 基于证据的实用教学法. 纳尔逊·索尼斯出版社,2009.

[6] D.W. 泰勒(Taylor, D.W.),等. 头脑风暴会议中小组参与促进还是抑制创造性思维. 行政管理科学季刊,1958(3):23 – 47.

[7] D. 威廉. 形成性评价. 原点出版社,2011.

第十九章　游戏与主动学习方法

在我求学期间，人们普遍认为学习是一个严肃的、困难的过程。如果某间教室突然爆发出笑声，路过的教师都会不满地、怀疑地瞥一眼。不过，游戏会让学生全身心投入、注意力高度集中，其他任何教学方法都不能与之媲美。而且，小游戏会提高学生的学习兴趣和动机，进而让学生持续数周对学科（和任课教师）抱有好感。

本章的基本假设是：学习与乐趣并非互相排斥。你可借助本章末的"推荐读物"来了解许多与学科有关的游戏。不过，我要先考虑"全天候游戏"，即适合几乎任何一个主题或学科领域的通用游戏。绝大多数游戏适合于个人或小组玩。上一章小组学习列举了其他游戏和主动学习技巧。

如果需要制作卡片，请记住，任何一台复印机都可以随意复印薄卡片或彩色卡片，然后你再裁剪成游戏卡片。如果你想给卡片打孔，就可以使用试卷装订绳将一套卡片串联起来。

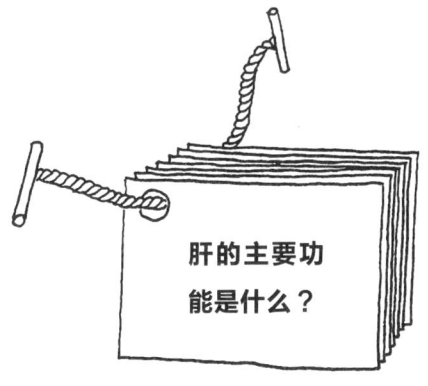

用装订绳串联起来的卡片

全天候游戏

决策卡片游戏

学生通常两两结对或小组合作去做这项游戏，当然他们也可能单独做。只要看几个实例，你就会弄懂这项游戏，但一般而言，教师应给每个小组发放一套卡片，卡片上有单词、句子、职业规划简述、图表、照片、数学公式——实际上几乎可以包括任何事物。

分组卡片

接下来的任务就是按照某种方式将这些卡片配对、分组或分级，或者将卡片作为标签放到图表、地图、思维导图、计算机程序、范例、照片、绘画作品等里面。

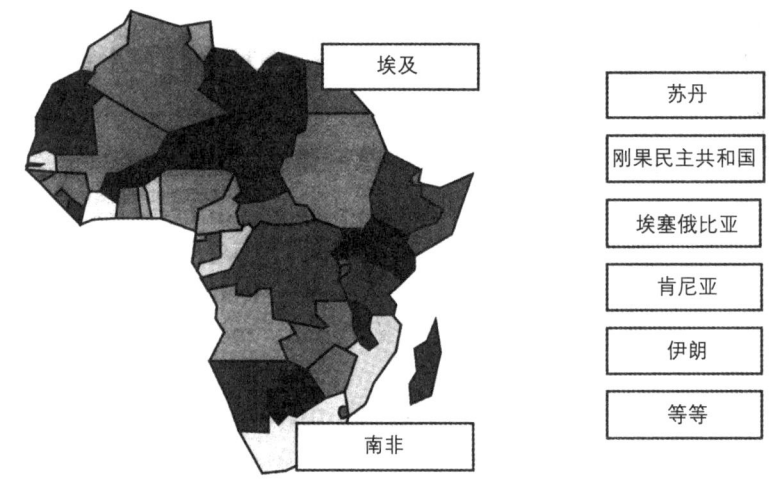

说得一点不错，伊朗不在非洲！不过，精心选择"伪装"卡片作为真正测验题的误导项，既可掌握学习重点，又可带来诸多乐趣。"伪装"卡片适用于所有决策卡片游戏。

配对游戏：几个实例

上科学课时，教师给学生发一套描述能量转换的卡片、一套描述过程的卡片。学生必须将每张"过程卡片"与每张描述"能量转换卡片"进行正确配对，诸如：

| 一块岩石从悬崖上掉下来。 | 重力势能转换为动能。 |

教师也可要求学生配对：

问题与答案；

单词或术语与描述符；

配件或工具与功能；

等价数学表达式；

……

让学生书写问题与答案卡片，他们乐此不疲、收获颇多。别忘记制作伪装卡片！你可配对：

术语与含义……

| 建构主义 | 强调学生形成个人意义建构的学习理论。 |

等价数学表达式……

| $y=x-7$ | x 减 7 等于 y |

部位与功能……

| 肺动脉 | 将血液从心脏输送到肺。 |

等等！

分组游戏：几个实例

老师给每个小组发放一套卡片，如 30 张卡片，每张卡片上写有一个不同短语，每个短语有一个单词画下划线，例如："狐狸<u>快速</u>钻进洞里。"学生结对学习，将有下划线的单词归类为名词、形容词、副词或其他。每个小组发放一套相同卡片。

教师可以为学生设计类似游戏去练习分类：
- 暗喻、明喻、拟人，其他（伪装卡片）；
- 传导、对流、辐射的实例，其他；
- 火成岩、沉积岩和变质岩，其他；
- 城市犯罪率增高的正确和错误论点；
- 按照"逗号""句号"等给标点符号错误归类；
- 有关能力的合理与不合理证据；

……

有用的回答格式包括：
- 正确；有时正确；错误；
- 经常；有时；从不；
- 赞成；不知道；反对；

例如：

- 在一次艾滋病防治意识课上，教师将描述各类性行为的卡片发给几组社会工作者和缓刑监督官，要求他们将卡片分成三类：安全的性行为、危险的性行为、不知道。
- 在数学课上，教师将写有"x+3 > 2"或"y−7 < y−2"数学表达式卡片发给学生，要求他们分成三组：始终正确、有时正确、从不正确。
- 教师将旅行可能携带的衣服照片和草图等发给学困生，然后要求他们将照片和草图分成三类：人人需要、无人需要、我们小组只需要一件。

分组适用于"问题分类"。例如，在物理课上，教师给学生发放写有试题的卡片，不要求他们解题，而是要求他们根据所用解题原理去分类，例如"运用动量原理""运用能量守恒定律""运用线性运动方程"去分类等等。问题分类会培养学生的综合技能，即决定如何解决问题的技能（详见第1章）。

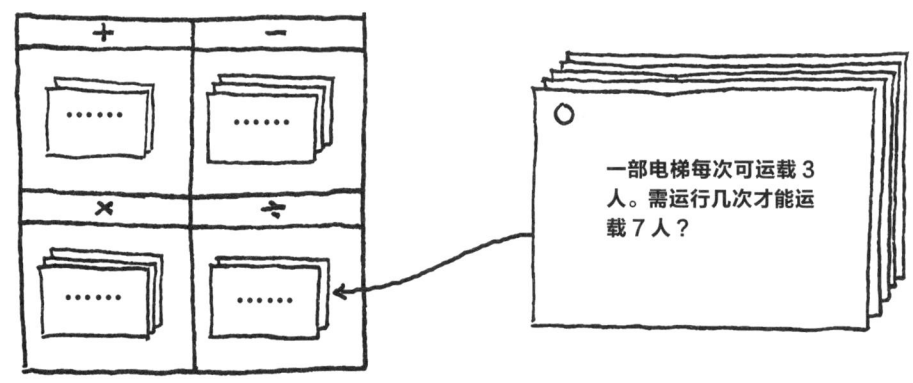

问题分类培养综合技能

> 运用文字处理软件的表格属性来制作卡片，如2列、10行。表格通常具有"自动调整行高"的功能，可以保证单元格同样大小。计算机和复印机可以轻易复制薄卡片。如果需要，你可以给代码着色。要求学生制作问题与答案卡片以备复习之用。

按时间顺序分级：几个实例

- 参加急救术培训的学员正在复习如何处理急诊。教师发给他们一些卡片，上面印有"拨打999""检查呼吸道和呼吸""切断电源"等短语，然后要求他们必须正确排序。
- 教师将沏茶工艺的照片发给学困生。每道工艺都有一个简短的描述短语，诸如"烧开水",学生必须按照正确的时间顺序来排列卡片。

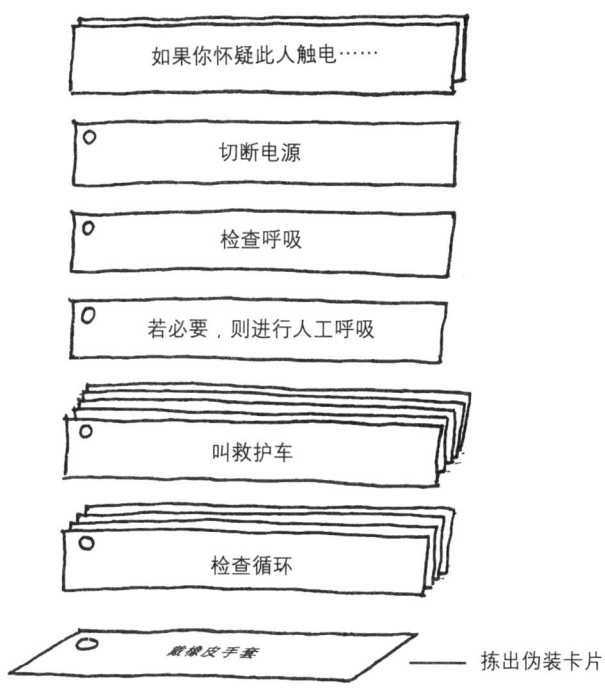

- 在管道工程课上,教师将描述新中央供暖系统安装工艺的卡片发给学生。学生必须依据安装顺序来排列卡片。

在一个统一体或"系列"中分级:几个实例

学生可按照优先顺序或属性给卡片分类。例如:

"按照传染程度给这些疾病排序。"

"按照糖度来摆放这些酒。"

"先按照有效性给这些护理方案分类,然后再按照费用多少分类。"

"按照实施的简便程度给这些营销策略排序。"

> 这些游戏完全属于"建构主义"游戏,要求学生使用高级思维技能。既可使用卡片做游戏,也可利用计算机屏幕的文本框来做游戏。

掌握性游戏和"登山"游戏

掌握性游戏没有掌握性考试严密,但更有乐趣(参见第43章)。我将介绍一个适用于第二级文凭课程学习者的游戏版本,不过,它也完全适用于高级文凭课程学习者。

在上一两周教学期间,你将学生分成几组,让他们针对一些学习内容编写三四个掌握性问题与答案（布卢姆教育目标分类学的初级学习任务）。你要检查这些问题与答案，从而确保学生把着眼点放在关键学习材料上，编写实际的掌握性问题与正确答案。各小组制作的卡片份数以不影响随后的学习为宜。

下述实例介绍了适用于掌握性游戏的问题卡片。编写这些问题与答案卡片的学生已经学会了很多知识。问题可以打印到文字处理软件附带的表格里。（如果你设置"自动调整行高"来均分行列，就会制作大小完全相同的卡片）如果有必要，就给每个主题的卡片设置不同颜色，然后裁切为问题卡片。当然，卡片内容也可以手写。

问题： 请说出建构主义教学方法的两个重要特征。 **答案**（以下任何两条皆可）： 1. 要求学习者形成意义建构。 2. 要求学习者发现意义建构存在的错误与疏漏并予以矫正。 3. 必须要求学习者主动运用个人判断力。	问题： 请说出掌握性考试与常规性考试的两大差异。 **答案**（以下任何两条皆可）： 1. 如果考试没有及格，学生必须补考。 2. 人人最后都能及格。 3. 没有分数，只有"及格"与"不及格"。 所有问题均属于布卢姆教育目标分类学的初级学习任务。

学生可以将他们小组的问题卡片传给下一组，因而各小组均能轮流得到一套问题卡片。

另外，学生也可以使用一套完整的卡片来结对学习，他们轮流提问对方一个

"登山"游戏

问题。如果答对了，就将画有高山棋盘的棋子向前移动一个方格。棋盘方格数与问题卡片数基本相等。如果学生没有答对问题，就可以在游戏期间保留"错误卡片"并学习正确答案。山顶下方一个方格是"大本营"，学生必须再次回答所有"错误卡片"。游戏的目标在于，"登山者"小组全体同时到达山峰，而不是某个人率先登顶。

游戏的目的非常严肃，但很有乐趣。掌握性游戏既可用来玩，也可用来准备掌握性考试。

> 布莱克（Black）和威廉（William）在一篇有关形成性评价的综述文章里指出，如果教师要求学生自己互相提出问题与答案，就会大幅度提高学生的学习成绩。原因或许在于这是一种建构主义教学方法，能鼓励学生积极参与，而且也有乐趣。

问答比赛

问答比赛通常是用于小组之间的比赛。教师经常用来检查学习或活跃复习气氛，一般以教师提问为主。另外，学生也可以提出问题让竞争对手来回答，不过先要征得教师批准，从而确保比赛的公正性。

按照下述规则，可将问答比赛分成不同环节：

- 小组轮流回答问题（允许小组讨论吗？不会回答的问题可以交给另一个小组吗？）
- 个人回答问题（自己答对一个问题得2分，与小组其他成员讨论答对得1分。）
- 小组回答问题，其他小组挑战。若挑战成功，则得分加倍；若挑战失败，则扣1分。
- 最先举手的学生回答困难问题（允许参考课堂笔记）
- 开始回答的问题非常难，随着教师提示信息量的增多，问题越来越容易，但得分也越来越少。

该游戏还有一个高级版本，即各小组根据指定题目互相为对方提出问题并提供标准答案。你应在巡视过程中检查问题与答案。然后，各小组以问答比赛形式互相提问，你应给各小组打分。在问答比赛前，你要与学生商定规则。

在下一节课开始时带领学生复习上节课，即将全班学生一分为二，双方进行问答比赛。提问："你还能记得上节课学了什么吗？"每方轮流说出一个重点，目的在于让双方全面考虑、畅所欲言。

事先商定比赛形式和打分规则，然后坚持下去！（尽可能本着娱乐的态度来进行问答比赛）

告诉我更多

这是一款适用于全班复习的游戏。回忆一下你上节课讲的有关安全规则的实例。你从教室中间将全班学生分成左右两方,要求每一方思考一项自己记得的安全规则。

一旦左方一名学生回答,就轮到右方考虑另一项安全规则。左右两方依次回答,直到一方想不起任何问题,才宣布该方失败。这个简单游戏可用于活跃气氛、导入新课。

打网球

如果学生分享一份概述性思维导图或一套复习笔记,他们就可以运用打"网球"的形式来互相测验对方的记忆力。学生结对单打,根据复习笔记互相提问。只有一名学生答错且对方得 1 分,才能结束"连续对打"。双方轮流"发球",像打网球一样计分:0、15、30、40,"局末平分"为 40:40。这款游戏可以在课堂玩,但最好在室外玩。学生告诉我,他们特别喜欢混合双打!

展览

你给各小组设置相同主题或不同子主题,要求他们必须制作墙报和其他呈现个人观点和重点的展览品。既可在教室或走廊告示栏展示,又可在其他公共场所展示。

电视、电台游戏改进版本

如果玩一款著名的电视或电台游戏改进版本,就往往会让学生开心不已。这包括:百事达游戏节目、体育猜谜节目、质询答辩节目、园艺专家问答节目等,它们皆可用于你任教的学科领域。

例如,我曾发现一门管理培训课程就与园艺专家问答节目形式相似,即一个专家小组回答现场观众提出的问题。第一天,课程组织者成立了一个"专家小组",但最后一天,专家小组成员却变成了课程参与者,而课程组织者则变成了观众。

挑战赛

几乎任何学习游戏都可转换为挑战赛:

"你能不用过滤就分离出下述化学物质吗?"

"你能设计一个计算机程序将下述文字呈现在 20 行以内吗?"

"你能设计一个营销策略来保证本次慈善活动的开支接近于零吗?"

"录像里提到五个城市化的影响因素——我敢打赌没有一个人全知道!"

寻宝游戏

教师可将搜集信息活动变成一项游戏,进而演变成一项竞赛或比赛。例如:"报纸使用百分比的实例很多,看看哪个小组找得最多!"

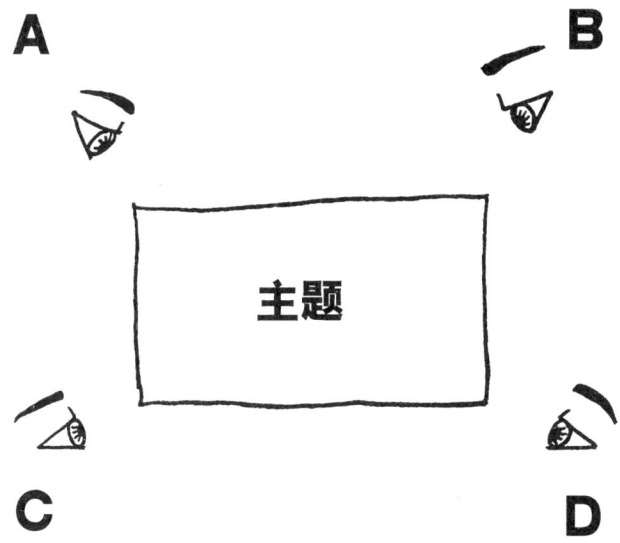

多棱镜

有些主题可以从不同立场或不同"视角"来观察。例如：

- 从传染过程、症状、免疫、长期危险等角度来讨论五种儿童疾病；
- 探讨一部戏剧、一篇小说或一首诗歌的不同主题或问题；
- 依据效度、信度、方法论缺陷、改进办法、错误分析标准来讨论科学实验；
- 从政治、经济、宗教和社会角度来讨论一个历史事件；
- 从风险性、取款简便性、收益率等角度来探讨存款的技巧。

……

在学习主要内容时，教师不宜使用"多棱镜"，它只不过是观察关键学习内容的一个手段。教师要给学生提供相同的材料及一两个观察"视角"。

学生需要花费一些时间来做，然后将个人研究结论告诉全班同学。班级其他学生将学习同样材料，因而能够批判性地评价其他小组的发言。这是一种"非讲授式教学"方法，教师不是通过讲授来呈现材料，而是让学生自己去学习。（www.geoffpetty.com 网站介绍了其他类似教学方法）

打破冷场

游戏或活动经常用于新成立班级各成员互相介绍自己。下面这个实例经常用于成人教育小组成员首次见面（当然也适用于任何班级）：

全班分成多个两人小组。每个小组成员根据事先准备的问题清单互相提问："你叫什么名字？你从哪里来？你为什么选这门课？你在哪里工作？你有什么爱好？你有孩子吗？"等等。

然后两人小组结合成四人小组。每一对的成员都要向另一对介绍自己的同伴，让同伴回答每个问题。四人小组再结合成八人小组，四人小组每一对都要介绍另一对，依次类推，不一而足。这类游戏或活动可培养学生的倾听技能。

另一种打破冷场的方法就是，要求每人在教室里找到一个特别的人：一个吃素的人，一个不爱喝咖啡的人，一个不穿睡衣睡觉的人，一个去过非洲的人……课堂讲义需要考虑上述内容，至少有几项应显得幼稚可笑。

桌面游戏

教育出版商研发出版了涉及许多主题的桌面游戏。

教学游戏的应用

我们的生活往往严肃有余、活泼不足，所以，尽管大胆地使用游戏。如果学生习惯于单调乏味的学习，就可能有点过于兴奋，或者起初不愿参与游戏。不过，游戏深受学生喜爱，鼓励他们专注于学习任务，激发他们对学科主题的内在兴趣。

推荐读物

[1] P. 比德尔. 如何教学. 皇冠书屋出版社，2010.

[2] P. 布莱克，D. 威廉. 评价与课堂学习. 教育评价，1998（5）.

[3] G. 吉布斯（Gibbs, G.）. 做中学. 教学与学习方法指南. 继续教育大学伦敦：出版社，1988.

* [4] K. 雅克（Jaquaes, K.）. 小组学习. 克鲁姆·赫尔姆出版社，2000.

[5] R.J. 马扎诺（Marzano, R.J.），S. 马扎诺（Marzano, S.），D.J. 皮克林（Pickering, D.J.）. 有效课堂管理. 国际课程开发与督导协会，2003.

[6] G. 佩蒂（Petty, G.）. 基于证据的实用教学法. 纳尔逊·索尼斯出版社，2009.

[7] R. 鲍威尔（Powell, R.）. 主动式课堂教学. 罗伯特·鲍威尔出版社，1997.

[8] R. 鲍威尔. 卓越教学、学习与评价. 罗伯特·鲍威尔出版社，2010.

[9] M. 斯旺（Swann, M.），M. 格林（Green, M.）. 运用讨论和反思学习数学. 英国学习与技能开发署，2002.

[10] M. 斯旺. 数学合作学习：挑战我们的信念与惯例. 英国国家科学研究开发公司、英国国家继续教育研究所，2006.

第二十章　角色扮演、课本剧与模拟教学

角色扮演

在这项活动中，学习者扮演角色，按照指定脚本表演。例如：

- 一个班的学员全部为试用期教师，指导教师要求他们两两结对进行角色扮演。一方扮演一名总是存在出勤问题的学生，另一方扮演学生的老师，随后两方互换角色。
- 见习宾馆接待员扮演一名接待员，安抚一对因房间未清扫而生气的夫妇，其他学员扮演顾客；班级其他学员观看，轮流扮演这名接待员。
- 三名学生分别扮演他们正在阅读的一部小说描写的三位人物；全班同学采访三名学生的动机。
- 两名学生扮演一对妇女，两人正谈论着对第一次送五岁儿子上学的担忧。

角色扮演特别适于培养学习者的"人际技能"。例如，适用于护理行业、警察、零售业或管理培训。角色扮演让学习者有机会在一个无危险的环境里练习技能。角色扮演还适用于性与关系教育。其实，在任何情境里，学习者都必须学会自信而礼貌地协商。

角色扮演不仅有助于培养学生的社会技能，而且有助于学生去探索情绪问题。（上面最后一个角色扮演重点句就是一个实例）其他实例包括少女怀孕、吸烟、青春期或工厂管理条例。

如同上面四个重点句所述，几组学生可以同时进行相同的角色扮演活动。这样做的优势在于，可以让班级每个成员练习社会技能，还可以减少表演怯场！不过，整班不适宜重复进行这类角色扮演，重复会让学生不胜其烦。

另外，也可以由一名学生表演，班级其他学生观看，一般采用短剧或社会技能展示的形式。有时，教师可能让观众承担具体角色："这一组：注意使用自信式沟通技巧。"

另一种让"观众"参与的方式，就是邀请他们登台代替一个"演员"表演，或许换个思路"重演"。角色扮演广受学生喜爱，因为不希望练习停下来，所以，即使调皮捣蛋的学生也会克制住自己的躁动情绪！随着活动的深入，如果增加情节，就会让学生兴趣盎然，但这需要精心设计。

当然，教师示范角色扮演之后，全班就必须开展练习活动了。

设计角色扮演活动

弄清你要实现的目标，然后按照目标来设计活动。如果要练习一项技能，比如采访技能，你就可以先给参与者解释背景信息或技巧，或者再给他们介绍一个好习惯（或坏习惯）的实例。

另外，你可以使用发现教学法（详见第29章），完全依靠角色扮演活动来学习。如果你打算使用角色扮演来进行移情练习，就运用研究和小组讨论去展示参与者的基本情况，然后再开展角色扮演活动。

最好以书面形式提供脚本，每个演员往往需要不同台词。例如，在上述第一个重点句里，"教师"不应知道"学生"知道的一切。强调每个角色的目标，介绍要简短，因为演员乐于补充细节；别给人物下定义；如果演员自己揣摩，他们的表演会更投入；避免设计刻板角色或极端角色。教师要考虑提供辅助性材料，以便让学生熟悉背景知识，诸如模拟信函或报纸文章。

你会给每名学生分配一个表演角色或特殊观察角色吗？教师可要求观众观察一位特殊演员，或要求承担一个具体的观察职责，例如，教师给学生发放一张检查单，然后让学生在汇报会上介绍这些观察结果。

显然，演员需要熟悉有关演出脚本的全部背景信息，或许还包括熟悉其他人物的基本情况。开展移情相关的角色扮演活动时，可能需要做大量背景信息研究。

有时成人甚至少年不愿参加角色扮演活动，如果他们相互陌生，就更可能望而却步了。究其原因或许在于，他们认为自己"不擅长表演"，因而不好意思参加。要想调动学生的积极性，就动员他们加入友谊型小组，并让他们知道绝大多数人确实喜爱这类活动。别指望学生一开始就会跃跃欲试，不过，即使对不愿参与的学生，也一定要求他们通过读脚本来弄清角色。先让他们观摩别人表演，然后稍加鼓励，他们往往就会参与活动。

开展角色扮演活动

给演员学习脚本的时间，等他们准备就绪再开始活动。只要精心设计和准备，角色扮演活动就会自动进行下去。其实，你的干预越少越好。不过，在活动过程中，你可能愿意增添新信息，例如，为一名演员提供一份备忘录或一条消息。这类干预可以防止某个演员独霸舞台，不过，教师一般需要事先想好应对策略。

允许一个角色有机会随时叫停角色扮演活动。"暂停"可以让这位演员有时间去请教别人，或者思考如何继续表演。一旦准备妥当，学生就会从遗漏之处继续表演。

如果打算练习技能，如果演员比较自信、熟悉角色扮演，你就可以考虑全程录像，从而帮助学生进行自我评估，并为汇报补充细节。不过，这可能会抑制演员的表演。

汇报或全体练习（全体会议）

汇报应尽可能直截了当。汇报往往是角色扮演活动最重要和最耗时的环节。汇报旨在反思角色扮演，最终达成普遍结论。你可能愿意准备一个问题清单供学生个人或小组考虑，然后全班共同思考。例如：

技能练习。继续表演什么？为什么这样表演？如何运用不同表演技巧？何谓真实表演手法和虚拟表演手法？你会运用理论或技巧进行观赏？随着表演的进展，每个演员的感觉会如何？他们的动机是什么，他们会证明自己表演出色吗？……

如果进行技能练习，学习者就必须开展批评与自我批评。请小心为妙。先要求学生自我评估，尽量要求全班学生说出"两项优点、一项改进建议"，即两项值得称道之处、一种改进方式。你必须从学生表演中梳理出好习惯与坏习惯，最后总结出未来成功的普遍标准。（详见第31章"从经验中学习"）

如果任何一名演员或整个小组体验深刻，就应组织他们讨论各自的感悟。在班级其他学生准备汇报的同时，教师运用一对一的形式，了解这名演员或整个小组的表演感悟。教师要随时给学生提供他们需要的帮助。

课本剧

表演课本剧会提高学生的自尊与自信，经常会让班级平时默默无闻的学生一鸣惊人。课本剧鼓励所有学生站在课本剧人物的立场来考虑问题。课本剧是情感教育的最佳手段。如果你只是告诫学生避免早孕，他们就可能漫不经心地点头认可，不过，如果观看一部早孕课本剧，他们就可能感动得泪流满面。

主题显然需要注入情绪因素。如果学生正在自己编写短剧本，你就往往需要给他们提供一个故事梗概。当然，这个故事梗概应简明扼要。例如："编写一个剧本来展示14岁女孩怀孕的后果。"剧本可以根据小组商定的台词来修改，或者将剧本打印供学生学习。后者不必增加时间。不过，是否增加时间取决于你的教学目的。

将学生分成几组，给他们时间去编写自己的故事，或者给他们提供一个"火柴人"的故事脚本。如果情节为现实剧，学生就需要集中精力去处理如何塑造真实的人物形象。先让他们私下排练几次再正式演出，要避免使用复杂的服装、布景或道具。这类活动将对学生产生真正的影响，而且可能成为他们一学期最有趣的活动。如果你对课本剧缺乏信心，就先组织学生开展角色扮演，然后让他们进行5分钟的短剧表演。

模拟教学

一项精心设计的角色扮演活动经常被称为模拟教学。例如战争游戏、运用计算机模拟财政大臣去学习英国经济、飞行模拟器、商务公文筐游戏等。微格教学也属于模拟教学，试用期教师可以给同伴讲一段课。

模拟教学可以融入现实因素，或可以为学生提供超出"现实世界"的体验，让学生免除错误带来的不利影响，从而掌握技能。模拟教学可以压缩学习时间，避免不必要的分心，因而往往会成为教师的左膀右臂。目前，模拟教学广泛应用于商务、经济、股票市场操作、政治科学、医学诊断教学与培训。

模拟教学资料既可以由教师自创，又可以购买，请参阅推荐读物。模拟教学以简单为宜，教师需要提醒学生别将简单问题复杂化。

推荐读物

[1] B.霍普森（Hopson,B.），M.斯卡利（Scally, M.）.生存技能教学计划第4号.生存技能联合会，1989.

[2] R.莱维斯（Lewis, R.），J.米（Mee, J.）.运用角色扮演入门指南.基本技能单元研究会，1981.

[3] M.范门茨（Van Ments, M.）.角色扮演的有效应用.科根图书出版公司，1999.

第二十一章　语言和沟通技能教学游戏

我对外语教师艳羡不已。只要运用外语讲授，他们设计的任何一项活动几乎都会产生教育价值。玩游戏何尝不是如此？游戏会让学生产生不可遏制的沟通欲望，优秀的教学方法也不例外。下述游戏可用于教任何一种语言，不过，游戏和活动数不胜数。教师可以自己设计游戏，或者查阅母语非英语学习者（TEFL）的英语教学书籍。本章所述游戏只是入门游戏，从字面上看好像单调乏味，不过，一旦你尝试运用游戏去开展语言教学，我就保证你会乐此不疲。除非另行规定，否则学习者只能讲目标语言（如，他们正在学习的语言）。

图片认知

在教室一角某张课桌上摆放着一堆从彩色杂志剪裁的图片。教师将全班学生分成若干小组，并让他们的座位远离这张课桌，并将小组命名为A、B、C……每个小组成员编号为1、2、3……教师给每组1号组员展示一张图片，并记录下哪张图片分给哪组。然后，1号组员（运用目标语言）描述教师向他们小组展示的图片。同时，教师将放在课桌上的图片"洗牌"。

2号组员到桌前挑选出正确的图片，当然，他们可以随时去询问1号组员（1号组员必须远离自己所在小组）。一旦确认，2号组员就将挑选出的图片带回本组（1号组员仍未回到小组）。如果小组成员认为挑选正确，就将图片交给老师。

如果决策正确，教师就展示一张新图片让2号组员描述；小组成员轮流描述与挑选。各小组互相比赛完成速度，如某名小组成员在规定时间内做了两次。这项游戏可以让学生跃跃欲试、迫不及待地去沟通。学生兴奋地跑来跑去（教师一定要确保地板上面没有障碍物）。

依赖于图片的相似性，这款游戏可适用于小学到高中的学生。我曾见过手语高级班的学生运用这项游戏去描述身着正装的男女头像，他们发现这项游戏富有挑战性：既有难度，又有乐趣。

变式

正式版本。给每名学生发放一个装有杂志图片的信封,要求他们不得展示给其他同学。每名学生向小组其他成员描述自己的图片。如果描述完整,教师就将图片"洗牌",然后放到一张课桌上,并用一个字母作标记。小组必须挑选出正确图片。

高级正式版本。一旦要求每名小组成员轮流识别每张图片,就会增加游戏的难度。

故 事

故事接龙

小组成员围成一个圆圈而坐,教师或1号组员依据卡片先说故事的第一句话。2号组员填充第二句话,依次类推。教师要运用非常简单的"故事",例如:

"他非常喜欢这张图片。"

"这是他女儿的肖像。"

"他女儿不喜欢这张图片,她说自己看上去很丑。"

"一天,女儿将图片扔掉了。"

变式

如果教师给学生提供故事开头句与结尾句,游戏难度就会增大。每组每次说一句,直到前后两句话合乎逻辑为止。如果某一组说的话引人发笑或前后矛盾,就会让学生乐不可支。例如:

开头句:"狗正在学习吹喇叭。"

结尾句:"我奶奶讨厌意大利式细面条。"

模拟故事

教师模拟一个简单故事,然后,学生轮流往下讲述这个故事。例如:

他正在用餐。一些食物掉落地板。他唤狗过来。狗吃下掉落的食物。他轻拍了一下狗。

最后,全班重述这个故事。如果要求全班只重述最后一句,教师就击掌一次;如果要求全班从头到尾重述每句话,教师就击掌两次。

卡片故事

教师给每名学生发放一张英语故事卡片,然后要求他们必须向全班或小组翻译这个故事。全班或全组必须运用英语逐字逐句地复述这个故事。故事要简单。

骰子与卡片游戏

骰子游戏

简单的骰子游戏特别适合于数字教学（例如一个数字3的游戏），你需要准备筹码或票证，每组需要一个或（往往）多个骰子。

学生甲扔骰子，另外两名学生抢答骰子的点数。另外，扔两次骰子，学生必须大声说出每次骰子的点数和两次的总点数。先答对点数的学生取走一个筹码；不过，如果答错一次，就要没收一个筹码。然后"学生2"扔骰子，小组三位成员轮流上场。等所有筹码发放完毕，手中最多者为赢家。这项游戏会带来意想不到的效果，很快就可以教学生认识数字。

变式

学生可轮流说出骰子的点数，因而他们的学习时间很充裕。学习加法需要运用两个以上骰子，学生既可以分别说出所有点数，又可以相加来练习多位数。

卡片游戏

教师可运用卡片来教词汇。学生两人一组，教师给每组发放大约五十张卡片，正面是目标语言单词，反面是译文（小号字体）。教师依次展示每张卡片，目标语言朝向学生，译文用空白卡片遮挡。小组（包括发牌者）谁先答对译文者就拿到这张卡片。不过，如果学生答错，就必须送给竞争对手一张卡片。最后，手中卡片最多者为赢家。

变式

教师将卡片放在课桌中间，三人或四人小组的学生轮流说出每张卡片的正确译文；如果答对，就将这张卡片换到最下面。如果答错，就拿着这张卡片，然后在游戏剩余的时间里学会。每过一段时间，每名学生都要将自己的一套卡片交给邻桌一名同学，然后由这名邻桌逐一展示；以前答错的学生现在必须努力答对，如果仍然答错，就继续保留这张卡片。游戏结束时，谁手中卡片最少，谁就是赢家。

不同话题最好各有一套卡片，这些话题包括数字、金钱、月份、日期、厨房、购物等等，然后学生可以互相交换卡片。

学生表达

讲述

每名学生必须向小组其他成员简单讲述自己的兴趣、爱好、喜爱的音乐和菜谱等，这有助于班级成员互相深入了解。（可以给学习者一周左右时间做准备）

展示特殊物品

教师要求所有学生下周带一件特殊物品进入教室。他们向全班同学展示个人物品，然后让全班同学竞猜。学生通常会带来与个人爱好或兴趣有关的物品。

讲新闻故事

学生从近期报纸上挑选一个故事，然后讲给全班同学听。（他们的准备时间为一周）然后，小组可以随意地讨论由这个故事引发的任何话题。

变式

这项游戏可以演变为两组之间的竞赛，与电台游戏《一分钟讲话比赛》类似：如果一位讲话者出现停顿或重复，裁判就要更换讲话者，让另一组的成员发言。最后留在场上的讲话者为本组赢得 1 分。

角色扮演

第 20 章曾详述过角色扮演，它同样特别适用于外语教学。教师可给小组每名学生分配一个角色，然后让他们表演。例如，两人小组一名学生可以扮演宾馆接待员，同伴则扮演客人，运用目标语言预订房间。学生可以轮流扮演每个角色。教师最好给学生提供演出脚本，诸如"你需要在一个安静的双人间住一周"。

练 习

要想掌握一种语言，最好重复听（或重复使用）一个特殊语言项目。作为一类重复形式，练习可以让我们专注于语法、词汇或发音的特殊重点；练习可以有乐趣，如果教师态度积极，热情十足，就会增加练习乐趣；当然，练习速度别太慢，适中即可。教师提问一个单词、短语或句子，然后要求全班回答。每个项目只重复六次，然后就练习新项目。练习时间严格控制在 1 – 2 分钟，否则学习就没有实际效果了。

你可以要求个人而不是全体回答，这样做的目的是不让学生猜测出回答顺序。
下述观点有助于练习多样化。

变化

编写一个可以随意变化的句子，例如"黄油在哪儿？"教师说出这个句子，全班学生重述。然后你变换名词，例如"猫在哪儿？"另外，全班每个学生轮流变换名词。

打乒乓球

教师说出一个句子，学生必须以恰切的疑问句来回应：

"我去看了一场电影。"——"你喜欢看电影吗？"

"我骑自行车了。"——"你从自行车上掉下过吗？"

教新词汇

通过句子来教新单词，学生更容易学会。运用小组学习来教新词。例如，你可将厨具归为一类：

"桌布在哪儿？""搅拌碗在哪儿？""勺子在哪儿？""将一把新水壶给我。""将一个新平底锅给我。""将一个新……给我。"

一定要保证教给学生在现实生活需要知道的单词。相比较而言，将目标语言翻译为母语容易，将母语翻译为目标语言难。因而，做练习要先易后难。当然，复习不可或缺。

闪视卡片

成套的闪视卡片可以购买，不过，你也可以自己制作。每张卡片上面画一幅图。学生运用单词、短语或整句去看图说话。图的内容要尽量做到越来越难讲述："小狗"——"大狗"——"黑猫"——"白猫"——"小白猫"……闪视卡片适用于复习。

其他游戏与活动

堆金字塔

例如，学生两人一组弄清对方兄弟或姐妹的数量。现在两人组合并为四人组，接着，每个人告诉全组自己同伴的兄弟姐妹数量。然后，四人组合并为八人组……

我发现

一名学生在教室里选取一张印有物品的卡片，只露出它的第一个字母。其他学生针对该卡片提问："它是什么颜色？""它比我的公文包大吗？"如果一名学生猜对，就转而展示另一张卡片，依次类推。教师将全班学生分成若干小组，每名学生发放一张印有物品的卡片，然后小组之间进行"我发现"竞赛（各组发放的卡片数量完全相同）。先猜对所有物品的小组获胜。

变式

教师描述一件物品，然后学生必须猜测它是一件什么物品。例如："它很重""用玻璃制作""你可将它放在课桌上"……

我的工作是什么

一名学生考虑一项工作，或者老师给一名学生发放一张印有工作名称的卡片。其他学生提问："你必须旅游吗？""你挣了很多钱吗？"与"我发现"一样，"我的工作是什么"既可以竞赛，又可以采取其他形式。

翻译

一人必须只使用母语，另一人只使用目标语言，第三人担任两人之间的翻译。两名只讲一种语言的学生扮演不同角色，比如说，一人扮演讲法语的游客询问去当地火车站的路线，另一人扮演讲英语的本地人给这位旅客指路。

录像

播放录像时将音量调低，然后学生轮流解说录像。

一分钟讲话比赛

多数电台或电视台游戏适用于语言教学，"一分钟讲话比赛"节目仅为其中一例。学生任意选取一个话题，然后没有明显停顿或重复地来讲述。学生通常希望教师给他们时间去准备讲话内容。

奶奶的篮子

小组成员围成一圈或围成马蹄形而坐。学生依次重述前一轮展示的物品，然后再展示另一件物品。例如："在奶奶的篮子里我发现了一只香蕉。""在奶奶的篮子里我发现了一只香蕉和一瓶酒。"

大组可用于现场测验学生掌握的词汇量和记忆能力。

海报

教师给学生展示一张内容翔实的海报或大幅照片，然后根据海报提问："狗在哪儿？""桌下有什么？"全班或个人回答"在田野"等等。（如果想强调语法而不是词义，就要求学生使用完整句子来回答，如"狗在田野"）为了练习过去时态和将来时态，教师可在海报下端用别针别一张印有"昨天"或"明天"单词的卡片。

我正在做什么

这种活动最适合小组学习。教师给一名学生发放一张描述一项活动的卡片，例如：你正在熨烫自己明天婚礼穿戴的婚纱。

然后，学生给小组其他成员模拟这项活动，其他组员必须猜测这名学生正做什么，即其他组员提问，这名学生只需回答"对"或"错"即可。

自己设计的游戏和练习

教师可以个人创制游戏和练习来适应特殊学习小组和个人教学风格，这里介绍的活动只是入门级活动而已。尽量动员学生自己去创制，当然教师也可以自己去动手创制。

无论学生来自何方，教师都要尽量使用**游戏**。游戏可以激发强烈的沟通愿望，而沟通愿望则是学会任何一门语言的前提。游戏还会让你的课堂教学生动有趣。

不过，别经常玩任何一类游戏，或者，玩任何一类游戏的时间都不宜太长。

推荐读物

[1] J. 哈默（Harmer, J.）. 英语教学惯例. 朗文出版社, 2007.

[2] M. 马克森(Maxom, M.). 英语作为外语教学傻瓜丛书. 约翰·威利与桑斯出版社, 2009.

第二十二章　研讨会

"研讨会"是一个课程表编排的术语，并不是一种教学方法。研讨会让8-20名学生有机会去探究讨论教师精心设计的主题。研讨会一般不是泛泛而谈，也不应与个别指导混淆，个别指导往往让个别学生有机会去解决个人或知识疑难问题。

对自己想达到的目的一定要了然于胸，要选择适宜的活动。本书其他章节介绍的教学方法同样适用于研讨会。讨论、小组学习（特别是蜂音小组）、游戏（尤其是决策卡片游戏）、角色扮演或模拟学习都非常适用于研讨会。下面还将介绍其他教学方法。谨防将研讨会演变为小型报告会。一般而言，研讨会的主旨在于让学生有机会去形成个人见解，而这正是有效学习的结果。学生只有进行矫正性练习，才能形成个人观点。研讨过程必须不急不躁，还要辅之以学生活动。

学生或小组表述

学生或小组表述是最常见的研讨会形式。教师可以要求一名学生或一个小组向全班表述；话题界定要慎重，同时需提供参考文献。通常在表述前，教师务必要与他们共同讨论小组的研究结论。发言人准备表述材料时可能需要别人帮助，同时还需要一些情绪支持。高架投影仪幻灯片可作为发言人必要的提示，陈述前下发的讲义提纲会成为随后讨论的催化剂。

在随后的讨论中，发言人往往可能感觉自己有把握主导讨论，不过，如果缺乏信心，教师就要主导讨论，发言人提供讨论的观点即可。

这种方法适用于从不同角度来探究同一问题，每组的侧重点不一。你可以要求二年级学生向一年级学生表述。如果要评价表述，就要求学生填答根据事先商定标准编制的问卷，每次表述后填答一份。

商定"有价值的观点"

在《小组学习》里，雅克建议教师让主持研讨会的学生就研究话题阐述"有价值的六项观点"。六项观点应论据充分、切中要害、立意新颖；应具体有用，而不是模糊抽象。主持人应先征得指导教师的同意后再召开研讨会。

学生主持人向全班同学阐述个人观点，接着开展自由的、非正式的讨论。然后主持人依次说服全班同学同意自己的观点。主持人或指导教师可能需要修正自己的观点，目的在于接受批评、赢得支持，进而总结出有价值的观点。如果无法妥协，持异议者可形成"少数派观点"。一名学生负责记录全班商定的观点。研讨过程要求学生就研究话题进行决策，这样可以提高学生的参与度。

你与大家唱反调

作为"有价值观点"的变式，在小组成员需评价观点的时候，教师可以不置一词。学生发言人和记录员同样不加褒贬，教师再指定一名学生主持讨论。教师要确保小组达成高度共识并写出条理分明的书面观点，但教师切忌参与讨论。

不过，一旦学生达成一致观点，你就要充当唱反调者。几项欺骗性论据就会让争论升级！现在"你与大家唱反调"，如果学生真正坚持合理的观点，随后就会引发一场唇枪舌剑、势均力敌的讨论，研讨会将吸引全班学生参与讨论。

如果学生害怕评价，他们就会串通一气，互相"高抬贵手"，批评用语不痛不痒，处心积虑地将矛盾推给教师处理。"你与大家唱反调"应尽量避免出现这种倾向。在学生讨论期间，有些研讨会主持人会建议教师回避，这会加剧"我们与教师唱反调"的气氛。

教师最好与研讨小组商定基本规则、讨论难点。表达观点、分发讲义、讨论各占多长时间？谁应该主持讨论？确实存在不同意见还是因个人竞争而故意找茬？教师最好保持一定敏感度！

证人出庭作证

通常，这是一项对抗性较弱的活动。"证人"可能是一名教师或一名学生，他或她就某一话题用15分钟的时间陈述事先准备的材料。然后，证人离开房间，听众划分为多个小组讨论质询证人的问题。尽管可能花费大量时间，但由于能够澄清问题、发现难点，因而这项活动本身就具有重大意义。一旦各小组选定质询的问题，就召回证人，然后大家轮流质询。

作为一个备选的临时阶段，各小组可以分享问题并进行必要调整，然后再质询证人。另外，研讨时间之外，小组成员也可以构思质询的问题，从而为下次研讨做好准备。

15 分钟的陈述时间似乎太短，不过，以个人经验而言，要想覆盖话题的各个重要环节，提问花费的时间往往比陈述多 3–4 倍。该法可以让学生轻松自如地控制研讨过程，"逼迫"他们发现问题与困难，然后"逼迫"证人给予解决。简单的话题一笔带过，绝大部分时间往往花费在有困难或有疑问的地方。

在要求学生充当证人之前，你最好自己先以身示范。如果学生证人缺乏自信，就可以运用书面形式陈述问题，并允许证人回答前征询你的意见。对此，教师一定要引起高度重视。

自信式提问

这种技巧可以大幅度提高学生的注意力和参与度（详见第 24 章）。该技巧一般适用于教中小学生，不过，我经常用来教成年人及专业人士，而且深受他们喜爱。

同伴咨询

适用于成人在职专业培训班结束之日。参与者结对轮流提问下述问题，通过倾听和提出补充性问题来扮演顾问。主要问题包括：

- 你今天学会了什么？
- 你据此要改变什么？

推荐读物

[1] J. 比格斯（Biggs, J.）. 大学优质学习教学. 麦克米伦－希尔／高等教育研究协会与开放大学出版社，2007.

[2] K. 雅克（Jaques, K.）. 小组学习. 科根图书出版公司，2000.

*[3] P. 拉姆斯登（Ramsden, P.）. 高等教育教与学. 劳特利奇出版社，1992.

第二十三章　为记忆而学习：复习与回忆

本章讨论的焦点在于确保学生能记住你所教给他们的技巧。回忆指定信息的能力属于简单技能，如同所有技能一样，通过矫正性练习能学会这种技能。仅仅阅读笔记或倾听教师总结还不够，练习回忆才有用。重复运用也是增长智力和增强身体技能的最佳手段，而被动学习往往事倍功半。

无论哪类教学，都必须确立合理目标、注重奖励学业成就。不过，切莫将记忆性学习演变为机械性记忆过程。如果不理解新知识，就会很快遗忘，因此，只有完全理解，才能记住所学知识。另外，学习需要唤醒和投入，而不只是重复。只要讲课生动有趣，只要调动学生学习积极性，就会大幅度提高学生回忆能力。

你是否玩过金氏游戏（Kim's Game）*？玩家用1分钟时间观察一托盘物品，然后尽可能多地回忆物品名称。我们可能无法记住全部物品，不过，如果在游戏结束之际，再次展示这个托盘的物品，你就肯定会辨认出自己回忆不起来的物品。记忆贮存于脑的某个部位——你只是没有发现它罢了！脑就像一座图书馆，而记忆就像图书。图书放在图书馆某处，但需要借助于检索系统才能找到。对某段记忆来说，只有回忆次数充足，脑才能建立检索系统。

试想一下自己背诵一首诗歌的经历。开始连一句也记不完整，随后能记住的越来越多，最终倒背如流。别消极看待回忆的失败，失败是学习过程的必需环节。有些知识需要两次回忆失败才能记牢，深奥的知识可能需要经历十次以上回忆失败。此时大脑正在创建检索系统，只有不断地努力回忆，才能真正建立或修正检索系统。

研究表明，焦虑和勤奋可能妨碍背诵。如果给学生布置背诵类家庭作业，就告诉他们先听一段音乐放松心情，再浏览复习笔记。他们应该始终坚持回忆直到记牢为止。勤奋没用，花费时间进行回忆性矫正练习才会记牢。有人甚至声称，如果回忆次数充足，一个人可以记住任何知识。

有些心理学家主张，我们从未真正遗忘任何知识——我们只是丧失了回忆能力。1950年，脑外科专家怀尔德·彭菲尔德（Wilder Penfield）与西奥多·拉斯马森（Theodore Rasmussen）两位博士发现，如果轻微电击一位神志清醒病人

＊金氏游戏（Kim's Game），即男女童军和其他儿童团体玩或参与的一种游戏或训练，旨在培养观察和记忆细节的才能。

裸露的脑部，病人就会难以置信地回忆起长期遗忘的事件细节，即使这些事件只经历过一次，病人也仍然历历在目。催眠也会出现相同体验。（不过，我可不赞成你在课堂上尝试电击或催眠学生！）

> 如果将回忆指定信息的能力看作一种技能，就运用下述方式去满足学习者矫正性练习的需要：
>
> ●**讲解**。只有理解，才能记牢。否则，费尽心机记住的知识对学习者毫无价值。
>
> ●**操作细节**。学生愿意准确知道自己应能回忆什么、依据什么细节来回忆。你一目了然，而他们却茫然无知。别指望他们一字不落地回忆你说的每句话，因而学会的关键事实必须少之又少，还必须精心设计。具体的学习笔记可以提供此类细节。一旦回忆起关键事实，它们就会成为相关信息的提示线索。
>
> ●**运用**。学生必须练习回忆。多数学习者认为，只要阅读和重读自己的笔记，就可以记牢。然而，回忆性矫正练习才是至关重要的。
>
> ●**检查与改正**。当然，必须检查回忆的完整性和准确性。如果精心设计"操作细节"，学习者自己就可以检查与改正。
>
> 不言而喻，回忆肯定需要记忆辅助工具、复习、评估和质疑。

研究发现,如果学生朗读单词,就会快速学会大量新单词(如手骨名称)。学习1小时后的24小时之内，至少80％的细节信息遗忘了。

——托尼·巴赞（Tony Buzan）《应用你的头脑》

学习—复习—回忆—检查

这是学生最佳的复习方法，但好像无人知道。多数学生一味阅读笔记，然后却吃惊地发现自己无法回忆。

学习：学生翻阅资料，力求完全理解。最好充分利用概括性思维导图。或许，在进入下个阶段之前，学生应花费一两个小时做点别的事情。

复习：合上文件和书籍。

回忆：学生写出用于回忆某一主题的所有要点。

检查：学生打开文件和书籍，检查回忆的正确性与完整性。

运用该法可以完成一份优质的家庭作业。

连续复习

如果教师借助于已学知识与技能去教新知识与技能，就能让学生有机会进行一些必要复习。教师运用这种方式，既可以巩固已学知识，又不会占用学习新知识的时间。复习应融入课程学习，从而保证记牢已学知识。否则，就像给一个没有塞子的浴缸充水一样，学生差不多边学边忘。在一定程度上，重复和提示确实有效，不过，复习应让学生主动查明对已知事实的记忆程度，主动反复运用已学的身体和智力技能与知识。

"即时复习"策略具有如下优势：

- 记住更多知识；
- 节省复习时间，可在讲课快结束之际开展更多有效活动；
- 促使新旧知识的有效衔接；
- 学生更可能视课程、学科为一个整体，更可能发现模式和相似性，进而做到深度理解。

鉴于人类记忆的遗忘机制，你肯定希望这类"即时复习"策略成为常规。不过，多数教师发现，在教有关亨利五世的历史知识时，学生已将亨利四世的历史知识忘掉。复习与死亡似乎无异：不可避免却人人敬而远之。任何一门学科的教师都需要关注"即时复习"。注意运用旧知识去教新概念的方式。在备课和上课时，要给学生预留出复习时间。

有些教师倡导"螺旋式上升教学"：不是一次性讲完一个新主题，而是在讲课过程中重复解释该主题，并且每次都增加深度或广度。

有些教师会告诉你：他们没有复习时间。可是，1 小时学会的知识只用 1 分钟复习即可。如果这些教师将新树苗移栽到户外，他们会说自己没时间给上周移栽的树苗浇水吗？如果没有时间去复习，就会有大量时间去遗忘。

> 1970 年，赖特（Wright）和纳托尔（Nuthall）调查研究了 62 项可能影响教师有效性的变量。他们发现，在五类教学技巧中，有两类改进学习的效果最佳：
> - 在讨论快结束（而不是讨论刚开始）之际，给学生提供翔实的提要。
> - 在课程快结束之际，给学生提供综合性复习的时间。
>
> （其他三类教学技巧包括准确提问、全面拓展、感谢学生的回答。）

> 尝试这类系统教学方式：上节课教案与下节课有关联，宣读关联的目标，然后通过提问来判定能否实现这些目标。

分散练习与集中练习

假如你要教"比例"这个数学概念，比如说，酥饼配料面粉与黄油的比例为3∶2，你的教学时间为两小时，教学对象为能力基本相同的两个数学学习小组，每组各采用一种教学方式。

- 第1组——集中练习：教学时间为一节课，本节课时间两小时。
- 第2组——分散练习：教学时间为四节课，每节课时间30分钟。

其他教学时间用于教别的主题。

另外，你可采用相同方式教两组学生。

哪组学得更好？类似实验很多。（研究结果综述请参阅哈蒂2009年出版的著作）分散练习的学习成绩比集中练习高1个等级以上。假设两组学生课后参加相同的数学比例测试，依据普通中等教育证书课程考试或高中考试标准，试卷评定为A、B、C、D……上集中练习课学生的考试成绩为C，如果让他们上分散练习课，考试成绩就至少会为B。

如果教学是分散的或分配的练习，学生就基本不可能遗忘。不过，最好的教学是让学习成为深度学习（参阅第1章）。

假若这些研究具有上述优势，教师忽视分散练习的现象就令人匪夷所思了。

> **练习**
>
> 为什么上分散练习课的学生学得更好？请列举几项原因，然后查阅第一章，去核实你的答案。
>
> 教学策略的相对有效性实验有数千项。（参阅佩蒂的《基于证据的实用教学法》）

总　结

每周有30节课，你不能指望学生记住每位教师说的每一句话——所以，让学生记住关键事实即可。无论是理解还是记忆，这一点都至关重要。你可为他们准备概括性关键事实，或者让他们自己准备（但你要检查）。因为人类记忆具有联想功能，所以关键事实可充当其他一般事实的提示物。在图书馆里，一旦找到一本重要书籍，就会在附近找到其他相关书籍。因此，不必为每次记忆单独提供线索。

有些教师主张每节课都要先总结上节课所学知识再上新课，先概括上一个主题再讲新主题。这是一种值得大力推广的教学习惯，如果总结与提问相结合，从而让学生参与回忆，教学效果就会更佳。研究表明，我们最容易记住一节课开始和最后所讲的知识，所以，在这两个时间段进行总结，就会产生最佳学习效果。

> 思维导图与其他组织图非常适用。
>
> 它们运用联想，模仿人类记忆功能，借助于视觉形式来呈现信息。颜色和形状可用于归类关键事实，图表可用于直观呈现信息。现在，请阅读第9章末的实例，让学生针对某项主题绘制一张思维导图，然后看看你或他们是否喜欢这类呈现方式。
>
> 有些学生喜欢制作一些复习卡片——比如说，每个主题一张卡片，每张卡片包括五六个关键事实。

复习题

教师普遍使用课堂测验，因其富于乐趣，能唤起兴奋、引发参与、提高课堂测验的有效性。有些考试学科的教师会选择一份以往的试卷，然后在一年的时间里，让学生一个题目接一个题目地去做。这些题目用于复习已学知识。这可以让学生清楚自己应学会什么，并让他们熟悉考试技巧。学生会认识到做以往试题的重要性，而且，如果他们能答对，就会有一种成就感。

> 中国哈尔滨的勾艳玲曾经熟记15000多个电话号码。1974年，缅甸一位和尚班丹塔·维奇查拉（Bhandanta Vicitsara）能背诵16000页佛经经文。

复习考试

你也可以要求学生为一次简短测试而学习：如果"操作细节"非常准确，效果就会最佳。例如，别说"为下周化学考试而复习"，而是说"我要求你们为下周考试学会下述化学反应公式……"我经常提前告诉学生将要考哪些学习内容，这样他们就无法为不及格找借口。如果学习任务经过精心设计，多数人可以顺利完成，加之设置容易理解的作业，学生成功的机会就很多。当然，教师应及时运用表扬和认可去奖励学习成功。考试成功会让学生获得一种真正的成就感，进而提高学生未来的学习动机。

> 尝试为考试设计一份概括性学习清单。我为参加普通中等教育证书物理考试的学生设计了一份学习清单，用三张双面 A4 纸概括了教学大纲的所有要点。例如，下面这段文字涵盖了两周的学习内容。（我要求高年级的学生自己去设计复习清单——但我要检查。）
>
> **弹簧**
>
> 弹簧受到的拉力越大，伸长量越大。根据胡克定律，在弹性限度内，弹簧伸长量与所受拉力成正比。拉力与伸长量对应关系图为一条直线（拉力每增加 1 牛顿，伸长量就增加相同长度）。
>
> 如果拉伸超出弹性限度，弹簧就不会恢复原状，因而拉力与伸长量对应关系图不再是直线。

我设计的概括性学习清单不仅包括事实，还包括图表、重要推论、例题。别忘了，视觉信息比听觉信息更容易学会。我运用 2-5 分钟的考试来测验学生对学习清单所列知识的掌握程度。我口头提问一些简单问题，诸如，"胡克定律是什么？"或"弹簧的弹性限度是什么？"学生先给自己的试卷评分，从中了解自己回忆的情况，然后他们参加一次考试，由我来给每名学生评分。

结论是指学生必须熟记的关键事实，它们远比"笔记"或记忆辅助工具简短。它们也会巩固所学知识，而且，如果学生理解一项结论，就会感觉自己掌握了该主题。

记忆术

"约克公爵理查德无功而返"（Richard Of York Gained Battle In Vain）可用来记忆彩虹的颜色——赤、橙、黄、绿、青、蓝、紫（red, orange, yellow, green, blue, indigo, purple）。教师创立记忆术，学生也喜欢自己创立记忆术，不过，除非你见怪不怪，否则别要求学生鹦鹉学舌！

颇具冒险意味的复习方法

分别运用第 18 章和第 19 章有关小组学习和游戏方法。"打网球"特别适用于复习。你也可借助于独立学习法,鼓励"学习伙伴"互相测验记忆的效果,或者,让学生成立"学习小组"。这些学习小组互相帮助,一起通过回忆测验。

> 旧知识永远不会完全遗忘。重复学习之功效正是教育优势之所在。
> ——[美]伯根·巴吉尔斯基(Bergen Bugelski)

选择适用于学习事实的活动

下面是一个有关人眼教学的"主题教案"。请注意,它也适用于其他多数课程的主题教学。不过,对非生物学家的读者而言,这个教案有点儿简化!

人眼结构和功能的主题教案

目标: 学生应学会画人眼图,应学会表述人眼主要部位的名称与功能。

呈现学习材料: 教师讲授;高架投影仪播放幻灯片;模型展示;观看公牛眼解剖标本录像;学生记笔记;等等。

让学生熟悉与理解: 口头提问与回答。教师给学生小组提供标有"视网膜""虹膜"等词汇的小卡片,要求他们必须将小卡片放到人眼图合适的位置。

教师还给学生提供一套写有人眼名称的卡片,如眼球晶状体,再提供一套写有人眼功能的卡片,如光线聚焦于视网膜。他们必须将名称与功能进行正确匹配。只要让学生宣读答案,就可以检查他们的学习效果。

设计检查理解情况的问题: 例如,如果瞳孔收缩会发生什么?如果你进入暗室,虹膜会有什么反应?

下一节课

学生练习与自查回忆: 教师要求学生绘制人眼图并标注名称,写出各部位的功能。然后提供答案让他们自查或同伴互查。最后,教师告诉学生,

> 下周将举行掌握性考试，具体测验他们绘图与熟记名称和功能的本领。
>
> **下一周**
>
>   **评价每名学生的目标达成度**：掌握性考试要求学生"绘制人眼图，表述人眼主要部位的名称和功能"。

  教师可以运用其他活动：制作海报，举行问答比赛，布置家庭作业，阅读等等。请注意，回忆需要练习与测验。

  有些教师坚持认为，他们唯一的角色就是呈现新材料——别成为他们中的一员！问问你自己：为什么我要教这些事实？学生运用这些事实能做什么？一般而言，你会发现，他们需要运用事实去决策、解决问题、解答问题，而不仅仅是回忆、解释其他事实等等。斜体的短语包含高级能力而不是简单回忆，只有实施矫正性练习，才能学会高级能力。（请参阅第 43 章"掌握性学习"）

回忆技能

  假定你刚刚给学生讲授了营销计划，然后要求学生评估大量备选营销计划。绝大多数教师会在快下课时复习知识（营销计划）。不过，评估技能怎么办？它也是需要复习的。（参阅第 38 章"双层课程"）

警告

  学生知道并非所有学习都会有趣。不过，密集的、苛求的复习计划会让他们对学习敬而远之，只会让缺乏毅力的学生灰心丧气，因而弊大于利。

>   维多利亚时代的教育家因过于强调事实学习而广受诟病。查尔斯·狄更斯（Charles Dickens）在小说《艰难时世》里对他们冷嘲热讽：
>
>   "现在，我需要的是事实。除了事实，毋须再教这些孩子其他东西。只有事实才是生活所需要的。"
>
>   许多教育家仍然认为，现代课程过于关注事实，而对容易学会的技能却不闻不问——例如思维技能。

  学生会感觉总结或其他复习形式单调乏味，不过，以我的经验判断，如果他们可以体验成功，就会特别喜爱复习活动。当然，教师确实需要尽力减少复习次数和时间——只要讲课生动有趣、感情饱满，学生就基本不会遗忘！

检查单

- ☐ 教学是否全神贯注、生动有趣、感情饱满？
- ☐ 是否先让学生理解关键事实再要求他们熟记？
- ☐ 学生必须熟记的事实是否有明确规定——例如，让学生学习笔记？
- ☐ 学生是否练习回忆（不仅仅是反复读或听）？
- ☐ 是否（让他们自己或他人）单独检查和矫正他们的回忆情况？
- ☐ 是否会接受遗忘是学习的一个环节（只要最终熟记即可）？
- ☐ 是否根据"少食多餐"的原则给学生留出充足的记忆时间？
- ☐ 是否复习所有相关已学知识和所有新知识？
- ☐ 能否尝试运用思维导图、复习卡片和类似技巧？

> **练习**
>
> 如果你认为复习没有必要，或认为过分强调了复习的重要性：就先不重读就总结本章内容，然后再重读本章，看看自己遗漏多少。
>
> 如果你认为复习必不可少：就为自己下个教学主题设计一项复习策略！

推荐读物

[1] J.D.布兰斯福德(Bransford, J. D)，等. 人类如何学习：脑、心理、实验与学校. 美国国立研究理事会，2000.

[2] T. 巴赞（Buzan, T）. 运用你的记忆. 英国广播公司丛书，2003.

[3] J. 哈蒂. G. 耶茨. 可视化学习与人类如何学习的科学. 劳特利奇出版社，2014.

[4] R.J. 马扎诺，等. 有效课堂教学：基于研究的提高学习成绩的策略. 国际课程开发与督导协会，2001.

[5] G. 佩蒂（Petty, G.）. 基于证据的实用教学法. 纳尔逊·索尼斯出版社，2009.

[6] D. 威廉. 形成性评价. 原点出版社，2011.

[7] C.J. 赖特（Wright, C. J.），G. 纳托尔（Nuthall, G.）. 教师行为与学生成绩的关系研究. 美国教育研究杂志，1970（7）：477－91.

第二十四章　互动式课堂教学：自信式提问

如果你从本书中学会了某种知识，我希望是拜互动式课堂教学所赐。为什么？如前面所述，传统提问技巧存在严重的局限性，主要表现在：多数学生不参与，你无法获取有关学生理解或错误概念的反馈。如果熟练运用互动式课堂教学法，就能够有效地解决上述问题；互动式课堂教学还可应用于任何学科以及任何学业水平。互动式课堂教学也是培养学科思维技能的最佳手段。

在《基于证据的实用教学法》里，我详述了互动式课堂教学法，不过，我们还应知道：

- 通常，就其增加值而言，教学成绩居英国前1%的优秀教师几乎全都运用该法去实现每项主题的目标。
- 世界教育成绩名列前茅的国家主要得益于该法。
- 严谨的课堂实验发现，与最佳传统教学相比，该法可将学生学习成绩提高近两个等级。2009年，哈蒂教授（Prof.Hattie）证实，该法几乎比其他任何一种因素都能提高学习成绩。

好消息是，对学生与教师而言，互动式课堂教学法能给他们带来很多乐趣。坏消息是，老师没有运用这种方式教过你，新教师也往往只会运用老师教自己的方式去教学生。不过，只要掌握技巧、付出时间、充分练习，任何一位教师都能运用自如。

在互动式课堂教学中，教师居于控制地位。但对学生而言，这是一种主动学习法，他们争先恐后地参与推理，进而对正在学习的概念和技能达成个人理解。有些学生还会采取下述参与方式：演示正在学习的技能，同时由同伴来评判演示是否正确。互动式课堂教学自始至终都要营造一种合作和支持的气氛。不过，教师要激励所有学生去积极参与。

继续往下阅读时，请尽量从个人熟悉的学科背景去分析。如果你是一位数学或科学教师，就可能考虑如何求解某类特殊计算题；如果你是一位英语教师，就可能考虑在一段课文里如何正确使用标点符号；如果你是一位历史教师，就可能考虑如何列举克伦威尔崛起的理由……诸如此类，不一而足。这类实例有助于你理解该法。

课堂教学策略

下面是西方行之有效的互动式课堂教学法，但细节与环太平洋国家与地区有所不同。我只介绍其中最突出的特点，但这有可能以偏概全。主要策略是给教师讲授（约占40%时间）注入活力，不断添加：

- **学生活动**。对每项主题而言，学生的学习任务先从简短、容易开始，然后越来越长、越来越具有挑战性。
- **自信式提问**。旨在最大限度地促进参与、主动学习和新旧知识衔接（参见下文）。
- **学生演示**。学生在白板或高架投影仪上面展示自己正在学习的技能，与此同时，由同伴判定展示是否正确。

自始至终，学生都在高度关注正在学习的证据与程序。教师鼓励全班学生共同探究新知识，与此同时，教师要确认、概括和强调新知识，并将新旧知识进行衔接与比较。

自信式提问

自信式提问风格切忌营造对抗性或"故意找茬"的气氛。不可互相羞辱，但也不允许袖手旁观。我认为，教师可让学生简要写出个人答案，写在讲义上面也行。不过，对有些问题来说，口头回答就足够了。

你可能需要向全班学生解释自信式提问程序，其主要内容概述于下页的流程图。在继续往下阅读之前，请先看看，以确保心中有数。

提出问题

先提问一个问题或设置一个问题：

"应如何给下个句子添加标点符号？"

"谁会支持克伦威尔？为什么？"

"你能将 $3x^2+4x+1$ 进行因式分解吗？"

问题要明确、简练，保证学生一分钟左右就能回答出来。问题必须要求学生进行推理或采取其他重要行动。在理想的情况下，问题要非常简单，保证全班学生都能基本正确回答；问题又要开放、高级，从而能够拓展学优生的能力。一般而言，教师最好在白板上面写出要提问的问题。当然，还需要提供补充资料，如

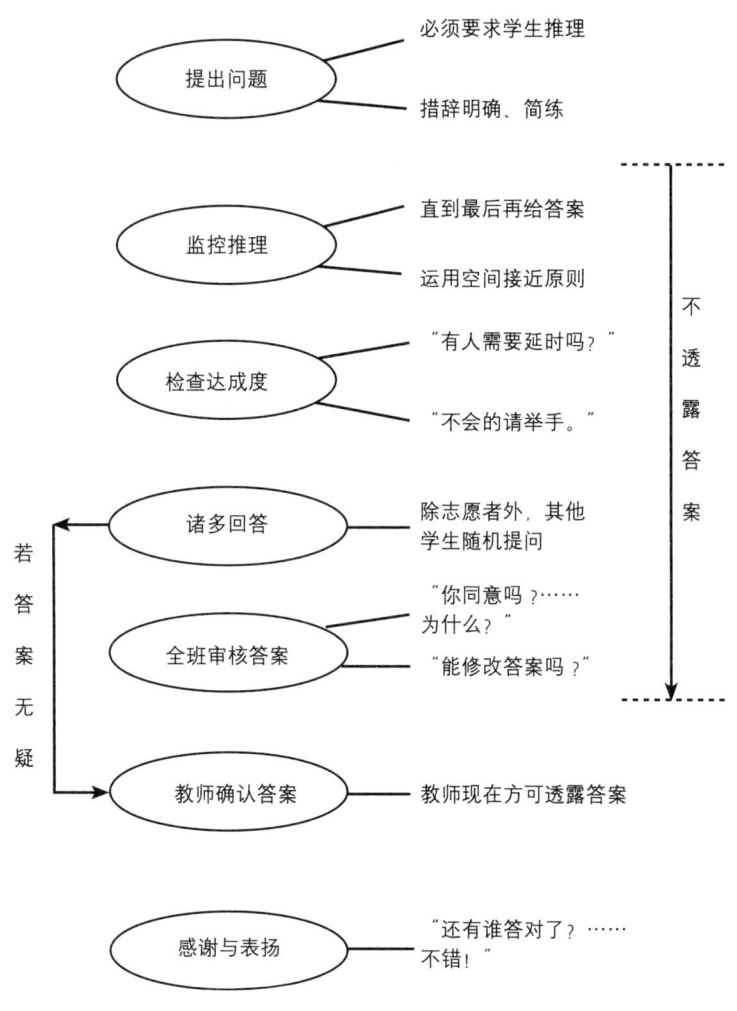

自信式提问流程图

有关克伦威尔的问题,不过,别直截了当地公布答案。

一开始就让学生知道教师是要求他们个别学习还是结对学习。最初让学生个别学习收效最佳,例如,先分别学习1分钟,然后结对互相展示、解释自己的答案,旨在让结对的两名学生商定一个答案。从开始提出问题,到结对的两名学生商定答案,可能需要花费1~3分钟的时间。有些问题用时较长,例如上述的历史问题,不过,只有尽量让学生保持一种紧迫感,才能获得最好的教学效果。

监控推理

在学生学习期间,教师要询问学生是否有疑难问题,检查他们正在书写的答案,但别评价。走近学生,督促他们专注于学习任务。你或许需要用点时间去点拨那些迷惑不解的学生,但也别告诉他们答案。如果任务有难度,就提示一下:"有些同学要想想上节课学了什么,另外,要用分号。"

检查达成度

他们准备就绪了?你可以询问:"有人需要延时吗?""现在人人都有答案了?"或"如果没有答案,就请举手。"

只有学生坦率地承认自己没有答案,教师才能进行第二阶段的教学。一开始需要学生举手示意,不过,如果你经常运用自信式提问,他们不用公开承认也会让你知道。如果初始问题与学生水平相符,他们的答案就应五花八门。通常,如果学生感觉问题太难,就尽量将问题分解为若干小问题。如果他们需要更多时间,就提供帮助或给予提示,但别透露答案。

诸多回答

解释游戏规则:所有的学生或者说出一个答案,或者向你承认自己没有答案。

现在要求一名有答案的学生回答。别要求学生自愿回答,指定一名学生回答。即使学生正在结对学习,也要指定其中一人说出小组商定的答案。至少要让全班一半的学困生说出个人答案,尽可能要求更多的学生回答问题。

一旦全体学生发现教师可能提问自己,他们就不敢"无所事事"或注意力分散。

在这个阶段,教师一定要指名道姓地感谢回答问题的学生,但别说答案是否正确,更不要发送任何非言语信号去示意。当然,做到这一点有些难度,因为一旦听到学生说出惊世骇俗的答案,你可能更难以控制自己的言行!

要求这名学生向全班同学解释自己的答案,然后让其他学生发表不同观点。教师同样不应评价答案是否正确:"谁还有不同看法?"如果全班学生洋洋得意但答案不准确,就可以这样提示他们:"你们离目的地还有一半以上的路要走!"

若想获取更多答案,请尝试

你与克莱夫的意见一致吗?为什么?	谁同意这个答案?为什么?
为什么你这样想?	谁有不同意见?为什么?
你这样说是什么意思?	能否有其他答案?
你肯定?	(对回答者)你有什么看法?
你是怎样得出这个答案?	
这是你最初的看法吗?	是什么改变了你的看法?

如果过早地公布正确答案,学生就不可能说出自己的错误答案,就会降低给教师反馈的质量,进而失去矫正错误的机会。

如果一些学生早早谎称自己有答案，教师就与他们保持长时间的目光接触，要求他们"遵守比赛规则"，若有必要，则提醒一下规则。

全班学生审核答案

如果学生发现问题非常简单，你就可以直接跳过，进入"确认和强化"阶段。

现在，全班集体负责审核答案，然后检查与改进，最终商定一个统一答案。若有必要，则将学生初定的答案呈现于白板上，并询问他们"谁同意该答案？"或"谁反对该答案？"临近结束时，再询问"各位都准备好提交该答案吗？"

教师要求被提名回答者和自愿回答者解释各自的观点，感谢他们的发言，但还是别说正确与否。

努力获取：

- 真相："该答案是否正确？"或者，如果无人回答正确，再问："这个答案能否自圆其说？"
- 全部真相："该答案是否有遗漏？"
- 真相至上："该答案是否准确无误？"

想方设法制造节奏感、悬念感和神秘感——"正确答案是什么？"

在绝大多数课堂上，教师都要尽量让学生审核答案，但切忌批评说出答案的学生。可以说"我认为4倍速比特错了"，但不要说"卡拉算出的4倍速比特错了"。答案属于全班学生，而不是属于个别学生。在理想的情况下，审核应向前看、关注改进，而不应向后看、关注错误。"这是一个人人易犯的错误，你们怎样才能避免再犯类似错误？"

成熟而自信的学生可能喜欢针锋相对地互相抨击和辩论，因而教师就要担任裁判。决定性因素或许在于提出和接受批评的态度。

在学生争论修改答案时，只有确认不得不给他们提供帮助时，教师才能暗示自己同意或反对。尽量让全班学生商定答案，或让他们明确表达意见的分歧。

> 如果你与学生配合默契，或者学生对答案胸有成竹，你就可以充当唱反调者。运用提问误导学生进行错误推理，或有意混淆学生的视线。当然，一定要保证你不可能成功！这种策略看似不合常理，但乐趣无穷，而且有助于学生预防漏洞百出的推理和常见错误。

教师确认和强化

现在，也只有现在，你才能公布正确答案，简明扼要地、令人信服地解释推理；

表扬发言者的思想与努力，或者，如果学生的回答太离谱，就至少感谢一下他们。如果学生没有说出正确答案，教师就评价他们观点及其辩论的质量。

到这里，自信式提问的程序就全部走完了，现在你可以准备提问下一个问题，准备开展下一项活动或讲授更多知识。如果经常运用该法，就会取得最佳教学效果。一节课可以运用数次，只要教师妥善控制节奏与情绪，就会推动学生去踊跃参与。

学生需要花费一点时间来掌握这种技巧，如果他们对此一无所知，花费的时间可能要多一点，不过，这种时间投资的回报率可是非常惊人！

学生演示或学生回答

学生演示或学生回答可以是一项独立活动，也可用于自信式提问"公布答案"的环节。几乎任何教学都可以运用学生演示或回答。例如，学生可将自己有关历史问题的答案写到白板或高架投影仪上。学生演示或学生回答特别适用于数学学科。

教师设置任务，然后写到白板上。若有必要，教师就给学生留出时间去考虑解决问题的方法，先个别学习，然后同伴结对互相检查。教师完全可以按照自信式提问程序去开展教学。如果可能，就给这些活动规定时限，大致一两分钟即可。如同自信式提问，该法能监控学生的进步，进而发现不懂的学生。

一旦你确知绝大多数学生有了答案，就挑选一名学生来演示。开始先寻求志愿者帮忙，不过，一旦运用自如，就考虑采取更多的自信式提问技巧，让学生结对或成立小组去商定答案，随后随机指定学生说出各自小组的答案。事先提醒学生你要这样提问，别挑选做事拖拉的学生，也别挑选明确表示自己不愿演示的学生，也别总是挑选答案绝对正确的学生。

学生将答案书写到白板上。如果该生和全班学生都认为上台演示只是代言人而已，教学效果往往就会最佳。他们的角色就是原原本本地写出全班的答案，然后让同学们讨论。在自信式提问中，教师就是这样做的。教师也可以视情形决定是参与讨论还是放手让学生自己去讨论。

还有一种方法，比如说，要求三名学生将各自的不同答案并排写在白板上，这样全班学生就可以进行比较。挑选那些答案值得讨论或可进行有趣比较的学生在白板上书写。

如同自信式提问，现要让全班学生去审核答案，最后教师再予以确认。

优势与局限

与其他以教师为中心的教学方法相比，自信式提问与学生演示的优势在于，让学生踊跃参与，从而确保注意力集中和有效反馈。学生不敢投机取巧或袖手旁观。学生不知道教师会提问谁，而且每个问题都经常要请许多学生随时发表个人意见。学生不想挨批评，必须深思熟虑进而形成建构。不过，如果他们结对或小组合作学习，就会获取自己所需帮助。这种方法可以确保不爱学习或学习能力弱的学生理解所学知识，因而适用于差异教学。

在学生快速学习的时候，因为这种方法能发现错误和疏漏，让教师与学生立刻矫正，所以就可能创造一个"自我矫正的课堂"。而许多传统提问方法却可能创造一个"盲目的课堂"，教师与学生不会"实时"发现错误概念。

教师一定要阐明自己运用上述方法的动机，切莫因希望自己成为注意焦点而运用上述方法，这可能导致个别学习或小组学习单调乏味，进而无法满足学生的需要。

如果充满自信，就一定要尝试运用自信式提问，与此同时，你还要尝试指定学生而不是寻求志愿者来回答问题。你可能让学生大吃一惊，也可能让自己大吃一惊。

> **好奇心**
>
> 如果一位教师创作一篇神秘谋杀案小说，她在第1章第1段可能这样写："凶手是主教啊，凶器是食品储藏室的烛台，故事是这样发生的……"因为现在已经知道答案，所以我们不想继续往下读了！真正激发我们好奇心的是不知道"谁是凶手"。教师可以依样画葫芦！如果我们保留答案及其推理，就会督促学生思考，还会激发他们对学科的强烈好奇心。
>
> 好奇心是教师可以馈赠给学生的最珍贵礼物。

推荐读物

[1] P. 比德尔. 如何教学. 皇冠书屋出版社，2010.

[2] J. 哈蒂. 可视化学习：800份与成绩相关的元分析研究综述. 劳特利奇出版社，

2009.

[3] D. 莱莫夫. 高效教学. 乔西－巴斯出版社，2010.

[4] R. 马扎诺，D. 皮克林. 高参与度的课堂. 马扎诺研究实验室，2011.

[5] R. 马扎诺，J. 西姆斯. 课堂的提问顺序. 马扎诺研究实验室，2014.

[6] D. 缪吉斯（Muijs，D.），D. 雷诺兹（Reynolds，D.）. 有效教学：证据与惯例. 塞奇出版社，2009.

[7] G. 佩蒂（Petty，G.）. 基于证据的实用教学法. 纳尔逊·索尼斯出版社，2009.

[8] R. 鲍威尔. 卓越教学、学习与评价. 罗伯特·鲍威尔出版社，2010.

[9] M. 斯旺. 数学合作学习：挑战我们的信念与惯例. 英国国家科学研究开发公司、英国继续教育研究所，2006.

[10] D. 威廉. 形成性评价. 原点出版社，2011.

第二十五章　为学习而阅读

如果不相信开卷有益，你现在就肯定不愿读书。一本优秀教材可能就是一座有各类价值活动的金矿，不过，本章关注的重点对象是为获取知识和理解力而阅读的学生。

阅读教学法越来越流行，但形式多变。在多数中小学和大学里，有些学生从未进过图书馆。有些教材发给学生，一年后回收时竟然发现还没有开封，而有的教材的使用频率则太高，因此必须每年更换。现在，由于为学习而阅读正在成为课外作业和设计作业，因而深受一些教师的喜爱。有些教师经常将阅读与独立性学习作业搭配使用（参阅第33章），或者给学生提供"摘要资料袋"去概括基本事实信息。这样一来，师生宝贵的接触时间就可用于做高效而有趣的活动，而不是只用于传递信息。

当然，最好不要盲目乐观。阅读并不等同于学习。我们都有这样的经历，有时貌似在阅读，结果却沮丧地发现自己无法集中注意力、一无所获。（真心希望此时此刻的你不会是这般模样！）

不过，如果积极鼓励学生去真正理解关键概念，你就可能没有时间去"讲解"全部细节。既然如此，阅读性作业就是弥补这一缺陷的最佳方式。

阅读方法

在第一章里，我们讨论了浅度学习和深度学习。1976年马顿（Marton）和萨乔（Saljo）创立了上述概念，他们研制了两类风格迥异的阅读方法：

1. **浅层水平加工**，学生被动阅读，他们关注：
——读完内容；
——学会了多少；
——找到正确答案；
——透彻理解固定的知识模块；
——全盘接收。

2. **深层水平加工**，学生积极主动阅读，他们关注：

——中心论点；

——论据；

——全貌；

——结论；

——联系；

——论证；

——模糊观点；

——质疑结论。

研究表明，深层加工者考试容易得高分，容易举一反三。

3．**零水平加工**。学习者貌似在阅读教材，他们以为理解会在潜移默化中自动完成。他们关注：

- 尽快读完；
- 晚餐吃什么。

教师如何才能让学生从阅读中学到最多东西？如第 1 章所述，学习让学生对教师呈现的信息形成个性化理解。阅读应该是一个主动的过程，学生通过质询教材对信息进行个性化解读。你可采取如下激励手段，例如：

- **趣味阅读活动**。与"请阅读第 23 章"相比，让学生探求难题、问题或复杂问题的答案更具有激励性。这样一来，学生肯定会尽力理解而不只是匆匆结束和敷衍了事。
- **做读书笔记**。要求学生撰写梗概、摘要、思维导图、一组重点，或一整套笔记。学生应运用自己的语言去做读书笔记。
- **改编材料**。例如，根据不同机构的功能，依次改编一个文本，然后按照时间先后去发布信息。
- **为信息而阅读**。要求学生查找具体信息，诸如具体问题的答案；当然，答案最好能从课文中"发现"。
- **为批评而阅读**。要求学生批判地阅读课文：作者的观点是什么？支持与反对这个观点的证据是什么？作者疏忽了什么？其他作者或理论家对作者表达的观点会有什么看法？
- **表达**。要求各小组的学生阅读不同材料，然后向全班表达本小组的观点。高校要求学生在"研讨会"上向同学和指导教师阐述个人读书感悟。继续教育和中小学也可以运用相似教学技巧。教师可要求学生将个人读书笔记提供给同学参考，或者可以先让指导教师过目再复制给同学。
- **讨论**。教师可要求学生阅读指定课文以准备参加班级讨论。你可事先设置一些具有挑战性的问题，让学生将注意力集中于重点问题上，还要明确告诉学生，他们必须全部阅读完毕。

阅读要求学习者担负起理解与学习的责任，它拥有个别化学习的诸多优势。阅读让学习者按照个人水平去学习，因而学优生可以学得更全面、更深入，学困生也可以学习适合自己的简单文本。

阅读也会：

- 培养学生从阅读中学习的关键技能（没有练习，就永远不可能掌握这种技能）；
- 有助于培养学生利用图书馆及查阅图书的技能；
- 让学习者熟悉自己的教材与其他重要文本，进而更可能在自学时充分运用。

无论你教什么，都会遇到一些优秀文本，如果不鼓励学习者阅读它们，你就会失去一个宝贵资源。如果你喜爱的文本数量不足，就可以设计一项小组学习"循环表演"，各小组轮流使用文本，借助于每种文本来开展不同活动（参阅第18章）。别忘记书籍之外的资料，诸如杂志、报纸、光盘、互联网等。

> 研究表明，如果给大学生发放一本教材，让他们注册修习一门功课，然后告知考试日期，不上课学生的成绩与上课学生的成绩不分高低。

在绝大多数课堂上，教师一定要确保真正完成自己设置的阅读活动。例如，观察学生的表达就可以做到心中有数，或者要求学生概述、绘制思维导图、撰写梗概、做读书笔记、撰写短文或其他书面设计作业或课外作业，当然也可以举行考试。

阅读主要是一项个人活动，需要安静、专心。在课堂里，多数学生发现自己无法安静、专心地阅读几分钟，他们喜欢在家里读书或自学时读书。阅读是一项有价值的家庭作业，学习价值与付出努力成正比，付出努力越多，学习价值越高。

> 尽量为学生提供一份阅读指南，包括重要书目及教师荐语，诸如，"冗长但透彻"或"X比Y论述到位"。

图书馆和信息搜索技能

一位大学生物老师告诉我，她曾布置一年级学生撰写一篇鹰的短文。她提供了一份必读书目，包括一份 2000 页的文献指南，按字母顺序介绍了欧洲和北美的鸟类。当她要求一名学生提交短文时，他睡眼惺忪地回答："书目还没有读完，文献指南也正在读。"如此幼稚可笑的解释，让他成为全班唯一的阅读不及格者！

在专著《高等教育的教与学》里，露丝·比尔德（Ruth Beard）说，每年都会发现，科学和数学系的学生从心理学书籍里一板一眼地逐页搜索研究专题资料。"查询索引的建议肯定会出乎学生的意料，有些研究生甚至需要告诉他们到哪里去查询资料！"

有人可能会嘲笑这类学生，但真正的嘲笑对象应指向他们所在中小学和大学。学校应教会每名学生掌握信息搜寻技能，包括有效使用图书馆的各类工具。信息搜寻技能是一种复杂技能，所以最好请一位图书馆指导教师来教学生。你的学生学会泛读或快读了吗？

> 讲课是通往智力懒惰的快乐之路。
> ——塞缪尔·约翰逊（Samuel Johnson）

充分利用图书馆

如果提前通知的时间充足，绝大多数图书馆都会搜罗一箱有关某主题的书籍让你带到课堂。图书馆也会借助于"台式图书借阅"系统，将需求量很大的书籍从书架撤下，并只允许在馆内借阅。

> 你可能打算给学生撰写一些课文的摘要或梗概，不过，为什么不让学生自己去做呢？有些大学教师组织"阅读交流会"，学生共享阅读书目，共享阅读笔记。

当然，互联网也是一个巨大的资源库。向学生推荐网址，但也可以要求学生自己搜寻网址，然后张贴到教室告示栏上（你可能先要过目）。

可读性

学生感觉推荐书目通俗易懂吗？评估文本可读性的方法不胜枚举，一般是根据平均句子长度、每个单词平均音节数量来评估。这些方法只能让我们对可读性有个大致了解，因而最好辅之以教师的个人评价。例如"迷雾指数"（Fog index）*是这样计算阅读年龄的：

1. 从文本有代表性章节里选取 5-8 个完整句子，然后统计完整句子（用 s 代表）的单词数量（用 n 表示）。

2. 计算每个完整句子的平均单词数量：A=n/s。

3. 在取样章节里，选择单词数正好为 100 的一段连续文本。计算 100 单词里三个音节以上单词的数量，用 W 表示。"ed"或"es"一类的动词词尾不算数，因而单词"reallised"尽管有三个音节，但也统计为两个音节。

4. 按下列公式计算：阅读年龄 = 0.4×（A+W）+5 岁。

若想更加准确地计算阅读年龄，则从书里选择三四段文字，然后分别计算每段的阅读年龄，最后取平均值。有人也称之为"福格指数"，即生僻字频率指数。

电视节目表的平均阅读年龄约为 6 岁，若是高达 17 岁，就只能适合于研究生人群阅读，那就太难了。

文本的阅读年龄是指普通人可以读懂的平均年龄，这意味着该年龄段的多数人肯定读不懂。因而，学习材料的阅读年龄往往需要低于学生的生理年龄。

降低阅读年龄，无外乎缩短句子，简化语法，将生僻字词"翻译"成常用字词，然后（若有必要）再增加正式用语，如"让他们感觉自己与众不同，这就是赋权。"

细 读

教儿童阅读时，我们经常只教他们将书面语言翻译为口头语言。不过，我们需要教学生去深层理解自己感觉难懂的一段文字。如同所有智力技能，我们也能教学生掌握细读技能。即使成人，也能完全学会这种技能。

如果你给学生演示细读步骤，就能帮助他们掌握这种技能。下面是一个高中科学课实例，不过，你可稍作调整以用于个人教学。

---

*译者注：迷雾指数（Fog index）是指可读性测验，从词数、难度、完整思维的数量和平均句长等方面考查一篇文章的阅读难度。经常用于测算要轻松读懂某篇文章，需要读者（原指以英语为母语者）具备多年的正规教育。一篇文章的指数值越低，读者就越容易读懂。

如何为深层理解而细读

下面的步骤可用于细读讲义、书籍、网站等,当然,需要先复印图书节录、打印网页。文字处理软件经常附有高亮显示工具。我偏好运用纸质文本,但这可能只是我这个年龄段人群的偏好。

细读时:

1. **猜测意思**。浏览题目、标题、图形等,看看自己能否猜出这段文字在说什么。阅读第一段和最后一段也可能有助于猜测意思。它有助于学习吗?

2. **掌握要点**。通读文本以掌握"要点"。此时,别过分在意晦涩难懂的细节。(你需要先理解梗概,然后才能确定重点是什么。)

3. **给重点画下划线**。再次仔细阅读文本,用铅笔给重点语句画下划线或标记(如果无法给原文注解,就打印或复印资料)。最终目标是标注10%以内的文字,如果有必要,可擦掉或增添一些下划线。

4. **为理解而深入挖掘**。如果不理解某段文字,就要查阅自己不懂的任何词语,然后反复阅读几遍。如果仍然不理解,继续阅读——就会豁然开朗。如果还不明白,就查阅其他作者的解释,或者请教别人。

5. **注解**。别害怕注解文章,可在页边或图形上面批注。这段文字如何与自己已有知识关联?在这段文字后面书写个人思考。

6. **概括**。运用个人语言去表述文本的意思,若需要,还可运用组织图,像思维导图、流程图或比较表(参阅本书第二部分导言),或运用项目列表陈述文章重点。

7. 考虑写出个人简短的"为理解而阅读"指南。参照上述步骤，写出适合任教学科与学生的阅读指南。在一些学科和教学情境里，学生需要针对一段文章发表个人观点，而不仅限于理解。如果这样，你就可扩展上述步骤，增加一个环节。

8. **分析与批判**。作者的观点带有个人偏见和意识形态吗？或者，作者的观点与个人兴趣爱好关联吗？作者想让你相信什么？批判性评估文章包含的推理与证据。这是正确的吗？是全部真相吗？只有真相吗？假设经得起推敲吗？论证全面且有说服力吗？你的个人看法是什么？

检查单

- [ ] 你能否鼓励学生使用自己的教材？
- [ ] 布置阅读作业时，你能否鼓励学生加工信息而不是为阅读而阅读？
- [ ] 学生是否知道自己可以使用什么书籍及其优缺点是什么？
- [ ] 你能否确认学生是在真正阅读和真正学习吗？
- [ ] 你是否教给学生信息搜寻技能？

推荐读物

[1] R.比尔德（beard，R.），T.哈特利（Hartley，T.）.高等教育的教与学.保罗·查普曼出版社，1984.

[2] S.科特雷尔（Cottrell，S）.学习技能手册.帕尔格雷夫·麦克米伦出版社，2013.

[3] E.伦泽（Lunzer，E.），K.加德纳（Gardner，K.）.有效阅读法.海涅曼教育图书出版社，1979.

[4] M.马顿（Marton，M.），R.桑乔（Saljo，R.）.学习的质性差异.英国教育心理学杂志，1976（46）：4－11，115－27.

[5] G.佩蒂（Petty，G.）.基于证据的实用教学法.纳尔逊·索尼斯出版社，2009.

第二十六章　自学与家庭作业

过去当学生时，我讨厌家庭作业；现在当老师了，我仍不改初衷。每天晚上，除了批改课堂练习、备课和处理堆积如山的行政管理工作，我还要批改 30 份家庭作业。记得有一年，我每周要给 25 名学生上 8 节课，每周都要布置和批改 200 份家庭作业，每份作业用时 10 分钟，单是每周批改作业的时间就需要 33 小时！后来，我慢慢地明白了一个道理：家庭作业的目的是让学生在家里学习，而不是让教师在家里学习。

多数学习活动最好由学生独立完成，因而它们特别适合自学而不是在教室里集体学习。理想的家庭作业应该：

- 让学生参与真正有价值的活动，最好让他们自己单独做，或者，至少不需要教师的帮助；
- 能够让学生自己检查是否完全做对；
- 让教师花费的精力最少；
- （通常）给予批改；
- 不太难。

哪类学生活动完全符合上述标准？

阅读。绝大多数甚至全部家庭作业都可仅限于阅读教材。不过，在阅读教材时，学生要留意上一章的知识，并按照指定页码去阅读。举行一次包含 5 个简短问题的"小测验"，了解学生是否已阅读和理解。如果学生互相批改试卷，测验用时 3 分钟即可。另外，要求学生制作一张概括性思维导图，这样便于你快速批改。阅读让学生熟悉教材，进而培养其自学技能，指导学科学习。

准备上课。可能采取阅读形式，复习以前读过的资料，或者回答老师设置的问题。例如，教师可能先要求学习者概述盘库的五个目的，再开始就该主题去讲授。

准备复习笔记。讲完一个主题后，教师最好经常鼓励学习者自己去撰写概要、绘制思维导图、做备忘录或复习笔记。你别花费很长时间去批改复习笔记。

学习复习笔记。几乎每个学科都有必须牢记的基本事实材料：词汇、公式、定义、程序等。确保学生理解自己所学知识。（请参阅第 23 章"为记忆而学习"）

复习。教师往往可能忽视这项学习活动。（请参阅第 23 章、第 43 章"复习与掌握性学习"）

无论什么家庭作业，一旦布置，就必须检查、批改或测验，否则学生就可能逃避写作业。（你是否需要将家庭作业得分登记到成绩报告单或成绩记录卡上？）

将课堂练习作为家庭作业去布置，尽管司空见惯，但效果往往不理想。如果学生无从下手，或家里缺乏学生需要的特定书籍或仪器，或是教师需要将家庭作业和课堂练习分开批改，课堂练习就不适宜布置为家庭作业。确保学得慢的学生不掉队固然必要，但也不应要求学有余力或学得快的学生当堂完成家庭作业。

总而言之，家庭作业的难度切忌高于课堂练习。如果难度高，就会吓倒一些学生，其他学生即使会做，也会以难为借口去逃避写作业。

尽量严格按照规范要求去布置、收集和批改家庭作业。建议教师要求学生将记录作业视为家庭作业的必要环节，从而能够有效地避免学生出现下述反应：

"对不起，老师，我忘了。"

"对不起，老师，我不知道还有家庭作业。"

"对不起，老师，我忘带家庭作业了。"

"对不起，老师，我晚上带着奶奶的虎皮鹦鹉去看医生了……"

检查单

❑ 你是否清楚自己任教学校的家庭作业规范要求？
❑ 家庭作业能否做到以最少批改量获取最大学习价值？
❑ 家庭作业是否真正有效？
❑ 你是否严格布置、收集和批改家庭作业？学生家长是否知道？

推荐读物

[1] S.科特雷尔（Cottrell, S.）.学习技能手册.帕尔格雷夫·麦克米伦出版社，2013.

[2] R.J.马扎诺（Marzano, R.J.），等.有效课堂教学：基于研究的提高学生成绩的策略.国际课程开发与督导协会，2001.

[3] J.斯特恩（Stern, J.）.家庭作业与学习支持：教师与父母指南.戴维·富尔顿出版社，1997.

第二十七章 指定作业与设计作业

指定作业和设计作业当属教育者军火库里的重型武器,如果瞄准目标发射,就会产生强大的"杀伤力"。几乎没有一种教学方法能让教师培养学生的各类技能,也几乎没有一种教学方法能让教师有机会去浪费时间开展无目标的活动。如果你打算让学生参与一项 10 小时的活动,就一定要三思而后行。

一项设计作业或指定作业究竟是什么?它是要求学生完成的一项任务或一系列任务,通常需要独立完成,有时也需要小组合作完成。一般而言,如何、何地、何时和依什么顺序去完成任务,学生拥有很大的自主权。设计作业往往比指定作业更具有开放性。

尽管术语变化多端,但下述规则不变:

0 – 1 小时　　一项练习

1 – 8 小时　　一项指定作业

8 – 50 小时　　一项设计作业

50 小时以上　一篇专题论文或学位论文

下文只讨论指定作业,但同样适用于讨论设计作业。指定作业让学生有机会去应用,即去练习与应用自己所学技能和知识,从而达到深度理解。学生往往会在非常真实的环境里完成指定作业。有些课程以布置指定作业为主,但其他多数课程不宜过多布置指定作业。

指定作业类型	实例
设计或开发	做一系列计算题
学科练习	设计一只自灌花盆并制作一件样品
文学研究	研究并撰写一篇与猫头鹰有关的报告
与工作或现实生活有关的活动	设计、生产一系列实用化妆品,并在大学校园推销
技能练习	在木工车床上制作一只木碗
创造性活动	为某型号计算机设计一个广告
问题解决	构思减少工业废料的工艺
接触现实世界	走访建筑商,就现代建筑材料的研发去采访员工

指定作业经常包含一系列上述任务。教师应围绕一个问题去设置指定作业，诸如"我们镇的游泳池能否满足年轻人的需要？"或"我们大学能为残疾人提供什么便利条件？"

指定作业让学生对个人学习拥有一定控制权和责任感。与多数学习活动不同，指定作业让学生有机会去运用高级智力技能，诸如创造力、解决问题、评估、综合与分析等；同时让他们有机会去掌握关键技能，诸如沟通、数字应用、信息技术应用以及学会如何学习；还会让学生掌握其他重要的实用技能，诸如自我管理、小组合作、信息搜索等。传授这类技能的一些课程需要分别备课和评价，但任何指定作业都应着眼于培养这类技能。

构思一项指定作业或设计作业

或许教材或教辅书附带指定作业，但教师经常需要去亲自设计指定作业。构思指定作业是一个创造性过程，尽管不一定精确或规范，但通常包含：

确定目标。设置指定作业要达到什么目的。一项指定作业确实是实现教学目标的最佳方式。

考虑资源。时间是否充裕？是否必须使用专用设备或专用教室？在设置指定作业时，一定请图书馆员帮你查询有关重要资源，他们找到的资料经常富有启迪，会让你喜出望外。

学生是否会争抢数量有限的专业书籍？如有可能，就提醒图书馆，事先将有关书籍录入台式图书借阅系统。图书馆从书架撤下有关书籍，学生可在借书台查阅书籍，但不可带离图书馆。你要给学生提供一个可借阅书籍清单。

考虑技能。学生是否具备图书馆研究技能？他们能否搜寻一张光盘？他们是否知道如何查询一项指定作业？他们是否对所有任务胸有成竹？

设计活动。确保活动实现目标。绝大多数指定作业受益于精确描述，如有必要，还应对任务进行分解和排序。缺乏学习动力的学生往往能圆满完成短期指定作业。（第5章已详述"动机"）要确保活动：

- **吸引学生**。让活动真正有用：激发兴趣，发人深思或引人入胜。请记住马斯洛的需要层次论。就包含自我实现或提高自尊的任务而言，学生既可借助于问题解决、设计、考察和访谈去贡献个人智慧，又可通过坚持自己的观点、表达等展示个人风采，还可借助于小组或结对学习去满足"爱与归属"的需要。满足马斯洛需要的机会能够大幅度提高学生的动机。

- **让学生有机会在真实或与工作相关环境里练习技能**。设计真实的方案或案例研究；给学生分配角色；带学生从课堂走进现实世界；动员他们参观考察或接待参观者。
- **积极多变**。没有任何一人愿意在图书馆里研究三周。长期指定作业或设计作业必须刻意设计大量截然不同的任务。
- **准确定义**。这样，学生才能完全理解教师的要求。
- **目标设置合理，完成有价值**。
- 按布卢姆教育目标分类学给任务排序，从易到难，或设置一个"梯级"。
- 运用告示栏、局域网或学生陈述去展示学生作品。

你可能喜欢给自己和学生分配角色，例如，史密斯夫人是一家设计公司经理，布朗夫人是一位委托设计的客户，学生是一群设计师，他们每天与史密斯夫人和布朗夫人会面。如果学生开展小组学习，你是否需要给他们分配角色（主持人、记录员、文书等）？

不妨先让学生设计一些任务或指定作业，然后再与你协商。这样一来，学习者就会按照个人的特殊兴趣去行事。

问题解决类指定作业

问题解决应经历下述一系列阶段。如果你打算设置一项问题解决类指定作业，就让学生了解该程序，并用于指导自己去完成作业包含的任务。通常，自始至终应关注问题和（或）解决办法的影响因素。

定义问题 ⟶ 对有用资源进行头脑风暴 ⟶ 研究和分析问题 ⟶ 对各类解决办法进行头脑风暴

检验解决办法 ⟵ 阐述解决办法 ⟵ 选择最佳解决办法

注释：有时可以省略"对有用资源进行头脑风暴"，但这可能导致"重复劳动"或不切实际的解决办法。例如，如果问题是减少生产流程的废料，头脑风暴就会建议咨询有关机械操作员、联系机械制作商等。

制订评价标准

时至今日，我对自己首次设计的一项指定作业仍然历历在目。在科学课堂里，一群14岁的学生正在花费数小时去做一项自己钟爱的活动。我当时也是心情大爽，直到他们提交作业后才发觉大事不妙。一名男孩及其同学完成指定作业的方式让我不敢相信自己的眼睛：作业封面花里胡哨！他从图书馆借阅了一箱书籍，然后分毫不差地去复制插图，最终将它们编汇成一本精美画册。我告诉他，这是科学作业，不是艺术品，所以要打低分。他怒不可遏（义正词严）地反驳："你说过可以使用插图。"

现在，我必须运用评价标准！这在继续教育是一个惯例（然而，其他教育却不以为然）。评价标准告知学生评价内容和方式。学生先熟知评价标准再去做指定作业。

> **化学指定作业评价标准**
>
> **优秀**。分析精确度为 ±3%。报告用语严谨，注明所有主要误差源，清楚如何减少所有误差。
>
> **良好**。分析精确度为 ±5%。注明主要误差源，清楚如何减少部分误差。
>
> **及格**。分析精确度为 ±8%。报告符合规范；学生在教师指导下才能确定所有误差源以及减少误差的手段。
>
> **不及格**。如果不符合上述标准，指定作业就要返给学生重做。
>
> **技能培养**
>
> **计算机运用**。在计算机上撰写指定作业，若运用加粗、下划线和类似工具，则给予加分；文本版式设计合理、格式完整。
>
> **自我管理**。若按时完成、保持完整记录，则给予加分。
>
> 如果你不喜欢这类格式，就自己去设计，但需告诉学生你的要求。国家职业资格证书（GNVQ）和其他课程均要求采取独具一格的方式去呈现和评价指定作业，故你要确保熟知最新评价指南。

评价标准可以显著提高学生的动机，而且可以确保学生集中时间和精力去按照教师指引的方向前进。另外，如果学生清楚学习目标，成功概率就会增大。要想实现指定作业的目标，长期动机不可或缺。

如果学生以小组合作形式去完成指定作业，每名小组成员的得分应相同吗？有些教师提议，让小组每名成员给自己打分或互相打分。如果要求学生自评，他们可能会残酷且真实地给自己打分，但对别人却有点高抬贵手。所以，无论你做出什么决定，都必须一开始就给学生讲清楚。

质询与反思

在完成指定作业后，或最好在完成作业期间，学生必须能够评估个人成绩，决定如何改进，最终完全理解所学知识。这既适用于学科学习，又适用于学会学习、合作学习等一般技能。

反思形式变化多样。可以在活动后的质询阶段进行反思活动，师生共同提炼学习经验。学生也可与教师一起进行个别反思；或者，学生可就指定作业的某项任务进行个别或小组反思，然后将研究结论汇报给教师或进行自我评价。（具体请参阅第 33 章"系统评价法"）

设计指定作业摘要表

每项指定作业都需要给学生提供一份详细摘要表，一般附在印刷讲义里，其中包括：
- 前言，交代设置作业的领域；
- 目的与目标的明确阐述，但不必使用正式用语；
- 任务的明确阐述（若有必要，则分解任务）；
- 评价内容与方法的准确概括；
- 背景注释，如教师角色、参考文献、可用的桌面图书借阅系统等；质询会议；
- 完成的起止日期；迟交作业通常给予惩戒（如，最多给一半分数）。

制订评估方案

你如何确知指定作业是否成功？是否存在改进方式？在你的文件夹里，始终要保留一份用于监测的摘要表副本，你可随时将自己想到的改进建议记录到里面。请记住，谁也不能首次就设计出一份完美的指定作业。

教师在学生完成指定作业期间的角色

一般而言，学生要在个人时间里完成指定作业。不过，如果在上课时间做一份指定作业会有什么不同？你已设计指定作业并向学生进行简要说明。"好吧，"你说，"大家可以动手了。"学生争先恐后地奔向图书馆，你留在空荡荡的教室里，还剩下两名学生在讨论如何完成这份指定作业。这确实感觉怪怪的。这样行吗？如果学生正在完成指定作业，无论在课堂上还是在个人时间里做，教师究竟应扮演什么角色？显然，针对评价的有效性，还需要进一步质疑、核实、质询与评估。教师必须成为一位学习管理者和促进者，而不只是指导者。在一张注明日期的班级图书借阅表上，教师应要求去图书馆的学生写上个人名字。但然后呢？

如果任由学生各行其是，他们往往就会误解或误读指定作业，或无法去充分阅读。除此而外，你还可能没有明确无误地描述任务。如果你无法检查学生的学习进步，在数小时刻苦钻研后，他们就会自负地向你提交一份不合格作业，最终你与学生都会无精打采、灰心丧气。一旦学生开始学习，教师就要跟进检查他们是否符合标准，如有必要，就直截了当地要求他们改进；这样一来，所有作业都能书写正确，进而激励学生去努力学习。

除短期指定作业外，教师往往需要实施一种预约制度，旨在检查每名学生的学习进步，不然就可能忽略一些学生。完成每项任务后，都要在指定作业表预留一个空间给教师（或学生）书写评语，诸如"此处需要详述""该任务需要全力以赴"。尽量书写积极评语，监督并鼓励难于持之以恒的学生。

拖　延

帕金森定律指出，一项工作会自动膨胀，占满一个人所有可用时间（即：只要还有时间，工作就会不断增多，直到用完所有时间）；同理，学生完成指定作业的可用时间也会增加到两倍。有时,学生因缺乏自信而拖延。在完成作业过程中，表扬或认可作业标准能够消除拖延症。

有些教师提议，长期设计作业要采用相互监督的方法。一名学生监督另一名学生,但密友除外。教师给每人发放一份详细提要，监督者可监控评价标准和任务，还要在一定程度上督促同学准时提交作业。或者，教师只要求他们偶尔会面去讨论作业进展情况。

公平对待及时提交指定作业的学生，给迟交作业者扣分属于惯例。当然，教师需要事先提醒学生注意遵守制度。

如果拖延成为问题，就尽量让学生在课堂上开始写指定作业。

反馈与抄袭

如果有些学生没有完成指定作业，你应如何批改？有些教师把批改后的指定作业返还给学生，因此他们可以看到自己的分数和评语。不过，教师接着又有可能收回指定作业，以防止学生互相抄袭作业。

学生也不应抄袭教材。任务应要求他们用自己的语言去陈述观点，这样他们就可能加工信息，进而完全弄懂所学知识。

你的评语既要注重细节，又要富有建设性，当然，返还给学生指定作业时，只要有机会，就尽量将自己对作业的评价告诉他们。在返回作业时，如果学生需要完成新任务，就可以谈谈你自己对他们作业的看法。

综合性（或概括性）指定作业

综合性指定作业旨在鼓励学生完整体验个人所学课程。例如，一位选修建筑环境课程的学生可能学习大量"学科"：材料学、科学、勘测学、技术制图、数学等等。设计一座小平房的指定作业会让学生综合运用自己所学的不同"学科"技能与知识，从而理解它们在现实世界里的相互关系与联系。

课程研发团队通常会设计此类综合性指定作业，从而能够充分表述课程的每个单元。指定作业经常具有现实性、工作关联性。至于工作经验强化培训或职工脱产学习，课程研发团队会建议学员在工作场所去全部或部分完成指定作业。另外，一个切实可行的方案或案例研究也会辅助完成指定作业。

> **改进教师指定作业设计和学生指定作业书写**
>
> 学生完成后，你可评估自己设计的指定作业，并将修订意见记录到监测副本里，以备下学年使用。教师还可向学生征询改进指定作业的建议，给学生展示标准的指定作业，然后鼓励他们进行自我评价、同伴互相评价和模拟评价（参阅第43章）。

指定作业的局限

当我们忙乱而兴奋地设计作业时，往往会忘记：作业极少会体现技能学习记忆术的八项要素（参阅第2章）。关键性技能作业尤其如此，有时，甚至在学生一无所知时就对他们进行评价。例如，由于学生没有掌握自我管理或时间管理技能，因而他们经常无法按时完成作业。学生缺乏足够时间去反复练习这项关键性技能，因而只会让他们去练习个人错误。教师需主动运用记忆术八要素去教这项关键性技能。教师需要：

- **解释**。"第一次写作业时,绘制一张时间表,将时间分配到每项任务。计划提前一天完成。在写作业期间经常对照时间表……"
- **演示**。用实例展示。例如,"我们一起给你本次作业绘制一张时间表。你认为每项任务需要多长时间?……"

至于应用结果,学生需要检查。在学生书写指定作业期间,你可以实施检查:"现在各位的指定作业都写了一半,你们的进度是否与时间表相符?"

你或许感觉学生不用记忆辅助工具也能完成指定作业,不过,只要还没有掌握关键性技能,他们就仍需要复习和评估。(参阅第33章"学习矫正法")

其他技能也不例外:完成一项任务并不等同于学习。鉴于此,绝大多数教师会结合运用指定作业与其他方法。尽管谨慎使用指定作业可以避免上述诸多不足,但上课完全依赖于一项又一项指定作业绝对是一个失误。学生需要多样化。

检查单

☐ 指定作业是否准确定义?是否将任务进行详细分解?
☐ 评价是否易于理解?评价标准是否提前告知?
☐ 作业是否有趣?目的是否明确?
☐ 在完成任务前,学生是否准备充分?
☐ 资源是否充足?
☐ 在学生书写指定作业期间,你是否检查作业的整体学习效率和内容并鼓励他们?
☐ 你是否准备了一份有注解的指定作业监测副本?
☐ 是否所有学生都能圆满完成指定作业?
☐ 在批改作业时,你是否评价作业的优缺点?是否加分? (参阅第28章)
☐ 质询能否确认学生应学会的知识?

第二十八章　作文与报告

你是否曾写过一篇自认为优秀、却被老师打了最低分的作文？我敢打赌，你当时肯定怒火中烧，想知道老师心目中的好文章究竟是什么。

"作文"和"报告"是指任何要求学生扩充的文章，包括学术论文、评论或指定作业。（下面一律称之为"作文"）不过，先别担心学生——你呢？你可能有一段时间或从来没有写过一篇作文！我还会给你介绍如何才能完成教师培训课程包含的指定作业或作文。

教师必须直接教学生学会作文写作。学生需要教师讲解如何撰写一篇作文，一般而言，他们也需要完全清楚每一类特殊作文的写作格式。他们需要阅读和讨论范文，他们需要练习，他们也需要教师对每篇习作优缺点的反馈具有启发性和建设性。对这类难以学会的技能来说，教师的反馈至关重要。（具体请参阅第43章）

你要求我做什么

第27章指定作业或设计作业有关规范同样适用于作文。例如，我坚决主张，在学生开始作文写作前，教师应先提供详细的指导摘要，阐明评价标准。（具体请参阅第43章有关实例）

指导摘要让学生全身心地沿着你认为最有效的方向前进。指导摘要也可能每年变化，从而确保常见误解或疏漏的发生率最低。指导摘要和评价标准告诉学生作文应包含什么，而不是应省略什么，因而他们就会打破常规写出独具匠心的作文。一上课先花费一些时间给学生讲清楚写作文的要点，不失为一项回报率很高的投资。

怎样才能妙笔生花

确保与学生共同讨论作文写作格式。教授经常建议大学生按照下文概括的格式去写作。请注意，任务梯级符合布卢姆教育目标分类学。

要想完全符合学生实际，就应设计一个简易版本。教师可让学生写命题作文，也可让学生自行选择体裁。

如何进行作文构思

如果作文从一个要点突然跳跃到另一个要点，缺乏任何逻辑或目的，就会让读者不知所云。作文需要具备一个逻辑结构。精心构思的作文容易写、容易读、条理分明，往往也不会遗漏重要观点，因而很可能得高分。

如第二部分导言所述，分析是指详细观察，分析一项主题的方式有两种。原子论分析将主题分解为一系列逻辑要素，我们可以排序为1、2、3……整体分析是从不同角度来全面观察主题。即，我们运用不同的视角或观点。

现在，我先探讨作文构思的一般方法，再介绍其他方法。这需要你用心阅读，你可能还需要阅读两遍。

三种作文结构

三种结构哪一种会适用于几乎任何一个作文题目，取决于作文是否要求你：

1. **描述或解释某件事**；
2. **比较两件事或评估某事**；
3. **解释原因与结果**。

我非常感激奥利弗·卡维格莱利（Oliver Caviglioli）、伊恩·哈里斯（Ian Harris）、贾尼丝·埃文斯（Janice Evans）的高见，不过，他们的方法与我的略有不同。我们依次探讨三种作文结构。每种结构最好运用视觉形式来展示。

描述或解释类作文构思

假设一篇作文要求你描述、解释、说明或概括某件事。例如：

"描述巡回护士的角色。"

"什么是清点存货？它为什么重要？"

"概括教师的法律责任。"

原子论分析：我们以巡回护士为例。首先，我们可以将巡回护士的角色分解为一系列要素，每项说一点。例如，巡回护士角色要素包括：协助术后康复、照料绝症病人、对糖尿病人开展健康教育……

教师的法律责任包括下述要素：健康与安全法、残障歧视法、平等机会法令……

整体论分析：多数人做完原子论分析后就感觉万事大吉，不过，我们也应透过有用的视角去全面观察一项主题。

在巡回护士的实例里，可根据病人、病人家属、手术医生等的不同观点去分析角色，也可从费用或降低住院率一类较为抽象的视角去分析角色。

可根据教师、学生、家长或学校的观点去分析教师的法律责任。其他观点是否有关，需要具体问题具体分析。例如，政府的观点、全纳教学等。

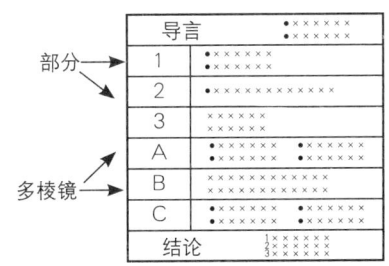

运用描述表不失为作文构思的一种好办法。原子论分析与整体论分析的每项要素都各占一行，并将相关要点以重点句形式填写到表里各行，另外，留有空间去填写结论。导言最好留在最后填写，因为直到那时你才真正知道自己要介绍什么。一旦完成描述表，写作文就驾轻就熟了：从导言开始往下写，将每个重点句扩充为一个句子或一个段落。最好隔一天再写，这样可以留出时间去酝酿新观点。

许多学生感觉这类构思纯属浪费时间——然而，它实际上会节省时间。学生不相信构思会提高作文质量，不过，主考官的看法恰恰相反——他们说，精心构思的作文总是能得最高分！约翰·比格斯（John Biggs）的研究证实，高分作业总是运用整体分析法（参阅2009年佩蒂的"可观测学习结果结构分类学"）。

如果你不习惯构思，就需要多练习几次，然后才能真正获得成功。在写作过程，别害怕在合适地方添加新观点。再过一天，草稿就需要重新誊写。（参阅第30章"创造力"）

比较类作文构思

现在我们探讨比较、对照或区分一类作文。包括"有无""前后"问题。例如：

"比较巡回护士与社区护士的角色。"

"条形码对清点存货有什么影响？"（比较前后）

"老师为什么运用个别化学习计划？"（比较有无）

比较表有助于作文构思。将描述表一分为二就可创建一个比较表。（另外，你可以创建两个单独的描述表。）无论运用哪种方式，你都可将两件事放在一起比较。

如果这样有效，就可运用相同要素或起码运用相同视角去比较两件事。

另一种方法是运用"异同图"。这特别适用于区分两件事。区分属性要求图里各要素互相不重叠。不过,别忘了运用多棱镜法。

评估类作文构思

评估旨在探究"它有多好"。

"批判性评判该病例研究中的病人护理。"

"评估政府的渔业政策。"

"评估你已创建的教学资源。"

以评估一项教学资源为例。这些教学资源经常通过列举优缺点来评估。可以将它们并列填写进一个比较表,但别忘了运用多棱镜法。另一种方法是先确立资源应符合的标准。例如,一项教学资源应:明确解释;易于使用;要求学生理解……

然后以上述标准为视角去依次分析这项资源。作为评估的一项内容,你还应考虑:

- 选择性——其他具有相同或类似功能的资源;
- 目的适切性——资源能达到预期目的吗?

设计标准并以标准为视角的方法可用于评估任何事。所有评估都一定要考虑"选择性"与"目的适切性"。

第 38 章将介绍用于评估教学资源的其他标准或视角。

还有一种方法是运用其他组织图,诸如思维导图或可视化作文构思。2009 年,佩蒂详述了如何构思评估类作文。

有时,老师要求学生评估一项陈述的真实性(第 38 章末将进行探讨)。一般而言,这有助于在评估前描述你想要评估什么。你可能先运用"颜色搭配"一类非评估性视角,再运用"有效性"一类评估视角。

描述因果关系的作文构思

"营养以什么方式影响儿童发展?"

"第二次世界大战的主要原因是什么?"

"什么因素有助于确保一门课程实施全纳教学?"

上面均为原因与结果的问题。当然,如果你要在解决一个主要问题前,先具体描述一个原因或结果,就可使用描述表或比较表。相反,一张展示因果关系链的流程图可能有助于作文构思。一旦绘制完一张流程图,看图写话往往就简便易行了,将每个重点句扩充为一个以上句子即可。至于其他作文构思,标题也可能有所帮助。

有时,选定运用哪种作文结构并非易事。例如,"分析计算机对现代教学法的贡献"可以运用于任何一种作文结构，究其原因在于，它可被视为：
- 一项描述——描述"做出的贡献"；
- 一项比较——比较应用与不应用计算机的教法；
- 一项因果关系——计算机如何才能引发学习？

因此，在上述这个异乎寻常的案例里，你可以运用所有三种作文结构——不过，一次只能运用一种。通常，你会高兴地听到学生这样说："一种结构足矣。"

作文构思是一门艺术而不是科学，因而要灵活多变，但一定要运用标题和其他指标去表达你的主要观点——例如，"那么，现在我们来探讨脂肪酸在儿童饮食中的重要作用。"

> 我曾听过杰出的历史教师贾尼丝·埃文斯一堂课——她是我见过的最优秀老师之一。她将往届试卷里 20 篇以上作文题目印成一张清单发给高中学生，然后询问学生每个题目应运用描述表还是比较表。其中有些题目学生不知如何选择。她询问他们共同感觉困难的题目是什么，结果发现全是因果关系问题。于是，她给学生布置一项家庭作业，让他们给某项因果关系问题选定一种作文结构。
>
> 你自己不妨尝试一下！

运用衔接问题来确立写作格式

你的学生可能认为自己已知道如何写报告或作文，因而，这就需要你去帮助他们提升水平，而不是另教一个新概念。不然，一旦出现遗忘或面临考试焦虑，学生就会故伎重演。

最好让学生当堂撰写或至少构思自己的第一篇报告或作文。这可以说是一种宝贵的时间投资，能够帮助学生掌握写作内容与写作技能。下面我将描述流程表的应用（具体请参阅下页报告写作流程：帮助列表）。不过，如上所述，你也可选择下述方法教学生运用组织图去构思作文。

分发摘要和评价标准（但别分发下述帮助列表），然后再询问学生"我们应先做什么？"他们或许会建议搜集信息——但愿他们不会说"拿起左上角的稿纸开始写作！"然后你可以说："在这之前我们应做什么？"一旦确定合适任务，你就可以询问："如果我们忘记了如何做怎么办？"

报告写作流程：帮助列表

国家职业资格证书健康管理与社会关怀团队

阅读、思考、构思
阅读指定作业提要或题目，确保自己完全理解。（经常重新阅读一遍）
它会包含什么？从哪里去搜寻信息？
何时必须提交作业？构思报告写作格式。

研究与头脑风暴
头脑风暴信息源与主要观点，然后搜集与主题相关的信息。考虑使用：图书馆、光盘、互联网；考察；咨询别人；等等。（重读指定作业提要）

检查关联性
检查已搜集信息的关联性。（重读指定作业提要）

阐明
使用按顺序排列的标题或思维导图去给信息分类。如：
主题与子主题；
优点与缺点；
●赞成论据与反对论据；等等
你使用的分类取决于报告题目，因而一定先重读一遍再开始分类。
从不同重要视角或问题去分析材料。

得出结论与获取证据
你的报告打算说什么？例如，调查结果的优点和缺点是什么？
概括自己的主要结论；
获取每条结论的证据。

构思报告
依据分类，绘制一张思维导图或拟定一系列标题。记录你打算说的话。确保完成所有任务或解决所有问题。

撰写报告
写完后，搁置一天左右。

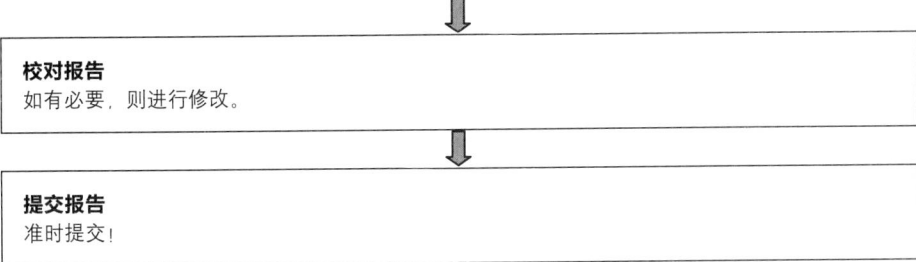

该法可以应用于整个写作过程。每个阶段过后，教师都可以询问学生"我们下一步应做什么？"和"为什么？"这会逐渐改变学生如何构思和写作的概念。

对照帮助列表，按格式写作各类报告。一旦运用自如，你就可以不必参照帮助列表去写作。不过，别忘了格式。

在写作过程结束、作文或报告写完之际，或至少在已构思作文或报告之时，你需要提问下述衔接问题：

"我们是如何写作文的？"强调学生写得不错，然后询问他们为什么如此成功。学生就会向你讲述自己的写作格式。如果他们遗漏某个环节，你就像上面那样提问"在这之前我们应做什么？"然后再询问"为什么"和"如果我们遗漏这个环节怎么办"，让全班学生运用自己的语言去解释和证明写作格式。等他们完成后，你可再询问"我们还可以在哪里运用该格式？"让他们知道，该写作格式并不只适用于他们正在撰写的文章，还可用于任何报告或作文，或任何长篇论文。如果他们再次撰写类似文章，就提醒他们回忆自己过去成功的写作格式，然后要求他们自评如何有效运用该格式。

你或许不赞同上述报告写作格式，这很好！那就去修改或设计自己喜欢的写作格式。不过，无论你确立哪类写作格式，都一定要运用衔接问题去教学生。福伊尔施泰因（Feuerstein）主要运用此法将学生智商普遍提升了 20% – 30%。

另外，你可以运用第 30 章概括的创造六步法（创意、阐释、提炼、酝酿、成型、评估）。www.geoffpetty.com 网站通用技能主页介绍了其他一些方法，你可以上网查阅。

> 在《实验心理学杂志》（季刊）的投稿中，有 10% 被编辑评价为不知所云，因而无法判定作者做的什么实验！如果成人研究生都感觉难于表达自己的观点，就别指望你的学生没人帮助还能学会这类技能。

批改作文

教师只有准确地反馈作文或报告写作的优缺点,学生才能掌握这类高级技能。(具体请参阅第 6 章、第 43 章)

> 在页边的空白处给一个重要观点打一个对号,给一个巧妙构思的观点打两个对号。

结　尾

在绝大多数学习领域里,如果学生想撰写一篇高质量的作文,他们就必须把握思路清晰的规则。即,什么是证据,什么不是证据;何时可以概括,何时不能概括;过分简化和偏见的危害;滥用标签;等等。推理是一项非常难于掌握的技能——至今无人能够完全掌握它!

教育似乎存在一个永恒规律,教一项技能所用时间与其重要性成反比。我们花费大量时间教给学生事实,而这些事实只要翻翻参考书就能够知道。尽管学生一生都在运用创造性思维和问题解决技能,但我们却几乎不闻不问。推理技能无比重要,可我们却经常忘了教给学生!(请参阅第 38 章观点"形成技能")

检查单

❏　是否以书面形式去准确定义作文并辅之以指导摘要?

❏　评价是否易于理解,标准是否提前告知学生?

❏　学生写作文的准备是否充分?

❏　你是否与学生共同设计了一种作文或报告写作格式?

❏　学生是否阅读作文范文(非绝妙文章),他们能否先撰写一篇相同题材作文再阅读范文?

❏　如果第二年又布置作文作业,你会如何变换题目或指导摘要?你是否已记录下这些变换的建议?

❏　在批改作文时,你能否评价优缺点?或你能否运用学习循环(参阅第 43 章)?

- 质询能否确知学生应学会的知识？

推荐读物

[1] R.比尔德、T.哈特利（Hartley，T.）.高等教育的教与学.保罗·查普曼出版社，1984.

[2] O.卡维格莱利（Caviglioli，O.），I.哈里斯（Harris，I.）.思维导图.网络教育出版社，2000.

[3] O.卡维格莱利，I.哈里斯.思维导图绘制指南.模式学习出版社，2008.

[4] O.卡维格莱利，I.哈里斯.视觉工具智慧导航：高分课堂实用指南.模式学习出版社，2008.

[5] S.科特雷尔（Cottrell，S）.学习技能手册.帕尔格雷夫·麦克米伦出版社，2013.

[6] G.佩蒂（Petty，G.）.基于证据的实用教学法.纳尔逊·索尼斯出版社，2009.

[7] H.沙龙（Sharron，H），M.库尔特（Coulter，M.）.改变儿童的心理：智力教学的福伊尔施泰因革命.沙龙出版有限公司，1994.

第二十九章　引导式发现教学：提问式教学

欢迎来到教育雷区，欢迎尝试令人愉快的教学方法！不过，让我们先了解这种教学方法包含什么，然后再考虑赞同和反对发现教学的证据。

教学方法有两类：讲授式教学和提问式教学。

讲授式教学。这是一种以教师为中心或"说教"式教学，教师给学习者讲解新知识，然后希望他们记牢和学会应用。

提问式教学。教师提问问题或设置任务，要求学习者自己弄懂新知识——当然，通常需要一些指导或特殊准备。然后，教师矫正和确认新知识。引导式发现教学属于提问式教学。提问式教学似乎违反常理，却具有巨大教育优势。

只有学习者能够依据已有知识和经验弄懂新知识，教师才能运用提问式教学。例如，商学学生可以运用推理和经验去判定各类产品包装的意图，历史学科的学生也可以根据一系列事件去推断为什么有人谋杀坎特伯雷大主教托马斯·贝克特（Thomas Becket）。他们的答案可能需要教师矫正，"提问式教学"所需的推理让学生青睐有加，推理既会培养学生的推理技能，又会给教师反馈学生的技能水平与理解程度。

我们一起来看看一些实例，讨论如何运用发现教学或"提问式教学"法去教学生：

1. 圆无论大小，周长与直径的比率都是 π（$\pi \approx 3.14$）。
2. 单摆的摆动周期取决于摆长，而不是摆锤质量或摆幅。
3. 成年学习者修习成人休闲课程的主要动机包括：培养生活或职业必需的技能，寻求智力刺激，追求业余爱好或兴趣，享受社会接触，从家庭环境走向社会环境。
4. 激光与针式打印机的优缺点。
5. 如何使用法国火车时刻表。
6. 如何在线路板上焊接电子元件。

我们逐一探讨上述主题：

主题1。假设学习者熟悉圆周长和直径的概念，教师可以说："测量我给你们布置的不等圆，然后看看能否从数据里发现什么规律。"

主题2。教师要求学习者猜测什么变量可能影响钟摆的摆动周期，然后设计一项实验去依次研究每项变量，从而发现它们如何影响摆动周期。

主题3。教师可要求学习者调查成年学习者的动机，如果他们自己无法判断，就要求他们自己设计和实施问卷调查去搜集信息。

主题4。教师可要求学习者自己去使用这两类打印机，然后翻阅计算机杂志刊登的广告去总结优缺点。

主题5。教师可以给学习者发放法国地图和火车时刻表副本，然后动员他们自己去独立确定如何从加莱市到勃艮第地区旅游。

主题6。教师可要求学习者运用不同工艺去试验不同类型的焊枪和焊铁，然后根据试验总结焊接操作规范。

你钟爱哪类教学方法？是说教式教学，还发现式教学？（请注意，从书籍搜寻信息并非发现学习）

一般而言，发现活动要以小组学习形式去开展。只有运用高级思维技能，才能圆满完成活动，当然，由于学习者正在达成个人理解，因而就可能高效学习。小组每名成员都可以各抒己见、畅所欲言。

> 多数小学教师和多数数学教师喜欢运用发现教学法，例如，纽菲尔德学校的科学课程以运用发现教学法为主。不过，所有学科教师都可运用发现教学法。

有效运用发现教学法

只要精心设计与运用，发现教学法就可能促使学生去主动学习、积极迎接合理挑战。发现活动甚至可能激励最缺乏学习兴趣的学生，发现活动也会有效地提高学习者的理解能力。不过，有一点我们必须注意，如果活动考虑不周或管理失控，学生就会厌学、迷惘和灰心，就会浪费时间，最终事与愿违。

应如何运用发现教学法？下述因素至关重要：

1. 只有学习者拥有必备的基本背景知识和技巧，才能成功地完成发现活动。
2. 学习者必须完全理解教师的期望。

准确而简洁地将任务书写到白板上可能对学生有所帮助。

即使无法确保全部学习者，也要保证绝大多数学习者能够成功完成活动。

显然，教师必须适时给予指导。例如，教师可先给学生演示如何测试焊接接头，然后再允许他们开始焊接活动（上述主题6）。运用问答形式，教师也可向全班学生介绍可能影响焊接接头的因素，包括焊铁条的型号、焊点、焊接时间、焊枪类型、焊剂等。如果他们自己一筹莫展，教师就可建议全班学生通过做实验去熟知焊接细节。这就是"引导式发现教学"。指导太多，学生会感觉教师剥夺了自己发现的机会；指导太少，学生又会感觉四处碰壁。只有准确了解学生的才能，才能有效地运用这类教学方法。有些小组往往需要更多指导，不过，只有学习者有机会去独立思考，教师才能给予必要指导。

在教学实践中，几乎所有发现活动都需要教师的指导；不是要不要指导，而是给予多少指导。科学都要经历 2000 年才能创立伽利略动力学理论，所以，别指望手握一支 2B 铅笔用 1 小时 15 分就能够著书立说。

必须认真监测学生的学习。

活动一开始难免摸不着头绪，如果教师不闻不问，学生就可能白费时间、一无所获。请去询问学生决定要做什么。一般而言，如果方法不当，就最好运用问答形式去改进。例如，一位教师发现一个小组正在尝试运用尺子去测量圆的周长。

教师：这个方法准确率有多高？

学生：不太准确，难度较大。

教师：尝试测量同一个圆两次，然后观察答案是否相同。（一会儿）同一个圆的周长为 12 厘米和 15 厘米？相去甚远，不是吗？你们能否考虑一种准确的测量方法？

学生：用细绳测量？约翰说我们应将圆切开并拉直……

有时，学生最好先与教师交流一下个人想法，再开始活动。这样一来，教师就有机会去检查方法的可行性，从而确保不遗漏关键步骤或数据。另外，活动最初几分钟，教师要巡视各小组，检查他们是否做正确。

有时，让学生观察自己所犯错误的后果，他们也会受益匪浅，但有时这也会产生反作用。而指导经常是最安全的选择。如果有人误导学生浪费数小时去做无用功，一旦出现不良后果，学生就要猜测谁应承担责任！

选择一项运用推理的主题，但要确保学生不知道完整答案。

概括一项发现活动需要绞尽脑汁，即使这项活动能够有效地巩固和复习已学知识，也只有一到两名学生会大声说出"答案"。如果感觉有些学生已掌握这类知识，就要求他们秘而不宣。如有可能，就为提前完成的学生另设计一项"拓展性活动"。

预留出充足时间。（约为你预计时间的两倍！）最后，**概括学生应掌握的知识和技能。**

这一步至为关键。有些"发现"可能模棱两可，因而其他人就可能坚持己见。你必须概括活动的要点，对照学生的研究结论进行充分解释。最好提问他们已学会什么，然后给予矫正和拓展。如果你要求学生自己写出结论，就要尝试"如果你们已商定结论，就先告诉我再写出来"。

> 习惯于以教师为中心教法的学生，需要稍微适应发现教学法才能达到最佳效果。

发现教学法的优缺点

有人指责发现教学法会诱导学生发现"错误"，进而让学习者无所适从。不过，人们并不是指责方法本身，而是指责方法使用不当。每种方法都有缺陷，教师有责任去弥补。不过，新教师运用发现教学法肯定会力不从心。如果你感觉心里不踏实，就向经验丰富的教师请教，或跟指导老师或师傅交流方案。如果你过去与学生很少接触，就一定先请教别人再去给他们上课。

这种方法耗时长，但只要给予充分指导，就能够大幅度缩短活动时间。

发现教学法存在一个重大缺陷，连经验丰富的教师都经常忽略，即，如同所有教学方法，单凭发现教学法本身无法达到最佳教学效果。例如，"发现"单摆摆动公式是一回事，运用公式预测单摆性能又是另外一回事。发现促进理解，但无法为所有必需技能提供矫正性练习。

如果运用得当，发现教学法就可能具有下述主要优势：

- 具有主动性、参与性、激励性和趣味性。提问可能激发学生对学习主题的好奇心和内在兴趣。
- 学生必须"自己弄懂"，不仅理解主题，而且理解主题与已学知识的关联。这是一种高超的"建构主义"方法！
- 学生会记住自己理解的知识。
- 引导学生运用高级思维：评估、创造性思维、问题解决、分析、综合等。相反，以教师为中心的教法经常引导学习者只运用低级技能，诸如听讲和领会。
- 鼓励学生享受自己弄懂问题的乐趣，进而能够促进他们的内在动机而不是外在动机。

至于其他以学生为中心的教法，教师鼓励学生将学习视为个人的分内之事，而不是专家的分内之事。有些教师认为，这类"隐性课程"是发现教学法最重要的属性。

发现教学法还存在其他一些缺陷。它可能耗时长，无法应用于一些主题，像基于事实的简单主题或学生什么也发现不了的主题。如同多数小组学习，发现教学法也很可能出现"看客"——学生袖手旁观而不是积极参与。不过，如果看客认真倾听小组讨论，他们的收获就会与积极参与者相差无几。当然，在小组讨论后，如果指定学生解释本组的研究结论，而不是邀请志愿者回答，就可能避免出现看客。（这一点不可忽视，第14章，尤其是第24章已专门探讨过）

发现教学法仍然深受各位重量级理论家的青睐。例如，戴维·奥苏伯尔（David Ausubel）认为，学习新知识需要基于相应背景知识，学习者必须加工新知识，然后整合个人已有知识。他指出，发现学习是开展综合性学习的最佳方法。

案例研究：运用发现教学法

一位传媒学讲师正在给大学生上一堂90分钟的印刷历史发展课。她正在按照"内容—观点—活动"（CIA）程序来选定问题，因而她可运用发现教学法，或"提问式教学"法。

内容

选定研究内容。包括发明印刷的日期、议会法案、影响印刷的相关发展。

观点

你希望学生关注什么？主要观点、分类、概念或阅读方式是什么？这可能包括竞争对手的阐释、著名理论家的观点。讲课目标应涉及其中一些观点。在印刷历史案例里，教师选定的主要观点包括：

1. 从历史上看，印刷既满足了作者的需要，又满足了目标读者的需要。例如，对作者而言，发放政治宣传册是游说手段，但对大众而言则是信息来源。

2. 你可以视印刷历史为一系列技术发展，随后，政府从自身利益出发去实施控制。例如，向印刷品征收印花税。

活动

现在，教师运用设计的问题去鼓励学生创立新观点，或者至少鼓励学生去应用上述"观点"。例如，教师可给学生提供印刷历史事实提要，但切莫提及上述"观点"。然后教师要求学生小组讨论引发上述"观点"的问题。例如：

根据历史记载提要，你认为：

印刷符合谁的利益？（基于观点1，问题难于回答）

作者为什么出版宣传册？人们为什么阅读它们？（基于观点1，问题易于回答）

政府如何应对印刷新发展？（基于观点2，问题难于回答）

据历史记载，你发现政府控制印刷的实例是什么？为什么会出现政府控制行为？（基于观点2，问题易于回答）

请一定谨记在心，只有最初发放的提要不包含你想论证的关键观点，这种方法才能有效。学生需要没有阐释的事实材料，他们特别偏爱书面材料。只有学生完成了个人活动，你才能开始阐释观点。教师要训练有素，切忌在讲授期间透露这些观点。

显而易见，能否准确选择问题取决于学生的能力。如果难于发现观点，你就可以提问一些问题，要求学生应用这些观点，而不是发现。例如：

尽量从历史记载里搜寻下述事例：

(a) 技术发展；(b) 政府应对策略。

"对斯威夫特（Swift）*一类作者而言，发放宣传册是一种游说手段，但对读者而言则是一种信息来源。"果真如此吗？现在的报纸也是如此吗？搜集赞成与反对的证据。

有人称之为"假设检验"（参阅第38章末）。课堂试验发现，它能够大幅度提高学生的学习成绩。（参阅2009年佩蒂的研究）

另外，在小组活动期间，你可先使用难于回答的问题，然后再使用容易回答的问题去指导学力弱的小组。就自己任教学科的某项专题，尝试运用"内容—观点—活动"记忆术去设计一种"提问式教学"法。

> 学生不喜欢老师告诉他们要相信什么。因此，如果运用引导式发现教学法，信念和态度教学就往往会达到最佳效果。例如，如果跟11岁的学生探讨性别歧视，教师就可能要先设计一项活动，诸如故事或案例研究，先探寻学生面对公正对待的个人意愿，避免刻板印象，然后，借助于另一项案例研究，要求学生发表自己对性别歧视态度的看法。这样一来，新态度形成于学生已有价值体系，然后他们"拥有"了这些态度，因而更可能理解和接受。（具体请参阅第39章）

---

* 斯威夫特（Swift），《格列佛游记》作者。

最新争论

最近，政治家与媒体坚持认为，诸如发现教学一类的"现代教学法"属于倒行逆施和执迷不悟，让我们好像又回到了放任自流的20世纪60年代。批评者指出，发现教学法没有充分指导学习者，因而让他们稀里糊涂。他们主张，教师应回归"填鸭式教学"。

发现教学法并无多少创新，它只是回归苏格拉底教学法而已。建构主义也让教师明白，发现教学法是一种非常自然有效的教学法。

你有必要重新阅读第一章的学习循环图。有几类教学法要求学生依据已有知识来形成个人意义建构，发现教学法即为其中之一。发现教学法不赞成第1章所述的机械记忆和浅度学习。

发现教学法还具有其他一些优势。我们会遗忘绝大多数老师教的事实，究其原因在于没有重复应用它们。例如，掌握比利时主要出口商品或硫酸生产方法后，只有经常使用才能记住吗？不过，假设我们几乎每天都使用某种技能，一旦真正掌握，就基本会伴随终生。比如说思维技能，其中包括学习和准确表述新概念的能力，整理和排列知识与理解，弄懂程序以便根据已有知识和理解去表达，解决问题与评估等。当然，发现学习离不开这种技能。

> 认知学派高度关注困惑现象。他们认为，困惑会激励学习者运用已有知识去理解新知识。
>
> 头脑是可使用的工具，而不是可填充的仓库。
> ——J. W. 加德纳（J. W. Gardener）《自我更新》（1963年出版）
>
> 教育无非是一切已学过的东西都忘光后所剩下的东西。
> ——B. F. 斯金纳（B. F. Skinner）

早期的认知主义学者主张，教育应专注于教给学习者概念、关系、创造性思维、问题解决和其他技能，而不应仅仅专注于教事实。他们告诫教师慎用死记硬背方法。死记硬背最初收效快，但很快会遗忘，因而无法达成真正理解。约翰·杜威（John Dewey）（1859年–1952年）是做中学的倡导者，他说："机械训练可能导致学生丧失反思能力。"

杰尔姆·布鲁纳（Jerome Bruner，1915年出生）指出，"填鸭式教学"剥夺了学生独立思考的机会。他说，现代课程应删除几乎全部的基本事实，留出时间去教思维技能。他认为智力是"认知工具的内化",故恰切的教学能改进智力。

认知学说几乎没有创立一个新概念。几个世纪以来,一些教育经典著作认为,这类教育适合于几乎任何一种职业培训,由于"训练了头脑",因而政府部门一直在招聘各学科毕业生。或许将来某一天,我们的课程会基于认知技能而不是完全基于知识。

现在,几乎所有教育学家都认为,有效学习:

- 不是记忆事实和技巧,而是创造意义建构或达成个人理解;
- 必须由学习者自我组织,最终整合到学习者已有知识;
- 包含培养认知技能(诸如批判性反思、评估、分析能力),创造性思维和解决问题的能力。

> 如果学习只是记忆,为什么智商测验得分高的学生比记忆力高的学习成绩好?(智商测验测量模式识别、非言语和言语以及问题解决能力。)

我们如何才能教会一名学生像历史学家那样去思考历史?或教一名学生学会像科学家那样去思考科学?这些学生只有通过推理才能学会推理。只有提问发人深思的问题,才能促进学生掌握这些关键性思维技能。即使学生遗忘了历史日期和化学方程式,即使他们担任宾馆经理、家庭护工或企业家,教育馈赠给他们的思维技能也依然保持不变。因此,多数教师认为,我们**如何教**(学习过程)至少与我们**教什么**(学习结果)同等重要。

如果一位历史教师讲授为什么有人谋杀坎特伯雷大主教托马斯·贝克特,学生就会应用进而掌握理解和回忆技能。如果教师只是讲授导致谋杀的事件,然后要求学生推断"谁是谋杀者,为什么谋杀,谋杀的可能后果是什么",他们也能学会创建和坚持一个历史论点的能力。他们还可能深入探讨主题,进而更可能记住和理解历史事实。

作为教师,我们如何看待引导式发现教学法与"讲授式教学法"之间的争论?约翰·哈蒂教授搜集分析了140000篇致力于提高学生成绩的实验研究论文。他发现,凡是获取理想结果的实验,都是给学生设置了具有挑战性的任务,而不是设置可以企及的任务(参阅2009年佩蒂的研究)。有些研究已取得引人注目的成果。"科学教育促进认知发展"研究项目(CASE)专门运用发现学习去培养思维技能。在科学课堂里,只要花费很少一点时间,就能显著提高考试成绩。思维技能不仅能提高科学成绩,而且还能提高数学和英语成绩。尽管该项目在小学其他学科也大获成功,但英国国家课程并没有采纳相关理念。

现代世界具有职业流动性、知识爆炸、工作变化速度快等特点,它们要求学生具备适用的认知技能,而不是掌握一系列低水平的知识和技能。

发现教学法具有趣味性和激励性,能够培养学习者的思维技能。发现是一种自然的学习方式,儿童和动物自发地运用这种学习方式,它与人类大脑的进化方式相一致。你必须自己决定是否运用引导式发现教学。时至今日,绝大多数人都明智地认为:"学习过程"发生什么至少与学习"结果"同等重要。

```
↑ 教师控制
  机械记忆
  讲课

  提问
  实践作业

  个人学习
  小组学习

  引导式发现
  独立性学习
  学生自主性学习
↓ 学生控制
```

因为教学方法取决于教学环境,所以它们在该连续体中的位置只是一个近似值。

推荐读物

免费下载资料

R.迈耶(Mayer, R., 2004年),纯粹的发现学习是否应制订三振出局规则?(*Should There be a Three-Strikes Rule Against Pure discovery Learning?*)在网上搜寻英文

题目。

读物

[1] P. 阿迪（Adey，P.），M. 谢耶（Shayer，M.）. 真正提高标准：认知干预与学业成就. 劳特利奇出版社，1994.

[2] D. 奥苏伯尔（Ausubel，D.）. 教育心理学：认知观. 霍尔特、莱因哈特和温斯顿出版社，1978.

＊[3] B. 英海尔德（Inhelder，B.），J. 皮亚杰（Piaget，J.）. 从童年到青春期逻辑思维的发展. 劳特利奇出版社，1958.

[4] K. 克劳尔（Klauer，K.）. 归纳推理：训练方法. 教育研究评论，2008.

[5] G. 佩蒂. 基于证据的实用教学法. 纳尔逊·索尼斯出版社，2009.

[6] M. 谢伊尔（Shayer，M.），P. 阿迪（Adey，P.）. 学习智力. 开放大学出版社，2002.

[7] M. 斯旺. 数学合作学习：挑战我们的信念与惯例. 英国国家科学研究开发公司、英国国家继续教育研究所，2006.

第三十章　创造力、设计与发明

如果要求具有适度动机的学生去记录药物滥用的危害，他们会礼貌地遵从；如果要求学生设计一张药物滥用宣传单到自己学校散发，他们就会踊跃参与。创造性活动富有乐趣，可以提高学习者的自我价值感。无论任教什么学科，你都切莫忽视创造性活动的激励效应。

创造力经常被看作创造艺术的专有能力，然而，只要站在一座现代百货大楼前向四周打量，包含创造性想象的产品就会随处可见。在"现实世界"里，创造技能至为关键。创造技能适用于产品创意与设计、营销、包装、管理、研究与开发、创业，涵盖儿童保健、教学、工程、住房装饰与家务管理、建筑、烹饪、写作、橱窗装饰、商店布局……任何一个人，想要创立新观点和技巧，或只要面临问题解决，就必须运用创造技能。创造力是一种可以传授的技能，不仅仅是一种天赋或天资，如同所有技能，矫正性练习也会提升创造力。

任何一门学科的教师都离不开创造性学习，主要由于其以下四个功能：

- **培养学生创造性思维与解决问题的能力。**
- **促使学生创造性地、有目的地应用知识。**
- **提高动机。** 创造力可满足人类最深层次的需要，即制造物品并获得赞誉。马斯洛需要层次论强调自尊和自我实现，两者皆可借助于创造性学习来满足。创造乐趣无穷。
- **提供机会去探索情感、培养自我表达的能力。** 教育远远不只是学习知识和谋生技能。学生需要运用想象去探索情感和观念，还需要弄懂自己的经验，进而与别人交流。

> 纽约一所学校深受纪律问题困扰，以致不得不雇用武装警卫在走廊里巡逻。管理层向一位课程专家咨询，专家建议学校引用创造性学习活动。学校鼓励学生去绘画、表演戏剧与研究音乐，还鼓励学生去开展其他创造性学习。过了不到一年时间，学校恢复了正常秩序，武装警卫随后也撤走了。

设计创造性学习活动

创造是一个神秘过程,但并非无法理解或无法施加影响。只要准备充分、活动适宜,就会大幅度改进学生的创造性学习质量。

在参与创造性学习时,学生需要什么样的准备?首先,他们需要熟悉所运用的基本工具与技能(例如需要知道如何使用木工车床、颜料或引号),进而熟悉创造性表达媒介(当然,创造性学习本身也可用于提高上述技能)。

提升创造力

创造性过程复杂多变,这里我们只简述提升创造力的活动(详情参阅佩蒂1997年出版的专著《如何提升创造力》)。创造性过程包括六个阶段:创意、阐释、提炼、酝酿、成型和评估。在制造一件物品的过程中,每个阶段都会数次出现,且不存在任何特定顺序。但在某段时间里,学习通常会专注于某一个阶段。我们逐一探讨每个阶段。

创意(inspiration)

创意属于探索阶段,包括不加批判地搜寻观点。这是一个没有禁忌的过程,具有自发、试验、直觉、自由想象、大胆创作的特征。与头脑风暴(见第19章)初始阶段相差无几,即,不管观点最初多么离经叛道或不切实际,都要坚持多思考多假设。在创造艺术领域里,创意不仅经常需要搜寻个性化声音,而且要努力追寻其深层情感,诸如同情心、灵性或感情共鸣。

如果学生没有想法,他们就很难产生创意。鼓励他们去试验"任何东西",切忌任何形式的自我否定。这个阶段别担心形式、结构、实用性、节奏或韵律等,目的在于提出尽可能多的富于想象力的观点。只要大致观点切实可行,就不会冒很大风险。

> 亨利·穆尔（Henry Moore，英国现代雕塑大师）经常在海边漫步，按照自己当时的兴致，捡拾稀奇古怪的鹅卵石。在一定程度上，风蚀的鹅卵石形状为穆尔雕塑作品提供了创作灵感。
>
> 非洲面具雕刻成为毕加索（Picasso，西班牙画家、雕塑家）绘画的创作灵感之源。他的绘画放弃写实的现实风格，转为象征性的抽象风格，最终引发了一场艺术革命和激烈的公众反应！

阐释（clarification）

要明确阐释作品的目的或目标。也就是回答："我要做或说什么？"在写一篇议论文时，学生可能不知道下一句话说什么，他们经常是文思枯竭，而不是文如泉涌。教师就会问："你终究想说什么？"其他形式的创造性学习也不例外。学生在该阶段要讲究逻辑、注重分析、明确目的，还要聚精会神。

提炼（distillation）

根据阐释阶段的研究结论，筛选、评估创意阶段（或成型阶段）生成的各类观点，选择适于深加工的最佳观点。该阶段需要进行自我批评式审视，需要冷静分析与判断，而不是自发地生成观点。不过，别鸡蛋里面挑骨头，那样可能完全抑制住创造力。

酝酿（incubation）

尽管在实际操作中有点难度，但在两个阶段之间最好能有几天静止期。潜意识有时间去处理遇到的任何问题，学习者有机会让自己与观点保持一定距离，进而能够准确评估它们。在"创意"或"成型"阶段之后，或在遇到问题之后，"酝酿"特别有用。尽管该阶段没有任何正式活动，但教师仍应鼓

励学习者去深刻反思自己正在做什么。有创造力的人几乎都会忘掉自己最初的观点，他们乐于在潜意识中消化不完整的观点、未知结局、不一致性，直到"恍然大悟"。

> 艾萨克·牛顿爵士无论遇到什么棘手问题，都要在临睡前钻研。他说："我一定要找到答案。"

成型（perspiration）

一旦确立观点，他们就要拟定一份草稿，当然这很可能需要再次经历"创意""阐释"和"成型"诸阶段。

> 天才是百分之一的灵感加百分之九十九的汗水。
> ——托马斯·爱迪生（Thomas Edison）

评估（evaluation）

检查草稿的优缺点，然后考虑如何去修改。一旦修改完草稿，就会进入第二次成型阶段。只有数易其稿，才能判定是否完美无缺。

请记住，创意、阐释、提炼、酝酿、成型、评估六阶段并非按照上述顺序或其他顺序发展，每件作品都可能数次经历各阶段。

心理定式与创造性障碍

创造性过程面临的一个主要困难在于，不同阶段迫切需要不同"心理定式"。具体如下：

创意：不加批判，深度参与，自发，没有禁忌，冒险，自信，直觉，快乐，"无忧无虑"和即兴创作。判断全部暂停。

阐释：关注策略、目的，从容不迫，敢于提出难题。

评估：挑剔自己的作品，但积极看待自己的洞察力与执行力。乐意学习。

提炼：积极、大胆地看待观点的潜在意义与选择策略，而不是盯着它们目前结果有多好。

> **酝酿**：相信自己能发现前行之路，从容不迫，善于遗忘。
>
> **成型**：坚韧，包容，热情，积极应对评估。
>
> 多数人发现，很难从一个心理定式转换到另一个心理定式，尤其是如果学生已完全习惯于某种思维定式，转换起来就更加困难。然而，几乎无人认识到必须转换心理定式。
>
> 如果学生带着错误的心理定式进入某个阶段，他们就注定会劳而无功。如果搜寻观点，就切忌批判和完美主义；如果对各类观点进行抉择，就切忌不加批判和"稀里糊涂"。学习者在一个阶段强势而在另一阶段却可能弱势的现象俯拾皆是。一名学生主意很多，却无法实施批判性评估；而另一名学生判断力超众，却提不出任何观点。
>
> "创造力障碍"的主要原因在于：阶段运用不当，心理定式运用不当，或二者兼有。

学习者与创造性阶段

与上述复杂过程相反，"缺乏创造力"者往往会只认同最初的观点，然后迅速地、不加批判地完成，完全不去认真考虑自己想要达成什么目的。如何才能鼓励学习者经历上述所有阶段，进而提高他们的创造潜能？

在创造性学习中，帮助学习者管理自己的弱势阶段是教师的任务之一。首先要选择一些适宜的活动，帮助他们治愈自己的"创造性便秘"或"设计性腹泻"；其次要给学生阐释创造性阶段，并与他们一起讨论。给他们讲解创造性学习六阶段。阐明最初观点未必是最佳观点，要对观点进行深入思考，要让学生谨记：伟大的思想几乎从没有仅来自灵光一闪，必须明确自己想要达成什么。绘画、工程设计、商务管理、诗歌创作同样属于创造性过程。第 24 章所述讲义与问卷会给你帮助（下载网站：www.geoffpetty.com/evidence_based_downloads.htm）。

任何人都可以应用创造性过程，任何人都可以提高应用创造性过程的能力。无论学生将来从事什么职业，无论学生有什么兴趣爱好，创造性思维与行动能力都是他们需要的技能。锻炼创造力也让学生受益匪浅。创造力是多数人通向自我实现和幸福的路径，也是一些人让自己的生活变得有意义的方式。创造性行动是生活的最大挑战之一，也是生活的最大奖励之一。因此，为什么不教学生如何创造呢？

> 想象力比知识更重要。
> ——阿尔伯特·爱因斯坦（Albert Einstein）

鼓励创意阶段

有时，教师可以给学生提供一项活动，从而帮助他们生成观点。一般而言，创造性学习开始之际开展活动最有效。例如，如果教师希望学生创作关于大海的散文，就可以让他们浏览有关书籍，或观赏有关绘画和摄影作品，记录任何打动自己的词语、短语或言论，不必事先考虑能否或如何运用它们。教师可要求学生回忆个人经历，或阅读优秀范文。

词语联想是另一种生成材料的方法。可给学生留出两分钟的时间，让他们尽可能多地边想边写出有关大海的词语或短语。词语接龙是词语联想的一种变式，每个词语只与前一个词语有关，例如，大海—海水—眼泪—哭泣—喊叫—危险……仔细观察这类接龙可获取有价值的观点和联想；词语联想特别适用于创意写作。

> 一次无拘无束的个人头脑风暴往往会生成有价值的观点。

如果创意阶段的活动推动学生远离人人皆知或平淡无奇的常规思路，就可能对他们有所启迪。只与主题间接关联的"创意"资料往往具有令人震惊的价值，究其原因在于，"创意"资料鼓励另辟蹊径。一篇有关潮汐坝的杂志文章，或一份海岸警卫队的安全手册，都可能比一部描写大海的小说提供更多原创词语或思路。资料越多越好，赶快到图书馆查阅书刊！

高年级学生可以尝试爱德华·迪博诺（Edward de Bono）倡导的横向思维技巧*。这些技巧看似稀奇古怪、无法生成有价值的观点，但仍建议你自己认真尝试半小时。然后，你就可能爱不释手！现举几例：

自由联想

摒弃陈规旧俗，自由自在去联想。从词典里随机选取词语，围绕主题开展词

---

*译者注：横向思维是指，突破问题结构范围，从其他领域的事物、事实中得到启示而产生新设想的思维方式。

语联想。例如，一名学生运用自由联想去搜寻与一幅绘画作品主题有关的概念，准备参加一项"人群"类别的比赛。左边的词语从词典里随机选取，教师要鼓励学生根据随机选取的词语去联想"群体"：

朗诵→诗歌或读物→诗歌朗诵会的一群听众

启示→宗教启示→天使给一群牧羊人送报喜信（油画作品《天使报喜》）

手套→手→握手→一群人初次见面

发光→火→一群人围篝火而坐

别让学生轻易放弃其中任何一个环节。不过，大约70%的环节或许没有任何价值。

该技巧几乎适用于任何一类创造性工作，既可构思一个简短故事情节、问题解决方法，又可考虑设计问题。在下面这个例子里，运用该技巧，一名学生去思考主人外出度假时植物自动浇灌的设计：

电火花→点火→恒温控制点火——花盆安装湿度感应器，能否做到一旦湿度低于某个值，就会自动供水？

刺穿→尖铁→尖铁或管子插入泥土能否缓慢渗水？

钱包→货币→纸张→湿纸巾——将某类高吸水性材料浸泡并放花盆下面能否保湿？

随机联想法、间接联想法不胜枚举：

- 尝试将杂志剪影照片*放在一个白色背景上，然后尝试给一种墙纸图案配色。
- 从你喜欢的一张报纸上面剪切大量词语和短语，然后随机排序，并据此构思一篇小说或一首诗歌。（英国摇滚巨星戴维·鲍伊运用这种技巧创作歌词。）
- 尝试观察微生物照片，然后据此寻找一些有趣的面料设计图案。

> 据说，在创作钢琴奏鸣曲的一个乐章时，贝多芬就是借鉴了奔腾的骏马马蹄跑动的节奏。创意运用随机或间接联想资料能够确保不落俗套。为什么不去鼓励年级或动机相对高的学生保存一份自己喜爱的杂志或一个奇思妙想的剪贴本？然后他们可用于个人创意。

"考虑所有可能性"（CAP: consider all possiblities）

如果某人思考如何给自动植物浇灌器提供动力，就可能想出电力、橡皮筋、

---

* 译者注：剪影照片只呈现照片中的人物、建筑、山峦、树木等其深暗的轮廓形状，而不是要求呈现它的细节形状，类似剪刀剪出的影像。

天然气、压缩空气、发条装置、压簧、仓鼠转轮、汽油、蓄电池、风力、引力……无论是否合适,每一种可能性都要考虑。每个观点都可能引发一种不同的设计思路,一些可行,一些不可行。"考虑所有可能性"推动一个人去考虑无缘无故忽略的机会。对一位音乐家而言,如果想知道一节短旋律发出最美和声的低音音符是什么,就要去"考虑所有可能性",就可能依次尝试一系列音符。

挑衅性声明

迪博诺运用"挑衅性声明"来开展创造性活动。挑衅性声明看似荒唐可笑,实则实用或有趣。不要对挑衅性声明置之不理,而要设法弄清能否从中获取任何有价值或有效的思路。例如:

挑衅性声明:假定植物可以自灌。思考一会儿之后,或许就考虑到下述可能性:将植物叶子放进土里可避免水分蒸发或挥发。而这又可能引发下述想法:如果给植物遮盖一层塑料纸,植物和花盆就不会泄漏水分。

回溯

如果一个人的思路陷入了死胡同,就最好后退几步,然后另辟蹊径。再以植物浇灌为例,开发一种便宜的电气设备,如果设计团队举步维艰,他们就可以"回溯",重新考虑以引力为动力的设计,这样或许可能造价低廉。这好像是一个了无新意的策略,但在现实生活里,人们也往往不愿意选择这一步,究其原因在于,如果一个人对某个观点倾注了大量时间或情感,就不愿意轻言放弃。

一旦鼓励创意,就要特别关注新奇性与数量。创意会催生更多创意,你迟早会从中发现有价值的创意。绝大多数生成的创意被否决,只保留合理的、富有想象力的创意。

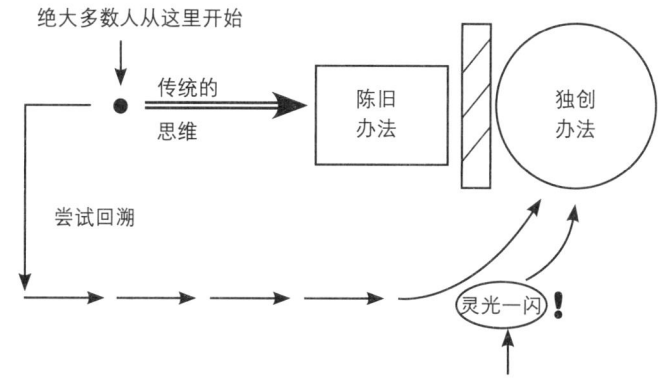

运用横向思维另辟蹊径

> 创造力与采掘钻石无异:丢弃绝大多数矿石。但这决非意味着采掘它们是浪费时间!

鼓励坚持己见阶段

对于学生在创造性过程其他阶段的表现,教师要不吝鼓励。教师只需要设定适当目标即可:

阐释阶段。"我希望你们准确陈述宣传手册要表达的主题。一旦小组达成共识,就写出来,然后送给我过目。"

提炼阶段。"现在,快速浏览个人笔记并确定最合理的观点;然后看看能否挑选出自己打算酝酿的观点。"

酝酿阶段。仅仅是提供必需的时间——当然,面对编排已满的课程,"仅仅"有时也会成为一种奢求!

成型阶段。"现在,你们已选定个人中意的观点,继续努力,撰写一个粗略初稿。"

评估阶段。"现在,请阅读初稿,然后分析优缺点;看看能否明白如何找到不足、如何修改完成第二稿……"

> 在一些情况里,因无原则地放任自流而导致滥用创造力,即,无论教室发生什么,都听之任之,没有任何道德约束,没有任何批评或想象力评价。还有一些情况,教师坚持原始的创意概念,极力主张儿童自发创作,根本不要在乎别人是否关注。当然,这可能是一种启动方式——不过,如果想象力活动停留在这个水平,就很快会退化为群体的陈词滥调和个体的花言巧语。
>
> ——彼得·阿布兹(Peter Abbs)《生根开花》(1976 年出版)

创造力应用

创造性学习永远不会严格遵循一种模式,因而肯定存在着一定设计难度。不过,运用创造性过程六阶段可有助于提高创造性课程的效益。我们一起观察一些应用本章理论的案例研究。即使案例研究与你所任教学科无关,其他教师的通用方法也会对你有所启示。你可以先运用自己的方法去理解案例,然后再探听其他教师的解决方法。

案例1:在一个成人刺绣培训班里,学员比较熟悉"数字刺绣"。尽管他们害怕设计,但老师瓦莱丽(Valerie)仍坚持让全班学生提出个人设计理念。她要求每名学生独立完成简单的抽象设计图案。

案例2:一群优秀学生正在上英语语言课。老师希拉里(Hilary)让每名学生挑选一个有关动物诗歌的题目,或自拟题目进行诗歌创作。我们以克莱夫(Clive)为例,他挑选"发现一只死狐狸"作为题目。同班其他同学挑选题目的程序大同小异。

下面概述各阶段的应用,旨在让过程看起来更为简单与合理。

瓦莱丽班(案例1)

阐释与"操作细节"。瓦莱丽老师向学生展示了五幅原创刺绣作品,要求他们以"裁判"组的形式去开展活动,好像他们正在裁判一场比赛。老师要求每组商定优秀抽象刺绣设计要素。最后,每名学生据此拟定个人设计提要(如造型醒目简洁、色彩浓烈等)。

创意。第二周,她带给全班大量楼梯照片的复制品。高对比度照片看起来与复杂的几何设计相差无几,她给学生演示如何将两面镜子放在照片复制品上去产生万花筒效应。在照片复制品上移动镜子会生成各类对称设计图案。其他人则从一张大卡片裁剪下一个小矩形,然后在照片复制品上移动去生成不对称设计图案。

她要求每名学生运用镜子或卡片去呈现四种设计,然后简要概述。

提炼。依据个人设计标准,学生从四种设计里选定最佳设计。

成型。学生创作基本图案的初稿,不考虑颜色。

评估。教师要求学生区分设计的主要优缺点,然后修改设计(成型)。(在一些情况里,这需要数易其稿。)

创意。学生浏览花园鲜花、地衣、灌木、野鸟照片,进而形成个人设计色系的思路。然后运用颜料和纸张创作着色的设计初稿。

希拉里班(案例2)

创意。老师给克莱夫布置了一道"家庭作业",要求他去图书馆查阅附有狐狸彩色照片的书籍。老师告诉他要阅读主题,记录自己喜欢的事实、观点、词语和短语。老师还要求他根据题目包含的词语"死的""狐狸""发现"去编制一个词语联想清单。查阅结束后，他记录了两页的词语和短语。

阐释。在全班学习一些重要思路或主题鲜明的诗歌之后，教师要求克莱夫及其他同学通读个人笔记，然后给自己创作的诗歌选定一个中心观点或主题。教师要求学生挑选出三种不同观点（但克莱夫只能挑选出自己喜爱的一项主题）。

提炼与成型。老师要求克莱夫依据自己喜爱的观点去创作开首四句，尽可能具有冲击力或打动人心；要实现该目标，克莱夫就要运用查阅的两页词语和短语里的一些最佳观点。

创造力是一种"专门"技能

有些人视创造力为不可传授的天赋，这纯属无稽之谈。无论是绘画、面料设计、工程设计、创意写作、原创实验、音乐创作、创造性问题解决、创造性管理，还是其他创造力领域，学习者都能够改进自己的技能。这既需要关注过程，又需要关注结果。

学习者若需要关注创造性过程，还必须学会有效管理。而且，他们也必须熟悉自己正在应用的媒介，比如必须弄清如何有效绘画、写诗、设计等。这是一项专门技能，因此，有必要验证第2章所述八项记忆术，进而弄清如何培养。

解释。学生需要熟悉自己正在学习内容的原理。例如，他们可能需要了解一些诗歌格式、结构和韵律的概念，可能需要了解绘画创作的概念，还可能需要了解工程设计的成本、醒目与简洁等概念，或者理解所学学科的传统与流派。

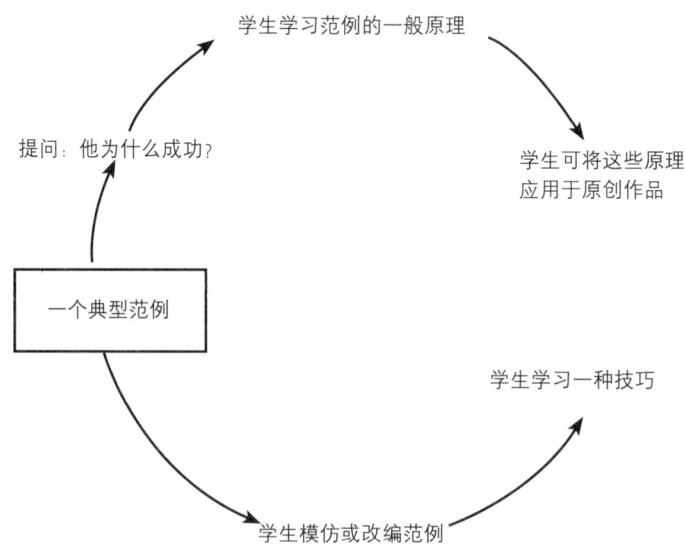

"操作细节"。赏析具体范例（如某一领域专家／大师作品）会收到理想效果。教师应借机鼓励学生去发现自己所学内容范例的一般原理。学生需要教师的指导。当然，学生在这个过程中会产生各种各样的理解，不过，如果他们能据此形成个人观点，就再好不过了。即使是大师也可以向过去的大师学习，也可从过去大师的作品里汲取灵感。另外，学生也可以从反面典型事例里学会不做什么！

应用。学习者需要时间去试验，从而形成个人观点。

检查与矫正。与其他学习形式相比，创造性学习更需要学习者批判与矫正自己的学习结果。教师显然能够给学生提供巨大帮助，在解决技术问题时，教师的帮助更是不可或缺。不过，只有师生都清楚学习者想要实现的目标，教师才能提供有效帮助。

记忆辅助工具。阐明技巧与原理往往有用。

评估。自我评估个人作品或学生互相评估作品能让学习者受益匪浅，与同伴或老师公开讨论更会收获颇多。教师应鼓励学生遵循一般原理，而不是被个人癖好所左右。注意，如果学生互相过于挑剔对方的作品，学习效果就可能适得其反。

质疑。一如既往，营造一种支持氛围，分享彼此困难与疑问，都肯定会对学生有所帮助。

在下一案例里，我们验证了一个实例：八项记忆术可为一堂设计课选择活动。

案例3

学生要给一家超市设计一款新购物袋。

解释。必须解释或讨论购物袋的功能。

"操作细节"。全班学生批判性考证各类正反具体典型范例。然后共同商定一些最佳购物袋设计标准，例如：提手承重力、图形是否简洁醒目、是否使用可生物降解材料……这样一来，学习者既完全清楚设计标准，又完全清楚自己要做什么。

应用。学生提交一些设计方案。

检查与矫正。教师要求学生对照设计标准，或是自己评估自己的设计方案，或是互相评估同伴的设计方案。

记忆辅助工具。教师可以要求学生写出设计标准。

复习。以往所学知识有什么相关观点可用？

评估。学习者最好参与评估自己完成的设计方案，从而增强批判能力，进而增强自我批判能力。还可以举办一次设计作品展览会，同时要准备好一本留言簿。

质疑教师应营造一种支持的氛围，从而让学习者得以放松地析疑解惑。

教师切忌只给学生印发提要就听之任之！创造性学习不可能一帆风顺，况且，人们都喜欢以不同方式去学习。因此,创造性学习过程无法完全程式化。但我仍希望上述观点至少可能帮助你设计有用的活动。

衔接课程或许是创造性学习的最佳教学手段(参阅第 28 章、第 31 章),它比直接教给学生创造性过程六阶段更有效。

检查单

☐ 你是否给学生解释了创造性过程六阶段及其关联的"心理定式"?
☐ 你是否有意识地运用创造性过程六阶段去备课?
☐ 你是否给学生展示并认真考证优秀作品,从而让他们掌握正面典型范例的一般原理?
☐ 在学生创作个人作品时,你是否鼓励他们应用一般原理?
☐ 你是否鼓励学生应用一般原理去批判自己和别人的作品?

练习

运用八项记忆术和创造性过程六阶段去设计学习活动,从而帮助学生完成下述任务之一:

1. 为"奶奶健身运动"设计一件 T 恤;
2. 以"伏击!"为题创作一部短篇小说;
3. 为关节炎患者设计一款开罐器;
4. 为当地慈善机构考虑一种募款方式;
5. 设计一项实验去测量大气污染。

推荐读物

*[1] A·马斯洛(Maslow, A.). 人性之深究. 企鹅图书出版社,1993.

[2] D. 莫斯利(Moseley, D.),等. 思维框架. 剑桥大学出版社,2005.

*[3] G. 佩蒂(Petty, G.). 如何提升创造力. 科根图书出版社,1997.

[4] G. 佩蒂(Petty, G.). 基于证据的实用教学法. 纳尔逊·索尼斯出版社,2009.

*[5] P.E. 弗农(Vernon, P. E.). 创造力选集. 企鹅教育图书出版社,1970.

第三十一章　从经验中学习

在专著《第一次世界大战史》里，A·J·P·泰勒（A. J. P. Taylor）栩栩如生地描述了"大屠杀"：盟军向重兵防守的德国阵地发起了一波接一波冲锋，交战双方尸横遍野、血流成河。尽管这种战术毫无效果，但铁石心肠的将军们无动于衷，仍然一次又一次下达进攻命令。泰勒最后总结道："除了一再重蹈覆辙外，人类不可能从过去的错误中汲取任何教训。"

经验本身无法保证学习。要想从经验中学习，我们必须反思自己的经验，尽可能将经验与理论相联系，进而计划下次如何才能做到尽善尽美。执行计划之后，我们需要再次反思，然后重复经历上述过程。这是一个循环往复的"从经验中学习"过程，军事战略、冠心病护理或写作议论文的学习与此同理。我们也要按照该循环去学会教学。

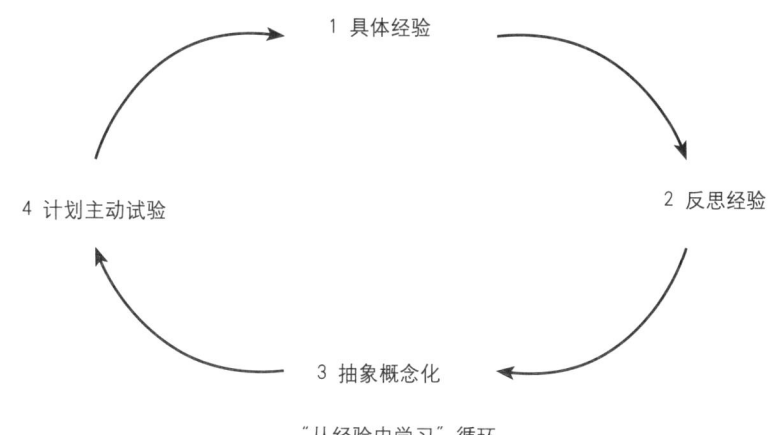

"从经验中学习"循环

杜威首创"'从经验中学习'循环"的概念，但戴维·科尔布（David Kolb）创立了"'从经验中学习'循环"（又称"反思学习循环"）的理论。学习者可从该循环任何一个环节开始，但应循序渐进。

现举例说明"从经验中学习"循环。假设你要种植优质胡萝卜。你可能从批判性反思开始（第二阶段），即，批判性反思自己迄今为止种植胡萝卜的经验；再抽象概念化（第三阶段），即，依据理论去思考个人经验，例如土壤类型、土壤酸碱度、种植间距、胡萝卜品种等；然后计划去主动试验（第四阶段），即，计划明年如何种植优质胡萝卜；接着是具体经验（第一阶段），即，执行该计划；

然后又是反思（第二阶段）……

请注意，学习过程是一个周期，可以无休止地循环往复。实际上，无论是有意还是无意，成功学习都要遵循该循环。再举一个实例，一位教师按照经验学习循环去选择和整理学习经验。总之，从经验中学习应获得最佳学习效果。

一项案例研究

一位餐饮业培训师正在教学员如何整理酒店厨房。学员每周在培训酒店实习四小时，为顾客备餐。这种体验真实而强烈！

在培训酒店实习一周之后（第一阶段），培训师召开了一次汇报会，组织学员讨论各自的实践经验。培训师一开始就鼓励学员反思个人经验（第二阶段）。先确认事实——如何进行实习？再开展讨论，话题包括："小组的成功与失败是什么？""实习期间大家的总体感觉如何？""如果……会发现什么？""你自己的感觉如何？""你工作繁忙时也能有条不紊吗？""有人抱怨自己承担的角色吗？"诸如此类，不一而足。其目的在于对工作进行真诚但非指责性纠错，让学员认识到错误在所难免，甚至感觉错误有价值。只要能从错误中汲取教训，失败就理所当然。

> 塞翁失马，焉知非福。
> 祸兮，福所倚。

反思过后，培训师引导学员"抽象概念化"（第三阶段）。学员从经验中可以掌握什么一般原理？这时急需教师充当助产士，从明显互不相干的事件里确立一般原理，诸如"如果需要完成一项任务，就必须有人负责"，或者，"除非同步准备每道菜，否则就会推迟上菜时间"等等。实际上，培训师应给上述"学习结果"施加巨大影响。培训师不仅应要求学员记录这类一般原理，更应要求学员应用于未来实践。如果没有培训师承担这类"中介角色"，多数学员就可能一无所获。

下一阶段就是主动试验（第四阶段），培训师要求学员自己计划如何组织下次汇报会。学员们具体筹划，分担汇报会的责任，制定个人行动计划。例如：约翰同意提前研读菜谱；葆拉决定，一旦发现自己落后，就会大胆寻求帮助；等等。

这类讨论需要花费大量时间，10分钟的具体经验就可能激发数小时反思、抽象概念化和计划主动试验。有时，必须限定学生讨论一两个主题。

现在，详细验证从经验中学习的四个阶段。

第一阶段：具体经验

经验可以是真实的，例如，学生使用木工车床，或参与一项工作体验计划。另外，也可以是替代"现实生活"的经验。现举几例：

观摩一位老练的从业者（现场或录像），如，见习商店助理观摩一位商店正式工作人员工作。

案例研究，如，医生讨论病例记录，或管理培训生讨论一家公司的罢工记录。

学生互相讨论个人经验，如，互相采访如何写作议论文，互相交流"影子工作"经验*等。学生日记或工作日志有时也适用于这类活动。

游戏与角色扮演，如，学习劳资关系知识的学生表演一次劳资纠纷，他们分别扮演雇主与雇员。

模拟，如，护士在计算机上模拟重症监护工作。

演示，如，学生观察教师演示。

学生应运用具体经验去检验观点、方法和计划，而不是盲目地重复熟知程序。例如，如果学生创作诗歌、焊接接头或观摩老练的社会工作者，就应尝试新技巧或方法，或探寻以往没有特别注意的手段。最好在"计划主动试验"（第四阶段）期间让学生验证"具体经验"。

从工作经验里学习

格雷厄姆·吉布斯（Graham Gibbs）在个人专著《做中学》里指出，直接工作经验替代物有助于：

- 在安全环境里练习技能
- 在行动中例证理论
- 培养人际技能
- 提高个人学习参与度，增强主题趣味性
- 从实例中推导理论或一般原理
- 学习者产生替代性工作经验
- 将注意力集中于深奥经验或无法以其他方式提供的经验

＊译者注：影子工作又称顶岗实习或跟岗培训，是指参加培训的学员接受一名指导老师一对一的辅导，与导师形成"如影随形"的近距离接触，通过听、看、问、议、思、写等自主学习形式，直观了解一个组织的理念、运作模式、方法等。

第二阶段：反思经验

反思包括系统而客观地评估学生的"具体经验"，甚至还包括验证学生当时的感觉。一开始可能由教师单独评估或师生共同评估，但长期目标应立足于让学生自我评估。

运用自我评价进行反思

学生完全依赖教师评估个人学业成绩并非好事。如果教师从不放手让学生评估个人经验，他们就不会具备反思个人学业成绩的习惯与技能，因而也就不会培养自我改进的能力。自我评价目标必须要能唤醒学生自信、培养独立反思和评价的技能。让学生相信自己已具备从个人经验里学习的能力，哪怕你讲完了课，他们自己也会继续学习。这样的学生已成长为一名"反思型学习者"。

在汇报会上，你可借助于提问去鼓励自我评价，诸如，你可提问："你们小组的主要困难是什么？"而不是简单指出"准备不充分是你们的主要问题"。尽量避免过度帮助。

要求学生编制一份自我评价清单也可以鼓励自我评价。当然，清单最好事先准备。这样可达到双重目的：既帮助学生自我反思，又让学生集中精力做正确的事情。教师也可鼓励学生认真分析整个过程，进而提出问题。例如，学生可先编制一份正确焊接的目标清单作为自我评价的标准，再开始焊接操练。教师先检查学生的目标清单，然后再让学生实施和评估焊接。学生经常比教师更苛刻地评价个人成绩。

> **学生对"主持会议"的自我评价清单**
> 1. 我是否遵守会议日程？
> 2. 我能否激发各位的兴趣？
> 3. 我是否规避转移注意力的话题？
> 4. 各位表达个人观点的时间是否均等？
> 5. 我能否概述决议？

自我评价鼓励反思与指向目标的目的性行为，鼓励学习者学会对自己的学习负责。（参阅第 43 章自我与同伴评价。）

同伴评价

同伴评价是另外一种鼓励反思的形式，也可运用检查清单的方法。同伴评价的优点与自我评价一般无二。

日记和周记

日记和周记也是鼓励学生反思个人经验的一种形式。给学生发放一个日记本，要求他们每天记录新鲜事。如果情绪反应强烈，日记或许就会特别适用，比如说，适用于未来从事社会工作、教学或护理职业的学生。

在老年病房做完一天工作之后，一位实习护士可先记录自己经历的事实材料，再记录个人情绪反应，然后记录自己发现困难或有益的事、感觉不安的事以及个人优缺点。如果记录中涉及问题，就要求他说说如何去解决。

有时，提前商定学生先要在日记里解答探究的问题，再开始记录"具体经验"，会增强培训效果。随后，日记条目可用于与其他实习护士共同参加的汇报会。日记能将个人经验形成文字，以便于学生本人或小组其他成员以后参考。或许你自己正在使用学习日记或周记（参阅第46章），当然，日记一切内容都要与学生以及你自己相关联！

信任的重要性

只有师生共同营造一种信任氛围，学生才能真实评价与反思个人优缺点。

一般而言，反思过程与学生评价最好分别实施。反思的目的是学习，而不仅限于评估，而评估又将会引领我们行进到下个阶段。由于绝大部分教学活动到此鸣金收兵，因而就会遗漏下面各阶段。例如，一名学生可能写作一篇议论文，提交教师评估，然后就认为一切结束了。（第43章所述学习循环即为一种过程推动手段。）

第三阶段：抽象概念化

学生该阶段的目标是将个人"具体经验"与理论相联系。一位实习教师可能提问：为什么学生喜欢上我的一些课，却讨厌上我的另一些课？一位学习设计的学生可能提问：为什么一个电路没有达到预想效果？一位平面设计师可能提问：为什么自己的设计特别抢眼？

无论学生学什么，尽管他们提问的时间要少于回答的时间，但仍然可能遇到相同的问题：为什么成功总会带来成功？为什么失败总会带来失败？应如何做才能成功？为什么应当这样做？如果换一种方式去做会发生什么？学习要点越概括越好。

学生可能急需改变对个人学习过程的思考方式。另外，他们的具体经验可能只是确证自己是否理解理论，因而该阶段不可能持续很长时间。

第四阶段：计划主动试验

反思过去经验、尝试经验联系理论之后，学习者下一项任务就是询问"我下次如何才能做得更好？"然后，在随之而来的"具体经验"期间，学生要验证该问题的答案。除非经历这个过程，否则无人能做好任何一件事情。

如果学生的学习领域包括人际关系，该阶段就需要有意识去尝试一些冒险活动。见习医生可能需要询问令病人感到不安的问题，实习教师可能需要尝试自己陌生的教法，见习社会工作者可能需要使用自信式提问技巧。在多数学习领域里，学习者都需要明白一个道理："不入虎穴，焉得虎子。"其目的在于鼓励学生形成"主动学习者"心理定式，鼓励学生积极响应、迅速适应、相信自己。

学生将观点写到纸上往往有助于学习。形式可不拘一格：一项行动计划、一份实现目标的清单、一个生物实验设计方案、一张室内装饰自我评价标准检查单。设计"下次如何做得更好"行动计划的手段数不胜数。现举几个具体事例。（请参阅第43章学习循环。）

案例1

学生学习如何给一台数控金属切割机编程，根据以往经验撰写一份行动计划。他们的行动计划包括：

1. 查验制图，确认切割成所需形状的最少次数。
2. 确定最佳切割顺序。
3. 确知每次切割的深度与速度。
4. 计算每次切割的坐标。
5. 编写程序。

案例2

学生学习如何设计一个报纸广告，制定一张设计标准清单。既可根据以往作品的自我和同伴评价来制定，又可借助于观摩典型范例去制定。以下是一份清单：

广告应：
1. 简洁醒目；
2. 公司标识吸引眼球；
3. 最大号字体的广告词引人注目；
4. 采用次最大号字体去诠释广告词；
5. 字数最少；
6. 设计风格符合公司形象。

深入学习经验

有些学生可能认为，要想下次做得更好，就需要积累一些学习经验。他们可能感觉已厌倦目前的活动，因而希望尝试新活动，或者他们需要多练习另一种活动。成年学习者特别希望对个人学习拥有一定支配权。

有时，学习循环的第二、三、四阶段可能互相融合，但自始至终都应明确表述"下次我如何才能做得更好"，以便为下次"具体经验"做好计划。

> 在《做中学》专著里，格雷厄姆·吉布斯（Graham Gibbs）给四个阶段赋予了不同名称：

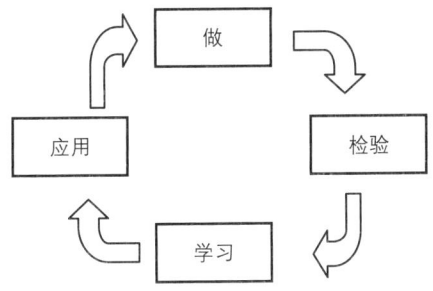

运用科尔布学习循环备课

下面是一些围绕科尔布学习循环设置的课堂活动顺序。你打算选用哪些?

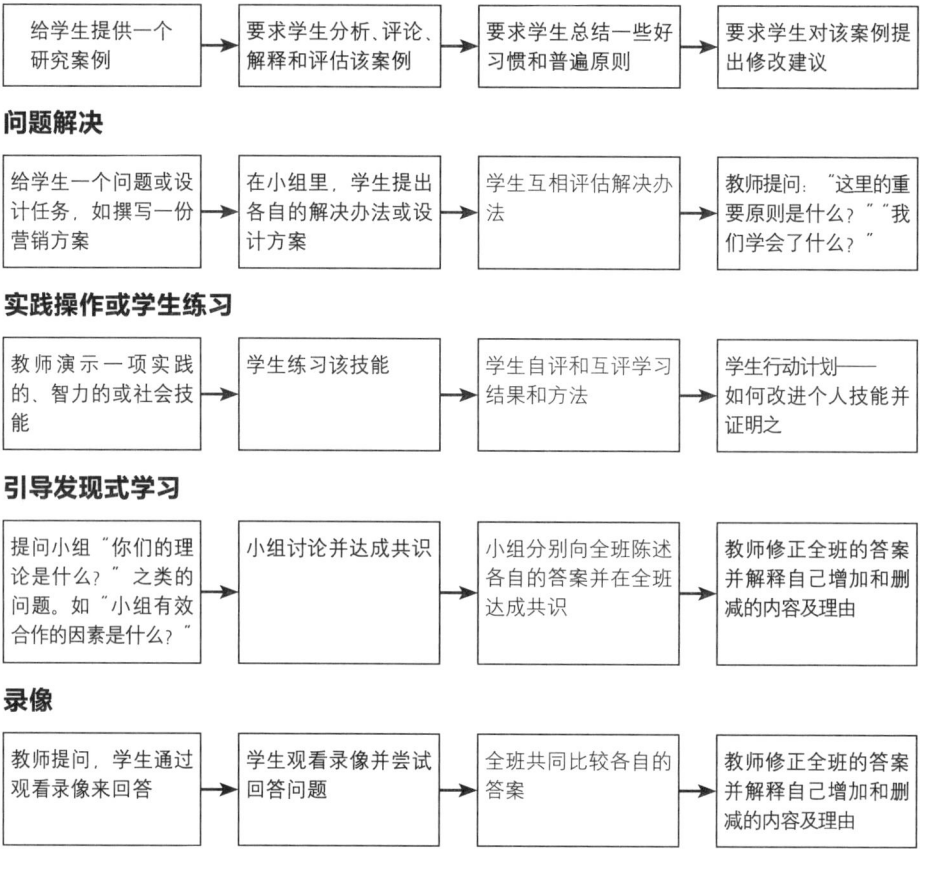

> **练习**
>
> 研究上述的课堂活动顺序,确定各文本框运用了科尔布学习循环哪一个或哪几个环节。

衔接学习

著名教育学家鲁文·福伊尔施泰因(Reuven Feuerstein)主张,学习困难的学生,甚至任何难于掌握一项技能的学习者,由于他们的头脑("工作记忆")充斥着即时的具体学习活动经验,因而往往无法从经验里学习。这样一来,他们就会只见树木不见森林,或者他们无法从具体细节里发现一般学习要点。例如,在写作议论文时,学生的头脑可能充斥着亨利五世的细节资料,但无法学会如何利用这些资料构思和写作议论文。因为没有掌握写作技能与程序，所以阅读再多的议论文也无济于事。学习者几乎视每项经验为独一无二，无法在相似情境之间建立联系，因而不会学习或学得非常吃力。

福伊尔施泰因与其他认知主义学者主张，教师需要帮助学习者将注意力集中于完成任务的通用技能与通用程序，进而从细节里发现关键的学习要点。它被称之为"中介学习"，能让不同学业水平的学生受益匪浅。一项中介学习策略可被称之为"衔接学习"。

衔接学习引领学习者完整经历一个学习循环，看看你能否发现下面这段文字包含学习循环中的哪类阶段：

A：学生"动手做"，如写作一篇议论文。

B：学生思考自己做完的事情，考虑教师对内容和过程的反馈意见。（多数学习经验到此为止，但不应该如此！）

C：现在，学生的"工作记忆"相对缺乏内容，教师要求学生聚焦过程，而不是聚焦内容或具体事实。他们通过提问来聚焦过程：

"你是如何这样做的？""你为什么成功（或失败）？"

学生解释，教师运用苏格拉底诘问法提炼出"操作细节"或"如何掌握"技能或程序。

D：现在教师提问：

"你还可以在哪里使用这项技能（或程序）？"

在几乎相同的情境里，学生往往可能使用相同技能或程序。不过，教师要运用苏格拉底诘问法去鼓励学生发现应用惯例。例如，议论文写作程序可应用于评价亨利五世，可应用于历史评论，不仅可应用于议论文写作，而且可应用于报告写作。

E：在另外一种情境里，学生主动使用自己在"C"阶段概括出的程序，然后教师可再次讨论该程序。福伊尔施泰因与学生一起反复使用衔接学习法，因而，在一定程度上，这项策略可解释学习困难学生为什么可能获得巨大进步；在完成两年学习项目之后，学生的智力水平往往与正常人相差无几。第 28 章已介绍一个运用衔接学习去写作议论文的实例。学习循环是另一个衔接学习的实例。（请参阅第 43 章）

结　论

"从经验中学习"与学习相伴而生。但直到最近，理论家才阐明了从经验中学习的过程，进而促使教师依据学习循环去选择和排列学习经验。运用从经验中学习技巧，就不必革新教学和学习方法。不过，从经验中学习技巧要求学生真实而自愿地承认个人错误，大胆地尝试新观点。这既需要学习者严格要求自己，又需要教师谨慎教学。

"在经验中学习"循环还表明，无论是否有意，反思都可能让你知道如何才能学会教学。作为一位学者，上述情绪需要也可能适用于你。如何从经验里学习？第52章"评估你的教学"将会论述，通过填答一份问卷，你可判定自己从经验中学习循环里最薄弱的阶段。

> 第一次讲课时，我曾请教一位老教师应如何教某项主题。结果是他给我出了一个馊主意，一位系主管为此训斥了我一顿。我辩解道，这位老师有30年教学经验。"他根本没有，"系主管没好气地说，"他只有一年教学经验，只不过重复了30次。"

培训设计的反思

大量培训，尤其是行业培训仍局限于学习循环的"抽象概念化"阶段。理论教学没有直接与学习者个人具体经验相联系。这样一来，即使参训者完全理解，他们也往往不可能将理论应用于实践。哪怕他们学会了应用，以后也可能碰到一些个人无法解决的问题，因而就可能"旧调重弹"，又按照过去习惯方式去做事。

有些培训者设计专门实践课程去解决上述问题。学生可能会生搬硬套这些技巧，却完全不理解为什么使用它们，或完全不知道还能选择什么技巧。

> 布鲁斯·乔伊斯（Bruce Joyce）与贝弗利·肖沃斯（Beverly Showers）分析了200份教师在职培训课程的研究报告。他们发现，多数课程遵循下述模式：解释理论—具体演示—要求学员尝试。这对课堂教学没有实质性帮助！而一些反思活动确实可以影响教学，它们给学员反馈他们个人的学业成绩，训练他们克服个人学习困难。这些学员也需要矫正性练习，需要遵守科尔布学习循环。只有"灌输"是不够的。

简言之，多数教学计划几乎完全集中于从经验中学习循环的一两个阶段，却避而不谈其他阶段的重要性及所有环节的相互依赖性。从经验中学习的优势在于，让学生理解理论与实践如何相联系。

我曾视导过一位初任教师,她正在给经验丰富的在职护士培训糖尿病护理新法。在几个月的时间里,她给学员上过六次短期课程。她介绍护理新法,要求学员尝试应用于一些自己护理的病人。

每位学员照此办理,并将个人经验汇报给老师和其他学员。学员们纷纷互相提出解决对方问题的方法,互相祝贺对方的成功。教师随时校正学员的误解,解疑答难,就如何解决困难提出具体建议。这样一来,学员得以矫正和形成自己的"工作原理"。

理论与实践融为一体,学习者很快就会对新技巧运用自如。所有学习者均完整经历反思学习,所有学习者对矫正性练习的需要均得到满足。你不妨与连续讲两天课比较一下!

检查单

- ❏ 学生的具体经验是否真实有效?
- ❏ 技能是否得到及时练习?
- ❏ 学生能否自我评估个人学业成绩?
- ❏ 教师是否检查学生自我评估的结果?
- ❏ 成败是否与理论和"下次如何做得更好"相关联?
- ❏ 教师是否鼓励学生大胆而系统地试验?
- ❏ 学生能否制定成功标准检查单?
- ❏ 学生能否运用理论找到下次如何做得更好的答案?
- ❏ 如果采取必要的冒险或痛苦的反思,学生能否得到情绪支持?
- ❏ 学生是否视错误为学习机会?
- ❏ 学生是否对自己的学习负责?

练习

根据从经验中学习循环去设计一系列学习活动:
- 一个人学会并完成"三点转向";
- 学生培养自己的议论文写作技能与技巧;
- 学生培养自己的学习技能。

推荐读物

[1] G. 吉布斯（Gibbs，G.）. 做中学：教与学方法指南. 继续教育大学出版社，1989.

[2] B. 乔伊斯（Joyce，B.），B. 肖沃斯（Showers，B.）. 通过教师发展来提高学生成绩. 国际课程开发与督导协会编，2002.

[3] D. 莱莫夫(Lemov，D.)，E. 伍德韦(Woodway，E.)，K. 耶齐(Yezzi，K.). 练习成就完美：精益求精的42条规则. 乔西－巴斯出版社，2012.

[4] A. 波拉德（Pollard，A.）. 反思教学：基于信息的专业惯例（第3版）. 统一体出版社，2008.

[5] H. 沙龙（Sharron，H.），M. 库尔特（Coulter，M.）. 改变儿童的心理：福伊尔施泰因智力教学革命. 沙龙出版有限公司，1994.

第三十二章　全脑、视觉与动觉学习法

如第二部分导言所述,学习风格的概念已被"全脑学习"所取代。如赫尔曼图(见148页)所示,绝大多数教学策略以结构、顺序、逻辑和语言为基础,因而属于左脑教学策略。全脑学习要求我们在运用左脑的同时运用右脑,因而学生需要运用整体的、创造性的、社会的、视觉的与体验的学习策略。我们追求多样化,所以我也会在本章介绍一些动觉学习法。第17—21章、第29—31章探讨了右脑学习法。

几乎所有教师都会运用部分下述教学策略,但充分运用全脑教学策略者寥寥无几。该策略多数活动花费时间不多,但却会强有力地帮助学生巩固和构建自己的知识。这些方法特别适合于那些运用传统方法学不好的学习者,也适合于那些需要尝试新方法的学习者。多数策略对能力超群者也是一个挑战。组织图特别有效。

我们先讨论一般原理,然后再列举一些具体教学策略。

整体法:展示"全貌"

- **结论、综述、概述、要点等。** 概述对学生的帮助很大。例如,上课时,时常呈现和提及要点。上课接近尾声之际,移走要点,要求学生运用自己的语言概括和解释它们。然后再完善这些结论。
- **对学习目的、关联性做出令人信服的解释。**
- **"先行组织者"**(奥苏伯尔用语),如,提前发放教学提要,最好是视觉材料,比如说一张思维导图(参阅第11章)。

只要学生应用或动手操作,下述策略就会特别奏效:

- **案例研究、演示、例证、实例、趣闻等**,它们可以呈现整体。要求学生带着问题去学习它们。
- **学习范例**(优秀作品样本)。这是一个特殊案例,可让学生完全清楚个人奋斗目标。(请参阅自我评价。)
- **使用模型、系统、流程图、格言等**,它们可以简洁地描述全貌。让学生带着问题去学习它们,或者,最好让他们自己设计出模型等。

先行组织者

- **列举象征性事件**。如历史事件,可以简明地演示或生动地表述一个关键点。
- **在一个新主题内建立联系**,或在两个主题之间建立联系。例如,要求学生参与确认异同的任务,如风疹与水痘的异同,或百分比与分数的异同。
- **运用可视化表达形式指出相似点**。暗喻、类比、明喻与象征可生动有趣、通俗易懂地表述新材料,因而它们均为非常有效的解释工具。它们在新旧知识之间建立联系,完全属于"建构主义"(参阅第1章)。它们指出联系与相似点,给学生展示"全貌",如:"电流如同在管道里流动的水""遗传基因如同我们身体的组装手册"等。

	差异	相同
分数	●××× ●××× ●××× ●××× ●××× ×××	●×××××× ×××××× ●×××××× ×××××
百分比	●××× ●××× ●××× ●××× ××× ●×××	×××××× ××××× ●××××× ×××××

组织图有助于展示"全貌"

观看和创建可视化表达形式

如果视觉表达材料由学习者自己去制作，就可能特别有效；如果学习者带着问题去认真审查视觉表达材料，就可能非常有效；如果只是被动听讲，就可能适度有效。学习者最好征求某个人（不包括教师！）对自己制作的视觉表达材料的意见。例如，视觉表达材料可以先展示给全班学生，然后在教室或走廊告示栏里展览数周。

学习者自己制作

学习者带着问题审查

学习者被动体验

- **思维导图与其他组织图**，特别适用于概括一项主题。将自己制作的思维导图与教师提供的思维导图样本比较之后，学习者改进起来就相对容易。学习者可以互相展示个人的思维导图，也可以向全班展示个人的思维导图。
- **图像**，图片、照片、海报、图表、图形、图案、绘图、漫画、幻灯片、曲线图、工作表、符号表、图标、徽标、传单等，它们均可用于表述要点或重点（它们的价值体现于解释、说服和感染的力量）。
- **"时间轴"**（大事年表），依据时间顺序，形象化地呈现某件事情的进展。
- **彩色编码**，适用于相关但不同的概念，如适用于讲课提纲、幻灯片或投射图像。可以运用彩色卡片或纸张、彩色圆点粘贴标签或图标去给学生个人文件夹贴标签或编索引。
- **颜色**，增强视觉效果。
- **录像和光盘图像**。
- **模型和实物**。
- **直观有趣的网站**、动画片、计算机模拟和其他计算机图像、演示文稿（PPT），要求学生自己完成上述视觉材料，然后展示给全班同学。最后，他们可上传到局域网或互联网。（参见本书第四部分。）

……

下面我们再探讨其他视觉表达形式。其他右脑表达形式包括：

表演 / 角色扮演 / 模仿

第 20 章已详细解释过上述方法。你也可给学生分配教学、检查或板书等角色。

给学生设置唤醒情感的任务

运用情绪、幽默,唤醒感觉、个人情感与联想:

- "如果你是一位轮椅使用者,什么可能让你最生气?"
- "19 世纪 30 年代伦敦穷人形象是什么?你认为气味和口味可能像什么?你可能最担心什么?"
- "顾客第一次到你的宾馆办理登记入住手续,他们可能担心什么?"

给学生设置需要运用想象的任务

- 修道院修道士的形象是什么?
- 想象你自己是加热平底锅里一个水分子……
- 如果……会发生什么?
- 问题解决任务等

给学生提供直接经验

- 动手做。亲身实践操控、移动:社会实践、实验、探究、研究;在教室里走来走去。
- 整理原始资料和实物。
- 多感官体验,包括看、摸、闻、尝、听(声音、节奏与音乐)等。
- 远足、参观、实地考察、影子工作等。

创制可视化表达形式的活动实例

下面给你提供思路,一定要设计出适合个人的方法。请注意:

- 这些活动是主动的,而不是被动的。
- 学生创制的视觉表达材料要有观众。
- 只有理解主题,才能创制出视觉表达材料,因而需要运用"建构主义"方法。(参见第 1 章)

先设置下述任务,再开展主题教学,这样一来,学生就可以边学习边开始思考如何直观地表达材料。

从互联网选取图像

互联网储存了海量图像,它们可用于支持下述活动。任何一个主题都会有对应的图像,即使"发票""头韵"和"腹泻"一类无人搜寻的词语,也至少有数百幅图像。

只要点击你要查询的术语加"图像",就可从搜索引擎发现照片、动画和图

表一类专业制作的图像。多数图像源自网页,当然,要避免一些版权纠纷。最后,学生可通过复制和粘贴将图片用于制作海报、网页和讲课提纲;为了制造真实、生动、感人的效果,也可根据需要放大或缩小。

创制白板海报或模型

第一部分:学生开展小组学习,每组创制一份视觉表达材料,概述刚刚学完主题的关键点。例如,可以采用"概念图"、流程图或其他组织图形式,或可运用比喻去说明。学生可在 A3 纸、挂纸白板上创制海报,或创制一件硬纸模型。如果每组先设计出草图,每名学生就可分别创制其中一部分,然后将各自作品粘连组合成一幅完整的海报或模型(参阅下图)。

各小组创制可视化表达材料

第二部分：每组向全班展示和解释本组的作品。这往往需要准备才能决定谁说什么。你可以倾向于给他们设置具体任务，这样一来，学生的呈现方式就不可能过于相似，比如："我希望你们严谨地解释这张渗透图。"

作品可在班级告示栏展出数周，然后用于复习活动。作品也可在走廊告示栏或其他公共宣传栏展出。还可在社区合适的场所展出，例如可在医疗中心休息厅展出一张儿童疾病海报。如果将学生作品展示给真实的观众，就肯定能激发他们的学习积极性。

创建一个局域网站

学生可运用上述导入图像去创建一个网站，解释和概述一项主题的关键点。另外，经过精心计划与协调，可将网站的不同网页分派给小组各位成员去创建。这是一份重要作业，最终成果可在学校局域网或互联网展出。

也可参照"创制白板海报或模型"第二部分的内容，要求学生运用笔记本电脑和数据投影仪去展示和解释个人网站。

举办展览或录制视频

可利用看板去展示一名学生或整个班级某项主题的作业。既可在学校走廊展出，也可在其他公共场所展出。如果你打算在家长晚会上集中展览，学生就很可能说服自己的父母去观看！

学生也可录制一段视频，概述自己一个单元的作业。现在，运用计算机去编辑录像非常简捷，不过，编辑过程可能需要花费大量时间。

可视化作文构思："让我们看看自己想什么"

该法适用于任何学业水平，最适合于教学生探究一项复杂主题或构思自己的文章。

1．教师给全班提供一个发人深省的问题、论述题或指定作业。

2．学生各自头脑风暴相关观点、事实、问题等，翻阅自己的笔记，查询其他资料。

3．学生结对比较自己的观点，然后将共同商定的要点写到黏性便笺本上。他们可使用颜色编码，例如，绿色便笺记录赞同的论点，红色便笺记录反对的论点。

4．学生两两结对学习，或四人甚至全班共同学习，学生接着将自己写有要点的便笺纸粘贴到白板或告示栏上，或粘贴到挂纸白板上。

5．现在，学生整理自己的要点，将相关要点整合为多个要点群。然后，他们围绕这些要点群去贴标签。他们也可画箭头等去标明要点与要点群之间的因果关系等。

6．一旦整理完要点与论点，他们就可采用思维导图或其他论文提纲形式去

学生喜欢展示自己的演示文稿（PPT）和网页——但你要先把关！

构思文章初稿。可撰写这篇论文，也可束之高阁；构思本身就是最好的学习活动！

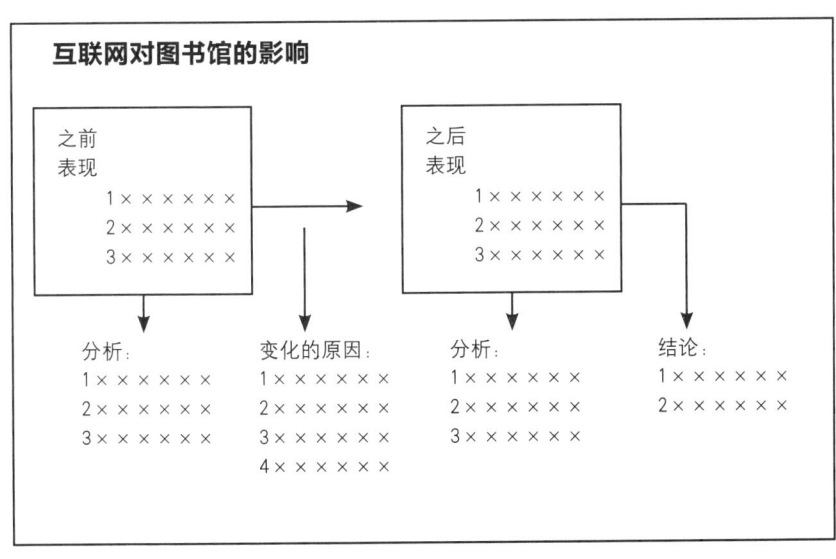

可视化作文构思

可移动载体*去表述观点与要点拥有诸多优势。羞怯的学生经常乐于写自己不敢面对全班同学说的话，因而教师得以了解每名学生的观点。可移动载体让我们的思维可视化，进而促进讨论。给要点群贴标签，标明它们之间的关系，从而帮助学生概括和开展其他抽象思维活动。可将要点群整合为大要点群，从而创建高度概括化的分组和概念。当然，仍需要给这些分组和概念贴标签。

对学习者来说，利用可移动载体去组织观点与论点，远比一个人冥思苦想容易！

如果你对这种方法感兴趣，请到下面网站查询有关支持性软件与硬件：www.inspirationresources.com

> 2000年，脑科学专家埃里克·詹森（Eric Jensen）在《基于脑的学习》一书中指出：
>
> 从传统意义上说，脑科学知识与正规教育实践来自不同世界，它们该结婚了。

动觉学习策略

如第二部分导言所述，动觉法包含学生身体运动。我先介绍最容易使用的策略。有些教师担心后面这些策略会失去控制，不过，只要周密组织，就会效果显著，学习者就会全神贯注、踊跃参与。多数学生会非常喜爱这些策略，也会记忆犹新。运用这些策略之后，请认真组织一次口头复习："我们学会了什么？"

我们先探讨一些通用策略。

安静的动觉方法

操控或管理信息

- 强调或突出一段文本的关键点。
- 做"决策"卡片游戏：卡片分类练习（参见第19章）。也可改编以便给实物匹配、分组或分级。
- 研究、搜集资料，举办一次展览。
- 一名学生组织一组学生去完成一项任务。

实践

- 全班或个人开展任何一类实践活动。

---

*译者注：可移动载体是指可移动书写介质，如白板、便笺、软件等。

- 制作模型或实物，触摸或拆解，以便弄清工作原理等。
- 使用工具、计算机、电话等。

同伴辅导
- 给其他学生做演示。
- 运用幻灯片讲解或表述等。
- 在白板、挂纸白板或高架投影仪上展示给全班同学。
- 帮助你或全班同学操控高架投影仪、笔记本电脑和投影仪，播放录像等。例如，有些学生具有班级责任感，他们乐意分发或收集资料和设备。

全移动方法

扮演物质角色：

现举一个办公室研究实例。首先，学生扮演下述角色：发票、采购订单、贷方凭证。教室不同区域贴上各类标签：财务部、公司银行账户等。然后，学生自行安排或根据教师描述的情境来回移动：

"我要发出一份600英镑的计算机设备采购订单。"

"计算机供应商要提交一张600英镑的发票。"

接着，学生必须移动去表示票据和资金流动。

然后，学生可自己分级或分组，从而响应教师的其他指令：

"我要求所有公司保留的票据放到窗旁，所有顾客保留的票据放到门旁。"

"现在，如果一位顾客订货，你就来扮演订单。"

同样，学生也可以扮演酶、激素和身体器官，按教师指定的情境表演流程。教师允许学生互相辅导和矫正："嗨，你是胰生成的物质，你正在下丘脑里做什么？"

动觉类"决策"卡片游戏

第19章曾探讨过"决策"卡片游戏，不过，如同上面的实例，这里我们匹配、分组或分级的对象是学生，而不是卡片。教师给学生分配角色，让他们代表一顶帽子或一枚大徽章，然后他们必须按照教师的指令去给自己匹配、分组、分级或排序。

参观访谈

参观访谈当属最生动、最快乐、最难忘的教学方法。只要教师精心策划，学生就会喜爱。它们将教与学融入现实世界，给学生提供专家经验和专业性建议，进而揭示问题与争议。

访谈

研究城市犯罪？——为什么不邀请一位警察来作客？研究自杀？——为什么

不邀请一位撒马利亚人*与小组成员交流？数千个组织均可成为鲜活的资源，如乐施会（Oxfam）、吸烟与健康委员会或英国科学促进协会。许多专家发言人急于传播自己的思想——为什么不给他们提供一个舞台？

为什么不让学生去安排访谈，或许还可设置成一次指定作业。他们会享受这种责任感，况且，掌控感会有助于他们全力以赴、积极应对这次访谈。

谁去写信或打电话？在来宾到达现场之前，如何简要介绍他的情况？谁去与来宾见面？谁去为他煮咖啡？谁去引荐他？谁去代表全班感谢他的精彩演讲？

来宾可能需要一张地图，他可能需要弄清去哪里，也可能需要知道到达后找谁联系。他也需要了解小组的情况，包括人数、已学知识以及年龄。他也可能需要专用设备，他肯定还想知道自己需要讲多长时间。

小组需要花费时间去准备这次访谈。他们会提问来宾什么问题？谁来负责提问？全班学生分散提问比一两名学生集中提问的效果要好。提问开放式问题，不要提问封闭式问题，你需要考虑好预防冷场的策略。如果学生要安排这次访谈，就要求他们举行一次头脑风暴会，努力"发现"前面提出的要点。然后，小组可以决定如何满足这些需要、谁负责撰写来宾简介。

最好监控学生的准备工作，否则就可能出现冷场！

参观

与学校管理层工作人员商谈，设法解决管理、保险、知情同意书等，这类细节不可或缺，但千差万别，因而这里无法一一列举。只有征得学校负责人同意，只有遵守学校参观程序，你才能带领学生去参观。程序通常以文件形式呈现，易于师生遵守，而且，如果你需要建议，应该可以找到丰富的答案。

前一次参观肯定有助于你做出精心安排。多数参观场馆设有讲解员，他们会为你提供教学服务！其他场馆备有官方指南或活动清单以及其他参考资料，不过，在参观前，你需要做到心中有数。如果场馆不提供上述服务，你就要自己去设计一份活动清单，至少给学生提出一些问题，要求他们在参观期间通过研究去解答。

参观前，确保拥有一份完整的组员名单，其中包括家庭住址和电话号码。不必有知情同意书，但若有必要，就保证一份不少。运用任何书信形式去确认基本日程、旅行细节以及保险单和急救包。除非小组人数不多，否则，至少需要另一位教师或成人去协助你组织参观。

---

*译者注：助人为乐者。

推荐读物

免费下载资料

学生教育参观健康与安全规范行为指南,可从英国教育与技能部网站下载:www.dfes.gov.uk/h_s_ev/.

读物

[1] T. 巴赞(Buzan,T.). 如何制作思维导图. 哈珀·柯林斯出版社,2003.

[2] P. 金尼斯(Ginnis,P.). 教师工具包:运用适合每个学生的策略去提高课堂学习成绩. 皇冠书屋出版社,2002.

[3] E. 詹森(Jensen,E.). 超级教学:1000余项实用策略(第4版). 科温出版社,2009.

第三十三章　独立性学习

独立性学习（Independent Learning）属于高级教学方法，你需要先运用传统指定作业去让学生练习，然后学生才能得心应手。

学生如何才能在教师参与最少的情况下去学习？你可运用辅导资料代替教师，这种方法包括"基于资源的学习""远程学习"和计算机学习软件包。但独立性学习却截然不同：没有教师，没有专用教育技术；学生自己教自己，学生互教互学。这种教学方法可充分运用信息与学习技术或信息与通信技术。

独立性学习是指，学生学习的简短主题由教师指定，但教师不教。学生可以搜集资料、做笔记与回答问题，但不由教师安排。而教师要负责评价学习，或许举行一次小测验即可。

学生最关注教师评价什么：如果你评价他们用于实现个人学习目标的笔记，而不是去评价目标本身，学困生就往往会选择抄袭笔记，完全不在乎自己是否理解材料。如果你只是评价目标，学生就只会关注目标，进而就可能视准备性作业为实现目标的手段。

如果设置一系列独立性学习指定作业，你就会不断增强学生的责任感，最终帮助他们完全做到独立学习。教师教给他们独立性学习技能，但不触及他们正在学习的主题。教师一开始会给学生介绍合适的资源，还会督促学生的学习，但最终目标是教会他们完全独立。这就要求学生学会如何搜寻适合自己的资源、如何发现和矫正自己的学习缺陷、如何依照个人标准去监测自己的学习。

> 独立性学习可以帮助学生降低在太少时间内学习太多内容的损害效应，进而带来无与伦比的教育效果。

独立性学习可应用于任何一门课程，可作为一次性体验或拿出20%的课程内容用于独立性学习。这是一种较难应用的教学方法，不过，只要任务设计、监测与评价紧扣主题与学生能力，独立性学习就能卓有成效。独立性学习可能结下丰硕的教育成果（参阅本章末）。

运用独立性学习

从任教课本里选取一章，既要内容简单易懂、以事实性知识为主，又要资源丰富，如相关优秀教材、网站、录像等资源很多。教师将主题分解为若干单元，学生可在二到四周内完成。要求学生先研究相关资源，再书写独立性学习指定作业。如后所述，阅读"独立性学习调谐器"图，选择适用于小组的独立性学习策略。

有些教师会提前布置一项独立性学习指定作业，以便让学生做好讨论前的准备工作，这样一来，就不可能放任学生自行解决主题难点。

设计独立性学习任务

对一项主题来说，既可设计直接性学习任务，又可设计间接性学习任务。

一项**直接性**任务可能是一项精细化指定作业，包括一系列精心设计的任务，或一系列作业单（包含精选的、标有页码的参考书目）。准确告知学生学习什么。

一项**较少直接性**的任务可能是一项要求，如，运用教师提供的一系列参考书目和一些往年试题，整理出有关某项主题的一套复习笔记。

一项**间接性**任务可能是准备某项主题的笔记，学生根据教师提供的相关教学大纲内容去准备笔记。

任务越直接，学生遇到困难或误解任务的可能性越少，因而，一开始必须布置直接性任务。

导学时间与学习任务难度

学生面临的主要困难在于，他们迷惑不解时无人相助。因而设置的任务要简单或比较简单。学生最好自己能去发现并学会回忆和解释简单的事实材料。

指定作业一开始要简短，一两周内即可完成。下面概述了一系列有价值的任务。

- 整理打印复习笔记，包括一张概括性"组织图"。
- 将自己笔记与至少两名同学进行比较。
- 互相提出修改笔记的建议，采纳你感觉有用的建议。
- 为迎接一次小测验，与同学互相检测回忆复习笔记内容的能力。

如果你设置的任务重复单一、以纸笔测验题为主，学生就会厌烦，因此，可以考虑设置下述任务作为独立性学习指定作业的一部分或全部：

- 针对主题或主题的某方面准备材料，然后向学生小组其他成员陈述个人观点。所有学生都要研究整个主题，但每名学生只能就主题某方面陈述 5 分钟。（只有全部研究之后，才能明确自己陈述哪方面内容。）
- 参观与指定作业关联的场所，如一家商店或休闲娱乐中心，旨在获取观测数据。
- 完成一项设计或解决一个问题。
- 在学习资源中心或图书馆观看一段指定视频，然后回答问题。
- 使用基于计算机的学习软件包。
- 阅读指定书籍的指定章节或查询网站，做笔记去准备参加课堂讨论。（因为学生往往非常喜爱讨论，所以这可能激励他们去勤奋阅读或研究。）
- 结对或小组讨论指定主题，记录自己与别人的观点与结论。这可能包括要求学生确定中心问题、核心价值观、重点证据等，以便用于随后的班级辩论或讨论。

给任务编号，在指定作业完成时，教师要确保学生做对困难的或发人深思的任务，这样一来，一旦学生没有完成指定作业包含的简单任务，就无法为自己找到现成的借口。

无论你设置什么任务，痛苦的经验都提示我们：你应要求学生用自己的语言去陈述个人材料，或许，除了图表外，他们不应提交从光盘或互联网下载的打印材料。

任务设置要与学生教材的内容相吻合，不必拘泥于教学大纲的条条框框。我建议，你先在面前打开教材，再设置指定作业。独立性学习指定作业的成功与否取决于任务的准确性。任务必须与学生实际相符。

学习技能与自我评价

独立性学习要求你不批改学生在实现个人学习目标过程中所完成的作业。不过，一旦学生完成了作业，你就要评价学习目标的达成度——比如说举行一次小测验。不批改准备性作业或笔记一开始似乎令人担心，但教师要谨记：没有真正的独立性学习，学生就不可能真正掌握独立性学习的关键技能！在指定作业末尾可以设置一个实用的问题："你如何才能知道自己已经做好迎考的准备？"有助于学生自我评价过程的活动包括：

- 提供自我评价的问题，从而帮助学生测量个人进步以及对主题的理解质量。问题用语要准确到位、简单易懂、语言通俗，还要便于学生自我批改，比如说，问题属于封闭式而不是开放式。为了确保学生完成作业，你可要求他们展示，但别批改。

- 给学生布置"学习—复习—书写—检查"的任务，或布置同伴评价的任务。
- 给学生布置数学练习题时要附带答案，以便于学生自我检查或互相检查。
- 在学生完成作业后，给他们提供标准答案或正确解法。然后，学生可用于自我批改或互相批改。
- 随后，让学生自己寻找带有答案的自我评价题。书店销售的试题集和复习资料都包含自我评价题。你可要求学生展示这类作业，但还是别批改。
- 作为指定作业的一个项目，要求学生陈述和评估个人的自我评价策略。如果展示学生完成的自我评价作业范本，他们就肯定会从中受益。除书面作业外，还要保留关键事实回忆的矫正性练习证据。
- 给学生分配一个"教学"角色，让他们负责"学习伙伴"考试及格或完成指定作业。

稍后，本章将探讨独立性学习技能的教学方法。

资源

你提供的资料，既可以明确标记，又可以模糊标记，甚至可以在指定作业里只字不提；但这些资料仍然需要与学生实际相符。

请考虑下述资源：

- **主题盒**。包含书籍、杂志、剪报、课程提纲等资源，上述参考文献只能从图书借阅处查询。如果你提供一份指定作业提要，并提前联系，学校图书馆或许就可能满足你的需要。鼓励学生和教师为主题盒增添资料。他们通常也会这样做。
- 将有价值的珍稀图书摆放到图书借阅台。
- 在局域网创建一个互联网址链接参考网页。邀请学生增添内容，但你要把关。
- 提供视频、光盘、计算机软件包等。
- 提供该主题的概括性结论，然后要求学生必须补充。

当然，你可随指定作业一起发放参考书目；你甚至还可提供重要书籍的页码和简评。不过，因为你的目标是培养学生独立搜寻资料的技能，所以别过分帮助他们。作为指定作业的内容，你可要求学生提供一份个人参考书目。你也可要求他们自我评估个人的资料搜寻技能，例如，将自己搜集的资料与同伴进行比较。

监测

这是一项至为关键的步骤，至少一开始必须这样做。不过，监测的目的在于培养学生的自我监测技能。既可在教学时间里监测，又可在全部时间里监测，既可直接监测，又可远程监测。当然，要根据学生需要与特点去实施监测。从一开始就要严密监测学生的错误。

你可以鼓励学生自我监测，即，给学生提供一份检查清单，让他们边复习边画记号，要求他们随指定作业一起提交一份行动计划，说明自己如何按时完成指定作业。自我监测对学习团队也会有所帮助。

"改进个人学习与成绩"的关键技能可以保持高效学习。对学困生来说，你既可给他们设置目标，又可与他们协商目标。如果你随独立性学习指定作业发放一份检查清单，学生就可在学习过程中画记号，当然你可要求查阅。以我的个人经验来看，即使懒惰的学生也不愿去伪造标记，因而他们也会精确地标记出个人进步。

学生应该确知，培养独立性是指定作业的主要目的。你对每名学生的监测时间最好少于1分钟。抵制帮助学生的诱惑（直到他们确实无能为力时才出手相助），否则他们就会完全依赖于你的帮助，进而也就无法培养独立性。

可以告诉他们：你可能在他们完成指定作业的过程中去检查，对"显著进步"给予评分。别批改，只是饶有兴趣地小声数着页码！

另外，你可要求查阅草稿。当然，学生最好能自我监测个人成绩，或者与同伴互相监测成绩，先使用你提供的自测题和检查清单去监测，再使用个人编制的自测题和检查清单去监测。你肯定希望查看学生设计的前几份检查清单。当然，编制自己设计的检查清单可成为学生指定作业的内容。

评价独立性学习

评价可以采取低温或高温两种形式，它们都需要在独立性学习指定作业完成之后立即给予评价。如同独立性学习，评价也需要完全符合每组学生的特点。有些小组基本不响应低温评价："可是先生！如果这是一份适合的作业，您早就该教会我们。"

低温评价包括：自我批改的考试、小测验等。

高温评价包括：陈述、测试或考试。超高温评价是一系列测试或重新测试——"掌握性学习"。（参阅B·S·布卢姆等人《改进学习之评估》或本书第43章。）

或许你需要给一些学生多余时间去完成独立性学习指定作业，或给他们提供重新测试的机会，因而，别连续布置指定作业。给学生留出两周左右时间去追赶上前面的同学。

独立性学习"调谐器"

我曾强调过,任务、监测和评价一定要适合小组学生的能力。还请你谨记,只有逐渐减少你的帮助,才能培养学生真正掌握独立性学习技能。

"调谐器"是一个概念化助手(参见第362页独立性学习调谐器图)。例如,如果首次独立性学习指定作业没有完成,只要调整调谐器的相应设置,学生就可能改进下次独立性指定作业。你可决定采取直接监测、高温评价,或许还可决定缩减资料数量。学生的成绩就是你的向导,你的目的是培养独立性学习技能。(调谐器可用于任何一类基于指定作业的学习。)

别放弃独立性学习,这项技能至为关键。如果学生不能运用自如,他们就需要多练习,而不是少练习!

独立性学习技能教学

我们需要教给学生必备的技能与态度。他们不可能一夜之间长大成人。科尔

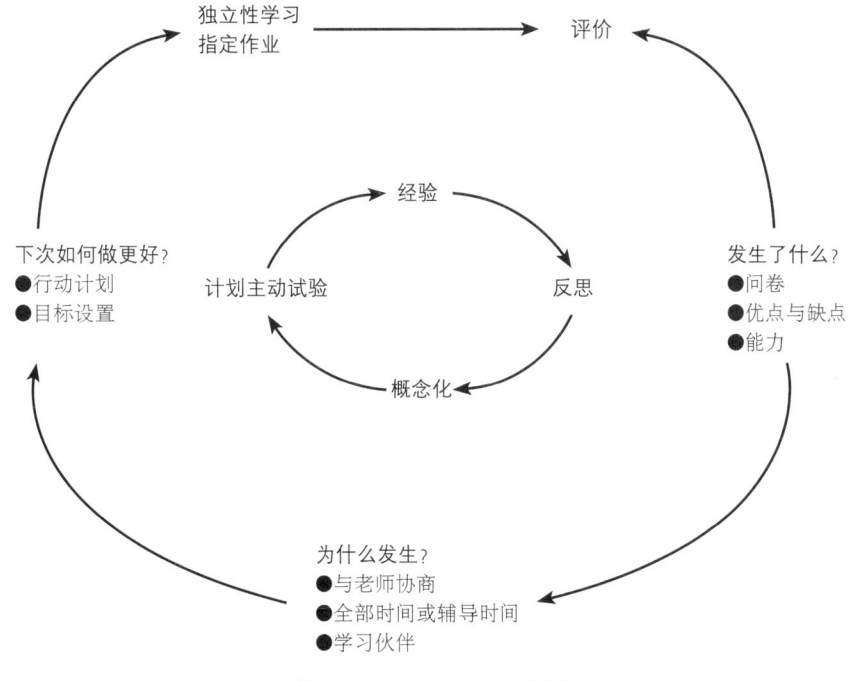

科尔布反思学习循环与独立性学习

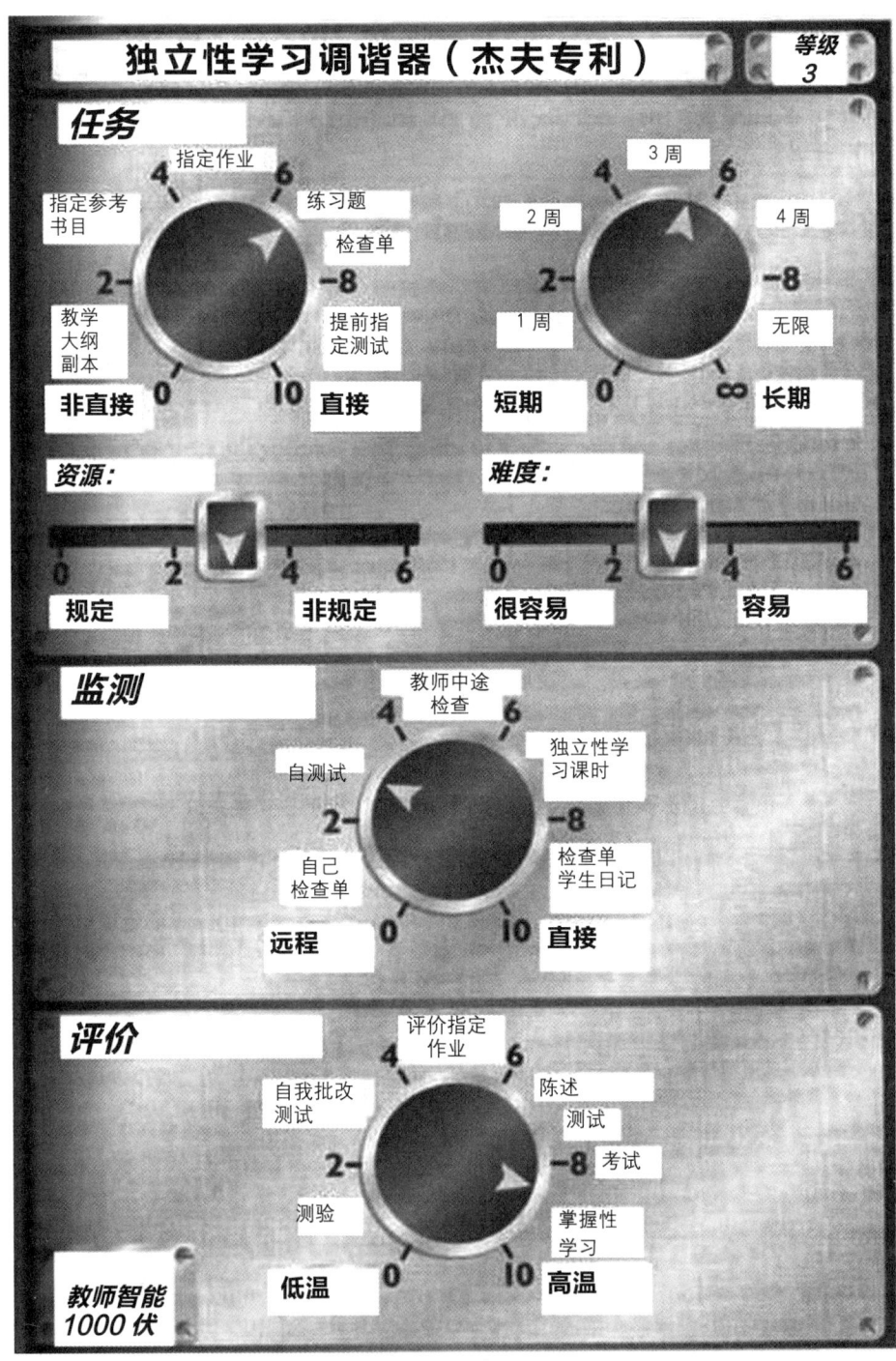

布的反思学习循环有助于独立性学习技能教学（参见前图，也可参阅第31章）。

在完成独立性学习指定作业及其评价之后，教师要求学生反思自己如何完成作业与评价。学生可借助于能力检查清单去自我评估，也可借助于一份问卷去自我评估：

"你是否搜集到充足的资源？""遇到困难你会做什么？""你会如何查阅一张光盘？"

自我评估问卷附在本章末。要求学生首次使用本问卷时在上面写下"1"而不是打对号，第二次使用时写下"2"。然后，进步就一目了然了。

在自我评估之后，学生可以自己决定或与教师协商个人改进目标。例如：

"我打算搜寻一本以上有关该主题的书籍……一旦遇到困难，我就会毫不犹豫地向朋友求助……弄清如何运用关键词去查阅一张光盘……"

这些目标成为下次独立性学习指定作业的行动计划。可将它们写到新指定作业顶部的空间。然后，实现这些目标就可能成为一次独立性学习指定作业的内容。学生可自我评估，教师也可反馈这些"学会学习"目标的达成度。

> 同伴辅导有助于独立性学习。例如：
>
> **伙伴式学习**是指，学生临时两两结对，互相帮助完成规定的独立性学习任务，诸如测验回忆能力、互相评价作业、对照笔记、讨论指定问题、打"网球"（参阅第19章），等等。
>
> **团队式学习**是指，固定的学习小组共同负责，互相帮助，保证每名成员完成独立性学习任务和通过其他测试。他们在正常上课时间之外会面，帮助其他成员学习。小组有一名主席、一名负责记录的秘书，秘书记录出勤、作业和小组会面次数。教师与小组全体或主席讨论上述记录。如果教师打算对学生混合编组，小组成员能力、社会背景、种族等就要各不相同，如果新班级成立伊始就马上创建学习小组，团队学习就可能高效。（参阅哈尔彭1994年有关著述。）

尽管你不需要讲授独立性学习主题，但你可教学生学会学习技能。既可在一对一辅导时教，又可在小组辅导时教。一旦学生能够独立学习，教师就不应再提供这类帮助，不过，你仍可决定去要求学生自己设置学会学习的目标。

为什么运用独立性学习？

教育的巨大收益源自独立性学习。不教一些材料所节省的时间可用于监测和指导学生完成个人独立性指定作业。因而，最终能够节省大量时间。下述结果既可能让你倍感欣慰，又可能让你颇感失落：有时，学生宁肯独立学习也不愿听你讲课。

- 降低教学速度与压力，进而促使教师更加从容地处理难点，从而增加时间去开展主动的、以学生为中心的活动。
- 提高动机。训练包括鼓励学生对个人学习完全负责，它挑战被动的学习态度，教学生掌握主动学习策略与心理定式。
- 学生学会独立性学习技能和态度，而这恰恰是教育发展与进步的关键之所在。如，从继续教育到高等教育以至于工作世界，如果缺乏独立性学习技能和主动学习态度，就很难应对日益增长的工作流动与工作转换。
- 学生可按照个人速度去学习，也可按照个人学习偏好和学习风格去学习。
- 独立性学习是一场变革，深受学生欢迎，已成为学生偏爱的学习方法。
- 如果评价集中于理解，就能鼓励"深度"而不是"浅度"学习。1992年，格雷厄姆·吉布斯（Graham Gibbs）在一个研究报告里提出鼓励"深度"学习的九要素，其中包括：独立学习一项学生设计的主题、独立性小组学习、培养学习技能、反思、研究性学习以及其他独立性学习属性。
- 学生发现：没有老师，自己照样能够学习。

管理学家有一个共识：若赋予员工对自己工作的控制权，则可能大幅度增强他们的责任感、动机和工作有效性。若赋予学生学习的控制权，则可能获得同等效果。

独立性并非意味着能随心所欲地运用一种教学方法，独立性要与人类深层需要产生共鸣——自由的需要、控制的需要。在追寻个人发展与归属感的过程中，无论青少年还是成年人，都会特别看重独立性。

既要利用独立性学习的优势，又要注重基于资源的学习或基于计算机的学习，这让我们喜忧参半。运用高度结构化的教育技术去代替教师已成为惯例，进而，学习者合作学习与控制需要往往遭到压制。我们必须利用而不是压制上述需要——如果这能带来长期的教育收益，就更要关注学生的合作学习与控制需要了。

下面是一份自我评估独立学习技能的问卷。并非所有问题都可能与每项独立性学习指定作业关联。

独立性学习技能问卷

问卷与能力记录：

姓名：

学习技能

	不能或不做	有时做	能做好
我带着疑问去阅读（心中有问题）			
我略读			
我快读			
我读书时做笔记			
我读光盘时做笔记			
我创制思维导图式提要			
应对策略			
如果我无法理解：			
我可能更加刻苦努力			
或我可能更换资源			
我知道自己何时遇到困难并改变策略			
我有勇气去：			
寻求同学的帮助			
寻求老师的帮助			
如果无法找到合适资源，我会询问：			
一位图书馆员			
或一位同学			
或一位老师			

http://www.geoffpetty.com/evidence_based_downloads.htm 上面为第24章所列网站，从该网站可免费下载——"独立性学习技能问卷"全文。

推荐读物

[1] B.S. 布卢姆（Bloom，B. S.），G.F. 马德尤斯（Madeus，G. F.），J.T. 黑斯廷斯（Hastings，J. T.）. 改进学习之评估. 麦格劳－希尔出版公司，1992.

*[2] D. 邦德（Bound，D.）. 培育学生的学习自律. 科根图书出版公司，1988.

[3] S. 科特雷尔（Cottrell，S）. 学习技能手册. 帕尔格雷夫·麦克米伦出版社，

2013.

*[4] G.吉布斯（Gibbs，G.）.改进学生学习的质量.牛津大学教师发展，技术与教育服务中心，1992.

[5] G.吉布斯（Gibbs，G.）.让更多学生参与独立性学习（教更多学生研究项目第5号）.牛津大学教师发展中心，英国多科技术学院与其他学院基金委员会编.1992.

[6] D.F.哈尔彭（Halpern，D. F.）.等.改变大学课堂：适用于日益复杂世界的教与学策略.乔西－巴斯出版社，1994.

[7] M.诺尔斯（Knowles，M.）.现代成人教育惯例：从教育学到成人教育学.剑桥图书出版公司，1988.

[8] A.H.马斯洛（Maslow，A．H.）.动机与人格（第3版）.哈珀·柯林斯出版社，1987.

[9] G.佩蒂（Petty，G.）.基于证据的实用教学法（第2版）.纳尔逊·索尼斯出版社，2009.

*[10] 卡尔·罗杰斯（Rogers，Carl）.学习自由（第3版）.培生教育出版社，1994.

第三十四章 自主性学习

自主性学习（self-directed learning）是指，学习者可以控制个人学习，对个人学习负责，且自主性学习必须满足三个重要条件。学习者必须：达到或至少准备达到规定的自律水准；具备，或尽快培养自律必需的技能与态度；借助于自律开展有效学习。令人遗憾的是，有时教师可能对自主性学习置之不理，但如同独立性学习，自主性学习也经常需要教师去指导学生学会学习。

不同的教师，对学生自律程度的要求不同，给学生提供的帮助也不同。如果学习者认同某种自律，学会有效运用，就可能高效学习、受益匪浅。自律高低和帮助多寡应取决于学习者的需要，而不是教师的个人观念。自主性学习既是一种真实的学习，又是教育的主要目的，因此，我们必须说服并指导学生开展自主性学习。

> 给不想要自由的人强加自由似乎不讲道理。
> ——卡尔·罗杰斯（Carl Rogers）《学习自由》

自主性学习属于人本主义方法，教师扮演一个促进者角色。它属于个性化学习的一项关键策略。要想促进学生，教师就需要先理解理论背景（参阅第 1 章、第 5 章、第 10 章）以及课程组织（参阅第 41 章），然后再阅读本章。

自主性学习的优势在于：能够强有力地促进主动学习，培养学生的自律，增强学生的学习责任感。由于尊崇"反思型学习者"的理念，因而自主性学习可广泛应用于成年人尤其是成人专业教学。不过，越来越多的教师正在运用自主性学习去教青少年。如应用于"改进个人学习与成绩"的关键技能教学以及职业教育等其他领域。

阅读本章时，如果头脑中代入在一个自己熟悉的情境里开展自主性学习，或代入在下述其中一种情境里开展自主性学习，可能有助于你理解本章：

- 鼓励学生改进个人作文写作技能；
- 鼓励一位经理深刻理解营销原理；
- 一位美术教师正在评点一幅学生油画作品；
- 教师与学生之间一对一辅导。

自主性学习可应用于一门课程始终，也可应用于一门课程的某一章节，如应用于改进学习技能。要想有效地运用自主性学习，就需应用下述自主性学习循环。另外，也可应用反思学习循环（参阅第 31 章）。

自我评估

如果启动一个新学习循环，自我评估通常是第一项活动。自我评估不仅促使学生主动参与学习过程，而且是自我改进的唯一途径。对学生来说，几乎没有一项技能或习惯比自我评估更重要。

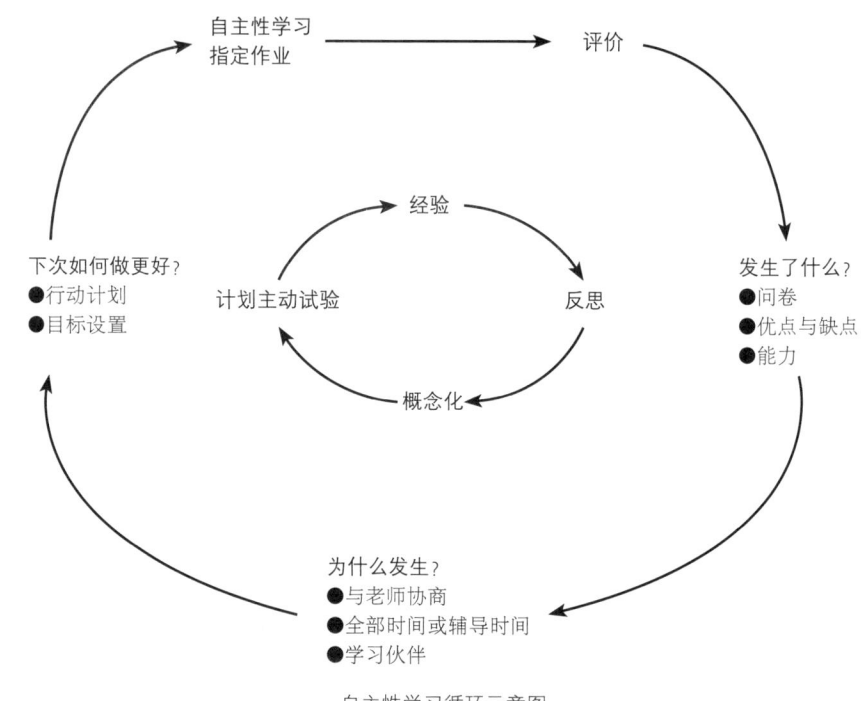

自主性学习循环示意图

只有教师给予充足指导，学生才能弄清个人学习需要，不过，切莫苛求学生，否则就会降低他们的信心，或者，他们就可能感觉无法完成教师布置的任务。促进者角色是指，教师既要确保评估产生积极影响，又要确保评估能提出建设性意见，还要确保设置合理化目标。如果学生苛求自己，就要求他们着眼于改进方法，而不是盯着错误或缺点不放。错误应被视为一个学习机会。

多数教师或"促进者"主张，所有评估应由学生全权负责。如果你打算评估学生的作业，就在他们自我评估之后再动手。这既会培养学生的自我评估技能，又会让你完全把握学生的思维。另外，学生认为，他们更容易接受自我批评，而不是教师批评。

策略

　　运用问题发现类的疑问句，通过问答方式鼓励学生反思。如："你发现什么最困难？"也可以运用这类疑问句去鼓励学生，如："你的优势是什么？""你克服了什么困难？"

　　你可以通过运用态势分析法（SWOT）将上述过程系统化，进而要求学生记录个人优势、劣势、机会与威胁。

　　一份自我评估检查单或问卷可能非常有效。你可运用提问将学生的注意力集中于真正关键的问题，进而向他们指出改进的方向，不过，切忌批评他们。

　　让学生回顾已批改作业和其他反馈，从而帮助他们评价个人能力。你也可以运用学前测试、能力倾向测验或心理测量去帮助学生。不过，绝大多数促进者只使用问答，或许还使用问卷或检查单去激励学生。

目标设置

　　如果在开课时设置自主性目标或目的，"你希望从这门课里收获什么"就属于最佳提问。你需要给予学习者职业发展建议，或要求他们向专家请教，从而确保他们树立切合实际的抱负。如果目标设置是学生对自我评估的反应，就多半会自然而然地完成。

　　自我改进或自我发展目标必须切实可行，当然还必须颇具吸引力；两者之间很难达到平衡，但促进者需要帮助学生实现平衡。

　　有些目标可能是对自我评估暴露出缺点的反应：

　　"我需要改进自己的标点符号使用水平。"（一名学习高中英语的学生）

　　"我对顾客忠诚度理论一无所知。"（一位学习国家职业资格证书营销课程的考生）

　　有些目标可能为外在因素所左右：

　　"如果不改进自己的拼写，就可能丢分。"

　　"只有具备这种能力，才能学会该单元。"

　　缺点和外在因素往往可能完全左右学生个人目标的设置。内在目标才可能产生巨大的激励效应。通过询问学生看重什么或什么激励他们，尽量鼓励学生确立个人抱负与愿景。诸如"你钦佩的作品是什么？"或"最近什么营销活动给你留下了印象？"一类的提问，一般会让学生树立远大目标，例如：

"我希望个人作品充满智慧、一针见血。"

"我希望为公司创造一个活泼而年轻的营销形象。"

策略

协商的目标要确保切实可行，完成时间不宜太长，要形成书面材料并分别由学习者和教师保存，还要确定一个预计完成日期。如果不得不花费很长时间，就必须实施监测。你可考虑与学生协商一个学习合同（参阅第 41 章）。

行动计划

行动计划经常紧随目标设置而出现。行动计划的目的在于思考具体的活动，从而帮助学习者实现个人目标，同时帮助学习者确定弥补现在与未来之间差距的最佳路径。

行动计划应采用书面形式，应教师与学习者人手一份。不过，应如何确定活动呢？

策略

如同以往，自主性学习的最佳方式是先提问。学生只有坚持个人观点，而不是鹦鹉学舌，才能掌握行动计划技能。不过，你需要与学生去协商修改行动计划。

行动！

学习者可能发现自主性学习困难重重，而且，如果教师不检查与矫正，就可能强化学生的不良习惯。只有随时监测学生的进步，才能帮助学生改掉坏习惯。当然，你可要求同伴互相检查与矫正。

下次自我评估应包括评估学习者的学习方法：他们如何看待自主性学习？自主性学习的最困难之处是什么？

教师充当促进者

在自主性学习过程中，尽管教师的促进者角色不可或缺，但名副其实的促进者却寥寥无几。多数教师简单地将全部责任推给还没有做好准备的学生。教师的角色是随时帮助学生走向独立，而不是提供无谓的帮助。在自主性学习循环任何一个阶段里，你都要始终坚持一项有效的促进策略，即，先提问学生，再运用问答去引导学生改进个人建议的缺陷。只有发现学生不知所措，你才能伸出援手。教师与学生以这种方式建立合作关系，但始终让学生在前面领路。现举一个例子，一位教师充当促进者，正在指导一位进行自我评估的管理培训生。

学生：……因此，我认为自己的主要优势是组织能力，主要劣势是不擅长与人交往，尤其不擅长与比自己年长的人交往。

促进者：不擅长与人交往？

学生：是的，我感觉自己与绝大多数人没有深交。

促进者：你的上篇作业肯定说过自己特别擅长与一些人交往。

学生：对，所以，我最突出的问题是不擅长与比自己年长的人交往。

促进者：你为什么这样想？

（学生解释。）

促进者：那么，你今后可采取什么对策？

（学生说出一个建议，给自己提出一个挑战。）

促进者：资源。这个挑战可能帮助你什么？

（学生无言以对。）

促进者：你是否考虑向其他在职年轻经理请教一下如何管理年长于自己的下属？

指导或促进角色决非任由学生自己瞎折腾。教师是"幕后领导者"，帮助学生不仅学会如何管理年长的下属，而且学会自主性学习。

请注意上面促进者与学生的交流：

- 确定一个难点，但要求学生回答：那么，你可能采取什么对策？
- 鼓励学生弄清个人优势与劣势。
- 表明自己看重学生。

"衔接学习"是结束引导性对话的最佳策略。

卡尔·罗杰斯指出，学生要想树立自主性学习所必需的自我信念，教师就必须营造一种情绪氛围。促进者必须与学生产生共鸣，必须客观公道，必须表现出自己看重学生本人。多数教师会表扬学生的学习积极性，但罗杰斯并不赞同，他更倾向于内在强化，而不是外在强化。他会鼓励学习者承认自己的成功。

如下图所示，从教师为主导到自主性学习是一个连续统一体，学生需要循序渐进，而不是被直接扔进深水区。考虑先运用独立性学习再运用自主性学习。学生也会发现，自主搜寻资源或自主监测容易，但自己设置目标或自我评估困难。

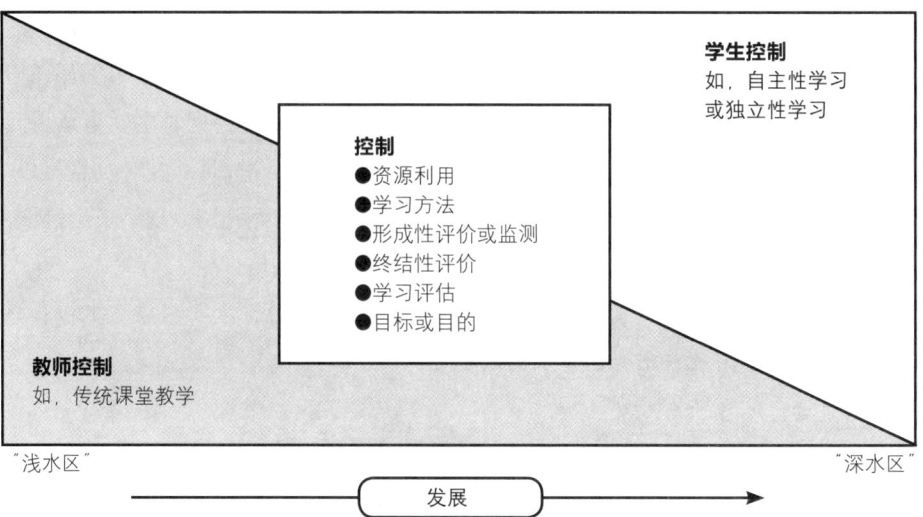

为什么运用自主性学习？个人学习能力是教师能赠给学习者的最珍贵礼物，其实这也是所有教育的终极目标。自主性学习的收益与独立性学习无异。这些收益令人难忘。无论如何，教学的终极目的就是将所有学生塑造成为自主性学习者，因此，为什么不让他们做一些练习呢？

推荐读物

[1] 请参阅第 33 章推荐读物有关独立性学习的书目．

[2] M．诺尔斯（Knowles，M.）．自主性学习．剑桥大学出版社，1975．

[3] G．佩蒂（Petty，G.）．如何提升创造力．科根图书出版社，1997．（探讨克服自我评估和自我改进的情绪障碍）

[4] 卡尔·罗杰斯（Rogers，Carl）．学习自由（第 3 版）．培生教育出版社，1994．

第三部分
教学与学习资源

第三十五章　视觉教具：演示文稿制作软件与交互式白板

语言是教学最常用的沟通工具，不过，视觉信息经常比语言信息更有效。如前所述，课堂试验发现，如果学生创制思维导图、流程图或其他"组织图"，他们的理解成绩就会提高约两个等级。其中一个原因是视觉表达可帮助我们"一叶知秋、一花见春"，帮助我们概括要点，进而揭示各要点之间是如何联系的。信息只有如此组织，才能储存于长期记忆。

要求学生先运用视觉形式概括个人理解，然后再检查：这是一种非常高明的学习方法（参阅第32章）。不过，我们也可运用视觉通道呈现新信息，从而帮助学生去理解。有些研究人员认为，信息以下图方式进入人类大脑：

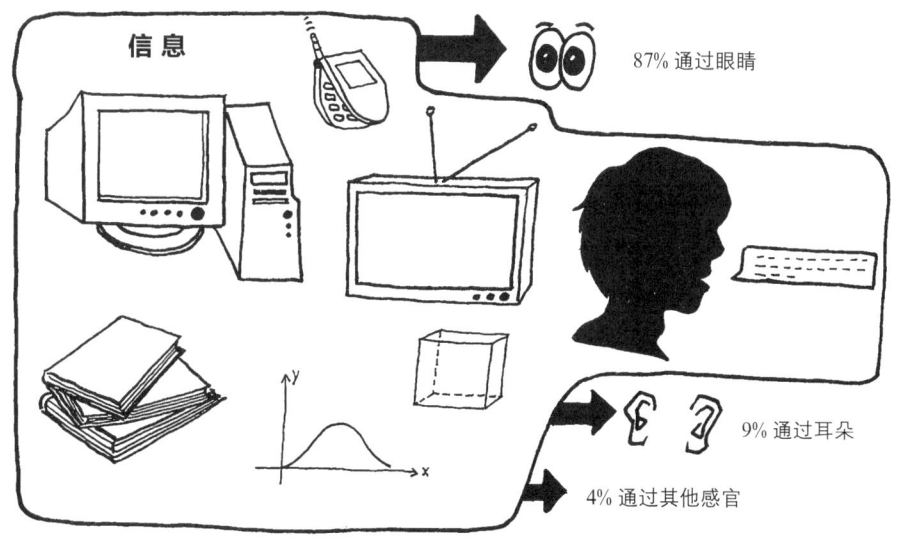

尽量以视觉形式呈现信息

视觉教具的优势

- **吸引注意力**。如果学生不认真听讲，无论你备课多么认真，都无法开展有效教学。屏幕里出现一幅图片就可能令人过目不忘——而语言里出现一个新句子却如同耳旁吹风。身处一个电视与电脑游戏的时代，吸引注意力绝非易事，因而，我们需要寻求所有可能得到的帮助。此外，学生正在观看视觉教具的时候，你要尽量避免其他竞争性刺激干扰他们——比如说，别让窗外的风景分散学生的注意力。
- **增加多样性**。
- **有助于概念化**。这是视觉教具的主要优势之一。多数概念或观点可借助于视觉形式去理解，而不是借助于语言形式去理解——例如"焊接"一类"实践技能"。如果学生通过视觉途径去理解和记忆知识，你就应采用可视化形式去传递。最好运用图片去展示如何安排晚餐的七道菜，当然，若运用实物，则效果可能更佳。虽然绝大多数初任教师明白这个道理，但是他们往往不知道：许多"分数""现金流量"一类的抽象概念也最好采用视觉形式去传递与理解。
- **有助于记忆**。研究表明，绝大多数人发现，视觉信息比语言信息更容易记忆。
- **表现你的关心**。不辞辛苦地准备视觉教具，就是向学生表明你非常在乎他们的学习。

采用可视化形式去呈现非视觉信息

非视觉抽象观点的呈现方法数不胜数。你可把前述"组织图"看作一个可视化呈现信息技巧的"智库"。下次备课时，你可对照插图去审查自己的观点。（同时考虑图与表。）

对教师而言，视觉通道的优势不胜枚举，但平庸的教师经常视而不见。

视觉教具类型

1. 课程讲义

现代复印机可复制报纸甚至照片。它们可根据需要扩印或缩印。复印机可将邮票扩印成海报尺寸，或将施工图纸缩印成明信片规格。甚至，还可清晰地还原已模糊的名家作品，复印件往往好于原件。多数学校配置了复印机，可自动双面印刷、分页、装订。不过，面临愈来愈紧迫的环境保护诉求，你应谨慎使用连续复印。

既可用卡片复印，又可用彩纸复印。彩色复印机早已问世（只是复印成本仍很高）。

编印个人课程讲义

课程讲义可提供信息，或可采用作业单（练习题）形式去编印；有时，讲义可以二者兼顾，即，同时提供信息和充任作业单。你可从杂志、网站和手册里摘录资料，从教材里复印或扫描图表，根据需要扩印或缩印，不过，要关注版权限制并注明来源。然后，可手工"剪切和粘贴"资料，或利用计算机进行"剪切和粘贴"，同时配以打印或工整手写的链接文本，一本重量级讲义就会宣告面世。

- 尝试"留白式讲义"。讲义留出空间，以便学生回答问题、填充词语和短语，或标注图表。
- 别忘记：投影仪幻灯片可复印为讲义，讲义也可制作成幻灯片。
- 如有可能，运用文字处理软件打印出讲义。（不过，别害怕自己绘图——我就是自己给本书配图的。）
- 每页两侧留出2厘米，不然，装订时就会遮盖正文。
- 版面别过于拥挤，如果讲义不美观，学生就不会阅读。注意版面设计，例如，在清单里使用缩进和着重号。运用小册子形式也会有助于呈现讲义。
- 如果你所在学校与英国版权授权代理公司签订了协议，就在复印机旁边张贴告示。在一学年内，教师和学生通常可获准复印任何一门课程的资料。不过，你只能给每名学生复制一件副本，给自己也只能复制一件副本。

——在一些国家里，可以复制一本正式出版书籍的5%或其中完整一章。

——可从一本杂志或期刊里复制一篇文章（有些杂志和期刊禁止复制，所以一定要确认后再复制）。

上课使用个人讲义

运用讲义给全班学生讲授，或要求他们运用讲义去开展个人或小组学习。要求他们高度关注讲义中教材的重点。这样一来，他们就会熟悉教材内容。不然，随着时间的推移，学生就可能将讲义束之高阁，而教材又全然不熟悉。

讲义代替不了教学。学生只有运用个人语言去记笔记，或者，学生只有结对互相解释，他们才能受益匪浅（参见2009年佩蒂的研究）。在课堂上先让学生运用个人语言记笔记或结对解释，再给他们分发讲义。如果学生使用讲义去学习，他们就可能从讲义里学得最多：要求学生划出重点或运用组织图概述内容。在讲义里设置问题并留出回答空间。

讲义可为教师和学生节省大量时间，但切忌编写超长讲义。如果你感觉需要提供更多信息，就给学生推荐书目或杂志作为家庭作业去阅读。

最后说几句：别忘了保护森林，除非必要，否则别使用讲义；始终坚持双面复印。

2. 白板

有些教师将白板作为大剪贴簿去粘贴备忘录和草图，还有一些教师则视白板为可有可无的点缀品。有些教师用白板张贴笔记供学生抄写，还有一些教师则上课时用白板呈现关键概念，以期让学生关注重点。有些教师课前在白板上面书写本节课的五项结论，但上课期间却几乎不再碰一下。数学和科学教师多使用白板去演示如何解题、给予实验指导。有些教师偏好课前用白板来板书，一些教师则偏好上课期间用白板去板书。如果没有某类白板可用，绝大多数教师就可能不知所措，但有些教师认为应将白板送去博物馆收藏。

没有一种教具会比白板更适应教师的风格，或许这正是白板的真正魅力之所在。你必须自己决定如何使用白板，先尝试上述不同方法，再选择、合并、调整，进而形成个人风格。交互式白板适应性更高（详见下述内容）。

一般性建议

- 每次上课前都要保持白板清洁；如有必要，使用清洗液。
- 确保自己正在使用干性白板笔，而不是水洗笔或其他笔。有些白板笔属于宽头笔，你自己可控制线条的粗度。握白板笔与握铅笔一般无二。
- 所有颜色皆有良好展示效果，但黑色或蓝色展示效果最佳。
- 弄清确实是白板再书写，如果使用白板笔在投影仪屏幕上书写，就会造成无法修复的损坏。
- 别使用惯常的手写体或大写字母，如果滥用，学生就可能难于辨认；请使用印刷字体。初次使用者往往写得太大，而不是写得太小；一般而言，大写字母印刷体最佳高度为 3 – 4 厘米。从班级最后一排去核实能否看清。
- 除非已经熟练应用，否则就要课前计划好书写内容。
- 别站在白板前面，确保白板无眩光。
- 面朝学生讲话，而不是面朝白板讲话；你可能需要提高嗓门讲话。
- 彩色笔仅用于标明特殊目标；使用浅黄或黄色笔书写主要信息。
- 别让白板杂乱无章；擦除不必要的资料，不过，别擦得太勤。

技巧

主要问题在于横写能否保持在一个水平线上。要做到横看成行，就要在书写时侧身拖着脚前移，手的高度与肩持平。相对而言，使用滚动白板书写就容易多了，绝大多数教师书写高度可以与眼睛大致相同，每完成一两行就向上移动一下白板。书写高度低于胸部基本无法写字。即使可以写到白板低处，学生能看见吗？

不用尺子就能画一条直线：放松、充满自信地画，眼睛盯着线段末端，而不是盯着书写笔。使用同样技巧画一个

书写板侧移示意图

圆，或者，用一根细绳系粉笔来画圆。通常，你可根据需要使用圆规、量角器等教具。

如果关注纪律问题，就每写几个字回头看一眼，或者最好使用高架投影仪。

一些圈套与陷阱

有些班级的学生对写到白板上的任何东西都会产生条件反射：一字不漏地记入个人笔记。如果你打算把白板当作剪贴簿，就必须事先告诉学生：除非你要求记录，否则他们就不应抄写。只有不断提醒，他们才能养成习惯。（如果你有两块白板，就一块用作剪贴簿，另一块用作写笔记。）

如果白板擦弄脏，就需要使用甲基化酒精或酒精清洗，或用专用白板清洁液清洗。白板书写是一项脏活，你可要选好上课穿的衣服。

如果教室安装了滚动式白板，你就可在课前完成板书，然后推到学生看不见的位置，等需要时再拉出来。

你书写的任何板书都可能成为学生效仿的范例。如果你书写潦草，就别指望学生书写整洁。

3. 微软演示文稿制作软件（PPT）、交互式白板与幻灯片

微软演示文稿制作软件（Microsoft PowerPoint®）、苹果演示文稿制作软件（Apple Keynote™）以及类似应用软件都能让一台计算机或一个交互式白板播放一系列"幻灯片"，包括文本、图像、图形、视频片断或上述不同组合体。幻灯片可在计算机上播放，也可借助于数码投影仪在教室屏幕上播放，或在交互式白板上播放。如同其他任何一类计算机文件，这些播放资料可储存于学校局域网，以便于学生随时登录观看，包括在家里登录观看（参阅下一章）。

依据观察，如果要求学生展示个人创制的演示文稿，他们就可能充分运用这类软件的功能。多数学生发现这比传统的书面作业更具有刺激性。这也会培养学生的信息与通信技术技能，如果向全班展示，就会培养学生的沟通技能。如下一章所述，学生会在你所在学校计算机系统分享各自的演示文稿。

运用计算机、交互式白板或高架投影仪展示的常见错误包括：

- **屏幕文本太多**——最多6行；使用"Arial"*或"Tahoma"一类无衬线字体，这样便于阅读。使用28磅以上字号**。到教室后面核实一下自己能否看清楚。
- **屏幕图像或组织图不足**——百闻不如一见，千言万语不如一张图片！
- **不能充分利用媒体**——别忘了运用下述揭示图、叠加图或动画，别忘了穿插视频片断。
- **滥用技巧**——幻灯片切换为动画、背景设计复杂均可能分散观众对主要信息的注意力；同样，随意变换字体或颜色也会让观众分心。目标在于解释而不是哗众取宠或分心！
- **过于被动**——最常见的错误是展示时间太长，没有设置学生活动，甚至连提问一类简单活动都没有考虑。这可能是一个致命弱点，最终导致学生无法理解材料。
- **重点句太多**——重点句是一项重要工具，然而，如果滥用，就会单调乏味。

应用软件可能诱惑你创制令人眼花缭乱的演示文稿，学生称之为"被PPT折腾死"。幻灯片也几乎能折腾死人。不过，别绝望，如果你穿插活动，同时运用下述一些技巧，这些媒体就可能非常有效。

---

* 译者注：最常用英语标准字体，相当于中文宋体。
** 译者注：28磅字号介于一号与小初之间。

利用媒体失败

请尝试搜寻：

http://excelence.qia.org.uk/ 是英国教育质量改进署的优秀门户网站，里面有大量 PPT 文稿可供下载。

www.intute.ac.uk 有数百主题 PPT 文稿以及学生教程。

www.actden.com/pp 有 PPT 使用教程，你或学生可能喜欢。

PPT 替代软件是 Prezi *(www.prezi.com)，可免费下载。

苹果计算机可运用 Keynote——可搜寻更多替代软件。

---

* 译者注：Prezi，是一种通过缩放动作和快捷动作使想法更加生动有趣的演示文稿软件，除平移和缩放外，还支持图片、视频、PDF 等各种媒体素材的嵌入，可多人在线编辑，生成的报告既可在本地观看，又可上传到服务器或嵌入网页在线观看。

滥用技巧

展示技巧

运用下述应用软件:微软演示文稿制作软件(PPT)、交互式白板、高架投影仪、基于计算机的教学以及传统白板——其实,可运用任何一类展示工具。

组织图

思维导图、流程图与其他"组织图"寥寥数语就可以高度概括与解释主题。

揭示与叠加技巧

分阶段而不是同时展示整张幻灯片或图形往往可能有助于教学。例如,假定你设计一张包含一个标题、两个重点句的幻灯片。

幻灯片 1	幻灯片 2	幻灯片 3
标题	标题 ●信息 ●	标题 ●信息 ●信息

揭示或叠加技巧是向前展示，也可创制向后展示的幻灯片：

1．创制一帧包含标题与要点的完整幻灯片（幻灯片3）。

2．将幻灯片3复制两帧。

3．完整保留幻灯片3作为第一帧，第二帧幻灯片删除最后一个重点句。

4．第三帧幻灯片删除两个重点句，只保留标题。

现在，三帧幻灯片依次播放，每次揭示一行信息。

也可运用相似程序分阶段呈现图形或组织图。然后向后展示。先创制一幅完整图形，再分阶段删除，直到只留下基本要点为止。如果按顺序播放幻灯片，就先呈现基本要点，然后依次添加细节。这称之为"揭示"或"叠加"。

你可运用相似技巧去展示随时间而变化的概念，诸如活塞在汽缸里运动、植物生长等。如果频繁运用揭示技巧，你的文件夹就要储存大量幻灯片。切换幻灯片可能将你绑在计算机上不能动弹。不过，只要拥有一台小型手持遥控器，点击一下就能切换幻灯片，你就能自由走动了。

如果要运用高架投影仪，你就可这样"揭示"：将一张纸放到幻灯片下面，然后每次揭示一行，但你同时仍能看到遮盖的文本。或者，你可使用黏性便笺纸去遮盖文本。

组合技巧

最适用于交互式白板或高架投影仪。展示一帧幻灯片母版——例如，一张大不列颠群岛地图。再展示细节，诸如将锋面系统添加到母版。然后，可删除细节，

在交互式白板上面注释一张图

只保留母版原样，再运用母版去展示其他锋面系统。

组合技巧特别适用于注释图、绘画或数学范例。一连串幻灯片也可用于 PPT 去创造类似效果。

如果你要运用高架投影仪，就使用记号笔去创制一帧幻灯片母版。再运用水性笔去添加细节，这样便于擦除，还能保持母版完好无损，进而可重复使用母版。

动画技巧

通过快速连续播放一系列幻灯片，你可以创制一部有限"定格"动画片*。你可运用演示软件创制复杂动画片。请某个人演示如何创制，或者在学习屏幕上"动画"帮助菜单之后再自己去尝试创制动画。

划分章节

一些主题包含子主题。如果运用 PPT，你可通过变换不同的幻灯片背景去标记子主题的变化。红色文本别运用绿色背景，绿色文本也别运用红色背景，原因在于 8% 的男性属于红绿色盲。另外，如果同时运用这些颜色，就要确保明暗对比突出。

视频与音频

幻灯片可插入音乐和视频，不过，计算机或交互式白板需要配置话筒或一套完整的音响系统。另外，请注意查询屏幕上的帮助菜单。

超文本链接

任何一帧幻灯片都可单击超文本链接，链接到其他幻灯片或网站、视频或音频。运用屏幕帮助菜单查询超文本链接与操作按钮。

创建一份优质的演示文稿

阅读第 11 章"教师讲授"可全面了解演示形式，不过，在设计和运用任何演示形式时，无论借助于什么媒体，都别忘了下述要求。先提醒学生为什么要学习该主题——他们应运用你传递的信息去做什么？在教师演示期间，这应是学生活动的焦点。

1. 演示一开始就设置一项任务，要求学生理解你要解释什么。这可能是一些需要回答的问题或需要解决的难题。假设检验、"同伴解读"与"一分钟总结"都非常有效（参阅第 11 章）。学生知道演示一结束他们就必须完成上述任务。稍后，学生也需要一项实质性的任务去应用所学知识。

2. 在演示期间，包括播放幻灯片皆要求学生结对去回答问题，或者最好采用"滚雪球"形式去回答问题。例如："为什么需要控制杆？先独立思考，然后告

---

* 译者注：有限动画是指，用较少的张数来画，并加强关键动作，以强烈的故事性和有力的声音设计来带动剧情的发展。

诉同桌你的答案。"然后，你可以公布答案，以便于学生自我评价。

3．运用概括性组织图去概述主要观点，或者，如有可能，围绕一个观点去演示。

4．如前所述，充分运用揭示、叠加、动画和视频片断。

5．从互联网上搜索合适图像与视频片断去列举个人主要观点，同时学会如何将它们插入你的演示文稿。绝大多数搜索引擎都可以专门搜索图像或视频。认真浏览搜索引擎的主页，学会如何搜索。然后，你可以将它们列入幻灯片或创建超文本链接。如果你已掌握基本知识，还想深入学习，就可登录www.geoffpetty.com网站，浏览"基于证据的信息与通信技术"主页的"最新动态"。

别整节课都使用演示软件；无论你做什么，都别运用软件给学生呈现仅供自己阅读的手稿。

你可以中断演示去开展活动等，按"B"键让屏幕变暗，或按"W"键让屏幕变亮。再按键一次就能回到同一帧幻灯片。

演示后同伴解释

> 若有疑问，则停止演示。

交互式白板

交互式白板包括一台计算机连接一台数据投影仪，连同一个大型触摸屏。它可呈现文本、图像、图形或视频。绝大多数白板能将手写体转换为印刷体，然后可打印成一份讲义。它们的功能远远超过PPT！每种型号的功能不同，因而最好

请一个人去指点你,然后试验:

- 隐藏和揭示文本或图形,提出问题,然后揭示答案。
- 放大或缩小图表或图像某一部分。
- 注释图表、图像或用笔计算——例如,围绕重要内容画大圆并标注(或要求学生去做)。
- 如第 19 章所述,开展决策卡片游戏。可基于组织图去玩决策卡片游戏。
- 节省上课时间,借助于回放功能复习或订正上课内容。回放期间,通过提问学生去检查他们的理解质量。
- 学生发言。学生可先以书面形式表达个人观点,然后在屏幕上呈现个人作业。如果运用第 24 章所述的自信式提问,就能够真正发挥交互式白板的功能。

评估资源——有效性与包容性兼备——指定作业求助程序

你可以设置一项指定作业去评估自己创建的资源。无论资源是 PPT,还是一套分类卡片(参阅第 19 章)或一张作业单,都要确保适用于所有学生。

正如库尔特·莱文(Kurt Lewin)所言:"什么也比不上一种好理论更实用。"因为理论可应用于几乎所有情况,所以也会对你有所帮助。在创建与评估资源时,下述理论值得一读。

建构主义(参阅第 1 章):通过学习资源,应要求学生形成个人见解并纠正错误概念。还应要求学生运用知识去推理。优质资源应内含活动,或用于设计活动。最后,资源本身能够指导学生而不仅限于讲授,这样的资源具有"交互性"。

基于证据的实用教学法:最佳资源包含的学生活动,均为研究发现的最有效活动形式。其中包括学生对话。你设置的活动要求学生开展小组合作学习吗?学生如何运用资源往往比资源本身更重要。

全脑学习:有时,资源以"左脑"形式逐次呈现材料。学生也需要"右脑"的、"整体"式讲解。(参阅第 32 章)

标准结构(呈现—应用—复习结构)(PAR):如果基于资源教一项完整主题且要求学生完全独立学习,就应按照呈现—应用—复习结构去开展学习。

平等机会:残障学生能使用你创建的教学资源吗?它可能因学生已有知识或文化背景而形成无根据的假设吗?语言水平与可读性适合学生吗?(参阅第 25 章"为学习而阅读",重点阅读"可读性"。)

目的适切性:最后,最重要的一点是,资源设计的意图是什么?是否完全达到了预期目的?要求学生查看个人作业并反思。

4. 模型与实物

"眼见为实,耳听为虚",一个模型和实物会产生什么效果?

模型既可从市场购买，又可由教师自制。一位语言教师可把厨具带进课堂；一位工程师培训教师可把改装后的交流发电机内部装置带进课堂；一位生物教师可向全班学生展示猪的心肺。模型和实物把世界带进课堂。（教学文献经常称实物为直观教具。）

实物的影响力远胜于语言或图画，如果可触摸，影响力就会更大。所有科学教师都崇尚实物教学，然而，其他教师也不应视而不见。

如果你打算自己制作模型，就需要考虑下述因素：

- 测量。从上往下测量好，还是从下往上测量好？（一般而言，从上往下测量合适，这样学生不必离开座位就能看见。）
- 拆卸。有些模型可让学生拆卸后重新组装，还可师生同做，或由教师单独演示。有些模型可切片——如切掉模型一部分，或者使用透明材料，以便观察内部结构。
- 简化。模型要省略可能混淆学生的细枝末节。另外，可给模型组件涂色，以便于学生辨认。
- 测量速度。如果完全按照实际速度运行，一个太阳能运动模型就会寸步难行。或者，如果按照实际速度运行，一台四冲程汽油发动机模型就会风驰电掣。
- 你能使用或改造实物吗？把实物带进课堂通常可能激发兴趣。为了辅助教学，可将"实物"切片、贴标签、部分拆卸等。例如，可给鸟骨贴标签；为方便拆开，可分割计算机磁盘；可将气压计切断或拆卸改装带进课堂。甚至，你可不做任何改动去使用实物。没有不能用的，只有想不到的。

如果一个模型太小，无法展示给全班学生，教师就可拿着它在教室转一圈让学生观看，或让学生传着观看，最好在你不讲课的时候这样做。另外，也可以让他们分组观看。有时，你必须告知学生模型与实物之间的差异，不然，模型就可能让学生混淆，而不是启发学生。教育供应商推销的模型各式各样，不过，教师或学生可自制非常完美的模型。你能否考虑制作一件辅助个人教学的模型？

最好让学生自己设计和制作模型。这既会让学生着迷，又会让他们记忆深刻，另外，还需经常提问，进而促进深度理解："核里有什么？"在课堂里，可让学生借助于展示模型去复习、改正，也可让他们给其他小组展示模型。

5. 图表与海报

对图表和海报而言，设计不可或缺。特别是，多数图表和海报因试图呈现过多信息而被教师看作垃圾。

当然，可把它们张贴到白板或墙上，让学生利用空闲时间去阅读；不过，学生往往可能发现比阅读海报更有趣的事情，所以，建议你把它当作教学辅助材料去使用。例如，你可将全班召集到海报周围，以它作为上课的重点；然后把海报作为提示物留给学生。海报特别适用于外语教师。

> 在教室里建一个告示栏，用于定期更换海报，你感觉如何？

自制海报

力求简化，别复杂化，也别包罗万象。内容越简单，印象越深刻。当然，你可自己绘制海报，但你也可从杂志里"剪切和粘贴"彩色照片；还可参照宣传册和其他广告材料制作海报；书籍插图或计算机打印资料，复印时需要扩印；另外，照片、剪报等都可用于制作海报。一定记住别侵犯版权。此外，你可给学生布置制作海报的作业！

制作海报时，请注意下述关键点：

- 是否全班都能阅读这张海报？
- 信息呈现方式是否简明扼要？一旦犹豫不决，就马上删除！
- 海报是否吸引眼球？

如果不辞辛苦地制作了一张能重复使用的海报，你就可将它塑封。制作塑封海报，既便于保存，又便于使用干性白板笔在上面书写。

给制造商写信索要现成海报。例如，如果你教计算机，就可以给计算机制造商写信索要他们现成的海报。

6. 数字化视频光盘（DVD）或录像播放机和照相机

学生感觉电视是娱乐资源。不过，可别据此假定他们可能自动地专心观看视频；他们可能已经习惯于边看电视边聊天、做家庭作业，甚至搂抱异性朋友。你可要下一番苦功夫才能让学生专心观看节目，进而他们才能有所收获。

绝大多数DVD录像播放机可按"快进"键调到个人感兴趣的片段，也可按"暂停"键去给全班讲授他们刚看过的片断，还可按"回放"键重放一个特别重要的片断。有些机器具有"定格"功能，能让画面在屏幕上保持静止状态。课前，熟悉你要使用的任何一台机器。（如果调暗教室灯光，你是否还会操作机器？）

始终别忘了预览你要播放的视频，这样可决定自己希望学生学会什么。如果给学生分发教师笔记，就先让他们阅读，然后要求他们边看录像边寻找你强调的重点。例如，你可能说："我要给你们放一段阐述卫生随访员角色的视频。希望你们用它来回答白板上呈现的问题。"问题可能如下：

1. 如何培训卫生随访员？
2. 谁来组织本次随访？

要求学生留心指定信息可大幅度提高他们的注意力。

别感觉有义务播放完整录像，在多数情况里，最好只播放片段。避免出现以技术代替教学的倾向。

课前：
- 确认一切正常。插头是否插好？监控器（如电视机）的视频频道是否选对？
- 确保全班每名学生都能看清监控器，音量调整要合适。
- 使用计数器确定你要播放的片断，记下实际播放时相应计数或时间；快进到你想播放的第一个片断。（告诫：机器不同，计数也可能随之变化；例如，别假设家用机器与商用机器完全相同。）
- 阅读任何视频附带的记录。

播放视频期间：
- 你可能喜欢调暗室内灯光。
- 即使已观看一百次，你也要表现得兴致勃勃；如果你表情漠然或走开，就别指望学生会专心观看。（给 18 岁以下的学生上课，法律规定教师不得随意离开教室。）
- 检查学生是否在认真观看。
- 播放视频期间，别忘了使用"暂停"和"回放"键去导出教学重点。

给学生录像可以马上活跃气氛，操作也十分简便。你只要对准学生并按下录制键，就一切 OK！尝试录制学生展示或角色扮演的场景，或者，让学生在校外自己录像。编辑录像耗时费神，也需要专用设备，不过，许多大型教育机构可购置这类设备。只要避免拍摄微电影，你就可拍摄免于编辑的有效视频；别过快"摇摄"，缓慢摇动镜头。室内拍摄避免直对窗户。

例如，你可考虑自己制作解释或演示视频。然后将它们上传到个人虚拟学习环境（参阅第 36 章）。

7. 幻灯机

幻灯机仍是投射优质图像的最佳设备，它可投射到任何相对白色的表面；不过，最好使用专制屏幕，因为专制屏幕具有特殊反射属性，所以特别适用于上大课。如有可能，尽量调暗教室内的灯光。

课前：
- 阅读任何教师须知，然后预览幻灯片，删除无用图像。
- 熟悉幻灯机。多数具有变焦功能，可以调整图像大小。
- 安装屏幕并调试幻灯机。如果图像太小，就后移幻灯机或变焦。

放映幻灯片时，你可能急需调暗教室内的灯光——不过，你还能否看清自己的讲义？（一支激光笔或许会派上用场。）

8. 其他教具

第二部分已介绍过游戏与模拟，下一章将讨论计算机。除此而外，还有录音带、磁带同步幻灯片、交互式视频资料以及其他许多教具。有些将在下一章讨论。

读到这里，你可能已完全清楚如何准备使用上述教具：阅读说明书；弄清工作原理；熟悉材料，改编材料进而符合教学目的；尽可能预测任何可能出现的问题，思考避免出现问题的方法；然后开始试用。

推荐读物

免费下载资料

[1] K.阿克斯特尔（Axtell，K.），C.马达克斯（Maddux，C.），S.阿伯阿斯图瑞（Aberasturi，S.）.演示软件对课堂教学的影响.国际教与学技术杂志，2008（4）.

[2] R.A.伯克（RA．R．A．）.PPT研究：从基本特征到多媒体.国际教与学技术杂志，2011（7）.

[3] R.马扎诺（Marzano．R．）.教学艺术与科学／运用交互式白板的教学，2009.

读物

[1] C.贝彻（Betcher，C.），M.李（Lee，M.）.交互式白板革命：运用交互式白板的教学.澳大利亚教育研究理事会出版社，2009.

[2] R.克拉克（Clark．R．），等.有效学习.法伊弗出版社，2006.

[3] B.莱特博迪（Lightbody，B.）.信息学习革命：新教法.美国大学网站出版社，2012.

[4] R.J.马扎诺（Marzano．R．J．），M.海斯特德（Haystead，M.）.普罗米修斯技术终期评估报告.马扎诺研究实验室，2009.

[5] G.佩蒂（Petty．G．）.基于证据的实用教学法（第2版）.纳尔逊·索尼斯出版社，2009.

[6] R.鲍威尔（Powell．R．）.反应革命（第2版）.罗伯特·鲍威尔出版社，2012.

第三十六章　学生运用计算机学习：电子学习、信息通信技术与信息学习技术

如前章所述，对教师而言，计算机属于一种别具一格的表达工具。对学习者而言，计算机也是一种有效的学习工具。它们提供的资源如此海量，远远超出了人类的想象力，因而，几乎所有学生都可能对计算机爱不释手。

现在，多数日常学习离不开计算机。例如，一名汽车修理工运用计算机教程去学习一项新工艺，或者，一位母亲在互联网查询儿童湿疹的治疗方案。如果不教会学生如何发现重要的计算机资源、如何利用计算机资源去学习，他们就无法应对现实生活，或者，他们就无法掌握"终生学习"的能力，或无法继续学习深造。

其实，学生喜爱的东西远不止计算机。别忘了数码相机、摄像机和移动电话，它们也可成为教师和学生重要的资源。如果运用数码相机拍摄学习者的学习成果并发布到互联网，他们就可能深受鼓舞。另外，如果学习者没来上课，你就可用手机发短信询问他们现在何处，然后给他们布置家庭作业！

阅读下文，别被技术迷住双眼。提问自己："我要尽力教给学生什么？"和"这对我可能有帮助吗？"还要提问自己："这名学生想要做什么？"引发学习的不是技术做什么，而是学生做什么。

互联网

任何人可就任何主题创建一个网站，只要内容别太过分，就不会有人去重新编辑，更不用说修改了。因此，网站质量参差不一，搜索或"浏览"，要么纯属浪费时间，要么让人喜出望外，这既取决于你的搜索技能，又取决于你的运气！

> **术语大全**
>
> **e-learning**
> 电子学习。指在学习与教学中运用数字媒体与技术。

ICT(Information and Communications Technology)

信息通信技术。指已连接网络的计算机，可以搜索互联网、发送电子邮件等。也包括数码相机、摄像机等。

ILT(Information and Learning Technology)

信息学习技术。运用信息通信技术去辅助学习，或购买一家教育机构课程，包括学生运用信息通信技术去学习，还包括学生运用信息通信技术注册大学学籍。

Internet

互联网。指一个计算机网络，这些计算机称之为服务器，不仅长久保存信息，而且储存网站和其他资源供我们搜索。

Intranet

局域网。是指一个仅供组织内部访问的网站。如果有虚拟学习环境，就往往用于机构内部交流。

IT(Information Technology)

信息技术。

MLE(Managed Learning Environment)

管理学习环境。一个虚拟学习环境连同学校其他所有信息系统与信息加工功能，直接或间接地促进学习和学习管理。管理学习环境还包括学生档案管理。（参阅 2003 年希尔（Hill）有关研究）

Website

网站。指万维网里的一个网页，或一系列链接网页，万维网属于互联网。网站是互联网里一系列松散联系的网页。

VLE(Virtual Learning Environment)

虚拟学习环境。指在一个机构内部绝大多数或全部计算机上运行的复杂网络。在家里或学校里，学生可以登录任何一台计算机去访问自己的作业组块。然后，由网络评价学生的作业、追踪学生的进步，并将信息发送给教师。另外，教师和学生还可借助于虚拟学习环境互相交流。"在线课程管理平台"（Moodle）（魔灯平台）"在线教学管理平台"（Blackboard）（BB学堂）是最常见的虚拟学习环境。它们的功能基本相同。

虚拟学习环境

虚拟学习环境多种多样，其中在线课程管理平台和在线教学管理平台最为常见，但它们的功能大同小异。像在线课程管理平台这样一个虚拟学习环境，就可呈现电子文件、图形、视频、网页、网站链接等。局域网也具有上述功能，它就像一个内部互联网。有些机构使用的局域网如同一个虚拟学习环境，员工可随时查询机构正在发生着什么。

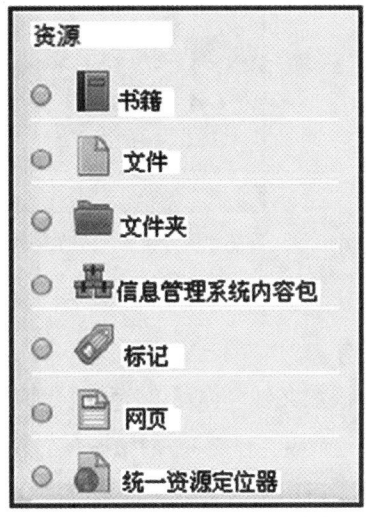

在线课程管理平台资源类型清单

如下所述，资源只是一件东西，而活动则会促使学生学习。因此，绝大多数在线课程管理平台一类虚拟学习环境，都允许指导者运用各类活动，其中包括交流与协作工具。它们包括：
- 论坛：允许学生讨论
- 测验
- 投票（选择工具）：学生针对一个问题选择一个答案，如同民意测验
- 电子提交指定作业
- 问卷与调查
- 互动式课堂
- 协作词汇表
- 博客与维基百科

在线课程管理平台活动清单*

虚拟学习环境论坛

要求学生交流与协作。所有学习者均可发表个人观点,鼓励同伴反馈。学生可直接键入论坛,还能添加文件。你可以让学生借助于论坛提交一篇作文草稿,然后请求同伴提供反馈;或者,张贴某项特殊主题最新信息的网站链接。

艺术家、设计师、实习厨师与其他人员都可能分享个人作品的图片,邀请大家发表意见。还可运用它们开展实时讨论、保存形成的讨论要点。

学生可以扮演一个人物,例如,装扮成李尔王去评价科迪莉娅,装扮成一位健康与安全督学,撰写一篇批评布线程序的文章。扮演人物或角色既能让学生兴致勃勃,又能让他们有效学习。

论坛形式各种各样。在问答论坛上,一旦有学生张贴个人答案,在线课程管理平台就会呈现其他学生答案。因此,要求学生独立思考、审慎回答。

论坛类型

在线课程管理平台论坛共有五种类型,其他工具也主要分为五种类型。

单一简单论坛:张贴一个单独问题或议题,人人都可回复(无法用于不同的讨论组)。

人人发言论坛:每名学生均可张贴一个新问题或议题,然后人人可回复。

问答论坛:学生必须张贴个人评论,然后才能查看别人的评价。

---

*译者注:图中 scorm (sharable Content Object Reference Modle) 指共享内容对象参考模型。

博客类贴吧：开放式论坛，任何人随时都可发起一场新讨论，一个页面呈现各类议题及其网页链接。

通用贴吧：开放式论坛，任何人随时都可发起一场新讨论。

测验

有效测验能够发现问题，纠正学习错误与遗漏。绝大多数虚拟学习环境测验往往是可自我批改的多项选择、数字表达或简述题。测验最好让辅导教师提供解析去解释为什么一个答案错了。尽管需要花费时间去命题、添加重要的答案解析，但是，一旦编制完毕，就能够反复使用数年，且学生能够自我批改。学生喜欢即时反馈。甚至还可运用条件存取*系统，进而根据分数告诉学生下一步做什么。

维基百科

维基百科是由团队协作撰写的一个文件。写作是促进学科理解、培养思维技能的最佳路径。例如，学生可合作撰写：

- 复习指南
- 分享和注解图片库
- 教师频繁提问的问题，有经验的二年级学生可编写一项在线学习资源，帮助一年级学生把握学习一门新课应了解的信息、技巧与项目
- 作文、书籍和故事

练习

通过搜寻"在线课程管理平台教师最佳工具指南"（Moodle for Teachers cat's pyjamas），你可发现一些流行的虚拟学习环境用法；或者登录：

http://www.cats-pyjamas.net/wp-content/uploads/2010/05/MoodleToolGuideforteachers_May2010_JS.pdf.

现在，该指南已出现数个改编版，可搜寻"在线课程管理平台工具指南第2版"（A Moodle 2 version of the Moodle Tool Guide），或登录：

http://www.somerandomthoughts.com/blog/2012/03/15/a-moodle-2-version-of-the-moodle-tool-guide/.

---

* 译者注：条件存取是用来控制数字电视服务的存取技术，它使用加密传输程序来鉴别用户。

五项探究

面对互联网或虚拟学习环境如此海量的资源，你该如何应对？要想充分运用信息通信技术和信息学习技术提供的所有资源，你就需要进行五项既互相平行又互相交叉的探究。把它视为一项个人课题研究，花费一些时间去完成。正如教学永远不会事事如意，即使有时连连受挫，探究过程也会妙趣无穷。我们先大致了解一下五项探究，然后详述。

培养信息通信技术技能

这是第一项探究。即使你不熟悉计算机，也别担心：个人计算机具有"用户友好性"，即使老人也能学会使用！高人可运用计算机去指点别人，不过，随便玩玩也可能收获颇多。小孩就是这样学会使用计算机的。一旦遇到困难，你的主要问题就是知道做什么。我采取下述策略：储存已搜索信息，然后大胆试验。只要储存好自己的资料，无论我做什么，既不会损毁资料，又不会损毁计算机。如果试验弄得一团糟，我就什么也不保存，然后查询屏幕帮助。如果我自己无法解决问题，就请教身边一名学生，他们通常会提供帮助。如果问题仍然存在，就请教专家。如果全部失败，就阅读操作手册。

如果在一个陌生城镇迷路，你会因问路而感到难堪吗？如果不懂信息通信技术，就采取相同的态度。你可向许多人求助。你所在机构或许可能有一位"信息与学习技术高手"，他完全能够帮你解疑答难。你也可在家里或学校里学习一门电脑课程。本章末的网页链接提供了其他一些建议。

搜索有用资源

这是第二项探究。如同其他探究，你可马上开始。毫不夸张地说，数以万计的资源储存于互联网、光盘和其他地方。这可能要求你学会如何在互联网上进行有效搜索，但其他同行可能已完成搜索，并将最有价值的资源链接上传到互联网的资源库。其他教师或编辑会定期帮你更新资源库，你会发现这些网站不仅可能为你和学生节省大量时间，而且轻轻松松就可能让你的课、家庭作业和指定作业具有刺激性和有效性。

你自己当然可以浏览互联网，但要确保自己已真正掌握搜索技能。这不仅仅是在搜索引擎输入一个关键词然后看看会出现什么，还包括采取有效方式去浏览数十亿个网站，后面将予以介绍。

创建个人资源库

这是第三项探究。按主题收集最有价值的资源，既便于查询，又避免随时间推移而遗忘。这要求你弄清哪些资源对学生和你自己帮助最大、优质信息与学习技术资源的特点是什么。

运用信息与学习技术资源去设计学生活动

这项探究属于重中之重，却容易误入歧途。别在意目不暇接的技术、绚烂夺目的图像、巧妙设计的画面和滑稽可笑的动画，要关注学得如何。要知道，学习取决于学生做什么，而不是技术或教师做什么。我们不仅需要以信息通信技术为资源去设计任务，而且任务设计需要符合本书第 1 章及其他章节所述的标准。任务设计还必须符合教师的教学目标。信息学习技术专家始终强调学习，他们认为技术只不过是实现目标的手段而已。

反思个人信息学习技术的进步

当然，你必须反思与评估信息通信技术、信息学习技术的使用情况，思考如何才能获取最佳效果。不过，反思适用于所有学习、教学活动。

我们再次详述上面五项探究。本书不探讨如何培养信息通信技术技能，但本章末所列的链接网页可能提供相关帮助。下面再详细探讨如何搜索有价值的资源。

搜索有价值的资源

互联网搜索有两种主要方式。一是运用谷歌（www.google.com）等搜索引擎，如果不用考虑教师或学生的具体需要（网站可读性或理解所需先前知识），就可能搜索数十亿个互联网页。谷歌试图将最佳网站置于搜索清单顶部，但对学生或教师而言，它们未必是最佳网站。

二是搜索各类资源汇编，它们被称之为资源库、资源中心、网站目录、门户，它们或经人编辑或由教师汇编。有时，它们的容量确实庞大，所以你得花费一些时间去探索。运用个人偏好的搜索引擎去发现有价值的学科网站，使用诸如"生物门户"或"高中生物资源库"一类关键词去搜索。无论搜索什么，都尝试浏览下述网站，它们汇集了大量网址与资源供教师选择。包括：

http://excellence.qia.uk/.

www.bbc.co.uk/learning/.

www.TES.co.uk/teaching-resources/．

本章末附有一个门户网站清单，列举了其他教学资源链接。花费一些时间去浏览它们。如果没有发现自己需要的网站，或许是你找错了地方。

你需要培养自己和学生的搜索技能，搜索适合自己和学生的在线学科辅导资料。

绝大多数人都会搜索。我的一名学生的指定作业就包含运用谷歌搜索的内容。他输入关键词"食物中毒"，结果竟然出现约五千万篇相匹配的文章。其中绝大多数与指定作业任务无关，主要为冰箱不当储藏冻肉可能损害人体健康的文章，与其作业砷中毒几乎毫无关联。绝大多数学生感觉自己知道如何在光盘或互联网搜索，但实际上却根本不懂！

如果输入"食物中毒＋冰箱＋英国肉类"，你就只能发现约160个网站。如果紧随关键词输入一个加号"＋"，就只能发现涉及该关键词的网站。添加"英国（uk）"就只能呈现英国网站。这会"缩小"搜索范围，最先出现的网站往往有价值。只有经常浏览自己偏好的搜索引擎主页"搜索帮助"和"高级搜索"，才能培养你自己和学生的搜索技能。例如，如果搜索"如何利用谷歌进行高级搜索"的视频和网页，你就会发现：运用关键词、时间、定位等能缩小搜索范围。

学生往往可能将维基百科视为绝对真理，所以，你需要花费一些时间与学生一起探析这种假设，要知道，维基百科本身并不具备探析功能。请与学生共同查询：http：//en.wikipedia.org/wiki/Wikipedia:Why_Wikipedia_is_not_so_great.

百科的引文可能涉及因缺乏管理而引发的悬而未决和带有偏见的问题。匿名用户可能发表偏激的观点，然后，为了支持个人观点，他们可能花费大量时间去更换许多文章。

督学报告摘录

数学与统计学（优秀）

教师有效地运用信息通信技术去促进学习。例如，一位教师以电子邮件形式将代数长除法微视频发给学习者，帮助他们预习因式分解三次方程。绝大多数学生在课前理解了长除法，因而在课堂上就能取得显著进步。学习活动包括最佳的一对一辅导、精心设计并实施的小组活动。

你还可以要求学习者在学习论坛提交个人偏好的资源或网页链接。学生一定知道大量术语吗？为什么不开展一项协作编录词汇表的活动，让学生搜集与分享你任教学科所有重要术语的网站链接和观点呢？你甚至可微调在线课程管理平台（Moodle）论坛的权限，允许学生评价帖子。不过，这只适用于对虚拟学习环境高度自信的网络用户。

三点搜索

包含"三点搜索"的搜索方式很有价值,"三点搜索"包括:资源类型、主题和学业水平。

类型:例如,视频、动画、讲义、图片、PPT、电影、播客、广播节目、游戏、模拟、卡片分类、操作类、应用类……

主题:提供搜索资源的主题,例如,无线电波或外交大臣。

水平:例如,高中、大学、初中、小学、初级、高级……

所以,三点搜索可能是动画、渗透、高中或视频、企划书、普通中等教育证书课程考试。

充当图书馆的电子设备:光盘

光盘的主要用途在于,通过易于检索的形式去储存参考资料。例如,储存百科全书、报刊文章、艺术图片、试题库、教材以及大学课程信息等数据库。光盘也可储存直接教学生的软件课程或"课程软件"。

评估你发现的资源

信息学习技术能做什么与做过什么之间往往横亘着一条巨大鸿沟。多数程序只不过是"翻页器"而已,只是一屏又一屏地显示信息,因而远不如易于检索的参考书籍。甚至其中一些交互式资源也只不过是提供重复性练习而已,并不需要学生去理解。一些学生可能迷恋于玩计算机游戏,它们交互性强,画面精彩多变,让人无法自拔。相对而言,有些教育资源却单调乏味。

不过,别过分愤世嫉俗;学生可能花费更多时间去看屏幕,而不是去看书!如果要去选择适用于学生的资源,就一定牢记下述要点:

评估标准

(参阅第 35 章)
- 是否真正需要做某事?
- 材料的深度(难度)和广度(内容充分但不过细)是否合适?
- 是否假定一些学生不具备先前知识?

> - 资源是否具有交互性？"翻页器"很快就会使学生厌倦。
> - 资源是否可以多感官学习——是否运用视觉或许还包括听觉通道？
> - 语言水平是否适合学生？
> - 付出与回报的性价比：学生花费如此长的时间去学会如何使用，教育回报与付出是否相称？
> - 如有必要，学生能否获取一份打印材料？
>
> 对直接教学生的计算机程序而言：
>
> - 运行程序必需的硬件是否最少？
> - 同时使用程序的学生数量是否存在技术或版权限制？
> - 程序是否简单易懂？学生是否会使用？
> - 如果系统失灵（出错），你是否知道如何安装或重装程序？

你可能发现诸多信息学习技术信息源，只要：

- **咨询**：向图书馆员和其他教辅人员、同学科的其他教师、与会代表或在推特网（Twitter*）请教。
- **阅读**：翻阅学科教学杂志（每门学科都可能有一份杂志，如，《科学教育协会杂志》）；查阅馆藏的教育报刊，如《泰晤士报教育增刊》《卫报》周二版以及杂志和期刊。
- **搜索**：本章末所附网站。

创建个人资源库

一旦发现网站、图片、视频、交互式学习材料、有用文件、链接网页、虚拟学习环境资料等，你就应开始系统化保存。查看计算机的"辅助程序"（housekeeping），以文件夹形式去保存个人文件，文件夹里还可创建子文件夹，所有文件夹都按照主题和子主题顺序去排列。文件名要具体，否则数月后就可能无法辨认。

你可为学生和自己创建一个图片库。你完全可以将全部或部分资料上传到学校局域网，以便于学生访问；如果无法上传，就刻录一张光盘发给学生。你可往局域网里添加指定作业、教学进度表、课程讲义、试卷、试卷分析、往届与应届

---

*译者注：社交网络，类似微博网站。

学生作业。例如，如果学生运用演示文稿制作软件（PowerPoint）等计算机程序去编制一份幻灯片演示稿，就保存下来以便于其他学生网上访问。

多数教师可能到此止步；毕竟学生都能获取资料——难道还需要做什么吗？其实，他们忽略了最后也是最重要的一步：

运用信息学习技术资源去设计学生活动

信息学习技术资源的使用方式数不胜数。我们先进行讨论，再考虑你可为学生设置什么活动。

教室里只有一台计算机

一台计算机就是一个巨大资源库。学生可轮流获取数据、使用交互式资源、填充数据表，或借助于浏览网站去回答你提出的问题。在科学课上，他们可能利用计算机去采集实验数据。然后，学生可能打印出一份学习记录单。

如果教室只有一台计算机，学生上机前后，就往往需要开展一些与计算机无关的活动。上机操作完毕，他们就可使用已打印的个性化资料。这看起来似乎问题不少，不过，如果提前周密设计学生活动，就能帮助学生去高效学习。你可将计算机作为循环活动的一个环节，或让学生轮流操作计算机。（参阅第18章）

> **查询虚拟学习环境为什么会引发优质学习**
> 搜索"在线课程管理平台教学法"（Moodle pedagogy）或"在线教学管理平台教学法"（Blackboard pedagogy），查询供应商提供的虚拟学习环境为什么有效的介绍资料。
> *查询虚拟学习环境的使用规范*
> 查询"在线课程管理平台规范"或"在线教学管理平台规范"。

运用计算机开展基于资源的学习（RBL）

在一个"资源中心"里，通常人手一台或两人一台计算机。第41章将详述基于资源的学习。学生借助于相对独立的活动，按照个人学习速度去学习。一般而言，基于资源的学习经常需要特殊的书面资料，而这些资料要么需要花费大量时间去编制，要么需花高价钱去购买。

课外使用计算机

如果你设计的活动要求学生在课外使用计算机，就可能给他们带来诸多便利。学生既可按照个人速度去学习，又可在自己适合的时间里去学习，或许还可按照个人学习风格去学习。他们也可以去掌握未来必需的真实生活学习技能、信息通信技术技能。他们至少还可以有效地去利用一些个人学习时间。

请记住，如果学生家用计算机没有连接互联网，他们就可以去当地图书馆访问学校网站。

要想确保学生从课外活动里有所收获，就最好设置一项"独立性学习"指定作业（参阅第 33 章）。这是使用信息学习技术的理想途径。

另一项策略就是设置一项家庭作业，要求学生以书面形式提交或发送电子邮件。还可利用虚拟学习环境去提交电子作业。"登录"虚拟学习平台无法保证学生都能去有效使用；你可能还需要学生提供充足的学习证据，而不是听之任之。

为什么不使用打乒乓球法呢？

组织图——打乒乓球

让学生绘制一张组织图去概述自己对某项主题的理解，在学生与你之间"打乒乓球"：

1. 给学生布置一项任务：运用组织图（思维导图或比较表等）去回答一个问题或概括一项主题要点。你可提供网站或其他资源，也可让学生独立搜索网站或资源。

2. 学生运用网站和光盘等资源去学习某项主题。你可以要求他们打印出文件并概述。

3. 学生运用微软文字处理软件（word）、思维导图制作软件或类似应用软件去创制个人组织图。文件可包含网站链接文本，也可包含一些他们自己编写的注释。

4. 学生将个人组织图与注释以电子邮件形式发给你。

5. 接着，你将自己创制的组织图以电子邮件形式发给学生，要求他们据此去自我评价个人组织图，然后使用红色标记修改个人组织图。

6. 学生将修改后的组织图以电子邮件形式发给你。你再检查他们是否真正去修改。

7. 最后，让学生在线回答测验题，核实他们是否理解组织图概述的主题。

当然，你可止步于"4"。你也可要求学生互相发送组织图去开展同伴评价；或要求他们将个人组织图全部上传到一个公用虚拟学习环境或网页，然后互相比较各自创制的组织图；还可以让他们在共享网页或交互式白板上运用 PPT 去演示个人组织图。

> 登录 geoffpetty.com/for-teachers/whats-new/ 网站，从"基于证据的信息通信技术"主页（Evidence Based ICT）下载许多类似打乒乓球的教法。

第三种方法是设置一项活动，要求学生利用你发现的资源去学习，准备参加一次小测验或登台演示等，但不包括"打乒乓球"活动。有人称之为"独立性学习"（参阅第33章）。

为什么不让学生准备一次演示呢？（参阅第32章）

比如说，限定只能演示5帧幻灯片，这样会促使他们提炼个人观点，进而要求他们发现要点——这绝非坏事！你也可要求他们至少从你的图库里选用两幅图像。每个小组可演示某项重要主题的一项子主题。

无论你怎么教，都需要运用某种方式去检查学生的学习情况。你不能仅限于让学生接触信息学习技术资源。就像图书馆有藏书，可你敢肯定学生会充分利用藏书吗？

一些可以尝试的虚拟学习环境活动

学生可利用虚拟学习环境去撰写：

- 正在阅读文本各章节的个人观点。
- 某项指定专题的回答。
- 针对博客争论或论坛讨论话题的发言。例如，班级一半学生认为丘吉尔是伟大领袖，另一半学生认为丘吉尔是平庸领袖。然后，每名学生都就对方某个观点发表个人意见（参阅第17章）。这是准备指定作业或作文的有效方式。
- 头脑风暴。例如，每名学生都可独立开展头脑风暴，针对方案里某项营销政策提出修改建议。
- 反思。学生可反思：一节操作课、一个刚学完的单元、模拟考试、工作经验等。
- 草稿。例如，学生可表达自己对某项指定作业或某篇作文的主要看法。

另外：

- 学生可拍摄自己不同学习阶段的手工课、实验课或实地考察课，然后据此撰写一篇博客或在论坛上发表一个帖子。
- 学生和教师可使用个人手机或平板电脑抓拍图像、视频和音频。然后，直接从个人设备发送到网上虚拟学习环境论坛或博客，或者发送电子邮件与别人分享。

博客和论坛是多数年轻人最熟悉的写作平台。一旦将学生作品展示给世界观赏，就可能大幅度提高作品的质量。如果父母或其他家庭成员能从网上登录甚至评论学生的博客，就可能激励他们去勤奋写作。

可要求其他学生评论具体帖子，如，埃薇（Evie）评论尤塞夫（Yuset）的发言，尤塞夫评论穆罕默德（Muhammad）的发言等。

> **练习**
>
> 翻阅一下第18章、第19章，看看如何调整两章所述活动，进而适用于虚拟学习环境。

学生还可使用创制网页或其他表达形式：

展览。例如，学生可从网上搜寻渗透处理图片和视频、渗透应用、应用渗透原理的产品等，然后举办各类展览。其他学生可在线访问展览并在留言簿发表评论。YouTube*、Flickr**，分别提供优质视频和图片资源。

视频教程。学生可拍摄自己对某项主题的讲解视频。如果不同小组的学生拍摄不同子主题的讲解视频，其他学生就可以互相访问视频教程并发表评论。可以手机或摄像机制作这些教程。

播客。学生也可创制播客。最好的方法还是，将一项主题分解为不同子主题，各组学生分别针对不同子主题编写提要、发表观点、整理复习笔记、编制问题答案等。

> **有用的网站**
>
> 适用于你与学生的网站不胜枚举。下面仅列举部分实例：
>
> 从 YouTube 下载一段视频：http://keepvid.com。
>
> 从 YouTube 剪切一段视频：www.tubechop.com。
>
> 在线编辑视频：如，www.loopster.com。
>
> 播客创建、制作与分享音频，如，http://audacity.sourceforge.net。
>
> 在线演示或表达：www.prezi.com。
>
> 创建一个聊天室：http://todaysmeet.com。
>
> 创建一个网站：如，http://issuu.com。

---

* 译者注：全球著名的视频网站。
** 译者注：雅虎旗下的图片分享网站。

鼓励学生利用互联网以及其他信息学习技术资源学习的活动

- 你可设置一项任务，要求学生针对指定主题准备测验，同时给他们提供有用网址（或不提供任何信息）。
- 要求学习者研究一些网站，填写一份交互式作业单，以电子邮件形式发给你。你可以批改，或者给他们回复一封附带标准答案的电子邮件，要求他们自己批改。
- 你可设置任务，要求学生展示（计算机合成的幻灯片或网站），然后上传到虚拟学习环境或发送给全班同学。（参阅第 32 章）
- 你可使用数码相机或摄像机去记录学生的实践性作业、辩论、戏剧、演示等。
- 多数数码相机可在短时间内连续拍摄图像，从而记录学生的演示情况。例如，可记录他们演示的手工技能或身体技能。有些数码相机还可拍摄视频片断。可在计算机硬盘或虚拟学习环境课程首页去编辑和储存这些数码图片，也可在教室或走廊告示栏去展览这些图片，然后再用于复习和其他学习活动。这类视频会让学生兴奋不已。
- 思想管理者软件（mindmanager）、思想天才软件（mindgenius），或仅仅 Word 文字处理软件就可用于绘制思维导图，比如说，概括学生已掌握的网站搜索知识。
- 如第 33 章所述，学生小组成员可以互换手机号码，然后互相发短信或打电话请教，或者，如果没来上课，就可发短信或打电话去了解情况。
- 例如，你可以使用"烤土豆练习题"软件（Hot Potato）去编制一份多项选择测验题或考试题。在烤土豆或其他网站上，你会发现适合学生的测验题或考试题。当然，你也可使用 Word 去编制测验题或考试题。
- 你可给全班布置一些发人深思的问题，然后，使用数码投影仪或交互式白板去简单介绍一个网站，网站资料可以回答这些问题，但你别一下子提供答案的出处。学生分组轮流浏览网站去搜寻答案。
- 借助于小组合作学习，学生可就某项主题编写一份交互式课程讲义；小组之间交换讲义去互相批改。
- 学生可手绘思维导图或海报，然后扫描进计算机，既可储存于局域网，又可用邮件群发。
- 学生可利用谷歌去搜索图片，获取版权许可后，下载并储存到学校网站或虚拟学习环境。
- 学生可在网上创建一个图片库，储存个人作业图片以及完成作业过程中的各类图片。
- "基于证据的信息通信技术"网页包含许多实例。下载网址：http://geoffpetty.com/for-teachers/whats-new/.

请注意，在许多情况里，只有充分发挥想象力，才能有效地使用信息学习技术。确保自己没有侵犯版权——不过，只要不去转手赚钱，绝大多数互联网教育资源都可以"合理使用"。查询版权信息的最新链接网页，或者寻求机构的指导，以确定版权可用。

使用电子邮件和在线讨论组的活动

许多学校给所有学生提供一个免费邮箱地址。你可用电子邮件去通知学生需要完成的学习活动，给他们发送资源链接网址。但要当心，如果给学生分发讲义，他们就可能因误输入网址而抱怨你（难以置信但千真万确）：老师给错了！

你也可要求学生将已完成的信息学习技术活动或其他作业发送电子邮件给你。要求他们逐一简要介绍自己访问的网站，然后，你再使用"复制与粘贴"将优秀网站添加到个人收藏夹。

你也可使用电子邮件辅导学生，不过，有些学生可能感觉没有人情味，所以，你在使用邮件沟通时一定要指名道姓。

伊斯兰国家的生活会是什么样子？美国学生如何看待自己国家对全球气候变暖的影响？日本学生如何看待广岛原子弹爆炸之后的核武器？蒙古人最喜欢的菜谱是什么？互联网能告诉你一切答案。

语言教学交笔友的形式完全被电子邮件所取代，电子邮件传送速度惊人，与面对面谈话不差分毫。Skype*或Face Time**等应用软件便于学外语的学生与母语使用者直接交谈。借助于屏幕，他们既能互相看见对方，又能互相交谈。另外，特殊兴趣讨论组或新闻组也可利用电子邮件互相沟通。令人遗憾的是，借助于网络的相对匿名性，有些人可能使用污言秽语去交流。不过，有些新闻组设置了"管理员"，专门检查向用户公布的资料。绝大多数订阅不用付费，如果你厌烦了，就可随时取消订阅。你可在www.tile.net网站搜寻各类讨论组。

如果你为学生讨论个人作业提供了上述某种方式，就可能大幅度提高学业成绩。允许学生匿名"公布"问题让班级其他同学回答，这样可给那些羞于承认不懂的学生提供帮助。不过，由于学生会出现冒犯他人的行为，因而需要确立一个基本规范，教师也需要及时干预。

运用社交网站

如果你创建一个班级"脸书"（Facebook）网页，学生就可参与主题讨论。学生可张贴个人问题，教师回复答案，但全班学生均能看见。对一些重要的安全保护与隐私论题，你一定要检查它们是否符合学校规定。确保仅有你与学生有权登录

---

* 译者注：网络即时语音沟通工具。
** 译者注：视频通话软件。

网页或许是最安全的方式。另一种安全的方式就是使用虚拟学习环境论坛。

你也可使用推特网（Twitter）。现在，多数教师会在推特网跟其他教师和组织沟通，交流思想，搜寻资源。尽量向本学科有经验教师的请教，借鉴他们的教育技巧和理念。

也许你所在学校有无线局域网，允许学生携带个人智能手机、平板电脑等到教室去开展有关活动。学生可抓拍图像、视频和音频。学生可随时将它们从个人设备直接发送到网上虚拟学习环境论坛或博客，或通过电子邮件与别人分享。

有些大学推行在线个别化学习计划，请参阅第 46 章、第 47 章这些计划的数字版。

案例研究

为了了解最新研究发展动态，请搜寻"英国联合信息系统委员会趣味标签网页"（JISC delicious tag page）或登录：
http://www.jiscrsc.ac.uk/case-studies/delicious-tag-page.aspx.
从中你可运用关键词搜寻数字媒体教育的应用案例研究。

借助于应用软件的活动实例

我们低估了现实环境对计算机的需求。教师设置一项任务，要求学生使用计算机"应用软件"，包括文字处理软件、电子制表软件、数据库、台式印刷软件。这些应用软件是学生必须熟悉的工具，进而他们才能知道何时、如何在学校和家里使用它们。这些技能可能是他们所学课程的内容之一。

尽管你感觉有点枯燥无味，但学生却经常会沉迷其中，起码年幼学习者往往会很快掌握新软件。不过，有些学习者可能缺乏信心，因而在学习过程中，他们就需要大量支持与鼓励。当然，你自己也需要学会如何使用这类软件！

文字处理软件与台式印刷机

学生可使用文字处理软件去整理加工指定作业和复习笔记，然后再随时修改与补充。他们也可利用台式印刷机去打印自己设计的思维导图、海报或宣传手册。这项活动最好在网络搜索之后开展，这样可能有助于学生去整理个人已学知识。

创建一份互动式作业单

你自己，或最好是学生使用文字处理软件去创建一份互动式作业单。然后将这些作业单上传到学校局域网或虚拟学习环境，或者使用数据投影仪去展示，让学生作为课堂练习去完成，也可采用电子邮件的形式发给学生。

你可在课程讲义链接网站或其他文件（插入——超文本链接）。别忘了在你想要链接的文件里插入一个链接，这样可以返回原文件。你也可以插入一个"标注"符号，以便吸引学生关注作业单或图表的有关内容。（使用图片工具栏。）

互动式作业单的主要任务包括：

- 电子"决策卡片游戏"：如第 19 章所述，卡片可匹配、分组、排序、分级，或用于标注图表。你可创建一个文本框去代替卡片，在计算机上轻松地拖放去玩这类游戏。然后，学生可保存或打印个人已过关的游戏，充当复习助手或提交给教师。电子"决策游戏"乐趣多、交互性强。教师可要求学生结对玩，从而鼓励他们开展同伴讲解活动。如第 35 章所述，这种活动也特别适用于交互式电子白板。

- 强调：如同使用传统的荧光笔，你也可使用黄色去强调关键点。给学生发放一份课程讲义，然后要求他们突出关键点。可使用不同的彩色标记加以区分，例如，学生可用绿色标记同意，红色标记不同意。

- 下拉框：你可以创建一份填空式课程讲义发给学生，要求他们必须从四个备选单词里选定一个。学生点击下拉框，然后选定自己认为合适的单词。（参阅屏幕"帮助栏"，或最好请一个人来示范如何点击和制作。）

- "表格"：你可创建一个电子表格让学习者填充，然后给你发送电子邮件。学生也可使用表格去填充答案。如果你使用表格下拉框，就可编制一份多项选择试题。

使用数据库的活动

数据库的使用方式多种多样，没有做不到，只有想不到。信息储存于"记录"，每项记录都具有相同格式。然后，这些记录可作为特殊数据去分类或搜索，例如，通过搜索学生体育活动记录，可发现玩三种以上游戏的女生人数，或同时玩足球和橄榄球的男生人数。我发现，学生使用数据库的方式包括：

- 学化学的学生，按照名称、危害程度、摆放方式、贮藏等去保存危险化学品的数据。

- 学理发的学生，按照自己在美发厅可能使用的物品种类去保存数据。

- 学文秘的学生，上完课后，按照录用的可能性去创建数据库。

- 学人文学科的学生，按照教师推荐的图书馆书目去创建数据库。

- 学电子信息的学生，按照电子设备和用途去创建数据库。

- 学计算机的学生，从计算机杂志选取和保存有关文章的数据，使用"关键词"，可搜索某项特殊主题的有关论文。（每门职业课程都有专业杂志。）

使用电子制表软件的活动

注册会计师、工程师、建筑师、数学家、统计学家、科学家、经济学家和股票经纪人都需要充分利用电子制表软件,所以,上述专业领域和相关专业领域的教师也应充分使用电子制表软件。电子制表软件特别适用于处理庞杂的数值数据、计算与重算。电子制表软件,能让学生运用这些数据去绘制曲线图和扇形图。

电子制表软件的应用包括:

- 学生设计一份问卷让班内外同学填答,然后使用电子制表软件去分析收集的数据。例如,学习健康学的学生查明学生刷牙频率和时间,然后与相同学生群体报告的补牙和拔牙数量进行比较。(你能否就任教学科某项主题设计一份问卷?)
- 针对一家小型虚拟公司开展案例研究练习。
- 研究抵押贷款、复利等。
- 试验各类家畜饲养策略的经济效果。
- 探究影响建筑热量流失的因素。
- 探讨电子电路的共振效应。
- 根据菜单估算一顿饭的价格。
- 运用电子制表软件,研究任何一门学科的任何一个方程式。例如,使用电子制表软件,学生通过绘制曲面面积、体积和容积曲线来展示增大立方体尺寸的效果。

运用方程式 $y=mx+c$ 的曲线图去开展"如果……将会发生什么"的研讨,进而观察改变"m"和"c"值对曲线的影响。

练习

针对下述对象或情况,你会如何运用数据库、电子制表软件或文字处理软件给学生设计指定作业?

1. 在建筑行业寻求就业机会的学生。
2. 修习商科的学生学会使用办公设备。
3. 修习园艺的学生研究蔬菜作物病虫害。
4. 修习工程的学生了解研讨会实务。
5. 修习科学的学生完成有关摩托车加速度的指定作业。
6. 一个你与学生将共同探讨的学习领域。

网络搜索的活动

当然,你可给学生设置一项任务、指定作业或独立性学习指定作业,要求他们通过搜索互联网去获取信息。只要学生具备了搜索技能,他们就可能喜欢这类作业。教师至少对首次指定作业给予一定指导,但随后的指定作业要逐渐放手让学生独立完成。针对上述一系列指定作业,你需要考虑带领学生迎接下述一系列挑战:

1. 要求学生使用专门网站。这些网站列举了大量有价值的链接,质量和关联度也较高。

2. 要求学生使用 www.yahoo.com 一类网站目录去搜索。

3. 在使用 www.google.com(谷歌)前,要求学生与你共同核实关键词。

4. 一旦学生在上述引导性活动里体验到成功,就放手让他们去自由探讨,看看他们自己会发现什么!肯定会有惊喜,但挫折也在所难免!

5. 要求学生批判性评估或批判性比较网站。(这是一项理想的指定作业,它让学生无法抄袭和粘贴网站材料。)

从网站"下载"文本、图表和图片十分便捷,因而,即使学生对某项主题一无所知,也能使用文字处理软件在数分钟内提交一份质量上乘的指定作业!所以,教师一定要给学生强调,他们必须用自己的语言去表述作业。绝大多数教师可能允许学生下载部分资料,尤其准许他们下载视频资料,但要求注明来源与作者。这项策略的意外收获就是你可能从学生那里了解一些有价值的网站!

> **翻转学习与翻转课堂(flipped classroom)**
> 其中包括学习者通过阅读基本知识去预习一节课,上课时学生通过开展活动去获取预习内容的反馈。不过,学生或许不爱做阅读家庭作业。尝试独立性学习(参阅第33章),它是促使学生做阅读家庭作业的一种有效方法。
> 详情请参阅:http://www.flippedlearning.org/domain/41.

开放式或封闭式搜索

如果你打算搜索非常具体的信息,有时就可能大失所望。参考书和教材经常属于这类"封闭式"搜索的最佳资源,可以弥补个人信息拼图遗漏部分。不过,如果对自己感兴趣的领域坚持进行开放式搜索,你就可能取得惊人的、出乎意料的发现,甚至还可能为你的研究带来耳目一新的创意。另外,多数网站与这类开放式搜索相关,而不是与封闭式搜索相关,比如回答"游客到巴黎会参观何处?"而不是"卢浮宫什么时间开放?"

如果你能交替使用追问与切合实际的阐明,即先试用自己感兴趣领域的关键词,再不停地自问:"这对我意味着什么?"和"我究竟需要什么?"或许就会从互联网上获取最多信息。一般而言,互联网的信息属于即时信息、可视化信息,不过晦涩难懂的主题也会呈现数不清的信息。只有主动搜索、耐心搜索,才能培养学生的信息搜寻技能与鉴别力——它们可是关键技能啊！

搜索技能教学活动

切莫以为搜索技能会干扰"正常"教学。我们生活在一个信息超载的时代，因而搜索技能与鉴别力不可或缺。教给学生这些技能可采取一种有趣且有效的方式，即，给学生设置搜索任务，要求搜寻你感觉他们肯定能发现的特殊信息。如同寻宝冒险活动，在紧张刺激的气氛里，搜索任务的难度越来越高，学生的搜索技能也随之越来越高。不过，各类互联网搜索引擎的搜索规范略有不同，所以，使用时还是要留意一下。教师先给学生列举几类，然后要求他们自己去弄清其他搜索规范。引导时先询问学生使用什么关键词，然后与他们共同讨论。

创建个人主页

多媒体编辑软件让你可使用文本、图形和声音来设计个性化页面和网站。你也可决定页面如何响应鼠标或键盘，以决定用户如何与资源互动。如，一个人可绘制一张心脏示意图，用户可使用鼠标点击去获取信息，或播放一段动画片。你可使用绝大多数文字处理软件去创建简易网站，只要使用"另存网页"即可。

一旦确定某项主题必须创建成个人主页，或必须让学生创建成个人主页，就需要考虑下述评估标准：

- **时间稳定性**。在随后数年内，你能否使用该资源？
- **性价比**。设计者与用户能否获取有用信息？
- **需要知道**。该主题最好属于不可或缺的资源。
- **多用途**。资源能否为一个以上小组或一门以上课程使用？
- **交互性**。用户能否以某种方式与资源互动？
- **使用便捷**。用户能否直观地浏览和学习使用该资源？

> **英语教学督导机构对一年级教师"优秀"标准进行了界定，其中包括：**
>
> 教师和学习者在学习期和评估期内，能够接触与使用信息通信技术以获得优质的学习资料和资源。

反思个人在信息学习技术上的进步

教师创建一份庞大的网站链接清单，却没有要求学生使用，这种事屡见不鲜。教师只是"全部上传到局域网"。例如，因为教师编写的资料可让错过一堂课的学生通过下载获得帮助，所以海量储存的指定作业和课程讲义一类文本文件可能对学生有用，但切莫以为这就是信息学习技术的全部。

只有借助于学习者的大脑，学习才能发生，仅将知识呈现于屏幕或上传到虚拟学习环境并不可能带来学习。如果阅读数字媒体教育应用专家的案例，你就可能吃惊地发现，他们的引导让学习者对学习的兴趣远远高于对电子技术形式的兴趣。

电子安全与网络暴力

学生有时无法备份个人重要的课程作业，所以数字环境既非温文尔雅，也非绝对公平公正。密码可能被破译，从而让某人篡改或删除学生作业，或以恶意信息覆盖原信息。学生可能收到威胁、骚扰、诽谤或侮辱自己的信息，这被称之为网络暴力。上述信息还可能被匿名发送或冒充他人身份者发送。

恋童癖者会利用聊天和资讯网站，冒充年轻人去引诱潜在的牺牲品。

学生个人设备可能失窃，因而内存信息可能被泄露。这些信息可能令人窘迫、损害名声或毁掉人生，而且，一旦在互联网传播，就无法删除，有些还可能困扰人一辈子。互联网的匿名环境让人们无所顾忌地发表刻薄言论，传播扰乱人心、损害名誉和侵犯隐私的图像和思想意识。

既然要鼓励学生使用数字媒体，我们就有责任在教学中融入符合学生年龄的电子安全训练，从而帮助他们保护自己。

这不必花费很长时间。你首先一定要弄清学校有关教师与学生的电子安全规章制度。主要建议包括：

- 永远不要向任何人透露个人密码。真正的朋友不应打听别人的密码。
- 永远不要将自己不想让全世界知道的文字或图像储存于数字媒体。
- 永远不要透露你的个人资料，即使别人的请求看起来令人信服和友好，也决不松口。
- 不要会见只在网上认识的任何朋友，因为这并非十分安全的行为（建议年幼学习者永远不要会见任何网友）。
- 随时向学校负责人报告不当使用媒体的行为以及自己的担心或疑问。
- 经常地、完整地备份个人数据。

上面仅为其中几个实例。你始终要遵守学校制定的规章制度。

> **练习**
>
> 讨论：
>
> "查询资源缺乏耐心，阅读资源缺乏专心，盲信自以为已阅读的资源，这正是信息时代带来的灾祸。"

> "现在不需要事实知识,你的手机不用一秒钟就能告诉你需要知道的知识。我们应教学生掌握技能,而不是教给他们事实。"

一些有用的互联网地址

帮助你设计信息学习技术活动、培养信息学习技术技能

虚拟培训软件包是一系列免费教程,用于培养互联网研究技能:http://www.vtstutorials.ac.uk.

适用于命制试题、设置其他互动式活动:http://www.hotpot.uvic.ca/(Hot PotatoesTM).

解答演示文稿制作软件(PowerPoint)相关疑难问题:http://www.pptfaq.com/index.html.

门户网站、资源库与其他教育资源链接网站

下述所列网站几乎链接所有学科的教育资源。尽管包含海量信息,但值得你花费时间去搜索。请访问英国广播公司(BBC)网站,搜索即将播出的教育电视节目单,然后录制适用于学科教学的节目。

优秀的门户网站信息确实海量,只是不再更新:www.excellencegateway.org.uk。

你必须登录的网站:www.bbc.co.uk/learning/。

与信息学习技术、信息通信技术相关的问题,其中一些仅限于高等教育:http://www.jisc.ac.uk。

没有BBC网站信息量大,但值得浏览:http://www.channel4learning.net/index.html。

下述网站适用于培养功能性技能与关键性技能,其中包含学生使用的互动式资料:http://www.excellencegateway.org.uk/keyskills4u。

专用于具体学科的网站举例:http://www.bized.co.uk。

许多资料值得搜索……你已感到眼花缭乱吗?www.amazing-grades.com。

下面网站包含讨论组列表和电子邮件列表:www.tile.net。

查询翻转课堂:www.flippedlearning.org/Domain/41。

适用于虚拟学习环境的理论：搜寻 cat's pyjamas Moodle Tool Guide。

有问必答的网站

在线百科全书，你可在上面撰写词条：http://en.wikipedia.org。

电子安全与安全保护网站

T. 拜伦（Byron, T.），数字化世界里安全无忧的儿童（Safer Children in a Digital World）（呈交政府的研究报告），2008年发表。

www.thinkuknow.co.uk

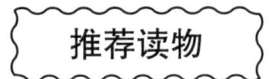

推荐读物

免费下载资料

下面是一些公众感兴趣的免费在线资料，搜寻题目即可查阅：

[1] 英国联合信息系统委员会. 数学化时代方兴未艾的教学惯例（Emerging Practice in a Digital Age）. 2011.

[2] L.W. 蒙克（Monke, L. W.）. 计算机无与伦比的优势（The Overdominance of Computers）. 国际课程开发与督导协会编，2006.

[3] 什么是电子学习？（What is e-learning?）. 虚拟大学. 2014.

我的个人网站 www.geoffpetty.com，其中包含大量电子学习的免费下载资料以及许多其他有价值的网站链接。

读物

[1] R. 克拉克（Clark,R.）等人. 有效学习. 法伊弗出版社，2006.

[2] C. 希尔（Hill, C.）. 继续教育运用信息学习技术的教学. 2003.（从 www.learningmatters.co.uk 可下载该书的样章）

[3] B. 莱特博迪（Lightbody, B.）. 信息学习革命：新教法. 美国大学网站出版社，2012.

[4] A. 麦克诺特（McNaught, A.）. 识字、算术与操其他语言者英语课程教师电子学习探究. 英国继续教育学习资源网／英国教育传播与技术管理局，2004.

[5] R. 鲍威尔（Powell,R.）. 反应革命（第2版）. 罗伯特·鲍威尔出版社，2012.

第四部分
教学整合

第三十七章　目的与目标

美国纽约市一家大型保险公司正因 20 层的大楼太高而苦恼。总裁给工程公司写信，说自己不断收到员工的投诉——等电梯的时间太长，所以，他想打听安装一部新电梯的报价。

各方给总裁的报价几乎都是数十万美元，只有一位工程师的报价仅为九千美元。一开始总裁对该报价不予理睬，但很好奇。最后，他打电话问："你如何能安装一部价值九千美元的电梯？"这位工程师解释说，真正的目的不是安装一部电梯，而是减少员工的挫折感。他的方案就是，给等电梯的员工创建一个舒适的场所，既有安乐椅、盆栽植物、正衣镜、鱼缸，又有杂志和轻音乐。时至今日，该解决方案仍然十分奏效。启示：在计划实施之前，反复斟酌自己想要达到的目的。

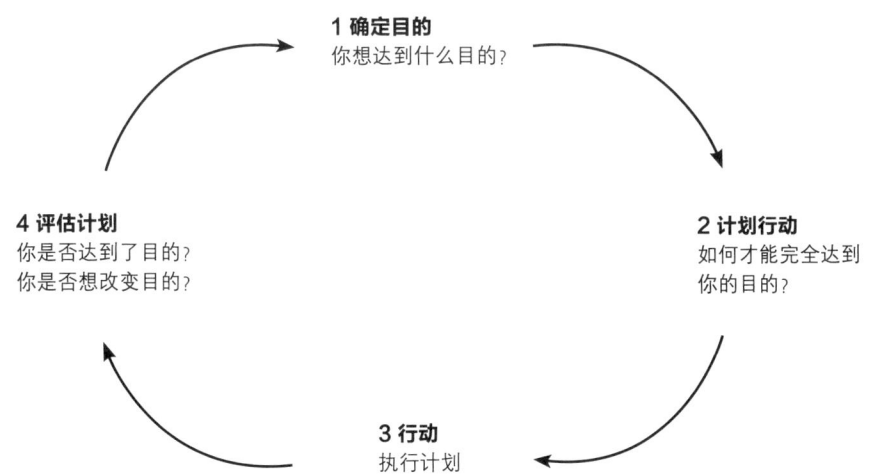

几乎任何一项有目的的人类活动都遵循上图所示的模式：从假期安排、做鱼馅饼到经商、购物，一切概莫能外。

教学同样如此。教师先决定自己希望完成什么（目的和目标），再备课，后上课——执行教学计划。然后，他们需要评估讲课效果，询问自己是否真正达到了预定目的。评价学生已学知识有助于回答该问题。评估可能改变下节课的目的，或改变下次讲同一堂课的目的，该过程周而复始，是一个循环。

什么是目的与目标

"目的"或"教育目的"应简明扼要地描述教师希望完成什么。教师通常运用广义而概括的语言去表述这些意图——例如：

- 改进学生运用正式书面用语进行有效沟通的能力。
- 理解与欣赏世界主要宗教。
- 为学生提供创造性自我表现的机会。
- 熟悉与理解科学研究程序。

有些人提倡从教师或课程视角去表述目的，而不是从学生视角去表述。例如：

- 本课程的目的在于探讨零售的基本原则。
- 培训意在介绍计算机编程的要素。

你常常不会绝对达到目的。学生终其一生或许只能大致达到目的，但离绝对达到目的仍有很长一段路要走！目的高度概括、包罗万象，因而，一年只能开设几门全日制课程。

目的如同指南针，指明教师希望前进的总方向。目的至关重要，但无法具体帮助教师选择学习活动，或评估学习是否发生。如何选定目的和目标，或如何准确表述目的和目标，目前仍然众说纷纭、各执一词。不过，各方一致认为目的至为关键。

目的从何而来

目的可能来自考试大纲、学习计划或资格认定机构。稍后，我们会发现，在某些环境里，目的可能来自"需要分析"或"任务分析"，或者来自师生对课程的协商。

不过，即使没有可借助的文件，教师也可自行确定绝大多数个人教学目的。

你的教学想要尽力完成什么？你是完全赞同实用观——教育就是为学生提供赚钱和适应社会的手段，还是认为教育目的远不止于此？（参阅第45章）

学习结果

目的会为你指明正确的方向，但不会告诉你如何到达目的地，也不会告诉你何时到达。所以，必须运用"具体目标""行为目标""能力目标"和"具体学习结果"去详述教学意图。本书统称为"学习结果"。学习结果描述了你打算让学生学会什么，学习结果也可进行检测。例如：

- 学生应学会正确使用引号。
- 学生应学会在电路板上焊接电子元件。

学习结果远好于以教师为中心的目的，如"描述如何正确使用标点符号"或"给学生演示如何焊接"。如果仔细研究前者——学习结果，你就会发现，这类目的可以充分了解学生是否学会什么，从而使教师必须将重心从教转移到学上。

从以教为主转移到以学为主将会带来许多有利变化。首先，明确了学生必须练习什么，避免了以教师讲授为主的课堂，因而带来了真实的学习。其次，备课更为简便，只要设计好学习活动即可，如，焊接矫正性练习或对话写作。另外，如果你能准确把握学生应学会什么，就可轻而易举地评价他们是否真正学会，进而有助于你评估自己的讲课是否成功。

学习结果要准确描述学习者明显的进步，关注学生会做什么，而不是教师会做什么。例如：

学生应学会：

- 陈述柴油机好于汽油机的三个优点。
- 列举印度尼西亚病虫害治理的主要方法。
- 区分烟雾、云雾、浓雾、薄雾。

绝大多数人一开始不会制订学习目标，往往按照教师教什么去思考，而不是按照学生学什么去思考。下面这些是否属于具体的学习结果？

- 介绍百分数的概念。
- 农民起义。

答案是否定的——它们不是具体的学习结果。你能否将它们转换为具体的学习结果？先尝试一下，再往下读。

具体学习结果或具体学习目标

具体学习结果或具体学习目标应该：
- 运用具体术语，准确阐明学生应学会做什么。

- 准确定位，从而能查明目标是否实现。
- 通常为短期目标。
- 由教师拟定，适合于资源、教师与学生。
- 另外，要准确界定目标的环境和成功标准，如，在 5 分钟内翻译完第 6 段文章，小错误不得超过 4 处。

有些具体学习结果或学习目标如同记忆代码 SMART，它代表具体 (Specific)、可测 (Measurable)、商定 (Agreed)、现实 (Realistic)、限时 (Timebound)。

请注意，上述主题包含的一些目标被确定为技能或能力，因而建议学生通过使用、检查、矫正等进行学习。

学生应学会：

- 将一数表示为另一数的百分数。
- 计算某数的百分比。

学生应学会：

- 陈述并解释爆发农民起义的主要事件。
- 解释农民起义的三个经济后果。

无效教学的教师会说，他们将"详解百分比"，或"讲授农民起义"，或"演算分数"。而有效教学的教师的焦点总是放在学生应学会的知识上。制订"具体学习结果"或"具体目标"必须精益求精，这需要花费大量时间和精力。学习结果至关重要，它们如同铺路石，带领学习者沿着目标指引的方向前进。

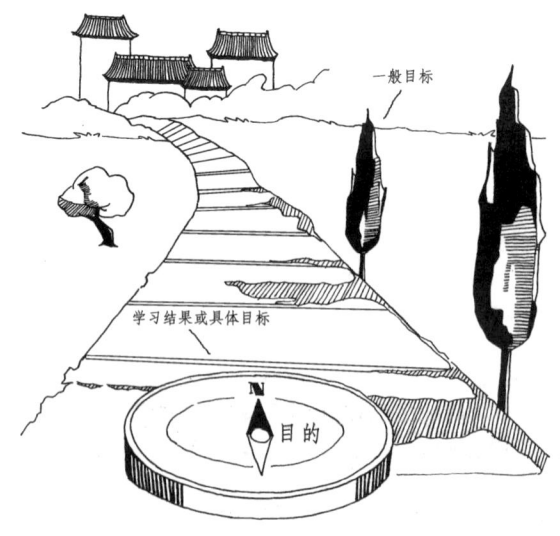

目标或结果的分类

B·S·布卢姆的教育目标分类学,试图将所有学习分为三大领域,每一领域又分为不同类型或难度的技能或能力(参阅第1章),以学习目标为出发点,描述"教育过程如何带来学习者预期的变化"。该学说创立于1951年,对教育产生了巨大影响。

下面简要介绍三大领域及其部分亚领域。每一分类都使用典型动词去描述目标。

认知领域(知识技能与能力)

布卢姆根据难易程度去进行目标分类,最容易实现的目标放在首位。不过,如第1章所述,高级任务的目标可能不容易实现,但至为关键。如果教学缺乏高级目标,就无法培养相应技能,也无法掌握完整的功能性知识,或者无法真正领会。

知道(知识)。学会:
陈述、回忆、列表、识别、选择、呈现、描绘……
如,陈述牛顿运动定律。

领会。学会:
解释、描述理由、判定原因、举例说明……
如,根据牛顿运动定律,说明系安全带的理由。

应用。学会:
使用、运用、构建、解决、选择……
如,运用牛顿运动定律去解决简单问题。

分析。学会:
分解、列举组成部分、比较与对照、区分……

综合(包括选择、使用和整合不同技能、能力和知识,从而完成一项特殊新任务)。学会:
总结、概括、辩论、组织、设计、解释原因……

评估。学会:
判断、评估、赞成与反对、批评……

情感领域

包括注意、兴趣、意识、美学欣赏、道德、美学，以及其他态度、意见、情感或价值观。例如：

倾听……　　欣赏……重要性
意识到……　　回应个人情感
对……进行美学欣赏　　对……做出承诺
陷入……道德两难困境　　相信个人能力……

动作技能领域

包括动作技能或身体技能，诸如感知觉、手眼协调等。例如：

刨平、绘制、抛掷、焊接……

请注意，"知道"或"理解"不能作为具体目标的表述，而是应运用可直接观察和检测的语言去描述能力。"知道"拉撒路的故事意味着什么？这意味着学生能想起并说出这个故事的名称？或能复述故事的梗概？或能详细复述故事？或能描述故事的重要意义？目标需要采用易于检测的形式去陈述学生应学会做什么。例如，目标可以成为：讲述拉撒路的故事梗概*。

与"知道拉撒路的故事"不同，该目标明确、可测，并建议学生需要练习什么。

同样，"理解"意味着什么？这意味着能描述它的重要意义？解释它如何和为何发生？能运用这个概念去解释发生的新现象？或者意味着综合运用上述能力？有关该主题的试题，通常需要什么能力才能回答？如果要教某项主题，仔细研究教材和相关试题，会有助于你了解学生应对所学掌握到什么程度。只是说他们应"知道"或"理解"材料就显得过于模糊了。

总体目标

在一定程度上，多数教师对自己教学意图的界定介于目的与具体学习结果之间。这类意图分别描述为短期目的、总体教学目标或非行为主义目标。举例如下：
- 给学生介绍现代电信的某些知识。
- 概括现代库存管理方法。

如果你选择使用这类方式去描述个人教学意图，就要确保每项意图的陈述包

---

*译者注：拉撒路是《圣经·约翰福音》中记载的人物。

括内容与用途。确保简明扼要地陈述意图。例如：

- 学会欣赏汉德尔（Handel）的歌剧《弥赛亚》。
- 认识到建筑工地安全检查的重要性。

然后，这些总体目标可用于引发具体的学习结果。例如，上述安全目标可分解为：

总体目标：认识到经常性安全检查的重要性。

具体学习结果：列举主要安全检查形式；陈述建筑工地卫生与安全的主要隐患；发现并纠正梯子的错误用法。

每个目的可能包含许多总体目标，依次类推，每个总体目标又可能生成大量具体的学习结果。

掌握性和发展性目标

总体目标大致分为两类：掌握性目标和发展性目标。掌握性目标相对"容易"。在认知领域里，它们通常只包含知道（知识）与领会。要求所有学生掌握这类目标，是课程考试及格的最低要求。因此，课程考试及格主要依赖于花费时间去掌握，而不是依赖于先天能力、天赋或天资——只要用足时间、下足功夫，每名学生都能掌握。具体学习结果所述的技能或能力，通常可在短时间里学会，甚至几分钟就可能掌握。然后，进行一次简单测验就能准确评价。例如：

识别并说出简单细胞的要素。

但不要小瞧这类目标，如果班级所有学生都能实现这些目标，就会产生不可估量的价值。掌握性目标生成简单的学习任务，完成它们取决于时间而不是能力。它们要求教师给学困生提供获得成功、表扬和激励的机会，而这一切恰恰正是目前与未来学习的前提。（请参阅第5章）

与此相反，有些称之为发展性目标的总体目标可能永远无法完全实现。例如：

- 撰写一份准确的、科学的实验报告。
- 评估西方社会从充分就业到高就业的重要意义。

这类目标高度依赖于已有知识，需要高级思维技能，无法给予准确的、客观的评价；只有付出很多时间和精力，学习者才能取得显著进步。发展性目标的重要性体现在学习者能够做最好的自己，不断提高个人能力。希望学习者连续不断地改进，而不仅是掌握。

充分描述发展性目标的具体学习结果清单根本不存在，它大于部分之和。不过，通常可制订一份具体学习结果的代表性样本，用于描述学习者实现发展性目标后所具备的典型能力。例如：

总体目标：制订一份准确的、科学的实验报告。

具体学习结果：学生应学会按照仪器、方法等惯常分类去撰写报告；结论部分直接说出结果。

如上所述，你通常不可能逐一讲授和检测这些具体学习结果或目标。能否分解所有总体目标？例如，"学会欣赏战争诗人"的目标能否运用具体目标去表达？有些教师认为不能。不过，"欣赏"意味着什么？如果你感觉欣赏包含或至少部分包含对所学诗歌重要性和意蕴形成的个人看法，就可能是理解了欣赏的含义。在认知领域里，形成个人看法属于高级技能，只有通过矫正性练习，学生才能掌握高级技能（参阅第38章有关教学方法内容）。

总体目标：学会欣赏威尔弗雷德·欧文（Wilfred Owen）的诗歌《冷漠》。

具体学习结果：学生应学会表达自己对该诗意蕴的见解；撰写一篇对该诗的个人鉴赏文章；批判性评价别人对该诗的鉴赏文章。

整合发展性与掌握性目标

绝大多数教学活动既包含发展性目标，又包含掌握性目标，对"差异化"或"混合能力编班"教学而言，这一点尤为重要。如果一位教师习惯性只根据学生论文或科学报告写作技能去评价他们，那么有些学生即使勤奋学习，也可能仍然得低分。当然，教师必须评价、强化和承认掌握性和发展性目标，否则，混合能力编班教学就可能流于形式。不过，一旦学生动机出现问题，教师就要集中精力去强化掌握性目标。

目标来源

对绝大多数课程而言，可以参照下述一个以上要素去制定目标：课程目的、教学计划、学习计划、单元说明、教学进度、学业目标、成绩标准或能力说明。如果你打算从一开始就自己去设计所教课程，就必须先选定目的与目标。（参阅第42章有关备课内容。）

如果你要教国家课程，就需要根据学习计划去实施教学，而学习计划则描述需要学会的主题，因而达成目标就完全类似于具体目标。例如，《科学》第二册里的"生命进程与生物"的达成目标就包含八个层级。其中第六层级为：

- 描述单细胞的结构。
- 区分动植物单细胞的差异。

这些描述了学生应学会什么，因而它们属于"学习结果"。教学大纲或学习计划所述主题往往有些笼统，类似于总体目标。必须非常认真地阅读，然后表述为具体学习结果。

英国职业资格证书（NVQs）的课程内容表述为能力。例如：

- 安装一个四路接线箱（电气技师资格证书课程）。
- 提出开支建议（经理资格证书课程）。

要求学习者搜集证据证明自己已成功完成能力所包含的任务。第44章终结性评价将详述英国职业资格证书课程。

能力目标往往包含大量学习，因而通常需要分解为若干具体学习结果。再次提醒，请先非常认真地阅读再进行分解。

如果你在制定目标时遇到困难，就查阅课程评价标准。考官或评价者希望学习者学会做什么？这些技能和能力当然必须包含于教学目标。如果要备课，就需要根据目标去设计评价问题，而不是相反！不过，对一位讲授现行课程的新教师而言，评价任务往往可以阐明学生应学会做什么，因而也就有助于充分阐明教学目标。

设计目标绝非易事，但阐明目标的过程却是有效教学不可或缺的环节。

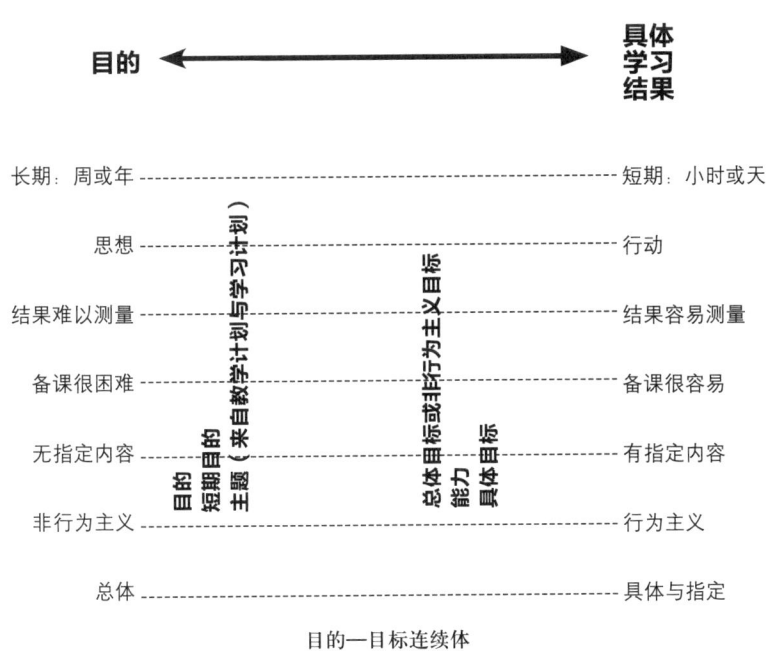

目的—目标连续体

体现目的与目标

为什么经验丰富的教师经常不用正式教案就能实施教学呢？随着经验越来越丰富，有些教师对目标的界定就越来越不拘形式，但越来越完整。尽管多数教案不再正式书写目标，但他们会花费数年时间将目标整合于作业单（练习题）、评价、实践活动等之中。例如，我不会在教案里写上"学生应学会应用力矩原理去解决简单问题"一类目标，因为这样写过于模糊，但我会编制一份试卷以及包含有关例题的评分标准,然后希望学生达到最低分数线。根据自己以往对学生的了解,我会精心设计练习题、评分标准以及其他学习活动,进而涵盖学生必须学会做的内容。从某种意义上说,我已经将具体教学目标整合于一系列综合性学习活动、练习题和评价标准之中。

这不是我一个人的方法。多数计算机教师都会要求学生通读操作手册,究其原因在于,操作手册专用于指导学生使用所学的计算机系统。同样,工程教师会设计一份"作业"规范让学生研读,旨在向他们介绍一系列精心设计的技能与技巧。

如果你要使用一份这类现成系统,就别把责任全推给系统。仅完成一项学习任务,甚至完成一项以学生为中心的任务,并不能保证学习效果;如果学生不理解自己的所作所为,他们的学习效果就更可能大打折扣。

过程与结果

目标描述学生学什么,有时也称之为学习"结果"。学生学什么与如何学至少同等重要,如何学通常称之为学习"过程"。例如,上地理课时,如果教师只是讲授城市的历史发展,这就要求学生去听讲与记忆。不过,如果教师教同一主题运用考证历史证据、引导式发现学习、苏格拉底诘问和小组学习等教学策略,就可能培养学生解释证据、提出假设、推理、评估论点及小组合作学习的能力。"提问"与"引导式发现教学"等章节已经证明,教育最宝贵的产出不是事实性知识和低级技能,而是在学习过程中培养出来的高级思维技能。

因此,如果过程比结果更重要,为什么不依据过程去界定教学目的?这已引起越来越多教师的高度关注。诸如英国普通职业资格证书一类课程,至少部分内容是遵循这些原则编写的。这类课程的评价可有效地促使学生去开展一些活动,诸如参观一家工作场所,研究其中一些领域,然后撰写一份报告。当然,学生会了解这个工作场所,他们同时还会有其他收获,比如说如何计划、搜集证据、形成个人观点、检查、书面沟通、评估个人成绩,等等。

> **练习:健康管理与社会关怀中级国家职业资格证书**
>
> 资格证书课程第二单元相当于普通中等教育证书课程,称之为"促进健康与福利"课程,均需通过课程作业去评价。
>
> 本单元规定学生应知道什么,但评价要求学生"针对至少一名处境危险的人员制定促进健康与福利方案",方案包括有关危险信息,还要考虑

> 生理、情绪、社会与智力的健康与福利因素。
> 　　因为规定了学生做什么与学会什么，所以这基本属于一种"过程"方法。
> 　　问题：1. 除了解营养与食品卫生外，研究与撰写报告过程还会发生什么学习行为？越具体越好。
> 　　2. 比较这种方法与只是规定学生应知道什么结果，然后运用考试去实施评价的方法。

多数教师交替使用过程与结果目标。现列举一些过程目标的实例，请注意，它们根本没有描述学习结果。

- 学生设计一项实验去测量拉伸弹簧所存储的能量。
- 学生即兴表演现代记者对亨利五世的一次虚拟采访。
- 学生反思自己已学知识，然后设置改进目标。
- 学生讨论社区保健的优势与劣势。

如果你无法提前告诉学生学习结果，过程目标就可能特别有效。例如，一位实习护士撰写病房护理感悟，一名学生上艺术课时去参观一场新展览，或一位学理发的学生必须理出顾客要求的发型。

在这类情况里，充其量只能制定少数目标，不过，如果活动具有不言而喻的价值，就写下来作为本堂课的教学意图。

如果学生的学习经常无法预测，比如说在一家商店实习，就可将学习描述为一系列能力，一旦学生掌握，教师就"记录"到他们的成绩卡上。另外，学生自己可"保留"和标记成绩卡。在上成人休闲摄影课和木艺课时，这种方法也很奏效。

目的与结果的局限性

一味盯着学习结果有风险。学习结果几乎都是短期的，而且受制于内容。长期学习知识和技能应如何规划？对实际生活和评价成功而言，技能不可或缺，而且比学科知识容易迁移，不过，技能可能被忽视，例如布卢姆教育目标分类学的高级技能，诸如议论文写作、批判性思维技能、学习技能、学会学习以及创造性思维的发展。在教学科知识时，如果要求学生在学习双层课程时练习上述可迁移技能，就会取得理想的教学效果（参阅下一章）。如何教比教什么重要。学生学会什么技能取决于学生做什么，而不是取决于教什么主题。

学生的动机、鉴赏力、兴趣和好奇心如何？道德、美感和人文精神如何？你可能感觉自己无足轻重,但多数人却视教师为个人发展最具影响力的人物。如果教学让学生失去了学习兴趣,那我们是在提供一种着眼于长远未来的服务吗?

绝大多数学习视满足物质需要为终极目的:培养学生具备获取和保持一份职业的能力,还有日常生活人人必需的技能和能力。不过,成为人与衣食无忧完全是两回事,如果过度沉溺于"短视主义",就很可能会忘掉教育的关键之所在。

本章包含一些深奥但重要的概念,建议你在教学期间经常重读小结。

如果你不清楚方向,就永远不可能到达目的地。不过,理清思路远比苦苦思索目的、目标或结果的精确分类更重要。下面两图概括了本章部分重点。

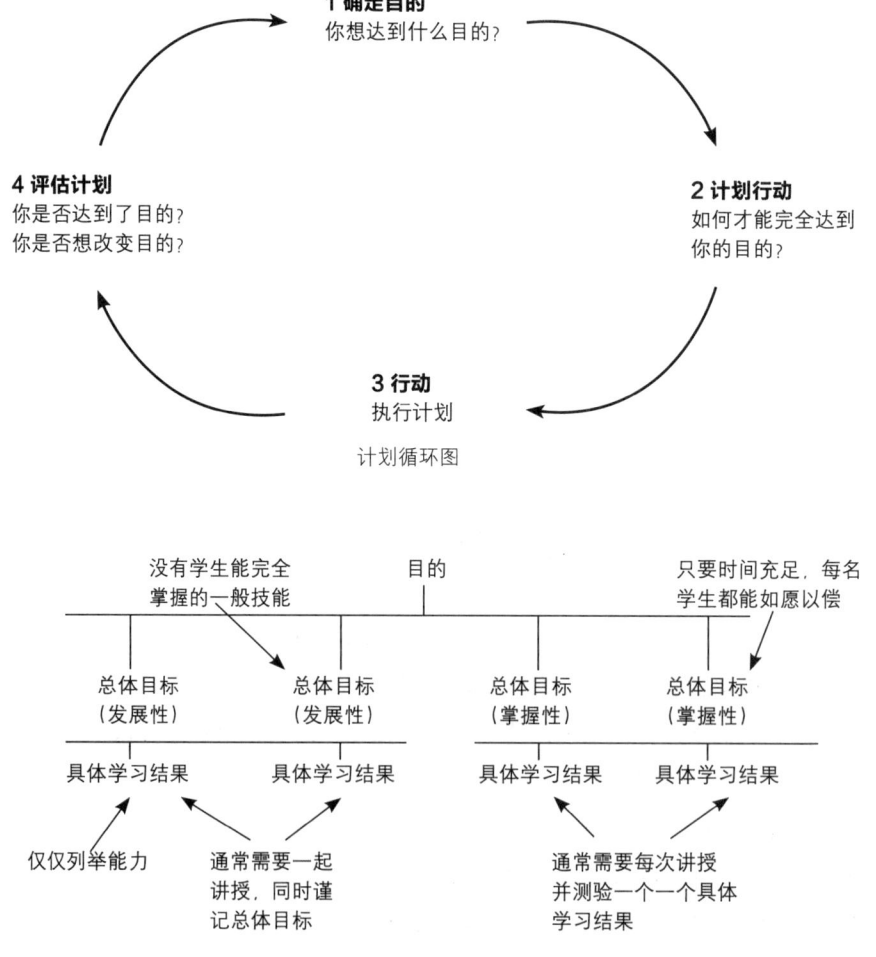

目的与目标树状图

检查单

- [ ] 你能否将自己的教学意图明确描述为目的以及具体可测的目标?
- [ ] 你的教学目标是否既易于掌握又可以提供发展机会?
- [ ] 在重视具体目标的同时,你是否还重视总体目的,诸如动机、好奇心、兴趣、鉴赏技能、推理技能、创造力等?

推荐读物

书中参考文献所列的一般教学用书大都会探讨这个主题。

第三十八章　选择适合课程的活动

经过数日的苦苦思索，你已选定目的、目标与具体学习结果，下一步就是选择活动去达成。选择与其说是科学，倒不如说是艺术，它要求你同时考虑本书前面各章所述的全部观点。请一定记住：学习要求每名学生对教师所教知识形成个人见解，他们必须借助于矫正性练习去改进和补充有缺陷的理解。

经验丰富的教师与其他教育工作者经常各执一词、互不相让，但在下面这一点上却达成难得的共识：你选择的活动必须与本节课的目标有关，必须要求大量学生参与活动。哪些活动最适合于你的目标？指导选择的模式包括两类：八项记忆术（educare?）与内容—观点—活动法（CIA）。

八项记忆术

如果学习的重心在于获得专门技能，八项记忆术就能有效地指导你去选择合适的学习活动。第二部分介绍了演示和学生实践之类的活动。下面列举了如何选择满足学生需要的活动。

- 学习身体或智力技能：参阅第 2 章、第 3 章。
- 学习事实知识：参阅第 23 章"为记忆而学习"。
- 学习概念：参阅第 12 章"讲解的艺术"、第 19 章"决策卡片游戏"。
- 观点形成与情感学习稍后将探讨，第 39 章也会涉及。

如果你发现八项记忆术有用，就可能认为所有目标都需要矫正性练习，进而满足学习者八项记忆要素的需要（参阅第 2 章、第 3 章）。你既可将八项记忆术用作检查单，从而确保已选择活动能满足学习者的需要，又可将八项记忆术视为提出活动的方式。试验几节课，如果你发现该法无效，就不必非得使用它！

无论如何，别亦步亦趋地追随八项记忆术，要注意利用个人常识。有时，已学知识就可满足学习者的部分需要。例如，用于达成一个目标的活动也可能有助于达成另一个目标。不过，别轻易省略有用的活动；绝大多数新教师会过高估计自己的学生。请记住：可以满足每名学习者需要的活动有很多；八项记忆术不是一系列教学方法，而是一系列学习者的需要。

> **学习者需要的方式多种多样**
>
> **讲解：** 教师讲授、发现、提问、阅读、家庭作业、讨论、视频、视觉教具……
>
> **操作细节（教师详细展示或学生完全领会要求他们做什么和如何做）：** 教师示范、验证典型范例、讨论成功标准、教师通过讲授去演示如何观察问题、自我评价与同伴评价或模拟评价、学生自己钻研如何解决、验证一项案例研究、学生观看别人操作的视频……
>
> **使用（学生练习能力）：** 个别学习、小组学习或讨论、动手实践、（书面或口头）回答问题、写作论文、做游戏……
>
> **检查与矫正：** 教师批改作业、自我检查（依据或不依据指定标准）、同伴互相检查、提问、将个人作业与典范作业比较、观察仪器是否运行……
>
> **记忆辅助工具：** 课程讲义、个人或教师笔记、小册子、教材、参考书、录音磁带、视频、记忆代码……
>
> **复习：** 提问、测试、小测验、考试、实习、家庭作业、游戏、"使用"所述的全部活动……
>
> **评估：** 考试、学生独立学习的任何活动。
>
> **质疑：** 教师或同伴随时随地可提供帮助，在"使用"阶段尤其如此。
>
> （指定作业、小组学习、游戏和提问等方法适用性很强，只要使用得当，就会提供某项特定目标的一个或全部要素。）

内容——观点——活动

并非所有认知学习都可以依据记忆八项要素去观察，如果认知学习的重心不是专门技能，就更不能运用记忆八项要素去观察了。下图概括了一种开展矫正性练习的间接方法。

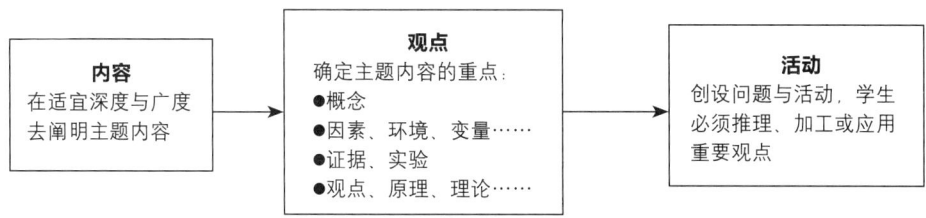

首先，教师选定必须教的内容。课程文件会给予说明，但往往一笔略过。教

学计划、学科教材、往年试卷、其他教师的练习题和讲义都会对你有所帮助。别害怕与其他教师交流自己的方法，这是优点，而不是缺点，只要对你有益，就毫不犹豫寻求建议。

一旦熟悉材料，就尽可能提取最重要的内容。运用前述文献作指导，自问："此处的重点是什么？"记录事实、数据、事件、人物、概念、原理、观点以及其他理解该主题的重要论点。本阶段你可能愿意写下自己对该主题的诠释。

最困难的阶段来了！你必须构思问题、任务或活动，进而要求学生去推理、加工或应用内容所包含的观点。如果你不清楚如何去做，就查阅教材的习题或试卷。进而你可能豁然开朗，最终自己设计出非常合适的问题、任务和活动。如果查阅本书布卢姆教育目标分类学，你就会发现每项高级技能都推荐了许多任务。

同时，你还要考虑该主题的学术或职业关联度。学生应学会运用所学知识做什么？能否有助于他们设计营销策略、诊断线路故障或给顾客提供咨询服务？为什么不设计一项活动去要求学生这么做呢？你可根据一项方案或案例研究去设计问题。知识是达到目的的手段。如果围绕目的去设计任务，你的课就可能讲得切合实际而且有价值。如同使用显微镜或给顾客提供咨询服务，最好运用专门技能去验证内容和观点。然后就可运用八项记忆法去设计有价值的活动。

你还要考虑本学科试图培养的推理技能。你自己必须三思而后行。这是一次迷人的旅行，具体范例包括：

- **历史**：评估证据、分析事件原因、评估事件、通过验证历史人物的作品和活动等去确认他们的观点。
- **科学**：解释实验数据、运用科学原理去解释现象、提出假设并运用实验去验证，等等。
- **社会科学**：运用社会学或心理学理论去解释人类行为、移情，等等。

你任教的学科是在训练一种思维方式，而不仅仅是告知大量事实，只有通过矫正性练习，才能学会运用这种思维方式。因此，你要设置需要学生去推理的任务，让他们像一个真正的科学家、历史学家或社会科学家一样去思考。如后面所述，双层课程是达成该目标的最佳途径。

切莫只讲授主题内容和观点。你并不是给学生的空油箱加油的服务生！你与一位体育教练非常类似，只有通过学生的个人训练与练习，才能培养出他们的能力。你可设计训练方案，不过，如同运动员，只有学生真正去练习、付出努力，才能有所收获。

用约翰·杜威的话来说，就是我们要"做中学"。学生需要对内容进行推理，需要使用和加工内容，还需要争论内容的言外之意。为何如此？与只是阅读或听讲不同，一旦学生开始使用内容与观点，就会形成下述重要优势：
- 学生必须对材料提出个人观点并真正理解。只有这样做，才能称之为学习。
- 学生能主动学习。
- 学生能记住自己思考过的知识，但可能忘掉自己听过或读过的知识。
- 教师能够部分了解学生是否理解材料。
- 教师和学生有机会去检查与纠正理解。
- 推理比阅读或听讲要求更高，所以学生必须全力以赴。
- 如同掌握主题的事实性知识，学生还要培养自己的推理技能。这些推理技能往往比事实性知识更重要，究其原因在于，事实性知识可能已过时，或者无法直接应用于学生未来的生活。
- 如第 25 章所述，鼓励学生进行深度加工，而不是浅度加工。
- 推理比听讲更有趣。甚至比听你讲课更有趣！

给学生设计活动绝非易事，如果教你的老师总是运用注入式教学，你要设计学生活动就难上加难了。尽量避免使用老师教你的方式去教自己的学生，让你的课活跃高效。让学生对个人世界进行推论、解决问题、形成论点、设计或创造某件物品、分析、评估，等等。这既是一种令人兴奋的教学，又是一种令人兴奋的学习。

内容—观点—活动法使用实例

一位健康学教师要给学生讲授人类心脏。她查阅课程文件、教材和往年试卷，以便弄清自己必须讲授的广度与深度。然后，她编写了一份课程讲义，用图表去阐明基本事实。她决定使用模型和计算机模拟去解释心脏的功能。

然后，她设计问题让学生进行小组回答，从而让学生加工和运用这些信息。她的计划包括：

1. 她根据心脏病症状去设计一些问题，究其原因在于，这与学生未来职业相关联，富有人情味，而且经常会成为考试内容。她根据病例研究设计了下述问题：

埃弗里特（Everett）夫人心肌动脉狭窄。这可能对什么产生影响：

a) 她的静止心率

b) 她的最大血流流速

c) 她爬楼梯的能力

d) 中风及心脏病发作的可能性

> 2. 要求各小组回答"如果……会发生什么"的提问，从而测验他们的理解水平，如："如果肺动脉严重堵塞会发生什么？""如果左心室壁收缩功能减弱会发生什么？"等等。
>
> 3. 她认为标注心脏示意图是一项重要的专门技能，因而设计了一项标注游戏去培养这项技能，然后用一次小测验去评价学生掌握的情况。
>
> 平庸的教师只会"传授"心脏的事实知识。优秀教师却会设置活动去要求学生加工这一信息，进而形成个人见解。
>
> （请参阅第3章、第29章内容－观点－活动的应用实例）

上述三阶段过程会让你的讲课生动有趣。如何在课堂里开展这些活动属于本书第二部分的主题。

即使八项记忆法和内容—观点—活动法都不适合你，也别随意使用以教师为中心的教学方法。请研究下述各类目标清单。你能否发现每个案例里的学生都需要矫正性练习？如果要描述一项专门技能，八项记忆法就会有所帮助。如果不是描述一项专门技能，而是运用主题内容和观点去推理就需要矫正性练习，内容—观点—活动法就可能有所帮助。下列几种模式更适合于哪项目标？

学生应学会：

1. 计算球体或锥体的体积。
2. 概述轿车点火系统的工作原理。
3. 列举和评估维多利亚时代铁路影响人们生活的主要方式。
4. 在简单句里正确运用法语动词"拥有"（avoir）。
5. 运用社会化概念去解释日常观察数据。

> 如第1章所述，只有设置开放式、有挑战性的任务并给予告知性反馈，学生才能有效学习。

双层课程

这是最严格的内容—观点—活动法，但你可能需要先教几节课后再试用。首先，考虑任教学科所需技能以及学生必须接受的评价。然后拟订一份学生必须掌握的技能清单。例如，假定你是一位商学教师。你确定学生所需两种技能包括评估一个商务惯例与构思一篇短文的能力。

你正在翻阅自己的教案——假定主题是适用于小型企业的营销计划。你正在备课，目的在于要求学生练习学科技能。例如，可通过要求学生评估一些你提供的营销计划去教他们学会撰写营销计划。

在一节课即将结束之际复习所学内容："我们学会了什么？"还要单独复习（评估）技能。最好借助于"衔接"课程去复习技能，这包括关注技能并提问下述两个问题：

"你们刚刚评估了一些营销计划……"

1．"说说你们是如何评估的？"（这个问题关注评估过程。例如，考虑优缺点以及修改每项营销计划的方式。）

2．"你们还可以在何处运用这个过程／技能？"（例如，同一过程可应用于"批判性评价"或"有效地考虑……"等。）

另一节课，学生可以通过构思一篇题为"什么是质量体系"的论文去了解质量体系。他们可能只是构思，不一定写作成文。（构思兼有备忘录的功能。）可借助于"衔接"课程去复习论文构思技能："你们刚刚构思了一篇论文；说说你们是如何构思的？"然后，"你们还可以在何处运用这个过程？"比如应用于报告写作。（详见第28章）

多数双层课程用于培养某种技能。

第42章"技能教学融入教学计划"列举了许多双层课程。"基于证据的实用教学法"全面阐述了双层课程。

下面将介绍如何选择活动去完成包括观点形成一类教学目标。

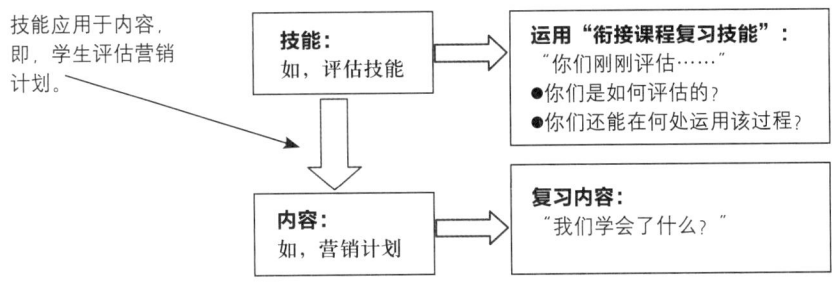

选择适合于不同观点形成的活动

英国文学、艺术史、音乐、社会、哲学及其他人文科学教师的教学目标，一般都是鼓励学生提出个人的精辟见解。例如：

学生应学会：

- 鉴赏莎士比亚《罗密欧与朱丽叶》里的意象。
- 探讨自海湾战争以来联合国的维和角色。

别希望所有学生达成共识,因而这属于多样化学习,既可视为一个矫正性练习过程,又可视为一个满足学习者日常需要的过程。如同以往,这些需要引发了学习活动。

让我们探讨一些记忆要素:

讲解。学生需要了解有关正在形成观点的背景事实信息。

"操作细节"。学生可能受益于教师介绍的代表性见解,例如专家、利害关系方、同伴、往届学生、教师本人的意见(你可提出各类观点让学生讨论)。观点越多越好。

使用。学生口头或书面提出个人见解,先是试探性、探索性的,然后越来越坚定与完整。

检查与矫正。学生的见解要接受自己、同伴、教师等的质疑,然后他们应修改个人见解,让见解越来越精辟、越来越坚定、越来越严密。矫正性反馈不应苛求学生,否则他们就可能产生防御性或退缩性态度,进而阻碍他们建设性地修正个人见解。教师的批评应针对事实并保持一致性,还应包容与自己不同的见解。

其他学习者需要,如,记忆辅助工具、复习、评估和质疑皆为自我探索类需要。见解的形成需要高级技能,还需要考虑证据的信度和偏见一类因素。

根据上述需要推荐的教学方法包括阅读、问答、小组和大组讨论、辩论、论文写作等。各章所述的多数小组和游戏学习活动同样与此相关。例如,假设一位社会学科的教师确定了下述目标:

学生应学会针对城市高犯罪率的原因发表精辟见解。

该目标可借助于下述方式去实现:

讲解。给学生讲解相关统计数据与其他相关背景事实。

"操作细节"。要求学生了解警察局长、政治家、社区工作者、犯罪学家、新闻工作者等的言论。

使用、检查与矫正。要求学生对10个所谓的城市犯罪原因进行优先排序,每条原因印到一张卡片上面(包含不合理的"原因")。各小组可扮演首相的政治顾问角色,然后向全班做陈述。也可进行课堂讨论、辩论、小组群议等。

评估。可让学生撰写一篇总结活动的论文,然后提交教师批改。

观点形成的技能

下面将阐述对难点问题或有争议问题应如何提出个人观点。这本身就是一个有争议的问题，我的观点纯属一家之言，目的在于帮助你阐明个人观点。

应根据准确事实去提出个人观点，当然观点也可以产生于众所周知或极其权威的基本价值观和信仰。这些基本信仰可归于下述互相交叉的四种类型。

道德信仰

例如，我们对生活主旨的信仰包括：增加幸福感和成就感，减少痛苦感，进而增进人类福祉。当然还包括一个人应遵守诺言、说实话、尊重法律、不偷窃等等。或许最普遍的道德信仰是"己所不欲，勿施于人"，其实，其他所有真正的道德信仰可能皆衍生于此。实际上，所有世俗团体和宗教团体都认可这项"推己及人"的原则，因而它可能被视为一个道德绝对准则，并且可能被用于阐明道德争议。别让学生将"己所不欲，勿施于人"与"以其人之道，还治其人之身"两项原则相混淆。后面这个原则其实是一项"以牙还牙"的行为原则，根本不是一项道德原则。

多数具体道德规则并非如此绝对，反而可能互相冲突。例如，为了抢救一名交通事故受害人，你可能违约（失信）。特殊道德情境可能模棱两可，如何选择，既可能取决于事实，如你对个人行动后果的看法，又可能取决于你的个人价值观体系。一旦需要裁决道德争议，就必须区分有关事实问题与价值观问题。

事实问题经常可以通过专家评判获得明确答案，例如："殴打好人有可能让他将来欺侮别人吗？"这是心理问题，而不是个人成见。相反，价值观问题却没有通用的标准去裁决：对你而言，古典音乐或许价值无限，或许不名一文。但人们常常忽略事实问题与价值观问题之间的差异。

价值观说服并非易事，但也不无可能——只是永远不会达成普遍共识。不过，依据"己所不欲，勿施于人"的原则，一个人应始终重视别人所重视的一切。

毋庸置疑，学会道德推理的途径包括矫正性练习与示范，因而教师责无旁贷。

一些道德信仰问题

"己所不欲，勿施于人"都包含什么？是否包含其他种族、其他民族（如第三世界）、动物、胎儿、未出生者、不道德者？多数道德争议起因于上述问题的分歧。

规范信仰

主流或可接受的价值观称之为规范信仰，它们可能因文化或年代不同而大相径庭。例如，对女性角色、服装、性别、礼仪、投票权等的态度。规范价值观和信仰至关重要，究其原因在于，它们可能形成社会凝聚力和稳定因素，当然，如果人们对此一无所知，也可能产生很大分歧。它们并非绝对准则，例如，20世纪60年代，如果电视播出一对不同肤色夫妇接吻的镜头，就可能引起轩然大波，但现在人们已习以为常。

规范信仰可能不道德——例如，今天，绝大多数人会说18世纪奴隶制的规范信仰不道德。不过，在一个时代里，显然只有少数人能发现规范信仰的不道德性。规范信仰随亚文化不同而不同。它们被拥护者误解为道德信仰。

> **一些规范信仰问题**
>
> 教师应传播主流规范信仰，从而坚守维系我们社会的传统习俗吗？
>
> 或者，教师应鼓励学生依据道德准则去批判性评价规范信仰，从而促进个体和全社会的道德发展吗？

宗教和精神信仰

不同流派的宗教和精神信仰非常相似，但也随宗教不同而变化。值得一提的是，科学一度被视为完美知识的代表，时至今日，几乎所有哲学家和科学史家都认为，科学只是"今天最好的猜想"而已。历史或许会证明，即使我们深信不疑的科学信仰，也会被新信仰取而代之。

因此，即使科学已经证明信仰上帝是错误的（上帝不存在），将来也可能又证明上帝确实存在。依纯科学而言，即使有上帝，它也只属于不可知论，而不是无神论。

> **一些宗教和精神信仰的问题**
>
> 在学校里，教师应同等重视不同宗教信仰，还是应优先考虑基督教、个人宗教、非宗教信仰或主流宗教信仰？
>
> 教师应批判性质疑宗教信仰还是应没有宗教信仰？

心理和哲学信仰

具体观点包括:"人生来邪恶,社会使人文明";"人生来善良,社会使人腐化";"合作(或竞争)可以最大限度地满足社会需要"。这些信仰往往可能成为政治主张的基础。

> **一些心理和哲学信仰的问题**
>
> 这类信仰属于悬而未决的事实,还是属于不可判定的事实?
>
> 它们是否属于过于简化的复杂问题,故而最好留待社会学、经济学、心理学一类行为科学去解释?

审美信仰和价值观

艺术品位、建筑品位、音乐品位等,部分属于规范性信仰和价值观,随文化和时代不同而变化。但多数包含一项绝对因素:研究发现,对优秀作品的价值而言,来自不同文化背景的专家往往英雄所见略同。

帮助学生形成个人观点

我们的观点形成于上述基本价值观和信仰、事实,或者准确地说,形成于证据。应努力寻求有争议问题产生分歧的根本原因。就某些行为的可能后果而言,是事实、价值观或信仰差异引发,还是手段、目的分歧所致?……只要询问学生为什么坚持己见,就会真相大白。

讨论只要避免相互指责,就会受到学生广泛欢迎。从学习观来说,坚持一个观点的理由至少与观点本身同等重要。再次提问"为什么",要求学生证明个人观点。

应鼓励学生具备下述意识:

- 自己一些信仰是偏狭和可变的,其他信仰则至少是相对稳定和普遍的。他们也应学会辨别两者之间的差异及其原因。
- 有争议问题的分歧可能起因于信仰和价值观的差异。例如,"歌剧院应该被资助吗?"不过,它们也可能起因于证据或理论的差异。例如,"预防犯罪分子再犯罪的最佳方式是什么?"
- 通向确定性的道路无捷径可走,历史证明,科学、宗教、权威和多数派都可能犯错误。

- 满足强烈情绪需要的观点具有巨大吸引力。例如,"他们应给我这类人提供一顿美餐。"错误观点可能引发文饰作用*、偏见、歧视、寻找替罪羊、不公正,甚至有过之而无不及。当然,对于这类利己行为,我们对别人往往明察秋毫,而对自己却视若无睹!
- 人人有权利要求别人尊重自己的观点——因而人人也有义务尊重别人的观点——进而有义务去充分思考个人观点,如果个人观点影响别人,就要慎之又慎。

帮助学生形成合乎逻辑的观点有难度,但并非没有可能。在此,我必须解释一种个人偏见。我认为,观点形成的技能极其重要。想当然可能引发偏见、不公正和不负责任——甚至会引发战争、恐怖主义和暴力。只有借助于矫正性练习和示范,学生才能掌握观点形成技能。教师必须培养学生具备批判性开放意识,激励他们自愿接受必要的质疑。如果鼓励学习者盲从地接受权威观点,他们就没有机会去练习个人观点形成技能,就可能阻碍他们的心理发展。他们就会渴求无处可寻的确定性,而这既无益于学习者,也无益于社会,进而可能产生长久的不良影响。

以前,我曾自以为是地提出,教一项技能所用时间与其重要性成反比。合理观点的形成不仅左右社会稳定,而且有助于个人把握自己的生活方向。它如此重要,教师却常常没有时间去教这项技能!你是否教过这项技能?如果没有,你是否希望自己这样做?

如同第 17 章"讨论"所述,如果出现分歧,就尝试弄清原因——是因为事实差异,还是因为信仰或价值观差异?

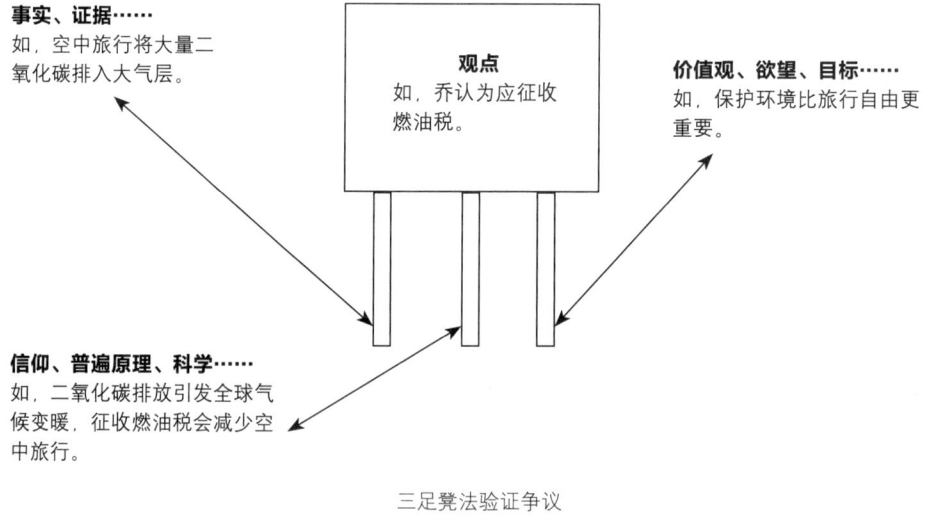

三足凳法验证争议

---

*译者注:分为酸葡萄心理、甜柠檬心理。

如上图所示，要想质疑乔的论点，就必须推翻支持论点的三条论据之一，或证明推理有误。如果推翻一条理由，论点就会站不住脚。如果论据与论点之间缺乏联系，论点同样站不住脚。与学生一起探讨前所图述三足凳法，要求他们利用墙报、电子演示文稿和课程讲义，以可视化形式去呈现自己的论点。

假设检验

维恩图有助于假设检验，诸如：
1. 凡尔赛和约在多大程度上引发了第二次世界大战？
2. 监狱确实起作用。

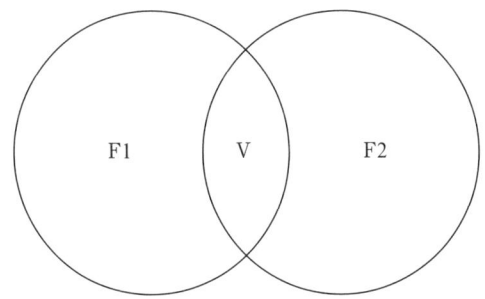

在第一种假设里，左边圆代表凡尔赛和约，右边圆代表第二次世界大战的起因，两圆交叉部分"V"代表和约引发战争的起因。进而就验证了假设。"F1"代表与引发战争无关的和约条款，"F2"代表与和约无关的战争起因。

在第二种假设里，左边圆描述监狱的性质，右边圆描述"起作用"意味着什么。两圆交叉部分代表监狱在多大程度上起作用。交叉部分"V"则验证了该假设。"F1"代表不起作用的监狱因素，"F2"代表起作用的非监狱因素，两者均证明该假设是错误的。维恩图有助于直观思考任何证明假设的证据，也有助于直观思考任何否定假设的证据——最适用于依据交互式白板呈现的维恩图去开展自信式提问的课堂讨论。

推荐读物

[1] E.迪博诺（De Bono, E.）.教学思维.企鹅出版社，1978.
[2] R.W.杰普森（Jepson, R.W.）.思维清晰：公民教育基础课程（第5版）.朗

文出版公司，1967.

[3] R.J. 马扎诺（Marzano，R.J.），S. 马扎诺（Marzano,S.）和 D.J. 皮克林（Pickering，D.J.）. 有效课堂管理. 国际课程开发与督导协会编，2003.

[4] D. 缪吉斯（Muijs，D.），D. 雷诺兹（Reynolds，D.）. 有效教学：证据与惯例（第3版）. 塞奇出版社 .2009.

[5] J. 尼斯比特（Nisbet，J.），J. 舒克史密斯（Schucksmith，J.）. 学习策略. 劳特利奇出版社，1986.

[6] G. 佩蒂（Petty，G.）. 基于证据的实用教学法（第2版）. 纳尔逊·索尼斯出版社，2009.

[7] R. 索利斯（Thouless，R.）. 直线与曲线思维. 霍德教育出版社，2011.

第三十九章　选择实现情感目标的活动

每位教师都要关注情感目标的实现。实际上，布卢姆的教育目标分类学将情感领域分为两大类(参阅第37章)。第一类包括鼓励学生专心学习并对学习感兴趣，如培养对科学实验的兴趣。

本书始终以培养学生对学习的积极态度为第一要务。诸如教师热情、动机、强化、人情味、学生关联性、与现实世界的关联性等因素均会有影响，以后我们将予以探讨。

情感领域的第二类目标包括增强学习者意识、转变或形成学习者信念、态度和情感。主要目标可能包括：

- 形成对不吸烟的积极态度。
- 珍视多元文化社会。
- 理解膳食纤维在健康饮食里的重要性。

在护理行业里，情感领域的目标显而易见，例如：

移情新入院的病人，认识到让他们在新环境里感觉舒心的治疗价值。

这类目标不仅仅需要事实知识，还需要这些事实内含的价值观或重要意义。了解膳食纤维在饮食里的重要性是一回事，开始吃膳食纤维又是另一回事！

这类目标所描述的学习可被视为观点形成。如果学习者高度认可膳食纤维的益处，他们就可能因此而改变个人饮食习惯。价值观、态度和信念皆可被视为个人观点，所以，情感学习可被视为高级认知技能，它是一种个人观点形成的技能。

改变态度和观点可能让你感到不舒服吗？我希望如此。这可能引发一个基本的伦理问题。教师有权利去说服的话题有哪些？或许，只有问题经过充分酝酿，才能达成真正的共识。与健康（如饮食）或安全（如车床使用）问题相关联的观点即可归入此类，但许多政治或道德问题的观点（如充分就业或堕胎）却是众说纷纭。教师的职责就是在政治、宗教、道德和商业争议时保持中立。如果还要说服别人，就可能完全违背职业道德。

对某些话题而言，教师就可能鼓励学习者采纳一个大家公认的观点（说服或达成共识）；对其他话题而言，教师可能期望学习者提出个人见解——即前一章所述的各抒己见。

说服（达成共识）

学习者如何形成或转变个人价值观、态度或信念？这要求他们阐明、调整或改变个人观点，进而或许还要求阐明、调整或改变自己偏好的行为。当然，仍需要运用观点形成的技能。

下述方法基于凯瑟琳·里尔登（Kathleen Reardon）与其他人共同创立的模式。该模式认为，具有说服力的信息可能基于三个因素：形象（Image）、一致性（Consistency）与有效性（Effectiveness）。我们可称之为"冰"（ICE）模式。例如，假设你要试图培养学生对不吸烟持积极态度。学生可能考虑：

形象："新观点或行为是否与形象相符，如是否与家人、朋友或同伴的形象相符？它是否与个人形象相符？"在吸烟案例里，学生关心的问题可能包括：如果我吸烟或不吸烟，我是否将失去或得到朋友、熟人和家人的信任？我是否看重吸烟者的形象？想到自己是一位尼古丁成瘾者是否可能高兴？

一致性："该信念或行为是否与个人其他信念和行为相一致？"吸烟相关联问题可能包括：如果主张保健，我怎么可能吸烟？

有效性："该信念或行为将如何影响我的长期或短期目标。如，是否可能带来理想的结果？"相关联问题可能包括：如果不吸烟，我可能节省多少钱？我感觉吸烟是难于还是易于结交女朋友或男朋友？吸烟是否能让我更擅长踢足球？吸烟将让我以后患上癌症吗？

哪个因素更具影响力取决于个人和问题本身，所以，教师一般应谈及三个因素。它们之间往往互相交叉。教师经常可能犯一个致命错误，即，一旦涉及性别歧视、种族歧视一类社会问题，就可能忽视"形象"和"有效性"。依据"冰"模式思考，会有助于生成适于小组或课堂讨论的议题。例如，假设你打算培养学生对工作场所和建筑工地安全持积极态度。"冰"模式可能引发什么问题？请你自己仔细思量。

应对策略

一些研究者认为，如果学习者要接受一种新观点或态度，就需要演练心理与言语反应。他们需要制定应对策略去认可一个新信念，不然就可能故态重萌。

"如果听到一位朋友发表种族歧视的言论,我可能做什么?"

"如何才能拒吸朋友递送的香烟?"

角色扮演经常可能取得良好效果,通过小组讨论去设计应对策略也是一项理想的小组活动。在设计应对策略时,学生参与度越高,效果往往越佳。他们可能非常了解什么奏效,因而更可能信奉自己的观点而不是你的观点。

设置实现目标的活动

用于探讨价值观、态度和行为的活动和教法必须关注情绪及其原因,它们还必须为观点形成提供矫正性练习机会。常用方法请参阅下面的专栏:

> **实现情感目标的常用教法**
>
> 如第 29 章所述,最有效的总体策略是引导式发现教学。适用的活动包括:课堂讨论中自信式提问风格(参阅第 24 章)、小组讨论、态度问卷(参阅第 10 章)、小组合作学习、游戏、模拟和角色扮演、辩论、访谈学生和其他人员。主动体验法特别有效——不过,有时难于组织。
>
> 需要学习者体验的活动、讲述具有人情味故事的活动(视频或书刊故事)、需要移情和认同特殊人物的活动也可能产生显著效果。例如,你可朗读一个小故事:朱莉是一名女生,一开始拒吸香烟,但经不起朋友一再劝说,最终还是吸烟了。读罢,你可以提问学生:"你自己是否遇到过类似事情""你认为朱莉在想什么?""你可能做什么?"……
>
> 本书第二部分已详述上面的教法。

转变态度需要时间和耐心,如果要转变一个根深蒂固的、坚信不疑的观点,就更需要时间与耐心了。别指望一夜成功。观点一点点转变,而且往往可能在说服者不在眼前时发生变化。一位营养师说服一位老年人由吃白面包而改吃全麦面包,或一位社会研究的教师面对一位持种族歧视观点的学生,都别指望立竿见影。在讨论期间,倾听而不是讲话,留心态度和情感的言语和非言语信号,并跟踪观察这些情感。一如既往,尽可能以学习者的视角去观察事物。他们如何思考?为什么他们重视这些看法?为什么他们这样思考?

> **说服策略**
>
> 下面例子专门探讨医务人员如何给老年人现代饮食的忠告。
>
> **合理：**
>
> 诉诸权威。一般而言，如果你引用统计数据或研究结果，就最好提供细节而不只是研究结论。"医生和营养师都认为全麦面包最好。研究表明……"
>
> 诉诸多数派。"目前，绝大多数人都认识到全麦面包的价值。"
>
> 诉诸道德。"你该让自己的伴侣安心。"
>
> 请求适度改变。"既然都买了白面包，为什么不再买点全麦面包尝尝？"
>
> **不合理：**
>
> 争执。"别告诉我你要吃白面包！"
>
> 嘲笑。"白面包？你想告诉我你是一个原始人！"
>
> 假定达成共识。"当然，你们全吃全麦面包，这会提供身体必需的膳食纤维。"

针对你提倡的信念，肯定会有不同声音，只是你的学生可能不敢说出来：

"我爷爷抽了80年香烟却毫发未损。"

"海洛因吸食五六次才可能上瘾。"

一般而言，最好直面这类观点。众所周知，学生需要对这类相反观点产生"免疫"，否则他们以后就可能被蛊惑。当然，教师应谨慎处理，对不专心听讲或学困生更应打起十二分精神，否则，一味重复相反观点就可能让学生信以为真。

作为说服者，你必须提供相关事实资料，但这本身还不够，你还必须影响情绪，进而让学习者产生转变个人观念的动机。学生必须有机会根据个人已有价值观和信念去探讨新信念或行为。

自我说服是唯一真正的说服。"你错我对：你必须改变个人看法并接受我的观点"会刺激学习者去反唇相讥，或坚持自卫立场以避免丢面子。因而，教师必须证明新信念或行为与学习者已有价值观和"自我概念"相符。

"明智者不会浪费金钱、损害健康、惹男朋友或女朋友生气。你是一位明智者，所以你不会吸烟，对吗？"此乃一种说服策略。相反，"依我之见，吸烟有害，所以你绝不会吸烟！"则不可能让对方改弦易辙。

差异细微却非常关键。因别人持异议而改变个人态度意味着丢面子，因与"现实自我"更相符而改变个人态度却会保住面子。这是引导式发现教学策略最适用于情感学习的原因，学生需要自己去"发现"该观点（你正在"教"的观点）与个人已有价值观和观点完全相符。

> 同伴互教是一种方兴未艾的情感教育方法：经过特殊训练后，针对一个情感问题，小组的学生准备和讲授完整一堂课。

提问学生坚持个人观点的原因。然后你可能得到下述答复：

"我要控制自己的身体，我不想成为一名瘾君子。"

"我要把钱用于做给自己带来欢乐的好事。"

一旦学生为捍卫新观点而坚持己见，就可能变得强大起来。当然，这类措辞必须源自学生本人。

在《学习自由》专著里，卡尔·罗杰斯主张，你必须接受并尊重学生及其已有价值观，否则他们就可能立即拒绝你。不过，你的表现必须真实可信。这做起来并不容易！

> 耶稣基督是一位鼓舞人心的情感教育教师。他喜欢使用寓言，或许因为寓言既可讲明道理，又不会指责听众的过错；寓言既可鲜明地表达个人观点，又具有人情味。

一个案例研究

> 1991年11月22日出版的《泰晤士报教育增刊》援引的一项研究指出，在16—18岁青少年当中，有25%的人打算与刚结识的异性朋友发生无防护措施的性关系，其中82%的青少年认为学校开展的性教育与自己面临的问题几乎无关或毫不相干。

哪些活动可能有助于实现下述目标？

提高安全性爱的意识、培养对安全性爱的积极态度。

你要给学生讲两节一小时的课，其中一节课要花费40分钟去讲述有关安全与不安全性行为的事实资料、人类免疫缺陷病毒（HIV）艾滋病（AIDS）的性质……听众是一群17—18岁的青少年，他们代表其他同学来听课。

运用"冰"模式选择适于本课的活动。然后（只能是然后！）再看看下面专栏所提的建议。

用于帮助实现目标的活动：

"提高安全性爱的意识、培养对安全性爱的积极态度。"

一位艾滋病患者讲述个人故事的视频（人情味）

一份匿名调查问卷，百分比统计数据可用于随后的讨论。问题如下：

- 如果伴侣坚持或拒绝戴避孕套，你将如何看待？（形象）
- 男子汉可以不使用避孕套吗？（形象）
- （如果有可能）你认为值得冒生命危险的事情是什么？（一致性）
- 你能否列举自己喜爱的安全性行为？（有效性）
- 你是否赞同下述观点："年轻人一般不可能患上艾滋病"；"只有同性恋者和吸毒者才可能患上艾滋病"……（直面相反观点）

（其他许多问题也值得探讨。）

小组合作学习。针对性伙伴不愿戴避孕套，教师要求由同性构成的学习小组设计应对策略。他们可能说或做什么？（应对策略）

当然，学生可运用许多合理方法去探讨这个令人头疼的话题，上面应对策略只是建议而已。

培养学生对建筑工地安全生产持积极态度

依照"冰"模式去设计问题

形象。"你如何看待一位几分钟就能绑牢梯子的人？""你认为男子汉可以无视安全规则吗？""如果建议同事采取更为安全的措施，他们将如何看待你？"

一致性。"你认为自己是一位冒险家吗？""如果独自一人，你是否会冒险？""你是否可能在家里使用失灵的电器？""如果你在工作上冒险，谁可能受益，你自己、老板或都不是？"

有效性。"如果因工伤而休假一周，你的工资可能发生什么变化？""如果你没戴安全帽，一块砖砸到你的头顶可能发生什么？"

应对策略。"你将如何看待一位说你绑牢梯子纯属浪费时间的人？"

推荐读物

[1] K.K.里尔登(Reardon, K. k.).实用说服策略(第2版).塞奇出版公司,1991.

[2] 从网上搜寻《英国政府性与关系教育指导意见》(The Government Sex and Relationship Education Guidance).从中可获取最新建议.

第四十章　撰写教案

迄今为止，你对实现教学目标的活动已略知一二，因而应该考虑撰写教案了。一开始，你可能发现这是一项十分耗时的活动。绝大多数教师可能针对全班学生去备课，部分教师可能设计个别化学习计划。本章主要探讨适用于全班的教案。备课方法视是否开展课堂教学活动而定（请参阅第 41 章和第 34 章）。

备课是一门艺术而不是一门科学，没有一堂课能够完全实现一系列既定目标。不过，下述观点仍始终不可轻视：

- 应围绕实现教学目标去备课。
- 目标应明确。
- 快下课时开展的技能和能力练习应尽量符合实际。
- 备课应条理分明。
- 学生活动和教学方法应丰富多彩。
- 全班学生应主动学习，而不是被动听讲。
- 应根据学生特点去备课。请阅读第 46 章小组初始诊断性评价。
- 教师讲授应尽量运用直观形式去阐明知识或技能。
- 动机（请牢记：成功、目的、乐趣、强化、目标设置）。
- 兴趣（人情味、学生关联度、挑战赛、智力竞赛、游戏……）。
- 绝大多数活动所用时间可能超出你的预期。
- 为提前完成活动的学生准备一项拓展性任务；还可采用开放式任务，让每名学生都有事可做。
- 始终多备几节课，没有什么还能比冷场更让人难堪了！（几乎不可能发生浪费备课时间的事情，总会有下一节课在等着你。）
- 别忘了可以连续或同时或分组开展活动。

> 没有计划就意味着失败。

教案一般应按照"开头—中间—结尾"的方法去撰写：

开头。与学生过去所学知识建立联系，引导学生关注本节课所学内容。阐明本节课的目的；有些教师倡导朗读目标，但绝大多数教师并非一板一眼去讲解目标。慎重考虑启动活动：你是需要一下子就吸引住学生的活动，还是需要循序渐进的活动？

中间。介绍学生活动。如果教学以特殊技能为重点，教师就需要进行必要讲解，进而让学生了解"操作细节"。即，知道教师期望他们可以做什么、为什么做和如何做。然后，学生根据目标概述的能力要求去练习。

如果讲课重点在知识内容而不是技能，就要给学生设置一些活动，要求他们对内容进行加工或推理。如第1章所述，这要求学生形成意义建构。

在活动期间，教师或许要对学生进行某种形式的检查与矫正。如果教给学生一些自我检查方法，效果就可能更好。

结尾。理解、概括甚至记录所学内容。教师提示下节课所讲内容。

当然，你可能无法用一节课去完成一项目标。你也可按照"内容""方法""教师活动"和"学生活动"的方法去撰写教案。

呈现—应用—复习

另一种撰写教案的方法是呈现（Present）—应用（Apply）—复习（Review），或称之为"标准"（PAR）方法。即，教师必须呈现新内容，必须要求学生应用新内容，必须要求学生复习所学内容。从呈现、应用到复习，你不必一直不停地检查，每个阶段只检查一次即可。一般而言，在一节课里，你可能多次重复每个阶段。"标准"教案撰写法是三足凳理论的翻版，要想圆满完成一节课，就必须经过"呈现—应用—复习"三个阶段。

教案格式

绝大多数教师撰写教案的格式大同小异，复印一份空白教案，填充每节新课即可，或者，运用文字处理软件模板去填充。

格式设计依个人需要而定，但一般应包括：本节课名称、目的与目标、教学大纲相应段落、学生活动所需教具、其他所需资源、课后评语。

还应包括：日期、上课具体日期与所需时间、上课地点、课程名称、学科、考试机构、认证机构、授课教师……

每节新课的活动及其时间安排均可填入空白格式，然后将教案与相关练习题等一起放进一个文件夹，以备将来使用。

复习　最少 5%

定位：
目标实现了吗？
总结与阐述学会了什么。强调关键点与结构等。

学习策略：
- 整理笔记
- 创制一份思维导图、海报和课程讲义，用于课程概括关键点
- 课堂讨论
- 反复使用并详细添加先行组织者
- 一上课时，设置一项小练习去复习上节课内容
- 先讲解关键目标，后由教师检查
- 小测验、考试等

给学习者和教师反馈：
检查学习质量，如，运用互动式对话，通过问答去发现与阐明知识薄弱点；课堂讨论难点等；同伴与自我评价。

应用　最少 60%

学生努力完成有挑战性的目标。任务要求他们去应用刚才呈现的知识、理论和技能等。他们需要运用推理，而不仅仅是再现。如，问题解决、决策及创制思维导图等。

典型学习策略：
- 学习操作技能时
  - 运用该技能去完成实际任务
- 学习认知技能时
  - 在小组学习时，依据案例去回答问题
  - 练习、提问、作业单、论文等
  - 课堂讨论进而形成一个论点或回答一个问题等
  - 决策卡片游戏
  - 学生展示
  - 批判性评估样本，如，这些句子添加的标点符号是否正确

给学习者和教师反馈：
这可能不是一项独立性活动，还可能要求学生比教师更积极地参与，其目的在于：
- 告知学生什么是对的以及什么是错的！（奖罚与任务）
- 给学习者提供所需支持
- 检查学习者对任务的专注度、作业质量、行为等，常用策略包括：自我评价、同伴评价、课堂讨论、教师点评等

呈现　最多 35%

定位：学习者准备学习：
- 回忆上节课知识
- 回忆其他相关先前知识
- 令人信服地陈述与学生建构新内容的关联度、重要性及学习价值
- 先行组织者协商建构新内容
- 设置有挑战性的目标

呈现新材料：
给学生解释新知识、推论、理论等，或换一种方式去学习它们。运用具体事例去解释抽象概念。

演示操作与智力技能：
如，如何应用工具或公式，或给句子添加标点符号。同时强调过程与结果。突出重点。在白板上演示如何做。学生学习"样本"（优秀作业）。

典型学习策略：
- 专心听教师讲授或观看视频
- 观察一次演示实验
- 学习样本，如模拟评价
- "提问教学"（而不是"讲授式教学"）
- "非讲授式教学"策略，诸如利用信息学习技术或其他资源去学习

给学习者和教师反馈：
学习过程中的检查与矫正，如：
- 交互式问答
- 互动式对话，如小组学习（参阅第 24 章）
- 课堂讨论活动后，学生在白板上演示

主题教学结构——呈现－应用－复习模式示意图：需运用所有要素，且往往需要多次运用

下面是有关某项简单主题的一节课教案。先认真分析该教案的结构,再接着阅读新内容。这些活动是否源自教学目标?

教案 P·赖特(P. Wright)

班级:办公软件研究一年级　教室:一层12号

日期:2014年9月4日 周二

课程内容:文件归档,第8章第2—3节

目标:学生应学会:

——根据字母顺序搜寻相关信息;

——按照字母顺序整理信息。

时间	内容与教学活动	学生活动与资源
	陈述目标:向学生说明重要性及难度。快速复习上周所学内容。	介绍:幻灯片
5	你是否按照字母顺序去介绍书籍或光盘?我们是否都知道个人姓名的字母? 如 morl、tor 等	提问与回答
10	字母顺序如何排列?要求全班从个人的活动和电话簿里发现字母排列规则。包括数字、昵称、教名、街道和首写字母。	查阅电话簿
20	学生在电话簿里查找下述号码(采用竞赛形式):快递公司、建筑公司、化妆品商店、美发店、数码录像店、咖啡店等。	学生练习
30	全班讨论字母排列规则。	
35	将概括的规则书写到白板上。	讨论、做笔记
40	播放幻灯片上的排序练习,向学生说明规则的运用。	演示:幻灯片

45	字母归档练习（三套卡片）：学生两两结对，以比赛形式去玩卡片。教师检查学生排序结果。	学生练习：归档游戏卡片
57	概括规则；告诉学生下节课上课地点。	运用问答去概括

（如果还有时间，就让学生做归档练习题1-5，另加往年试题）

（说明：5、10、20……是指一节课的第几分钟）

课堂评估（课后记）：进展顺利。查找电话簿阶段用时超过预期。无论你是否相信，有些问答仍然模糊不清。我是否在概括规则时突出强调了这一点？比赛确实能激励他们去踊跃参与！下次一定还要运用这种方法。

再次检查本节课的目标。教案完全体现了目标，活动既具有激励性，又能培养重要技能。尽量选择主动教法，例如，为了教学生发现字母排序规则，运用发现法而不是教师讲授法。教师为学生提供了绝大多数必需的学习资源。

如果要选用更为高级的教案格式，就可能要求你说明如何检查学习结果，或者，要求你说明在何处设置掌握性任务和高级开放式任务，进而满足学生的差异化需要。

学生活动多样化是保持注意力集中的关键之所在。下图则展示了学生在1小时课堂里及连续1个小时以上课堂注意力的变化情况。你将发现，有时学生可能完全分神了，在教师讲授期间，他们更可能注意力涣散。你还将发现，活动的变化可以增高学生的注意力，如果学生主动学习，就能够长时间做到聚精会神。

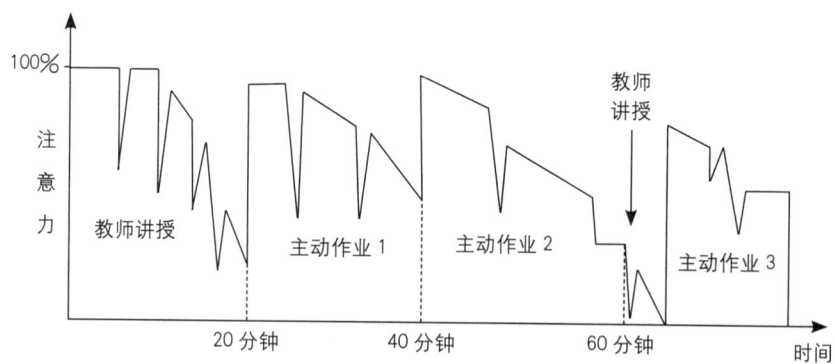

实际上，教师可能需要偏离教案去讲授。例如，如果学生遇到困难，你就可能希望进一步解释；或者，如果他们厌倦一项活动，你就可能缩短时间。经常可能出现这种情况：全部活动还没有结束，而时间却用完了。对你而言，某个环节没有备课，并不意味着失败（只要你能保持大方向不变即可）；如果确实需要偏离教案，就没有失败不失败之说。

军事战略家的格言：作战地图始终在手——一旦需要，就能派上用场。

提前详细备课 1—2 节为宜。根据目标选择学习活动，但别限定用时。上课经常完成不了预设目标，所以随后不必详细修改教案。有些教师喜欢准备"主题教案"，一项主题可能涵盖两三节课，每年还可用于帮助自己备课。

任务梯级

如第 1 章所述，如果给学生设置的任务具有梯级——逐渐增加难度，就可能有助于他们的学习。一开始是简单任务，只要求学生回忆你教给他们的知识，然后是简单的推理任务，最终是开放的、有挑战性的任务。这确保所有学生都能够至少完成一些任务，而且即使最优秀的学生也要全力以赴才能完成颇具挑战性的任务。因为这是一项开放性任务，所以，他们不可能无事可做。采用这种方式，你所设置的任务就可能满足所有学生的需要。（参阅第 5 章。）

满足个体需要

绝大多数教案可能描述全班学生将遇到什么问题。但如果一些学生有个别化需要怎么办？例如，学生是诵读困难者或有行为问题或错过上一节课，那么你可以与他们协商学习目标。如果只包含一两名学生，你就可在教案某个特殊地方记录下来。如果包含大量学生，就请阅读第 41 章。

> 如第 38 章所述，尝试教双层课程会让你获得更多经验。

课堂评估（课后记）

应评估每节课。如第 31 章"从经验中学习"所述，经验无法保证学习，只有对照理论反思经验，才能带来真正的学习。简短的评估只适合于具有一定经验的教师。如第 46 章所述，只有对过去的成败进行反思学习，一个人才能进步。

如果对自己过于挑剔，你就会丧失自信、缩手缩脚；如果过于自信，你就可能对改进自己不屑一顾。无论是过于挑剔，还是过于自信，你都不可能从经验里获益很多，因而也就不可能改进自己。

> 只有平庸之辈才可能一直自我感觉良好。
> ——让·季洛杜(Jean Giraudoux)（法国小说家和剧作家）

即使上课出现问题，也别灰心丧气，优秀教师上课也可能讲砸，人人都可能偶尔遭遇滑铁卢。有时可重读个人的课后记：你能否从中发现某种习惯？比如说，你是否经常犯同样错误？

前几节课

> 人类大脑从出生之日起就开始工作，日夜不停歇；然而，一旦你要站在众人面前讲话，它就可能一片空白。
> ——乔治·查塞尔爵士(Sir George Jessel)

登上讲台前要弄清

资源：复印设备、图书馆、练习题等通用资源；上课教室是否安装固定数码投影仪、白板或高架投影仪；如何摆放录像机等专用设备；教师办公室咖啡供应时间与地点。

你未来的教学对象：他们的姓名、过去成绩以及特殊需要。如有可能，就去他们班级听几节课。邀请一位经验丰富的教师共同查阅他们的作业。你能否提前绘制一份座次表？

你任教的课程：课程内容；家庭作业和课程作业等规章制度；工作经验与考试日期；校内外评价程序；学生已有知识。完全熟悉你将要教的内容并写出教案。

你任教的学校：学期起止时间、名称与电话号码；相关工作人员姓名及职责；惩戒程序；通用方法与理念；特殊需要规定。

别照本宣科。在高架投影仪呈现一些主要标题，用它们作为提醒物，它们也有助于学生专心听讲。有些教师喜欢使用提示卡片。

如果你向学生介绍自己，就可能有助于教学，例如，向学生介绍自己的学历和工作简历；尽量别告诉学生这是你上的第一节课，或尽量别告诉学生你是一位实习老师。

如果你愿意，就随身带一杯水。

课前检查教室与所有教学设备。

上第一节课前，尽量到任教班级听听其他教师的课；查阅学生的作业，请经验丰富的教师指导你撰写教案。

练习

下面是一份不合格的教案，它的问题何在？（参考答案附在本章最后）

这节课教案的问题何在？

学习结果：学生应学会移栽室内植物。

导入、介绍本节课目的。通过问答去复习上节课内容。

5 分钟	必须移栽的原因与时间。给学生展示一棵根生满盆的植物。
20 分钟	材料：不同种类和型号的花盆、不同种类的盆栽用土。给学生播放幻灯片并展示花盆和盆栽用土。
30 分钟	演示：从花盆里移走根生满盆的植物。小心！
35 分钟	演示：分别移栽一棵大、中、小植物。
55 分钟	发放课程讲义并重述要点。

推荐读物

书末所附参考书目以探讨该主题为主，其中包括：

[1] R.克拉克（Clark,R.）．基于证据的训练方法．美国培训与发展协会出版社，2010．

[2] J.哈蒂（Hattie,J.）．教师可视化学习：最大限度地影响学习．劳特利奇出版社，2012．

[3] J.哈蒂（Hattie,J.），G.耶茨（Yates,G.）．可视化学习与人类如何学习科学．劳特利奇出版社，2014．

[4] C.基里亚库（Kyriacou，C.）．学校有效教学（第2版）．纳尔逊·索尼斯出版社，1997．

[5] C.基里亚库（Kyriacou，C.）．基础教学技能（第2版）．纳尔逊·索尼斯出版社，1998．

[6] M.马兰（Marland，M.）．课堂教学艺术（第3版）．克鲁姆·赫尔姆出版社，2002．

[7] R.J. 马扎诺（Marzano,R.J.）等人. 有效课堂教学：基于研究的、提高学习成绩的策略. 国际课程开发与督导协会编，2001.（第2版质量不如第1版）

[8] D. 缪吉斯（Muijs,D.），D. 雷诺兹（Reynolds,D.）. 有效教学：证据与惯例（第3版）. 塞奇出版社，2009.

[9] G. 佩蒂（Petty, G.）. 基于证据的实用教学法（第2版）. 纳尔逊·索尼斯出版社，2009.

[10] R. 鲍威尔（Powell,R.）. 卓越教学、学习与评价. 罗伯特·鲍威尔出版社，2010.

[11] D. 威廉（Wiliam,D.）. 形成性评价. 原点出版社，2011.

> **参考答案**
>
> 没有设计学生矫正性练习，无论是何时必须移栽、选择花盆大小、选择某种植物的盆栽用土，还是动手移栽过程，都缺乏矫正性练习。
>
> 过度"以教师中心"。

第四十一章　弹性与全纳性教学组织与记录

三类教学模式

你需要先决定如何组织教学，再决定如何备课。下面是三种主要教学模式。对某门课程而言，你可能运用一种模式，也可能不同课使用不同模式。组合模式可大幅度提高灵活性与有效性。首先，我们先逐一探讨三种教学模式。

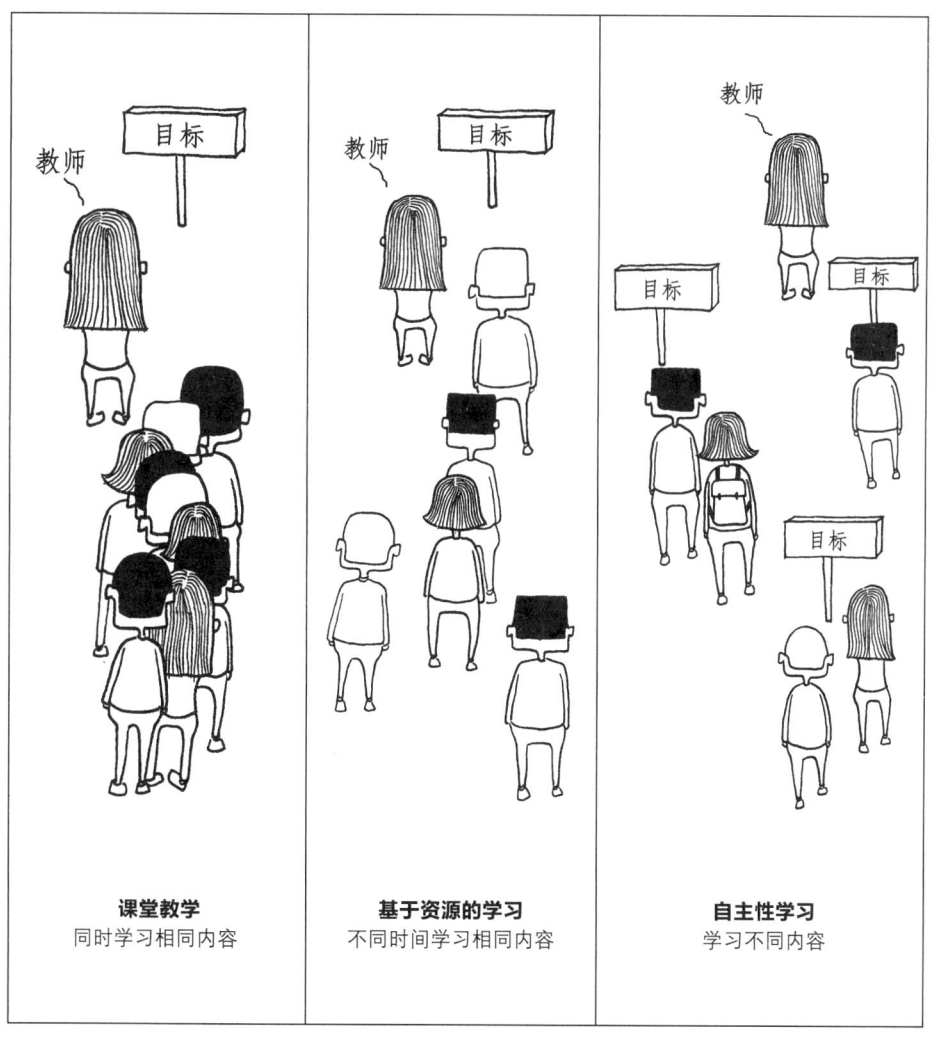

课堂教学
同时学习相同内容

基于资源的学习
不同时间学习相同内容

自主性学习
学习不同内容

课堂教学。所有学生学习同一内容，时间与速度基本相同。绝大多数教学与学习遵循该模式。

基于资源的学习（RBL）。学生学习同一内容，但学习速度各不相同，学习时间或起点也可能各不相同。因此，同一班级的不同学生可同时做不同功课。例如，在一个班级里，每名学生可根据个人学习速度，参照一系列操作手册去学习如何使用计算机。不过，别单独使用基于资源的学习。你可能运用课堂教学模式去教健康学，但如何使用互联网搜索则运用基于资源的学习模式去教。混合模式借助于灵活性可满足所有学生的需求。

自主性学习。学生按照不同速度学习不同内容。通过与教师协商，学生可设定个人目标、选定个人学习活动。一般而言，教师的目标在于满足每名学生的个别化需要，而不是讲授预设的一堆知识和技能。自主性学习属于人本主义教学方法。成人教育里的休闲摄影课程就是自主性学习的一个实例。如下所述，通过与学生协商个别化学习目标，传统课程也经常运用自主性学习去培养论文写作、创造性作业或研究技能等复杂技能。

上图用走路类比教学，形象地介绍了三种教学模式。在课堂教学模式里，教师带领所有学生齐步走相同路线。在基于资源的学习模式里，学生根据个人需要结伴或拉开距离走，尽管速度各不相同，但他们全部走相同路线，即，他们全部奔向相同的目标。在自主性学习模式里，每名学生可以走自己设计的不同路线。

每种模式都具有不同特点，因而适用于不同课程或同一课程的不同内容。它们的教学记录规则也各不相同。下面我们依次进行探讨。

课堂教学

实例：英国高中历史典型教学

目的在于，向一群能力、成绩和志向相似的学习者传授一系列预设的知识与技能。以课堂教学为主，在大致相同的时间里，学生获得相同的学习经验。

学习目的和目标源自教学大纲等资源，或者，它们取决于教师。教师用教学进度去呈现课程内容，具体安排一学年什么时间教什么。然后再参照教学进度去设计教案。

教案、教学进度、考试、教学资源等是为教学目标服务的，教师自始至终要评价和追踪学生的进步。

教学记录显然包括教学进度、教案和记分册，其中记分册不可或缺。在上课期间，教师应在课程讲义和练习题副本上面标注改进建议。教师可记录或不记录学生的出勤情况，不过，一般应集中登记学生的出勤情况。

课堂教学的问题在于，学生不能完全按照个人速度去学习，或无法根据个人要求或需要进行学习，也无法在最适合自己学习的时间去开展学习。换言之，课堂教学不可能变通，无法充分适应学生在经验、能力、需要或志向诸方面的显著差异。基于资源的学习可适应这类差异。

另外，课堂教学让学生无法掌控课程内容和讲授，进而可能失去学习动力，最终出现第5章动机所述的学习依赖和被动学习现象。自主性学习不应发生此类问题。基于资源的学习和自主性学习可用于克服传统课堂教学的缺陷。

优秀教师能够利用基于资源的学习与自主性学习去实现"个性化""全纳性""差异性"与"多样性"。换言之，教师要确保每名学生都在学习。**过去我们习惯于教课程，现在我们要习惯于教学生！**所以，请继续读下去，哪怕现在似乎与你没有关系，也要认真阅读每行文字。

基于资源的学习（RBL）

实例：具有不同电脑操作经验的学生去学习如何有效使用个人电脑；给学历史的学生教图书馆研究技能；给学物理的学生教数学。

一般而言，基于资源的学习借助于操作手册，运用解释与练习来帮助学生掌握知识与技能。学习者可根据个人速度去学习，或许还可从不同起点去开始学习。在课程学习的不同阶段，学生参加考试或提供其他已学会的证据，或者，一旦学生自己或教师认为已完全学会，就要求学生参加考试或提供其他已学会的证据。诊断性评价将会确认每名学生的先前知识，进而确保每名学生选择合适的学习起点。

通常，教师可根据下述部分要素或全部要素去监测每名学生的进步：

- 能力（正式能力，或你设计的非正式能力），要求学生提供已学会的证据。
- 每名学生的个人档案，用于记录开始学习这门课程的已有经验，对照操作手册、已有能力、考试分数以及你给学生设定的个人目标（如，下次作业一定要检查拼写等），每天记录他们的进步。

- 考试。

学生成绩记录单通常采用"开放"形式。即，该生可随时随地查阅，甚至全班学生都可随时随地查阅。为了鼓励学生对个人进步感兴趣和负责任，可以由他们自己保存成绩和出勤记录。不过，教师往往也会保存成绩记录。最好要求学生在成绩记录单上面记录个人进步与目标，然后交给你保存。

单元	一				二	
练习	1	2	3	4	1	2
凯拉·戴维斯	✓	✓				
利奥·伊夫斯	✓	✓	✓	✓	✓	
贾马尔·埃弗里特	✓	✓	✓			
伊索贝尔·弗朗西斯		不需要			✓	✓
托比·哈罗韦	✓					

（你也可用日期去代替对号）

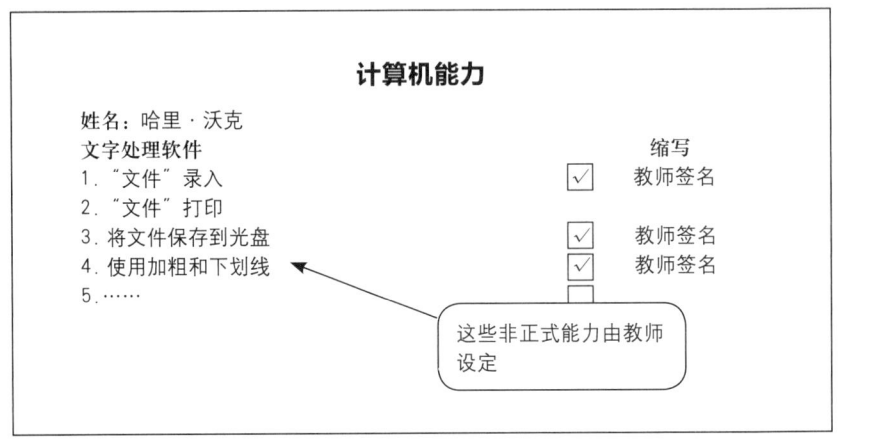

如上面第一图所示，坚持"每课一记"。还要坚持记录每名学生的成绩，可运用上面第二图所示的能力表，或可以运用本章末所述的记录表，或同时运用两种记录形式！（本章末介绍了其他成绩记录方法。）

多数教师喜欢运用基于资源的学习模式去上课，但他们却不撰写教案，理由有二，一则学习活动已确定，二则教案体现于练习册。不过，一般而言，用练习册完全代替教学可谓失策。有时，多数教师一上课就集中给学生讲解、演示或讨论。这样一来，教案就必不可少了。

除学生成绩记录单外，教师往往会保存一份学生练习册的"监测副本"，用于标记学生经常感到困惑的章节和改进建议等。

一般说来，每讲完几节课，教师就应与每名学生简短聊聊他的进步。然后与他商定短期的"行动计划"，还可协商并记录学生的个人奋斗目标。

如果运用基于资源的学习模式，你就需要充分考虑：

- 学生是否为了做完练习册连课都不听，或是否一旦符合评价标准，他们就可能不听课？另外，他们是否可能一边陪着学习缓慢的学生学习，一边做拓展性作业或额外作业？他们可能做什么额外作业？
- 面对不愿求助的羞怯学生，你如何确保他们不会自己去瞎折腾？
- 练习册是否完美无缺，它们能完全满足课程和学生的需要吗？这是不可能的，所以你需要设计指定作业、给予建议等。

将教学责任完全转嫁给练习册是教师最常见的错误。还有一个相关错误就是，只在学生求助时才与他们交流，既不监测他们的进步，不表扬他们，也不交流在使用练习册时可能遇到的困难。因此，知道学生"正确"与否还不够，还要查看他们的作业，运用"迄今为止，你发现自己面临的最大困难是什么？"去弄清他们的问题。如果你有时间，就一定与每名学生一起坐一会儿，观察、鼓励和交流。

你发现最难懂的是什么？

基于资源学习模式的优势在于，学生可根据个人速度去学习，可从任何起点开始学习，还可随时开始学习。多数管理者偏爱基于资源的学习，他们想当然认为这样可聘请最少的教师，花钱不多，却可实施小班化教学或个别化教学。不过，一旦学习速度超出个人极限，学生就可能因卡壳而发问，而教师就可能感到自己无力去管理一个 25 人的班级。

基于资源的学习面临的一个普遍问题是：为了确保学生只需最少的帮助就能学习，练习册设计的任务就必须指向明确、详细具体、无可争议。如第 1 章所述，单一的低水平作业很快就可能让学生失去学习动力，而且可能引发低质量的浅度学习。学习力高的学生可能对这类慢速度、低水平的练习题感到厌烦，而学习力弱的学生却可能被一大堆练习题所吓倒。还有一个问题是，多数学生，尤其是学习力弱的学生不愿意去独立学习。上课时，不同能力的学生经常会完全忽视社会接触和非正式同伴辅导。做书面作业，这种现象就可能更为严重。

设置一些颇具挑战性的任务去推动学生开展同伴辅导活动：

"两人一组，一人弄清如何从剪贴画里插入图片，另一人弄清如何从文件里插入图片。然后两人互相交流各自的做法。"

检测发现，基于资源的学习效果往往差强人意，究其原因在于，学生独自完成无可争议的任务，缺乏多样性，教师也不提问学生发现了什么困难，只是坐等学生寻求帮助。

如果注意到这些缺点，你就自然可能去设法克服，比如说设计结对合作学习活动、同伴辅导等。如果想讲授学术主题，你更要尽量去搜寻基于资源学习的多媒体精品资料。亲自动手撰写个人教学资料确实会花费时间，却可让你在数年内坐享其成。

如果学生选修基于资源学习类型的课程，只是偶尔接受教师的辅导，有时就称之为远程学习、弹性学习、开放学习或函授课程。英国开放大学、英国开放学院和英国推广学院即为其中代表。

如果指导和作业由计算机而不是练习册提供，有时就可以称之基于计算机的学习（CBL）或信息学习技术（ILT）或电子学习。大学不同、教师不同，对这些术语的运用方式也不同，所以要当心！请牢记，在一些情况里，独立性学习优于基于资源的学习（参阅第33章）。

自主性学习

实例：成人教育休闲摄影课程；学生高中历史论文写作技能课程；学生上美术课时学习绘画。

在"自主性学习"时，教师与学生协商学习内容或学生活动，进而撰写一份描述长期目标的个别化学习合同或行动计划以及未来数周的作业。你可能不熟悉这种方法，但它却经常为成人培训与教学、进步主义教育学校与课程所用。*研究发现，自主性学习适用于各年龄段的学生。你感觉意外吗？自主性学习对教师的要求很高，如果上学时从未体验过自主性学习，你一开始接触就可能有陌生感。下面将讨论自主性学习的使用及其有效性的原因。

---

*译者注：进步主义教育是20世纪上半叶盛行于美国的一种教育哲学思潮，代表人物有帕克尔、杜威等。主要理论和方法有昆西教育法、有机教育学校、葛雷制、道尔顿制等。主要观点有以儿童为中心的学生观、以生活为内容的课程观、以解决问题为方法的教学观、淡化权威意识的教学观、强调合作精神的学校观。

自主性学习法不必"全有或全无"。例如：
- 其他传统课程的某项主题可运用自主性学习去教。因此，可这样去"教"科学课程的"实验设计"：教师与每名学生协商希望他们去设计和完成的实验。同时考虑自主性需要的程度：是否有现成的实验程序操作指南或实验报告格式？
- 完成一项主题或指定作业不必完全采用自主性学习方式，而是有所取舍。例如：

  ——上建筑课："研究你欣赏的一栋大楼……"

  ——上教师培训课："调研你关注的一项教育课题……"

  ——上社会研究课："针对某项社会运动撰写一篇评析文章……"

  这类指定作业的自主性程度可能迥然不同，既可明确规定，又可自由选择主题和表达方式。
- 一门课可以预留出一些时间用于自主性学习，比如说每周一段时间或两周一段时间。要求学生专用于所学学科或主题，也可由学生自定，你可允许或不允许学生选择什么也不学！
- 甚至可运用自主性学习去应对预设课程或资格考试。例如，英国国家职业资格证书明确界定评价与知识标准，但其他标准却都基本可以协商。

  对有些课程而言，学生自己基本可以控制学习或评价主题的顺序、个人认为有用的资源或辅导方式……
- 经常运用自主性学习去鼓励学生掌握下述复杂技能：学会学习、创造技能、管理技能……

如上所述，你可试用自主性学习去教传统课程，不过，有些课程可完全根据自主性学习模式去设计教学，休闲类课程更是如此。上艺术与设计课时，教师经常运用自主性学习去教学生编写一份设计任务书。

为什么运用自主性学习？成人学习法

以成人教育夜校摄影课为例。学员的经历、能力相差悬殊，志向各不相同，选修理由也是五花八门。如果要求所有学员去完成一系列教师设计的活动，就可能带来灾难性后果——学员很可能大规模退学。你最好依次与每位学员交谈，弄清他们选修这门课的原因、他们希望学什么，或许还要知道他们偏好的学习方式。做一次问卷调查可能对你有所帮助。他们的已有经验是什么？他们偏好黑白摄影、彩色摄影，还是偏好风景摄影、人物摄影或静物摄影……

然后与学员协商个人行动计划，确定今后数周的活动。行动计划应定期调整。你还可将兴趣相似的学员分到一个小组，比如风景和人物小组。第34章自主性学习所述的学习循环和方法将会派上大用场。

马尔科姆·诺尔斯（Malcolm Knowles）认为，成人与青少年学生的学习观不同，究其原因在于成人的本性。就定义而言，成人具有独立的自我概念与自主性人格。因此，诺尔斯说，运用独立性学习和自主性学习，成人可能学得最好。

不过，对学生而言，习惯于自主性学习并非易事。成人可能对自己以往上学期间的无能感和依赖感记忆犹新，他们很可能将教育与无能感联系起来，因而很可能视学习为畏途。最终，他们很可能希望教师运用课堂教学法，一旦教师不再扮演指导者角色，就可能挑战他们的依赖角色，他们就可能感到很不自在。

尽管成人明显不适应自主性学习，但是，一旦明白自己能够像控制个人生活一样去控制自己的学习，他们就可能如释重负、乐此不疲。不过，最近也有人批评诺尔斯的观点，他们强调指出，成人一开始经常会质疑自己的学习能力，如果教师不及时给予指导，他们就可能茫然不知所措。如果你的学生也是如此，就逐渐推行自主性学习，比如说先运用独立性学习（参阅第33章）。如第34章自主性学习所述，如果给予学生的自由超出他们个人的可控范围，就可能事与愿违。

教师常常会过度约束成人学习者。作为成人，我们对自己的看法源自个人行为和经验。如果经验遭到否定或忽视，我们就可能感觉自己也遭到忽视。教师必须将成人视为一种资源，而不是视为一个空容器。成人的经验意味着他们可能成为别人学习的丰富资源。因此，成人偏好从经验中学习，像讨论、咨询、案例研究、模拟、角色扮演……他们也偏好合作而不是竞争，只要教师能够提供有效帮助，他们就乐于掌控自己的学习。

成人经常以问题为中心去学习，而不是以主题为中心去学习。他们需要知道如何将所学知识应用于个人生活。只要学习以满足个人需要为中心、促进自我发展，他们就能动力十足。因而，教师要"以人为中心"而不是"以主题为中心"。

> 现代教学方法，竟然还没有完全扼杀掉研究问题的神圣好奇心，这简直可以说是一个奇迹；这株纤弱的幼苗，不仅需要鼓励，更需要自由，如果没有自由，它就会不可避免地夭折。
>
> ——阿尔伯特·爱因斯坦（Albert Einstein）

自主性学习合同

自评相关内容：对工作场所的不合作行为缺乏应对策略。

协商目标和问题：给幼儿园儿童解释道德规则与合作优势可行吗？如果可行，应如何做？

> **活动**：对两名经验丰富的幼儿教师进行结构化访谈*。文献检索。互联网搜索。复习儿童道德发展听课笔记。
>
> **每周花费时间**：2小时。
>
> **完成时限**：12月12日。
>
> **自评与呈现方式**：向全班同学做一次简短陈述，给他们分发一页概述资料。陈述结束时，运用结构化学生评估表检验个人观点的适用性和精确性。
>
> **资源**：图书馆，互联网，笔记，学校任课老师及其同事。
>
> **下次预定辅导日期**：11月14日上午10:30。
>
> **到下次辅导时我能够**：阅读个人道德发展听课笔记，设计出结构化访谈的问题。我或许已开始浏览和使用互联网。
>
>
> 签名（学生）：_____
>
> 签名（教师）：_____

年幼学生与自主性学习

在《学习自由》一书里，针对各类学校的自主性学习，卡尔·罗杰斯运用一个充满激情的、令人信服的案例去证明：自主性学习能够提高好奇心，鼓励学生对个人发展和学习负责，促进个人和学业进步。人本主义心理学家重视关怀关系环境里的自我控制、自我帮助和个人权力，他们主张，如果个体想成长为一位健全、自信、独立的人，就必须探知个人兴趣与好奇心。他们认为，教育就是解放个体，进而让个体追随自己的内在兴趣、充分发挥个人潜能。因而，他们批评传统教育给学生强加过重的社会期望。

人本主义方法经常被批评为思想混乱、追求时尚。不过，罗杰斯通过引用一篇综述论文回击了上述批评，在比较分析数百项自主性学习与传统学习研究文献基础上，这篇论文发现，自主性学习与传统学习均可取得同等学业成就，但自主性学习还能改进自我概念、对学校的态度、创造力和好奇心。而且，学生合作多、焦虑少，注重自我控制。另外，学生经常学习热情高涨。

---

* 译者注：结构化访谈又称标准化访谈，是一种对访谈过程高度控制的访谈，每个被访谈者都会被问起提示单上一系列事先准备的问题，以鼓励被访谈者从另一个角度看待某种情况；访谈结果量化方便，可做统计分析。

实际运用自主性学习

如前所述，可将自主性学习视为一个循环（详见第 34 章）。

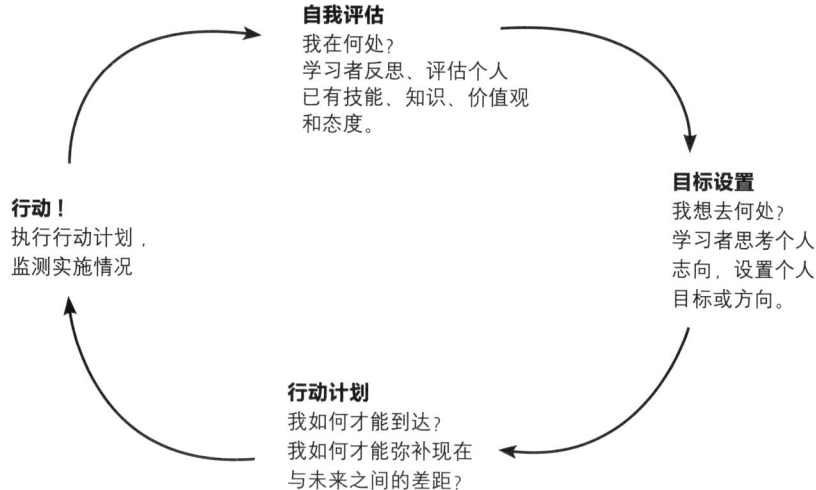

自主性学习具有独立性学习的诸多教育优势（参阅第 33 章），不过，独立性学习只能让学生对自己如何学习负责，而自主性学习让学生至少在一定程度上负责和控制自己学什么。当然，这并非唾手可得之易事。自我评估要求学生直面个人优势与劣势，目标设定要求学生自己对个人发展负责。自主性学习是一项复杂技能，高等教育和工作都离不开自主性学习，没有培训，几乎无人能完全从教师指导式学习过渡到自主性学习。自主性学习并非追求时尚和标新立异，而是一种生存方式。自主性学习是绝大多数人在绝大多数时间里的学习方式。

> "抓住他们别掉队"策略可改进自主性学习，用于一对一课程辅导。

在运用自主性学习时，我应保留什么记录？

一般而言，除对督学保持礼貌之外，教师经常不写教案；不过，要让学生保存个人成绩记录，或许你也要保存一份：

- 教师与每名学生协商学习合同或行动计划，或许还包括长期学习计划。应反复协商，或至少应定期进行检查。对新生而言，往届学生的学习合同可作为仿效样本。
- 开展活动，每名学习者获取进步或能力……
- 依据已学知识，成功完成活动。比如完成一项"评估"。

另外：

- 学生可写日记，用于自我评估、反思目标与学习活动、记录个人成败得失。
- 如果想取得一项资格证书，就可能需要撰写其他记录。

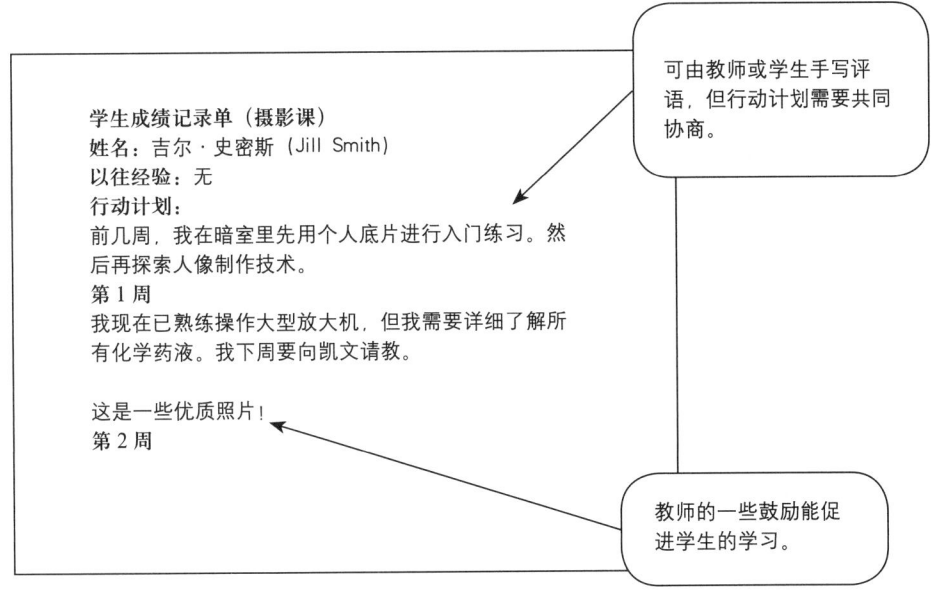

自主性学习或基于资源学习的学生个人成绩记录单样本

适用于弹性、全纳性与个性化教学的混合模式

混合运用模式往往能克服单独运用任何一种模式的弱点。下面将介绍如何混合运用其他两种模式去促使课堂教学灵活多变。不过，任何一种教学模式均可借助于混合运用去加以改进。

促使课堂教学灵活多变

如前所述，课堂教学的主要弱点是往往对所有学生一视同仁，因而无法满足他们的个体需要。混合运用基于资源的学习和自主性学习，可部分满足这些特殊需要。下面的例子展示了一位计算机教师如何运用混合模式，看看你自己能否猜到她这样做的原因。

> **周一、周二与周五的课**
>
> **课堂教学模式**
> 　　运用课堂教学模式去讲授主要内容，如，计算机原理等。运用指定作业去评价学习结果。

> **周三的课**
>
> **基于资源的学习模式**（学生按照个人速度去利用资源进行学习）
>
> 学生通过使用操作手册去改进自己对电子制表软件与数据库的应用能力。
>
> 学生利用在线辅导学会编制程序。
>
> 每章结束后，一旦学生准备就绪，就举行一次小测验去监测他们的进步。
>
> **周五的课**
>
> **自主性学习**
>
> 　　第二学期前八周，学生完成一项自选的"个人计划"，该计划与个人爱好或兴趣相关。
>
> 评价方式：课程结束时进行个人陈述。

这位教师在课堂教学模式中混合使用了基于资源的学习模式，她根据经验判断新生的电子制表软件技能与数据库运用技能严重失衡，因而她发放一份问卷试图了解他们能做什么，然后在操作手册里标记出适合每名学生的学习起点。开始上计算机课时，没有一名学生会编程，但她知道一些学生可能学得比其他学生快。运用基于资源的学习可促使学生按照个人速度去学习。制定个人计划的目的在于激励学生，创设一个有刺激性的环境，进而吸引他们去应用计算机技能——创建一个时装直销店的数据库，或给一个摇滚乐队创建一个官方网站。自主性学习能为学生量身定制课程。

如前所述，教师保存基于资源的学习与自主性学习的成绩记录，同时保存全班学生的成绩记录。作为个别化学习计划的内容之一，由学生自己保存个人行动计划，教师只保存提要。

下面几个基于资源的学习实例可使用个性化课堂教学：

- 先制定辅导行动计划，再评价学习者的需要。这是一种自主性学习或基于资源的学习形式，详情参阅第 47 章、第 48 章。这两章将有助于你去有效地应用基于资源的学习与自主性学习。
- 学生可在课外按照个人速度去利用资源学习某项主题。它被称之为独立性学习（参阅第 33 章）。
- 可给一名诵读困难的学生设定一项目标：借助于一份解释性讲义与一名擅长阅读同伴。并让他们利用思维导图去记笔记。

修正先前知识的偏差
- 一位科学教师运用基于资源的学习教与物理有关的数学知识。这有助于她适应学生千差万别的数学技能。
- 修习艺术的学生先学习一门在线课程，再做两份实践类指定作业，最后才可能去操作丝网印刷。
- 给一名有行为障碍的学生设定一个在课堂上不叫喊的目标。由一名同伴监测"叫喊率"，负责在教师记录单上填写改进情况。

修正智力与身体技能的偏差
- 一位上儿童研究课的教师发现，学生独立学习能力高低不一。她运用一份能力问卷去诊断缺陷并设置改进目标（参阅第 33 章）。
- 运用"创意—阐释—提炼—酝酿—成型—评估"能力问卷，一位上艺术设计课的教师要教学生掌握"创造性过程或设计过程应用能力"（从 www.geoffpetty.com/evidence_based_downloads.htm 下载问卷）。
- 上体育课时，学生练习专门球类技能，直到实用考试及格为止。考试由同伴评价，但结果由教师记录。

如上所述，评价学生先前知识的目的在于确定他们目前所处位置，进而协商合适目标或行动计划，然后再付诸实施；若有必要，则提供帮助。一旦商定新行动计划，就要经常检查学生的进步（具体参阅第 46 章、第 47 章）。

混合运用自主性学习来促进个性化

下面一些例子属于自主性学习与课堂教学法的混合使用（第 34 章已详述自主性学习）。

- 上成人绘画课时，学员研究自选的一位画家，并运用日记去记录个人变化。
- 上体育课时，学生选择一项运动，自我评价相关技能或健身方式，然后努力实现改进目标。
- 上成人计算机课时，教师要求学员根据个人选修本门课的原因去设置目标。每节课前面 10 分钟用于完成这些目标。这样能适应不同的个人需要——包括迟到的学员！
- 上高中英国文学和法语课时，学生自己设置个人背景阅读任务，包括从指定书目里选择一本书去阅读。
- 上美发课时，学员仿效个人喜爱的发型设计师去完成一项设计作业，在走廊开辟一块个人展示空间。
- 一名有学习和行为障碍的学生希望结交更多朋友，然后教师与该生协商改进个人社会行为的目标。

> **练习**
>
> 如何运用基于资源的学习与自主性学习才能让个人教学具有更高的灵活性、个性化、差异性与全纳性？你或学生最需要保存什么记录？
>
> 还有其他一些方式也可满足学生的需要与抱负（参阅第 48 章）。

患有中度学习障碍或特殊学习障碍或行为障碍的学生，经常要与其他正常学生同班上课。绝大多数教师可能给这类学生设置个别化学习或行为目标。在参照先前知识、过去行为、诊断性评价、专家评价及个人判断基础上，教师个别分析这些目标。然后运用基本相同的方式去协商并监测这些目标（参阅第 46 章、第 47 章）。

识别、记录进步和成绩

这种方法灵活多变，只要能有效地满足学生需要，就可运用于自主性学习、课堂教学与基于资源的学习模式。该法同样适用于无须认证学历但需要吸引政府拨款的课程。不过，类似方法也可应用于其他教学环境，如，用于教患有学习障碍的学生或天才学生时，需要通过官方审定。

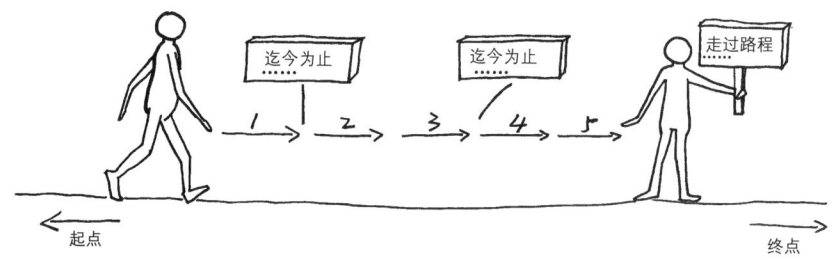

识别、记录进步和成绩

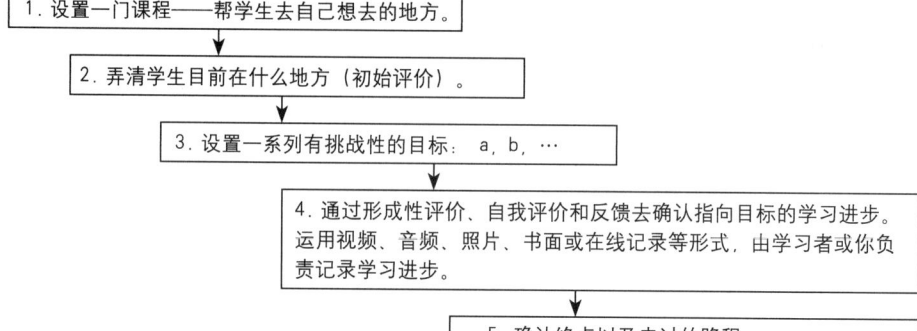

只要优先考虑个体需要而不是课程目标，该法就肯定有效。如果你感觉并非如此，就或许还没有发现它的优势（第46章、第47章将介绍一种类似方法；第34章已详述自主性学习）。

有些教师认为，资助与督导机构将识别、记录进步和成绩这类耗时费神的官方负担转嫁给教师。不过，资助与认证人员极力主张，应将学习者需要放在首位，教师可自行设计识别与记录方法。这样一来，学生与教师就可能感觉该法有用而不是累赘了。

你要弄清其他教师在做什么以及管理人员建议什么。各阶段的意图均在于确保学习者获取个人所需知识、知道自己能走多远；只要做到这一点，你就不会遭到官方或学生的反对。如果你的方法不能给学习者提供所需要知识，就赶快改变。我们先详述该过程，再探讨学生可运用哪些方式去记录个人进步。

学生需要理解"如何"与"为何"经历该过程，而只有提供时间与机会，学生才能真正理解。不要过多解释你所熟悉的而过少解释你所不熟悉的，解释应与课时相匹配。如果要一对一辅导学生，就创设轻松自然的气氛，同时还应确保其他学生正在开展有价值的活动。

你在每个阶段都要解释、查询、倾听并与学生协商，直到他们完全理解、领会并认可。他们有权要求改变，甚至，如果他们有意，还可主动退出。

> 永远别让恐惧左右你的决策。

识别、记录进步和成绩的过程

1. 课程描述

在课程注册前，完整描述自己任教课程，准确解释目标、作业与层级。避免使用专业术语，若有必要，翻译成学生能够理解的语言，别忘了检测学生是否理解。有些教师可能运用课前会议、"试听课程"或"旁听课程"等方式介绍自己的课程。每名学生在注册前都应理解该课程目标，教师要设法吸引学生修习自己任教的课程。

2. 初始评价

要探明学生已走过的路程，就必须先了解学生的起点。初始评价可不拘一格（参阅第47章）。你可采用聊天、问卷、文件夹、在线或正式筛选测试去确认满足学生需要的最佳路线。学生通常运用纸张、文件夹、音频、视频或在线媒体去记录个人起点。学习者可查询初始评价结果，还可知道别人是否有权查询。在本阶段里，教师可能需要给学生提供额外支持。初始评价往往成为决定个人学习协议或个别化学习计划的内容之一。其目的在于让教师弄清学生知道什么与能做什么，进而为下面三个阶段提供帮助。

3. 目标协议

现在，与学生商定一个与他们个人起点、需要与抱负相符的目标。他们必须完全理解，最好能用他们的个人语言去解释。目标应解释学生将来能做什么、思考什么、感觉什么或表达什么，还应具有可评价性（参阅下面"5"）。如果学生需要模糊的目标，就不必设定明确的目标。确保目标切合实际，确保学生知道实现目标所需的大致时间与努力程度。

只有规划课程或"项目"，才能实现上述目标——这并非只是概述你期望或想象做什么！如果学生的需要各不相同——他们往往如此——你就需要运用前述灵活多变的方法，一定要谨慎选用。无论何时，只要所有目标互相交叉且起点相似，就完全可以运用课堂教学法。

4. 定期评价

学生与你都需要定期了解他们的学习进步情况。或许，学生应先运用由本人或由你设置的标准去进行自我评价。当然，该标准应与上述第"3"的目标密切关联。询问他们发现什么最困难。学生还会发现无心的结果——自信、乐趣、通过观察同学而获取的意外收获。学生经常需要讨论如何去实施自我评价。

先了解学生的自我评价结果，再实施教师评价，当然最好采用"奖章与任务"式反馈去实施评价（参阅第43章）。现在，你与学生可能需要重新协商目标了。

如果一名学生不想进入该阶段，他们就可选择退出——资助机构和督导人员对此丝毫不会介意，但或许希望知道原因。

对于并不轻松的短期课程，这个部分不应耗时过长或负担过重，但也要确保它们以自我评价与自我目标设置为根据。如果在日常教学期间与学生一对一交流，你就可针对评价与目标中的问题开展讨论。然后，可由学生采用任何一种媒体去做记录（参阅第46章）。

5. 走过的路程

在课程接近尾声之际，你可通过确认每名学生学会多少——他们走过的路程——去总结识别、记录进步和成绩的过程。对照他们的初始评价（上述"2"）与有挑战性的目标（上述"3"），他们是如何做的？是否获取了意外知识、态度、自我信念等？

学生选择任何一种合适的媒体，运用自己的语言与风格去记录个人学习进步，媒体可以是视频、音频、图片、纸张、网络等。

多数教师要求学生运用演示或展览去证明预期和非预期的学习成绩。有些教师可能给学生颁发自制证书，既强调学习对个人的价值，又强调学习对工作、家庭与社区的价值。

然而，该阶段经常在课程即将结束前完成，所以，学生几乎没时间去赶上别人了!

现在,你可讨论学习者下一步可能做什么,然后评估该课程。请记住,你自己要准确把握如何识别、记录进步与成绩。其目的在于帮助学习者而不是帮助学校;别让它成为一种负担过重、费时过长或烦琐的活动。始终聚焦学习者与学习,同时要大胆去做。了解其他教师如何做,并与他们和管理人员交流自己打算如何去做。

第46章、第47章将探讨在全日制课程背景下如何评价学习者需要和行动计划的过程。这两章所述策略也适用于识别、记录进步与成绩的过程。请重点参阅"你会做吗"问卷以及如何有效实施一对一辅导。

识别、记录进步和成绩的记录保存或其他弹性教学

你可运用本章前述任何一种记录形式,不过,下面还有很多方法也可采用。注意,即使由你保存,也要让学生自己填写记录单。这有助于他们对个人学习产生"所有权"感与责任感,进而推动他们反思个人学习。

能力法:你或学生列举能力、知识、技能、练习或标准等。

采用非正式语言去填写下述记录单。学生对照清单在表内相应栏目填写数字去实施自我评价。他们用"1"表示自己首次实施自我评价,用"2"表示自己实施第二次自我评价。如果他们使用相同评价表,任何进步或退步就可能一目了然。讨论与协商自我评价结果——"你做得比上次好"——然后将结果用于设置目标。

摄影1 姓名:文德·辛(Vinder Singh)			
	操作	达标	优秀
构图	1	2	
对比应用	1	2	
色彩应用		1,2	
其他			
目标:九月:练习7、9;十一月:练习11——尝试将照片背景转换为纯色			

如前所述,能力法可用于培养独立性学习技能。

评价表：与能力法类似，但需要详细具体的评语。学生可自我评价每份作业并用于设置新目标。有时还要讨论与协商自我评价结果。

学生日志：学生可撰写个人学习反思文章，然后用于设置个人目标。作为一位试用期教师如何这样做，请参阅第 52 章。第 31 章探讨了反思性学习。

励志法：学生陈述个人兴趣领域里一个志向，然后与你协商一系列挑战作为实现个人志向的跳板。挑战最好形成文字，从而让学习者评价自己是否实现了志向。

个人兴趣：巴洛克小提琴曲　　　　　姓名：朱莉亚·彻林（Julia Tseling）
志向：演奏巴赫组曲或变奏曲
跳板：
改进分弓指法——练习 7 – 21 小节
练习阿勒曼德舞曲前 16 小节

进步

我的学习记录：

一些退步问题

有些成年学习者将学习课程视为参加俱乐部，上课可提供经常性社会接触，还可有机会去涉猎自己感兴趣的领域。一些患有学习障碍的学生将课程视为一个"避难所"，仅仅用于照顾与保护自己。消除上述认识分歧并非轻而易举之事，但是，如果你能成功消除它们，就往往可能获取全赢结果，无论是纳税人，还是学习者和教师，都是皆大欢喜，各取所需。如何才能运用本章与其他章节所述方法去关照学习者、去激励他们努力学习？是否可能出现学习退居次要地位的情况？

下一章在"设计你自己的课程"中探讨了用于设计成人课程的其他方法。

推荐读物

* [1] D. 鲍德（Boud, D.）. 培养学生的学习自律（第 2 版）. 科根图书出版公司（主营高等教育图书），1988.

[2] M. 诺尔斯（Knowles, M.）. 自主性学习. 剑桥大学出版社，1975.

[3] M.诺尔斯（Knowles，M.）.成人学习者：被忽视的一个物种.海湾出版社，1990.

[4] P.雷斯（Race，P.）.开放学习手册.科根图书出版公司，1994.

[5] 卡尔·罗杰斯（Rogers，Carl）.学习自由（第3版）.培生教育出版社，1994.

[6] J.罗杰斯（Rogers，J.）.成人学习（第3版）.开放大学出版社，1989.

[7] D.朗特里（Rowntree,D.）.开放与远程学习之探究.科根图书出版社，1992.

第四十二章 教学设计

如果有教学大纲、单元说明、一系列能力训练或其他任何文件去阐述所教课程的内容,你就可据此设计教学计划(教学进度表)。如果没有,你就必须自己选定课程内容。本章稍后将探讨这个过程。

教学计划

你可根据教学大纲主题、单元说明、学习计划去阐述课程内容,或根据一系列预期学习结果或能力去阐述;不过,一般不可能根据适合教学的顺序来阐述课程内容。与此同时,你还可能忽视论文写作或评估等技能培养。

教学计划用于组织课程内容、推理和指定作业写作等重要技能的学习,将它们分解为教学周或课,进而建立一个合理的教学顺序。理想的教学计划建议运用主动教学与学习策略,既要求学生领会课程内容,又要求他们运用关键性技能。

教学计划指导备课,告诉你"下一个是什么"以及你是否在规定时间里正确教完了这门课程。现有课程应配套教学计划,不过,你也可能打算有所调整(如果调整,就一定要获得许可)。

教学计划可采用多种呈现形式,既可不着一字,又可使用一堆文件夹去非常具体地分解每节课,同时备齐各类教学资料。不过,教学计划通常包含课程概述以及查询练习题和指定作业等的参考书目。

教学计划可能包括下述信息(也可能完全无关!):

- 基本信息。例如,课程名称、教学机构、课程时间、课程节数、上课地点、学生已有经验、上课先决条件。
- 目的,总体目标、学习结果或具体目标,并分解为一个教学顺序。
- 课程内容,按顺序排列,通常标明每节课所用时间。教师应给学生留出时间去修改、评价、犯错。
- 教学/学习方法——不过可省略或缩减。可建议活动和教学方法,包括练习题和指定作业,还可写明从哪里借阅参考书。
- 学生群体。例如他们的年龄、已有知识、经验和成绩。

- 组织因素。例如，课程结构和方法，工作经验，课程团队会议以及基于工作的指定作业。
- 评价方法，连同测验或考试（或参考书目）。还可能包括一份指定作业完成截止日期的时间表。
- 评估方法。（下面几章将探讨评价与评估。）

教学计划可能看起来毫无弹性可言，但这通常并非它的本意。它希望教师能根据学习者的需要去调整教学计划。

尽管教学计划应按照逻辑顺序去探讨主题，但实际教学往往可能先割裂主题之间的联系，然后再逐一教每项主题。你可能发现，当你教主题 3 时，主题 1 和 2 早被学生忘记了；他们也不可能系统地理解所学主题。所以，该法面临的主要问题在于，学生必须学会布卢姆教育目标分类学所述高级技能，而不是只学会内容而已。如第 23 章"为记忆而学习"所述，尽量运用以前所学知识去学习新知识。一旦制订出一项教学计划，就要确保教学顺序合理，进而为修改、考试、工作经验、假期等留有余地。

技能教学融入教学计划

教师常犯的一个错误就是教学计划充斥着知识内容，而如何评估或写作论文等技能教学却寥寥无几。技能难于掌握且需要大量练习。只教浅显知识，不教深奥知识，却责备学生缺乏你没有教给他们的技能，这纯属无理取闹。

你可单独教给学生技能，效果固然很好，但练习往往不充足。最好将技能教学融入日常教学。《基于证据的实用教学法》第 21 章、第 24 章已详述该法，请认真阅读并尝试运用下述方法。

课堂试验发现，将学会学习技能融入日常教学可将学生成绩提高 1 个等级以上。

你需要或要求融入日常教学的技能大致归为互相交叉的三大类：

- **功能性技能**：包括数学／计算能力、英语、信息通信技术（计算机技能等）（参阅第 36 章）。它们往往是课程的必备内容之一，教师运用考试去实施评价，但你首先要教会学生！
- **学会学习技能**：例如，给文本画下划线、标记或注释；概括与记笔记；创制组织图；论文写作与解答具体试题的能力，诸如解答数据分析或理解试题的能力。
- **智力技能**：例如，推理、评估或批判性评价；问题解决（如数学）；评论一个假设或观点的能力，如科学或历史；运用"多棱镜"从不同视角或观点来观察某事的能力。

你可添加自认为重要的其他技能，如优雅行为、美学鉴赏能力等。

www.qca.org.uk 网站有关于功能性技能、关键性技能等的指导性意见与信息。

如果想在日常教学中融入技能教学，就应做到下述四点：

1．研究认证机构要求融入日常教学的技能标准与评价规则。例如，英国 1－2 级、初级全日制职业教育新学历文凭课程，均要求学会功能性技能。

2．只有确定融入日常教学的技能，才能满足形成性评价或任教学科的基本需求。例如，一位商学教师可能选择将"如何评估"与"如何解答数据分析试题"融入课程。

3．大致确定每项技能需要多少练习。

4．阅读个人教学计划。寻求机会将这些技能应用于知识教学，进而让学生每上一节课都可能同时学习技能与知识。如第 38 章所述，这其实属于双层课程。

例如，第 38 章"双层课程"的例子中，那位商学教师可能确定拟讲授模块有三项主题（包含评估）。通过分析该模块，她确认，借助于评估范例，学生就可利用几节课去分别学习商业计划、营销策略与市场调查问卷。这要求她设计出商业计划范例等提供给学生评估，当然她还可从往年试卷和教材里选取样例。

到此，她还发现个人教学计划很少运用功能性阅读技能。因此，她要求学生运用组织图去阅读、标记和确认关键点并概括课文。她可能使用旧讲义和教材部分章节的复印件去完成该任务。学生将参照她提供的标准结论去自我评价个人概要。

如果学生通过练习技能去学习知识，你就必须分别复习知识与技能，否则他们就可能只注意知识（营销问卷）而不是技能（评估）。运用衔接课程去复习技能（参阅第 38 章）。

其他双层课程实例

- 作为一项课堂小组活动，学生构思一篇有关上议院的短文。这类主动学习不仅要求他们理解知识，而且要教给他们如何构思短文。短文不必形成书面文字。
- 学生利用台式印刷系统去打印一本健康与安全宣传册，进而改进个人计算机技能，同时熟悉健康与安全规则。
- 学生通过计算一栋大楼的热量流失百分比去掌握热量流失率与百分比计算方法。

学校或指导老师可能要求你采用专门格式撰写教学计划。如果没有这类要求，就自己去设计撰写教学计划的格式。下面实例内含一个"技能跟踪器"栏目，以

便于你观察如何合理地将技能融入日常教学。绝大多数标准格式可能省略不提，但你可将一个栏目一分为二，添加一列"技能跟踪器"，或标记融入日常教学的技能。

商务研究第 1 学年教学计划第 3 页				
教学周	内容： 大纲参考书与目标	学生活动与资源	技能跟踪器（运用双层课程去复习这些技能）	评价
7	3.1 营销展览 学生应学会： 解释营销展览的用途与目的	给个人案例研究设计一次营销展览并设计解说词 需要案例研究复印件	解说 文字处理软件	功能性技能 信息通信技术 2.2，2.7 若使用文字处理软件，则将解说词保存到文件夹
8	3.2，3.3 营销计划： 营销计划的目的、设计与使用 开支 营销计划 学生应学会：建设性批判营销计划	学生评估营销计划 使用电子制表软件去计算备选计划的开支 需要设计评估手册第 17—19 页的内容	评估 运用电子制表软件去计算	功能性技能 信息通信技术 1.4，1.6，1.7 电子制表软件 文件保存于信息通信技术文件夹

螺旋式课程

绝大多数教师设计的教学计划每项主题只概括一次。但这往往意味着学生可能遗忘先前所学知识。

布鲁纳设计了螺旋式课程。即，一项主题出现一到两次，深度渐次增加。例如，在一学期内，商学老师可教给学生不同的营销方法，在随后一学年或一学期里，学生可设计和评判营销计划。

学习者需要的分析

课程设计与实施经常不考虑学生实际，因此，结果往往差强人意，甚至可能成为灾难。没有医生可以不经询问和诊断病人就乱开药！不过，课程设计者要何时了解学习者的概况呢？一般而言，课程实施初始阶段就要熟悉学生，或者，如有可能，在课程实施之前去熟悉学生。（详见第 47 章和第 48 章。）

设计自己的课程

有些教师,例如休闲类成人教育课程的教师,或工业、商业和公共事务课程的教师,经常需要自己从零开始去设计课程,究其原因在于,没有技能标准、教学大纲或其他外部标准可供参考。在第 41 章里,我们已探讨过其中一种方法(识别、记录进步和成绩),现在我们开始探讨其他方法。

我们无法准确界定这一基本的创造过程,不过,除第 47 章所述学习者需要的分析外,下列分析也可能有助于确保课程满足学习者和客户的需要:

- 任务分析;
- 主题分析;
- 工作场所需要分析。

下面将分别予以探讨。如果你打算同时进行工作场所需要分析与其他分析,就应先进行工作场所需要分析。

任务分析

只有认真研究,才能将用于训练的一项任务分解为若干要素。可按先后顺序去排列这些要素,旨在完成一系列合理的目标或学习结果。如果课程属于操作类而不是学术训练,通常就要求向具有实际操作经验的人员虚心请教。

例如,假定对一项任务的需要分析发现销售人员应学会"使用新计算机系统"。任务分析就可能涵盖下图所示信息:

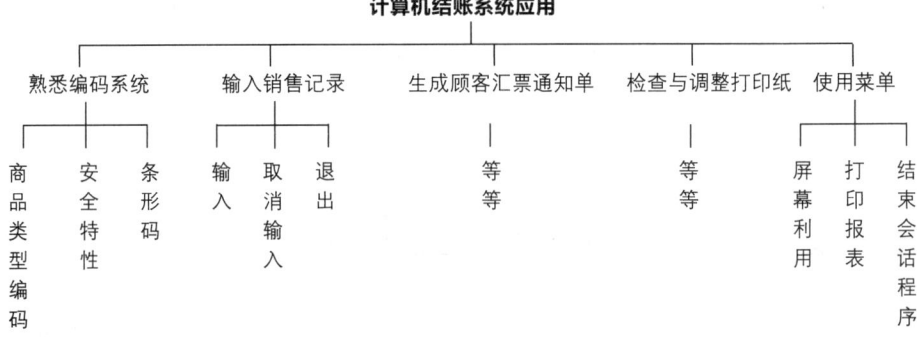

销售人员新计算机系统使用流程图

一项任务分析可细化为若干分析层次。每项分析要素至少可用于设置一个目标。例如,"商品类型编码"和"登录销售数据库"除生成直接目标外,还可生成下述目标：

销售人员应学会：
- 陈述八项主要商品类型及其正确编码；
- 输入和取消销售记录……

主题分析

主题分析与任务分析大同小异，但主题分析可将一项主题分解为不同部分。主题分析还可用作设计目标的出发点。如同任务分析，主题分析也可用上述"树状图"去展示，或用下述两种缩进列表去展示。

《当代教学实用指南》是一项详细的教学主题分析。

英国教师资格证（QTS）标准是一项详细的教学任务分析（参阅附录）。

动机主题分析选录

成功
 设置作业层级以确保成功
  正式目标
  非正式目标

表扬与批评
 表扬
  表扬的重要性
  表扬的时机与方式
  确保表扬不贬值
 批评
  具有建设性
  与表扬相结合

目的
 长期目的
  职业与就业
  掌握可迁移性技能
 短期目的
  测验与考试？
……

情感因素

你是否希望自己的课程能让学生领会某个问题？你是否希望培养或改变什么态度或观点？你的主题和任务分析应被充分探讨，它们还应融入你的课程目标。下面是一些课程情感标准的实例：

- **手语课程**："学习者应理解聋人的日常生活困难。"
- **木艺课程**："选课者在使用木工机械时应重视安全操作规范。"
- **销售培训课程**："销售人员应清楚安全漏洞对公司利润的影响。"

别低估情感领域。知识与技能会促进学习者做某事——但情感往往会推动他们想要做某事！

资　源

在咨询与分析之后，你就基本可以开始设计教学计划了。不过，其他因素也可能影响课程设计，资源限制当属首要因素。本门课程可利用的设备、人才和资金是什么？只有了然于胸，才能开始具体设计。

工作场所需要的分析

有时，工作场所需要的分析简称为需要分析。工作场所需要分析的目的在于了解委托培训机构的组织。只有给老板或客户设计培训课程，你才需要阅读下述文字；否则，可直接跳读到"结束语"。

一般而言，培训师可帮助学员弥补工作绩效的缺陷，诸如低生产率、高浪费率、高员工流动率或低质量。不过，培训师必须先探明业绩不佳的原因是培训不足还是其他因素。

培训设计者在真空里设计课程是一个致命错误。他们必须集思广益——咨询培训师、主管、协会、质量圈*、同事、客户和顾客。

该集思广益过程可能促使相关员工成立一个工作小组，然后通过陈述目的或目标去初次判定培训需要。例如：

推动销售员工熟悉新计算机系统。

目标或目的不应隐含答案。例如，下述目标即属于不合理目标：

运用应用型系统软件包去培训全体员工，从而确保他们熟悉新计算机系统。

---

* 译者注：又称质量研讨小组，20 世纪 50 年代末由日本质量管理专家石川馨提出，在团队成员自愿的基础上解决与质量有关问题的模式，员工共同努力提高产品质量。

全部目标通过培训应得以实现。也可利用头脑风暴去提出全部目标，然后广泛征求意见，所有相关人员可就先后顺序发表个人看法，也可建议增加目的或目标。下述问卷将对你有所帮助。

工作场所需要分析问卷选录

		完全同意				完全反对
12	所有销售员工熟悉新计算机系统	1	2	3	4	5
13	所有销售员工应熟悉新计算机系统	1	2	3	4	5
14	所有销售员工熟悉新产品开发	1	2	3	4	5
15	所有销售员工应熟悉新产品开发	1	2	3	4	5
请添加任何你感觉应探讨的培训需要，或添加任何与员工培养有关的其他观点。					

问卷一旦填答完毕，就要确定优先考虑的目标。就要将"我们现在何处"（如上面问卷第12项）与"我们应去往何处"（第13项）两项数据进行比较。如果两类问题的得分悬殊，就恰恰表明需要培训员工。

如果本次问卷调查提出了大量新目标，就完全有必要开展另外一次工作场所需要的分析问卷调查，然后才能确定优先顺序。新问卷调查应包含新老目标，以便于进行公平地比较分析。

一旦明确培训需要，就要采取分派目标的方式，为每项目标设计优先考虑的"绩效指标"。例如，"所有销售员工应熟悉新计算机系统"的绩效指标，就可能是减少销售员工错误的计算机销售记录（以财务部门检查结果为准）。绩效指标表明目标是否实现，随后还可用于考量培训的有效性。

> 即使你不打算开展一次全面的需要分析以及问卷调查，也要保证在工作场所里广泛征求意见。一般而言，你肯定会发现：不仅自己搜集到了有用信息，而且人们乐于发表个人看法。一旦提出培训建议，就要对培训与不培训的成本进行比较分析。

需要分析应汇总出一份优先考虑的培训目标清单，既可采取任务形式（如"使用新计算机系统"），又可采取主题形式（如"新产品开发"）。进一步分析这些主题和任务，进而提出上述课程目标。

结束语

我知道你在想什么。"备课材料固然不错,可我没有精力去下这么大功夫!"不过,我可是经常听到学生在齐声抱怨你草率的教学设计:

"从他张口说话的那一刻起,我就一个字也听不懂。不信,你去问问咖啡厅的其他人,他们也是一头雾水。"

或者他们可能说:

"这固然不错,可我想了解实践层面的内容,而不仅仅是理论。"

或者:

"听了一节课后,我就再没去上这门课。我养一匹马都三年了,可她还在告诉我怎样才能系牢马鞍!"

或者:

"老师讲的全是理论,可我一心想学的却是如何操作。"

或者:

"上完计算机课后,我拎着装满讲义的公文包去上班,可我却突然惊恐地发现——她竟然从没有教我们如何开机!"

或者:

"数学我一点儿也听不懂。"

上述抱怨司空见惯,你对自己所选课程可能也有过类似不满。每种抱怨都不可小看,其中有些抱怨表明教学的有效性已所剩无几。运用本章所述分析就可避免各类抱怨。(避免上述各类抱怨的需要分析有哪些?)

别低估教学设计的重要性!

推荐读物

如果学生正在努力获取一种资格证书,就查询认证机构介绍资格证书的相关网站.

书后绝大多数参考书目皆探讨过该主题。例如:

[1] I. 里斯(Reece, I.), S. 沃克(Walker, S.). 教学、培训与学习实用指南(第6版). 商务教育出版社, 2007.

[2] L. 沃克林(Walklin, L.). 继续教育的教与学. 纳尔逊·索尼斯出版社, 1990.

第四十三章 评 价

评价能测量出学习的广度与深度。有人指责评价不准确、不可靠，进而曲解了教学与课程；评价结果也基本无法预测未来的成就。可是，社会与教师没有评价就可能无所适从。如果使用得当，评价就会激励、促进和提供反馈，从而迅速帮助学生矫正错误。不过，评价也可能让我们对难于测量的因素忽略不计。

评价目的

评价目的各式各样：给学习者的学业成绩评分，为工作或未来课程挑选合适人选，为课程和教师的有效性提供证据，给学习者设置长期目标。不过，评价主要用于一节课的终结性或总结性评估，旨在概括学习者的学业成就。

教师主要使用形成性评价。在课程实施过程中，评价用于判定学习是否成功以及学习的成功程度，查明困难以便采取补救措施。初始与诊断性评价和形成性评价的功能类似。教师在上一门课开始之际实施初始与诊断性评价。（参阅第47章）

由于总结性评价和形成性评价的目标迥然不同，因而使用方式往往也是截然不同。只有理解常模参照与标准参照之间的差异，才能进一步探讨评价。

常模参照评价与标准参照评价

假设我组织300名新生参加一次考试，然后挑选前30%培养成为工程师、前31%-60%培养成为技术员，这就是所谓的常模参照评价，它对候选人进行互相比较，然后奖赏最优秀者。每名候选人的分数与常模或总体平均分进行比较。（依据统计学原理，只有数百名以上候选人参加考试，才能保证常模参照评价的效度。）无论候选人的分数多么不同，只要不是有意调整，每项成绩的获得者所占百分比就可能保持不变。常模参照评价的优势在于，每年考试难度的变化不会影响成绩，但这也会带来潜在的不公平，因为今年的学生可能比明年的优秀。常模参照评价可部分用于评定英国高中课程和普通中等教育证书课程考试成绩。它适用于发展性而不是掌握性目标。

与此相反，标准参照评价测量候选人能做什么，能做则判定及格，否则判定不及格。驾照考试可谓一个范例。只有准确界定标准，评价才可能具有信度，如使用检查单、能力清单或评分表。不然，不同批改者可能应用不同标准，或者，同一批改者在不同时间可能应用不同标准，或同一批改者对不同候选人可能应用不同标准。任何评价都是如此。标准参照评价适用于掌握性目标。

另外，下面将探讨学生参照评价或"奖章与任务"式评价，该评价方式以学生个人标准为参照，包含告知学习者已达到的重要标准，还包含其他需要达到的标准——在相对短的时间里能够达到的标准。

形成性评价：运用评价去改进学习

形成性评价是指在学习者学习某项主题期间给予信息反馈。不过，只有学习者运用该信息去改进学习，才能算是真正的形成性评价。教师可实施形成性评价，学生也可对自己实施形成性评价，学生之间还可互相实施形成性评价。研究表明，学习期间给予信息反馈，对学生学业成就的影响高于其他因素，因此，它值得你去正确领会！

> 研究人员比较了美国与日本以及亚洲其他国家的教学。亚洲教师的有效性最高。研究人员发现，主要原因在于西方教师重视天资和能力，而亚洲教师则重视勤奋与毅力。另一个原因是亚洲教师利用课外时间充分备课。
> （科学美国人，1992年12月）

1998年，伦敦大学国王学院两位顶尖教授布莱克（Black）和威廉（Wiliam）综述了形成性评价的有关研究文献。他们发现，最有效的形成性评价策略可将学生成绩提高两个等级左右，并且对学困生有最大促进效果。他们还发现，教师竟然无一人使用最有效的评价策略。

这是一些什么类型的策略？它们为什么有效？下面我们探讨一项思维实验。请先做完练习再接着往下读。

> **练习**
>
> 我要求你想象自己打算扩建个人平房或公寓。两家建筑公司的工程造价相同。选哪家公司？你打算抛硬币去做决定吗？"不！我要询问他们的质量体系。"下面将介绍两家公司的质量体系。你需要考虑：
>
> 1. 选择哪家建筑公司？本还是乔治？
> 2. 为什么选择这家建筑公司？尽可能多地考虑一些原因。
>
> **乔治"好又多"管理**
>
> **质量控制体系**
>
> - 每天收工时评定每位工人的努力程度，并将结果告知他们。
> - 表扬超出平均水平的工作。
> - 提醒注意错误与不足。
> - 建设性地批评不符合标准的工作。
> - 转而布置明天的工作，以保证迅速完工。
>
> **本"故障检修"管理**
>
> **质量控制体系**
>
> - 要求每位工人自我检查个人工作，随时改正错误和不足。
> - 每天收工时检查工作，表扬完全符合标准的工作。
> - 要求工人改正任何错误和不足，进而去检查改正结果。
> - 建设性地批评不符合标准的工作。
> - 转而布置明天的工作，以保证迅速完工。

形成性评价必须是告知性评价

第6章我们探讨了表扬与批评并得出下述结论：如果想保证最佳学习效果，每位学习者就需获取三种重要信息（萨德勒（Sadler），1989年）。请记住，上述信息可能来自教师，也可能来自学习者的自我评价或同伴评价。

清晰的目标

如果学习者不知道自己要努力做什么，他们就很可能什么也不做！学生必须理解任务，比如理解"评估""分析"与"描述"三者之间的差异。他们还必须理解优秀作业的标准，其中包括"评价标准"。他们需要知道自己的努力目标是什么。

奖　章

奖章是指有关学习者做得好以及好在何处的信息。如果从未发现自己何时有过成功，你就根本不可能学习。多数人以为奖章的主要优势在于鼓励，但实际上鼓励只是一个次要问题。学生最需要了解自己什么做得好。如果学习者发现自己成功地完成了一项预定目标，就可能比得到你的认可还要刻苦学习。

奖章可用于奖励学生的作业——结果，或用于奖励他们如何完成作业——过程（例如，"你使用了正确的方法，不错"，或"你确实持之以恒"）。它们也用于表扬进步："比上次快多了。"

任　务

任务是指有关需要改进和如何改进的信息。这需要具有"建设性"，意味着向前看、肯定，告诉如何改进，而不只是错在何处。

任务可能是下次作业的目标，或本次作业的改进。单纯的等级或分数并非任务。

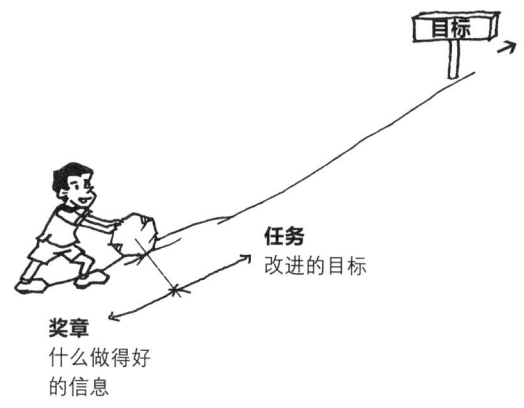

学生需要奖章、任务并理解目标

练习

问题一

针对一名学生绘制的同一张图表，教师可能给予各类评语。哪类评语包含奖章或任务，或二者兼备？哪类属于向前看、肯定的评语？请重读前述奖章与任务的定义，然后再做出决定。

A) 很好！10月7日。

B) 点线绘制规范，单位呢？

C) 线与点搭配合理。坐标轴单位遗漏了！

D) 坐标轴别忘了写单位！

E) 很好的尝试。

F) 点线绘制准确，别忘了检查坐标轴的单位与标注。

G) 坐标轴：请写单位。

点：全部正确。

　　　线：非常规范。

问题二

　　针对不同作业，教师可能给予不同评语。哪类评语效果最佳？

　1. 做得好，马特，很棒！10月9日。

　2. 图表绘制精美，莉莉。整洁精美，点标绘规范。

　3. 比上周好。但线条太粗！不断改进。

　4. 优秀。铅笔尖削细将提高精确度。不断改进！

　5. 刻度和线条规范，但遗漏了一些点！整洁精美。

　6. 良好。没有标题。书写整洁。10月8日。

　7. 坐标轴、点和线绘制规范。

　8. 不错，你交给我吧！请马上完成。不断改进。

本还是乔治？你选择谁？

　　你选择哪家建筑公司？为什么？如果你还没有做出决定，请先做出决定再接着往下读。

　　绝大多数人可能选择本的建筑公司，理由如下：

- 本要求工人自我评价个人工作，因此工人可随时改正错误，以避免犯更多错误。自我评价还有助于本的工人比乔治的工人学得好。

- 本的工人不必为了追求表扬而成为佼佼者，因而，只要承认个人努力，每位工人就能得到鼓励。

- 本不仅发现错误和不足，而且确保工人予以改正，并检查他们是否改正。可乔治仅仅指出错误罢了。本的策略是"发现和改正错误，追查（检查是否改正）"。该策略连同自我评价让工人对个人工作负责——归根结底，如果犯错，他们就必须改正。

　　那些选择乔治公司的顾客，其着眼点往往是本可能容忍低标准，不过，恰恰相反，本要求的标准比乔治的更高。下面我们将探讨。

　　在做这项思维实验时，好消息是绝大多数教师可能选择本，坏消息是多数教师仍像乔治一样工作。文化与一系列教育假设鼓励教师：

- 指出学习错误与疏漏，但不要求学习者改正或检查是否改正。通常不鼓励教师为了设置目标而诊断性地使用学生作业。

- 给予公正的形成性（实际性）作业等级或分数，但不明确要求学生去如何改进。

- 教师始终亲自批改作业，而不是要求学生依照标准答案或评价标准去自己批改作业，或互相批改作业。

那么，教师应如何实施形成性评价？如果你教实用技能，运用本的方法几乎不可能做好。如果学生以书面形式呈交作业，你就必须找出适合自己的评价方式。我们先来探讨几项高效策略：评价表，掌握性测验，自我评价、同伴评价或模拟评价。从第6章也可发现其他一些有效方法。《基于证据的实用教学法》第19章也介绍了许多评价方法。

技能教学评价表

目前，为了保证给学习者的论文、指定作业、实践作业和家庭作业等提供有效的告知性反馈，多数教师可能使用下述评价表。这些表格可能在学生完成任务之前发给他们。如果时间不充裕，你大可不必运用这些表格去评价每份学生作业。

要让学生掌握评价标准，其最佳途径是让学生自己研制标准。如下列第一张评价表所示，假定你要教论文写作标准。你可能要求学生小组合作去确定他们眼中的优秀论文标准是什么。然后，你可能运用第24章所述"自信式提问"法，根据他们的答案去研制标准。你还可列举优秀范文和一般范文。最后，他们理解了目标或标准，因而就可能准备运用评价表。

通常，评价表需要使用一整张A4纸，并且留有大量空格用于书写评语。如果要求实施自我评价，学习者就要先做完自我评价再递交作业，这样可让他们深刻理解目标。

论文写作评价表（高二历史）		
题目：　　　　　姓名：		
标　准	自我评价	教师评价
每个论点与论文主题有关。		
"赞成"与"反对"论点兼备： ●论文主题； ●任何主要观点或结论。		
每个论点都有充足的证据、事例和说明。		
确定赞成和反对论点的先后顺序并实施评估。		
得出与论文题目直接相关的合理结论。		
主要优点：		
需要改进之处： （注意：通常是改进论文内容，但也可能是要求达到上述标准）		
下篇论文的目标： （注意：通常为上述标准的一两项内容）		

数学评价表	
练习：　　　　　　　　　　姓名：	
评价标准	教师、同伴或自我评价
方法：恰当，尽量简单或精确。	
方法合理：阐明所用原理或公式。	
解答：思路清晰、完整、易懂。	
注意：反复审题！检查错误，书写整洁。	
主要优点：	
请记住： ●首次不能完全理解一个概念很正常；学习需要时间。 ●如果作业有分数或等级，就努力打破个人纪录，而不是别人的纪录。 ●重要的是能否理解问题和答案，而不是能否出现幼稚的失误。 ●犯错是好事，这正是学习的本质。 ●若弄清下次如何避免错误，你就能从错误中学习，就是真正理解了。	
本次练习的矫正性作业： （注意：通常是重做或改正一道题）	
下次作业的目标： （注意：通常是上述标准的一两项内容）	

来源：根据英国教学大纲与学历管理委员会（QCA）网站的一份"学习评价"报告编制而成

实践作业：　　　　　姓名：	
优　　点	
发展机遇	
综合评语	

就这些特殊评价表而言，关键是要求学生实现最重要的目标和实施自我评价，而不是关注表格设计。它们也运用"发现与改正错误、追查"法。"学习循环"即为其中一种方法：下次作业一开始就要创建一个"目标框"：

（下次家庭作业或下篇论文）	
请根据上次作业制定出个人目标，然后在本次作业中努力实现该目标	学生和教师评价是否实现目标
我想方设法展示自己的解法，一旦遇到困难，就马上请教。	第1-6题解答准确，第7-8题需要详细解答。你确实需要帮助！

学生先在第一个目标框写出个人技能目标，再开始练习，然后努力去实现目标。一旦他们递交作业，你就需要留意学生的个人目标，并据此去批改，然后在第二个目标框书写评语，指出他们是否实现目标或需要改进之处。

这是一项有效的差异化教学策略，每名学习者都会努力实现个人目标。不过，别指望一蹴而就；基于技能目标的实现往往需要花费大量时间。

上述评价表适用于布卢姆教育目标分类学的所有高级技能。这些技能属于"可迁移"技能，因而每篇论文或每次作业皆可使用相同标准。例如，无论历史论文的主题是什么，学生都需要自圆其说。

不过，上述评价表也可用于低级技能，如理解"准确无误地标注心脏图"一类标准。要做到这一点，你就必须给不同作业提供不同评价标准。

> 你可以从 www.geoffpetty.com 网站的反馈主页下载许多评价表，但别盲目地照搬照套。要设计适合本学科和所教学生的标准和评价表。

请注意，上述每个评价表都不要求评定分数或等级。布莱克和威廉在综述文章所列的可靠研究证据时表明，等级会降低学习效果（巴特勒（Butler），1988年）。分数和等级，甚至有些诸如"良好"一类的评语，往往是比较学生，而不是关注任务和改进。巴特勒发现，低等级让学困生灰心丧气、失去学习动力，进而降低对该主题的学习兴趣。

高等级的学优生可能滋长骄傲自满情绪，尽管仍对该主题感兴趣，但他们却不愿再下苦功去改进。"对我来说，得 B 就足够了，不需要改进了。"巴特勒还发现，如果你给学生作业评定等级，他们就会只注意自己（与同伴）的等级！而不是你要求如何改进的评语。

如果等级阻碍学生努力改进自己，就可能弱化形成性评价的整体目标。交替运用奖章和任务式反馈可预防骄傲自满与灰心丧气，从而保证所有学习者去努力改进自己。

> 学习某种有用的知识或技能，我们很少首次就能完全掌握，错误与疏漏在所难免。其实，错误与疏漏有助于学习，学习是一个试误的过程，正是通过识别错误与疏漏并矫正，学习才能越来越接近目标，最终取得成功。然而，多数学习者因视学习错误为羞耻而放弃学习。鼓励学生自己去改正错误，别因错误而责备他们。

有些从事成人基本技能教学的教师从不评定等级或分数。但有些学历课程要求经常评定作业，因而就不便于说该做什么。有些教师只给学生提供奖章和任务式反馈，等级自己保留，直到期末或期中复习时才告知学生；有些教师则在一两次指定作业之后便让学生知道个人等级；有些教师只给试卷评定等级。

> 一般而言，学生有时必须了解自己的总结性等级和分数，比如说每学期或半学期全日制课程的总结性等级和分数。他们当然想"知道我正在做事的方式"，他们还想筹划个人的未来："只有得B才能考上纽卡斯尔大学？"如果告知学生为什么暂不公布等级，他们往往就会愉快地接受，甚至可能如释重负。

掌握性考试及其他掌握性评价方法

我们对20%—30%不及格率的概念深信不疑，以致公然无视促进每个个体发展的教育观。这种教育观并非胡思乱想，从驾照考试实例就可略见一斑。学会驾驶并非易事，多数人首次考试失利，但最终几乎所有学员都能考试过关。

如何才能考试过关？主要是通过精心界定需要学习什么，允许学习者完成自己需要的练习，并告知不及格者需要做什么。这些"发现与改正错误、追查"原则，正是各种有效形成性评价所极力倡导的，也是第1章所述建构主义极力推崇的。

> 掌握性学习策略的精髓在于，小组教学辅之以频繁反馈及每名学生需要的个别化矫正性指导。
> ——B·S·布卢姆《为改进学习而评价》（布卢姆的重要观点）

布莱克和威廉的研究综述发现，掌握性学习能将学生成绩至少提高一个等级左右。它还可能让学生的学习态度更积极，提高学生的自尊，然而，教师却很少使用。掌握性学习策略只应用于掌握性目标，即应用于布卢姆教育目标分类学的

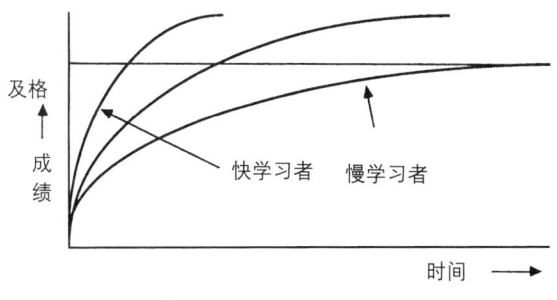

给足所需时间每个人都能学习

初级学习,主要集中于基本知识、领会和简单应用。切莫单独使用掌握性学习策略,而要与其他用于高级技能的评价方法结合使用。否则,就肯定会出现第 1 章所述的浅度学习。

掌握性学习的五种策略:

1. 准确界定学生必须知道什么和能做什么。只考虑布卢姆教育目标分类学中的基础性学习,如解释新术语含义的能力。

2. 告诉学生应做什么和能做什么才能保证通过掌握性考试。设置大量学习活动,其中包括矫正性练习,进而掌握知识与技能。只有学生准备就绪,你才能举行考试。

3. 每次考试时间很短(如 5 分钟),频繁举行考试(每一两周或每五到八课时一次)。根据你设置的附带标准答案或参考答案的评分表,学生自己去批改试卷。对学生而言,好消息是这些可预知的基于关键知识的问题容易解答,而且已经做过练习;坏消息是该关键知识的及格分数线高达 80% 或 85%。

4. 学生得"P"即可视为及格,但不记录他们的百分位数。如果他们不及格,记录表的空格就保留空白,直到通过考试为止。

5. 不及格学生认真分析自己错在何处,然后花一两天时间去准备重考。他们反复补课,然后反复重考,重考与首考非常相似但并非完全相同,重考要直到及格为止。如果主题可均分为若干子主题,学生就只重考不及格的子主题即可。在学生自己补课期间,教师并不坐等,而是教下一项主题。

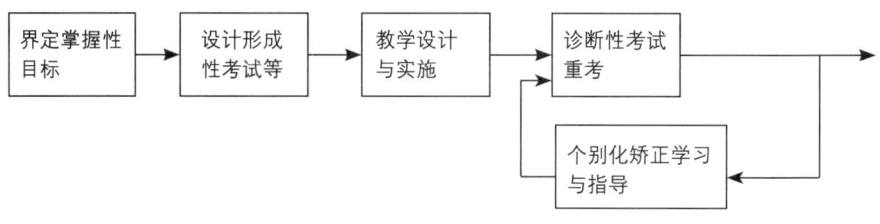

掌握性学习

绝大多数教师命制的掌握性试卷过难。掌握性考试的目标不是拓展学生的能力,而是检查他们学会的最基本知识。我首次使用掌握性考试,就以为试题过于简单,学生肯定会嗤之以鼻。结果却出乎意料,相当一部分学生没有及格(其他学生则是得意扬扬!),我记得一名学生说过这样一句话:"我以为自己什么都知道,直至我试图把答案写下来。"他没有运用学习—复习—书写—检查法去检测自己所学知识,不过,随着我连续运用掌握性学习,他很快就能应付自如了。

> 业内人士普遍认为香港和日本拥有成功的教育体制,其中一个原因在于"零容忍不及格"。香港和日本推行掌握性学习模式——矫正性练习之后紧跟"诊断性考试"。

掌握性批改

如果学生正在做掌握性习题或练习,你就可运用掌握性批改。其中包括给学生一个"及格!"如果得分要在80分以上,就要求他们改正错题直到达标为止。

"不及格——40分"一类红笔书写的评语会让学生灰心丧气,而"重做第4-5题方可进行掌握性批改"一类评语则会让学生心满意足。绝大多数学生希望有机会去改正个人作业,他们往往乐意花时间去改正个人作业,而且会从改正过程中学会很多东西。

对学生而言,掌握性批改似乎是一件苦差事,但依我之见,并非如同你想象得那样麻烦!随着学生越来越多地使用掌握性批改,他们很快就能学会检查自己的作业,跟同伴互相对照,与同伴或我共同解决困难,然后重做上次作业。他们开始认可要自己对自己的学习负责。他们不希望自己被迫去重做作业,因而提交的作业一般都在80分以上。课后我通过检查学生重交的作业发现,他们只是重做全错的习题,因而不用花费多少时间。重交的作业通常能达到标准。

针对选修普通中等教育证书课程的学生,我为每项主题编制了一张作业单(一系列测验题),一旦学生达到作业单所述的掌握性批改标准,他们就可在自己文件夹保存的个人"掌握性用表"里做标记。他们乐于记录个人成功,因而肯定不喜欢个人记录留有空白!他们为通过全部考试而勤奋学习。(参阅下述实例)你还可使用另外一类学生掌握性记录表,即,在教室告示栏里张贴以表格形式绘制的大幅海报,上方张贴学生练习题,下方张贴学生姓名。

学生掌握性记录表

普通中等教育证书课程物理掌握性记录表	姓名:萨拉·奥斯汀(Sarah Austin)	
练习题/主题	掌握性批改	掌握性考试
测量	及格	及格
力与弹力	及格	及格
能量转换	及格	及格
功、能量与功率	及格	及格

> 下列两人的共同之处是什么？
>
> 英国哈德斯菲尔德市的露丝·劳伦斯 (Ruth Lawrence) 出生于1971年，12岁就考入牛津大学主修数学专业。1985年，14岁的露丝·劳伦斯就在同年入学的所有学生中脱颖而出，荣获最高的一级学位。
>
> 美国阿肯色州的范妮·特纳 (Fannie Turner) 夫人出生于1903年，75岁时，终于在第104次驾驶证笔试中过关。
>
> 答案：她们都花费自己所需的时间去通过了考试。

自我评价、同伴评价和模拟评价

你对布卢姆要求学生批改自己的掌握性试卷感到意外吗？直到亲眼看到学生首次批改自己的正弦和余弦试卷，我才不再感到意外。他们在查找个人错误时，聚精会神、寂然无声，间或拍打一下自己的前额。我恍然大悟，他们正在积极主动地学习，全神贯注地对照标准答案去批改个人作业。

无论你是否使用掌握性学习，都应要求学生对照一系列标准答案或参考答案去批改个人作业。另外，他们还可依据自己制定的评价标准去评价个人作业或你事先准备的作业。

学生也可互相批改作业，这被称为"同伴评价"。同伴评价是基于格雷厄姆·吉布斯 (Graham Gibbs) 首创并为比格斯 (Biggs) 2007年引证的一项策略。它可将大学工程课程的学习成绩提高近两倍，但也可适用于任何学段的课程。

1. 学生填写一份问题作业单并署名。

2. 学生将问题作业单提交给教师，然后由教师发给其他学生批改。学生不知道谁正在批改自己的作业。

3. 学生使用你提供的"标准答案"或"参考答案"，包括评分表去批改同伴的作业。另外，他们可使用明确的标准，其中可能具体规定每项标准的得分。例如，正确曲线图的标准可能为"坐标轴标注准确：3分"。

4. 教师将批改后的作业返回本人，学生人手一份标准答案、参考答案或评价标准。绝大多数学生大概会检查同伴批改的情况，但教师不一定这样做。

吉布斯发现，教师甚至连学生的分数都不登录，当然，或许你会。这种策略收效显著，单元的通过率从约45%提高到约75%！

模拟评价包括专门设计一份"虚构"作业。如果学生同意，就可选用学生保存的往年作业。你分发给学生，然后要求学生去批改；你可能需要提供一份评分表、评价标准或标准答案。一旦他们做完，你就可与全班学生讨论批改情况。"你给她第3题打了多少分？……嗯，她只能得1分，因为……"

模拟评价可采用一种有趣的方法，即针对同一项任务给学生分发两份作业，一份是华而不实但学生容易记住的作业，一份是质量上乘但学生容易遗忘的作业。例如，一篇论文洋洋洒洒，堆砌辞藻，句式多变，图文并茂，但没有触及实质；另一篇论文短小精悍，直奔主题。学生几乎总是给差作业打高分。这是宝贵的教训，帮助学生去明晰个人目标。

> 如果你要求学生运用你印发的评价表去模拟评价优秀作业，他们就可能弄清你所制定标准的意义，进而学会如何在学习中达到标准。

布莱克和威廉的研究综述发现，自我评价与同伴评价优势很多，如果学生必须运用所学技能去制订改进计划，优势就会更加突出。

为什么自我评价、同伴评价与模拟评价有时甚至能将学习成绩提高两倍？

- 它们有助于学生去阐明目标。学生要认真研读标准答案、评分表与评价标准，进而帮助自己知道、理解个人奋斗目标。
- 它们给学生提供了奖章和任务式反馈信息。
- 批改自己或同伴的作业，有助于学生去弄清自己是否已理解所学知识。
- 同伴评价与模拟评价可让学生发现"另外一种解题方式"。
- 它们有助于学生将成功归因于做正确的事，而不是归因于个人天赋或才能。有人认为这类"归因训练"对学困生特别有效，它们让学生知道自己能够取得成功。（参阅第5章"动机"以及《基于证据的实用教学法》第3章。）
- 它们教学生学会对自己的进步负责。即，它们培养学生具有一种"主人翁意识"、责任感与问责意识。
- 它们增强学生的勤奋学习程度。
- 它们有助于培养学生自我批评与反思的思维习惯。
- 它们节省教学时间从而让你去开展更多有效的活动。
- 通过对具体范例进行归纳学习，比通过解读抽象评价标准更容易掌握知识。

如果你不喜欢同伴互相批改的理论，或者你的学生还没有成熟或自信到互相批改的程度，就可选用自我评价与模拟评价。

诊断性提问

教师在课堂上的言行举止几乎都可被称为形成性评价。例如,请比较下述两类针对同一名学生的提问方法。

教师:7是质数吗?　　　　教师:7是质数吗?
学生:对。　　　　　　　学生:对。
　　　　　　　　　　　　教师:为什么?
　　　　　　　　　　　　学生:因为它是奇数。

第一类提问是事实性提问与封闭式提问,在布卢姆教育目标分类学里也属于初级技能,它没有诊断出学生误将质数等同于奇数;第二类提问因为要求解释,所以就发现了学生误解之处。若有必要,就进一步提问并要求解释,全面诊断错误概念,然后予以纠正。(参阅第14章)

同样,课堂测验和绘制思维导图也是形成性评价,运用活动去诊断学生的学习弱点,然后要求他们当堂或在课外时间予以矫正,最后由你或学生的一个同伴去检查改进的情况。

尽量让你的一言一行具有形成性评价效果,诊断学习困难与改进机会,要求学习者努力克服困难与改进自己,然后确认他们的进步情况。

布莱克与威廉研究综述之讨论

布莱克与威廉的研究结论与传统惯例如何不同?

传统惯例:讲授、考试、评分、继续讲新课(终结性评价)。

一般而言,教师教一项主题,布置一些作业,批改,或多或少给予建设性批评,但并不检查学生是否已弥补缺陷。然后教师继续教下个主题。

该惯例基于一个常见假设,即,学习质量与数量取决于才能或能力,因而评价的任务就是测量这类能力。如果学习不合格,就可归因于缺乏能力、才能或智力。

最佳惯例:发现错误、改正、追查(诊断性评价)。

布莱克与威廉的研究综述提出另外一种方法。教完一项主题,布置一些作业,然后学生与教师一起运用本次作业去诊断不足,进而设定改进目标,然后检查改进情况。

该惯例基于的假设是,学习质量与数量取决于改进所花费的时间与努力,因而评价的任务就是诊断不足，从而让学生集中时间和精力去改进。其实，越是存在学习不足，就越有可能轻松地获取最大的学习进步。学习要求越高，越需要长期的勤奋努力。

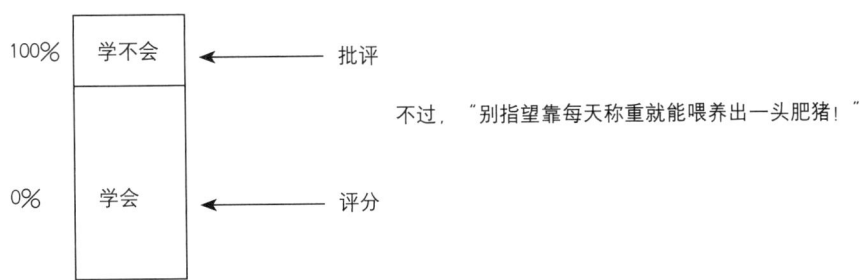

传统惯例：讲授、考试、评分、继续讲新课

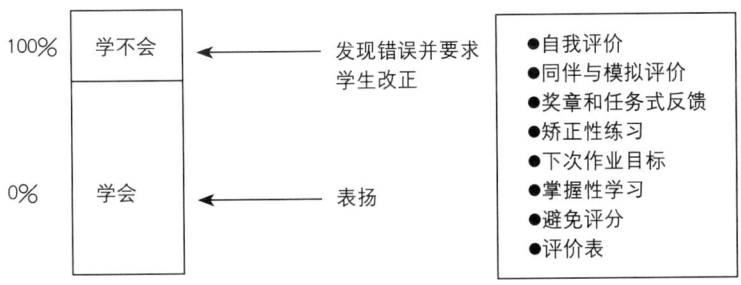

最佳惯例：发现错误、改正错误

研究证实了时间与努力假设而非才能假设，尽管你或许以为才能在音乐一类领域至为关键，但事实并非如此。"才能"可以习得，还可通过着眼于改进的时间和努力去提高。（参阅第 45 章）

> **练习**
> "学生学不会，责任在教师。只要提供适合的教学，所有学生都应得 A。"（B.F. 斯金纳（行为主义心理学家），1955 年）请讨论！

结果反馈

有些教师发现自己不善于用言语去夸奖学生。当然这不见得是好事。不过，他们欣慰地发现，准确告知学生什么做得好本身就是鼓励他们，对此，学生也绝不可能理解为老师在特别照顾自己。

因此，你可以运用随堂测验或小测验让学生弄清自己知道什么与能做什么。要想获得最大成效，就要经常测验和提醒学生。每堂课最后留3分钟考试就属于最佳复习技巧。你有时会发现，如果考得不错，学生就可能得意扬扬。

当然，如果考砸了，学生就可能垂头丧气。因而就要考虑让考试和测验具有"形成性评价"效果。即，给学生第二次机会去改正个人学习错误，或许可第二天重考。当然，你要提醒他们，专攻自己的弱点就行。允许学生重考，但告诉他们只做错题即可。最终，几乎人人都能做好。

强 化

运用能力与自我评价去强化

承认学习成功就是强化。你可给学生设计一系列非正式能力，要求他们标记已获得的能力，或要求他们依据明确的标准去实施自我评价。几乎任何学习都可按照能力或标准模式去"包装"。甚至可制定行为标准，然后要求学生去实施自我评价或由你判定是否达标。尽情展开想象的翅膀，你就能发现适合自己的有效路径！

运用认证去强化

有些课程项目主管可能给学生颁发英国开放大学网络证书，如急救或客户服务培训课程开课之初就告知学员将颁发证书。如果学生第一学期末或之后不久就明确知道自己能取得成功，便能给他们以巨大激励。

推荐读物

[1] J. 比格斯. 大学为优质学习而教学：学生做什么（第3版）. 麦格劳－希尔出版社, 高等教育研究协会与开放大学出版社, 2007.

[2] P. 布莱克, D. 威廉. 评价与课堂学习. 教育评价. 1998 (1)：7-74. (从下面网站可以下载他们的研究结论：www.pdkintl.org/kappan/kbla9810.htm)

[3] 布莱克, 等. 学习评价实务. 开放大学出版社, 2003.

[4] B.S. 布卢姆, G.F. 马道斯（Madaus, G. F.）, J.T. 黑斯廷斯（Hastings, J. T.）. 为改进学习而评估. 麦格劳－希尔出版社, 1992.

[5] R. 巴特勒（Butler, R.）. 提高与降低内在动机：任务卷入与自我卷入评估对兴

趣与成绩的影响 . 英国教育心理学杂志，1988（58）：1-14.

[6] J. 哈蒂 . 教师可视化学习：最大化地影响学习 . 劳特利奇出版社，2012.

[7] J. 哈蒂 ,G. 耶茨 . 可视化学习与人类如何学习的科学 . 劳特利奇出版社，2014.

[8] R. 鲍威尔 . 反馈与批改 . 罗伯特·鲍威尔出版社，2013.

[9] D. 朗特里（Rowntree，D.）. 评价学生：我们应如何了解他们（第 2 版）. 科根图书出版社，1987.

[10] R. 桑德勒（Sadler，R.）. 形成性评价与教学体系设计 . 教学科学 .1989（18）：119-144.

[11] D. 威廉 . 形成性评价 . 原点出版社，2011.

[12] 浏览网站 www.geoffpetty.com 可以详细了解评价，其中可了解更多评价表 .

第四十四章 终结性评价

终结性或终端性评价可用于一个单元、一门课程或一学年末。如前一章开头所述，终结性评价的目的是总结学生能做什么（标准参照评价）。实施终结性评价可能要辅之以技能或能力检查单、成绩报告单或成绩分析图表。另外，终结性评价的目的还可能在于给学生评定等级或排名（常模参照评价），一般是采用考试形式，命题要基于学生所学知识的广度与深度，区分开学生之间的差异。

目前，中小学与大学教育的终结性评价正处于急剧变革之中。不仅学科与学科之间互不相同，而且同一学科两年之间也各不相同。这里只能简单概述基本方法。你一定要清楚任教课程的具体评价标准及其自己承担的个人责任。尽早知道自己要教什么，及时向经验丰富的教师请教。

终结性评价方法概要

成绩分析图表

人人都熟悉学校的成绩报告单。成绩分析表与成绩记录表适用于系统地报告学习者的成绩、能力、技能、经验与素质。如前一章自我评价所述，它们既可用作形成性评价，又可用作终结性评价，通常是两者兼用。如同任何成绩报告单或证明文书，成绩分析表与成绩记录表属于主观评价，但它们可提供无法客观测量的信息。它们只报告积极信息，并由学习者本人书写报告，但初稿要经教师审定。它们给学习者提供下述信息：

- 个人与社会发展、自我意识与社会技能；
- 成绩进步与动机；
- 职业抱负；
- 校内外兴趣爱好；
- 关键技能的成绩，包括问题解决、沟通、信息技术、数理或其他技能（如动手能力）。

如第 34 章所述，学生最好自我评价并自己设置改进目标，最终绘制出成绩分析表。成绩分析表描述学习者的特性，若有可能，则可用于就业或升学。

有些成绩分析图表采用网格格式，运用不同层级的描述符，依次列举关键技能及其成绩。不过，成绩分析图表可能误导阅读人员以为评价客观真实，还可能因格式所限无法充分描述主观标准。在某种程度上，人人都可陈述一个合理观点，因而，除非上下文符合逻辑，否则在"能陈述一个合理观点"方格内打对号就毫无实际意义。

其他成绩分析图表采用开放式填答格式，它们很实用，学生将个人成绩分别填写于一系列标题之下。网格格式与开放格式经常混合使用，而且，学校不同，成绩分析图表的设计与使用也不同。

成绩分析图表已受到教师的批评，比如缺乏信度和效度，给人不真实的印象，报喜不报忧。有些专家甚至怀疑雇主是否可能去阅读冗长的网格式成绩分析图表。不过，由于学习者的学业成绩经常会清晰表明他们不能做什么，因而使用成绩分析图表似乎可公正地评价学习者；如果再辅之以自我评价，就可能更有价值。只要使用成绩分析图表，就一定尽可能让学生自己去填写！

能　力

你还可参照检查单或一系列能力指标去实施评价，这也是标准参照评价普遍使用的方法。通常运用"及格"或"不及格"去评价是否具备这些能力。如果不及格，就鼓励学生重考一次。

英国职业资格证书考试运用"能力单位"去界定内容与实施评价。以职业资格证书考试课程园艺学为例，其中包含"建造观赏性花坛与花池"的"主要目的"。能力单位可能包括：

- 利用种子育苗；
- 建造观赏性花坛与花池；
- 养护观赏性花坛与花池。

每个"能力单位"包含大量"能力要素"。例如，"养护观赏性花坛与花池"可能包含下述要素：

- 用手给花坛或花池除草，可借助于工具除草，也可徒手拔草；
- 修剪植物，防治病虫害；
- 保持土壤条件，维护花坛或花池的物理外观。

注册认证人员可随时分别评价每种能力，也可随时实施综合评价。然后，邀请颁发资格证书认证机构的督导专家去核查每项能力的评价结果，诸如邀请英国伦敦城市行业协会的督导专家。

通常要界定能力"范围"。例如，"种植观赏性植物的辅助设施"能力或许包含："选择种植灌木植物、草本植物、花坛植物和鳞茎植物的容器。"

学习者或"候选人"给评价者提交证据，力求证明自己已获得一种或多种特殊能力。为确定候选人已具备某种能力，也许还需教师面试候选人。如果评价者确认候选人已获得某种能力，就"签字认可"；如果不肯定，就通常明确要求他们提供其他证据去充分证明。

这类能力清单的优势在于：标准的设置既切合实际、基于工作，又为职业领域（产业指导机构）专家所认可。因此，它们理应得到相关行业的支持。它们易于为在职学习者所接受，它们鼓励（甚至可能要求）基于工作的证据，并不要求学习者听课。经由一个"先前学习与经验认证"过程，利用过去的技能证据去证明自己已获得某些能力——不过，这个过程可能耗费时间与金钱。

很多人质疑（英国）全国职业资格证书考试，其中有人认为，缺失分级既可能让学优生无法提升自己，又可能让未来雇主无法区分拥有相同资格证书的求职者。有些人说，它们降低了标准，忽视了评价候选人对技能与技巧的理解，不过，有效教学能够解决这个难题。

英国教学大纲与学历管理委员会具体负责管理与认证职业资格证书。共分为五级：

第五级：专家；

第四级：管理人员；

第三级：相当于高中毕业生；

第二级：相当于初中毕业生；

第一级：基本水平——入门者。

别让你自己被能力左右。一项能力接一项能力甚至一个单元接一个单元去教一门课程可以说是馊主意。先教学，要求学员在真实环境里做真实事情，然后再寻找评价证据。如果精心设计任务与教学，评价就可能易如反掌。例如，可以给一些学习园艺的学生布置设计、建造与养护花坛的任务。他们可采用拍照方式去记录，可记录个人体验，在页边用引证去标记自己已具备这份工作所需能力。整体体验比按文件规定顺序逐项学习更自然、更有效。

连续性评价或课程作业

连续性评价是指，平时作业的评价结果计入学习者的终结性评价。绝大多数全日制职业课程，以及一些初中与高中课程的部分内容皆采用这类评价方式。绝大多数教育发展研究发现，尽管连续性评价可能大幅度提高学生的动机水平，但教师更青睐"校内评价"。在多数情况里，校内评价的评价条件，包括评价结果均更实事求是——例如，谁可能在一次限时考试中要求创作一首诗或完成一项工程设计方案？

> 如果没教"问题解决"或"合作学习"一类关键或"通用"技能，就别评价它们！

要想确保不同学校都按照指定方式去实施校内评价，要想确保不同学校都执行相同标准，通常就需要一位校外审核员或仲裁员去检视全部或部分已批改作业（参阅第49章）。因为检视程序千差万别，所以一定要快速而准确地确知要求你做什么。例如，何时必须向仲裁员或审核员提交课程作业？

考试委员会或认证机构可能针对这类事宜提供书面指导意见，但有些材料十分冗长与晦涩难懂。所以，最好向经验丰富的教师请教。

考 试

确保学生知道期末考试的形式，还要确保学生有数月时间去练习解答相应试卷类型。往年试卷可从相应机构索取，用于设置有效的家庭作业。有些考试委员会将往年试卷分析报告正式出版发行，这些便于应考者熟知常犯错误与疏漏。

让学生感觉往年试题太难的原因往往在于编制试题的语言艰涩难懂。给学生印发一份术语表，借助"决策"卡片游戏去培养他们根据描述阐明评估的能力。你自己板演往年试题，然后以班级志愿者的答案为标准答案，再放手让学生去结对做几道试题。注意运用模拟与同伴评价。即使如此，他们也可能需要数月练习才能树立自信。如果在模拟或真实考试时首次接触往年试题，他们的分数就可能令你大跌眼镜。

等级测试

等级测试要应用与终结性评价相符的掌握性原理。该领域的先锋始终为现代语言等级目标测试（Graded Objectives in Modern Languages），测试形式基本类似于英国皇家音乐学院联合委员会主办的音乐考试。现代语言等级目标测试属于标准参照评价，只要学习者准备就绪，就可参加测试，而且还可重新参加测试。它们深受学生欢迎，目的在于通过设置可实现的短期目标去经常性强化已通过认证的成功。

心理测量

心理学家设计特殊测试题去测量智商、语言推理、非语言推理、身体技能、阅读与算术基本技能等。其他测试用于测量能力倾向——例如，候选人学习如何使用计算机的能力倾向或他们手工操作的能力倾向。然而，多数测试声称可测量人格,进而可预示出一位候选人是否适合于管理培训。这类测试可能花费巨资,而且其中绝大多数需要特殊训练方可使用。

专家们普遍认为,过分依赖这类测试结果存在着一定风险,究其原因在于,它们没有考虑动机,等等。另外,测试结果有时并非像宣传的那样稳定;教育可以将智商分数提高30%。1993年,埃里克森等人(Ericsson)的研究综述发现,很难测量潜能或能力倾向,而且能力往往源自学习而不是天赋(参阅第45章)。

试题类型

如果你要编制试题,就请参考下述建议。尽可能别自己去命题。编制试题,尤其是编制客观试题(多选题)非常费时。何必重复劳动?尽可能找到留存的往年试卷,收集学校往年命制的试卷;搜寻教材或试题书籍。改编试题往往会节省时间。

明确考试目的。是分级与甄别,还是诊断学习问题?试题是否与目的相符?所有试题均应明确、简练、无歧义,还要运用日常语言去表述。看似简单,实则难,出错在所难免,所以,如果你改编或编制试题,就一定请其他教师审核。下图展示与你使用试题类型有关的问题:

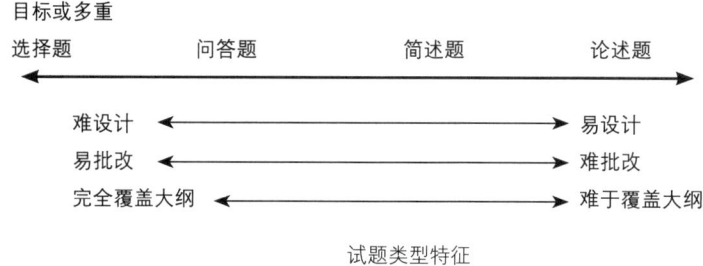

试题类型特征

评价问题

效　度

效度高低取决于能否真实测量出想要评价的知识与技能。例如,一项客观性测试无法测量出一位候选人的操作技能或形成一个合乎逻辑论点的能力。要想保持效度,一项评价就必须从教学大纲的多数主题里取样,取样要包含布卢姆教育目标分类学所有层级。在批改时,必须给取样知识的广度和深度赋予合适权重。

如果候选人难于理解试题,或者,如果试题带有文化偏见,效度就可能降低。教师经常将学业不良与难于理解试题混为一谈。

信 度

在统考中，不同阅卷人应给同一份试卷判定相同分数，同一位特定水平的学生每年考试分数应相同。另外，如果事先不知道在不同时间两次批改同一份试卷，同一位阅卷人应判定相同分数。其实，往往不可能达到完美的信度，论述题的信度就更不如客观性试题了。

> 20 世纪 60 年代，英国小学经常让学生报名参加不同初中举行的同一学科的入学考试，可考试结果却迥然不同。
> ——彼得·纽瑟姆（Peter Newsom）《泰晤士报教育增刊》，1992 年 10 月 16 日

> 11 岁以上小升初考试的信度曾经（目前在数个领域仍然）比绝大多数考试要高。不过，1957 年，英格兰与威尔士教育研究基金会的权威性研究发现，同一批学生数天后参加相同考试，其中 10% 的学生上次考试"及格"而本次考试却不及格，反之亦然。

如果精心设计一份依据客观标准赋分的评分表，而不是任由阅卷者依据个人总体印象去批改，就可能大幅度提高考试信度。

> "你将来不会有出息。"
> ——一位德国慕尼黑学校校长对一名叫阿尔伯特·爱因斯坦的 10 岁学生如是说

有效、真实、实时、充分与可信（VACSAR）

除上述有效（valid）与可信（reliable）外，评价还需要：

- **真实**（authentic）——如果你要测量一名学生的设计能力，就不可能要求他们在半小时内解决一项设计问题。设计师并不是这样工作的。
- **实时**（current）——一位电工可能习惯使用旧规则，但他或她会习惯使用新规则吗？去年我还会做人工呼吸——我现在还会做吗？
- **充分**（sufficient）——学生必须书写多少文字才能判定他们的拼写能力？

设计一项评价策略

每门课程都需要一项评价策略。既要联系课程目的和目标,又要考虑下述因素:

- 评价目的是什么:分级还是诊断?(评价也可能是为了激励、获取反馈、承认进步、认证和选拔学习者、评估课程或上述不同组合。)
- 评价内容是什么:将要如何评价?
- 谁负责评价及何时评价:报告或仲裁员需要分数吗?
- 评价结果:评价会发生什么?特别是那些得分低或得分高的学生会发生什么?

一旦确定策略,就需要设计与策略、课程目的和目标相符的方法。例如,在教一门成人计算机培训课程时,如果学员水平参差不齐,你就可能选用一份能力清单让学员自己做记号;一位中小学数学教师在上课时,可能决定在学年末实施一系列掌握性测试与一次分级考试;在教一门培养咨询技能的课程时,你可能要求学员撰写学习日志,然后定期开展一对一辅导,与学员共同讨论日志所涉及的问题。

教育概莫能外,选择都要基于目的适切性、付出与回报性价比。

伴随命题还要设计评分表,完好保存以便用于来年;同时还要保存一份试卷监测副本,可用于书写修改意见。这有助于你改进评价过程,还可以对学生逐年进行比较。保存、修改试卷与评分表肯定需要花费精力,但却能为你节省许多宝贵的工作时间。

评分表

- 与通常看法相反,一道试题最难部分或一张试卷最难试题的赋分往往不可能最高,否则会让考试出现很大偏差,只会对学习最好的学生有利。一般而言,应根据候选人解答可能需要的时间去赋分。
- 候选人应知道试卷如何赋分。
- 提前解答数学试题,确保试题合适、有效。
- 先批改一份优质试卷,以便验证评分表和答案!
- 如果你想分级或甄别,就设置大量中等难度的试题,而不是设置少数超难的试题。

当然,你需要保存评价记录,并弄清以往的评价记录。别保存无用的记录。第 41 章曾介绍过不同方法。

结束语

只有可测量，才能实施可靠评价，然而，评价过程甚至教学过程却往往忽视可测量的重要价值。学生与教师经常持实用主义观点："如果不评价，就不理它。"*因而，就有人理直气壮地指责评价本末倒置。

至少三分之一从学校走出来的年轻人被打上了失败的烙印。只有像你我一样学习成功的人，才有可能去推测儿童和年轻人所遭受的情感伤害。许多"失败者"转而去排斥已排斥他们的社会准则，逐渐走上滥交、吸毒、犯罪的歧路。超过50%的囚犯属于功能性文盲绝非偶然现象，这是在多数情况下，诵读困难者并没有得到充分诊断或关照所带来的结果。

失败还可能产生经济后果。在世界市场上，经济发达国家的国民无法与廉价劳动力竞争，他们只能运用教育与训练所传授的技能去竞争。

据统计，2012年，接受全日制教育的18岁人员为总人口的67%，不读书、不工作也不接受职业培训的18岁"三无"人员为9.6%。他们发现，其中三分之一在校生放弃学习课程或学习不及格。令人遗憾的是，一些职业资格证书名为职业证书，实为学术证书，因而学生仍然回避不了基于"书与笔"（读写）的教育。

这类社会、心理与经济伤害的主要根源在于以学术为中心的课程；另一个原因是采用常模参照而不是标准参照的评价模式，其结果就可能偏向于聪明学生；还有一个原因是评价往往不去识别与奖赏难于测量的素质。你的评价尽可能别出现这类错误。无论一门课程的终结性评价如何，形成性评价都要考虑运用基于能力的体系、数据分析图表、分级考试以及其他掌握性方法。它们均会奖赏每名学习者的努力与成功，进而鼓励他们树立未来学习所依赖的自我信念。切记，对学习而言，形成性评价远比终结性评价重要。

> 并非一切有价值的东西都可以测量，同理，并非一切可测量的东西都有价值。
>
> ——阿尔伯特·爱因斯坦

---

*译者注：考什么，学什么。

检查单

- ❏ 评价体系是否与课程目的和目标直接相关?
- ❏ 你能否运用常见的诊断测试去发现学习缺陷?
- ❏ 学生能否努力克服上述学习缺陷?
- ❏ 是否允许学生修改与重新提交不合格的作业?
- ❏ 评价方法能否识别学困生正在做出的学习努力?
- ❏ 评价方法能否拓展能力并认可他们的成绩?
- ❏ 评价方法能否识别与奖赏难于客观测量的重要素质?
- ❏ 如果运用掌握性方法,试题是否很简单?

练习

汇总概括本章与前章主要评价方法的优势与劣势。

推荐读物

免费下载资料

登录 Oxford Brooks 网站,搜寻评价方法.

读物

[1] B.S. 布卢姆,G.F. 马道斯(Madaus, G.F.),J.T. 黑斯廷斯(Hastings, J.T.). 为改进学习而评估. 麦格劳 – 希尔出版社,1992.

[2] K. 艾里克森(Ericsson, K.),等. 刻意练习在达到专家水平上的作用. 心理学评论.1993(3):363 – 406.

[3] G. 吉普(Gipp, C.),G. 斯托巴特(Stobart, G.). 评价:教师问题指南(第2版). 霍德与斯托顿出版社,1993.

[4] R. 鲍威尔. 反馈与批改. 罗伯特·鲍威尔出版社,2013.

[5] D. 朗特里(Rowntree, D.). 评价学生:我们应如何了解他们(第2版). 科根图书出版社,1987.

第五部分
教学实践

第四十五章　教师可以做到什么：积极心态

迄今为止，本书探讨的重点始终放在课堂。本书聚焦学习本质、教师如何准备与传授课程才能创造优质学习。现在，我们需要将目光从上述细节转向一些新问题。

- 我们如何引导、推动学习者去选择学科、课程或"学习计划"？我们必须确保它们适合学习者并满足其需要。
- 我们如何发现学习者需要什么支持才能成功地完成上述计划？我们如何确保他们获取所需支持？
- 我们如何才能监测学习者的进步并利用这类信息去确保他们走向成功？
- 我们如何才能确保所有学生而不是绝大多数学生都能竭尽全力去学习课程？
- 我们如何有效地与学生家长、教学助理、辅导员以及其他人合作？
- 我们如何才能确保自己不因民族、社会背景或残障等去排斥一些学生？
- 我们如何设计一门课程或一项计划去实现成功机会最大化？
- 我们如何改进课程与教学，进而适应学生经验并满足他们的需要？
  我们先探讨人们期望教师可做到什么。

教学影响人生

作为一位教师，你可能影响学生一辈子。如果教学水平高超，学生就可能获取一个资格；没有教师的优质教学，就没有学生的资格。学生可能继续学习深造，进而获取高一级的资格；没有教师的帮助，就没有学生的资格。他们因你的优质教学而拥有一份工作，进而一份终身职业，乃至整个人生；因你的教学而成为满足、幸福和有创造力的社会成员——他们基本不可能去犯罪或吸毒！没有多少职业能如此影响非凡，没有多少职业能承载这类重任。

有些教师否认自己举足轻重。他们认为，学生的成功取决于资源、管理者素质、政府一类因素，或取决于社会因素和学生天性。当然，此话不无道理。不过，关于学校有效性与学校改进的研究结论以及约翰·哈蒂教授对影响学生成绩因素的研究综述指出，迄今为止，教师是影响学生成绩的首要因素。研究人员甚至在量化分析的基础上总结道：教师对学生成绩的影响是其他任何一种学校因素的3－4倍。研究人员谈到"邻近效应"：越是接近学习者，对他们成绩的影响就越大。

一定要记住，在后义务教育学校里，大学可确保给学生提供与他们学术水平相符的课程。而在中小学里，几乎所有学生都要努力跨越相同横杆——普通中等教育证书课程考试C级，因而有些学生就可能成为失败者。在后义务教育学校里，教师一开始就可为每名学生设定横杆高度。大学也能提供大量横杆，从入学水平或以下，到学位水平以上。如果满足不了需要，我们还可设计更多横杆；大学自行决定提供什么学历课程，进而可自行设计学历课程——例如，使用开放大学网络教育（OCN）。大学也能查明每名学生所需支持，监测他们的进步，进而确保提供充足的支持，支持力度要逐渐增加，直到满足学生需要为止。

即使在经济社会最落后的地区办学，有些大学的及格率也可能超过90%。其原因之一就是课程灵活多变，能适应不同学生的需要。

多数教师认为，学生成败如何取决于智商、天资、能力倾向或基因一类与生俱来的特性。多数学生认同："我不会做数学题。"他们认为这些因素固定不变，因而自己无法左右。第5章所述的德韦克动机理论指出，这类信仰往往属于自我应验预言。西方人普遍接受"天赋"观，而东方人却不以为然，认为天赋可以习得。例如，中国上海的教师就非常重视发现学生存在的问题，然后通过额外辅导去矫正这些问题。因此，上海少年中期的学生领先英国同龄学生3年，而且几乎无人掉队。研究恰恰佐证了东方人的后天努力观，而不是西方人的天赋观。

为了有效教学，你一定别将智力或天赋看作决定学生能否成功学习的天花板。我们先探讨为什么必须这样想，然后再探讨两位专家证明能力是习得的研究。

教师自我信念的重要性

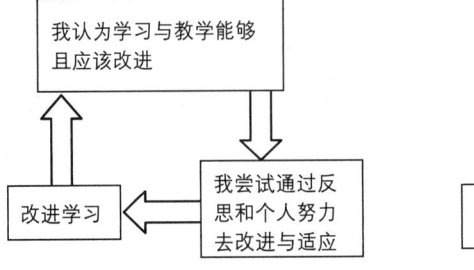
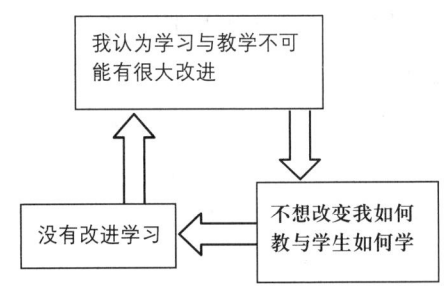

如上面自我应验预言循环图所示，教师信念影响非凡。只要与同事讨论改进，就可能涉及共同价值观以及可能改进的证据。教学的改进性是指，教学永无止境，教学应越来越有乐趣，教学应越来越重要，教学应越来越努力。如果存在完美教学，我们自己很快就会厌倦无休止地重复完美教学！

智力可以传授

福伊尔施泰因与艾里克森两位专家的研究成果证明能力是习得的，而不是遗传的。

以色列教育学家鲁文·福伊尔施泰因（Reuven Feuerstein）设计出一门课程，它非常适用于患有中等学习障碍的学生。学生心理年龄比实际年龄小3岁，智商大致为70—80。有时，这类学生需要经常性监督，并且不会照顾自己。福伊尔施泰因设立了一个控制组，能力与实验组学生相当，但采用传统教学方式上课。据此，研究人员可测量实验组学生的进步。两组的任课教师数量、班额相同或相似。

在两年时间里，这门课程每天进行1小时特殊教学，由经过特殊训练的教师运用特殊资源与方法去上课。课程结束后，研究人员发现，实验组学生的平均智商约为100，他们的自理能力也很高。项目启动伊始，他们的心理年龄还比正常人低3岁，而现在却与正常同龄人不相上下！其中实验组有些学生后来成为大学讲师与教授。不过，控制组学生的智力却没有变化，也没有发现其他才能可以传授或学会。第31章"从经验中学习"所探讨的"衔接"课程就是其中一种有效的教学方法。

福伊尔施泰因并非孤军奋战。1993年，安德斯·艾里克森（Anders Ericsson）等人发表了一篇颇具影响力的研究综述论文，概括了人如何成长为职业音乐家、专业象棋手、运动员或学者。研究发现，能力、天才、才能或专长是习得的，而不是天生的。即使神童，能力发展也是缓慢的，而且为"刻意练习"所左右（参见下页图）。这不仅仅是"重做一次"，而是刻意努力去专门学习与改进自己未掌握的技能，或专门学习与改进自己需要改进的技能。智商基本无法预测职业成就，甚至无法预测学术成就，德韦克说，有位诺贝尔科学奖得主的智商就很一般。

当然，我并不否认存在能力或天才，而是主张能力或天才主要依靠学习而获得。西方人一般不可能认同这个观点，西方文化假定特殊能力是天生的。不过，有确凿的证据表明，能力可以学习与传授，还可达到最高成就水准（请参阅《基于证据的实用教学法》第21章、第24章）。

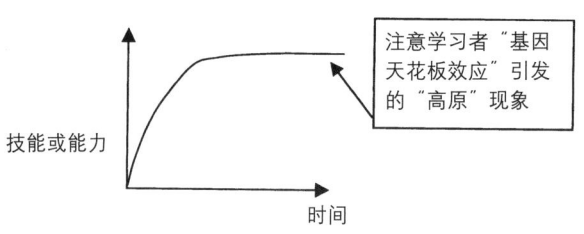

"天资模式"（为艾里克森的研究综述所怀疑）

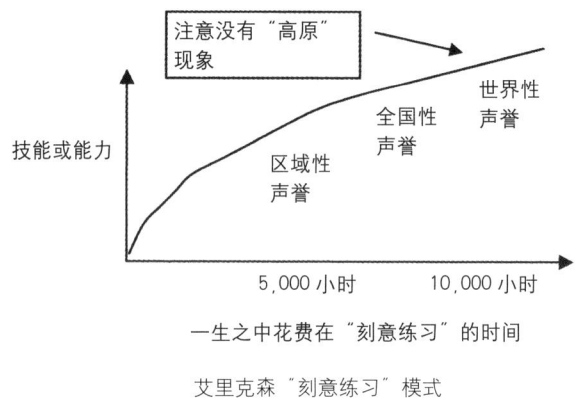

艾里克森"刻意练习"模式

我确信，大约一个世纪后，人们就可能对技能"高原"现象的朴素信念感到惊奇不已。他们会说："如果保持刻意练习，怎么可能学不会呢？你们只会越来越好啊。"

> **认知发展**
>
> "科学教育促进认知发展研究项目"成功地提高了智商。该项目由迈克尔·谢伊尔（Michael Shayer）和菲利普·阿迪（Phillip Adey）主持，他们获取了可靠的实验证据，大幅度提高了学生的一般能力。你可去互联网搜寻"认知发展"（cognitive accelearation），或登录：www.kcl.ac.uk/schools/sspp/education/research/projects/cognitive.html；www.standards.dcsf.gov.uk/research/themes/thinkingskills/6553/。

动机可以增强

其他教师将学业成绩不良归咎于学生缺乏动机。这种说法有一定道理，但千万别忘了动机并非学生的固有特性，动机是学生对过去学习体验的一种情绪反应。改变他们的学习体验，就会改变他们的动机。如第1章和第5章所述，"无人会为学习而学习"，学习者必须清楚自己是为了一个明确而直接的目的去努力学习的。如果学习是成功的，他们就必须体验成功、获取奖赏。转变学生的学习观并非易事，但优秀教师总能如愿以偿。

当今教育面临的挑战是福伊尔施泰因、艾里克森与其他人已向我们证明的观点：巨大改进是可能的。作为教师，你确实是实现这种潜能最重要的因素。拥有什么价值观才能引导、唤醒与鼓舞你去勇敢面对这类挑战？

练 习

1. 独自思考几分钟，然后写出自己教学所奉行的价值观。请思考下述问题：

A）你为什么要教学？你希望为学生做什么？

B）优秀教师对你有什么影响？

C）你最珍视的价值观是什么？

一旦你考虑完上述问题，就尽可能写出一些重要的价值观。教师或导师可与你一起去深入探讨。

2. 加入两人小组去分享第1题的答案。尽可能达成共识。

3. 加入四人小组去分享价值观。再次努力达成共识。

4. 与班级其他小组分享你的观点。你们可能在一些价值观上达成共识吗？

（该法被称为"滚雪球"，是一种探究深层次问题的有效方法。你能否与学生一起运用这种方法？）

主动型教师与被动型教师自我信念的差异

如果一名学习者遇到学习困难，你可能采取下述两种方式之一去做出回应。你可能被动反应，责备学习者，说他们不具备成功所需能力或家庭和文化背景。你很容易成为这类被动型教师，而且还没有意识到自己正在做什么。例如，你可能听到一位教师说道：

"她是一名学困生，英语都说不流利。她的父母有问题，难怪她也学不好了。"

"与多数学困生一样，她不会重新排列数学公式。我担心她学不会数学。"

如第7章所述，这些教师正在形成刻板印象。结果是，他们将学习能力低看作无法避免的问题，而不是看作能够克服的困难。当然，困难可能确实存在，但它们并非成绩低的合理借口，它们只不过是需要战胜的挑战。

你还可能主动反应，探寻学生学习困难的根源，并帮助她克服困难。其实，全班学生都可能遇到相同困难。例如，绝大多数学生在科学课上不善于进行数据分析。一位被动型教师可能抱怨自己教一个差班，对学生横竖看不顺眼。但一位主动型教师则可能开始更加认真地教给学生这种数据分析技能。

主动型	被动型
	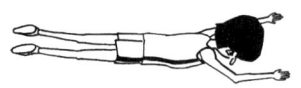
座右铭： "控制！" "我能够改变。"	**座右铭：** "不是我的错。" "我无能为力。"
成功与进步取决于我，因此：	成功与进步取决于我无法控制的因素，如：
• 我需要找到困难与问题。	• 学生的素质。
• 我需要纠正这些问题。	• 学生的家庭文化背景。
• 我需要思考解决方法。	• 我的上司。
• 我需要做出必要改变。	• 可用时间与资源。
• 我需要监测这些变化，若它们无效，则调整。	• 我必须一起工作的同事。
主动	**被动**
如果问题没有解决…… 我需要：	如果问题没有解决……
• 改变自己的策略。	• 错在学生。
• 学习别人的成功经验。	• 错在学生家庭文化背景。
• 寻求建议或帮助。	• 错在上司。
	• 我无法获取所需资源。
	• 我的同事无能。
心态	**心态**
鼓劲：响应、适应、自信	泄气：努力无用；失败主义者、宿命论者、绝望
寻求改进。	寻找借口。
成功归因于可控因素，所以努力有价值。	成功归因于不可控因素，所以努力可有可无。

主动与被动教学心态图

上图展示了主动教学与被动教学的两种极端情况。多数教师会介于两个极端之间某个位置。不过，最优秀的教师、中小学与大学都能积极主动地推行这种教法。（在第 5 章动机里，有一张图比较了主动与被动学习者。教师也分为主动型与被动型教师。）

> **练习**
> 观察上述主动教学与被动教学心态图。记录你听到的学生和教师表达上述心态的话语。这些心态基于"归因理论"与"自我效能"，它们属于基本心理学概念。那些拥有积极心态的人，通常更快乐、更有效、更有创造力、更不可能抑郁。

心态是自我应验的预言

消极心态与积极心态存在的主要问题在于，它们往往证明某位教师应该拥有这种心态。例如，一位拥有积极心态的教师可能找出一名学生存在的学习困难，诊断什么错了，然后考虑一种解决方法。他们可能一直尝试不同方法，直到改正问题才会罢休。最终，他们可能这样说，我早就知道自己能够改变。因此，教师的积极心态将得到强化。

而一位拥有消极心态的教师则可能将学生的学习困难归因于固有属性，诸如先天智力、天赋或学生的文化背景。他们不可能费尽心机去有效响应学生的困难，他们感觉自己无足轻重。进而，学生的学习进步微不足道，最终，教师就可能这样说，我早就知道她是一名学困生。

> **练习**
> "学习问题往往是教学问题。"（罗斯·库珀（Ross Cooper），学习支持专家）
> 如果一名学生不学习，你可能责备谁？

研究证明：积极心态更接近真相

无论一名教师拥有什么心态，他或她都能够且正在极大地影响学生的学习。罗伯特·马扎诺教授的研究综述证明，在相同时间里，最有效教师的教学效益几乎为最无效教师的 4 倍。他还发现，中小学或大学对学生的影响远远低于学校教师。

多数教师认为，学生的社会、经济和文化背景会左右他们的学习。当然，这有一定道理，但教师对学生的影响仍然不可低估。

有些大学与中小学，尽管多数学生来自社会经济底层，也就是说，他们的家庭生活相对贫穷，父母受教育程度低、从事低层次的工作，没有富裕同伴所享受的优惠条件，但这些学生仍然取得了优异成绩。例如，有些不进行选拔的郡立中小学，招收的学生来自社会各阶层，但在普通中等教育证书课程考试中，80% 以上的学生获取五个优秀等级，其中包括英语和数学，而全国获取五个优秀等级学生的平均比例只为 53%。同样，在有些中学里，尽管多数学生来自社会经济底层，或英语水平低，或存在其他妨碍受教育的问题，或三者兼有，但高中和职业教育课程的及格率与成绩等级排名却非常高。

优质教学能够超越社会经济背景

来自贫困家庭的学生往往学得不好，为什么？究竟是成绩低无法避免，还是消极心态所致？

在优质学校里，尽管学生拥有消极心态，但多数人却学得很好。如果社会经济背景是成绩低的主要原因，就根本不可能有 30% 来自贫困家庭的学生超出平均及格分。关于名校的研究结果证明，名校的成功主要归因于"我能行"学校文化以及积极响应学生的个别学习困难。这种现象经常被称为高期望。

毋庸置疑，只有实施优质教学、拥有积极心态、确保关爱所有学生、满足或至少关注学生的个别化需要、帮助解决或至少关注学生的个别化困难，才能取得优异的教学成绩。下面六章将分别予以论述。

研究证明，影响学生的成绩的因素可能高达 800 项。采用严谨的研究方法，约翰·哈蒂教授比较分析了上述因素的相对优势。在专著《教师可视化学习》里，他们强调了八种心态的不可替代性。其中两种心态如下：

心态 1：教师／管理者认为，自己的基本任务就是评估个人教学对学生学习与成绩的影响。

心态 2：教师／管理者认为，学生学习的成功与失败与自己作为教师或管理者做过或没做过什么有关。我们都是变革的动因！

因此，在综述影响学生成绩的 800 项因素后，哈蒂概括出两项最重要的因素：寻求对教学效果的反馈；积极改进教学。这属于一种积极心态。

成绩取决于学生心态

第4章我曾以优质学习循环作为结语。每名学习者都具备学习才能，他们只是需要时间、练习和帮助去建立必要的神经网络连接。无论他们拥有什么样的先天认知才能，无论他们出生于什么样的家庭，无论他们遇到什么样的其他学习困难，改进学习的可能性都总是存在着。只要有适宜的矫正性练习、帮助、时间和决心，最终就几乎总是能够出现进步！

不过，班级规模、学习支持和其他资源的可用性以及每天的课时都可能限制教师的教学效益。在本书最后一章里，我将详细探讨它们。如同生活中最重要的事情，教学永远不可能做到完美，但乐趣就在于不断努力。

拥有积极心态的教师做什么——其他教师不做什么

我们已探讨过积极心态，不过，一旦拥有积极心态，教师可能运用什么技巧、方法和策略？我们先对本章进行概述，然后再逐一分析。

拥有积极心态的教师坚信：教师以生命影响生命，理念决定行为。他们知道，智力、天赋和能力是可以习得的，因而是可以传授的。他们清楚，动机是可以提高的。

鉴于这种积极心态，他们：

- **勇于负责**。他们相信，成功或失败主要归因于自己与同事做什么或不做什么。因此，他们：
- **不断反思**。他们寻找学习困难、错误概念和其他不足，寻找不良的学习态度。
- **积极响应**。至关重要的是，教师积极响应，解决这些困难。例如，他们寻求对学生学习的反馈，矫正他们发现的错误概念。（参阅"形成性评价"一章）。
- **努力改进**。他们了解其他教师和机构做什么，寻找自己可以借鉴的理念与策略，然后实施最佳理念。
- **监测进步**。在努力克服困难或改进的同时，始终监测自己的教学进步。一旦进步不大，就调整或改变教学策略。

毋庸置疑，上述方法能够大幅度提高学习成绩。不过，你需要花费一些时间才能有效地运用这些方法，你必须对什么有效、什么无效心中有数。另外，教师是在一个团队里工作，而不是生活在真空，这个团队拥有学生家长、其他监护人和专家的支持（参阅第48章、第50章）。只有经过大量学习，你才能高效教学。就其增加值而言,最优秀教师的年龄通常为40岁左右,而不是20岁左右。(参阅《基于证据的实用教学法》第22章。)

下述六章所探讨的问题均与如何保持这种积极心态有关。其实，如果缺乏积极心态，就无法正确理解或解决这些问题。

下一章我们将探讨一项用于帮助每名学生有效学习的重要策略，即，运用初始诊断性评价去确定学生的起点，然后矫正你发现的任何问题。接着，我们再探讨一项相关方法，给学生提供所需的支持，逐渐增加支持力度，直到学生成功为止。这是一种行之有效的积极心态，下面两章我们将探讨这些方法。

> 教育是你可以用来改变世界最强大的武器。
> ——纳尔逊·曼德拉（Nelson Mandela），诺贝尔和平奖得主

推荐读物

免费下载资料

[1] K. 艾里克森（Ericsson, K.），等. 刻意练习在达到专家水准中的作用. 心理学评论. 1993（3）: 363-406.（该文是艾里克森引起轰动的研究综述，他证明天赋与能力是习得的；我也撰写了一篇相关论文，读者若感兴趣，可从我的个人网站下载）

[2] J.A. 哈蒂（Hattie, J. A.）. 影响学生的学习. 1999.（参阅网站：www.geoffpetty.com）

[3] P. 马丁内斯（Martinez, P.）. 9000学生访谈：继续教育坚持学习与中途退学之研究. 1998.（参阅英国学习与技能开发署官方网站：www.lsneducation.org.uk/pubs/idex.aspx）

[4] P. 马丁内斯（Martinez, P.）. 提高成绩：成功策略指南. 英国学习与技能开发署. 2000.（本书为马丁内斯的代表作，马丁内斯的多数著作可录入作者名字在下面网站进行高级搜索，然后再下载：www.lsneducation.org.uk/pubs/index.aspx）

[5] P. 马丁内斯（Martinez, P.）. 提高普通中等教育证书课程第一级与第二级学生的成绩. 2002.（参阅英国学习与技能开发署官方网站：www.lsneducation.org.uk/pubs/idex.aspx）

读物

关于归因理论——被动与主动观的依据

[1] C.S. 德韦克（Dweck, C. S.）. 自我理论对动机、人格与发展的影响. 心理学出版社, 2000.

[2] B. 韦纳（Weiner, B.）. 动机的归因观与能力知觉的社会心理学//A.J. 埃利奥特（Elliot, A. J.）, C.S. 德韦克编. 能力与动机手册. 吉尔福德出版社, 2005.73-84.

能力是可以习得的

[1] P. 阿迪（Adey, P.）. 从固定智商到多元智能//P. 阿迪, J. 狄龙（Dillon, J.）编. 坏教育：戳破教育的神话. 开放大学出版社, 2012.

[2] K. 艾里克森, 安德斯(Anders,). 剑桥专业技能与专家绩效手册. 剑桥大学出版社, 2006.

[3] D. 莱莫夫, E. 伍德韦（Woodway, E.）, K. 耶齐（Yezzi, K.）. 练习成就完美：精益求精的42条规则. 乔西-巴斯出版社, 2012.

[4] R.J. 斯滕伯格（Sternberg, R. J.）, E.L. 格里戈伦科（Grigorenko, E. L.）. 能力、专业能力与专业技能心理学. 剑桥大学出版社, 2003.

与本章一般问题关联的著作

[1] P. 阿迪, M. 谢伊尔（Shayer, M.）. 真正提高标准：认知干预与学业成就. 劳特利奇出版社, 1994.（综述了认知学派"智力教学"法，包括福伊尔施泰因的教法）

[2] J. 格雷（Gray, J.）. 改进学校：绩效与潜力. 开放大学出版社, 1999.（若从网上搜寻该书书名，你会发现我撰写的一篇概述文章）

[3] J. 哈蒂. 教师可视化学习：最大限度地影响学习. 劳特利奇出版社, 2012.

[4] G. 佩蒂（Petty, G.）. 基于证据的实用教学法（第2版）. 纳尔逊·索尼斯出版社, 2009.

[5] H. 沙龙（Sharron, H.）, M. 库尔特（Coulter, M.）. 改变儿童的心理：福伊尔施泰因智力教学革命. 沙龙出版公司, 1994.（该书通俗易懂，福伊尔施泰因曾专门为其撰写导言）

[6] J. 史密斯（Smyth, J.）, T. 里格利（Wrigley, T.）. 活在崖边：对贫穷、课堂与学校教育的再思考（青年文化、学习与社会）. 彼得·兰出版社, 2013.

第四十六章　初始与诊断性评价：评价学习者的需要

如上一章所述，教师必须相信自己具有影响学生生活的巨大能力，只要受到下述价值观的鼓舞，他们就能够成为最有效的教师：

- 以学习者与学习为本；
- 坚信学习不是少数人的特权，而是所有人的权利；
- 追求机会平等与全纳教学。

不过，如何践行这些价值观与抱负呢？首先，我们必须个别化对待每位学习者，而不是将他们看成完全相同的一群学生。我们必须弄清学习者的个体需要，然后确保满足这些需要。通过下面几个实例，我们一起探讨为什么个别化对待势在必行。

我们为什么运用初始与诊断性评价

假定你要教高中商学会计方法单元。该单元要求学生理解百分数。学生全都通过了普通中等教育证书课程数学考试，因而你以为他们不可能有任何问题……

我希望警钟正在敲响！有些学生普通中等教育课程证书数学考试成绩可能刚过半，因而可能根本不懂百分数。另外，百分数是学生成功地学习你任教课程的唯一先前知识吗？

假设你是一位成人学习者

假设你是一位成人学习者，最终鼓起勇气选修了一门基本技能课。你希望学会填写工时单，还希望完全学会阅读，以便看懂晚上的电视节目。不过，你可能担心教师只教你做长除法题与阅读幼稚的神话故事。

假设你是一名诵读困难的学生,有人帮助就可能流畅阅读,无人帮助就可能如读天书。教师会如何发现并满足你的需要?教师如何确保所提供的帮助真正满足了你的需要?

每名学习者都是独一无二的,都具有个体需要。只要发现并满足学习者的需要,就能大幅度提高成功的机会。如果仔细分析上述实例,你就会明白,不可将关注点都放在猜测班级普通学生的需要上面。我们应努力发现并满足个体需要,这样才能决定多数学生的成败。

> 过去我们一直教课程,现在我们要教学生。

教育曾经是一个筛子,而现在则是一架梯子。上课时,平庸的教师基本不考虑初始与诊断性评价,只是坐观哪些学生听懂、哪些学生听不懂,然后听不懂的学生或许会退学。如果前几个月所教班级的班额减少,高中教师往往就可能喜笑颜开,他们说,"不合格"学生还留在班级上课毫无意义。

因为上述观点的弊端人人皆知,所以现在已发生巨大文化变革。目前的假设是,如果课程设置合理,教学方式适合学生,并随时提供学生需要的帮助与支持,所有学生都能够学会。

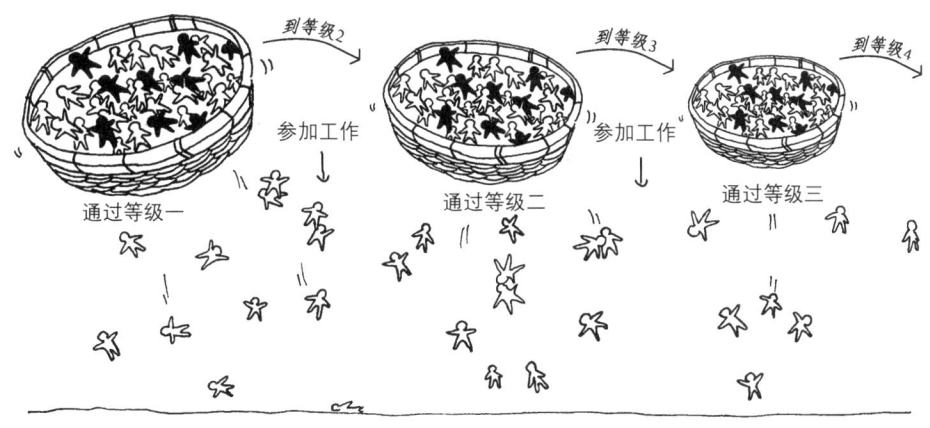

教育曾经是一个筛子

不过,我们如何给他们设置合适的课程呢?我们如何了解他们已有的知识?我们如何发现他们走向成功所需的帮助?答案是,通过初始与诊断性评价,这是全纳教学的核心之所在。

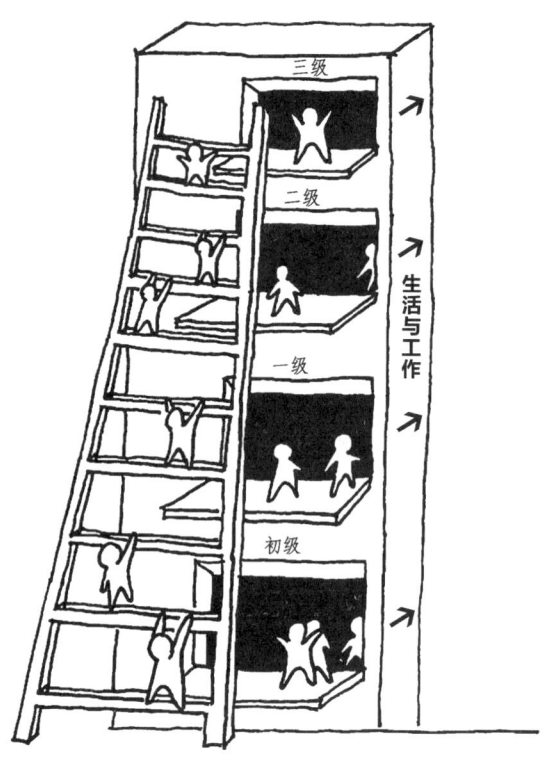

教育现在是一架梯子

在实践中如何这样做主要取决于环境。成人计算与读写一类基本技能教学评价，可能与中小学英语或高中商学教学评价截然不同。例如，如第34章自主性学习所述，教基本技能的教师可能控制自己教什么，从而与每名学习者的个体目标相符。例如，如果学习者只想学会如何填写工时单，那么，好吧，它就可能成为目标，焦点就是学习者练习——至少一开始可能这样。

不过，英语教师与高中商学教师要按照指定的教学大纲教学，因而他们基本不可能去更改课程内容，但教师可发现并响应学习者的许多其他需要。

我们运用初始与诊断性评价的主要原因有二：一是有助于给学生设置合适课程或项目，二是有助于支持学习者走向成功。

第一阶段："实施匹配"

目的在于帮助未来学习者选择最适合他们的课程。这包括选择合适的初中或高中学习科目。当然，课程必须与学习者的短期与长期目标、现有成绩、个人兴趣、学习实用性等相匹配。在"初始建议与指导"期间，至少必须对学生的需要进行粗略评价。这并非一项轻而易举的任务，尤其9月初，如果学校一周要招收数万名学生，这项任务就更为艰巨了。有时，匹配结果是暂时的，等下一阶段结果出来后再做调整。

第二阶段：弥补差距

一旦选定一门课程，就要尽力缩小学习者特性与课程特性和要求之间的差距。例如，如果一名学生不完全具备课程必需的读写能力，就要单独给予学习支持。通过这种方式，学习者就可能越来越接近课程的理想要求。

不过，课程也可越来越接近学生。例如，如果多数学习者不具备一门课程所需的读写能力，就要修改课程表，以便留出更多时间去培养学生的读写能力。可给所有学习者提供学习支持，如每周增加 1 小时。

另外，如果化学教师从问卷里发现多数新生不会计算摩尔浓度，她就可填补该空白。这类适应就会让课程越来越接近学习者的理想要求。

实施初始与诊断性评价

教师可能出于多种考虑去实施初始与诊断性评价，有时它被称为"评价学习者的需要"。例如，初始与诊断性评价可有助于教师给学生提供初始建议与指导，有助于教师招生，有助于教师设计教学项目。初始与诊断性评价也是辅导系统、学习支持系统等必不可少的环节。

这类活动往往集中于一门课程或一个项目开始之际，原因不言而喻，如果教师要帮助学生选择合适的学习项目，如果教师想教好学生，就需要熟悉他们的情况。

不过，诊断性评价其实是一个持续不断的过程。例如，教师评价学生的需要，既可查看作业，又可提问、考试和随堂测验。第 43 章与本书其他章节皆探讨过诊断性评价的非正式方法。

无论如何诊断学生的需要，都必须做到无一遗漏、心中有数。诊断只是整个故事的开篇！

你患了骨髓炎、肺气肿

治疗？对不起——我们只负责诊断！

诊断只是整个故事的开篇

如何评价需要

在一些情况里，一位项目管理员、课程负责人、学科带头人或其他管理人员都可能主导初始与诊断性评价过程。在其他情况里，教师自己独立实施初始与诊断性评价。一般而言，在评价过程的不同阶段，教师与管理人员各负其责。

1. 实施匹配

- 将学习者特性与合适项目或课程或一系列学科相匹配。
- 招收学生并编制学习协议书。

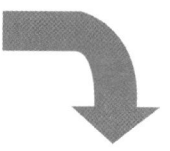

2. 弥补差距

- 缩小学习者特性与项目特性之间的差距。
- 差距因人而异，可用于测量学生的需要。例如，制定一份个别学习计划与行动计划去弥补差距。
- 调整教学并尽可能调整项目内容，满足学习者的需要。

学习者特性
学习者特性是什么？
如，抱负、才能、偏好等。

项目特性
学习项目或学科等的特性和要求是什么？
如，必备先前知识、评价办法、所需学习技能、家庭作业所用时间等。

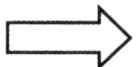

推动学习者越来越接近项目要求

推动项目要求越来越符合学习者特性

无论你承担什么角色,初始与诊断性评价都包括下述四个阶段:

1. **计划**:确定什么知识可能有助于确保高效教学及学习者成功。

2. **评价**:查明相关信息。你需要设计出探知自己需要知道什么的各类方法,例如,查阅参考资料、访谈、问卷调查、考试等。

3. **告知**:需要告诉学生及其教师你发现了什么。如下所述,这包括记录个别学习计划中发现的问题。

4. **应对**:你与其他人需要针对上述信息做一些有建设性的工作。

最后一点经常被忘掉!如果不运用该信息去改进学生的学习,诊断性评价就毫无价值可言。

多数教师和管理人员运用标准程序、文件、考试与问卷。不过,你可能发现,这无法提供确保学习者成功所需的全部信息。因此,你就需要想出自己的方法。

我们需要了解学生什么

> **练习**
>
> 考虑自己正在采用或希望采用的教学方式。当你通读本章其余文字时,请关注可能适用于评价学习者需要的策略。尽管可应用的策略可能超出预期,但你根本不可能应用所有策略。所有策略都需要调整才能适合特殊环境,即,适合学生、学科、课程等。有时,需要付出巨大努力才能调整成功。在教学中,环境始终极其重要。

如果我们要教一群新生,就可能需要千方百计去熟悉他们:

为什么学生选修我任教的学科/课程? 他们希望从中学到什么?他们的中期与长期抱负是什么?

学生的学习风格是什么? 如第二部分导言所述,学习风格并非一成不变,因而,我们不应对学生形成刻板印象或只运用一种风格去教他们。不过,有些教师仍发现学习风格问卷对自己可能有所帮助。

学生具备什么资格? 这不一定证明学生知道什么,但可能证明:

- 他们肯定不知道什么或不会做什么(菲利普没有急救证书);
- 他们的平均成绩是什么(菲利普的成绩高于平均分,他或许是一名有才能的学习者)。

学生偏好的教学方法是什么？哪种教学方法可能让学生学得最好？在上语言课时，学生是否喜欢全班按顺序朗读？讲授能否让学生学得好？在上高中数学课时，学生是否在乎向班级其他同学展示一道题的解法？

学生是否具备必需的学习技能？能否在互联网上进行布尔逻辑搜索*？能否根据章节标题和索引从书中查询相关资料？他们能否构思作文或阅读晦涩难懂的课文？

学生的先前知识是什么？在上商学课时，学生可能需要会用百分数。但这并非他们所需要的关键性"前提"知识。

如第41章、第42章备课所述，教成人基本技能以及绘画或园艺一类休闲课程的教师，可能给每名学生设计一项个别计划。

学生还有其他需要吗？例如，他们是否有：

- 身体需要：因为视力或听力受损、移动不便或其他有关身体障碍而需特殊安排。例如，一名失聪的学生可能需要坐在前排去帮助自己唇读。
- 心理需要：他们是否存在情绪或行为问题？
- 健康需要：他们是否存在可能影响上课或学习的健康问题？诸如湿疹、哮喘或心理疾病？
- 学习需要：记录是否表明或学生是否认为自己存在诵读困难等特殊学习障碍？是否存在可能影响学习的情绪障碍或恐惧？……
- 照顾需要：他们因是缓刑期的管教对象或正在戒毒而需要照顾吗？……如果需要照顾，有关人员是否提出要求？例如，一名学生的缓刑监督官可告诉你对管教对象的最大帮助是什么。
- 其他需要：他们家里是否有需要照顾的人？他们是否负有其他家庭义务？而这些都可能让他们无法坚持学习。

他们是否对学习持建设性态度？他们是否相信自己，是否认可学习项目可能教给他们的价值观？

评价学习需要的最好惯例往往产生于学习障碍学生教学或成人基本技能教学领域。究其原因在于，这类学生经常具有各式各样的强烈需要。如有可能，就向这些领域的有关人员咨询，了解他们做什么，查阅他们使用的资料。这些方法和资料或许需要你做出调整才能适合自己使用。

在评价一名学习者目前的教育水平时，我们经常参照英国国家课程标准，或者，在后义务教育领域，参照英国国家资格证书框架体系。请参阅下页图表，要认真观察。你可能在什么地方教这些课程？学生具有什么资格才能选修你开

---

*译者注：搜索时，在多个关键词之间加上"and"或"+"。

设的课程?

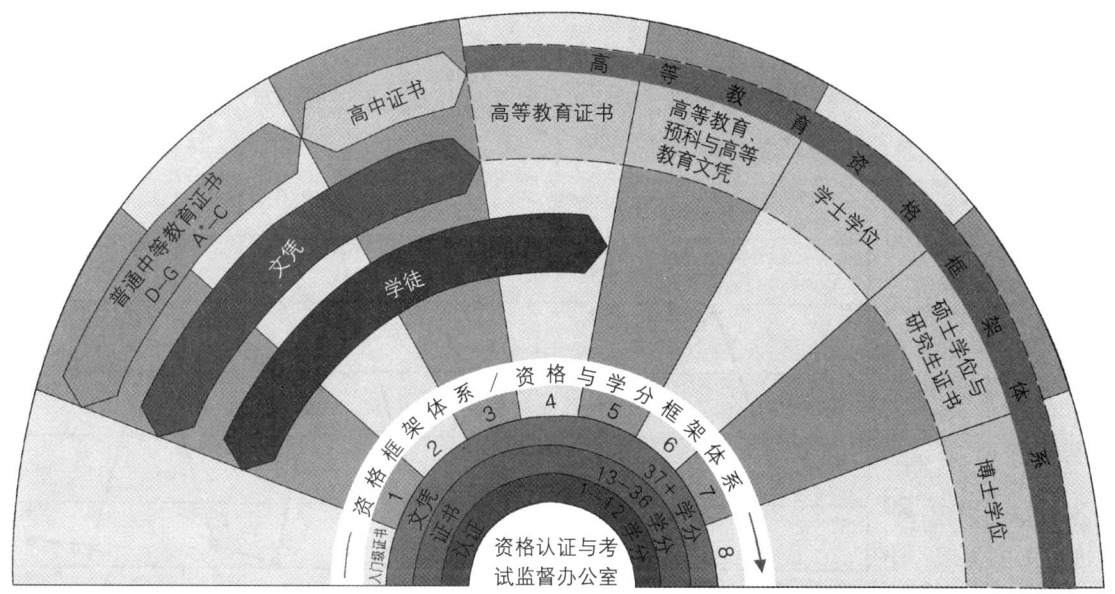

来源:英国资格认证与考试监督办公室:http://ofqual.gov.uk/help-and-advice/comparing-qualifications/

英国国家课程标准描述了学校成绩目标,它通常呈现为学校成绩单和一些学校推荐信的形式。

功能性技能

2010年英国科学研究开发公司关于英语学习成绩的报告发现:

"在16—19岁的青少年中,17%的人读写能力差,22%的人计算能力差,远达不到社会对他们的要求。"

该报告指出,阅读技能低于1级水平的青少年比例为17%。

"在16—19或16—24/25岁青少年中,计算能力低于入门3级的人所占的比例高达22%。"

"当然,绝大多数青少年确实已具备功能性技能,其中具备最高级技能的青少年与世界最优秀的同龄人不分伯仲。"

摘自S·拉希德(Rashid, S.)、格雷格·布鲁克斯(Greg Brooks),英国13—19岁青少年读写与计算能力成绩等级研究报告(1948—2009年),英国科学研究开发公司,2010年发表(可从网上免费下载)。

如上面专栏所示,教师不能假定新生已具备良好的读写能力、计算能力以及较高的计算机素养。而且,学生往往精于计算却拙于读写,反之亦然。这被称为"锥形分布图"。即使是计算能力,学生也可能精于计算分数却拙于计算百分数,反之亦然。就英语而言,学生可能精于写作却拙于说或拼写,反之亦然。

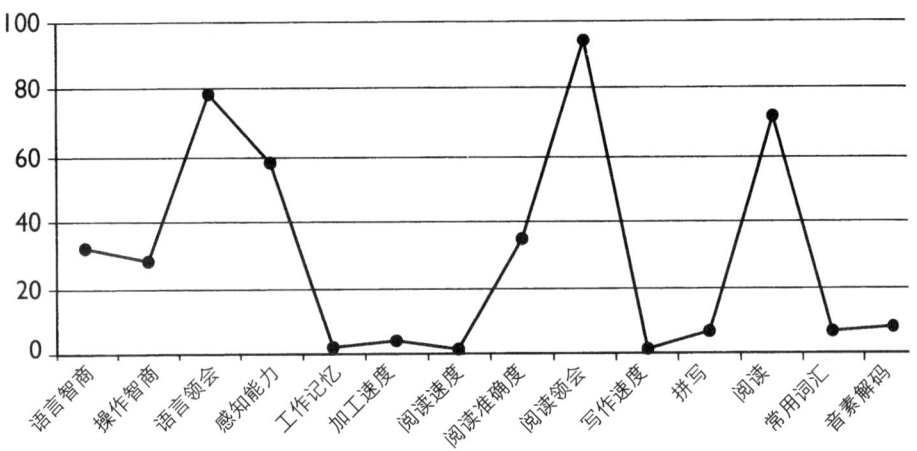

来源:http://resources.geniuswithin.co.uk

锥型分布图

因此,我们需要分别了解每名学生的计算能力、读写能力和信息技术能力:
- 他们处于什么层级?入门?1级还是2级……(初始评价)
- 他们所处层级的优势与劣势是什么?(诊断性评价)

为了回答上述问题,课程管理者运用各类测量工具开展初始与诊断性评价,其中,有些运用卓越教育(Edexcel)、牛津与剑桥和皇家协会(OCR)等考试机构提供的工具,有些运用技能管理工具(SkillsBuilder)或自己去设计工具。

功能性技能几乎成为所有超过16岁的学生教育课程的组成部分。它们包括英语(说、听、读、写)、数学(以运用运算规则解决问题为主)以及信息技术(计算机日常运用)。它们分别被评定为初级1、2、3与1级或2级。请记住,2级相当于普通中等教育证书课程考试C级以上。一般而言,学生只要掌握相同等级的功能性技能,就可获取职业或学术资格。因此,一名学习2级汽车维护课程的学生,通常也是在掌握2级功能性技能。不过,也有一些例外。

功能性技能

资格证书课程用于中小学和大学、工作场所、学徒等。大量颁证机构都会提供独立的资格证书,资格证书已成为职业资格或其他课程的组成部分。

直到 2 级,功能性技能仍可基本上或完全取代下述资格:

- 成人读写与计算能力;
- 基本技能;
- 关键性技能;
- 通用技能或核心技能。

用于这些资格证书课程的资料和教法仍然与功能性技能密切关联,它们可用于帮助培养学生的基本理解能力。不过,如下所述,它们无法充分培养功能性技能所需的问题解决能力。

上述资格与功能性技能存在着巨大差异。功能性技能标准更高,即,确保学生能够将它们应用于现实生活、相关职业及其工作场所。

如第 1 章所述,中学举行的学术能力评估测试(SAT)发现:

- 80% 的学生会计算 225÷15;
- 但只有 40% 的学生会解基本相同的数学应用题:花工必须将 225 株球茎植物分到 15 个花坛,每个花坛应分多少?(绝大部分学生不知道运用哪类数学运算规则去解这道题。)

如果没教给学生基本技能,掌握功能性技能就是痴人说梦。要掌握功能性技能,你就必须能够在陌生环境里运用基本技能去解决现实问题,这要求深度理解除法,包括:什么是除法、如何运用除法、除法适用于哪类问题、为什么。所有这一切都需要练习,即,在不同情境里运用除法去解决问题。同样,在数学、英语、信息技术教学中,只要涉及功能性技能,就需要深度理解"什么、如何、哪类、为什么"。

这就是它们为什么被称为功能性技能的原因。它们是学生能够真正应用于现实环境的技能。

请注意，如第 1 章布卢姆教育目标分类学所述，学生必须学会运用这些高级技能。他们必须能够分析陌生场所或环境存在的一个问题，评估解决该问题的不同方法，然后选择一项适当的策略。最后，他们必须基本无误地真正解决这个问题。他们必须能够独立地应对挑战，做到坚持不懈、仔细推敲、认真反思。

关键性技能的评价方式如下：学生展示一组作业去证明自己能够在相应水平恰当运用相关技能。不过，功能性技能评价需要参加一次考试，或参加一次类似考试的课堂测验。评价要求学生解决实际问题，诸如，书写一封投诉信，或筛选大量数据去编制一份实地考察时间表，然后再核算所需费用。

> **练习**
>
> 下载一些功能性技能试卷，例如，搜寻"数学 2 级功能性技能评价试卷样题"（sample assessment papers Functional maths level 2）或你感兴趣的学科或等级。
>
> 浏览几份初级试卷，你的印象是什么？

功能性技能教学

你可运用本书第二部分所述方法去教功能性技能，不过，要确保你已充分理解第 1 − 4 章内容。下面是一些一般性建议。

让任务与职业、学术和个人关联

超过 16 岁的学生已分别学过英语、数学和信息技术，但他们没有融会贯通，或者，他们的普通中等教育证书课程考试成绩为 C 级以上。如果技能练习与个人学习或个人生活关联，学生就可能积极主动地学习。关联性让他们学有目标，决定未来的发展走向，摆脱学校教育失败的阴影。另外，技能应用的具体事例比空洞讲解更有助于学生理解。

如第 51 章所述，学生需要知道正在学习知识的价值。如果你是一位功能性技能专家，就需要与职业和学术专家一道去说服学生。如第 42 章所述，运用双层课程传授知识，同时要求学生练习自己的功能性技能；将技能教学融入教师的个人教学进度表。第 36 章介绍了如何在教学中融入信息技术。

需要传授与练习这些技能

如果学生需要讲授或支持，就需要对他们先施行个别化诊断性评价，再给予个别化支持。这类支持方案通常由一位经验丰富的教师设计，可采取下述形式：

- 行动方案，包含正式或非正式支持（参阅第 47 章"安全网络"）；
- 同伴、学习伙伴或学习团队的非正式支持（网上搜寻"杰夫·佩蒂＋学习团队"

(Geoff Petty + Learning Teams));
- 或一项基于资源的学习项目（参阅第41章）。

强调能力是习得的而不是遗传的

多数学生至少可能因某门学科没有学好而自暴自弃。第45章的研究证据表明，能力并非天生的，而是经由努力与时间习得的。我在第49章强调，对那些可能无所事事的学生而言，成长心态不可或缺。

问题解决能力教学

你必须教给学生用于解决问题的策略，而不仅限于教基本技能。在学生采用另一种方式去解决问题或进行创造时，如果你运用学生演示法，他们就会享受学习且受益匪浅（参阅第24章"互动式课堂教学"）。一些学生展示个人作业，然后你针对作业质量向全班学生提问问题，主要针对学生用于解决问题的不同策略来提问，并要求他们证明作业及其运用策略的合理性。解决一个问题往往可能有多种方法，因而学生需要比较各种方法。

阐明评价标准

举例说明。依据下述标准去评价学生的初级倾听技能。教师将这些标准解读为学生容易理解的一系列清单。当然，教师仍然要运用考试机构颁布的标准去评价。

考试机构颁布的倾听技能评价标准	教师先解读练习倾听技能所依据的标准，再实施评价
理解简短解释的重点 理解与听从指导 始终如一地、恰当响应意见和请求 运用别人能理解的词语发言 提问简单问题以获取具体信息	认真听讲！ 如果你"不懂"，就请教 响应：提问什么，回答什么 参与讨论：大胆说话，解释自己的观点

在练习与评价期间，学生一定要理解在哪里失分或得分。学习初级课程时，学生经常因没有理解评价标准而茫然失措。不过，这些标准确实需要解释，究其原因在于，对学生而言，如果连球门柱在哪里都不知道，他们怎么可能知道如何射门！如上表所述，一种策略是将标准解读为一个建议清单，供学生练习时使用。建议清单需要解释，且需要完全适合于评价及其标准。鉴于此，别使用上面虚构的课例，设计自己的课例。

要求学生开展结对和小组学习

同伴互助学习可能让学生受益匪浅，针对一项有挑战性的任务开展对话也深受学生喜爱。

确立小组规则

要求学生协商基本规则，然后汇总编写。你可提出一些个人建议，但要询问

全班学生是否理解它们的重要意义、是否认可它们。如果他们漠不关心,就设法说服他们!你可能以下述观点去结尾:

学习就是犯错与改错:只要能汲取教训,就别怕犯错误。

无所畏惧:迎接挑战。

帮助他人:我们都需要他人帮助,我们也都能给他人帮助。从给他人解释的过程中,我们能学会很多东西。

像成人一样行事:这是一项重要工作。

> **练习**
>
> 登录英国教育标准办公室(Ofsted)网站,搜寻"优质功能性技能教学惯例资源"(Ofsted good practice resource functional skills)。
>
> 你能运用自己刚阅读过的理论吗?
>
> 其他优质教学惯例实例请登录:www.ofsted.gov.uk/resources/goodpractice。

3级课程教学会发生什么

学生正在学习一门全日制3级课程(高中、高等教育文凭或同等学力),然而,在16岁时,他们的普通中等教育证书考试成绩还没有达到C级,因此,就需要在学习16–19岁应学课程的同时,还要补习普通中等教育课程。下面为《沃尔夫报告》的一些建议。

> 欲详细了解16岁后学习课程,请搜寻:英国教育部16–19岁学习课程(Department for Education 16–19 study programmes)。
>
> 欲查阅2011年《沃尔夫报告》,请搜寻免费下载资料:沃尔夫职业教育评论(Wolf review of vocational education)。
>
> 英国教育部的回复,可免费下载,请搜寻:英国教育部对沃尔夫评论的正式回复(DFE Formal response to the Wold review)。

过去,学生往往这样学习关键性技能——将英语、数学和信息技术学习融入职业教育课程,但现在事情已发生了变化。学生为获取一种资格需要重修一门未过关的课程,但成绩却差强人意。2009年,约翰·哈蒂发现,留级——重学一年,是最无效的教育策略之一。你需要运用有别于学生已经历的教育方式去教他们。学校教育方法失败了,重学一年也毫无价值。

如何搜集信息

我们如何获取本章前述的所有信息？直接询问学生并非唯一方式。

如果你要教一些已参加过学习项目的学生，就可能需要先完成下述任务。看看自己能否把握这类信息。

常用方法列举如下。当你通读该清单时，请思考哪些方法可能最适合于自己的教学环境。请记住，为了引导学生选择合适的课程，教师可利用相对原始的信息做出判断：

"她是否学过初中数学？"不过，一旦学生已开始学习一门课程，教师就可能需要了解更多细节："她是否会计算百分数？"当然，搜集原始信息非常便捷，如果学生要选择合适的学习项目，在"初始建议与指导"期间，速度经常是一项决定性因素。仅仅"实施匹配"可能还不足以"弥补差距"。

下面将介绍一些常用方法，其中多数将在后面详述。哪些方法适合你？（我使用的基本技能局官方网站的术语，不过，在一些机构里，这些术语的含义可能不同。）

筛选考试

只能发现是否具备基本技能。换言之，通过考试可能发现计算与读写能力低于 1 级的学生。

初始评价

参照英国国家资格框架体系的层级给学习者定位。例如，一名学习者的计算能力可能属于 2 级。

诊断性评价

将一项关键性技能或基本技能分解为大量微技能，进而查明学生哪些已学会、哪些没学会。例如，这或许能证明计算能力为 1 级的学生会解答小数题，但不会解答百分数题。

诊断性问卷

可用于诊断学习技能、学习风格、偏好的教学方法、动机和学习态度等等。

只有将发现的信息用于设定目标、改进学生的技能、熟悉教学、改进课程，或以其他一些建设性方式去运用这类信息，"诊断性"评价或问卷才能真正具有诊断功能。

"你会做吗？"问卷

属于诊断性问卷的一种形式，要求学生陈述自己会做什么。下面试举一二例：

- 你会求该方程的 x 值吗？ x+4=17。
- 你会将一个电子表格导入一个 word 文档吗？
- 你会使用法语预订一个宾馆房间吗？

可供学生选择的答案有三个：会、我认为会、不会。

这类问卷比考试便利，而且不像考试那样令人害怕。下面将详述。

小组或一对一面试

包括提问一系列问题以及一次轻松的讨论。

推荐信，包括学校推荐信

有些推荐信好于其他推荐信，不过，如果推荐人非常熟悉被推荐人，那你若要忽视推荐人所说的必须要有充足的理由。有些大学发现，一封差的学校推荐信是学生无法完成大学学业的最佳预测指标之一（马丁内斯，2000 年）。

入学申请书

包含标准问题。

课程问卷

当然，教师也可用于识别个人教学问题。

获取普通中等教育证书（初中毕业证书）或其他资格

研究发现，衡量一名学生具备学习成功能力的最佳标尺是普通中等教育证书课程考试平均分，而不是考试成绩 C 级以上的数量。

成绩单

最近离校的学生通常会获取一份成绩单，它概述了该生的全部成绩，其中包括学术成绩。

学生作品选或其他作业样本

这可能让你眼界大开。我的假设经常会在一瞬间被推翻。

还有许多其他了解学生的方法。一位教师可能与学生共同讨论做笔记，进而从学生的发言里推断出他们确实不知道如何做笔记。另一位教师可能与学习者非常随意地一对一聊天，进而熟悉他们的个人情况，了解他们为什么选修自己教的计算机课程。学习者可能只是感觉教师平易近人，但教师可能在讨论后记录每个人的学习目标。上完几节课后，教师可能与学生谈论这些目标并给予点评。

查明他们的个人情况

一如既往，教学不仅仅是你教什么，还是你如何教。不难想象，有些方法明显不适用于初始与诊断性评价。我知道有一所学校每年暑假邀请新生到学校参观。新生首次在他们的"大学校"操场排队，怯生生地睁大眼睛，压抑着兴奋窃窃私语。然后，教师引领他们进入布置成考场的体育馆，参加一系列考试。学校需要知道每名学习者的计算能力，连同他们的语言与非语言推理水平，目的在于9月将他们分到合适班级。该校不相信生源学校提供的信息。我敢说你会猜中新生的反应。假定本章开头所述教基本技能的教师采用了类似策略，情况会怎样呢？

有些大学可能完全与这所学校一样去吓倒部分学习者，至少在第一次参观学校时就可能威吓他们。只有在新生产生被接纳感的同时去了解他们，才能确保学习成功，而要做到这一点，就需要真正的移情与准确的判断。

诊断性评价不是一个事件，而是一个过程。有些可能用于跟未来学习者的首次会面，有些可能用于学生正在熟悉学习项目的"入门"阶段，有些可能用于以后的学习阶段。总之，诊断性评价是一个持续的过程，教师自始至终要高度关注，不断设计活动去诊断学习者的需要。

"你会做吗"问卷

教高中物理时，我需要学生理解初等代数，但自己没有时间去教他们。我的学生来自不同学校，数学水平各不相同，有些对代数了如指掌，有些则一无所知。他们的普通中等教育证书课程数学考试成绩太笼统，因而我无法衡量他们的数学水平。有些学生数学考试分数高可从未接触过代数，而其他学生却学得很具体。你认为我应做什么？我没有时间同时教代数和物理。

我不打算举行一次代数考试，因为以这种方式去开始一门课可能让学生心神不安。这种情况下，如果我想了解他们是否具备教学大纲明确阐述的学好物理所需的代数知识，就要借助于"你会做吗"问卷。

例如：

你会求下面方程的 x 值吗？

$2x+4x=3x-72$ （答案：24）

会☐　　差不多☐　　不会☐

如果学生不确定如何回答，他们就要做这道题，然后对照标准答案去检查自己的计算结果。问卷总共设置约25道题，各对应数学教材一章的知识。这样就为每名学习者制订了一份个别化学习计划，从而帮助他们弥补个人先前知识的缺陷。他们可根据自己的个别化学习计划去继续补习，监测工作则由我与辅导教师共同负责。

另外，我要确保最初教的几个主题不需要任何代数知识。对我而言，这是一件难事，却可确保学生有时间去弥补代数知识的缺陷，这样一来，今后上物理课再用到代数知识就没有障碍了。

类似方法可应用于任何一门课程。二十道左右精选题可让你准确把握学生的先前知识。你可设计一份问卷去了解他们的已有知识、经验、态度与期望。下列样题可供学生用于决定是否选择强化法语班，或用于决定是否选择一门计算机销售系统课程，或用于决定是否选择一门高中科学课程：

知识。例如：
- 你是否认识玻璃、汤与卡车的法语单词？
- 你是否了解公司的客户投诉程序？
- 你能否阐明摩尔浓度？

技能与能力。例如：
- 你能否翻译下面这封信？
- 你会不会使用计算机备份程序？
- 你能否准备一块显微镜载物片去观察……

经验。例如：
- 你是否读过一本法语小说？
- 你以前是否使用过一台计算机？
- 你是否在实验室使用计算机测量过温度？

态度与期望。例如：
- 你每周准备花费多少时间去阅读？
- 你选修本门课程的主要原因是什么？
- 你习惯每周做家庭作业吗？

偏好的学习风格。例如：
- 你喜欢全班学生按顺序朗读吗？
- 你喜欢随堂测验吗？
- 你喜欢下列哪一项：小组合作学习……

当然，你可在讨论或一对一会谈期间非正式地提问这类问题，但问卷的结果却可能最真实、最具有代表性。

个别化学习计划

在多数中小学和大学里，学生都可能有一份个别化学习计划。这份计划的制订需要兼顾初始与诊断性评价结果和学生目标与抱负，而且由辅导老师与学生协商制订。

实践中做法不一，但对全日制学生而言，一份个别化学习计划可能包括：

诊断性测验结果

可能包括：关键性或基本技能、学习风格、学习技能、课程专用量表等等。（该信息可能包含在学生成绩单而不是个别化学习计划里。）

长期目标

例如，学生的职业抱负以及他们希望个人的兴趣爱好达到什么程度。

中期目标

包括学习者努力获取的资格证书。例如，一名学生学习科学不仅打算从事实验室工作，而且希望做业余足球裁判员，这可能包括获取急救证书与科学资格证书。

短期目标

实际上，它们是一项涉及学习者需要的行动计划。它们应根据诊断性测验的结果随时调整。例如，一名选修科学课程的学生，如果发现代数学得不好，就可能要制订一项行动计划，详细说明做什么才能弥补不足。对每项关键性或基本技能、学习技能的培养，以及对每个学习主题或单元的教学都可单独制订一个行动要点。

显然，学生短期、中期与长期目标应保持"一致"，即方向相同。

支持

包括学习支持（如，辅导撰写指定作业）、学习者支持（如，来自咨询人员的支持）以及额外支持（如，一名有听力障碍的学生，可能要求教师必须使用连接助听器的感应闭路系统）。

无论学生是否制订个别化学习计划，教师都要保存学生的其他档案记录，包括过去学习成绩与学习协议书。其中可能包含上述部分或全部信息，还可能包含出勤率、学习效率、进步与学习成绩等监测信息。

个别化学习计划的目的在于帮助每名学生制订一份周密的、"合适"的活动计划，从而满足他们的个别需要与抱负。个别化学习计划在一次一对一辅导或一系列辅导期间与学生商定，协商方式与下章所述类似。这可能是确保所有学习者被接纳、支持与成功的有效途径。通常，学校也可能从中受益。例如，大学经费的多少依赖于学生"保留率"（学生坚持学习而不是退学的比例）和学生"成绩"（学习及格的比例）。

入门课程

开讲一门课程的前几天或前几周，教师要给学生介绍课程、资格、大学等信息。

我们要清楚，入门为一个过程而不是一个事件。如果你正在参加教师培训课程或其他一些课程，就可能亲身体验这类入门课程。

你将遇到什么？它将如何帮助你？还有什么可帮助你？本章所述的多数活动用于入门课程。

> **评价学习者需要的案例研究：一次练习**
>
> 艾伦是一位试用期教师，她要给高一的一个英国语言文学小组上一系列"短篇小说"课。所有学生普通中等教育证书课程英语考试成绩均在C以上，她还听了一节同班平行小组的课，因而对自己学生要达到的标准有所了解。
>
> 我问她如何评价学生的先前知识，最初她显得很茫然，因此，尽管她实际上采取了下述所有方法，但只能辨认出其中一两项。我感觉，她做得很好，而且随着时间的推移，她可能做得更好。
>
> 问题1：她什么做得好？
> 问题2：如果有更多时间，她还会做什么？
>
> 1．该班的正式教师玛丽向艾伦介绍了小组所有学生的需要，其中着重介绍了两名母语非英语学生的需要。
>
> 2．她查阅了玛丽的学生记录，重点关注了学生的普通中等教育证书课程考试成绩、阅读习惯以及关键性技能考试诊断性评价结果。她发现多数学习者的读写能力分数低。这怎么上语言课呢？她震惊不已。
>
> 3．她查看了一份教师刚批改过的学生作业，结果吃惊地发现，学生语言能力千差万别。
>
> 4．她与玛丽和指导老师讨论：自己的临时教案是否适合学生。
>
> 5．上完第二节课后，她要求学生填答一份匿名问卷，询问本节课他们学会了什么、最喜欢什么、感觉什么最困难或最不喜欢什么。
>
> 6．她查询入门课程评价结果并与玛丽交流。她发现学生了解高一评价的全部程序。
>
> 7．她思考学生需要哪类先前知识，进而发现他们需要理解明喻、暗喻以及其他文学手法。起初，她打算设计一份诊断性测验题，但立即决定不想第一节课就吓死学生！她对"你会做吗？"问卷感兴趣，但最终决定第一节课开展一项课堂活动。这是一项"决策"卡片游戏，要求学生给明喻、拟人等短语分类。在这项活动中，有些学生什么也不会做，但最后在同伴的帮助下成功地完成了。她确信在以后的课上这样做会让学生受益匪浅。

推荐读物

认真阅读你所在学校制定的文件与工作规程．学校与学校之间的教学惯例各不相同，你需要知道本校要求你做什么，也需要知道作为教师自己可用什么．

免费下载资料

欲知详情，请在网上搜寻下述免费的英国学习与技能理事会文件：

[1] 初始评价：了解学习者．(initial assessment finding out about learners)

[2] 初始评价：评价学习和支持需要，从而规划学习以满足需要．(initial assessment of learning and support needs and planning learning to meet needs)

[3] 优质教育（Edexcel）、伦敦城市行业协会（City & Guilds）一类考试机构在其官方网站上，都有专门介绍功能性技能的网页，可通过关键词功能性技能以及评价学生的考试机构名称搜寻相关资料．

[4] www.excellencegateway.org.uk/keyskills4u 提供优质功能性技能教学资料．

[5] P. 马丁内斯（Martinez，P.）．提高成绩：成功策略指南．英国学习与技能开发署，2000．（本书为马丁内斯的代表作，马丁内斯的多数著作可将作者名字作为关键词在下面网站进行高级搜索，然后下载，网址为：www.lsneducation.org.uk/pubs/index.aspx）

读物

[1] I. 达克特（Duckett，I.），C. 琼斯（Jones. C.）．个性化学习：满足学习者的个别需要（第14-19号研究项目）．学习与技能网站，2006.

[2] E. 法勒（Farrar，E.），D. 贾斯顿（Jusdon，D.）．坚持式辅导：真正有效的分步辅导指南．模式学习出版社，2007.（介绍了英格兰法灵顿市赫沃思中学的教学方法，详情可查询：www.modellearning.com）

[3] J. 哈蒂．可视化学习：800余项成绩相关元分析文献综述．劳特利奇出版社，2009.

第四十七章　为学习者提供支持

我们假定你已经让学生选定了适合自己的学科或项目，你也评价了他们选择这些项目的学习需要。现在的任务是监测他们的进步，为每名学生设计一项行动计划，进而满足他们的个别化需要。一定要尽可能动员学生参与其中，这样他们就能够负责与控制个人行动计划，进而积极主动地去付诸实施。

请记住，学习支持并不是最后一招。1997 年，英国基本技能局发现，有学习支持的学生比起初不需要学习支持的学生更可能实现目标。其中一个原因就是，学习支持运用了目前最有效的教学方法：一对一教学。1984 年，B.S. 布卢姆在发表的一篇著名论文里指出，接受一对一教学的学生学得远远好于接受传统小组教学的学生。

监测每名学生进步并提供所需支持的负责人员通常被称为学生"导师"或"个人导师"。导师通常会亲自教自己指导的学生，但不可能一直教他们。

接受一对一教学的学生可能学得更好

最强效的教育策略之一：给学生提供支持，帮助他们完善行动计划，弄懂他们感觉困难的地方。（请参阅第 53 章"赫沃思中学专栏"。）

导师的技能与素质：人际技能的价值

如果询问学生关于继续教育他们最看重什么——例如，保罗·马丁内斯的9000名学生访谈研究——多数人回答是他们与个人导师的关系。中小学生同样如此。一位研究人员询问九所大学四十门课程的学生："一位优秀导师应具备什么技能与素质？"学生的回答如下：

- 只要我去拜访，他们就会抽时间接待我；
- 他们愿意听我倾诉；
- 他们不会让我觉得自己愚蠢；
- 他们从不敷衍了事并拿我们当出气筒；
- 他们实事求是地看待我们；
- 我一遇到问题，他们就可能提供帮助。

请注意，学生最看重人际技能。不过，当研究人员询问导师相同问题时，他们的回答是学科知识，他们重视时间管理、联络、沟通、组织、计划等技能。这些管理技能显然不可或缺，但学生真正关注的是人际沟通技能。因此，这些技能就往往可能左右学生是退学还是继续学习。

导师的角色

导师的角色各不相同，但全日制课程的导师通常要完成下述工作。业余课程的导师倒是不必如此这般辛苦。

学习支持

- 与每名学生商定一个学习项目及一份个别化学习计划。
- 每隔六至八周就检查每名学生的进步；如有必要，还可缩短检查周期；每年提交两次成绩报告单。
- 确保学生反思个人进步和成绩，确保他们对个人学习负责。
- 与每名学生商定目标与个别化行动计划，然后运用一对一或小组辅导方式去定期检查。

精神支持

确保实施一个积极有益的课堂辅导项目，包括入门活动、职业规划、精神话题、学习技能等。

往往通过课堂辅导与一对一辅导去提供精神支持。

> **练习：满足学习者的情绪需要**
>
> 回忆一下自己正在学习或刚学完课程的学习体验。另外，设想自己是一名熟知所学课程的学习者。下面每个阶段你希望获取的信息、鼓励和其他情绪需要可能是什么？重点考虑你自己的情绪需要。如果这对你有所帮助，就设想自己是一名对所学课程缺乏信心的学习者。对每类需要考虑得越多越好，对每种需要考虑得越具体越好。
>
> 选课前
>
>   我需要选择最适合自己的课程，因此……
>
>   ●我需要知道自己可能获取的其他资格证书。
>
>   ●其他。
>
> 入门与前几周课程
>
>   我需要感觉被重视、被尊重与被需要，我需要消除自己的恐惧，因此……
>
>   ●我需要第一天上课就能见到自己的老师与导师。
>
>   ●其他。
>
>   我需要相信自己能行，因此……
>
>   ●我需要一些能够完成的任务。
>
>   ●其他。
>
>   我需要该项目适合自己，因此……
>
>   ●我需要教师清楚我需要什么帮助才能成功学完本门课程。
>
>   ●其他。
>
>   我需要适应该项目，因此……
>
>   ●我需要进一步了解本门课程对我的要求是什么。
>
>   ●其他。

监测全纳学习：辅导行动计划

导师的角色之一就是评价每名学习者的学习需要，协商一项个别化学习计划，监测每名学习者的学习进步，确保他们按时上课，完成个人作业并达到其他重要标准；另外，为了达到上述要求，还要与每名学习者协商一项行动计划。当然，导师必须确保学习者获取所需支持，进而能够有效学习并完成个人行动计划。

"抓住他们别掉队"

请参阅下页图。即使你不能一下子全部理解，也别担心；后面将逐一解释。

学生自我评价表

下述《时间与资源管理表》改编自英国萨顿克德菲尔德学院 16-19 岁全日制学生使用的评价表。其他标准将出现于成人学习者专栏，你能否思考这些标准是什么？

辅导：基于证据的行动计划

教师与导师均可提供学生所需支持。下面将介绍导师如何才能做到这一点，教师也可做非常相似的事情，但往往没有导师那样煞费苦心罢了。

"抓住他们别掉队"图展示的是"全貌"，前三个阶段已在上一章介绍过。

评价学习者的需要

确认每名学习者的需要。

协商一项个别化学习计划

运用类似于本章后面所述的方法，与学生一对一地协商个别化学习计划。个别化学习计划包含一项行动计划，首次试图满足学生的需要。

"实施匹配与弥补差距"

上述阶段应有助于学习者适应学习项目的需要。不过，导师也可调整学习项目，进而完全满足学生的需要。

实施项目中评价

开课数周左右，教师实施一次项目中评价，旨在发现学生正在如何做。这包括教师的点评与学生的自我评价。

一对一检查

学生与导师一对一或小组会面，检查学习进步与个别化学习计划所包含的旧行动计划。教师要让学生清楚知道个人的成功之处，要鼓励他们为一项新行动计划提出个人建议。

设定一项行动计划

学习者需要评价与项目中评价通常用于发现缺陷。协商一项行动计划去弥补这些缺陷，并运用高期望去挑战学生。

学生实施行动计划

教师可根据学生需要去决定是否提供支持。

再次实施项目中评价

数周后，或者，若有必要可提前再实施一次项目中评价，从而可重复该学习

评价学习者的需要

确认学习者的抱负与需要：
学习者的目标是什么？他们想学会什么？筛选或初始诊断性测验，如关键性/基本技能、学习技能和态度、其他先前知识等。

确认任何额外需要：
因感觉或行动障碍、行为问题、生理或心理问题而产生的需要。

↓

实施项目中评价

自我评价：
学生自我评价，涉及学习效率与学习动机、出勤率、准时率、优势与劣势、先前计划的完成情况等。

教师评价：
每4–6周左右，教师向导师报学生的情况：进步、分数与等级、出勤率与其他上述自我评价语等。

↓

协商一项个别学习计划

商定合适活动及行动要点和所需支持。

"实施匹配与弥补差距"

↕

"命运"过程

查明真正困难；
商定行动计划；
设置行动目标。

↓

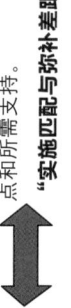

严厉的爱
高度尊重
高度期望
高度支持

"抓住他们别掉队"

学生实施行动计划

学习者从学生服务、学习支持或从下述渠道获取支持：

- 同伴
- 家庭
- 图书馆
- 学习中心
- 福利官员
- 咨询
- 转介机构，如药物成瘾问题
- 就业指导联系系
- 托儿所
- 修订资料与考试标准
- 专用设备，如助听系统
- 残障指导
- ……

应用 ↻ 做
学习 ↻ 回顾

设定一项行动计划

导师、学生，教师最好人手一份计划副本：
- 设置具体、可测、可达到、相关和有时限的目标。
- 根据学生个人中长期计划来论证目标。

导师对学生进行一对一检查

先前计划是否完成？

奖章：你发现的优势是什么？什么进展顺利？

促进：你发现什么让自己感觉担心或困难？你可为此做什么？

你能否设置一个具体、可测、可达到、相关和有时限的目标？

你需要什么帮助或支持？

你的个别学习计划仍然可行吗？

任务：你需要什么才能实施个人行动计划？

时间与资源管理表

姓名: ……………………

日期: ……………………

请在下次一对一辅导前填答本表。然后在一对一辅导时带给导师使用。给所有应用的项目画圈。所有项目均应在灰线之上。最后一行用于撰写评语与解释。

这些建议可成为你个人行动计划的目标。如果没有达到，就最好寻求一些有效建议：

全部课程周出勤率	全部课程准时率	作业按时上交率	每周自学（小时）	学习中心或图书馆所用时间	数学：额外支持（含技能练习）	英语：额外支持（含技能练习）	其他额外支持	每周课余打工（小时）	社会生活：每周晚上外出次数	有效时间管理到位？
100%	100%		12以上	4以上	100%	100%	100%	3	1	
95%	95%		10	3	95%	95%	95%	6	2	
90%	90%	100%	8	2	90%	90%	90%	9	3	是
			6	1				12	4	
			5	0				18	5	不是
			4					24	6	
			3					26	7	
评语	评语	评语	评语	评语	若不用则删除	若不用则删除	若不用则删除	评语	评语	评语

我已分析上述各项指标并设定改进目标，我已完成上述项中的……………………。

我已锁定目标 / 接近目标 / 偏离目标（删除不用的项目）

学生签名: ……………………

导师签名: ……………………

来源：改编自萨顿克德菲尔德学院所用评价表

循环。你不仅需要监测学生的学习，而且需要监测正在给他们提供的支持。如果支持不足，就要改进或增加。

对全纳学习而言，"发现错误与跟进"方法不可或缺；没有它，就无法满足学习者的需要。

请注意，这里的一个重要原则就是，确保根据需要去决定提供支持的力度。如果一名学生已获取支持却仍一筹莫展，你就必须心中有数，进而确保增加支持力度，唯有如此，学生才能最终取得成功。教师自始至终要关注学生的需要，千万别"成败全靠自己"！然而，尽管教师需要精心关注，但仍要鼓励学习者尽可能对个人学习负责，具体可通过让学生自我评价、运用下述"命运"（FATE）法、学习者负责实施个人行动计划等方式来实现。

在理想情况下，你既能鼓励与要求每名学生改进与发展自己，又能为他们迎接挑战提供恰如其分的支持。这类"支持挑战"或"严爱"法可培养学生的独立与自立，最终学生没有你的帮助也能从容应对。

学生需要通过实施个别化学习项目去学习一些课程，诸如艺术设计课程，每节课都可能运用一对一辅导：既是教学过程，又是监测全纳教学的过程。

在一对一辅导中，学生确实希望你专心致志，但你没有很多时间去关注他们——那么，如何才能最大化地利用时间？一如既往，你一定要时刻牢记个人目标。

一对一辅导意欲何为？

一对一辅导的目的在于：

鼓励与激励学生

- 倾听学生的体验；
- 看重学生本人；
- 奖赏他们的进步；
- 运用高度尊重与高度期望去挑战他们；
- 激励学生给自己设定有挑战性的行动计划要点，从而帮助他们实现个人目标、满足个体需要。

解决问题并教学生学会自己去解决问题

- 发现阻碍进步的真正问题或障碍，而不是只发现症状（或最好帮助学生自己去发现这些问题或障碍）；
- 鼓励学生设定一项行动计划，从而预先解决或清除任何影响进步的问题或障碍；
- 发现所有对他们的学习或行动计划有所帮助的支持；
- 确保他们完成上一个行动计划；
- 确保学生坚守个人行动计划；

奖赏他们的进步

> **睡眠的重要性**
>
> 专家研究了 48 名青年人,要求他们参加心理警觉与失眠症的标准化测验。那些每晚睡眠时间不足 6 小时的被试,既不能发现个人测验成绩一塌糊涂,又感觉不到自己困倦。
>
> 连续两周每天晚上睡眠时间不足 6 小时,对个人心理能力的损害程度就可能与连续两天不睡觉相同。
>
> 资料来源:宾夕法尼亚大学医学院,发表于《睡眠》杂志。

如何成功地实施一对一辅导

如"抓住他们别掉队"图所示,师生会面可不仅仅是闲聊,它要引发行动并用证据说话。这就意味着你必须要确保学生实施自我评价,还要在会面前了解其他教师的观点。

一旦获取这类信息,你就可能不由自主地马上告诉学生做什么,努力说服他们最符合他们利益的是什么:

"你只是第三单元不懂。埃文斯(Evans)先生说你的数学需要学习支持。所以,从现在开始,每个周五……"

"你必须按时上交课程作业。所以,从现在开始,希望你将做完的作业经我过目后再上交,这样我就可以……"

这样做有效吗?即使学生顺从你,他们也可能感觉被评判与欺侮,因而就可能抱怨、不情愿、不配合。很少有人喜欢别人告诉自己做什么,如果学生视之为对自己表现差的惩罚,就更可能产生逆反心理。因此,这类指令式教学法就很可能让学生疏远你——甚至疏远个人学习。

另外，这类指令式教学法发现不了真正存在的问题。学生为什么迟交课程作业？是因为太难，还是因为她每晚在超市打工？或者她只是没有时间去做？而且，这类指令式教学法也无法教学生去解决个人学习困难。

非指令式教学法

该法的目的不是指导与控制学生，而是促进并教他们如何解决个人学习问题。旨在发现问题的提问包括：

"你发现本门课程什么最困难？"

"它为什么困难？"

导师等待学生提出一项解决方案，不过，如果他们一筹莫展，导师就要提问：

"你可以为此做什么？"

另外一种方法可供教师来提问学生：

"你喜欢朝什么方向发展？如果你想对个人一学年的表现真正感到自豪，你会做什么？"

导师倾听，然后提问：

"那么，你打算如何到达目的地？你的第一步可能是什么？"

无论学生是否存在问题，都可运用第二种教学法。请注意，这两种方法都询问学生的目标是什么，然后询问他们如何实现目标。

你能为此做什么？

运用非指令式教学法去获取成功

准备

寻找一个尽可能私密和安静的地方。暂定一个时限，如五分钟，目的在于鼓励你充分利用自己占有的时间。面对学生，保持一点距离，但经常进行目光接触并做到全神贯注。

态度：倾听、移情、接受与不评判

你的态度是最重要的成功因素。不仅你说话的内容可能表露态度，声调、身体语言、面部表情、手势等也都可能表露态度。卡尔·罗杰斯（Carl Rogers）是 20 世纪最有影响力的心理治疗师，1961 年，他通过大量研究告诫：你需要倾听、移情、接受与不评判。

倾听

现在，暂不考虑个人一切事务，真正尝试站在学生角度去理解他们——即使认为他们的观点荒诞不经，也要努力去理解！

表示感兴趣与关注，表明你看重他们，他们说话时你要点头认可，不打断他们讲话，如果他们结结巴巴地说话，就耐心等待，适时微笑，等等。如果学生害羞，就别过度使用目光接触。

移情

尝试从学生角度去观察事物。他们如何观察？他们如何感觉？他们的价值观与态度是什么？即使认为他们的观点荒谬可笑，你仍要换位思考。移情可能减少防御与固执，从而增加了学生承认与直面现实的可能性。不过，移情需要发自内心，而不是操纵学生的锦囊妙计。

开放式问题

提问开放式问题：

"你感觉什么最困难？"

"你能详细告诉我它如何让你产生这种感觉吗？"

"你能告诉我它为什么对你很重要吗？"

"你为什么感觉它非常困难？"

"本门课程什么地方最让你感兴趣？"

避免提问封闭式问题："你最擅长的学科是什么？"

还要避免提问诱导性问题："好像你感觉实践作业不好做。"

反思

尝试"反思"他们刚刚陈述的观点，目的在于表示你已理解：

"那么，你是要告诉我第四单元确实让你感觉难学？"

"看看我是否听明白你的意思，你能听懂但……"

接受与不评判

罗杰斯发现了一个自相矛盾的现象：如果你认可与理解某人，他们就很有可能改变自己。如果控制、批评和斥责以及试图说服别人，就很可能引发防御性的、固执的行为。改变的愿望必须源自学生内心，而不是源自你的说教。

防御性固执行为

因此,别斥责或批评学生。如果学生自我苛求或消极悲观,就尽力引导他们向前看、积极乐观,例如,探究未来如何去避免该问题。但在本阶段,尽量集中精力去移情与理解学生。在"形成性评价"一章,我们曾探讨过不评判方法的好处,不评判也完全与第 45 章所述的价值观相符。

如果学生没有问题,就弄清他们想朝什么方向发展,然后挑战他们去实现抱负。

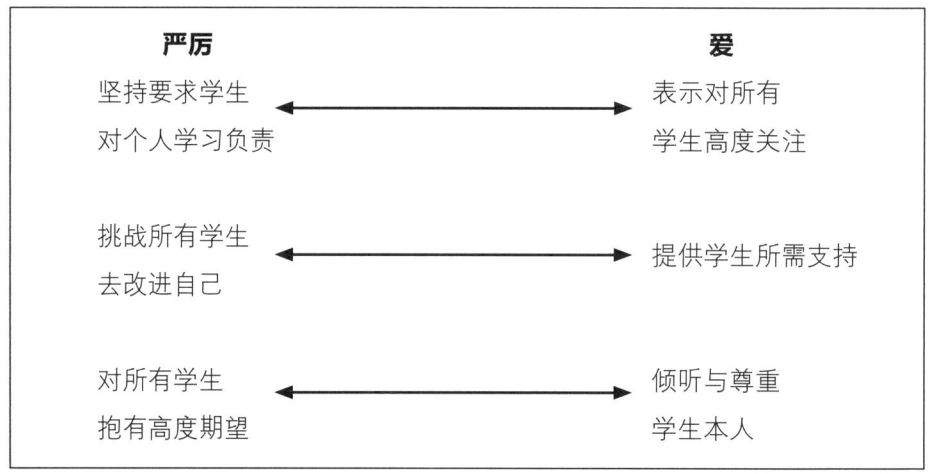

实施一对一辅导:"命运"(FATE)教学法

先核实来自初始诊断性测验、自我评价、进步与出勤率报告单等的信息,再与学生会面。即使成绩与努力微不足道,也要给予承认与表扬。

查明(Find out)什么是错的与为什么错了,采用非指令式、倾听的方法。另外,弄清学习者想朝什么方向发展。别针对这些问题迫不及待地提建议、做评判或"训斥"学生。

提问开放式的、能发现缺陷的问题：

"你如何看待自己正在做的事情？"

"你发现什么最困难？"

"你想朝什么方向发展？"

提问一些基于情感的问题：

"大学学习让你最担心的是什么？"

"你对……如何看待？"

运用"为什么"疑问句去探讨问题：

"你为什么认为这难做？"

"你为什么认为抽不出时间？"

通过询问学生自我设置的挑战去防止他们骄傲自满。

确保全纳教学的提问

在一对一辅导时，尽可能运用下述提问内容去查明问题，或自己去设计提问内容：

"我们还能做其他什么事情去帮助你的学习？"

"作为一名学习者来说，你感觉我们对你公正吗？"

"你从我们这里获取了自己希望获取的一切吗？"

要求行动（Ask for action）：

"你能为此做什么？"

"你如何才能克服困难或迎接挑战？"

"什么支持会对你有所帮助？"

只有学生在不能或不愿采取行动时，你才能亲自出马去督促他们行动。

商定行动目标（Targets）：

"你什么时间开始动手做？"

记录谁将做什么、什么时间做，确保你与学生人手一份书面记录。

评估（Evaluation）：下次一对一辅导时或之前检查学生实施行动计划的进展情况：

"那么，周一你将告诉我自己的进展情况？"

在理想情况下，评估自始至终都要保持非指令性，然后设定一项需要评估的目标，进而去消除非指令式教学法带来的不利影响。自己需要做出正确判断：一项目标不可能始终合适；你需要多次说服，学生才可能去努力改变自己。

确保一对一辅导成功的因素

确保学生获取"奖章与任务",任务要表达出高度期望。其他确保一对一辅导成功的因素通常包括:

寻求指导

你不可能帮助学生解决所有个人困难。逐步了解并运用自己所在学校的学生服务或精神支持系统:它就是为支持学生与你而设立的,因此,一定要给学生推荐合适的服务,或在自己感觉不安时去选择合适服务。不过,一定要追踪学生是否已按照指导行动。

珍视教育

一般而言,一定要指明获取教育成功的资源与个人收益,如果该信息通常在家里无法获悉,你就更要给学生解释得清清楚楚。往届成功学生的角色榜样往往可能给学生巨大鼓舞。

应对沉默

如果他们在思考,你就保持沉默并静待他们开口说话。如果他们遇到困难,就尽力帮助他们阐明自己想要说什么。"对你而言,关键问题是什么?"

正视情绪

情绪基本不算一个问题,但你必须相信自己的专业直觉。保持冷静;尽量安慰他们,询问他们是否需要短暂休息或喝一杯水;尽量用心倾听与移情。如果感觉自己无法应付,你有权利与责任离开现场去寻求援助。如果你要结束本次会面,就在分手前安排好另一次会面。

解决长期问题:促进改变

> 如果要在改变与证明改变没必要之间做出选择,绝大多数人会毫不犹豫选择证明。
>
> ——约翰·加尔布雷思(John Galbraith)

设想一个久而未决的问题，诸如出勤率低，行动计划形同虚设。有时是因为学生懒惰，但有时是因为需要给学生留出改变的时间。单独一次一对一会面所商定的行动计划，只能解决简单问题。下面介绍基于"动机访谈"的方法。你可根据个人专业判断去决定何时应用。

有些学生需要与你进行一系列会谈才能完成该过程：

- 承认自己遇到问题了；
- 仔细分析该问题并打算为此做某事；
- 决定要做某事，但不知道做什么，因而直到那时……
- 采取行动。

开始使用非指令式方法，但别指望一次会面就能商定一项行动计划。一开始要：

- 移情、不评判地倾听；
- 尽可能确认障碍；
- 聚焦于改变的优势。

练习

促进改变

想象你的个人生活可能要发生有挑战性的、可怕的或艰难的改变，诸如戒烟或解决一个人际关系问题。下述哪种策略最有可能奏效？

- 在真诚探讨问题期间，只倾听不评判，包括探讨备选方案及其后果时不劝导；
- 挑战与劝导。

别企图说服学生。只有源自内心，才能出现真正的改变，因此，强迫学生改变往往事与愿违。

下面一系列提问可能对你有所帮助：

"这样做有什么问题？你为什么发现有困难？"

"如果有人相助，你能做吗？"（若合适，可考虑让这名学生与另一名准备提供帮助的同学结对学习。）

"在这段时间里，你想如何保证完成它？"

如果问题依然存在：

"如果你从来没有整理过，那将会发生什么？"——学生回答后，你接着提问：

"你对此感到高兴吗？这是你需要的结果吗？"

"你打算让自己失望吗？你想成为自己最好的朋友吗？"

"你感觉自己有毅力去处理吗？因为我相信你是一个性格坚强的人。"

> **动机访谈**
>
> 如果你喜欢详细追踪一个长期问题的解决过程，就阅读教师入职课程（Entry to Employment—e2e Standards Unit）。你可到学校图书馆去查询。
>
> **改变模式**
>
> 在面临改变时，绝大多数人不乐意采取行动（70%）——例如，戒烟。
>
> - 只有经历过若干阶段，才有可能去采取行动；
> - 目标在于督促人们从一个阶段过渡到下一个阶段，而不是直接督促他们采取行动；
> - 需要运用本阶段特定的沟通技能与策略。
>
> **改变阶段**
>
> - 前意向阶段：没有意识到、不情愿、过于灰心；
> - 意向阶段：公开信息、考虑尝试某事；
> - 准备阶段：准备尝试新行为；
> - 行动阶段：采取措施、需要意志力、促使行为成为习惯；
> - 保持阶段：至少坚持 6 个月。

其他确保全纳教学实施的策略

本章与第 46 章，我们探讨了课程设计方式（"实施匹配"）与辅导系统（"抓住他们别掉队"）有助于确保每名学生获取成功。其他全纳教学策略请参阅第 45 章、第 51 章。

> **"满足学习者的情绪需要"练习的部分答案**
>
> **选课前**
>
> 我需要最适合我的课程：
>
> - 我需要知道可能适合我的其他资格证书、课程与项目；
> - 我需要思考该项目的性质和对我的要求；
> - 我需要领会该项目如何满足个人长期目标以及如何给个人生活增值；
> - 我需要了解学习该项目的结果、学费、学习时间、精力、工作环境、成功所需完成的额外任务；
> - 我需要被看重与感觉被需要；

- 我需要在首次接触后能继续保持联系。

入门与前几周课程

我需要感觉被看重、尊重、需要以及消除自己的恐惧：

- 我需要第一天就能见到自己的老师与导师；
- 我需要与同学见面、开始与他们交往并成为集体的一员，并一起讨论与商定公平的基本规则；
- 我需要确保获取个人成功可能需要的支持。

我需要相信自己能行：

- 我需要能够完成的任务以及具有挑战性的任务；
- 我需要早日获取成功；
- 我需要有人知道我是否需要支持并提供所需支持；
- 我需要采用适合自己的方式去学习。

我需要该项目适合自己本人：

- 我需要多了解本课程对我的要求；
- 我需要老师倾听我的疑问与恐惧；
- 我需要老师"发现并矫正"我与课程"匹配"方面的错误。

推荐读物

免费下载资料

搜寻：

[1] 关键性技能4（通用）（Key skills 4 U）：适用于功能性技能的资料．

[2] P．马丁内斯（Martinez，P．）．9000学生访谈：继续教育坚持学习与中途退学之研究．1998．（参阅英国学习与技能开发署官方网站：www.lsneducation.org.uk/pubs/idex.aspx，在"高级搜索"框输入作者的名字即可）

[3] 一对一辅导．(one—to—one tutorials)

[4] 英国教学大纲与学历管理委员会功能性技能．(QCA Functional skills)

著作与论文

认真阅读本校的文件与工作规程．惯例各不相同，你需要知道本校要求你做什么，还需要知道作为教师自己可用什么．

[1] 基本技能局编．坚持学习课程：基本技能支持、退学率、保留率与成绩关系之研

究——继续教育大学，1997．（证实有支持的学生比最初完全不需要支持的学生更有可能及格）

[2] B.S. 布卢姆（Bloom，B. S.）．二个西格玛问题：小组教学与一对一辅导同等有效之方法研究．教育研究者，1984，(6-7)：4-16．（证实一对一教学成绩比课堂教学高）

[3] I. 达克特（Duckett，I.），C. 琼斯（Jones．C.）．个性化学习：满足学习者的个别需要（第 14-19 号研究项目）．学习与技能网站，2006．

[4] E. 法勒（Farrar，E.），D. 贾斯顿（Jusdon，D.）．坚持式辅导：真正有效的分步辅导指南．模式学习出版社，2007．（介绍了英格兰法灵顿市赫沃思中学的教学方法：www.modellearning.com）

[5] 英国继续教育基金委员会．全纳学习质量改进材料．1998．（参阅第 51 章）

[6] M. 格林（Green，M.）．改进一对一辅导，学习与技能开发署．2002．（精装本，内含一张光盘。每所招收 16 岁以上学生的学校都免费赠送一本）

[7] C. 罗杰斯（Rogers，C.）．论成为人．康斯特布尔出版社，1961．

[8] C. 罗杰斯（Rogers，C.）．论成为教师：一位治疗师的心理治疗观．马里纳出版社，1995．

第四十八章　差异化教学：应对差异

差异化是一种教学方法，即通过适应不同个体的差异，努力确保所有学生以个人的最高速度学习。我们过去是教学科和教课程，而现在是教学生。差异化需要积极心态（参阅第45章）。

本章旨在汇集前面各章详述的各种差异化教学策略。我希望这种概述将帮助你充分理解差异化以及如何在个人教学中实施差异化。本章末将要求你对这些策略进行选择，进而形成个人的差异化教学风格。

你任教班级的学生看起来非常相似，通常需要实施班级授课，不过，他们的错误概念、先前知识、能力、个人偏好、恐惧和障碍等千差万别。在上课时，学生尽力将所学知识概念化（参阅第1章）。如第4章所述，每名学生概念化的方式都独具一格，需要改正的错误和疏漏也是与众不同。他们独特的概念化方式至少与前述差异化有一定关联。

因此，在实施小组教学时，我们必须发现这些错误和疏漏并纠正它们，进而满足学生的其他个体需要。

应对能力等各类差异的教学方法，被称为差异化。其实，在还没有诞生差异化概念之前，优秀教师就一直在实施差异化教学。尽管没有运用这个术语，但本书自始至终都在关注差异化。本章只是概述问题而已，所以，欲知详情，请回头阅读前面各章。

> **练习**
> 思考你的学生之间存在的各种差异，编写一份清单，再将对学生成绩影响最大的问题调换到前面，然后重新誊写清单。

若合理使用差异化策略，就能产生强大功效。众所周知，最佳策略将左右学习，其中，任务设计、形成性评价以及学习者进步监测的影响力最大。

开始备一节课时，你的着眼点往往放在自己要教的内容以及确保一名普通学生有效学习的学生活动。然后，你再考虑学优生与学困生，还要考虑你需要应对的其他差异，诸如，语言障碍，低动机。这应促使你调整个人教案。接着，你或许考虑需要特殊帮助的个别学生。例如，一名因生病而缺课的学生。最后，你可能需要再次调整个人教案。

卓越教师肯定会运用一些有效实施差异化的方法和技巧，而这正是本章关注的焦点。其中大部分方法曾在本书前面各章探讨过。

一些经常收效甚微的通用差异化策略

差异化并不要求你以不同方式去教学生，或教给他们不同知识——不过，有时这样做也是势在必行（参阅第41章）。通常，简便易行的方法是，采用满足个体需要的方式去教整个班级。随后我将解释如何教。

有些教师尽力通过下述方式去表达个人意图，包括按照"人人必须、一些可以、少数可能"的格式去设置目标。

差异化目标	例1	例2
人人必须	绘制一张展示某县工业活动的图表。	做练习6的百分数计算题。给同伴解释自己的解法，证明解法的合理性。
一些可以	给这些工业活动的地点添加原因。	图示百分数解法。
少数可能	提出其他可能发生在该县的相关工业活动。	运用表示部分和整体关系的数值和图形表示方式来批判性比较百分数（如，分数、比率、饼形图）。

上述格式可能有效，不过，它往往并非最佳方法。上述格式可能帮助你考虑学习者的多样化，但拥有这些目标并不能保证差异化教学。上面例1给学困生设置了低期望目标，有可能导致无意义学习（参阅第1章）。不过，例2给学困生设置了合理的高期望目标，究其原因在于，证明一种解法合理的过程会引发深度学习。这是你的策略实现了差异化，与目标无关——因此，这应是我们的兴趣之所在。

同样，有些教师备一节无差异的课，然后在个人教案的特殊文本框里添加一项差异化策略。要保证教学效果，教师最好自始至终都在运用最佳差异化策略。

下面，我们探讨一些确实有助于差异化教学的策略。

通过思维导图实施差异化教学

下页的思维导图概述了一些强效的差异化教学方法。先看看这张图，再接着往下阅读。所有这些策略均在本书其他章节详细介绍过，其中一些概述如下。登录下面网站，你可查阅有关思维导图教学策略的全面解释：www.geoffpetty.com/training-materials/differentiation/。

现在，我将介绍其中一些差异化教学策略。记录你运用的任何方法，随后，我会要求你制定个人差异化教学策略。

思维导图中心位置是三种主要的差异化教学策略。我们先简要分析这三种策略，然后再详细探讨。

1. 通过任务、结果和时间分配去实施差异化教学

即使学习最困难的学生，也必须至少能够完成你设置的部分任务；即使学习最优秀的学生，也至少有部分你设置的任务必须绞尽脑汁才能完成。一个解决方案是，设置由易到难的一系列阶梯式任务。如前所述，如果给学困生提供成功学习所需的额外时间，也将有助于差异化教学。

如第1章、第4章所述，任务与你所提问的问题必须揭示出每名学生的学习缺陷，这样才能要求他们弥补这些不足。一些教学方法有效，但绝大多数教学方法无效。

2. 满足不同偏好和支持需要

有一个观点认为，如果根据学生偏好的学习风格来实施教学，他们就可能学得最好，但一些研究人员已开始质疑（参阅第二部分导言）。不过，如果体验各类任务和教学方法，学生就可能不断成功、飞速发展。

在学习时，学生也可能遇到特殊困难和错误概念，所以，你必须尽快发现并矫正。通常，你任教班级人数太多，以致无法及早发现每名学生存在的问题。不过，小组学习可能给你提供帮助，其他来自同伴或专家教师的支持也可能助你一臂之力。

3. 通过设置个别化任务和目标来实施差异化反馈

每名学生都需要针对自己的个别化反馈，更需要据此高效学习。这不仅有助于学生学习知识，而且有助于他们掌握确保个人进步、获取高等级或高分所需的技能，比如说，掌握短文写作技能。

现在，我们详述差异化思维导图的一些教学方法。

```
                                                    ┌──────────────────────┐
┌────────────────────────┐  ┌──────────────────┐    │ 设置不同任务，运用： │
│ 设置阶梯式任务、渐进式 │  │ 提问要求动脑的问题│    │ ●能力分组；          │
│ 任务。如，在一张作业单 │  │ 如，为什么？如何？│    │ ●帮助清单和写作框架；│
│ 上，从易到难，依据"布卢│  │ 哪一个？等等。    │    │ ●拓展性任务，或等级标│
│ 姆目标分类学"去混用掌握│  │                   │    │  准和目标。          │
│ 与发展性任务。          │  └──────────────────┘    └──────────────────────┘
└────────────────────────┘
                         ┌──────────────────┐       ┌──────────────────────┐
┌────────────────────────┐│ 通过任务、结果和 │       │ 运用有效实施差异化的 │
│ 设置开放式任务，学优生 ││ 时间分配去实施差 │       │ 教学方法，如，检查与 │
│ 必须全力以赴去解释任务。││ 异化教学         │       │ 矫正学习，要求所有学 │
│ 能力越高，越会去努力解 │└──────────────────┘       │ 生参与，所有学生去完 │
│ 释任务。                │                           │ 成发人深思的任务。   │
└────────────────────────┘                           └──────────────────────┘

┌────────────────────────┐                           ┌──────────────────────┐
│ 差异化资源，如，使用不 │                           │ 通过时间分配去实施差 │
│ 同深度、广度和难度的文 │                           │ 异化：               │
│ 本。                    │                           │ ●基于资源的学习；    │
└────────────────────────┘                           │ ●独立性学习；        │
                                                     │ ●掌握性学习。        │
                                                     └──────────────────────┘

┌────────────────────────┐                           ┌──────────────────────┐
│ 适应不同的学习偏好：   │                           │ 将学习支持融入教学之 │
│ ●视觉、听觉与动觉型；  │                           │ 中。运用信息学习技术 │
│ ●左右脑型。             │                           │ 给学生提供支持。     │
└────────────────────────┘                           └──────────────────────┘
                          ┌──────────────────┐
                          │ 满足不同偏好和支 │       ┌──────────────────────┐
┌────────────────────────┐│ 持的需要         │       │ 运用小组学习，进而同 │
│ 要求能互相帮助的学生"交│└──────────────────┘       │ 伴能互相支持。       │
│ 朋友"，如，一名会写，而│                           └──────────────────────┘
│ 另一名不会写。交朋友需 │
│ 要一些"训练"。          │                           ┌──────────────────────┐
└────────────────────────┘                           │ 明确使用：           │
                                                     │ ●同伴检查；          │
                                                     │ ●同伴辅导；          │
                                                     │ ●学习团队。          │
                                                     └──────────────────────┘

┌────────────────────────┐                           ┌──────────────────────┐
│ 培养通用技能，通过：   │                           │ 运用"奖章和任务"式反 │
│ ●反馈表；              │                           │ 馈                   │
│ ●传授过程与结果技能。  │                           └──────────────────────┘
└────────────────────────┘┌──────────────────┐
                          │ 差异化反馈：     │       ┌──────────────────────┐
┌────────────────────────┐│ 设置个别化任务和 │       │ 依据诊断性考试和评价 │
│ 实施自我评价，要求学生 ││ 目标             │       │ 结果去设置个别化目的 │
│ 自己设置个人目标。      │└──────────────────┘       │ 与目标，制订个别化学 │
└────────────────────────┘                           │ 习计划、一对一辅导计 │
                                                     │ 划等。               │
                                                     └──────────────────────┘
```

┌──┐
│ 减少差异化需要，通过：   │
│ ●准确的入学指导，合理安排课程或学科，若有必要，学年中期可以变化。   │
│ ●实施"课程审定"，概括课程涉及的先前知识，然后及早检查与矫正。   │
└──┘

差异化概述

通过任务、结果和时间分配去实施差异化教学

运用有效实施差异化的教学方法

有些教学方法比其他方法能更有效地实施差异化，因而可大幅度减少你与学生的作业量。你可能发现，这类策略位于差异化思维导图的右上方（第 4 章末已详细探讨过）。

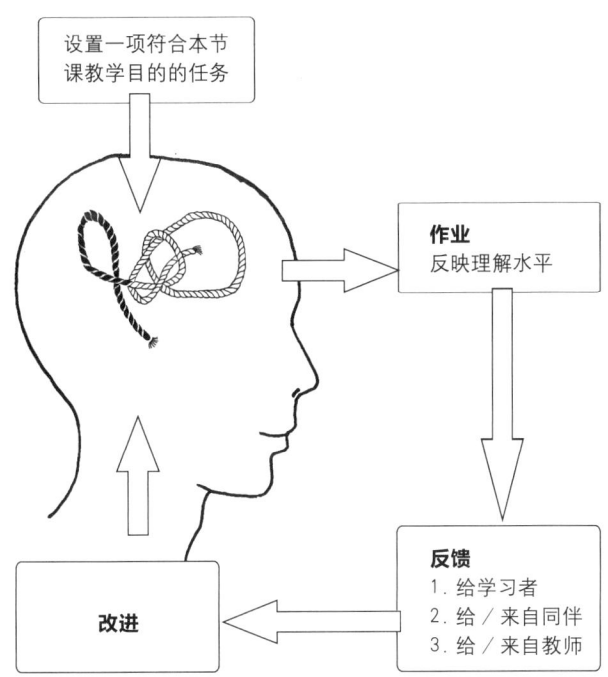

优质学习循环

如第 4 章所述，只要你清楚优质学习循环必须适合每名个别学生，它就真的可以有助于你理解差异化。

学习循环表明，为促使某名学生学好某项指定主题，需要在某个时刻给他设置一项有挑战性的任务，然后教师、学生本人甚至同伴均可通过查看有关该任务的作业完成情况以获取反馈。然后，学生据此改进个人学习。

假定我们中途去旁听一节课。教师已通过讲授呈现了新知识。在讲授过程中，教师运用提问去检查学生的理解程度，学生自愿回答教师提问的问题。教师正在运用第 40 章所述的呈现-应用-复习模式，因而，在呈现新知识之后，她设置

了一项任务，要求学生应用刚才所学知识。她要从以下两种实用教学方法中选择一种，她应该选择哪一种？

1. **作业单**：教师设置一些简单的重现问题，要求学生根据刚学知识去回答。学生独立学习，但问题非常简单，因而几乎所有学生都没有遇到任何困难，几乎全部学生都能找到正确答案。教师大声宣布问题的正确答案，然后发给学生一份讲义，概述并阐明本节课的重点。

2. **思维导图**：教师给学生设置一些简单的基础性回忆问题，然后要求他们运用思维导图去概述主题。这是一项具有挑战性的任务，因而需要真正理解。学生结对互相检查对方绘制的思维导图。然后，将自己的思维导图放在课桌上面，离开座位，观看其他同学绘制的思维导图。目的在于修改自己的思维导图。等学生修改之后，教师将自己绘制的思维导图呈现到白板上面，学生再据此自我评价个人的思维导图。然后他们再次修改自己的思维导图。

> **练习**
>
> 在往下阅读之前，请选择上述哪种方法能最有效地实施差异化教学，然后解释你选择的理由。

假设一名叫佐薇（Zoe）的学生在运用"作业单"教法的班级上课。一开始，佐薇心不在焉地听教师讲解主题，然后正确回答了一个简单的口头问题。不过，此时此刻，与班级许多其他同学一样，佐薇的理解是不完整的、模棱两可的，其中还包含一些错误概念和疏漏。

令人遗憾的是，教师设置的作业单问题只要求回忆。这就导致了第1章所述的肤浅的、低水平的无意义学习，学生没有深度理解主题。不过，由于问题非常简单，因而教师发现绝大多数学生都能正确回答，进而她就自以为教学进展顺利。佐薇有些题做错了且不知道为什么，但绝大多数答案都是正确的。班级同学感觉她非常自信，但她并没有完全理解主题，还存在着许多错误概念。

这是一种低质量的教学，也无法实施差异化。在"呈现阶段"的听课过程中，因为能力、动机等因素的差异，学生可能产生不同的错误、疏漏和错误概念，到了"应用阶段"，这些不同问题仍没有得到解决或矫正。运用作业单上课，学生的个别化学习需要没有得到满足。

而运用思维导图上课的班级却能有效地实施差异化。绘制思维导图是一项有挑战性的任务，它要求佐薇用个人方式去概括本节课的重点，进而巩固与领会自己所学知识（个人建构）。

同伴检查将矫正一些错误概念、错误和疏漏，查看其他同学的作业将弥补个人缺陷，帮助佐薇领会自己所学知识。最后，佐薇自我评价这项挑战性任务，这将有助于她弄清自己需要进一步改进的地方。

同伴检查佐薇的思维导图

因此，运用思维导图上课将有效地实施差异化教学，而简单的作业单课则适得其反。因为运用思维导图上课，要求佐薇理解，然后反复检查与矫正个人理解情况，所以非常适合她本人。由于这种教学方法融入了形成性评价，因而，学生能够改正连教师都没有察觉到的个别错误概念。佐薇学习中存在的错误和疏漏可能与同伴大相径庭，对此你一定要心中有数。不过，尽管佐薇与同伴有不同的错误概念，但这种方法却能够让他们矫正自己的问题。这节课能够应对差异并满足个别化需要。请注意，思维导图课比作业单课经历优质学习循环的次数更多。

因此，差异化教学的一个环节就是，运用教学方法去挑战学生的深度学习，然后不断检查与矫正学习。可通过学生对话、分享作业和观点等手段去辅助这种教学方法，包括：
- 同伴评价；
- 参照明确的成功标准实施自我评价；
- 小组学习，对话以检查与矫正为主；
- 要求所有学生参与的方法。

通过提问发人深思的问题去实施差异化教学

这种方法位于思维导图的顶端。像"为什么""哪一种""如何"一类高级问题，往往要求学生理解所学主题。低级问题只是要求重现，而不是理解。

在教师讲解期间，能力高或学习主动的学生经常会提问自己这些"为什么"的问题，直到理解才可能罢休；学习热情不高或能力低的学生则需要教师提问他们这些问题。总之，通过高级问题能有效实施差异化教学，究其原因在于，它们能够适应能力与动机的差异。

一味提问低级问题，往往是鼓励学困生失败。（欲知详情，请参阅第 1 章，重点阅读"我们需要掌握所有的'布卢姆教育目标分类'"。）

通过全纳性提问方法去实施差异化教学

只要学生努力回答，无论高级问题，还是低级问题，都会给他们提供很大帮助。这要求教师运用第 14 章、第 24 章所述的全纳性与互动性提问方法。例如，比较下述两种方法，假定学生已习惯与预知到它们。

A）提问与自愿回答

1. 教师提问一个低级重现问题，如，失业率的含义是什么？
2. 乔丹（Jordan）举手，教师让他回答，乔丹回答了。
3. 教师确认答案是正确的。

B）自信式提问

1. 教师提问一个高级问题，如，为什么失业率是一个问题？请列举五个原因。请小组讨论。"你们有两分钟的讨论时间。"
2. 学生讨论，知道自己可能被指定去代表小组回答。
3. 教师指定一些学生代表小组回答问题，感谢每名回答的学生，但别评估他们的答案。
4. 教师推动讨论："谁同意丹尼尔（Daniel）的答案，为什么？谁同意阿约（Ayo）的答案，为什么？谁有不同意见，为什么？谁列举另外一个原因？……"
5. 教师确认正确答案，或评估学生的答案，澄清错误理解。

（欲知详情，请参阅第 24 章。）

在运用提问与自愿回答教法的课堂上，西娅（Thea）一直不举手，无所顾忌地睡觉，因而始终无法发现与矫正她存在的错误概念和疏漏。

在运用自信式提问教法的课堂上，西娅的错误概念和疏漏受到挑战与矫正，究其原因在于：

- 高级问题要求她理解主题；
- 小组讨论将挑战、矫正和拓展西娅的思维；
- 一旦教师提问西娅，她就可能忠实地陈述小组答案。因此，同伴压力将鼓励她积极参与小组讨论，进而理解主题；
- 教师尽可能多地获取全班学生理解与误解的有代表性反馈，进而能够修正学习的错误和疏漏。

自信式提问能处理能力诸因素的差异，因而它好于提问与自愿回答的教法。它能够推动有效教学，有效实施差异化。

运用开放式任务：通过结果去实施差异化教学

这种方法位于差异化思维导图左上方。请比较开放式任务与封闭式任务。

开放式任务

阅读本案例研究。在目前这种形势下，你可能建议首相如何减低失业率吗？请自圆其说。

尽可能多地考虑：运用不同的有效数学模式去回答这个问题。

封闭式任务

陈述凯恩斯（Keynes）提出的一项减低失业率的政策。*

解：$x^2-2x-2=0$

因为可不断地补充答案，所以开放式任务永远没有最终答案。另外，学生往往可能依据个人学业水平去解释开放式任务。因此，它们可能不停地拓展与挑战能力高的学生。一位教师可能在查看他们的答案后说道：你能通过……来补充自己的答案吗？

学困生也可能尝试回答这些开放式问题，可能从中获取很大收获。不过，他们需要做好准备才能去回答，而且，教师必须阐明并精心设计这些问题。

当然，能力高的学生回答得比能力低的学生要好，因此，学生作业的质量——"结果"就可能因能力差异而各不相同。鉴于此，设置开放式任务被称为"通过结果去实施差异化教学"。

有些教师会设置一些拓展性任务，让那些已完成主题所需任务的学生去做。不过，一般应优先运用下述策略。

通过阶梯式任务去实施差异化教学

这种方法位于差异化思维导图左上方。

什么任务和问题最适合于教一个主题？阶梯式任务是指一系列问题（通常为书面问题），要求学生按顺序回答。这些问题从重现到深度推理、从封闭到开放层层深入。如第 1 章所述，它们按照布卢姆教育目标分类学的梯级逐渐升高。最上面一个梯级属于开放式、有挑战性的任务，它要求学生全面地、深入地概念化所学主题。

低一梯级问题经常是为回答高一梯级问题做铺垫。请由下往上阅读下图。

---

* 译者注：凯恩斯是英国经济学家，宏观经济学创立者。

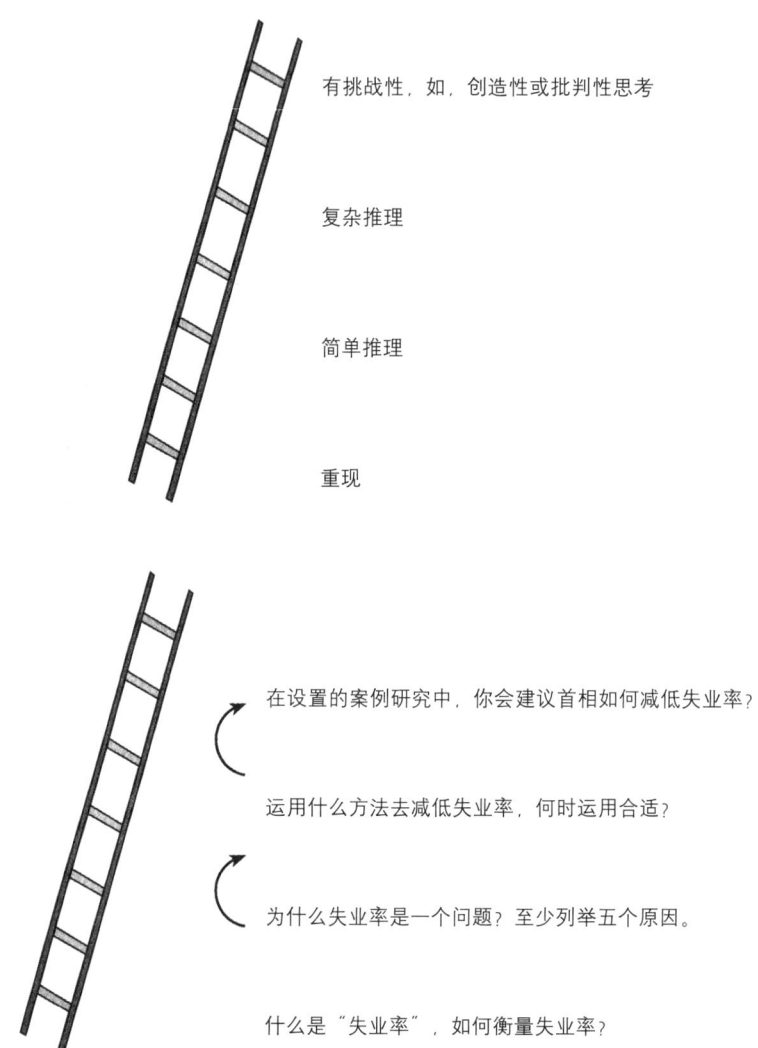

通过阶梯式任务能实现差异化教学，究其原因在于：

- 结构化任务能帮助学困生去完成有挑战性的任务，从而拓展与加深他们的理解。如果低一梯级是为高一梯级做铺垫，阶梯式任务就可能特别有效。所有学生都应尝试登上最高的梯级，这样才能帮助他们深度学习。
- 能力高的学生完成开放式、有挑战性的任务，从而拓展自己的学习。

如果你将最高梯级的任务分解成许多小任务，列举词汇范例或其他一些提示，就会给学困生提供更多帮助。这被称为"给任务搭脚手架"或提供一项"帮助清单"。通常，不要给学优生提供这种帮助。

你任教学科的结构化试题往往就是标准的阶梯式任务。

这种策略适用于任何学业水平

别自以为学困生不需要评估或完成其他高级任务。假设一位患有学习障碍的学生要把衣服分为白色与精纺面料两类，然后再放入一台自动洗衣机。她将一件白色毛衫归为白色衣服。然后她重新思考：它确实是白色面料，但又是毛料，所以也属于精纺衣服。她把这件毛衫又分到精纺衣服一类。这既是评估，又是问题解决。如果你没有给学困生设置合理的任务，他们就永远不可能理解你所教的知识，或永远不可能真正学会你所教的技能。如果让学生结对或成立学习小组完成这些任务，就能够鼓励他们互相检查、矫正和帮助。"哎，那是一件精纺衣服，不是一件白色衣服！"

通过时间分配去实施差异化教学

这是差异化思维导图右边的第三项策略。如第43章所述，掌握一项主题，有些学生花费的时间要比其他学生长。教师如何应对这种差异呢？

掌握性学习

学生可参加要求简单重现关键知识的主题考试。学生通常会自我批改试卷。如果学生没有达到规定的掌握性分数，比如说80分，他们就必须准备重新参加考查相同知识的类似考试，直到考试及格为止。因为知识非常简单，而且考试前学生进行了充分练习，所以，学生的及格分很高。（欲知详情，请参阅第43章。）

矫正

另一种方法是，在你批改试卷时，要求学生做矫正性练习。例如：

1. 请重做第4、9道题。
2. 将个人观点与《凡尔赛和约》相联系，请重写这两段话。

重做作业与只是阅读教师对错题的讲解要点相比，更能有效地修正学生的个人建构。至少在一段时间里，可要求学生互相检查对方改正的情况，这样你就不需要动手批改了。

第41章还介绍了其他通过时间分配去实施差异化教学的策略，例如，基于资源的学习。

一上课就实施差异化教学

现在，我们看看佐薇所在班级上课的情况。上这节课的每名学生都具有不同的先前知识。其中有些学生甚至没有必备的先前知识，因而无法理解教师本节课所应用的概念，究其原因在于，他们已忘掉上节课的知识，或者，他们上节课缺席。

因此，教师一上课就要求学生回忆本节课将应用或讲授的所有关联性先前知识。教师据此可了解学生先前知识的掌握差异。

> **练习**
>
> 根据第40章所述的呈现－应用－检验教学模式，教师应运用下述"定位"策略去开始教一个新主题。通过它们能实现差异化教学吗？为什么？
>
> **定位：学习者做好学习准备**
> - 回忆上节课知识；
> - 回忆其他关联性先前知识；
> - 令人信服地说明本节课所学知识与学生的关联性、重要性和价值；
> - 提供构建新知识的先行组织者；
> - 设置或协商有挑战性的目标。

迄今为止，我已探讨了差异化思维导图顶部的教学策略：通过任务、结果和时间分配去实施差异化教学。我较为详细地探讨了上述策略，因为它们往往难于理解。位于差异化思维导图中间、下方的另两种主要方法同样不可或缺；不过，它们容易理解，而且本书其他章节也有充分论述，所以，这里我只是简明扼要地介绍一下。

满足不同偏好和支持的需要

这些策略位于差异化思维导图中间位置。本章下述策略均比上述策略容易理解，所以，我只是简略说说。前面各章已详细论述过这些策略，我告诉你从哪里找到它们即可。

学习偏好

有些学生喜爱小组学习和班级讨论，且学习效果最佳；其他人则偏好一个人安静地学习。有些学生最擅长抽象逻辑推理；其他人则偏好创造性学习和实际问题解决。在本书第二部分导言里，我探讨了如何应对这类差异。我们需要各类教学方法，因而每名学生至少在某段时间里都能体验到自己偏好的教学方法。

评价方法同样如此。有些学生擅长作文，其他人则偏好给全班同学做陈述。我们需要混合运用学习偏好，原因如下：

- 它更为公正，能力高的学生可能因自己偏好的评价方法而出类拔萃；
- 评价方法可培养对学生有用的关键性技能，诸如短文写作、做陈述等；
- 不同的评价方法有助于了解你任教学科存在的不同问题。

如第二部分导言所述，我们不应假定学生具备某种学习风格，然后根据他们的学习风格去实施教学。研究发现，学生需要多样化的而不是个性化的学习方法。第32章以及第二部分其他章节都将为你提供多样化教学方法。有一点请谨记在心，如果设置的任务要求学生创制组织图，所有学生以及绝大多数诵读困难学生都能够有效学习。

差异化资源

例如，高中教师经常只给学生提供符合高中标准的资源。不过，假如某项主题晦涩难懂，就需要增加一些初中课程资源。当然，还要包含一些超出高中标准的资源，以供能力高的学生使用。

资料可能是文本，可能是视频，也可能是计算机软件，等等。同上，在实施差异化教学时，别指望"一个尺寸适合所有人"！

通过提供所需支持去实施差异化教学

假定一位教师能有效地运用所有上述差异化策略，诸如使用以开放式任务结尾的阶梯式任务、全纳性提问、掌握性学习，所有学生都能学得很好吗？不，他们不可能学得很好！有些学生仍然可能存在学习困难，或是因为缺失先前知识，或是因为长期存在的错误概念，或是因为家庭的偏见问题。由此可知，如第46章所述，我们需要尽快发现他们存在的学习困难，然后解决它们。例如，如第47章所述，我们可能需要增加支持力度。

这经常要求给予一对一帮助，然而，在一个班级里，你无法给予所有学生一对一个别辅导。不过，你可采用其他方式提供个别化支持：

开展小组学习。当学生结对或小组学习时，他们能够互相帮助。设置同伴检查和同伴讲解任务，鼓励学生开展结对或小组学习。

学习伙伴。你可要求一名会做某事的学生去帮助另一名不会做的学生。如果利用课外时间去做，效果会更好（参阅第47章）。

学习团队。在一学期或一学年里，你可让5－7名学生建立一个学习小组，要求他们有组织地互相帮助。参阅第47章，或在网站www.geoffpetty.com搜寻学习团队（learning teams）。

额外作业。你可设置一项额外作业让学生去做，可借助于一位学习伙伴，也可借助于基于计算机的学习资源。

研讨会。你所在学校可能会安排一次研讨会，学生可从中获取个别化帮助。任何学生都可参加，但你可单独要求一名有学习困难的学生参会。

综合性学习支持。在教室里，你可能有一名教学助理或一名专职学习支持助理，你可与他们讨论学生的困难，然后商讨给予什么支持。

课外学习支持。你所在机构可能设立了专门学习支持部门，你可送一名学生到那里去寻求帮助。

你可使用上述辅助资源。如第47章所述，你要逐渐增加支持力度，直到学生克服个人困难为止。

学生面临的困难千差万别，因此，依据个人情况去处理就明显属于差异化教学，即，根据学生对个人支持的需要去处理差异。

先差异化反馈，再设置个别化任务与目标

如第43章所述，形成性评价能发现并矫正学生个人独有的学习困难。这是差异化教学的一个关键性环节（详情请参阅第43章）。

奖章与任务式反馈。给学生反馈，做得好的颁发"奖章"，需要改进的布置"任务"，同时提供明确的目标与评价标准。

运用评价表去教给学生技能。设计一张附带评价标准的图表（如优秀作文标准），要求学生对照标准进行自我评价。你自己也要评价学生，要给每名学生提出下次作业的改进目标。然后，点评他们作业的目标达成度。这是一个学习循环，你还可参考其他学习循环版本。

掌握性考试与掌握性批改。举行一次简短的自测，检查学生对关键性知识的掌握程度。然后要求他们修正个人错误，再重新自测，直到及格为止。或者，要求学生修改作业，直到符合最低分数标准为止。

自我、同伴与模拟评价。给学生发放评价标准或评分表，要求他们自己批改或互相批改。要求学生全都批改同一份上学年的作业，由你提供给他们，作业里设置了一些"故意错误"。

诊断性提问。运用提问去探寻学习缺陷并给予矫正，而不是只评估答案对错。

通过教关键性技能去实施差异化教学

另一项教师必须应对的差异是，有些学生可能缺乏学科学习成功必需的技能，例如，概括能力、撰写作文和指定作业的能力或评估能力。对数学而言，学生需要学会解一道自己从未见过的数学题。如果将这类技能通过精心分解去传授，就可能达到最佳教学效果。我们已明白如何这样做：双层课程（第38章）；教学计划包含技能教学（第42章）。

另外，请参阅：http://geoffpetty.com/for-teachers/skills/ 。

小　结

　　差异化教学就是应对差异；尽管学生之间存在差异，但它仍能确保所有学生尽最大努力去有效学习。这包含学习与教学的各环节，所以，这里只概述本章所列的主要教学方法。

　　我们已知道，差异化教学要求我们承认，由于先前知识、概念或新知识建构各不相同，因而每名学生的优质学习图就可能略有差别。所以，教师的教学方式必须适应这些差异，进而发现与矫正学生学习的错误和疏漏。

　　如第 4 章所述，除了认知差异外，学生可能还存在其他诸如诵读困难等需要解决的问题，也可能存在诸如英语水平低等学习障碍，以及低自信。这些也需要解决，第 46 章、第 47 章告诉我们如何去：诊断困难；给予支持；若有必要，增加支持力度，直到学生开始成功为止。

你个人的差异化教学策略

　　现在，你已了解了差异化教学，还需探听你所在机构教师运用的策略，同时别忘了学习你的指导教师等专业人士推荐的策略。设计适合个人教学、学科和学生的差异化教学策略，然后让它们成为个人教学计划之一。这或许有助于你向督学解释自己如何确保所有学生有效学习，而且，更为重要的是，它或许能将你造就成为一位更有效的教师。

　　当然，在自己的整个职业生涯中，你要不断调整与改进个人的差异化教学策略。

> **练习**
> 　　回顾本章所述的差异化教学方法，列举你个人教学可能运用的策略，概述如何运用这些策略。请考虑差异化思维导图所列的其他策略。运用上述策略去设计个人的差异化教学策略。

　　请注意，差异化教学的实施，并不是要为常规教学筛选一种特殊的差异化策略。它要求所有教学都能有效，它应该影响一位优秀教师所做的一切。它并非指经常做什么，而指如何做。例如，如本章前面所述，提问能否实施差异化教学取决于如何提问。

差异化教学策略确实重要

如果每名学习者都能按照个人最高速度去学习,就可能极大地影响他们的个人生活,还能影响整个社会。社会融合、从福利到工作、减低犯罪率、杜绝滥用毒品甚至消除疾病,都需要受过良好教育的公民和劳动力。当代,多数疾病都可能从课堂里找到治疗方法。

差异化教学还可能产生经济后果。2011年,戴兰·威廉(Dylan William)引用一项研究成果证明,预防一名中学或大学学生的辍学能为社会节省约15万英镑。你一学年能为社会节省多少资金?一生呢?

我不是一名政治家,而且并非人人同意上述观点,但多数经济学家强调指出,当今世界各国之间竞争成败的关键,并不在于低工资,只可能在于劳动力的技能、知识、创造力和适应能力。企业家们早就知道,受过良好教育的劳动力更容易训练,因而更能够适应目前绝大多数工作场所面临的迅速变化。现在,世界各国正在课堂上为未来而竞争。2011年,戴兰·威廉也得出了类似结论。

差异化策略能对个人、社会和经济产生巨大影响,所以,我们一定要有效运用。

推荐读物

免费下载资料

www.geoffpetty.com/training-materials/differentiation/ .

读物

[1] P. 安斯蒂(Anstee,P.). 差异化教学策略袖珍读本. 袖珍丛书出版社,2011.

[2] J. 哈蒂. 可视化学习:800余项与学习成绩相关的元分析文献综述. 劳特利奇出版社,2009.

[3] T. 特里. 学习目标、任务设置与差异化策略. 纳尔逊·索尼斯出版社,2002.

[4] T. 奥布赖恩(O'Brien,T.),D. 吉尼(Guiney,D.). 教与学的差异化策略. 统一体出版社,2001.

[5] G. 佩蒂. 基于证据的实用教学法(第2版). 纳尔逊·索尼斯出版社,2009.

[6] D. 威廉. 形成性评价. 原点出版社,2011.

第四十九章　平等性、多样性与成绩：你的角色

你正面临着一个挑战：学生的学业成就受到下述因素影响，它们包括种族、社会经济地位或"社会阶层"。残障学生，比如，患有身体、感官和心理疾病的学生，都缺乏公正的学习机会。学业成就还受到性别的影响。作为一名教师，你能为此做点什么？

就种族而言，我在本章一直主张，教师是消除歧视的关键之所在，他们必须正面肯定每名学生及其文化和种族出身（参阅第 7 章）。对性别也应持同样态度。

消除歧视至关重要。不过，我并不认为这能完全预防教育不平等，究其原因在于，影响教育不平等的因素还包括：缺乏动机、厌倦学习。我希望你能明白，在一定程度上，不同性别、不同种族背景学生的学业成就之间的差异其实为动机所致。因此，教师需要正本清源，向学生灌输：

- 信赖教育对自己真正有价值；
- 相信自己凭借充足毅力和乐观定会取得成功；
- 以个人身份为荣。

不平等是一个复杂而众说纷纭的话题。没有一个观点能为所有人所赞同，所以，我所能做的就是在这场争论中发出个人声音：你一定要阅读有关该主题的书刊，听取大量不同的意见。本章要结合第 7 章一起阅读，第 7 章探讨了教师－学习者关系和平等机会，包括刻板印象、亲密关系、性别、种族和特殊需要。

在这里，我只考虑教师在减少不平等问题上所扮演的角色。有许多因素超出本书讨论的范围，它们同样可能导致教育成就不平等，甚至会引发社会的不平等。例如，校风，消除种族主义和偏见的责任感，清除所有影响学生发展障碍的决心。问题的关键在于学习监测与支持的质量。如第 47 章所列举的英国赫沃思中学，正是因为特别重视学习监测与提供支持，所以学生的学业成就几乎提高三倍。

另一个超出本书讨论范围的问题是学校课程。在第 9 章末，我坚持认为，目前的学校课程只能满足学生"读书考试"的学术兴趣。而那些对艺术、体育、职业课程、铁艺、木艺、纺织或美食等感兴趣的学生，还有那些希望培养领导力、创业能力的学生，都基本失去了充分发展的机会，只能通过继续教育课程去满足个人需要——对多数人而言，这已为时太晚。如果课程丰富多彩，绝大多数学生就能发现自己的兴趣点，学有所成，从而让学校教育充满快乐。因此，这也是一

个与平等有关的问题。多数学校采取令人钦佩的行动去矫正扭曲的学校课程，不过，只有政府才有能力去真正修正课程。

尽管存在上述其他因素，但我认为教师仍可想方设法去减少不平等。对此，第 7 章曾有论述，现在探讨我们还能做什么。我先简述一些不平等现象，再陈述教师能为此做什么。

> **练习**
> 你希望采取什么策略去帮助减少不平等？

不平等的挑战

种族影响学业成就

现将 16 岁学生的学业成就数据列举如下（16 岁后学生的学业成就数据参见本章末）。这些数据只是平均值，对此，你一定要心中有数。来自任何背景的学生都可能学得很好，也可能学得很差。

请记住，不平等并非学生的过错。解决这个问题需要全体教育工作者的努力。16 岁学生的学业成就统计结果包括：

- 一般而言，华裔、印度裔和中产阶级白人子女学业成就高于平均水平。
- 加勒比裔黑人或巴基斯坦后裔子女学业成就低于平均水平。工人阶级白人子女学业成就比平均水平低更多。
- 吉普赛人（罗姆人）、爱尔兰流浪者后裔子女学业成就最低。（请参阅：ethnicity.org.uk。）

例如，请认真观察下面的普通中等教育证书课程考试成绩柱状图，它显示了来自不同家庭背景的学生获得 5 个良好等级（含英语和数学）的百分数。对每个族群而言，第一个条柱代表 2007 年的等级数据，第二个条柱代表 2011 年的等级数据。

> **成就与种族数据**
> 下图由英国曼彻斯特大学种族动态学研究中心根据英国教育部发布的统计数据绘制而成。这是一份有价值的数据与分析资料，请阅：www.ethnicity.ac.uk/research/data-sources/downloadable-statistics/education/。

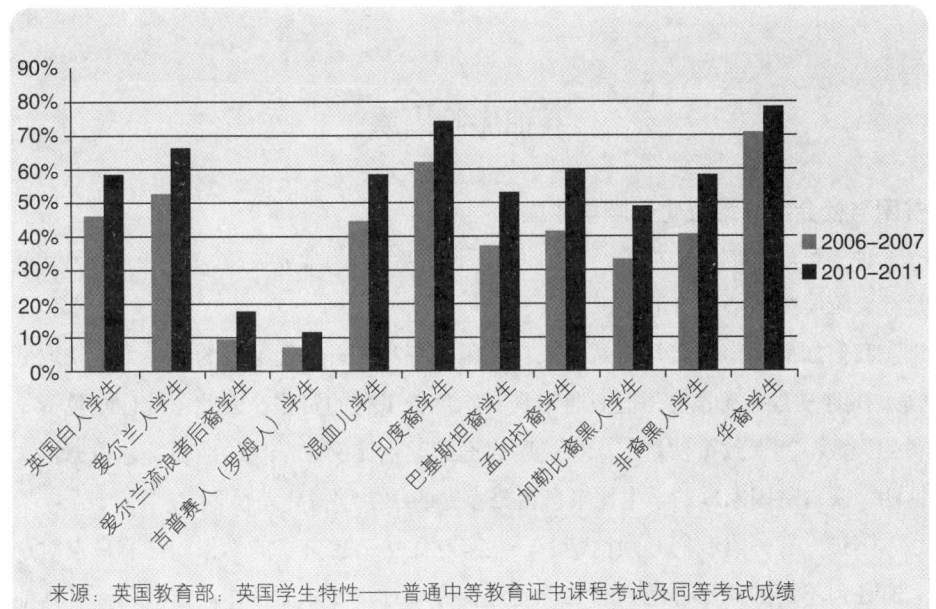

来源：英国教育部：英国学生特性——普通中等教育证书课程考试及同等考试成绩

上图呈现了"关键阶段4"学生学业成绩的数据：2006—2007年，2010—2011年，在普通中等教育证书课程考试或同等考试中，英格兰公立学校（含专科学校和城市培训学院）各个族群学生获得5个以上A—C等级的百分数，其中包含英语与数学。2011年，英国教育部发布的统计报告表明，在公立中小学中，少数族裔学生人数占24.3%。

少数族裔学生热爱学习

请注意，自2007年以来，普通中等教育证书课程考试成绩已明显提高，而2007年学习成绩最低的少数族裔学生进步幅度最大。这缩小了种族之间的差距，实乃学校教师优质工作绩效的最好证明。

尽管有些少数族裔学生不如一般学生学得好，但他们仍然热爱学习。例如，在16岁后，仍有82%的黑人学生、85%的亚裔学生接受全日制学校教育，而白人学生却只有69%（参阅2003年巴塔查亚（Bhattacharyya）的研究）。

在一定程度上，正是因为这种高参与率，到19岁时，少数族裔学生获取3级资格证书（高中或同等学力）的百分数才令人惊叹。比英国白人学生学得差的少数族裔学生只剩下爱尔兰流浪者后裔和吉普赛人（罗姆人）的子女了。因此，绝大多数少数族裔学生已缩小与英国白人学生之间在普通中等教育证书课程考试成绩的差距，而且他们的3级学业成绩还超过了英国白人学生。成绩的提高离不开师生的勤奋工作与学习（详情请参阅本章末所列柱状图）。

其他影响因素

贫困与社会经济地位也影响学业成就

种族可能影响学业成绩,其他许多因素也会影响学业成绩。其中一个因素就是社会阶层或社会经济地位。

我们如何判定一名学生是否来自贫困家庭?来自贫困家庭的学生可能获取低收入补助一类的抚养费,他们通常具有吃免费午餐的资格。因此,统计吃免费午餐的人数,就大致可估量出来自贫困家庭的学生比例。学校的准确统计数据再次证明,来自贫困家庭的学生比来自富裕家庭的学生学得要差很多。

不过,有一点我们必须清楚,一些有吃免费午餐资格的学生,并非来自对个人有任何不利的家庭,他们的父母受过良好教育、做体面工作,他们还拥有其他优越的社会经济地位。本章所列的这类平均数据可能让我们陷入刻板印象的思维误区,所以,必须高度警惕。

2010 年,拉米什·卡帕迪亚(Ramesh Kapadia)教授开展了一项有价值的研究——种族与阶级:普通中等教育证书课程考试成绩。这篇论文曾在英国教育研究协会会议上宣读过。卡帕迪亚发现,在吃免费午餐的白人学生中,有 31% 的人获取 5 个 A^*–C 等级,而不吃免费午餐的白人学生比例则为 63%。

由上可知,来自不同社会背景的白人学生之间有 32 个百分点的差异。不过,卡帕迪亚发现,白人学生之间的差异远远高于其他少数族裔学生之间的差异。比如说,社会经济地位对白人学生的影响远远高于孟加拉裔学生。

卡帕迪亚的报告坚持认为,造成这种差异的一个原因就是,与来自其他少数族裔的工人阶级父母相比,白人工人阶级父母对子女的期望可能很低。期望也可解释为什么来自工人阶级背景的华裔学生比来自管理和专业背景的白人学生学习更优秀。或许问题的关键在于期望,而不是歧视。

> 史蒂夫·斯特兰德(Steve Strand)教授曾将卡帕迪亚的研究报告呈交给英国教育研究协会,英国《卫报》网站援引了卡帕亚的一段话:
> 最近移民到英国的族群,像葡萄牙人、巴基斯坦人和孟加拉国人社区,经常将教育视为摆脱家庭贫困的方式。相反,如果你来自一个三代都是白人工人阶级的家庭,且亲人的失业为家常便饭,你就不一定还会相信教育可能改变这一切。
> 资料来源:http://www.theguardian.com/education/2010/sep/03/social-class-achievement-school。

> **国际学生成绩比较**
>
> 国际学生成绩比较研究发现，来自贫困家庭的学生学习成绩优秀。
>
> 搜寻一篇英国广播公司的新闻报道：经济合作与发展组织戳穿"穷人学得差"的神话。
>
> 或登录：http://www.bbc.co.uk/news/education-26015532#。

性别差异

2013 年普通中等教育证书课程考试成绩结果表明：

- 72% 的女生获取 1 个以上 C 等级，而男生则为 64%；
- 8.3% 的女生获取 A* 等级，而男生则为 5.3%；

评论员们常说，这种性别差异的原因在于，女生投入更多精力去完成课程作业。（课程作业将于 2015 – 2016 年间逐步取消。性别差距能否缩小，我们将拭目以待。）

> **练习：我任教学科的性别差异**
>
> 高中考试成绩的性别差异很小。搜寻"高中考试及格率的性别差异"，然后对比你任教学科考试成绩的性别差异。搜寻有趣的分析与统计数据，阅读相关新闻报道。然后，你采用同样方式去搜寻普通中等教育证书课程考试成绩分析与统计数据。

成绩的性别差异是由教师偏向女生、压制男生造成的吗？这种观点几乎无人提及，但人们却经常据此去解释成绩的种族差异。或许性别差异和种族差异的原因皆在于学生学习热情的差异。

> 查阅下面这篇文章，它运用一些图表直观地解释了性别与普通中等教育证书课程考试成绩的关系。搜寻"2013 年《卫报》普通中等教育课程证书考试结果"或登录网站：http://www.theguardian.com/education/2013/aug/22/gcse-results-2013-record-fall-c-grades-higher。

残障与受教育机会

另一个平等性与多样化的问题就是，教师及所在机构对待残障或有特殊教育需要学生的方式。我认为，这是一个非常直接的歧视问题，不过，歧视经常表现为间接形式。

通常，残障或特殊需要本身并不是问题，有问题的是我们一成不变的教育方式。我们先看几个实例。每个实例都探讨什么引起了学习困难：残障、教师还是机构的管理方式？

- 鲁比（Ruby）坐轮椅上学。有些课在楼上教室。老师告诉她，别担心，一楼有电梯。然而，电梯门太窄，她的轮椅无法进入。
- 艾丽斯患有近视眼，因此，她的讲义必须用大号字体印刷才能辨认，她还必须坐在前排才能看清白板。然而，她的老师早已忘得一干二净。
- 瑞安（Ryan）患有诵读困难。然而，学校并不知情，只知道他的学习成绩不高。

学生可能存在许多不同的残障问题，但给"残障"贴标签就是预示他们肯定会遇到各式各样的学习困难。可在多数情况里，事实恰恰相反。如果机构与教师能恰切响应，残障就不可能给学生的学习带来任何不良影响。

导致少数族裔学生之间成绩差异的因素是什么

人们普遍认为，前述柱状图所示成绩差异的主要原因在于，教师和机构有意无意地歧视一些少数族裔学生。例如，英国教育标准办公室就要求通过教与学促进平等性与多样性。一般是指，在上课时，教师要正面解释少数族裔学生的文化与传统。英国教育标准办公室还要求，通过上课促进平等化，支持多样化，消除歧视、侵害、骚扰、刻板印象或欺侮言行（参阅下文）。

歧视肯定依然存在，所以，教师一定要千方百计地去消除歧视。但歧视是上述成绩差异的主要原因吗？下面介绍几个反对该普遍假设的观点。

为什么减少歧视却不一定带来同等成绩

教师或许没有歧视一些少数族裔学生，而是偏向另一些少数族裔学生

一些少数族裔学生，像印度裔和华裔学生，他们的学习成绩直到16岁还高于平均水平。不过，其他少数族裔学生的学习成绩却低于平均水平。难道教师和机构歧视一些少数族裔学生、偏向其他少数族裔学生吗？例如，他们偏向非裔黑人学生、歧视加勒比裔学生吗？其实不然。

可能有些教师偏向热爱学习的学生、歧视厌倦学习的学生。不同少数族裔学生之间可能存在着学习投入程度的差异（下面将予以探讨）。不过，即使遇到这种情况，我们也仍需要鼓励所有学习者重视并热爱学习。而且，即使歧视并非学习成绩差异的主要原因，我们也仍要一如既往地去消除它。

越南难民子女：教育灾难变成意外成功

下面这个实例，再次证明我为什么怀疑歧视是不平等的主要原因。20世纪70年代，有人指控美国贫民区学校歧视黑人学生，因而导致他们的学习成绩很差。但调查结果却让指控者难以置信。

当时，越南战争正处于白热化状态，一些难民携带孩子乘船偷渡到美国要求避难。这些越南儿童在战区饱受精神创伤，已失学多年，几乎不会说英语，也不是白人；要去质量差、"遭人白眼"的贫民区学校上学；全被视为一群无可救药的学生。

然而，这些学生却表现优异，他们的平均成绩超过郊区优质学校来自中产阶级白人家庭的学生。究竟是什么因素起作用了？

震惊不已的社会学家们，带着问卷屈尊去越南难民居住区调查。他们发现，这些儿童之所以学习成绩优异，是因为家庭及其子女视教育为未来幸福的关键，是因为父母相信，通过勤奋学习与获取帮助，他们的孩子就能够取得成功。帮助孩子做家庭作业是家庭成员的头等大事。父亲在厨房洗餐具，而孩子们则在餐桌旁为三角函数争论不休。如果孩子遇到难题，他们就跑到附近的堂（表）兄弟姐妹家去请教。这些孩子拥有自信、高期望、充足的家庭与学习支持，他们从内心相信教育至关重要。这正是他们超越困难、获取成功的原因之所在。

在极端情况下，歧视可能无法降低学习成绩

20世纪40年代，在日本空军偷袭珍珠港的美国舰队之后，美国学校弥漫着对日裔学生的严重偏见，教师与学生都表现出对他们的强烈不满。但这些日裔学生却仍表现得非常乐观，仍然学习成绩优异。或许，他们成功的原因与越南难民子女完全相同。他们的文化都非常重视教育。

我们从不对等成绩数据中获取了什么结论

当然，无论在何处发生歧视，无论是在教师当中发生，还是在学生当中发生，我们都要坚决地斗争。不过，我仍无法肯定，消除歧视、看重少数族裔学生的文化和背景就会消除教育不平等。

我认为，男孩与一些少数族裔学生之所以学习成绩低，至少在一定程度上是因为他们缺乏动机。我非常认同价值—期望动机理论（参阅第5章末概述，详情请参阅《基于证据的实用教学法》）。该理论指出，学生要想获得激励，就必须看重教育能为自己做什么，必须相信自己具备学习能力，一般而言，女孩比男孩更勤奋，华裔工人阶级家庭的子女比白人工人阶级家庭子女更刻苦，究其原因在于，他们的学习热情更高。因此，只有竭尽全力调动学生的学习积极性，解决这些动机问题，我们才能消除学习成绩不同等现象。下面将论述如何做。

当然，我的观点只是一家之言，其中一些研究证据来自早期研究文献，而且还参考了其他国家的研究成果。（但我坚信教师不可能歧视一些少数族裔学生，却偏向另一些少数族裔学生。）总而言之，我们需要拓宽视野，而不是局限于消除歧视、看重少数族裔及其文化。

在课堂里解决平等性与多样性问题

根据 2009 年约翰·哈蒂教授的研究综述，学生如果以个人种族为荣，就可能促进学业成功、减少少年犯罪、提高社交能力。就学业成功而言，在普通中等教育证书课程或高中课程以及同等学力考试中，与不以个人种族为荣的学生相比，他们的成绩几乎均提升一个等级。我们可以按照第 7 章所述的原则去行动。

如上所述，如果成绩差异是一个动机问题，教师就必须促使所有学生相信教育对个人的价值，相信自己具备成功的才能。

首先，他们需要看重教育现在、短期与长期能为他们做什么。要做到这一点，需要花费精力和时间；研究表明，卓越教师总是全力以赴去引导学生，而这正好与前面史蒂夫·斯特兰德的引文相符。

其次，学生需要相信自己能够成功。他们需要将能力视为可以习得的而不是遗传的，同样，教师也需要持相同观点。这也是教育标准办公室和所有政府部门传达的"高期望"信息。如卡罗尔·德韦克的著作所述，在真实课堂里，我们应"没有任何借口"地去确立这种信念，从而积极地促进学生的学习。

越南难民子女的成功证实了上述因素至关重要。

"先生，我已给您写完作业了。"
"小华，你不是在给我写作业，你是在给自己写作业。做最好的自己！"

创设乐观的学习文化：信赖、自信与自豪

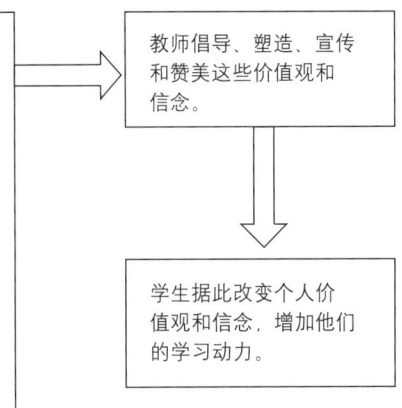

乐观的学习文化
它们是情感、价值观和信念：造就乐观的学习者、获取同等的成绩。
（假定学生所学课程适合他们的水平。）

坚信教育的价值
学生必须相信教育有利于他们的未来：
● 找到一份喜欢的工作、过上充实的生活；
● 帮助他们成为最好的自己，生活幸福美满；
● 职业稳定；
● 帮助他们影响他人。
别忘了，教育本身就应该充满乐趣与启迪。

相信个人的学习能力
没有人会做无望的努力。学生必须相信，通过充足练习、耐心、乐观、时间、努力、帮助和支持，他们就能学好。学生必须知道你也相信他们能够成功。

以个人身份为荣
学生应以自己的种族、传统和出身为荣。是非曲直的判断标准不是先天属性，而是内在品质。

因此，从教师的视角去考虑，平等性与多样性要求我们消除歧视（参阅第7章）。我们面临三种挑战，它们共同创设一种乐观的学习文化（参阅上文概述图）。请记住，这只是我的一家之言，你还需要广泛阅读乐观与平等性的研究文献。

坚信教育的价值

我们需要让学生相信，教育以及他们获取的学历可能带来有趣且有意义的工作、经济保障、个人满足、尊重与尊严。学生必须坚信，教育能够帮助他们充分发展、实现自我价值。教育还能帮助他们真正影响个人与他人的生活。他们还应发现，日常教育体验既充满挑战，又充满乐趣。

多数学生会因家庭或文化的忽视而拒绝相信教育的价值，说服他们是你分内的事情！

相信个人的学习能力

学习者必须相信个人的学习才能。换言之，学生需要拥有积极的学习心态（参阅第5章）。他们必须相信大脑就像肌肉，挑战越多越发达，而且，只要进行矫正性练习，给予充足时间、帮助和支持，就能够到达成功彼岸。

如第45章所述，能力、智商、才能、天资等都可能因学习而大幅度提升，

它们并非只是遗传的。不过，学生往往认为能力是固定不变的。我们经常听到有人这样说，"我学不好数学"，或"我不会画画"。学生必须相信，无论能否做好某事，他们都能够改进自己。

自信极其重要，以致最终形成一个良性循环，进而带来越来越好的学习成绩，而越来越好的学习成绩又带来越来越高的自信。

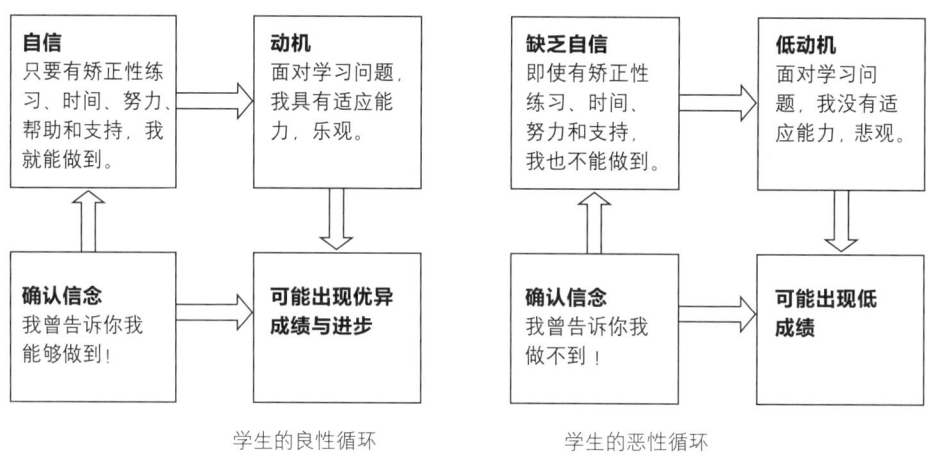

学生的良性循环　　学生的恶性循环

如果没有形成良性循环，就有可能形成恶性循环。恶性循环会导致学习成绩越来越差，进而导致自信越来越低。没有希望，什么事也做不成。（参阅上图。）

教师也需要希望！相信个人教学确实具有积极影响，自己的抱负随之实现。其实，往往正是你相信学生的学习能力才促使他们树立了自信。因此，教师经常需要形成对自己学生的价值观与信念。

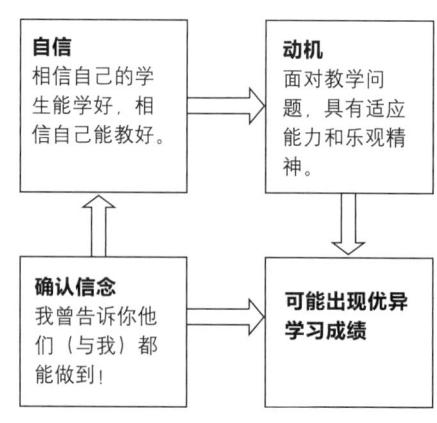

教师的良性循环

以个人身份为荣

学生需要肯定个人的内在属性，需要肯定个人的文化背景。前述研究证明，以个人种族为荣可能促进学习。身份的正能量还可能影响残障学生、学习科学或数学的女生、来自英国工人阶级家庭的学生等等。我们需要确保学生以个人身份为荣、感觉自己很棒。

学生"辍学"的社会与经济成本

英国技能与力量组织(SkillForce，一家非营利教育慈善机构)的统计数据显示：
- 在英国16-24岁青少年中，不上学、不工作、不接受培训的"三无"人员（以下简称"三无"人员）高达100万以上；
- 每名"三无"人员一生需要花费纳税人的税金为160600英镑；
- 16-18岁之间的男性"三无"人员，以后失业的可能性为同龄人的四倍，犯罪记录可能为同龄人的五倍。

资料来源：http://www.skillforce.org/who-are/vision/。

我们必须创设一种互相尊重的课堂文化。学生必须明白，让一名同学为自己绝对无法左右的所谓身份标签感到耻辱或懊悔，无论是因为肤色、种族、社会阶层、身体特征、性偏好，还是因为其他内在属性，都是极为不公正和恶意的言行。简言之，学生必须清楚，因无法负责或无法改变的事情而责备某人是不公正的言行。我们只对自己的选择和行动负责，而不会对大自然赐予我们的外貌、肤色、智力等负责。这种课堂文化往往需要直接教给学生去创设。

马丁·路德·金完美地表述了这个观点：

"我有一个梦想——我希望有一天，自己四个年幼的孩子能生活在这样一个国度，在这个国度里，判断他们是非曲直的标准不是肤色，而是他们的内在品质。"

练习

查询你任教机构预防欺侮的规章制度，它应覆盖各类侵害、骚扰、刻板印象和欺侮等言行。

你的学生知道这项制度吗？

他们认同这项制度的价值吗？

第 7 章曾探讨过如何通过个人教学方式去看重学生的种族和性别。

创设高期望

媒体，尤其是政府部门和教育标准办公室都在谈论高期望，但是，究竟什么创设了高期望？

你的高期望源自你相信学生能做什么。你的高期望来自深刻理解一位教师到底能做到什么程度，还有上述良性循环图所示的积极心态（参阅第 41 章）。

一旦高期望切合实际、令人信服，你就能引领学生对自己形成高期望。你或许还记得，曾有一位教师郑重其事地对你说过一句话："你能行！"如果他是一位优秀教师，我敢打赌这可能让你倍受鼓舞。一旦一位教师相信一名学生，这名学生就可能开始相信自己。

"我知道你能行！"

实际运用

在教学实践中，我们如何完成上述所有目标？我们如何向学生反复灌输这些信念和价值观，从而创设高期望和乐观的学习文化？本书前面各章已详细论述过多数有用的策略。不过，对这些策略进行综述也可能对我们有所帮助。请结合第7章末的检查单一并阅读。

> 学生需要相信："知之者，不如好之者；好之者，不如乐之者。"

坚信教育的价值

我们必须让学生相信，教育对自己具有重要价值。

- 强调快乐生活需要快乐工作，快乐工作又往往需要学历。
- 从往届学生中搜集角色榜样，他们或是来自少数族裔家庭，或是来自贫困家庭，或是普通中等教育证书课程考试成绩低等，但他们后来都取得了教育的成功，最终都找到了一份满意的工作，职业前景光明，经济独立……
- 在短期内，设法让你的课生动有趣（参阅第5章）。
- 向学生解释，受过教育可能让自己的收入越来越高，职业越来越稳定。
- 与家长联络，尽量鼓励家长高度重视与支持教育。与他们联络：他们可能让你更深入地了解学生。
- 向学生强调，教育不仅对自我实现有价值，而且其本身就是人生目的。
- 热情推销你的学科，将它描述为富有魅力、与学生实际生活密切关联的学科。

> 2011年，耶格尔（Yeager）和沃尔顿（Walton）开展了一项研究，他们要求学生给一位低年级"笔友"写一封信，告诉他们学校教育有助于个人生活。与收到其他主题信件的学生相比，收到上述信件的学生的分数差不多提升了一个等级。不过，教师给学生写相同主题的信件一点效果也没有！

学生相信自己的学习能力

学生必须希望自己能够成功，因此：

- 确立一种"成长心态"。让学生知道，能力是习得的，而不是天资或天才。（参阅第 5 章卡罗尔·德韦克的理论、第 45 章艾里克森和福伊尔施泰因的理论。）
- 给学生介绍建构主义理论（参阅第 1 章）。学习就是在大脑里建立连接，我们每天都在大脑里建立很多连接。尽管这需要时间和矫正性练习，但我们都能做到。
- 给学生引荐榜样，这些榜样曾经像他们一样，但后来都取得了教育成功。
- 给学生介绍体育和娱乐明星，他们将可能让学生明白这个道理：只要获取所需支持，就能成为卓越人才。运动员需要教练，学生也需要教练。
- 强调第 5 章所述的积极心态，强调努力、矫正性练习、时间和支持的重要性。
- 尽可能完善个人教学计划，保证学生及早获取一些成功体验。
- 确定班级格言，如"逢艰难之路，唯勇者前行""大脑像肌肉，使用越多越发达"。

> **在一些场合里，性别和种族可能影响自信**
>
> 这实在令人惊讶。如果要举行一次很难的数学考试，仅仅要求参加考试的女生在试卷上面注明个人性别，就可能降低她们的考试成绩。告诉非裔美国学生本次考试有些内容是测试智商，也可能降低他们的考试成绩！只要女生相信自己不擅长数学、非裔美国学生相信自己比白人同学智商低或成绩差，就可能产生上述结果。显然，怀疑个人能力可能降低考试成绩。
>
> 不过，如果告诉所有学生能力是习得的且能够提高，就可能消除这种不利影响。所以，学生一定要相信个人能力不是固定不变的，而是能够改变的。
>
> 欲详细了解"刻板印象的危害"，请登录网站：www.reducing-stereotypethreat.org。

以个人身份为荣

学生需要肯定自己及其身份。
- 给学生介绍一些角色榜样，他们的家庭背景与学生相似，现在皆已成为社会名流。
- 给学生强调，尽管有些人存在身体、感官或其他残障，但他们仍然能够取得事业成功。
- 给所有学生尤其那些心灵脆弱的学生讲明，你敬重他们的家庭。
- 鼓励学生无论自己长相、肤色和智力如何，都要以自己为荣，竭力去提高个人内在品质。
- 阅读第7章末的检查单，了解那些存在学习困难或障碍的学生的种族本源、多元文化观、反种族主义教育、性别和特殊需要。

练习

督导体系如何看待"平等性与多样性"？请阅读英国教育标准办公室的规定。

英国教育标准办公室《继续教育与技能督导手册》选录（2012年9月实施）：

通过教与学促进平等性与多样性

为确定教学等级，督学要评估下述工作目标的达成度：

●教学、学习和评价促进平等性，支持多样性，消除歧视、侵害、骚扰、刻板印象或欺侮的言行；

●教工运用教学资源和教学方法去培育亲密的师生关系，高度关注与促进机会平等；

●在教学与培训过程中，教工清楚并满足个体需要。

教育标准办公室介绍了如何依据"等级特性"的九个重点句去确定等级，其中一个重点句陈述如下：

"平等性与多样性与学习体验融为一体。教工熟练地管理学习者的行为；在教学过程中，他们高度关注平等性与多样性。"

如下文选录所述，学校一般不可能制定详细的解决方案。

教育标准办公室《学校督导手册》选录（2013年9月最新版）：

●学校采取有效措施促使绝大多数学生，其中包括残障与有特殊需要的学生，去实现个人发展潜力。

注：在本手册里，"欺侮"包括网络暴力和基于偏见的欺侮言行，涉及特殊教育需要、性取向、性别、种族、宗教、信仰、变性手术或残障。

下图为2011年开展的同期群研究数据分析。*由图可知19岁不同种族学生获取3级资格证书的百分数。

＊译者注：同期群是指，在相同时间内经历同种事件的一批人，如同年出生的一批人或同年结婚的所有妇女分别称为出生同期群或妇女结婚同期群。

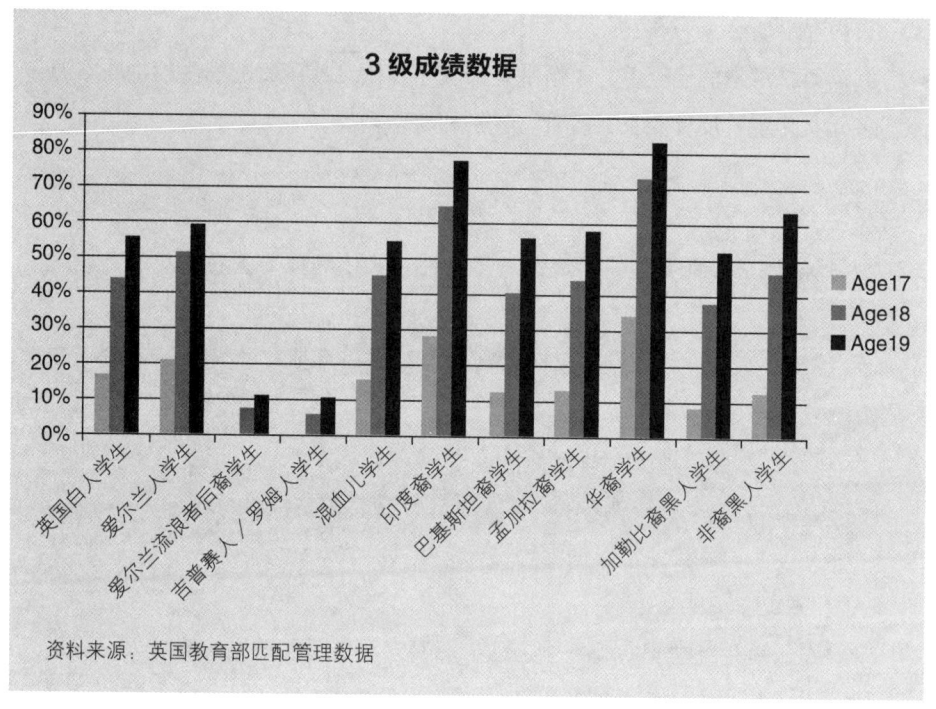

推荐读物

免费下载资料

[1] 搜寻"学院协会学院关键事实"（AoC college key facts）.

[2] G. 巴塔查亚（Bhattacharyya, G.）. 少数族裔学生教育和培训的成绩和参与度：证据. 英国教育技能部——注册教师培训项目 01-03 号，2003.

[3] 英国曼彻斯特大学种族动态学研究中心：http://www.ethnicity.ac.uk.

[4] 欲了解政府发布的 2 级、3 级资格证书成绩数据，请登录 gov.uk 网站查阅 2012 年 5 月发布的《统计概要会报》（SFR05/2012）.

[5] 欲了解不同种族学生高中或 3 级资格证书考试成绩数据，请登录：http://www.ethnicity.ac.uk.

有关少数族裔学生的比例数据，请登录下述网站：http:www.gov.uk/government/publications/schools-pupils-and-their-characteristics-january-2011.

[6] 英国学校、儿童与家庭部. 剥夺与教育：英国学生研究证据从基础阶段到关键阶段 4. 英国学校、儿童与家庭部——注册教师培训项目 09-01 号，2009. 还可登录网站：http://www.theguardian.com/eduction/2010/sep/03/social-class-achievement-

[7] 教育技能部．种族与教育：5-16岁少数族裔学生研究证据，2006．还可登录网站：http://dera.ioe.ac.uk/eprint/6306．

[8] 教育技能部．提高巴基斯坦裔、孟加拉国裔、索马里裔、土耳其裔学生的成绩（指导教师去创建全纳性教学惯例）．2008．

[9] R．卡帕迪亚．种族与阶级：普通中等教育证书课程考试成绩（英国教育研究协会会议论文），2010．还可登录下述网站：www.ioe.ac.uk/43530.html．

[10] 英国教育标准办公室．看不见的儿童：20年受教育机会与学习成绩：证据报告，2013．欲下载该文请登录网站：http://www.ofsted.gov.uk/resources/unseen-children-access-and-achievement-20-years．

[11] C．罗索恩（Rothon，C.）．"对抗性文化"解释英国少数族裔学生教育成就差异之评价，2005．

[12] C．托格森（Torgerson，C.），等．促进多数16岁后少数族裔学生教育高参与率的因素：基于英国抱负文献的专题研究综述．伦敦大学教育研究院惯例、信息证据与协调中心．还可登录网站：http://eppi.ioe.ac.uk/cms/Default.aspx?tabid=2399．

[13] 对残障态度的有用解释——"社会模式"．http://www.scope.org.uk/about-us/our-brand/talking-about-disability/social-model-disability．

[14] 刻板印象危害的合理解释：http://reducingstereotypethreat.org/reduce.html．

[15] 英国曼彻斯特大学种族动态学研究中心．根据英国教育部发布统计数据去分析种族与学习成绩．欲下载该文请登录：http://www.ethnicity.ac.uk/research/data-sources/downloadable-statistics/education/．

读物

[1] A．格拉韦尔斯．终身学习部门的平等性与多样性．塞奇出版社，2012．

[2] J．哈蒂．可视化学习：800余项成绩相关元分析研究综述．劳特利奇出版社，2009．

[3] S．麦克纳里（McNary，S.），等．在全纳性课堂里，成功的教师在做什么：基于研究的、帮助特殊学习者成功的教学策略．塞奇出版社，2005．

[4] D．米彻尔（Mitchell，D.）．什么在特殊与全纳性教育中真正有效：运用基于证据的教学策略（第2版）．劳特利奇出版社，2014．

[5] P．韦斯特伍德（Westwood，P.）．适于特殊教育需要儿童的通用教学法（第5版）．劳特利奇法尔默出版社，2007．

[6] D．耶格尔（Yeager，D.），G.M.沃尔顿（Walton，G.M.）．对教育的社会心理干预．教育研究评论，2011（2）．（阐述了刻板印象危害与消除的实用策略）

第五十章　与他人合作

教师不是一个人在工作。他们在团队里工作，并深知自己随时能得到别人的帮助。不过，你如何才能充分利用别人的帮助呢？

与个人指导老师和导师合作

刚走上教学岗位时，会有一位指导老师或导师专门帮助你学会教学。一定要想方设法将他们的真经学到手。

在备课或反思以往教学时，要随时记录下自己想到的任何问题。你先要尽力思考这些问题的答案，然后再去请教你的指导老师或导师。一旦遇到他们，你就可请教一系列问题，同时陈述个人观点，然后与他们一起讨论。如果能请教关键性问题，哪怕喝一杯咖啡也可能让你有意外收获。

参加教学培训会议，除了指导老师和导师外，肯定还会偶遇其他老师，他们也能够帮助你。多数教师会乐意回答你的问题，但别把他们的答案当作信条。询问他们的思路，适时提出个人想法。通过这种沟通方式，你将学到很多东西。

别指望一个简单答案就能解决你的所有问题，要千方百计征询多数教师、指导老师和导师的意见。与他们讨论，你慢慢地就能学会像优秀教师那样去思考。

与教师讨论个人疑问时，一定要防范陷入"大象困境"。如第45章所述，这是一种被动的心态，甚至可以说是一种玩世不恭的心态。在疲劳、紧张、生气的时候，绝大多数教师都或多或少会产生这种心态。谢天谢地，幸好你的指导老师和导师不是这类人！请记住，消极心态极具诱惑力，它给不作为大唱赞歌，然而，真正的优质学校，却都是反其道而行之，整个校园弥漫着催人奋发向上的积极心态。优质学校之所以卓越，是因为他们创建了乐观的学校文化。

如第54章所述，你必须保持积极心态，即使竭尽全力仍颗粒无收，我们也必须宽容自己。

在团队工作并与团队同事合作

教师不是一个人在工作，是与团队其他同事一起工作，大家教同一学科或同一课程，或教同一年级。他们也可能咨询或请教其他团队成员，例如，学习者支持团队或图书馆和教学资源中心管理团队。然后，还要逐渐熟悉物业管理员、清洁工与其他后勤人员。你可加入一些团队，然后寻求他们的帮助。

团队成员努力完成本职工作，他们之间也互相指导。团队成员可能提醒你如何工作，解答你的疑惑。同样，你也可能通过评点和建议去帮助团队其他成员。前述指导老师也可能与你所在团队建立联系。别想当然以为指导老师只负责那些走上教学岗位一年左右的新教师。教师要活到老，学到老。

熟悉你所在团队的程序，查阅最近几次会议的日程和备忘录，从中你可以了解到团队及其成员正在做什么——向他们介绍你自己。

为你所在团队建立一个文件夹，或是经常查阅这类文件夹。每当有疑问、看法和问题，如果它们与团队有关，就记入文件夹，以免遗忘。然后，如果你喝咖啡时遇到团队其他成员，就非正式地向他们请教；如果发现某个问题很重要，可在下次会议上提请大家讨论。既要探明下次会议拟定的讨论话题，还要清楚谁负责汇总话题。别在意是正式还是非正式地提交问题——团队都肯定一律笑纳。

当然，与同事联系一定要保持礼貌、体贴、信任。有职员或学生在场，别批评其他老师。如果你有什么问题，就向指导老师或导师请教。

在课堂上与助理合作

如果某些学生有行为问题、特殊需要、学习困难、低成绩或其他需要，你可邀请一位同事到课堂上与你一起帮助他们。同事可能是一位"教学助理"或一位"学习支持助理"，或者拥有其他头衔。下面我都用"教学助理"来代表在课堂上与你合作的任何一位同事。

2009年，英国伦敦大学教育研究院开展了一项涉及两万名教师和教辅人员的大型研究，结果发现，学校配备的教学助理能提高教师的工作效率，但无法促进学生的学业进步。助理可减少教师的工作负担，增进教师的工作满意度，协助教师进行课堂管理。这固然很重要，但研究发现，与没有教学助理辅导的同类学生相比，学生接受的辅导越多，学习效果越差。

伦敦大学教育研究院的研究人员解释了上述自相矛盾的结论：
- 半数以上教师配备了教学助理，但受过教学助理管理训练的教师却不足四分之一；
- 助理对学生的帮助越多，教师教学生的时间越少。

当然，这并非要教学助理停止辅导自己正在辅导的学生。助理能够给学习者以巨大帮助，但前提是你要找到一种与他们有效合作的方式。这是你的责任，不是他们的责任！

> 2009年，伦敦大学教育研究院政策、惯例证据信息与协调中心发布的报告肯定了教学助理的角色：如果助理受过训练，就可能让学生受益。

英国教育标准办公室发布的《学校人力资源改革报告》，也给那些在16岁后学校工作的教师提出了合理化建议。它指出，教学助理最有效的使用方式如下：
- 准确理解教师与教学助理的角色；
- 双方在什么是优质学习上达成共识；
- 商定学习者要达到的预期结果；
- 教师与教学助理合作备课；
- 教师给予明确指导；
- 教学助理直接参与学生评价和进步的记录；
- 教学助理对个人工作负责；
- 管理学生行为的方式始终如一。

由上述清单可知，绝大多数属于你的责任。

设定初始协议与合作方式

教学助理以及类似课堂辅助人员的角色，即使拥有相同头衔，也可能因机构的不同而变化。例如，教辅人员可能或不可能：帮助备课、开发教学资源、辅导小组或全班或个别学生。不过，教学助理应参与评价与记录任何自己照管学生的进步。

你可能有运气只与一两位教学助理合作，他们总是帮助相同的学生。下述建议都是假定你只与一两位教学助理合作。在中小学，尤其是在中学，你可能要与许多教学助理合作，而且班与班的教学助理也可能不尽相同。在这种情况下，下述建议就很难或无法采纳。这并非你的过错，竭尽所能就行。

如果你要与一位教学助理合作，第一要务就是弄清他们的角色究竟是什么。弄清机构对他们的要求，然后询问他们喜欢如何合作，还要询问你做什么才能帮助他们。最后，你再开始考虑如何充分利用这种宝贵资源以及如何高效合作。

分享你的教学进度表、教案、资源和作业单，邀请你的助理参加任何可能讨论辅导问题的会议。

关键在于满足学生的个体需要。每名学生都是不同的，所以，别盯着给学生贴的标签，而要盯着真实的学生；下章将予以详细论述。询问教学助理和受助学生，什么支持可能帮助他们。然后，你们共同决定做什么去帮助学生。一开始最好采用书面形式明确陈述这些目标。如下所述，随着教学的进展，这些目标有可能发生变化。

一定要记住，教学助理别独立工作；教师要监督教学助理的工作。你任教机构会配备一名管理人员，像特殊教育安排有协调员或类似称谓的人员，他们也要监督教学助理，但你要负责管理教学助理的日常工作。

你的助理往往比你更熟悉他们辅导的学生及其学习困难。因此，一定要听取他们的意见！

总之，你需要与教学助理确立一个双方认可的优质学习概念，或许还包括良好行为管理方式。你尤其要分清何时帮助可能变成过度帮助，以防过度帮助阻碍学生掌握独立学习的技能。(第10章"你是指导者还是促进者"与本章密切相关。)最好的教学助理总是在"幕后指导"。

在与教学助理合作时，你们之间需要建立相互理解与相互尊重的关系。因此，你自己要表现出理解、尊重、倾听与虚心学习的态度，别担心说出你要求什么，或别担心表达个人观点。另一方面，一定要尽力做到讨论而不是争吵！

教师犯的一个通病就是，假定教学助理要全权负责处理学生遇到的问题。其实，你们需要作为一个团队去工作。所以，询问助理你做什么才能帮助某学生的学习或行为。例如，与助理交谈之后，你可能决定将作业单、活动或资源进行分层，或改变课堂讲解方式，目的在于帮助这名学生。

如果你与助理都是富有经验的老手，那么上述初始讨论时间可能几分钟即可。讨论的目的是商定：助理将做什么，为什么；你将做什么去帮助学生的学习，为什么。

当然，达成共识的目的在于辅导学生的学习。商定最初几节课应做什么可能需要花费一些时间，但是，经过初始会议之后，在喝咖啡的几分钟内，你们就应能够讨论好下一两节课需要做什么。

上课期间，先联系学生，后联系教学助理，而不是相反。不然，你就可能疏远学生，完全让助理去联系学生。例如，在课堂上，学生正在头脑风暴营销方法，教师却在辅导基兰(Kieran)，他写得很慢，还存在其他学习困难。辅导基兰的教学助理叫奥利维娅(Olivia)。不过，教师仍然视基兰为自己迫切需要辅导的学生：

教师：基兰，我们一起看看你写了什么。

基兰：截至目前，只写了三个观点。

奥利维娅：他正在使用思维导图。

教师：基兰，这是你的观点？

基兰：是的。

教师：了不起。一字千金啊。

一旦初始会议已明确你的角色与一般策略，就正好可运用体验式学习循环去确保改进效果。第46章、第31章已详细论述过如何充分利用该循环去改进教学。

你上课时，教学助理在课堂配合

```
         做
    ↗         ↘
  应用         检验
    ↖         ↙
        学习
```

- 什么需要改变？
- 我们的策略有效吗？
- 如何运用已知情况改进下节课？

- 它如何适用于学生、助理和教师？
- 什么有效？
- 什么无效？

- 关于如何改进学生的学习，我们大体上知道什么？
- 关于教师和教学助理的合作方式，我们大体上知道什么？

尽可能相互认可对方的优点，别只盯着消极的、需要改进的地方。采用奖章与任务法能够与助理愉快合作：

- **奖章**：我们做得好的是什么。（如，"你正在改进基兰绘制思维导图的技能，这好像对他有用。"）
- **任务**：一种改进方式，采取向前看的、积极的态度。（如，"基兰注意力仍存在问题，所以，我讲课时，要制止他写东西。"）

记住征询助理的建议，了解你做什么才能改进某学生的学习。当然，你无须言听计从，不过，如果不采纳他们的建议，就最好解释一下原因。别忘了，助理经常比你更了解学生的学习困难。不过，一旦打算有所变化，就直言不讳地告诉助理你要求他们做什么。

尽量保持互相联系，比如说，通过电子邮件发送教案和教学资源。这就意味着，会面时，你们会有更多时间去谈论重要问题，而不是忙于说明教案。

偶尔你们可以举行一次时间稍长的总结回顾会，探讨学生的总体进步，借此调整教学策略或改进合作方式。这类会议仍然可以简短明快。一旦教学与帮助符合学生的个别化需要，就可能对学习质量产生巨大影响。

> **学生导师**
>
> 有些导师在课外辅导存在行为问题或不满情绪的学生。如果这类导师正在辅导你的一名学生，与他们交谈或利用电子邮件交流显然就可能让你有所收获。

请记住，上述建议假定你只有一两位合作的教学助理。如果你有许多教学助理，而且他们频繁变化，就需要折中使用上述方法。

与家长和监护人联系

如果能争取家长和监护人支持你，或许就能建立符合学生利益的强大联盟。不过，这需要有效沟通，而且你和所在机构都必须主动沟通。一定要弄清学校教师与家长沟通的有关要求和规定，而且必须遵守这些指导原则。

> **练习**
>
> 如果学生尤其是低年级学生不上学，教师就要经常联系家长。在互联网上搜寻"学生考勤制度"（student attendance policies）。查阅：
> - 一些著名学校的考勤制度，如，布赖顿、霍夫和萨塞克斯高中(BHASVIC)的考勤制度；
> - 哈克尼学习信托公司的示范学校制度：www.learningtrust.co.uk。
>
> 现在，比较上述制度与你所在学校制度的异同。

与学生家长联系的主要理由大致如下：迟到、无故缺课、反复缺课或迟到、不做家庭作业或课程作业、忘带体育用品或其他重要设备。如果一名学生知道一次不做作业你就可能告知家长，就将对他们起到督促作用。

与家长联系，一定要注意措辞。有时，如果你直截了当地谈论他们儿子或女儿的问题，家长就可能发火。他们可能反应过激，或者，可能对子女大发雷霆。有些父母因个人经历而对学校教育或其他机构非常反感，所以，你一不小心就可能让他们怒气冲天。

因此，至少在熟悉他们之前，给家长传递的信息一定要始终保持向前看、积极的姿态，努力争取家长成为教师的同盟军。例如，请比较：

"为什么汤姆本周又缺了一节课？"（向后看、消极的态度，不是建立同盟军）

与：

"我们共同督促汤姆上学。本周他缺了一节课。"

无论你做什么，都切忌告诉家长如何做父母。

给家长传递的信息切莫只说问题。如果告诉家长学生确实有所改进，也会激励学生。因此，一旦学生改进作业、按时上学或上课，或某事做得非常好，有些教师就可能给家长发送表扬信、短信或电子邮件。教师的评语至关重要。尽管今年60岁了，但老师给我父母发送的一封表扬信仍然让我记忆犹新。当时，父母满心欢喜，而我则目瞪口呆！

你所在学校可能建立了一个网站或类似的联系媒介，用于告知家长和监护人重要纪念日、活动、政策等。不过，有些教师建立了个人网站，或在学校网站或虚拟学习环境里建立了个人网页，以便于跟学生及其家长沟通。其他社交网站包括"脸书"（Facebook）或"推特"（Twitter），亦可为你所用。但要核实你所在机构是否同意利用上述媒介，然后再开始行动！如果你这样做，一定要十分留心个人隐私设定。或许，最安全的沟通方式应该是，在家校之间来回传递作业本，教师偶尔给每名学生写下评语。

"我没有任何作业。"
"老师在网上可不是这样说的。"

家长会

熟知你所在学校如何召开家长会的操作细节，征求数位经验丰富教师的建议，然后再组织家长会。

> **练习**
>
> 设想你是一位家长，然后列举你希望从家长会获取什么。（假如你需要这样做！）

确保及时更新你的记分册和花名册，把握学生最新动态。奥利弗（Oliver）周一经常缺课吗？如果情况属实，陈述客观信息就可能对你有所帮助。例如，"我周一上的 12 节课，奥利弗已缺 4 节课"的陈述要好于"奥利弗好像经常不上我周一的课"的陈述。问题越有争议，就越需要数据支持。

与家长谈话时，要避免使用专业术语。如果听不懂你说的话，他们就不可能点头称是。给家长反馈他们子女的情况时，最好使用奖章和任务法（参阅第 6 章）。

奖章。一开始先正面肯定学生的作业、性格、行为、潜力或幽默感，这有助于打破僵局。

任务。尽可能以学生应竭力做某事去结束交谈，如有可能，就动员家长设法帮助子女做这件事。尽量采用向前看、积极的态度去表述。例如，最好说"西奥（Theo）必须改进自己的拼写，如果你能提醒他检查个人作业里的拼写，肯定能帮助他进步"，而不要说"西奥的拼写太不像话了"。

在运用该法前要了解问题。"西奥在家里有一个舒适的学习场所吗？他有足够的睡眠吗？或他的卧室像一个多媒体商店吗？""您拥有可能帮助子女的技能吗？"如果母亲懂三角函数，就寻求她的帮助。"你们对子女的期盼是什么？"别担心说出你要求什么，但要阐明你绝不是命令家长做什么。"你能否想法让他关掉游戏网站去读书，这肯定有助于他的学习。"在一些机构里，学生与家长或监护人一起参加家长会。如果这样召开家长会，一定要确保先私下批评完学生，再告知家长他们的问题。以与父母或监护人联系为主，但可邀请学生参与讨论。

对家长的美好愿望因势利导

父母，包括一些难缠的父母往往非常关心子女、热心社区工作，如果善于利用，他们就可能成为你与所在学校的巨大财富。多数优质学校都不遗余力地与学生家长和监护人建立密切关系，吸引他们做义工，例如，参与课外活动或募捐，这可能让学生受益匪浅。

其他帮助

本书没有探讨个人导师与精神关怀导师的角色。不过，他们不可或缺，因此，你要熟悉自己所在学校如何施行精神关怀、个别辅导制、学生服务和转介制度。*

---

* 译者注：转介是指，在心理咨询时，咨询师若发现自己与求助者有明显不相适宜之处，或发现自己确实不善处理时，则以高度责任感和良好职业道德，尽快将求助者转介其他更加合适的咨询师，或及时中止咨询，推荐其寻找更有效的帮助。

学校要建立制度或配备人员去负责管理欺侮、安保、性教育、吸毒和心理卫生，还可配备语言治疗师、双语教学辅助人员等。

学校旷课调查员

学校旷课调查员进家访问父母和学生，了解学生不上学的原因。然后确定策略与行动计划，从而解决问题、提高学生的出勤率。

你一定要熟知自己所在机构的健康、安全和安保制度，涉及网络暴力、色情短信和上网成瘾。有些制度涉及教师社交媒体的使用，为了自身与他人安全，你必须遵守它们。无论政策是什么，为了遵守法律，保持内心的宁静，一定别给学生发送私人电子邮件，或者，别在社交网站与学生交"朋友"。

多数教师不可能将"脸书"一类社交媒体作为跟学生或家长沟通的工具。不过，如果你已建立一个"脸书"网页，你的学生就可能发现它。一定要小心设置个人密码，以防他们看到网页或账号。

练习：如何才能运用社交媒体去帮助学习者与教师

一般而言，最好为"推特""脸书"或其他社交媒体设置个人密码。不过，如何才能有效利用上述社交媒体以及短信、网页、虚拟学习环境等媒体？请考虑：

- 提醒学生完成家庭作业的截止日期；
- 下发通知（如讲课地点变更）；
- 允许学生互相请教；
- 在学生表现优秀时，给家长发喜报；
- 寻求家长或监护人的帮助等。

有些教师和机构利用"Edmodo"作为虚拟学习环境和社交媒体工具，他们认为它比开放式登录的社交媒体安全：www.edmodo.com。

---

* 译者注：在美国创办的免费教育内容分享平台，是一个面向学生和老师的社交类学习资源分享的开发平台，同时还提供允许老师通过移动和网络平台创建安全可靠的教学空间和课堂的免费服务。

推荐读物

免费下载资料

[1] A.阿尔伯兹（Alborz, A.）.成年教辅人员对学生与主流学校的影响.伦敦大学教育研究院政策、惯例信息证据与协调中心，2009.

[2] P.布拉奇福德（Blatchford, P.），等.教辅人员配备与影响的研究项目.2009.欲下载该文可登录网站：http://www.ioe.ac.uk/documents/DISS_Research_Summary.pdf.

伦敦大学教育研究院新闻故事——教学助理提高教师的工作效率却没有带来学生的进步（概述了这项研究）.欲下载该文可登录网站：http://www.ioe.ac.uk/newsEvents/31191.html.

[3] J.古多尔（Goodall, J.），等.家长参与教育的最佳惯例.英国教育部，2011.

[4] 英国教育标准办公室.学校人力资源改革报告：它影响了教育吗，2010.

[5] B.威廉斯（Williams, B.），等.家长参与教育.教育技能部，2002.

读物

[1] J.阿维斯(Avis, J.)，R.费希尔(Fisher, R.)，R.汤普森(Thompson, R.).终身学习教学：理论与实践指南.开放大学出版社，2010.

[2] R.沃森－德维斯（Watson-Davis, R.）.班主任袖珍书.教师袖珍丛书出版社，2005.

第五十一章 教学情境的全纳教学

最佳教师与机构都在主动适应学生的个别化需要,而不是总在使用"固定不变"的方法。他们希望尽可能确保教育公平,促进每名学生的有效学习。大量意义相互交叉的概念都试图告诉我们如何去做。前面各章曾有所探讨。

差异化教学。其中包括在教学过程中应对差异,确保每名学生而不是绝大多数学生能够以个人最高速度去学习(参阅第 48 章)。

平等性与多样化,或机会平等。此概念涉及接纳特殊学生群体(参阅第 7 章、第 49 章)。目的在于探讨教师及其机构的法律义务,防止学生被排除在教育之外。也就是说,无论学生的个人属性如何,即,无论学生人种或种族出身、残障、性别、年龄、性取向、变性或宗教信仰是什么,都要确保同等认可与尊重每名学生。另外,怀孕、生育、贫困和社会剥夺以及相对低的英语水平等特性也在考虑的范畴之内。

学生入学时,不要强迫他们泄露个人残障或特殊需要,但是他们会被问询,教师查阅档案也能获悉相关信息。如果他们确实公开透露个人需要,就可能给自己带来很多便利。例如,我们或许能够给予学习支持,安排额外时间去评价,配置特殊教学资源或设备,或在评价时让某人帮他们抄写或打字("抄写员")。

全纳教学。全纳学习是 1996 年发布的、轰动一时的汤姆林森(Tomlinson)报告的标题。汤姆林森颇具说服力地指出,教师与学校应满足所有学习者的个别化需要,而不只是期望学生"适应"我们的教育方式。在汤姆林森之前,全纳仅指教育要满足具有特殊需要的学生,包括感官机能受损的学生,像听力困难、身体或学习困难。不过,自汤姆林森报告发布以来,全纳的含义逐渐演变为"通过发现与满足学习者的独特需要,确保接纳每一个人"。

个性化或个性化学习。这个概念由英国新闻记者和咨询专家查尔斯·利德比特(Charles Leadbeater)创立,他曾给英国布莱尔政府呈递过如何积极响应个体需要的建议。后来,戴维·哈格罗夫斯(David Hargreaves)教授充实了个性化学习的教育内涵。他提出,个性化学习是指,运用建议和指导、学生反馈、课程改革、学习评价、学会学习、辅导、训练和灵活的学校制度去满足学生的个体需要。

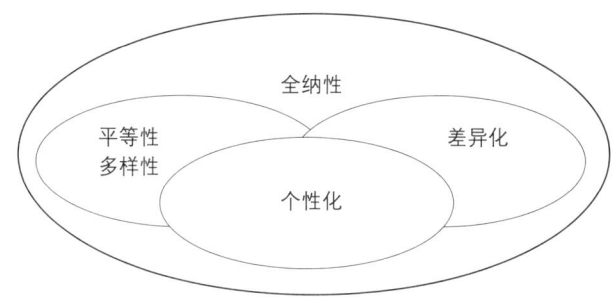

显然，这些概念既互相交叉，又笼统模糊。例如，假如你正在教尼恩（Nhean），她视力有问题（近视眼）。你咨询过她的辅导老师，辅导老师曾跟尼恩的家长交流过，你也跟尼恩谈过，询问什么可能帮助她。你询问课堂所用讲义和演示幻灯片要多大字号她才能看清。在简短讨论之后，你们商定尼恩要坐在教室前排，这样她就能看清白板，另外，你给她发放的讲义使用 16 号字体打印。

这完全属于全纳性、平等性、多样化（感官机能受损或"残障"的学生）和差异化，这也是将尼恩的学习个性化。看来，保证人人有效学习极为重要，因而学界涌现出大量解释个性化的术语，且每个术语都有不同来源。这样可能让教师无所适从吗？

比术语本身更重要的是它们背后所隐含的基本理念，即，全力以赴去帮助所有学生，绝不能将学生个人特性作为他们成绩低的借口。如果一位教师说，尼恩学习差是因为她近视眼，我就怀疑这位教师产生了消极心态而不是至关重要的积极心态（参阅第 45 章）。

别以为你是一个人在处理全纳性和平等性问题。你所在机构可能配有专职人员帮助你，例如，平等机会与特殊需要专家。请教或求助是你走向专业化的标志，而不是软弱无能的代名词。无论何时学生出现感官机能受损或诵读困难等问题，哪怕你过去曾跟类似学生打过交道，也一定要寻求指导。学生及其需要可能千差万别，所以需要专家帮助才能确认。

其实，全纳教学与优质教学无异。归根结底，哪有教师会排斥自己的学生呢？问题的关键在于积极心态、个体与全班学生并重。你必须把学生看作独一无二的个体去教他们。你必须弄清他们遇到的任何学习障碍，并与他们一道去努力克服这些困难。你必须确保每名学生感觉自己被接纳、被公平对待、被帮助，可充分享受我们使用的所有教学资源，从而全都能够高效学习。这是一项艰巨的任务，永远不可能全部完成。依我之见，最终可能因缺乏时间和资源而让我们无法企及，当然，大家经常对此讳莫如深。但毫无疑问，在过去数十年里，教师与学校在上述方面已取得长足进展。

全纳教学

把学生视为独立个体

(不可仅视为类别,诸如,诵读困难者、非裔-加勒比人或残障者)

满足心理需要(马斯洛)(第5章)

自我实现的需要
- 学生拥有一定的选择权和控制权
- 任务设置需要创造性与个人化反应
- 学生努力完成个人目标
- 适应学生偏好,上课既生动有趣,又始终围绕目标

自尊与尊重的需要
- 相互尊重的基本准则
- 向观众展示作业的机会
- 同伴和全班正面评价学生的作业、改进和进步
- 承认已取得的成就

归属的需要
- 解散小团体,如利用随机化分组
- 目光接触
- 称呼学生的名字
- 其他非言语直接欢迎
- 创建小组归属感与情绪安全的基本准则

各类适宜的、有效的教学与评价方法(本书第二部分)

- 使用各类教学方法,包括激发人情味与学生生活和工作相关联的教学方法
- 使用各类评价方法
- 使用不同方法去解释深奥概念,如,语言解释、图示、举例
- 运用具有高效应量的教学方法(佩蒂,2009年)

清除障碍

- 尽可能少地使用术语;必须使用时一定解释
- 讲义印刷字号适合所有学生
- 尽可能提供所需的经费资助
- 提供类似的旅行资助
- 课时安排适合所有学生

差异化(第48章)

- 每项主题的任务梯级从容易到具有挑战性
- 确保每名学生获取学习所需时间的策略,如,掌握性学习、矫正性练习
- 若学生能力差异悬殊,则不同学生完成不同任务
- 既教技能,又教知识

平等与多样性(第7章、第49章)

无论种族、性别、残障、年龄等是什么,要求运用第7章所述的社会一律接纳学生。还要培养的平等机会教学方法。

坚信教育对个人的价值
就业前景、个人成功、受人尊重的社会地位、有乐趣职业的预期等。

相信个人的学习能力
学生成才、能力是通过勤奋学习获得的,并不完全取决于遗传属性,如智商或天赋。

以个人身份为荣
学生必须始终以个人身份及其身份特性为荣。

给学生和教师反馈:

"学习评价"
其中包括激活"优质学习循环"。

即时反馈(第14、24、43章)
- 全班性提问方法
- 课堂讨论
- 小组与结对讨论
- 同伴与自我评价
- 开始教一项新主题时,检查前提性/先前知识

中期反馈(第43章)
- 来自教师、同伴与自我的奖章和任务反馈
- 矫正作业或设置目标的"学习循环"

长期反馈(第46章、第47章)
- 运用行动计划去监测个别学生的进步
- 通过学习伙伴、学习团队以及其他额外支持提供诊断评价帮助
- 通过诊断开始设置个别化目标
- 个别化学习计划

全纳教学思维导图

有些教师甚至有些书籍好像这样建议，教师和学校可通过开展具体活动去实施全纳或差异化教学。不过，教师和学校的一言一行都必须做到全纳性与差异化。现实呢？你可能要求学生选课，向他们解释课程，询问他们问题，或采用公正而敏捷的方式给他们提供个别化帮助，或你可能因粗心大意而让一些学生获取比其他人更多的好处。你甚至可能因某种言行而给一些学生制造学习困难。例如，你可能忘了处理尼恩的视力问题就给她上课。或者，对一些学生而言，你设置的每项任务都太难。或者，没有给学生提供高效学习所需的反馈。

尽管目前还没有完整揭示出全纳性和差异化等术语的本质，但你别对它们敬而远之。它们其实只是积极心态的代名词，只是要求你的言行举止能公正、敏感和公平而已。它们只是要求你去发现与解决学生的学习困难。这事说起来容易，但要完全做到却难乎其难！

全纳教学思维导图从教师视角概述了全纳教学的要素。学校也必须考虑课程、教学楼进出的方便性、教工信念和价值观以及其他超出本书探讨范围的问题。全纳的目的在于确保每名学生从情绪与社交上感觉自己被接纳，所有个人学习需要均获得满足。

本书其他章节已详述全纳教学思维导图所列的绝大多数问题。不过，我现在将从全纳教学的视角去概述它们。

各类教学方法

大约在全纳教学思维导图12点钟位置，我们可发现各类适宜的、有效的教学和评价方法（参阅本书第二部分导言）。如果你只运用有限的几种教学或评价策略，有些学生仍可能不学习。如果你所用的方法没有激励或适合他们，就可能出现全纳教学障碍。

另外，为了理解一个深奥的概念，有些学生可能"要求"运用语言解释，而其他学生可能需要图像解释、打比喻或列举具体事例。

如第48章差异化教学所述，有些方法由于能够发现与矫正学生的学习错误和疏漏，因而特别有助于接纳他们。

差异化教学与反馈

如第48章、第43章、第14章和第24章所述，如果给学生设置的任务太难或太易，或者，如果教师没有发现与处理学生的学习困难，他们当中有些人显然就不可能进入最佳学习状态。如第43章所述，优质学习高度依赖于奖章和任务式反馈，无论反馈是来自教师评价，还是来自同伴和自我评价，都可能引发优质学习。

反馈包含于差异化教学之中,不过,凡是高度接纳学生的学校,都会特别注重运用长期反馈(详见第46章、第47章)。例如,假设一位教师或辅导教师不时提问学生:

"你发现什么最困难?"

"我们再做什么才能帮助你的学习?"

"作为一名学习者,你感觉我们对你公平吗?"

"你正从我们这里得到自己希望得到的东西吗?"

然后,教师会发现和克服可能妨碍学生学习的困难。一个人永远不知道什么问题可能引发学生的学习困难,因此,最佳的全纳教学惯例要求我们直接询问学生,然后去主动解决这些问题。

> **练习**
>
> 因为伊娃(Eva)坐在佩特拉(Petra)旁边,而佩特拉总是与伊娃聊天,所以伊娃感觉数学难学。由于伊娃本学年一开始缺了几节课,因而她对三角函数基本一窍不通。因为伊娃行动不便,加之周四前一节课要在另一栋教学楼上课,所以无法准时去上数学课,迟到成为家常便饭,她对此愤愤不平。上述现象是一些学习障碍,它们让伊娃无法获取应有的"接纳"。
>
> 哪种提问方法可能有助于发现上述学习困难?一位洞察力强的教师能否采用其他方式去发现这些问题?

把学生看作独立的个体

如第7章所述,教师经常可能不自觉地对学生产生刻板印象,把他们看作某种"类型"或某类成员,诸如他们属于某个少数族裔或"诵读困难者"等(参阅全纳教学思维导图左上方)。

我们眼里所见的往往是一类学生而不是个别学生。教师经常可能对某名少数族裔学生产生刻板印象,想当然认为他们英语水平差、父母文化程度低、对教育不感兴趣。如第49章所述,母语非英语学生的学习成绩其实至少等同于甚至经常高于母语为英语的学生。另外,只有接受过良好教育,才能容易获取移民资格,家长不可能不重视教育。因此,刻板印象绝对是一个错误。

不过,即使刻板印象确实符合某名学生(如少数族裔),你还是能改变他们对教育的态度,学习支持也能帮助他们克服学习困难(参阅第47章)。

有些诵读困难学生学习很吃力,但有些学习却很优秀,即使在绝大多数诵读困难学生经常感觉难学的领域,他们也表现得卓尔不群。因此,别看标签,要透过现象看本质！千万别给一名学生贴标签，然后再作为学不好的借口。

"哦，他是一名诵读困难者，所以必定学习吃力。"

"他完全缺乏积极性，所以我确实无计可施了。"

积极心态和高期望是指，我们应该期望所有学生都有上佳表现，因而肯定不能把他们的"标签"作为学不好的借口。

期待意外的惊喜，期待每名学生都能学好。

平等性与多样性

总体而言，有些学生群体学得不好。例如，来自贫困家庭的学生和某些少数族裔学生的学习成绩确实差强人意。因此，我们需要运用第 7 章和 49 章所述策略去尽可能接纳所有学生。如我刚才所言，你需要确认自己没有形成刻板印象或以标签作为借口。

如第 49 章所述，学生需要看重教育，相信自己的学习能力，以个人身份为荣，全力以赴去学习。

心理需要

全纳教学思维导图左侧概述了学生的心理需要。学生可能感觉自己受到排斥：

- 如果他们感觉自己不归属于所在班级，例如，其他学生之间关系融洽，但对他们却经常不理不睬；
- 如果他们感觉自尊受到伤害；
- 如果他们感觉自己从未拥有选择权，或感觉自己连个人学习的某些内容都说了不算，或者自己从来没有机会去表达个人观点，或感觉自己没有任何展示创造力的空间。

上述心理需要不可或缺；如何满足这些心理需要详见第 5 章。

全纳教学文献索引：支持全纳教学的资料

在互联网搜寻"全纳教学文献索引"（Index for Inclusion），它们有助于教师和学校去有效地实施全纳教学。它们适用于中小学，也可应用于后义务教育学校。

如果你搜寻"清除障碍：全纳教学文献索引"（Breaking down the barriers: Index for Inclusion）就可能发现一个文件，它概述了全纳教学文献索引的目的与目录。（http://www.csie.org.uk/index.shtml）

什么不是全纳教学

你可能发现,"全纳教学"并不是解决三四个特殊问题就能如愿以偿的。全纳教学不仅仅涉及特殊学生群体,如少数族裔学生或具有特殊需要的学生,也不仅仅涉及旅行制度和儿童保育规定等学校因素,它们当然属于不容忽视的全纳教学问题。全纳教学涉及你教学的方方面面,包含你教的每一名学生。全纳教学是指在教学实践中,以积极心态对待现实的学生。全纳教学要求你善于观察、注重诊断、积极主动、不断反思、相信自己具备教好每名学生的能力。尽管全纳教学推动学生做最好的自己,但是,如同所有优质教学,它需要时间、经验和技能。

> **全纳教学并非只是关注一些学生**
>
> 根据英国教育标准办公室发行的手册,在督导16岁后学生的学习时,要求"教员在教学或培训期间至少能知晓并应对学生的个别化需要"。汤姆林森报告强调指出,全纳学习要关注所有学生,而不仅仅是具有特殊需要的学生。

全纳课堂教学的障碍

全纳教学思维导图约6点钟方向概述了大量现实的学习障碍。这并非一个完整的学习障碍清单,但其中列举了多数初任教师可能感到困惑的问题。

作业梯级不适宜

只有合理设置作业梯级,才能让每名学生都感觉自己学有所成并获取认可。显然,只有作业梯级与学生个人能力和过去成绩相符,只有教学速度与学习速度相符,学生才能获得成功感。说起来容易,做起来难啊!

邀请经验丰富的教师去指导你,想方设法去观摩在你将要任教班级或相似班级上课的优秀教师的课。翻阅你未来学生过去的作业。

专业术语

毋庸讳言,教师不应使用生僻的术语,不过,话又说回来,这并非轻而易举之事。对一名护士来说,"病理实验室"似乎不是术语,它只是一个日常用语。

同理，计算机用户熟知"菜单"，数学教师熟悉"求值"。教师不仅要知道自己使用的专门词汇，而且在使用时要加以解释，还要将这类词汇书写到白板上。在使用一个新词句时，前五六次最好都要解释一下。然后，教师可不定期进行提问，从而确保学生已理解该术语："阿妮卡（Anika），病理实验室有什么情况？"

"菜单"的原义人人皆知，但对计算机用户来说，却具有特殊含义。对科学家来说，"功率"和"能量"同样具有特殊的、具体的含义。有时，人们称之为"隐性术语"。你教的学科包含这类术语吗？若有，则将它们记下来并予以讲解。若术语很多，则可创建一个术语表。

词汇和其他语言要素的运用

若教师的词汇量一般比学生大。最近，我做了一项非正式的研究，结果发现，年龄 17 岁以上的学生，即使普通中等教育证书课程考试（GCSE）平均英语成绩为 C 以上，也不理解下列单词：

促进（facilitate）、分配（assign）、默契（rapport）、定义（define）、分析（analyse）、伪造的（spurious）、齐唱（unison）、结盟（align）、推迟（postpone）、磨损（abrasion）、证书（credentials）、泄露（divulge）、演绎（deduce）、肖像（effigy）、婉言（euphemism）、臭名昭著的（flagrant）、徒劳的（futile）、异教徒（heathen）。

若教师要求学生运用上述单词造句或解释词义，绝大多数人既不会造句，又不会释义。

同样，教师可能比学生更愿意使用复杂的语法。保持教学语言简单化，不要使用非常正式的语言讲授，否则，学生就可能与你越来越疏远。要说"走"，而不是说"前进"；要说"看"，而不是说"出示"。

不言而喻，我们不应降低语言运用的难度，而应教学生理解陌生的词汇。

还有，你担心过自己的口音吗？假以时日，学生很快就会适应你的口音。当然，如果你的口音很重，开始讲课时就尽可能慢慢说，尽可能清楚地说。

环境因素

教学环境分心或嘈杂吗？你上的课是周五下午最后一节吗？在备课和写教案时，教师可能需要考虑环境因素。须知，学生无论是疲乏了、饥饿了，还是口渴了，都不可能专心于学习的。

有行动困难或其他残障的学生要尽可能与其他学生同等地进出教室和使用设备，等等。

害怕失败和低学习期望

假如你是：

- 一位在校学生：讨厌数学，正好数学老师又是一位新教师；
- 一位母亲：在家抚育子女 17 年后，准备回校继续深造；
- 一位成人：讨厌学校，为提高计算机技能，将参加再培训；
- 一位 50 岁妇女：零售店经理，新任地区经理送她去进修管理课程。

上述学生上过几堂课后感觉如何？若在以前的数学课从未体验到成功，则这位"在校学生"仍会认为新数学老师也无法让自己数学及格。这位"复职女性"会担心自己已经忘了如何学习。这位讨厌学校的"成人"以为自己也不可能喜欢新课程。这位"经理"会抱怨说，自己不希望学习任何新知识，而上司却还逼她去上课。

许多学生总是以为自己在课堂上什么也学不到，因而，他们或是消极对待上课，或是害怕上课。另外，他们还可能缺乏学习动机。

若想解决这类困难，则首先要理解自己的学生。他们的焦虑是什么？他们上课的动机是什么？采取分组或一对一的形式，与你的学生交谈，进而了解他们；若有必要，则私下与学生单独交谈。询问有关动机、恐惧和焦虑的问题；只有熟知他们的问题，你才能对症下药、药到病除。下面几章将讨论如何建立友好的师生关系、如何激励学生。

"不易接近"的教师

众所周知，"学生提问"是学习过程的一个关键环节；不过，学生尤其是羞怯的学生不可能去请教古板或严肃的教师。教师如何才能做到"平易近人"？这不只是一个性格和奉献问题，还必须借助于大量技巧和技能，第 7 章、第 8 章已专门探讨。第 12 章介绍了解释的艺术。

给一个新班级上课时，前几节课要尽可能弄清学习者的态度和个人期望。给每位学习者发放一张白纸，请他们写下希望学到什么、最担心什么。若你愿意，最后一个问题可匿名回答。在成人教育中，你也可询问他们为什么要选修你的课。学习者的回答将大大改进你的教学设计。学生都乐于回答教师提出的这类问题。

> **练习**
>
> 在自己工作或学习的机构里，查询处理平等性、多样性、全纳性、平等机会、残障、特殊需要等政策。这些政策对你及其你的工作意味着什么？第 7 章末的检查单将帮你找到答案。

结 论

全纳性这个概念与下述概念互相交叉:"差异化""平等性和多样性"、个性化学习。它也是杰出教师的教学惯例。

全纳不仅是指适应一些具有某种属性或存在某类问题的学生,而且是指对所有学生一视同仁。你可运用许多策略去帮助自己全面接纳学生(参阅全纳教学思维导图)。你需要以积极心态对待所有学生,接纳学生,不断尝试各种策略,反思它们的利弊得失,然后调整或变换,直到发现最适用学生的教学策略为止。

推荐读物

免费下载资料

[1] 英国继续教育基金委员会. 全纳学习:原则与建议. 1996 年发布.(http://dera.ioe.ac.uk/15072/;概述了汤姆林森报告有关全纳学习的内容)

[2] 全纳学习文献索引:http://www.csie.org.uk/index.shtml.

[3] E. 罗德里格斯–福尔肯. 全纳学习与教学手册. 英国谢菲尔德大学. 2010.

[4] J. 汤姆林森(Tomlinson, J.). 全纳学习(汤姆林森报告). 1996 年发布.(参阅:www.csie.org.uk/resources/tomlinson-96.pdf)

读物

[1] T. 布思(Booth, T.). 全纳教育文献索引:促进学习与学校教育参与率. 全纳教育研究中心, 2011.

[2] N. 埃利奥特(Elliot, N.). 全纳教学袖珍手册. 教师袖珍丛书出版社, 2004.

[3] S. 麦克纳里(McNary, S.),等. 成功教师的全纳课堂教学行为:基于研究的、帮助特殊学习者成功的教学策略. 塞奇出版社, 2005.

[4] D. 米彻尔(Mitchell, D.). 在特殊与全纳教育中什么真正有效:运用基于证据的教学策略(第 2 版). 劳特利奇出版社, 2014.

[5] G. 佩蒂. 基于证据的实用教学法(第 2 版). 纳尔逊·索尼斯出版社. 2009.

[6] P. 韦斯特伍德(Westwood, P.). 适于特殊教育需要的儿童通用教学法(第 5 版). 劳特利奇法尔默出版社, 2007.

[7] D. 耶格尔(Yeager, D.). G.M. 沃尔顿(Walton, G. M.). 教育的社会心理干预. 教育研究评论, 2011(2).(阐述了刻板印象的危害及其解决策略)

第五十二章　教学评估：反思型教师

问　卷

如果你已做过一段时间的教师，就请回答下述问题；如果还没有，就等有了教学经验后再填答问卷。下面将阐明问卷目的以及如何评分。给每道题打对号或叉号，记录自己同意还是不同意。

在考虑个人教学经验时（√或 ×）

A1　我不考虑过去成功与失败，我只是继续做这份差事。
A2　我尽可能不过于匆忙地下结论。
A3　我重视课后充分讨论教学事宜。
A4　我竭尽全力去教学；学生没学会是他们自己的过错。
A5　我在评价个人教学有效性时严防偏见。
A6　我不在乎承认失败。
B1　直觉往往好于理论解释。
B2　我喜欢根据一般原则去理解个人行动。
B3　我乐意探究事物的本来面目。
B4　一般而言，直观胜过透彻分析。
B5　我喜欢从学生角度去观察事物。
B6　我感觉动机与学习理论有趣。
C1　一般而言，最好寻找一种有效技巧并坚持下去。
C2　我喜欢接受试验新观念的挑战。
C3　我发现难于提出新观点。
C4　我更喜欢尝试与试验新奇的观念。
C5　最好采用公认的方式去开展学科教学。
C6　我对改进教学新方式的建议心存感激。

从经验中学会教学

优秀教师不是天生的,也不是教出来的,而是自己造就了自己。而且,任何人都可成为一名优秀教师。研究表明,不存在最适合造就优秀教师的人格类型。无论你是一位羞涩的内向者,还是一位热情的外向者,只要知道如何从个人错误与成功中学习,就都能做到有效教学。

练习成就完美?不!有些教师练习了三十年却还不会教学。练习可能是必要条件,但并非充分条件。那么,我们究竟如何从经验里学习?

如第31章所述,体验式或反思式学习循环恰如其分地描述了我们如何从经验里学习。无论是学习如何烹饪,还是学习如何驾驶或如何建立成功的人际关系,都要按照该循环从经验里学习。无论是否有意识,我们都将按照相同循环去学习如何教学:

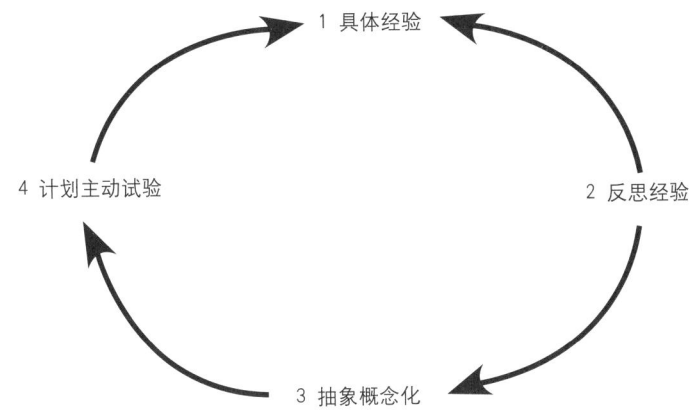

1. **具体经验**。是指你的教学经验。遗憾的是,躺在巴哈马海滩晒太阳不可能学会教学。我们需要练习。不过,缺乏练习往往并非学会教学的主要困难。

2. **反思经验**。你评价个人经验,进而发现有效与无效之处。

3. **抽象概念化**。你提问这类问题:"为什么下半节课非常有效?"或"我为什么没有实现最后一个目标?"你理解强化、评价等概念的性质与重要性,进而发现个人成功与失败的普遍性原因。

4. **计划主动试验**。牢记自己从经验里学会了什么,你提问这类问题:"如果再教这节课,我会做什么改变?""根据自己的感悟,下节课我应做什么改变?"另外,"为了改进个人教学,我应尝试什么新方法、风格或技巧?"

或许,有些人因为不能或不愿应对从经验里学习的艰难历程,所以他们无法学会有效教学。例如，如果反思阶段是有效的，那么，无论承受多大痛苦，评价都必须真实而坦率。我不必提醒你别人具有自欺欺人的能力。但你自己怎么样？学习循环的逻辑启示我们，如果别人指出不足，应急切地、感激地表示接受，这样才能改进自己。不过，如果上周五在101教室教得一塌糊涂，我们就不可能保持这种心态。我们坐立不安，感觉没脸见人，一心只想保护屡屡受挫的自我，因而我们就可能四处寻找替罪羊。而替罪羊就在眼前：学生、教室、课程表、顶头上司、资源匮乏……"不管怎么说，还不是太糟糕，其实……"

只有极少数学习者才可能责难一节无效课或一门无效课程。学习与教学策略应切合学生实际，而不是正好相反。总而言之，如果衣服不合身，裁缝就别埋怨顾客。话虽如此，但仍有一些场合让教师无能为力。例如，如第9章末所述，中小学课程在诸多方面不适合于非学术类学习者。

我们不应因一节无效课而责怪学习者，但也不应过分责怪自己。小事故倒不必在意，关键是你能从中吸取教训。错误不仅在所难免，而且也是学习过程的一个必要环节。如果没有经历偶尔的失败，你就不可能体验深刻。一个人只有竭尽全力，才能知道自己究竟能走多远。

不过，如果有些人自己都无法面对失败，那就别指望别人可能承认他们的成功。他们将小错误夸大为大灾难。如果邀请一位你信任的教师去评课，就可能客观了解自己的教学技能。

反思阶段难于做到尽善尽美。反思应坚持不责备原则，还应诚实看待成功与失败。

问卷评分

要想成功地从经验里学习，你的心态至为关键。你必须真正反思，勇于概念化，敢于试验。这并非易事！本章开始所述问卷专用于发现如何从经验里学会教学的最大困难是什么。问卷是根据反思学习循环原理制订的。

- 下述每题若打叉号则得1分：A1、A4；B1、B4；C1、C3、C4、C5。
- 其他题若打对号则得1分。

分别计算问卷A、B、C的得分。A项得分高则意味着善于反思。B项对应抽象概念化，若得分高则意味着善于理论思维。C项对应计划试验，若得分高则意味着善于行动。尽管问卷没有经过科学验证，但每项得分越高，越容易发现个人优势之所在。在学习循环里，人人都有一个薄弱环节或几个薄弱环节；如果所有环节得分均不足3分，你就可能需要全方位改进自己了。

学习日志有何用

我记得自己曾指导过一位试用期的教师，权且叫他"吉姆"吧，他对反思或学习理论嗤之以鼻。他认为如何教学是一个常识，学者虚构所谓的学习理论去证明自己的存在，他们故弄玄虚试图表明自己聪明、别人愚蠢。对吉姆而言，反思和理论与课堂里教师的真实经验毫不相干。他不可能一直固执己见，值得称道的是，随着教课时间的增多，吉姆的观点已发生巨大转变。

每位教师、每名学习者都有自己的学习理论，你也不会例外。你可能拥有一系列有关学习与教学本质的信念、观点与假设。你可能相信一些惯例将引发学习，而别的一些则不会。你可能有意识地运用该理论，或许无意识地运用该理论去备课、去决定教学时做什么。舍恩（Schon）称之为"应用性理论"。在一篇随笔里你可能写什么或跟你的导师说什么，正是"应用性理论"引导你做什么，并告诉你如何备课与上课。

如果提问自己"我应如何教该主题？"，你就会运用"应用性理论"去帮助自己做出决定。如果一名学生在课堂里开始调皮捣蛋，你就可能运用"应用性理论"去决定采取什么对策。如果一节课进展不顺利，你就可能运用"应用性理论"去自我解释出现问题的原因，进而决定如何改进本节课或下节课。

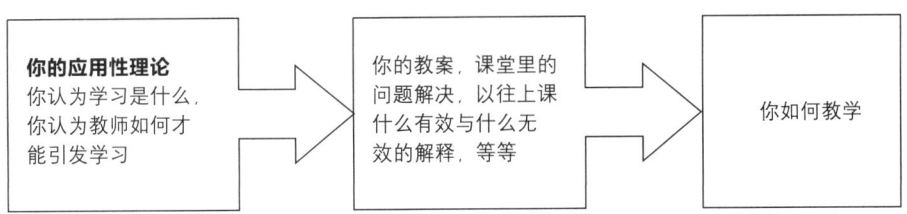

因为"应用性理论"引导你的每一个行动，所以它肯定非常重要。如果它忠实地描述了学生如何学习的真实情况，就可能成为一位合格的向导，因而你就能够有效教学。如果它不能准确描述实情，你就永远无法有效教学，除非瞎猫撞上死老鼠！因此，一定要尽可能正确地、综合地运用"应用性理论"。那么，你如何才能做到呢？

当然，一种方式是做你现在正在做的事——阅读有关学习与教学的文字。另一种方式是参与职前教师培训课程。这些对你可能有所帮助。不过，因为这类知识可能影响你做什么，所以你最终必须将这类知识整合到自己的"应用性理论"。这要求你自己领会这些学习经验，进而知道如何教学。例如，熟悉马斯洛动机理论甚至撰写论述文章是一回事，将动机理论整合到自己的"应用性理论"又完全是另一回事。这要求你弄清在教学实践中马斯洛理论对学生意味着什么，然后用于增强学生的动机。这是一项非常艰巨的任务，要求你深思熟虑并做大量练习。

最后，借助于教学，尤其是借助于反思个人教学经验，你就可能构建一整套有效的"应用性理论"。正确遵循第 31 章所述的体验学习循环是一项重要而困难的任务，只是行动与反思还不够！

练习

下面是吉姆与卡萝尔两人的"应用性理论"。这两位教师将如何处理一名学习者难以理解当前主题的问题呢？

吉姆"应用性理论"选录

● 教师需要明白无误地解释自己知道的一切。

● 只有学生记住教师讲授的知识，才能引发学习。

● 有些学生聪明好学，因而学习成绩往往很好。

● 如果学生不懂，你就需要再慢慢解释一次。不过，学生能否学好该学科取决于他们的智商。

卡萝尔"应用性理论"选录

● 学习者如果要弄懂该主题，就需要应用自己所学知识。

● 只要学习者应用所学知识，他们就可能开始形成对该主题的个人见解，然后用于回答问题与完成老师布置的任务。

● 你可借助于检查学生的作业去了解他们当前的理解程度。

● 你可运用问答去发现学生的误解：提问学生如何形成一个错误答案就是一个良好开端。

切莫以为吉姆的理论完全"错误"。其中有些观点不无道理，但重要观点却并不完善，因而误导吉姆运用了无效策略——例如，责怪学不好的学生。卡萝尔的理论近乎真理，因而成为她决策的优秀向导。至少目前她可能成为一位比吉姆优秀的教师，这并不是因为她比吉姆聪明，而是因为她对教师如何引发学习的理解更正确。

随着反思，你的"应用性理论"得到改进，进而你不仅教学更有效、适应性更强，而且解决问题的能力更高。有效教师总是在改变自己的一言一行。这是因为他们总是在学习如何教得更出色。

学习与教学并不简单,如果你有与我相同的体验,就永远不可能对学习与教学的本质盖棺论定,而是在整个职业生涯里不断探究。你永远不可能"到达"(目的地),但这并非问题,因为旅途美不胜收。

> 西班牙的巴勃罗·卡萨尔斯(Pablo Casals)是世界最伟大的大提琴演奏家。有人问:为什么八十多岁还在练琴?他回答道:"因为我现在才感觉自己有点进步。"学无止境,能力超群者尤其如此,正是这种学习愿望推动着他们一路领先。

那么,我们如何改进与充实自己的"应用性理论"?非高质量的反思莫属。鼓励高质量反思的最好方式之一就是与别人谈论你的教学,然后记下自己的想法。而这正是反思日志的着眼点。这正是导师用于窥探你思想的巧妙手段啊!如第 31 章所述,这也是鼓励你从经验里学习的一种方式。

学无止境

练习

约翰·比格斯(John Biggs)认为,教师的"应用性理论"基于三个一般假设,即,学习主要依赖于:

1. 学生的天性:他们的智力、动机、成熟程度、行为等等;或
2. 教师做什么;或
3. 学习者做什么。

你对学习的思考越多,对教学的体验越多,就越可能发现第三个假设最接近真理。但为什么呢?为什么多数初任教师认为是第一或第二假设最正确呢?

> 敌视理论往往意味着……漠视自己的观点。
> ——特里·伊格尔顿（Terry Eagleton）

如何反思

如果不在课前反思，你或许就会一上完课就开始反思。不过，别匆忙做出任何定论，如果上课不顺利，就更不要草率下结论。及时做一些笔记会让你受益匪浅，不过，先好好"考虑考虑"，或许会看得更透彻。

即使课上得不尽如人意，也别责备自己。这在所难免。其实，如果所有课都上得顺风顺水，你或许就不可能承担足够风险。如果你想以最高效率去学习，就必须犯错误。只有弄清无效课为什么无效并用于改进教学，它们才能让你受益匪浅，最终还可能让学生受益匪浅。当然，有效课同样如此，只有弄清有效课为什么有效并用于未来的教学，它们才能具有价值。

下面两个例子可证明我的观点。注意第二个例子，教师正在新环境里运用所学的一般原理。她完全按照科尔布学习循环去开展教学：

反思：反思经验

学习：抽象概念化

应用：计划主动试验

行动：具体经验

反思：她问自己："发生了什么？"

学习：她问自己："为什么可能出现这种结果？"然后努力学习一些有效教学的一般原理。

应用：她尝试运用一般原理去弄清自己如何才能上好课，但重点放在今后如何才能上好课。

行动：她将所学知识应用于未来教学。

如第31章"从经验里学习"所述，这是一门"衔接"课程。请注意，该过程的一个重要结果就是她改进了自己的"应用性理论"。

行动：一位教师刚刚非常成功地上了一节课。其中决策卡片游戏最成功，学生必须运用卡片给"暗喻""明喻"等修辞分类。

回顾："课上得确实不错，他们确实喜欢这项游戏。"

例1

学习

"游戏确实有效。他们就像河狸筑坝似的勤奋学习——我确实印象深刻。"*

应用

"下学年我肯定还要使用这个教案。我估计,这是迄今为止最好的教案。"

行动

下学年教师使用同一教案。

请注意,在本案例里,教师根本没有从上课里学会有效教学的一般原理。

例2

学习

"我猜想上课成功的主要原因在于分类游戏。他们乐在其中,同时让我有机会去检查他们的学习。分类游戏促使他们去思考,还促使他们在玩耍中应用自己所学知识。另外,为了玩游戏,他们确实要设法弄懂修辞……"

应用

"……我不知道是否可运用相似方法去学习时态?检查学习的其他游戏是什么?或许是一次课堂测验?或许可再次运用决策卡片游戏。我可要求他们归类不同时态或混合时态的句子……"

行动

(教师设计另一项游戏用于检查下周的学习,以后上课再多运用一些决策卡片游戏。)

请注意,在本案例里,教师学会了一些有效教学的一般原理(如,游戏可成为检查学习的一种理想方式),然后在下节课应用这些原理。

一旦开始反思个人教学,你就可能发现自己经历的内心对话比上述例子更具体、更复杂、更困难。不过,所用原理完全相同。回顾,然后学习一般原理(越全面越好),最后在新环境里应用这些原理。

---

*译者注:河狸,旧称海狸,是一种水陆两栖哺乳动物,生活在水边,外形像老鼠,是世界上濒临灭绝的珍稀动物。凡是河狸栖息或栖息过的地方,都有一片池塘、湖泊或沼泽。河狸总是孜孜不倦地用树枝、石块和软泥垒成堤坝,以阻挡溪流的去路,小则汇合为池塘,大则可成为面积达数公顷的湖泊。河狸是勤劳的代名词。

在"表扬与批评"一章里,我们探讨了学习者需要的理念:
- 一枚奖章——用于描述他们什么做得好;
- 一项任务——用于描述他们做什么才能促进个人成绩。

或许你既要当学生又要当教师,所以,你要给自己与学生颁发奖章、布置任务。

另外,我们发现,给学生作业评级可能让他们不再关注如何改进作业。如果你反思个人教学,同样别评估教学("这是一节好/差课"),而是从教学里学习!

下面是数项教师运用学习日志去反思学习的实例。一位教师不折不扣地按照学习循环去反思学习,但另两位教师至少省略一个环节。请在下述学习日志里识别反思、学习与应用环节。

反思1与2是对同一节课的两种不同反思形式。

反思1(肤浅的反思)

"他们确实感觉练习题难。我认为自己也解释得一清二楚,全班至少一半学生明白了,练习题不可能这么难。又是珍妮弗小组感觉最难!他们完全缺乏学习动力,似乎什么也记不住。如果注意力稍微集中一点,他们的成绩就可能大幅度提高。"

反思2(深刻的反思)

"他们确实感觉练习题难。我也明白无误地解释了这个主题,可他们为什么不会做呢?或许他们只是没有认真听讲。我如何才能让他们认真听讲?我估计以后自己可多用问答法,或特意提问珍妮弗小组的几名学生。总之,只管提问,直到确定学生会做练习题为止。我要尝试一下。"

反思A与B是对一节成人教育课的两种不同反思形式。

反思A(深刻的反思)

"这项活动在某些方面进展得非常顺利——人人都在认真画,创作了各式各样的静物画,但他们不停地闲聊公交车新时刻表等问题,除了菲尔以外,其他作品都很粗糙、没有灵魂。我需要设法让他们多思考、多尝试,给自己设置高标准。这确实有趣——他们并不像我一样去观赏个人作品,他们好像知道自己画得不理想。如果下次我让他们互相展示个人作品可能出现什么情况？这可能让他们感到很自豪。我还可告诉他们一定用足半小时，如果画完了一幅画，就再画一幅速写作品。"

反思 B（肤浅的反思）

"我感觉，这项活动进展得非常顺利——他们全都表现得礼貌、乖巧、成熟。他们快速地作画，最初我挺满意，但后来似乎一切都让人感觉仓促而草率。他们对自己的期望好像不太高。他们好像感觉这是一个社交俱乐部，而不是一节艺术课。我是说，聊天倒没什么，但应该聊艺术，而不是聊讨厌的公交车服务。如果只是谈论自己正在做的事情，他们就可能有所收获。这确实不公平——因为我感觉自己不像他们的美术老师那样经验丰富或充满自信，所以他们就目无尊长、敷衍了事。"

当我们还能说"这是最不幸的事"的时候，那还不是最不幸的。
——摘自莎士比亚《李尔王》

归　因

你会因一节差课而责怪谁？如果学习进展顺利，你会归功于谁？

在"动机"一章里，我们探讨了主动型学习者与被动型学习者，但我们教师也可能是主动型教师或被动型教师。主动型教师会认为，缺乏先前知识可能是无效课的原因之一。然而，他们不是责怪学生，而是将注意力集中于如何推动高效学习。

具体请参阅第 45 章。

练习

考虑前述反思 1、2、A、B。谁要为这些问题负责？

如果将这些问题归咎于自己无法控制的因素，你就会面临着一个危险：感觉不需要改变自己的惯例来解决这些问题。

你也别责怪自己。相反，你要专心思考如何才能上好一节课，还要专心学习一般原理并应用于未来教学，从而保证类似问题不再发生。

> 生命的意义不是追求成功，而是始终笑对失败。
> ——罗伯特·路易斯·史蒂文森（Robert Louis Stevenson）

评课

评课应基于教案阐明的目的与目标。如第 10 章所述，你也可能喜欢陈述个人教学目标或目的。其中可能包括激发学科兴趣、提高学生的自信心。

既可借助于检查单去评课，又可通过填表去评课，还可通过自由写出个人看法去评课。绝大多数教师可能综合运用上述方法。指导教师、老同事或新同事给你评课往往也可能运用类似方法。建议你设计个人自评表，但留出空间用于撰写总评语；当心，别过度分类。

下页将介绍一个评课详表样本，你可直接复印并粘贴到自己教案的封底。该样表已填满所有空白。（若自己使用评课表，则可能需要调整某些段落的空间；如果你打算手写评课条目，就更需要合理安排空间。）

自评表标题可能包括：沟通技能、导入、教学方法、教学用具、学生参与度、指导与检查、时间分配、优势与劣势、教师仪表、声音与特殊习惯、教师自信度、纪律、学生对内容的兴趣度、目标适切性、方法适切性、练习题与其他资源等等。

随着经验的增多，你就可能感觉该表或类似评课表因项目过多而无法普遍使用，因而往往只用"总评语"。不过，你可能还想聚焦个人教学的某个特点——例如，特殊教学方法的运用或激发学生动机的能力。你可在一段时间里评估该特点，或许只是评估该特点是否适用于一组学生。这是一种最有效的问题解决方法。本书第二部分"教师工具包"每章末所列的检查单可作为运用特殊教学方法的评估标准。

> 尝试给自己的一节课录像或录音，或与一位初任教师互相实施课堂观察。你也可要求学生填答一张匿名问卷（参阅第 53 章）。

评课表

教案：目的与目标、活动选择与种类（八项记忆要素）、时间分配、教学步骤等

似乎不错。大量学生活动——丢人的是没有效果！对上节课的复习进展顺利；学生确实乐于回答我的问题。操作细节不充足，以后要查看笔记。

环境：座次、温度、通风、光线、安全性等

不错。从讲台下面引出高架投影仪导线——竟然找到红笔！

学习工具：选择、设计与使用

成功地同时使用白板与高架投影仪。忘了到教室后面查看幻灯片的清晰度，但我肯定没有问题。

教案实施：课堂管理、教学方法运用、上课开始与结束

确实没有（重复）充分阐明任务。学生需要更多操作细节——我应在白板上板书。他们一开始就做错了。应尽早检查与矫正，而不是解答萨姆（Sam）与安东尼（Anthony）的家庭作业问题。这可放到后面做，最好在课后解答。

沟通：语言、声音、身体语言、术语、反馈、问答、解释技能、总结

尚可；在解释要求他们做什么时，多开展一些问答活动会有所帮助——或许会发现他们误解的地方。

师生关系：移情、亲密、纪律、幽默、认可学生的情感

确实不错——一群好孩子。有时，如果学生周五下午紧张不安，就难于让他们安静下来。花费一些时间与学生的正式任课老师交流，她提醒我应耐心再等一会儿。

动机：成功、分数、乐趣、强化、目标设定

好，但必须确保下节课大多数学生能成功。

目标达成度：考试、家庭作业

没有，但下节课应实现目标。必须让学生多做、自己少做。

总评语：

下周五上课先开展一个收心活动。

上课有效性（用1－10来衡量）：7

反馈率（用1－10来衡量）：6

本课两点成功之处：

与学生建立了良好关系；学生最终勤奋学习。

> **一点改进建议：**
> 快下课时讲笑话，而不是一上课就讲笑话。
> **本课验证的一个教学原理：**
> 展示优于讲授——范例有助于阐明操作细节。

保存你的评课表。它们可能成为有趣的读物。在一段时间内，你会从中受益匪浅。不过，一定要确保自己真正从评课表里学习，进而改进个人教学。

如果你发现一个问题长期存在，就要寻求建议。经验丰富的教师总是愿意提供帮助，他们清楚学会教学并非易事。寻求建议并非承认失败，而是证明你渴望成功。如果去观察一位经验丰富的教师讲课，而他或她正在处理的问题恰好与困扰你的问题相同或类似，你就可能有所收获。孤独焦虑既事与愿违，又多此一举，而高明的建议则既无价又免费——那就去请教吧！

> 最近，一群工程师批评墨菲定律过于乐观（墨菲定律是指，一件事如果可能出错，它有很大概率会出错）。他们很快将墨菲定律改述为："一件事如果可能出错，它就已经出错了。"

评估的目的是让你成为一名"反思型教师"——一个人抱着持续改进的目的去反思个人教学。反思过程贯穿于教师的整个职业生涯。我仍在自我批判个人教学，仍在尝试新观念。请观看下图，你会将自己置于何处？

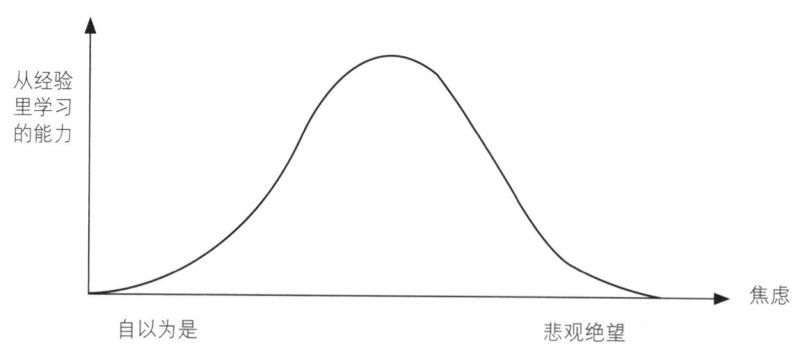

运用反思去学会教学的检查单

☐ 你是否总能找到时间去反思个人教学？

- ❑ 你是否既考虑什么做得对又考虑什么做得有问题?
- ❑ 你是否问自己"为什么会变成那样?",然后确定应用于未来教学的最佳学习要点?
- ❑ 你是否刻意努力从一节课里学会如何改进下节课?
- ❑ 你是否设法避免过分责备学生或自己?
- ❑ 你是否寻求机会跟可能帮助你的人交流个人教学?
- ❑ 无论课讲得好坏,你是否每节课后都能给自己"颁发奖章与布置任务"?
- ❑ 你是否已设计出一份综合性评课表?
- ❑ 你是否每节课都填写一份评课表?
- ❑ 你是否有意识运用从经验中学习循环去改进自己的教学?
- ❑ 一旦发现从经验中学习循环某环节毫无进展,你是否可能采取具体措施去改进教学有效性?

推荐读物

[1] C. 阿吉里斯(Argyris, C.), D. 舍恩(Schon, D.). 实践理论. 乔西-巴斯出版社, 1974. (本书第8页提出"应用理论"的概念)

[2] J. 比格斯(Biggs, J.). 大学优质学习教学(第3版). 麦格劳-希尔/高等教育研究协会与开放大学出版社, 2007.

[3] S.D. 布罗克菲尔德(Brockfield, S. D.). 做一名批判反思型教师. 乔西-巴斯出版社, 1995.

[4] Y. 希利尔(Hillier, Y.). 继续与成人教育中的反思教学(第2版). 统一体出版社, 2012.

[5] D. 莱莫夫, E. 伍德韦(Woodway, E.), K. 耶齐(Yezzi, K.). 练习成就完美:精益求精的42条规则. 乔西-巴斯出版社, 2012.

[6] G. 佩蒂(Petty, G.). 基于证据的实用教学法(第2版). 纳尔逊·索尼斯出版社, 2009.

[7] D. 舍恩(Schon, D.). 反思型教师. 基础丛书出版社, 1982.

[8] D. 舍恩(Schon, D.). 反思型教师教育:专业教学与学习新设计. 乔西-巴斯出版社, 1990.

第五十三章　课程评估与质量改进

课程监测、评估与审查

如同教学，你任教的课程或"学科"应接受自我矫正式反馈。这是改进课程或学科的唯一途径。我发现，即使公认成功的课程，也可能由此大幅度改进。

监测

监测是指一门课程的日常检查与改进，目的在于做出微小变化与改进。可采用非正式监测，但最佳惯例是举行单周或双周"课程团队会议"，参加人员包括本门课程所有导师以及少数学生代表。与会人员讨论课程的日常教学情况，然后商定改进意见。例如，在上次课程团队会议上，学生代表提出两项建议：一是注重指定作业的统一协调，要均匀布置作业；二是图书馆添置少量教材副本。导师们商定，在计算机上"书写"化学指定作业，学生可获取更多信息技术经验，只是这可能增加日常管理的工作量。在学生代表退席后，导师们还讨论了做什么才能改进问题学生的表现。

> 有些教师提议，设立一本开放式课程日记，或设置一个用于指定作业、练习活动等的建议文件夹。在课程实施过程中，邀请或要求学生填写课程或课程资源的改进意见与建议。

非正式地了解学生的作业、学习效率以及学生和导师的看法和烦恼，都可能有助于监测一门课程。监测是一个自然改进的过程,任何一位专业人士都可能不假思索地实施监测,不过,绝大多数重大改变都起因于评估与审查。

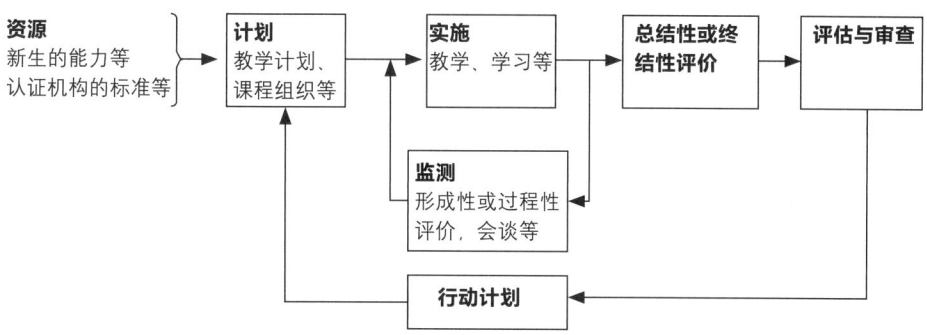

课程监测、评估与审查流程图

评估与审查

课程即将结束时要实施评估与审查,目的在于对课程有效性或课程某项要素做出准确的判断,进而用于提出改进建议。(如果要评估短期课程,就可要求学生写出课程的一项积极要素,以及他们感觉可以改进的一种方式。)一般而言,你所在学校的质量体系或自我评价／评估体系会规定必须审查什么,不过,你完全可再进一步。通常可能评估下述要素(当然,你可以评估任何一项课程要素):

- 目的与目标;
- 教学策略;
- 指定作业、练习题、教材等等;
- 课程组织;
- 课程文件(如学生课本或手册);
- 资源;
- 评价;
- 学习结果,包括学生入学资格与后来学习成绩比较的结果、退学率,等等。

在一年的时间里,你往往没有时间去详细评估上述全部要素,因此,只能评估重点与难点。要想系统评估,就需制订一个进度表,从而可在四年时间里评估本门课程的各项要素。评估证据可能来自:

- 学生考试作业与课程作业成绩;
- 督学、仲裁员或类似校外监督人员出具的成绩报告单(下同);
- 教师、教辅人员(如,技术人员)与学生对课程的看法——包括退学人员的看法;

- 课程团队会议记录以及其他监测信息；
- 如果是职业课程（特别是如果涉及工作经验），就听取工业或商业人士的意见；
- 如果课程具有商业委托性质，就听取委托方的意见；
- 听取其他不教本门课程人员的意见——例如，部门相关负责人、图书馆员以及负责质量控制或平等机会政策的人员。

你可通过讨论、备忘录、问卷或结构性访谈等方式去搜集意见。

问卷与结构性访谈

一份学生问卷就是一项常用的"评估工具"。通常匿名填答，如果有退学的学生，最好也让他们填答。你所在学校可能使用一份标准问卷，如果没有的话，就自己设计一份问卷。

采集学生信息的方法主要有三种。一是每个问题下面留出空白要求学生填写；二是采用下述两种方法——其优势在于容易量化信息：

- 每个问题选对／错或画对号／叉号。例如：

    你感觉计算机编程内容有用吗？　　　　对／错

- 要求学生在指定量表上选同意或不同意。例如：

    　　　　　　　　　　　　　坚决同意　　　　　　坚决反对
    计算机编程内容有用　　　　1　　2　　3　　4　　5

问卷经常与其他回答方式混用。当然，提问的问题应与你任教课程的主要目的相关，因此你必须自己设计问卷内容。

问卷的目的在于发现你的教学是否符合课程的目的与目标，发现你为课程设置的其他重点（如，费用、乐趣、学生进步）。另外，你应尽力发现本课程存在的所有问题。典型主题与问题包括：

- **选课**。选课时，老师是否对你进行了充分指导？这门课是否适合你？这门课与你的预期有什么不同？
- **资源**。教室是否宽敞？你能否随时使用图书馆、计算机、食堂、公共厕所、体育设施……
- **课程内容**。你能否例举一项自己感觉特别有趣／有用的活动？学生活动是否充足？你是否喜欢指定作业／实践作业？它们是否与个人工作相关？你清楚课程对自己的要求吗？上课时间是否充足？布置的作业是否充足？内容是否颇具挑战性？或内容是太难还是太易？你是否主动投入到个人学习？你是否喜欢教师运用的教学方法？你偏好的其他教学方法是什么？
- **学习**。针对学生学习感悟的问题（有时可能有用）。如，你现在能否有把握使用法语去预订一个宾馆房间？

- 评价。老师是否公正地批改作业？你是否清楚自己正在如何学习课程？
- 课程管理。你是否感觉本门课程结构严密？课程文献是否充足？入门课程是否有用／令人满意？
- 总体情况。你感觉本门课程的教学是否有效？你是否喜欢本门课程？陈述本门课程两个特别好的地方。陈述本门课程两个可改进的地方。10为满分，请评定本门课程的总分。

你选择的问题一定要适合学习者——例如，年轻的学习者可能需要简单直接的问题；成熟的学习者可以对问卷设计的问题提出个人建议，进而发表宝贵的改进意见。无论你如何设计问卷，都要确保包含上述"总体情况"里的四个主题，还要预留一些空间让学生去自由回答（如，是否在问卷的每个标题下面书写"总评语"）。

结构性访谈可替代问卷。结构性访谈是指根据事先准备好的问题进行一对一访谈。这可能有助于了解往届学生、雇主等的意见。

顾客满意度固然重要，但学习才真正至关重要。因此，别完全按照字面意思去理解学生的回答；他们的意见需要被解释——但不是被忽视！

> 成功的概率被高估。人人渴求成功，但真正有能力去获取成功者寥若晨星。我们经常是心有余而力不足，而这正是人与动物的分水岭，因此，我们应学会坦然接受。
>
> ——斯蒂芬·派尔（Stephen Pile）《失败的英雄》

行动计划

一旦评估完课程，就要制订出改进建议。

我们称之为行动计划；没有它，评估纯属浪费时间。在理想情况里，应有人负责实施或监督每次改进，还应设定落实改进的时限。

然后，在下次评估时，你就可能发现自己面临着一系列不同问题！

审核与仲裁——批改是否公正

批改务必做到公正与前后一致。这并非易事，如果不止一个教师批改同一课程的作业，批改难度就可能更大。

学校之间的批改标准也需要一致。对学生的作业而言，如果一所学校评定为及格，而另一所学校却评定为良好，或者，评价程序不同，比如不考虑学生完成课程作业的时间与所获帮助等，就肯定会造成不公正。另外，为了改进，学生需要帮助与告知性反馈，而不只是等级或分数。

这些属于"质量保证"话题，经常为"仲裁""审核"或"标准化"术语所提及，其实它们之间往往可以互换。

- "仲裁"是指，确保评定分数不会过高或过低。
- "审核"是指，确保分数与程序真实、正确。
- "标准化"是指，确保批改与程序符合规范。

不过，你如何批改？下面介绍一些常用方法。选定你认为最适合自己任教课程或学生的方法，然后与实际批改结果进行比较。

在下述每种情况里，都是任教同一学科或课程的教师共同商讨评价程序与分数。他们可能从学生作业里随机抽取部分样本，或许包含好、中、差三类。他们可能根据评分标准商讨如何批改。他们或许来自同一所学校，但也可能来自不同学校。

他们可能运用下述策略：

A) 讨论批改程序以及如何解释评价任务或标准。

B) 互相查阅对方批改的作业，然后分析评分的准确性与反馈质量（学生需要"奖章和任务"式反馈，参阅第6章、第43章）。

C) 运用盲评进行第二次批改：将一份已批改但隐去评价结论或意见的作业交给另一位教师批改。然后再对分数与评语进行比较。

D) 学校一位拥有审核员或仲裁员资格的老教师认真查阅已批改作业，然后汇总教师批改的质量。

E) 校外审核员或仲裁员也可能视导学校，做与"D"相同的工作。他们可能视导大量学校，因而熟悉其他各学校的程序、标准与最佳惯例。

> 一旦你拥有了足够的经验，就可能考虑自己去考取一个审核员或仲裁员资格证书。它只是一门短期课程。

可能经常有人抱怨上述程序，感觉它们纯属画蛇添足。不过，只要端正态度，你就可能受益匪浅。别害怕向其他教师请教问题——"就这个问题而言，'自圆其说'究竟意味着什么？""你希望给第10题画一个曲线图吗？"

良好还是优秀？

基准评价——我表现得如何

与其他教师相比，你教得如何？如果学生在不同学校学习，或让你的同事去教他们，或假设你去年教过他们，他们可能学得更好还是更差？大量数据可能有助于你回答这些问题，但解释这些数据的难度可能超出绝大多数人的想象。

一般而言，你可能将自己的教学结果与其他同事比较，你可能比较及格率或学生保留率等数据。这些数据可被称为"绩效指标"（performance indicators），它们标明你的教学效果与学生的学习效果。它们属于非常原始的测量数据，却可能左右学生、学生的家庭以及学校管理者。学校绩效指标经常可能影响经费投入，如果绩效指标一直差强人意，就可能迫使一门课程无人问津，甚至可能迫使一所学校倒闭。

绩效指标用百分数表示，主要用于：

中小学：
- 普通中等教育证书课程考试（GCSE）获5个C级以上学生的百分数；
- 学术能力倾向测验（SATs）5级以上学生的百分数；
- 环境增加值的数据。

大学与中小学高年级：

- **保留率**——坚持学习并上完一门课程的学生的百分数；
- **合格率**——坚持上完一门课程的学生及格率的百分数；
- **成功率**——所有开始上本门课程的学生及格率的百分数。退学者统计为不及格。

一旦获取课程或学科的绩效指标，你就可将个人教学成绩与去年同一门课程的成绩进行比较，或与全校平均数据进行比较。这被称为"校内基准评价"。例如：

"我今年的及格率是 80%，但去年只有 78%。"

"我们的及格率没有学校其他课程高。"

如果将个人绩效指标与其他学校的平均数据进行比较，这被称为"校外基准评价"。例如，一所学校可将本校的普通中等教育证书课程考试成绩与 2012 年全国平均数据进行比较：

- 59.4% 的学生获取 5 个 C 级以上证书，包括英语与数学；
- 59.9% 的学生的英语和数学成绩为 C 级以上；
- 萨顿学校 83.9% 的学生达到该成绩基准线，而其他一些学校则不到 30%；
- 2002 年，只有 57.9% 的学生达到该基准线。

请注意过去十年取得的进步以及地区差异。

> "基准"是指在建筑工地一面墙上的测量标记。它被用作比较高度的基点。同理，用于比较的数据也被称为"基准"。

外部基准评价：我如何与全国平均数据比较

适用于高中或普通中等教育证书课程考试：搜寻"学生成绩分析"(Student Performance Analysis)，或登录下面网站：http://www.bstubbs.co.uk/gcse.htm，该网站提供全国普通中等教育证书课程与高中课程考试等级数据。

适用于其他课程：咨询课程负责人"全国成绩比率"(national success rates)。另外，搜寻"全国成绩比率表数据服务"(The Data Service National Success Rate Tables)，不过，阅读这些数据表的同时，还需要阅读配套资料。

下面我引用的数据是，2005 年至 2006 年后义务教育或终身学习机构（继续教育学院、高级中学、艺术学校）资格考试的平均绩效指标（如，基准）：

- 学生保留率 87.0%；
- 学生合格率 87.6%；
- 学生成功率 76.2%。

如同有关 11－16 岁学生的学校绩效指标，上述数据已在过去 10 年里发生了巨大变化，不过，仍有约四分之一的学生不能成功地学完课程。我们任重而道远！下面我们将会探讨绩效指标与基准如何才能帮助或阻碍你所在学校的改进工作，因此，请接着往下读。

> 欲变世界，先变其身。
> ——圣雄甘地（Mahatma Gandhi）

课程与学校的自我评价

学校的学习与改进方式和人的学习与改进方式完全相同！如第 31 章所述，为了从经验里学习，我们需要运用科尔布学习循环：

- 做；
- 检查如何做；
- 学习理论上如何才能做得更好；
- 应用自己所学知识，然后再做；
- 重复该学习循环。

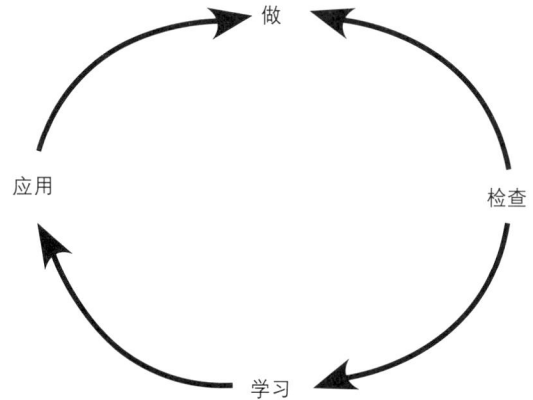

我们发现，自己容易忽略该循环的某个环节，进而不再学习。问题不只是遗忘，还包括不能批判性地、真实地检查，另外包括不能应用自己所学知识，究其原因在于改变需要勇气。还有一种可能，人们认为改进不会影响整个学习循环。

第 52 章应用科尔布循环去学会教学、学会撰写个人反思学习日志。第 47 章应用该循环去辅导。本章我们将探讨如何运用科尔布循环去改进一门课程或一所学校。

机构完全像人一样学习

所有后义务教育机构，包括学校高年级、继续教育学院、高级中学，还有专业学校，如艺术学校、农业学校或盲人学校，均被要求实施"自我评价"。学校经历的"自我评估"过程大同小异。这些术语可谓误称，究其原因在于，它们其实要求学校走完整个科尔布循环，而不只是检查。

要求来自督导机构，在 16 岁后教育机构，要求也来自负责投资的学习与技能理事会。如果你在学校工作，实施下述"自我评价"也就意味着"自我评估"。

"自我评价"通常以一年为一个周期，涵盖学校的方方面面：课程、支持服务、辅导体系、资源分配、管理，甚至包括管理员。只要有可能，就运用客观数据去督导绩效、追踪改进。例如，使用资源中心的学生是否很多？数学及格的学生是否很多？

如果督导一所学校，自我评价或自我评估能力就是督学最关注的对象。这决定学校的改进能力。一所 16 岁后学校参照督学的《通用检查框架体系》去准备开展自我评价，该体系提问 5 个问题，然后在 1-4 的范围内给整个学校（与课程等诸领域）评定等级。学校填写一份 32 页的自我评估表，包含上述 5 个问题，还有其他许多问题，如学生健康与幸福问题。大学采用类似方式提供有关学生成绩的详细数据。

《通用检查框架体系》规定了督学要寻找什么。对教师而言，最需要注意的重点如下。

教学、学习与评价质量

督学将借助于评估下述工作所达到的程度去判定教学、学习与评价质量，它们包括：

- 教师的高期望、责任心、关怀、支持和动机让学习者受益；
- 教师运用个人技能和专业知识去设计并提供教学、学习和支持，从而满足每名学习者的需要；
- 教师及早评价学习者的起点，监测他们的进步，设置有挑战性的任务，并据此为所有学习者构建与拓展知识；
- 学习者理解如何改进自己，即，教师通过学习评价给学习者提供经常的、具体的和准确的反馈，学习者据此改进自己；
- 通过教与学去培养学生的英语、数学和功能性技能，支持学习者实现学习目标、达到监护人的目的；
- 提供适宜的、及时的信息和建议及指导去支持有效学习；
- 通过教与学促进平等性与多样化。

学习结果

督学将通过评估下述工作所达到的程度去判定学习结果，它们包括：

- 就起点和学习目标而言，所有学习者均取得进步和成功；
- 缩小不同类学习者之间的成绩差距；
- 学习者学会个人的社会和就业技能；
- 学业进步满足了本地和全国高级任职资格和工作的需要。

请注意，要把学习、学习者的需要与支持放在首位。领导者与管理者更要如此。

因此，学校先自我检查，再由一位督学检查自我评价或自我评估的质量。其中包括是否妥善处理旧行动计划，还有新行动计划是否合理。

> 学校的学习与人的学习一般无二，也要经历整个科尔布循环。这是为什么呢？

创建与解释绩效指标

无论在中小学还是在大学工作，你都要搜集自我评价或自我评估的数据，都要参与其他计划与检查环节。学校可能要求你搜集与提供下述数据：出勤率、学生成绩、学生行动计划周期、学习支持接受率等等。学校搜集什么数据以及如何记录与处理数据的方式各不相同，要熟知你所在学校的要求。

绩效指标的问题确实不好理解，甚至可能被政府官员或媒体误读。如下所述，我们可避免出现这些问题。

首先，学校各不相同，因而绩效指标也各不相同。例如，即使你要更正先前成绩，学校绩效指标也肯定为下述因素所左右：

- 学校是否采取公开或其他形式选拔学生？
- 社会阶层——父母是专家的学生比父母是"工人阶级"的学生要学得好。
- 社会剥夺程度。学生有权享用学校免费午餐的比例就是一个衡量指标。
  （剥夺与上述社会阶层互相交叉。）
- 种族融合——例如，华裔或印度裔学生比"白人"学生学得好，而白人学生又比孟加拉裔学生学得好。主要原因可能在于接受家庭／文化价值观教育的程度，以及相信自己获取学业成功的程度。
- 母语非英语学生的比例。
- 性别融合——女生普通中等教育证书课程考试成绩比男生好。
- 具有特殊教育需要学生的比例。
- 流动——在非规定时间里转学学生的比例。
- 照顾——需要照顾学生的比例。
- 其他。

当然，上述困难并非无法克服。有些中小学和大学尽管深受上述因素影响，但教学成绩却高于全国平均分。第49章"平等性与多样化"、第51章"全纳教学"都详细探讨过这个问题。

> 请记住，未经你自己的许可，谁也不可能让你感觉低人一等。
> ——埃莉诺·罗斯福（Eleanor Roosevelt）

上述问题大概除第一个外，16岁后学校都会遭遇。不过，学校可让学生选修适合自己先前知识的课程，因而新生先前知识对全校成绩的影响就可能低于中小学；在中小学，几乎全部学生都在孜孜以求相同的资格——普通中等教育证书。

增加价值

增加价值是一个绩效指标，它出现于学校成绩排名表。不过，增加价值是什么？

如何评估一名学生或一个班级的学习效果？最常用的方式就是看等级或成绩。不过，这无法告诉我们成绩是否达到预期目标。如果一名学生在普通中等教育证书课程考试中获取优秀等级，我们就可能预期他或她在高中考试中也能获取优秀等级。进步究竟是高于还是低于学生的实际水平？进步或退步幅度究竟有多大？增加价值试图测量它们。

例如，我们需要回答的一个问题是，与其他获取同等普通中等教育证书课程考试成绩的学生相比，这名高中生是学得更好还是更差？所以，增加价值是指，通过与其他相同能力学生在相同课程的学习成绩比较，测量出一名学生在一门课程或在过去数年学习的进步幅度。

增加价值能够测量出一名学生在"关键阶段1"与"关键阶段2（7–11岁）"之间所取得的进步，或者，在其他关键阶段之间所取得的进步。增加价值也能够测量出整个班级或整个机构所取得的进步，通常使用所有个体学生增加价值的平均数来表示。不过，如何计算进步与增加价值呢？

> **案例研究：我的高中学生学得如何？**
>
> 假设你要计算自己任教的高二课程的增加价值。（类似方法也可用于计算其他增加价值。）
>
> 要确定所取得的进步幅度，你就需要测量学生修习一门课程开始与结束时的成绩，然后你还需要测量开始与结束之间的成绩。
>
> 起点。学生带着一系列普通中等教育证书课程考试成绩去学习高中课程。标准惯例是，将学生等级最高的八科成绩换算成分数，从而测量出八门课程学得如何。这被称为"最高分数"（caped point score）。教师普遍采用的换算体系是，普通中等教育证书课程考试A*级给予58分，B级给予52分，依次类推（参阅下表）。
>
> 然后，你将学生每科得分相加。只计算最好的八科成绩。假设一名学生获取8个C级，总分就为8×40=320分。

终点。假定同一名学生学完了一门高二课程，考试成绩为：B、C和E。依据下表，上述高中等级成绩分别对应240、210和150分。将它们相加，总分为600分。

下个问题是：绝大多数普通中等教育证书课程考试总成绩280分的学生，学习高中课程时能获得600分吗？全国成绩统计数据可回答这个问题，或者，一个机构也可依据自己的统计数据去比较今年与去年的成绩。你需要向所在机构索取这些数据。政府发放特殊的简单计算表供个人、班级和机构查阅。每门高中课程的简便计算表各不相同，通常在政府网站发布。

普通中等教育证书课程考试与高中考试等级换算分数

普通中等教育证书课程考试（GCSE）						
等级	A*	A	B	C	D	E	……
分数	58	52	46	40	34	28	……

高中考试（A-level）						
等级	A*	A	B	C	D	E	……
分数	380	270	240	210	180	150	……

绩效指标存在的问题

下面是外部基准绩效指标存在的一些主要问题：

- **它们忽视环境**。因为第634页所述重要因素影响成绩，所以往往不容易知道你的及格率是高还是低，及格率的高低主要取决于这些重要因素，或取决于你教学与辅导水平的高低。只有环境增加值绩效指标才可能考虑环境；不过，它们肯定会出现下述问题。
- **它们可能滋生自满情绪**。例如，大约半数的教师发现自己的及格率或环境增加值高于全国平均成绩，因而他们可能感觉："还不错，没必要改进了。"无论所在机构、课程或学生成绩好还是差，我们都应尽力去改进。
- **它们可能滋生消极情绪**。考虑一下，还有50%的教师将发现个人教学及格率低于全国平均成绩。他们可能如何反应？他们可能找借口说，问题不在于个人教学，而在于生源、紧张的社会关系、学校差劲的高层管理、匮乏的资源等。因而，他们就可能争辩说，既然真正的问题出在其他地方，就完全没必要改进个人教学或辅导。如下所述，这是一个错误假设。（如第43章所述，如果给学生评定等级，他们就可能出现自满与消极情绪。）

- **它们不告诉你如何改进**。它们可能指出你的最大弱项是保留率还是成绩。或者，它们可能表明一所学校哪些课程或学科教得最差，进而指明需要改进的地方。不过，它们并不说如何改进。

> 外部基准也可能对学校产生不利影响，学校可能将精力主要用于改进指标，而不是改进整体绩效。

鉴于上述原因，对教师而言，最佳指标是个人去年的数据以及本校类似数据。所以，只要个人教学与辅导有所改进，教学效果就可能随之改进——反之亦然！

> 赫沃思学校位于英国达灵顿市，在九年时间里，该校将参加普通中等教育课程证书考试获5个C级以上的学生比例从38%提到96%。将参加学术能力倾向测验达到5级学生的百分数从60%提高到90%。他们集中精力抓教学与学习，督导团认定97%达到良好以上，如同第48章所述的"抓住他们别掉队"，该校的"自信式辅导"获得高度好评。达灵顿市经济贫困家庭居多。

去年及本校类似数据也解决不了全部问题，究其原因在于，年龄组各不相同，去年的数据也往往没有告诉你如何改进。不过，一个人的个人数据相较别人数据，是更好的基准。最好的方法仍然是关注如何改进，而不是关注数据本身。

别让基准分散你对关键问题的注意力——你要聚焦于如何改进。教学与辅导非常难于做到尽善尽美，因而，无论绩效指标高低，每位教师、每门课程都有改进空间。

> 只要不断进取，小人物就可能成长为大人物。
> ——作家克里斯托弗·莫里（Christopher Morley）

如何改进

教师也是学习者！如第 6 章、第 43 章所述，与自己的学生一样，你也可能从告知式"奖章和任务"反馈里受益匪浅。无论教得好还是差，我们都需要一枚"奖章"来告诉自己什么教得好，还需要一项"任务"告诉自己如何才能改进。我们主要从下述途径获取奖章与任务：

- 认真反思；
- 自我评价与质量报告；
- 课堂观察；
- 督导报告；
- 学生民意调查；
- 仲裁或审核报告；
- 教师个人直觉；
- 评价与管理人员的意见。

大量证据表明，有些因素对学生成绩的影响极其重要（参阅佩蒂 2009 年的研究）。这些因素包括：

- 主动教学方法——设置开放的、有挑战性的任务，要求推理而不只是再现。（参阅第 1 章。）
- 告知式反馈——让学生与教师清楚任务完成得有多好。（参阅第 6 章、第 43 章和第 24 章。）
- "抓住他们别掉队"策略——监测学生的进步，制订个别化行动计划，提供学生所需的支持。（参阅第 48 章等。）

约翰·哈蒂教授通过研究大量证据发现，在学校与学校之间，前两项因素的影响远远高于其他因素。通过阅读赫沃思学校的案例，我们就可能清楚第三项因素的影响力。

> 上帝没有要求我们成功，只要求我们尝试。
> ——特蕾莎修女（Mother Teresa）

第 45 章"主动和被动心态"曾探讨过态度改进问题。

你对自我评价或自我评估的贡献

请记住，自我评价或自我评估是一个严格遵循科尔布循环的改进过程。回顾本章，你的角色是什么？

- 参与校内审核，向审核员等请教问题，阐明自己对任务与批改的观点。
- 要求学生填答问卷，了解学生对个人教学的看法。学校统一设计的问卷比较笼统，因而往往无助于你改进教学。
- 评估与反思个人教学以及自己任教课程。（参阅第52章、第53章。）
- 考虑绩效指标，但更要关注自己所在学校去年的数据，而不是全国平均成绩。
- 高度关注你如何才能改进——即使你的成绩出类拔萃，也要将重心放在如何改进上面。
- 请记住，影响成绩的最大因素是设置有挑战性的任务（参阅第1章）；给予、获取或确保告知式反馈（参阅第6章、第43章）；"抓住他们别掉队"（辅导监测与行动计划等，参阅第47章）。

> 积极的态度解决不了所有问题，但它足以激励人们去努力奋斗。
> ——作家赫姆·奥尔布赖特（Herm Albright）

持续性专业发展

一旦你已制订出一项如何改进的行动计划，就要考虑哪些支持可能有帮助。你是否需要详细了解如何将关键性技能整合于一个学习项目？或你是否需要详细了解有效学习技能教学？或许你需要详细了解任教的课程、阅读书目、网络资源或所在学校优秀同事。你可能想观察另一位教师如何教你要教的课程，或观摩外校教师如何教你要教的课程。这被称为可持续性专业发展。有些可持续性专业发展旨在满足学校的需要——例如，学习一门有关新质量体系的课程——不过，你最好亲自上阵。做什么固然很重要，但改进什么最重要。教学是一种可持续性学习体验，唯有如此，才能始终保持新鲜与有趣。

你是否具有团队精神

评估与改进课程主要依赖于团队合作，成为教学团队一员可能是教学的最大乐趣之一，也可能是最大挑战之一！我刚踏上教学岗位时，所在教学团队有一位资格很老的教师，我经常要硬着头皮去向他索要学生的成绩报告单，但他有时拖很长时间才给我提供成绩报告单。因为一直没有勇气直面他给我与学生带来的不便，所以很多年我都不知道应如何与他打交道。后来我才逐渐认识到，绝大多数教学原则同样可应用于管理团队成员。

如第6章、第43章所述，优秀管理者可能给团队颁发奖章与布置任务；如第48章所述，他们要求团队成员自我评价并给自己设定目标；如第31章、第34章、第46章等所述，团队成员往往需要帮助才能从经验中学习。

如果你发现难于说服团队成员及时做好分内工作或分享个人先进经验，就尝试运用第45章所述的价值观去恳求他们。你认为下述哪种态度最有说服力？

- 我需要周一收到成绩报告单。
- 质量体系规定周一应提交成绩报告单。
- 我希望自己的学生拥有一份完整的成绩册，同时受益于你的评语。

学生经验比教师或大学制度更有权威。

你可能认为难以给教师颁发奖章与布置任务，如果他们资历比你老，就更是难乎其难。不过，你可换一种方式去做，请求每位团队成员自我评价任教课程的个人教学，同时自我评价任教课程实施教学的总体情况（学校通常有类似规定）。所在团队成员肯定乐意指出你教学的优缺点，这其实就是给你颁发奖章与布置任务。你对此或许有自己的不同看法，学生肯定也可能有个人的不同看法。

务必告诉团队的每位教师：你感谢他们给予学生的帮助。即使特意指出他们教学的优点，他们也不可能认为你是在卖弄人情（参阅第6章）。他们可能感觉被看重、被欣赏，而这对我们所有人来说都是至为关键的。当然，你应考虑是非正式地私下谈，还是正式地公开谈，但无论采取哪种形式，都一定要做这件事。

你可以先站在学生角度去坦率地自我批评个人教学与课程，再要求团队的每位成员去思考改进个人教学以及课程的一些意见。如果感觉被你看重，他们就不可能感觉受到批评，也不可能维持现状，而是向前看，积极进取，以你为榜样，高度关注学生。

如果你站在价值观尤其是学生经验的角度去做，就可能赋予个人一种特殊权威；但如果总是站在对学生有利的角度去证明个人决策的合理性，你就可能创建一个有凝聚力的、高效的，乃至奋发向上的教师团队。我的专著《基于证据的实用教学法》详细探讨了如何管理教学团队。

评估教学与课程检查单

- ☐ 你是否清楚自己任教课程的评估体系？
- ☐ 你是否打算评估自己对任教课程的贡献？
- ☐ 你能否运用校内基准去观察自己是否在改进？
- ☐ 你是否将学生意见纳入评估体系？
- ☐ 你是否有如何改进的思路？
- ☐ 你能否借助于价值观去开展团队工作？

推荐读物

免费下载资料

P. 马丁内斯（Martinez, P.）. 大学改进：教师与管理者的声音. 学习与技能开发署，2001（登录下面网站可免费下载：www.lsneducation.org.uk/pubs/index.aspx，在"高级搜索"框输入作者姓名）.

读物

[1] B. 奥康奈尔（O'Connell, B.）. 兰肖之路：价值观驱动行为. 兰肖学院，2002.（作为灯塔学院教学计划的一个内容，本文件用于推广兰肖学院的方法）

[2] 杰夫·佩蒂（Petty, G.）. 基于证据的实用教学法（第2版）. 尼尔逊·索尼斯出版社，2009.

[3] I. 里斯（Reece, I.），S. 沃克（Walker, S.）. 教学、培训与学习实用指南（第6版）. 商务教育出版社，2007.

第五十四章　教学方式与教学机智

绝大多数初任教师会预料到教学是一项艰难的工作，进而发现教学成为一项不可能的工作！你不可能始终对每名学生竭尽全力，不可能避免犯错误，不可能总是理解学生为什么出现某类行为，不可能教给每名学生一切，不可能一直保持冷静、理性与专业。

在本书写作期间，我不时陷入自责。像这样一本书，介绍的都是最佳教学实践，但过于理想化。别以为自己可能始终符合每项标准。如果学校能根据工作需要提供准备时间与其他资源，你就算很幸运了。

尽量高效地使用个人时间。逐年保存和订正个人练习题、游戏与教案。整理可能节省大量时间，不过，即使粗略整理，也需要花费两三年时间才能如愿以偿。你能否与同事分享其中一些资源？至少为了满足你的部分需要，所在部门或互联网是否有合适资料可供查询？

高效使用时间

时间就是生命，所以你要精打细算，用好分分秒秒。尽可能根据紧急性与重要性给任务安排先后顺序。给自己知道确实重要的任务留出时间，如，与学生交谈，追求个人目标。

整理会节省时间。最理想的整理模式是建立一系列文件夹：

- 一份课程表；
- 所有任教班级的座次表；
- 教学计划（教学进度表）；
- 一系列主题教案，或一个包含每项教学主题的教学策略"智库"——如，备选的游戏、活动与实验、趣闻轶事；
- 教案；
- 练习题、考试题与指定作业等监测副本，你可在上面书写下一学年的改进意见；
- 评价策略与评分表；
- 一个资源文件夹，包括笔记、讲义和幻灯片；

- 一学年的备忘录,包括课程作业提交日期、学期起止日期、成绩报告发布时间等等。

照顾好自己的嗓子

- 喝水,多喝水可以润喉。
- 别在吵闹的课堂里讲话或喊叫。用拍手去吸引学生注意力,然后等待他们安静下来。(参阅第8章。)
- 咳嗽可能引起咽喉紧张,所以要轻咳,或最好喝口水或吞咽唾液。
- 运用"非讲授式教学"!参阅 www.geoffpetty.com 网站的主动学习网页。

你是主动型教师还是被动型教师?

在第45章里,我们探讨了教师的主动心态与被动心态。教师也有主动型教师与被动型教师!如果是一位主动型教师,你的座右铭就是:"控制""学生因我而不同"。你勇于担当,主动查找困难和问题并努力去解决。如果"事情进展不顺利",你就可能更加努力;如果仍然没有起色,你就可能改变策略。

例如,如果作业收不齐,你就可能跟全班学生谈话,强调按时提交作业的重要性。如果学生依然故我,你就可能尝试另一种策略,例如,你就可能追问学生为什么不交作业,从而给他们施加更大压力。然后,你可能尝试分解指定作业,缩短长度,并且允许学生当堂开始书写作业。你可能中途查看学生指定作业的完成情况,请教其他同事,等等。简言之,你主动适应、迅速响应,不断寻求改进。

如果是一位被动型教师,你的座右铭就是:"与我无关""无能为力"。你认为问题的原因超出个人控制范围,诸如学生的天资或态度、任教学科性质或可用资源。如果"事情进展不顺利",你就可能怪罪外部因素,像学生、管理者或资源匮乏,然后说自己无能为力。

研究表明,主动型教师与被动型教师思考困难的着眼点迥然不同:

主动型教师关注	被动型教师关注
过程:"我下一步应做什么?"	可能的消极后果:"这将是一场灾难。"
改进:"我们如何才能做得更好?"	完美:"我们从未做对。"
肯定:"至少那方面做得不错。"	否定:"那方面糟透了。"
学习:"我们可以从中学习什么?"	责怪:"这是学生的错。"

无论是工作、处理人际关系、抚养孩子，还是解决个人问题，在工作与生活的方方面面，你都可能主动或被动地应对困难。研究发现，"主动"式控制是一个非常重要的因素，它左右工作与生活的有效性、创造性与幸福指数。"被动"式控制与苦恼乃至抑郁密切相关。

你有权选择做主动型教师还是被动型教师，不过，对自己与学生而言，做一位主动型教师最好。这并不是说有些问题不是别人引起的，也不是说有些问题不是由你无法控制的环境引起的。有些问题确实是由别人和自己无法控制的环境引起的。不过，无论这些问题的原因是什么，你都需要主动应对所有影响因素。对于那些造成你个人工作困难的同事，你应设法让他们了解你的看法，当然，你也需要探究做什么才能减少这些困难带来的损害。

始终保持主动应对长期性困难并非易事，久而久之，有些教师就可能变得玩世不恭，而这是一种对教师本人或学生有害的心理状态。因此，我们每个人都需要与同事交流个人问题。如果他们面临着相同困难，你就应松一口气；如果他们没有遇到类似问题，你就可向他们请教如何应对。寻求建议与支持并非承认自己无能，它是衡量教师专业化的一个指标。我就经常这样做。

> 在《学习自由》一书里，卡尔·罗杰斯引用研究结论告诉我们，上课时，教师心跳速度每分钟增高12次。

做全职教师的第一年往往是你工作最艰难的一年。在课堂上，别做超出个人需要的事情；请记住，学生应在学习——而不应是你在学习！研究发现，教学是一项压力巨大的工作，所以，你要确保自己做过大量练习，别依赖吸烟或饮酒等临时性办法去消除压力。给自己留出放松时间，不必为此感到内疚；将任务按先后顺序排列；一旦知道自己不堪重负，就学会说"不"。别忘了跟其他同事交流个人问题。

主动是一回事，而对自己有不切实际的期望又完全是另一回事。如果你是教师的主管，你可能希望他们做什么？对自己也别期望过高。**你不仅对学生负有责任，对自己与家庭也负有责任。**

你对自己的最大期望就是全力以赴，无论遇到多大困难，都要咬紧牙关坚持到底！

迎接教学督导

迎接教学督导是一个长期过程

在一次会议期间，我曾听到有人请教一位非常成功的私立高中校长，问她一所高中应如何准备迎接教学督导。在最近一次视导中，她所在学校被评定为综合优质学校。听到别人的询问，她一开始看起来困惑不解，沉吟片刻才回答道："别为督导而准备，要为自己的学生而准备。"这项建议适用于任何一所中小学，也适用于任何国家的教学督导机构。

总之，督导通常是临时通知，因而基本没有时间去做准备。一旦接到督学的通知，你必须提前准备就绪。尽管你可能有很多时间去观察本校的教学，但下述建议也可能对你有所帮助。

督学发现的最常见问题均与教学、学习与评价有关（这里所说的评价以形成性评价为主），这也是你的责任。本书每一章都可能帮助你长期准备迎接督导，不过，你要确保自己：

- 从英国教育标准办公室和威尔士埃斯廷（Estyn）网站搜寻最佳教育惯例指南，尤其要关注你任教学科领域以及功能性技能等通用技能教学领域。
- 采用最佳差异化教学策略（参阅第 48 章）。督导报告经常可能将差异列举为问题。一些学生感觉你的课太容易或太难吗？你的课能否让学生全力以赴，是否具有挑战性？
- 响应个体需要。督学对此极为关注，因而会仔细查看诊断性评价、记录保存（学生档案）和行动计划是否满足个体需要（参阅第 46 章、第 47 章、第 51 章）。学生也必须知道自己正在取得的进步及其个人目标是什么（例如，参阅第 43 章的学习循环）。
- 充分跟踪与记录学习情况。确保精心设计你的跟踪体系，不断更新记录（参阅第 41 章）。
- 养成良好习惯。确保你运用主动学习法，确保你的学生明确上课目标，知道自己正在努力完成什么，理解任务成功的标准，清楚自己上课期间的进步。

如果你所在机构已接受督导，督学反馈了什么？你已采取了什么行动？

从网上搜寻"杰夫·佩蒂 + 自我评价"（Geoff Petty +self-assessment），查阅有助于你自我评价个人教学的资源。然后，你可改进督学指出的其他不足。

> 学习科学研究所（IFL）网站的在线教学研讨会发布了《英国教育标准办公室督导从业人员指南》，其中包含一些有价值的建议，也证实了我在这里表述的绝大多数观点。其他国家的督导机构包含类似的预期。只有取得学习科学研究所的会员资格，你才能登录网上研讨会，不过，所有人都可阅读一本同名书籍——到学校图书馆去碰碰运气。网上教学研讨会由托尼·法扎利（Toni Fazaeli）和卡伦·阿德里安斯（Karen Adriaanse）主持，法扎利是学习科学研究所所长，阿德里安斯是英国皇家督学、英国教育标准办公室继续教育和技能（改进）特别顾问。

你不必为迎接督导而制定特殊计划或实施特殊教学

听到督学说不需要提交教案，多数教师可能感到吃惊。不过，他们确实要求观察精心设计的课堂教学。同样，督学不需要检查撰写的教学目标，也不要求教师采用特殊方式向学生宣读教学目标。不过，他们确实希望学生知道你正在教什么和为什么教，清楚你要求他们什么，理解你所设置任务的评价标准。

督导机构已明白无误地告诉我们，撰写目标、组织教学或撰写教案一类事情从来不可能只有一种正确方式（请参阅上面专栏的在线研讨会）。无论中小学还是大学，概莫能外。

如果有人声称自己有"督学真正检查什么"的内幕消息，你千万别当真。英国教育标准办公室和其他教育督导机构都会出版一些手册，具体解释如何实施督导、运用什么标准，不过标准确实属于很宽泛的标准。如何达到这些标准完全由你说了算。如果教育标准办公室要检查具体教学事项，就可能通知你。他们希望评判出优秀教学等级，因而并不在意对标准三缄其口。

你肯定不应该准备一节花里胡哨的课。你一定要记住，**督学是要督导学习，而不是要督导你的教学**。他们注意的焦点在于学生体验。

迎接督学观察你的课堂讨论会或辅导

一位督学来到你的课堂，目的是想了解你的上课情况，他或她可能"给一位朋友打电话"以获取自己所需的专家建议。进而，他们就可能知道课堂上正在发生什么和为什么。

如果一位督学走进了教室，要走上前去问候，介绍自己，然后商定是否应向全班学生介绍督学。督学或许不认识你班里的任何一名学生，也不清楚他们学过什么，大概也不可能了解学生是否正在获取什么额外支持。你给督学简要说明一下，或让督学查看记录。

如果督学不清楚，就非正式地介绍背景、解释本节课的来龙去脉。然后，尽可能放松，一如既往，该做什么就做什么。

督学总是可能给你反馈。这类反馈只针对你个人；你的上司不可能获取这类反馈信息，也不可能获悉给你评定的等级。这类反馈信息对其他任何人都保密。督学评定的教学等级不标明教师姓名。

在督学反馈之前，解释你感觉他们或许不清楚的任何事情。认真倾听他们反馈的表扬与批评信息。

督学给你评定的等级，只是表达他们个人对所了解学习情况的看法，只是陈述他们个人对所观察上课情况的观点。它并非是给你所做一切评定的等级，也不是给你整个人评定的等级。因此，仍然存在着改进空间。绝大多数杰出教师并非初出茅庐的新手，他们已步入职业生涯的中期（参阅佩蒂 2009 年的研究结论）。难怪成为卓越教师需要花费时间了！

随着自信心的不断增长，你应该越来越关注为学生而改进个人教学，而不是为督学而改进个人教学。

推荐读物

[1] J. 阿代尔（Adair, J.）. 有效时间管理：如何节省时间与合理利用时间. 潘图书出版公司，2009.

*[2] M. 阿盖尔（Argyle, M.）. 幸福心理学（第 2 版）. 劳特利奇出版社，2001.（探讨如何左右幸福与有效性）

[3] M. 贾维斯(Jarvis, M.). 有效学与教的心理学. 纳尔逊·索尼斯出版社，2005.（参阅"教师应激"一章）

*[4] R. 纳尔逊－琼斯（Nelson-Jones, R.）. 有效思维技能. 塞奇出版社，1996.（运用思维技能去帮助解决各类困难）

[5] B. 奥康奈尔（O'Connell, B.）. 创建一所卓越学校. 纳尔逊·索尼斯出版社，2005.

附录
教师资格标准

出版说明

多数政府可能颁布一系列专业标准,任何人打算从事学校教学工作,都必须符合这些专业标准。另外,教学委员会往往可能颁布资格标准,任何人想要注册教师资格,就必须达到这些标准。用于描述这类标准的术语数不胜数,其中多为"标准""胜任能力"。

通常,这类标准可能随教育部门变化而变化。英国读者应该发现,英国不同政治区(英格兰、苏格兰、威尔士、北爱尔兰)之间的标准也各不相同。

为了帮助读者申请或注册教师资格,我们依据英格兰、北爱尔兰、苏格兰和威尔士的中小学教师、大学讲师资格给本书编写索引。索引可登录网站查阅:www.planetvocational.co.uk/teachingtoday。

请注意,这类资格条件经常修订。要想查寻最新版资格标准,下述网站可能提供帮助:

- 英国教育部:http://gov.uk;
- 教育与培训基金委员会:www.et-fundation.co.uk;
- 北爱尔兰就业与学习部:www.delni.gov.uk;
- 北爱尔兰普通教学委员会:www.gtcni.org.uk;
- 苏格兰政府:www.scotland.gov.uk;
- 苏格兰普通教学委员会:www.gtcs.org.uk;
- 威尔士政府:wales.gov.uk;
- 威尔士普通教学委员会:www.gtcw.org.uk。